会计税收一本通

——会计科目核算及涉税解析实务

策　划　王海军
主　编　樊学军
副主编　申山宏

（第二版）

中国财经出版传媒集团
中国财政经济出版社

图书在版编目（CIP）数据

会计税收一本通：会计科目核算及涉税解析实务／樊学军主编 . --2 版. --北京：中国财政经济出版社，2022.8

ISBN 978-7-5223-1479-2

Ⅰ.①会⋯ Ⅱ.①樊⋯ Ⅲ.①税收会计-基本知识 Ⅳ.①F810.42

中国版本图书馆 CIP 数据核字（2022）第 101981 号

责任编辑：李筱文　　　　　责任校对：徐艳丽
封面设计：思梵星尚

会计税收一本通：会计科目核算及涉税解析实务
KUAIJI SHUISHOU YIBENTONG：KUAIJI KEMU HESUAN JI SHESHUI JIEXI SHIWU

中国财政经济出版社 出版

URL：http：//www.cfeph.cn
E-mail：tianmh@cfemg.cn

（版权所有　翻印必究）

社址：北京市海淀区阜成路甲 28 号　邮政编码：100142
营销中心电话：010-88191522
天猫网店：中国财政经济出版社旗舰店
网址：https：//zgczjjcbs.tmall.com
北京密兴印刷有限公司印刷　各地新华书店经销
成品尺寸：185mm×260mm　16 开　33.25 印张　653 000 字
2022 年 9 月第 2 版　2022 年 9 月北京第 1 次印刷
定价：98.00 元
ISBN 978-7-5223-1479-2
（图书出现印装问题，本社负责调换，电话：010-88190548）
本社质量投诉电话：010-88190744
打击盗版举报热线：010-88191661　QQ：2242791300

本书编写人员名单（第二版）

策　划　　王海军

主　编　　樊学军

副主编　　申山宏

编　写　　申山宏　付海滨　刘　青　齐红宾　李树昌

　　　　　张文斗　徐文环　韩振强　解东升　樊学军

第二版修订说明

本书第一版自2018年9月出版以来已近4年。这期间，财税政策、征管体制等发生了很大变化，为使本书更适合当前财税体制的需要，满足当前财税工作人员的业务需求，我们结合当前会计、税收专业的实际情况，按照循序渐进、章节合理，法则严格易掌握、要求明确易记忆的原则，对第一版做了修改。主要体现在以下几个方面：

一、按照最新的税收规定，对各章节中涉及政策变化的案例全部进行了修订。

二、在第8章的每个税种的最后增加了"涉税解析"内容。

三、第8章增加了自2019年以来划归税务部门征收的非税收入，删除了第一版中的"8.24非税收入"，并按照先税后费的顺序，重新进行了章节排序，这样第8章总的章节增加到48节。

四、对2019年以来划归税务部门征收的非税收入，按照缴纳义务人、征收范围、征收标准、优惠政策、缴纳期限、会计处理、政策依据等内容进行了编写。

五、为了增强政策的适用性和针对性，将第一版中每章节的"政策依据"部分全部删掉，将适用的文件字号标识在相关问题的前面（或后面）。但是由于非税收入的特殊性，仍然保留了非税收入每节中的"政策依据"部分。

六、本书文件政策截至2022年9月20日。

一本好书，不仅凝聚着作者和编辑的心血，更体现出广大读者的关心和爱护。我们由衷地感谢广大读者的关心、帮助和支持！欢迎大家继续批评指正！

编者

2022年9月

前言

随着社会经济的不断发展和税收体制的逐步完善，如何做好大数据下税收管理工作，特别是国税地税合并后，及时掌握税制改革最新内容和税收知识最新变化，正确厘清会计规范核算和税收依法征管的密切联系，构建和谐、融洽、规范、诚信的征纳关系，成为税务人与纳税人亟待解决的问题。为此，我们按照"读表识税收"的税收管理理念，立足工作实际，提炼工作经验，编写了此书，奉献给广大财税工作者。

本书的编写，以工作需求为导向，坚持力求简化、突出实务的原则，将税收与会计有机结合。旨在从税收角度，分析会计信息，规范会计核算，有效防范涉税风险；从会计角度，解读税收政策，分析税会差异，提升财务管理水平。

全书共八章（书中文件政策截至2018年9月20日）。该书是以小企业会计准则为基础，以"会计科目核算＋涉税解析＋差异分析＋政策依据＋现行税费附加解析及会计核算"为主线，将税会（税收和会计）差异、税税（企业所得税和其他税种）差异、会会（小企业会计准则

和企业会计准则）差异，按现行财税政策，用具体的案例进行解析；按税费基本要素，对现行税费及会计核算进行解读。解析前有实例，关键点有提示，细节处有注释，使读者能方便快捷地掌握会计科目核算及涉税处理，满足国税地税合并后财税人员的业务需求。

本书在编写过程中，得到了国家税务总局税务干部进修学院、山东省税务局、滨州市税务局等有关领导和同行的帮助支持，同时，参阅了部分专家和同仁的教材及文章，在此表示衷心感谢！

由于作者水平有限，书中难免存在不足之处，敬请广大读者批评指正。

编　者

2018 年 9 月

目录

第1章　资产的核算及涉税解析 （1）

1.1　库存现金 （1）
1.2　银行存款 （4）
1.3　其他货币资金 （6）
1.4　短期投资 （9）
1.5　应收票据 （13）
1.6　应收账款 （16）
1.7　预付账款 （19）
1.8　应收股利 （21）
1.9　应收利息 （21）
1.10　其他应收款 （22）
1.11　材料采购 （25）
1.12　在途物资 （28）
1.13　原材料 （31）
1.14　材料成本差异 （35）
1.15　库存商品 （36）
1.16　商品进销差价 （40）
1.17　委托加工物资 （41）
1.18　周转材料 （43）
1.19　消耗性生物资产 （46）
1.20　长期债券投资 （49）
1.21　长期股权投资 （54）
1.22　固定资产 （60）

1.23　累计折旧 …………………………………………………………（ 66 ）
　　1.24　在建工程 …………………………………………………………（ 73 ）
　　1.25　工程物资 …………………………………………………………（ 78 ）
　　1.26　固定资产清理 ……………………………………………………（ 79 ）
　　1.27　生产性生物资产 …………………………………………………（ 84 ）
　　1.28　生产性生物资产累计折旧 ………………………………………（ 87 ）
　　1.29　无形资产 …………………………………………………………（ 88 ）
　　1.30　累计摊销 …………………………………………………………（ 93 ）
　　1.31　长期待摊费用 ……………………………………………………（ 95 ）
　　1.32　待处理财产损溢 …………………………………………………（ 97 ）

第2章　**负债的核算及涉税解析** …………………………………………（ 99 ）

　　2.1　短期借款 …………………………………………………………（ 99 ）
　　2.2　应付票据 …………………………………………………………（100）
　　2.3　应付账款 …………………………………………………………（103）
　　2.4　预收账款 …………………………………………………………（105）
　　2.5　应付职工薪酬 ……………………………………………………（107）
　　2.6　应交税费 …………………………………………………………（114）
　　2.7　应付利息 …………………………………………………………（124）
　　2.8　应付利润 …………………………………………………………（127）
　　2.9　其他应付款 ………………………………………………………（129）
　　2.10　递延收益 …………………………………………………………（131）
　　2.11　长期借款 …………………………………………………………（133）
　　2.12　长期应付款 ………………………………………………………（135）

第3章　**所有者权益的核算及涉税解析** …………………………………（137）

　　3.1　实收资本 …………………………………………………………（137）
　　3.2　资本公积 …………………………………………………………（142）
　　3.3　盈余公积 …………………………………………………………（145）
　　3.4　未分配利润 ………………………………………………………（148）

第4章　**收入和成本的核算及涉税解析** …………………………………（151）

　　4.1　主营业务收入 ……………………………………………………（151）
　　4.2　主营业务成本 ……………………………………………………（166）

4.3　生产成本 …………………………………………………………（167）
　　4.4　制造费用 …………………………………………………………（170）
　　4.5　研发支出 …………………………………………………………（172）
　　4.6　工程施工 …………………………………………………………（174）
　　4.7　机械作业 …………………………………………………………（176）
　　4.8　其他业务收入 ……………………………………………………（177）
　　4.9　其他业务成本 ……………………………………………………（179）
　　4.10　投资收益 …………………………………………………………（180）

第5章　期间费用和税金及附加的核算及涉税解析 ……………………（187）
　　5.1　销售费用 …………………………………………………………（187）
　　5.2　管理费用 …………………………………………………………（192）
　　5.3　财务费用 …………………………………………………………（197）
　　5.4　税金及附加 ………………………………………………………（199）

第6章　营业外收入和营业外支出的核算及涉税解析 …………………（201）
　　6.1　营业外收入 ………………………………………………………（201）
　　6.2　营业外支出 ………………………………………………………（210）

第7章　利润的核算及涉税解析 …………………………………………（214）
　　7.1　利润 ………………………………………………………………（214）
　　7.2　所得税费用 ………………………………………………………（216）
　　7.3　利润分配 …………………………………………………………（219）

第8章　现行税费解析及会计核算 ………………………………………（224）
　　8.1　增值税 ……………………………………………………………（225）
　　8.2　消费税 ……………………………………………………………（260）
　　8.3　车辆购置税 ………………………………………………………（265）
　　8.4　企业所得税 ………………………………………………………（269）
　　8.5　个人所得税 ………………………………………………………（335）
　　8.6　资源税 ……………………………………………………………（369）
　　8.7　城镇土地使用税 …………………………………………………（377）
　　8.8　房产税 ……………………………………………………………（381）
　　8.9　城市维护建设税 …………………………………………………（385）

8.10 耕地占用税 …………………………………………………………（391）
8.11 契税 ……………………………………………………………（395）
8.12 土地增值税 ………………………………………………………（400）
8.13 车船税 ……………………………………………………………（406）
8.14 印花税 ……………………………………………………………（411）
8.15 烟叶税 ……………………………………………………………（416）
8.16 环境保护税 ………………………………………………………（418）
8.17 关税 ………………………………………………………………（427）
8.18 船舶吨税 …………………………………………………………（431）
8.19 海关代征消费税和增值税 ………………………………………（433）
8.20 教育费附加 ………………………………………………………（435）
8.21 地方教育附加 ……………………………………………………（438）
8.22 水利建设基金 ……………………………………………………（440）
8.23 文化事业建设费 …………………………………………………（442）
8.24 残疾人就业保障金 ………………………………………………（444）
8.25 废弃电器电子产品处理基金 ……………………………………（446）
8.26 国家重大水利工程建设基金 ……………………………………（449）
8.27 农网还贷资金 ……………………………………………………（453）
8.28 可再生资源发展基金 ……………………………………………（455）
8.29 核电站乏燃料处理处置基金 ……………………………………（458）
8.30 中央水库移民扶持基金（大中型水库移民后期扶持基金、跨省际
大中型水库库区基金、三峡水库库区基金）……………………（460）
8.31 地方水库移民扶持基金 …………………………………………（465）
8.32 三峡电站水资源费 ………………………………………………（467）
8.33 水土保持补偿费 …………………………………………………（468）
8.34 防空地下室异地建设费 …………………………………………（471）
8.35 油价调控风险准备金 ……………………………………………（474）
8.36 核事故应急准备专项收入 ………………………………………（477）
8.37 石油特别收益金 …………………………………………………（479）
8.38 国家留成油收入 …………………………………………………（481）
8.39 免税商品特许经营费 ……………………………………………（483）
8.40 排污权出让收入 …………………………………………………（486）
8.41 国有土地使用权出让收入 ………………………………………（487）
8.42 矿产资源专项收入 ………………………………………………（491）

8.43 海域使用金 …………………………………………………… (494)
8.44 无居民海岛使用金 …………………………………………… (501)
8.45 土地闲置费 …………………………………………………… (509)
8.46 城镇垃圾处理费 ……………………………………………… (511)
8.47 工会经费 ……………………………………………………… (514)
8.48 社会保险费 …………………………………………………… (515)

第 1 章
资产的核算及涉税解析

资产是指企业过去的交易或事项形成的，由企业拥有或控制的，预期会给企业带来经济利益的资源。资产作为会计要素之一，是资产负债表的主要组成部分，其财务分析非常重要，涉税问题也不容忽视。本章对库存现金、银行存款、其他货币资金、短期投资、应收票据、应收账款、预付账款、应收股利、应收利息、其他应收款、材料采购、在途物资、原材料、材料成本差异、库存商品、商品进销差价、委托加工物资、周转材料、消耗性生物资产、长期债券投资、长期股权投资、固定资产、累计折旧、在建工程、工程物资、固定资产清理、生产性生物资产、生产性生物资产累计折旧、无形资产、累计摊销、长期待摊费用、待处理财产损溢等资产类会计科目逐项进行核算内容剖析、涉及税种解析、差异分析。

1.1 库存现金

库存现金是指小企业存放于会计机构由出纳人员保管的货币资金（包括人民币和外币）。

1.1.1 科目核算内容

"库存现金"科目核算小企业库存现金的收入、支出和结存情况，期末借方余额反映持有的库存现金。

1. "库存现金"科目借方登记库存现金的增加,贷方登记库存现金的减少,其对应的科目一般有"银行存款""应付账款""其他应付款""应收账款""其他应收款""主营业务收入""其他业务收入""应交税费""管理费用""销售费用""财务费用""原材料""营业外收入""营业外支出""待处理财产损溢"等科目。

2. 每日终了结算现金收支、财产清查等发现的有待查明原因的现金短缺或溢余,应通过"待处理财产损溢"科目核算。属于现金短缺,应按照实际短缺的金额,借记"待处理财产损溢——待处理流动资产损溢"科目,贷记"库存现金"科目;属于现金溢余,按照实际溢余的金额,借记"库存现金"科目,贷记"待处理财产损溢——待处理流动资产损溢"科目。

[特别提示] 小企业应当设置"库存现金日记账",由出纳人员根据收付款凭证,按照业务发生顺序逐笔登记。每日终了,应当计算当日的现金收入合计额、现金支出合计额和结余额,将结余额与实际库存额核对,做到账款相符。

1.1.2 涉税解析

1. 库存现金在清查过程中发生长短款,能够查明原因的,须据实进行账务处理。无法查明原因的长款,计入"营业外收入";无法查明原因的短款,计入"营业外支出"或"管理费用",视具体情况确认是否准予税前扣除。

[例1-1] 2022年3月10日,A公司进行现金清查时发现长款200元,后来经过核实,该款项属于应支付给李某的。

清查发现长款,有待查明原因时的会计分录为:

借:库存现金　　　　　　　　　　　　　　　　　　200
　　贷:待处理财产损溢——待处理流动资产损溢　　　　200

原因查明后的会计分录为:

借:待处理财产损溢——待处理流动资产损溢　　　　200
　　贷:其他应付款——李某　　　　　　　　　　　　200

支付给李某时的会计分录为:

借:其他应付款——李某　　　　　　　　　　　　200
　　贷:库存现金　　　　　　　　　　　　　　　　200

如上例中无法查明原因时,应计入营业外收入,会计分录如下:

借:待处理财产损溢——待处理流动资产损溢　　　　200
　　贷:营业外收入——库存现金长款　　　　　　　200

[例1-2] 2022年4月10日,A公司进行现金清查时发现短款300元,后来经过核实,该款项应由赵某赔偿。

清查发现短款，有待查明原因时的会计分录为：

借：待处理财产损溢——待处理流动资产损溢　　　　　　　　300
　　　贷：库存现金　　　　　　　　　　　　　　　　　　　　　　300

原因查明，应由责任人赵某赔偿的会计分录为：

借：库存现金　　　　　　　　　　　　　　　　　　　　　　　300
　　　贷：待处理财产损溢——待处理流动资产损溢　　　　　　　　300

或者

借：其他应收款——赵某　　　　　　　　　　　　　　　　　　300
　　　贷：待处理财产损溢——待处理流动资产损溢　　　　　　　　300

2. 库存现金发生重大损失，无法查明原因的，不得将现金损失做税前扣除；能够查明原因的，须据实进行账务处理，视具体情况确认是否准予税前扣除。

[例1-3] 2022年5月10日，A公司进行现金清查时发现短款500元，后经核实，无法查明原因，会计分录如下：

清查时的会计分录为：

借：待处理财产损溢——待处理流动资产损溢　　　　　　　　500
　　　贷：库存现金　　　　　　　　　　　　　　　　　　　　　　500

确定无法查明原因时的会计分录为：

借：营业外支出——库存现金短款　　　　　　　　　　　　　　500
　　　贷：待处理财产损溢——待处理流动资产损溢　　　　　　　　500

[特别提示] 现金发生重大盘亏无法查明原因，作为管理现金的直接责任人，说明出纳人员并未充分履行其保管现金的职责。由于个人未履行职责而产生的损失，应由个人承担损失，不得在税前扣除。

[例1-4] 2022年6月10日，A公司出纳赵某从银行提取现金20 000元，在回单位途中不慎遗失。会计分录如下：

借：库存现金　　　　　　　　　　　　　　　　　　　　　　20 000
　　　贷：银行存款　　　　　　　　　　　　　　　　　　　　　20 000
借：管理费用　　　　　　　　　　　　　　　　　　　　　　20 000
　　　贷：库存现金　　　　　　　　　　　　　　　　　　　　　20 000

此案例中现金遗失，是因为出纳赵某没有尽到保管责任而产生的现金损失，应由赵某个人赔偿而不应记入企业"管理费用"或"营业外支出"等会计科目，不得在税前扣除。

如果不是由于出纳赵某不慎丢失的，而是如抢劫、车祸等不可抗力的因素无法保全现金，在这种情形下，应该认定这笔现金损失属于资产损失，可以在税前扣除，但应提供提取现金的原始凭证；向公安机关的报案材料以及公安机关立案、责任认定的材料；出纳赵某出具的情况说明；企业出具的不应由出纳赵某负责的说明材料；主管税务机关要求的其他资料等相应的证据资料。

[例1-5] 2022年6月20日，A公司保险柜被盗，丢失现金5 000元，已经向公安机关报案，但案件一直未侦破。会计分录如下：

借：管理费用——现金损失　　　　　　　　　　　　　5 000
　　贷：库存现金　　　　　　　　　　　　　　　　　　　　　5 000

对放在保险柜中的现金，相关人员已经尽到保管责任的情况下，如果被盗，属于企业真实发生的资产损失。经向公安机关报案，能够提供公安机关出具的报案、立案材料以及企业核算的凭证、账簿，税务机关可以认定是真实发生的损失，准予税前扣除。

3. 对企业收到假币，税务机关可以依据金融机构出具的假币收缴证明予以确认，准予税前扣除。

[例1-6] 2022年5月10日，A公司赵某到银行存款时，被银行没收一张假币100元。会计分录如下：

借：营业外支出　　　　　　　　　　　　　　　　　　　100
　　贷：库存现金　　　　　　　　　　　　　　　　　　　　　100

4. 企业已经作为损失处理的现金，在以后纳税年度又全部收回或者部分收回时，应当计入当期收入。

[例1-7] 2022年6月20日，A公司保险柜被盗，丢失现金5 000元。假如一年后被盗的现金被追回3 000元，在收到现金时，应做如下会计分录：

借：库存现金　　　　　　　　　　　　　　　　　　　3 000
　　贷：营业外收入　　　　　　　　　　　　　　　　　　　　3 000

5. 库存现金科目余额不能出现负数（红字），如果出现负数表明企业可能存在账外账。

6. 企业向税务机关申报扣除资产损失，需填报企业所得税年度纳税申报表《资产损失税前扣除及纳税调整明细表》（A105090），不必报送资产损失相关资料。企业资产损失相关资料应当完整保存、备查，保证资料的真实性、合法性。

1.2　银行存款

银行存款是指小企业存放于银行或其他金融机构的各种款项。

1.2.1 科目核算内容

"银行存款"科目核算小企业存入银行或其他金融机构的各种款项,期末借方余额反映存在银行或其他金融机构的各种款项。

企业增加银行存款,借记"银行存款"科目,贷记"库存现金""应收账款"等科目;减少银行存款,做相反的会计分录。其对应的科目一般有"库存现金""应付账款""其他应付款""应收账款""其他应收款""主营业务收入""其他业务收入""应交税费""管理费用""销售费用""财务费用""原材料""营业外收入""营业外支出"等。

[**特别提示**] 小企业应当按照开户银行和其他金融机构、存款种类等设置"银行存款日记账",由出纳人员根据收付款凭证,按照业务的发生顺序逐笔登记。每日终了,应结出余额。"银行存款日记账"应定期与"银行对账单"核对,至少每月核对一次。小企业银行存款账面余额与银行对账单余额之间如有差额,应编制"银行存款余额调节表"调节相符。

有外币银行存款的小企业,还应当分别按照人民币和外币进行明细核算。

1.2.2 涉税解析

1. 从事生产、经营的纳税人应当按照国家有关规定,在银行或者其他金融机构开立基本存款账户和其他存款账户之日起 15 天内,将其全部账号向主管税务机关书面报告;账户发生变化的,应当自变化之日起 15 天内,向主管税务机关书面报告。

2. 税务机关经县以上税务局(分局)局长批准,凭全国统一格式的检查存款账户许可证明,有权查询从事生产、经营的纳税人和扣缴义务人在银行或者其他金融机构的存款账户。税务机关在调查税收违法案件时,经设区的市、自治州以上税务局(分局)局长批准,可以查询案件涉嫌人员的储蓄存款。税务机关查询所获得的资料,不得用于税收以外的用途。

3. 企业取得的银行存款利息收入,在会计处理上直接冲减财务费用,相应增加了企业所得税应纳税所得额,与税法相一致。但是,防止将利息收入计入"其他业务收入"科目从而变相扩大业务招待费、广告宣传费扣除基数的现象发生。

[**例 1-8**] 2022 年 3 月 31 日,A 公司取得银行存款利息收入 2 000 元。会计分录如下:

借:银行存款　　　　　　　　　　　　　　　　　　　　　2 000
　　贷:财务费用　　　　　　　　　　　　　　　　　　　　　2 000

4. 企业将货币性资金存入法定具有吸收存款职能的机构,因该机构依法破产、清算,或者政府责令停业、关闭等原因,确实不能收回的部分,应当作为当期损失,在

计算应纳税所得额时扣除，但须依据以下证据材料进行确认：企业存款类资产的原始凭据；金融机构破产、清算的法律文件；政府责令停业、关闭的有关文件；金融机构清算后剩余资产分配情况资料。

金融机构应清算而未清算超过3年的，企业可将该款项确认为资产损失，但应有法院或破产清算管理人出具的未完成清算证明。

［例1-9］2022年5月20日，A公司存于某金融机构的存款200 000元，因该机构清算破产而不能收回。会计分录如下：

  借：营业外支出   200 000
    贷：银行存款   200 000

5. 企业向税务机关申报扣除资产损失，需填报企业所得税年度纳税申报表《资产损失税前扣除及纳税调整明细表》（A105090），不必报送资产损失相关资料。企业资产损失相关资料应当完整保存、备查，保证资料的真实性、合法性。

1.2.3　差异分析

1. 小企业会计准则规定，汇兑收益计入"营业外收入"科目贷方，汇兑损失计入"财务费用"科目借方。

2. 企业会计准则规定，汇兑损益在"财务费用"科目核算，汇兑收益计入"财务费用"科目贷方，汇兑损失计入"财务费用"科目借方。

1.3　其他货币资金

其他货币资金是指小企业除库存现金、银行存款以外的其他各种货币资金，主要包括银行汇票存款、银行本票存款、信用卡存款、信用证保证金存款、外埠存款、备用金等。

1.3.1　科目核算内容

"其他货币资金"科目核算小企业的银行汇票存款、银行本票存款、信用卡存款、信用证保证金存款、外埠存款、备用金等其他货币资金。小企业应按照银行汇票或本票、信用卡发放银行、信用证的收款单位、外埠存款的开户银行，分别"银行汇票""银行本票""信用卡""信用证保证金""外埠存款"等科目进行明细核算，"其他货币资金"科目期末借方余额反映企业持有的其他货币资金。

小企业增加其他货币资金，借记"其他货币资金"，贷记"银行存款"科目；减少其他货币资金,借记"银行存款"科目,贷记"其他货币资金"科目。

1. 外埠存款。外埠存款是指企业到外地进行临时或零星采购,汇往采购地银行开立采购专户的款项。

[例1-10] 2022年5月6日,A公司为在某地临时采购开设外埠存款账户,存入2 000元,6月8日采购员李某交回购货发票,货物金额1 000元,增值税税额130元,货物已收到,6月10日将剩余的870元转回原开户行。会计分录如下:

开设账户时:

借:其他货币资金——外埠存款	2 000
贷:银行存款	2 000

收到货物时:

借:原材料	1 000
应交税费——应交增值税(进项税额)	130
贷:其他货币资金——外埠存款	1 130

转回剩余资金时:

借:银行存款	870
贷:其他货币资金——外埠存款	870

2. 银行汇票(或银行本票)存款。银行汇票(或银行本票)存款是指企业为取得银行汇票(本票),按照规定存入银行的款项。企业应向银行提交"银行汇票(本票)委托书"并将款项交存开户行。

[例1-11] 2022年2月1日,A公司为取得银行汇票,将6 000元存入银行,会计分录如下:

借:其他货币资金——银行汇票	6 000
贷:银行存款	6 000

3. 信用卡存款。信用卡存款是指企业为取得信用卡按照规定存入银行信用卡专户的款项。

[例1-12] 2022年5月1日,A公司在工商银行申办信用卡,交付银行备用金20 000元,5月5日用信用卡支付通信费10 000元。会计分录如下:

交付备用金时:

借:其他货币资金——信用卡	20 000
贷:银行存款	20 000

支付通信费时:

借:管理费用	10 000
贷:其他货币资金——信用卡	10 000

4. 信用证保证金存款。信用证保证金存款是指采用信用证结算方式的企业为开具

信用证而存入银行信用证保证金专户的款项。

企业向银行申请开出信用证，用于支付境外供货单位的购货款项。根据开户银行盖章退回的"信用证委托书"回单，编制会计分录。

[例1-13] 2022年5月8日，A公司向开户银行申请开出信用证60 000元，用于支付境外供货单位的购货款项。5月10日收到B公司信用证结算凭证及所附的发票账单，材料款项40 000元，增值税税额5 200元，余款由开户银行退回。会计分录如下：

向开户银行申请开出信用证时：

借：其他货币资金——信用证保证金存款　　　　　　　　60 000
　　贷：银行存款　　　　　　　　　　　　　　　　　　60 000

企业在收到境外供货单位信用证结算凭证及所附发票账单时：

借：原材料　　　　　　　　　　　　　　　　　　　　40 000
　　应交税费——应交增值税（进项税额）　　　　　　　5 200
　　贷：其他货币资金——信用证保证金存款　　　　　　45 200

企业收到未用完的信用证存款余额时：

借：银行存款　　　　　　　　　　　　　　　　　　　14 800
　　贷：其他货币资金——信用证保证金存款　　　　　　14 800

1.3.2　涉税解析

1. 现金流量表中的"现金及现金等价物"不仅包括企业"库存现金"账户核算的货币现金，还包括"银行存款"账户核算的存入金融企业、随时可以用于支付的存款，也包括"其他货币资金"账户核算的银行汇票存款、银行本票存款、信用卡存款、信用证保证金存款、外埠存款、备用金等其他货币资金。

2. 资产负债表中的货币资金项目等于库存现金、银行存款、其他货币资金之和，必须与现金流量表中"现金及现金等价物"（小企业会计准则是"现金"）一致。其公式如下：

现金流量表中现金及现金等价物期末余额＝资产负债表中货币资金期末余额

现金流量表中现金及现金等价物期初余额＝资产负债表中货币资金期初余额

现金流量表中现金等价物的净增加额＝资产负债表中货币资金期末余额－货币资金期初余额

3. 如果资产负债表中的货币资金期末余额大于或小于现金流量表中现金及现金等价物期末余额，则可能存在隐匿收入。

1.4 短期投资

短期投资是指小企业购入的能随时变现并且持有时间不准备超过1年（含1年）的投资，包括股票、债券、基金等。

1.4.1 科目核算内容

"短期投资"科目核算小企业购入的能随时变现并且持有时间不准备超过1年（含1年）的投资。小企业应按照股票、债券、基金等短期投资种类进行明细核算，期末借方余额反映持有的短期投资成本，其对应的科目一般有"银行存款""应收股利""应收利息""投资收益"等。

1. 小企业购入各种股票、债券、基金等作为短期投资的，应当按照实际支付的购买价款和相关税费，借记"短期投资"科目，贷记"银行存款"科目。

（1）小企业购入股票，如果实际支付的购买价款中包含已宣告但尚未发放的现金股利，应当按照实际支付的购买价款和相关税费扣除已宣告但尚未发放的现金股利后的金额，借记"短期投资"科目，按照应收的现金股利，借记"应收股利"科目，按照实际支付的购买价款和相关税费，贷记"银行存款"科目。

（2）小企业购入债券，如果实际支付的购买价款中包含已到付息期但尚未领取的债券利息，应当按照实际支付的购买价款和相关税费扣除已到付息期但尚未领取的债券利息后的金额，借记"短期投资"科目，按照应收的债券利息，借记"应收利息"科目，按照实际支付的购买价款和相关税费，贷记"银行存款"科目。

2. 在短期投资持有期间，被投资单位宣告分派的现金股利，借记"应收股利"科目，贷记"投资收益"科目；在债务人应付利息日，按照分期付息、一次还本债券投资的票面利率计算的利息收入，借记"应收利息"科目，贷记"投资收益"科目。

3. 出售短期投资，按照实际收到的出售价款，借记"银行存款"或"库存现金"科目，按照该项短期投资的账面余额，贷记"短期投资"科目，按照尚未收到的现金股利或债券利息，贷记"应收股利"或"应收利息"科目，按照其差额，贷记或借记"投资收益"科目。

[例1-14] 2022年1月A公司从银行买入按年付息的B公司债券100 000元（含已到付息期但尚未领取的2021年债券利息5 000元），2月收到2021年债券利息5 000元，3月A公司将B公司债券以107 000元卖出。会计分录如下：

2022年1月购买短期债券时：

借：短期投资——债券投资	95 000
应收利息——B 公司	5 000
贷：银行存款	100 000

2022 年 2 月收到 2021 年债券利息时：

借：银行存款	5 000
贷：应收利息——B 公司	5 000

2022 年 3 月处置短期债券时：

借：银行存款	107 000
贷：短期投资——债券投资	95 000
投资收益	12 000

1.4.2　涉税解析

1. 企业一般以现金或银行存款取得短期投资。取得短期投资时，按照购买价款和相关税费作为成本进行计量。实际支付价款中包含的已宣告但尚未发放的现金股利或已到付息期但尚未领取的债券利息，应当单独确认为应收股利或应收利息，不计入短期投资的成本。

[例1-15] 2022 年 3 月 1 日，A 公司以银行存款 70 000 元购入 C 公司普通股股票 10 000 股，其中 1 000 元为 C 公司已宣告而尚未分派的现金股利。A 公司于 4 月 1 日收到 C 公司发放的现金股利。会计处理如下：

购入 C 公司普通股股票时，会计分录为：

借：短期投资——股票投资	69 000
应收股利——C 公司	1 000
贷：银行存款	70 000

收到现金股利时，会计分录为：

借：银行存款	1 000
贷：应收股利——C 公司	1 000

[特别提示]

（1）实际支付的价款中包含的已宣告而尚未分派的现金股利 1 000 元，实际是 A 公司所持有的一笔债权，而不是投资持有收益，因此无须作投资持有收益补税。

（2）A 公司短期投资计税成本为 69 000 元，而非 70 000 元。

2. 企业对外进行权益性投资和债权性投资形成的投资资产，在投资期间，其成本在计算应纳税所得额时不得扣除；在转让或者处置时，其成本才准予在计算应纳税所得额时扣除。

投资资产按照以下方法确定成本：通过支付货币资金方式取得的投资资产，以购买价款为成本；通过非货币资金方式取得的投资资产，以该资产的公允价值和支付的相关税费为成本。

3. 企业取得股息、红利等权益性投资收益，除国务院财政、税务主管部门另有规定外，按照被投资方作出利润分配决定的日期确认收入的实现；利息收入等债权性投资收益，按照合同约定的债务人应付利息的日期确认收入的实现。

4. 企业在短期投资持有期间，被投资单位宣告分派的现金股利或在债务人应付利息日按照分期付息、一次还本债券投资的票面利率计算的利息收入，应当计入投资收益。在进行税务处理时，应确定短期投资持有期间取得的股息、红利以及债券利息收入是否符合免征企业所得税条件。

5. 免税收入包括购买国债所得的利息收入；居民企业直接投资于其他居民企业取得的股息、红利等权益性投资收益；在中国境内设立机构、场所的非居民企业从居民企业取得与该机构、场所有实际联系的股息、红利等权益性投资收益。

以上所称股息、红利等权益性投资收益不包括连续持有居民企业公开发行并上市流通的股票不足12个月取得的投资收益。

6. 企业持有各项投资资产期间资产增值或者减值，除国务院财政、税务主管部门规定可以确认损益外，不得调整该资产的计税基础，也就是说短期投资按成本计量，不考虑持有期间的市价波动。

7. 企业出售短期投资，出售价款扣除其账面余额、相关税费后的净额，应当计入投资收益，确认为财产转让所得，征收企业所得税。

续［例1-15］，2022年6月1日，C公司宣告分派现金股利，每10股派2元。2022年6月10日，A公司收到C公司发放的现金股利。2022年7月13日，A公司因急需资金，将上述持有的C公司股票10 000股全部出售，所得收入为82 000元。会计分录如下：

确认应收现金股利2 000元（10 000÷10×2）时：

借：应收股利——C公司　　　　　　　　　　　　　　2 000
　　贷：投资收益　　　　　　　　　　　　　　　　　　　　2 000

收到现金股利时：

借：银行存款　　　　　　　　　　　　　　　　　　　2 000
　　贷：应收股利——C公司　　　　　　　　　　　　　　　2 000

出售持有的C公司全部股票时：

借：银行存款　　　　　　　　　　　　　　　　　　82 000
　　贷：短期投资——股票投资　　　　　　　　　　　　　69 000
　　　　投资收益　　　　　　　　　　　　　　　　　　　13 000

[特别提示]

（1）在股票持有期间取得的股息、分红等权益性投资收益2 000元，因A公司持有该股票不足12个月，所以，不属于企业所得税免税收入，应缴纳企业所得税。

（2）A公司短期投资计税成本为69 000元，出售股票收入82 000元，因此，应将投资收益13 000元，确定为A公司财产转让所得，应计入企业所得税应纳税所得额。

8. 企业投资符合下列条件之一的，减除可收回金额后确认的无法收回的投资，可以作为投资损失在计算应纳税所得额时扣除：被投资方依法宣告破产、关闭、解散、被撤销，或者被依法注销、吊销营业执照的；被投资方财务状况严重恶化，累计发生巨额亏损，已连续停止经营3年以上，且无重新恢复经营改组计划的；对被投资方不具有控制权，投资期限届满或者投资期限已超过10年，且被投资单位因连续3年经营亏损导致资不抵债的；被投资方财务状况严重恶化，累计发生巨额亏损，已完成清算或清算期超过3年以上的；国务院财政、税务主管部门规定的其他条件。

9. 企业向税务机关申报扣除资产损失，需填报企业所得税年度纳税申报表《资产损失税前扣除及纳税调整明细表》（A105090），不必报送资产损失相关资料。企业资产损失相关资料应当完整保存、备查，保证资料的真实性、合法性。

1.4.3 差异分析

1. 小企业会计准则和企业会计准则的差异。

（1）核算科目不同：小企业会计准则规定，金融资产通过"短期投资""长期债券投资""长期股权投资"科目核算；企业会计准则规定，金融资产通过"交易性金融资产"科目核算，企业初始投资交易性金融资产发生的费用，会计上借记"投资收益"科目，税收上，要通过企业所得税年度申报表《纳税调整项目明细表》（A105000）"第6行（五）交易性金融资产初始投资调整第3列"进行调增。

（2）计量方法不同：小企业会计准则规定，短期投资按照成本法计量；企业会计准则规定，交易性金融资产采用成本与市价孰低计价。

（3）减值处理不同：小企业会计准则规定，短期投资不计提跌价损失准备，发生损失时直接冲减资产；企业会计准则规定，交易性金融资产计提跌价损失准备。

2. 会计与税法的差异。

（1）会计规定，短期投资持有期间所获得的现金股利或利息，除已计入应收项目的现金股利或利息外，应于实际收到时冲减投资的账面价值；税法规定，不论企业会计账务中对投资采用何种核算方式，被投资企业会计账务上实际作利润分配处理时，投资方企业应确认投资所得。

（2）会计规定，短期投资在期末或者至少在年度终了时应以成本与市价孰低计价，并将市价低于成本的金额计入短期投资跌价准备；税法规定，除国家税法规定可提取的准备金之外的任何形式的准备金不得税前扣除。

（3）会计规定，已确认跌价损失的短期投资的价值又得以恢复，应在原已确认的投资损失的金额内转回，即增加会计利润；税法规定，企业已提取减值、跌价或坏账准备的资产，如果申报纳税时已调增应纳税所得，因价值恢复或转让处置有关资产而冲销的准备，应允许企业作相反的纳税调整，即税收上提取减值准备在转回时，可作纳税调减处理。

（4）会计规定，短期投资在持有期间不确认投资收益，短期投资只有在出售、转让等情形时才确认投资收益，并且处置投资时，投资的账面价值与实际取得价款的差额，确认为当期投资损益。税法规定，短期投资在持有期间获得的现金股利或利息，作为股权投资所得；对短期投资在出售、转让时，作为处置收益，处置收益应为所获得的处置收入与短期投资计税成本（即短期投资的初始成本，包括买价及为取得短期投资发生的其他相关税费）的差额。

1.5 应收票据

应收票据是指小企业因销售商品（产品或材料）、提供劳务等日常生产经营活动而收到的商业汇票，包括银行承兑汇票和商业承兑汇票。

1.5.1 科目核算内容

"应收票据"科目核算小企业因销售商品（产品或材料）、提供劳务等日常生产经营活动而收到的商业汇票。小企业应按照开出、承兑商业汇票的单位进行明细核算，期末借方余额反映持有的商业汇票的票面金额。

1. 小企业销售商品、提供劳务等收到开出、承兑的商业汇票，按照商业汇票的票面金额，借记"应收票据"科目，按照确认的营业收入，贷记"主营业务收入"等科目；涉及增值税销项税额的，还应贷记"应交税费——应交增值税（销项税额）"科目。

[例1-16] 2022年6月1日，A公司出售给B公司一批货物，价款20 000元，增值税销项税额2 600元，当日收到B公司承兑的商业汇票，面值22 600元，期限6个月。会计分录如下：

借：应收票据　　　　　　　　　　　　　　　　　　　　　　22 600
　　贷：主营业务收入　　　　　　　　　　　　　　　　　　20 000
　　　　应交税费——应交增值税（销项税额）　　　　　　　 2 600

6个月后到期时：

借：银行存款 22 600
　　贷：应收票据 22 600

2. 小企业持未到期的商业汇票向银行贴现，应按照实际收到的金额（即减去贴现息后的净额），借记"银行存款"科目，按照贴现息，借记"财务费用"科目，按照商业汇票的票面金额，贷记"应收票据"科目（银行无追索权情况下）或"短期借款"科目（银行有追索权情况下）。

[例1-17] 2022年3月8日，A公司因销售产品取得面值50 000元，票据到期日为8月7日的不带息商业承兑汇票一张。5月8日因急需资金，A公司持该票据向银行贴现，并与银行签订有关贴现合同，年贴现率为10%，合同条款中注明银行无追索权。会计分录如下：

票据到期值 = 50 000（元）

票据贴现期：3月8日至8月7日共152天（根据算头不算尾的原则，3月份24天，4月份30天，5月份31天，6月份30天，7月份31天，8月份6天）

票据贴现息 = 50 000 × 10% ÷ 360 × 152 = 2 111（元）

票据贴现净额 = 50 000 - 2 111 = 47 889（元）

借：银行存款 47 889
　　财务费用 2 111
　　贷：应收票据 50 000

假如贴现合同中银行有追索权，则会计分录为：

借：银行存款 47 889
　　财务费用 2 111
　　贷：短期借款 50 000

3. 小企业将持有的商业汇票背书转让以取得所需物资，按照应计入取得物资成本的金额，借记"材料采购"或"原材料""库存商品"等科目，按照商业汇票的票面金额，贷记"应收票据"科目，如有差额，借记或贷记"银行存款"等科目；涉及按照税法规定可抵扣的增值税进项税额的，还应借记"应交税费——应交增值税（进项税额）"科目。

[例1-18] 2022年5月20日，A公司将持有面值为40 000元，期限为3个月的不带息应收票据，背书转让给B公司以购入甲材料，该材料价款50 000元，增值税税额6 500元，以转账支票支付材料差价。材料已验收入库。A公司会计分录如下：

借：原材料 50 000
　　应交税费——应交增值税（进项税额） 6 500
　　贷：应收票据 40 000

银行存款　　　　　　　　　　　　　　　　　　　　　　16 500

4. 商业汇票到期，应按照实际收到的金额，借记"银行存款"科目，贷记"应收票据"科目。

[特别提示] 小企业应当设置"应收票据备查簿"，逐笔登记商业汇票的种类、号数和出票日、票面金额、交易合同号和付款人、承兑人、背书人的姓名或单位名称、到期日、背书转让日、贴现日、贴现率和贴现净额以及收款日期和收回金额、退票情况等资料。商业汇票到期结清票款或退票后，在备查簿中应予注销。

1.5.2　涉税解析

1. 小企业无论收到带息的或不带息的应收票据，均应按应收票据的面值入账；带息的应在期末计提利息，并将计提的利息增加应收票据的账面价值。

[例1–19] 2022年6月1日，A公司出售给C公司一批货物，价款100 000元，增值税销项税额13 000元，当日收到C公司承兑的商业汇票，面值113 000元，期限6个月，票面年利率3%。会计分录如下：

6月1日收到商业汇票时：

借：应收票据　　　　　　　　　　　　　　　　　　　113 000
　　贷：主营业务收入　　　　　　　　　　　　　　　100 000
　　　　应交税费——应交增值税（销项税额）　　　　 13 000

6月30日计提利息为282.5元（113 000×3%÷12×1，以后每月都按此数计提利息）时：

借：应收票据　　　　　　　　　　　　　　　　　　　　282.5
　　贷：财务费用　　　　　　　　　　　　　　　　　　282.5

到期时，应收票据账面余额为113 000 + 282.5×6 = 114 695（元）

借：银行存款　　　　　　　　　　　　　　　　　　　114 695
　　贷：应收票据　　　　　　　　　　　　　　　　　114 695

[特别提示] 带息的应收票据，期末计提的利息收入，虽然只是增加了应收票据的账面价值，未独立核算进企业的收入中，但是，却冲减了企业财务费用，变相扩大了企业利润，与企业所得税法的规定相一致。

2. 因付款人无力支付票款，应按应收票据的账面余额将应收票据转入应收账款；若是带息的应收票据，转入"应收账款"科目后，期末不再计提利息，并建立备查簿，待实际收到时再冲减当期的财务费用。

[例1–20] 2022年7月1日，A公司出售给D公司一批货物，价款100 000元，增值税销项税额13 000元，当日收到D公司承兑的商业汇票，面值113 000元，期限6个月。到期后D公司因财务问题，无力支付。会计分录如下：

7月1日收到商业汇票时：

借：应收票据　　　　　　　　　　　　　　　　　　　113 000

　　贷：主营业务收入　　　　　　　　　　　　　　　　100 000

　　　　应交税费——应交增值税（销项税额）　　　　　13 000

6个月到期后D公司无力支付时：

借：应收账款　　　　　　　　　　　　　　　　　　　113 000

　　贷：应收票据　　　　　　　　　　　　　　　　　　113 000

1.6 应收账款

应收账款是指小企业因销售商品、提供劳务等日常生产经营活动，应向购货单位或接受劳务单位收取的款项，主要包括企业销售商品或提供劳务等应向有关债务人收取的价款及代购货单位垫付的包装费、运杂费等。

1.6.1 科目核算内容

"应收账款"科目核算小企业因销售商品、提供劳务等日常生产经营活动，应向购货单位或接受劳务单位收取的款项。小企业应按照对方单位（或个人）进行明细核算，期末借方余额反映尚未收回的应收账款。

1. 小企业因销售商品或提供劳务形成应收账款，按照应收金额，借记"应收账款"科目，按照税法规定应交纳的增值税销项税额，贷记"应交税费——应交增值税（销项税额）"科目，按照其差额，贷记"主营业务收入"或"其他业务收入"科目。

2. 小企业收回应收账款，借记"银行存款"或"库存现金"科目，贷记"应收账款"科目。

3. 按照小企业会计准则规定确认应收账款实际发生的坏账损失，应当按照可收回的金额，借记"银行存款"等科目，按照其账面余额，贷记"应收账款"科目，按照其差额，借记"营业外支出"科目。

［例1－21］2022年5月10日，A公司出售给B公司一批货物，价款100 000元，增值税销项税额13 000元，定于1个月后货款到账。会计分录如下：

货物已发出，款项尚未收到，会计分录为：

借：应收账款　　　　　　　　　　　　　　　　　　　113 000

　　贷：主营业务收入　　　　　　　　　　　　　　　　100 000

　　　　应交税费——应交增值税（销项税额）　　　　　13 000

1 个月后收回货款时，会计分录为：

借：银行存款　　　　　　　　　　　　　　　　　113 000
　　贷：应收账款　　　　　　　　　　　　　　　　　　　113 000

假设 1 个月后，因特殊原因，A 公司只收回货款 50 000 元，另外 63 000 元成坏账损失，会计分录为：

借：银行存款　　　　　　　　　　　　　　　　　50 000
　　营业外支出　　　　　　　　　　　　　　　　 63 000
　　贷：应收账款　　　　　　　　　　　　　　　　　　　113 000

［特别提示］

（1）不单独设置"预收账款"科目的企业，预收的账款也在"应收账款"科目核算，直接记入"应收账款"科目的贷方。

（2）如果"应收账款"科目期末为贷方余额，应该在资产负债表中的"预收账款"项目列示。

1.6.2　涉税解析

1. 虚构应收账款业务，虚增收入，虚增利润，粉饰经营业绩。这方面主要涉及企业向金融部门融资借贷，往往会通过"应收账款"科目虚增销售，最后导致年度或当期的会计报告期的利润表反映的主营业务收入、利润总额虚增。

2. 重点关注对发生的应收账款业务不进行核算，少计收入，影响利润；将已收回的"应收账款"不按规定及时结转，长期挂账，达到挪用收回款项的目的。

3. 在现金折扣的情况下，应收账款的入账金额采用总价法，即应收账款按未抵减销货折扣前的总额作为入账金额。在实际工作中，有的单位往往采取净额法入账，以达到少纳税的目的。

4. 核销坏账损失时不履行备案手续；随意变更坏账损失处理方法，直接转销法和备抵法混用；人为扩大计提范围和计提比例，以达到多提坏账准备金，多列管理费用，少缴所得税的目的；不按坏账确认的条件确认坏账发生，如将预计可收回的应收账款作为坏账处理，将本该确认为坏账的应收账款长期挂账，造成资产不实。

5. 小企业应收、预付账款符合下列条件之一的，减除可收回金额后确认的无法收回的应收、预付款项，可以作为坏账损失在计算应纳税所得额时扣除：债务人依法宣告破产、关闭、解散、被撤销，或者被依法注销、吊销营业执照，其清算财产不足清偿的；债务人死亡，或者依法被宣告失踪、死亡，其财产或者遗产不足清偿的；债务人逾期 3 年以上未清偿，且有确凿证据证明已无力清偿债务的；与债务人达成债务重组协议或法院批准破产重整计划后，无法追偿的；因自然灾害、战争等不可抗力导致无法收回的；国务院财政、税务主管部门规定的其他条件。

6. 企业应收及预付款项坏账损失应依据以下相关证据材料确认：相关事项合同、协议或说明；属于债务人破产清算的，应有人民法院的破产、清算公告；属于诉讼案件的，应出具人民法院的判决书或裁决书或仲裁机构的仲裁书，或者被法院裁定终（中）止执行的法律文书；属于债务人停止营业的，应有工商部门注销、吊销营业执照证明；属于债务人死亡、失踪的，应有公安机关等有关部门对债务人个人的死亡、失踪证明；属于债务重组的，应有债务重组协议及其债务人重组收益纳税情况说明；属于自然灾害、战争等不可抗力而无法收回的，应有债务人受灾情况说明以及放弃债权申明。

7. 企业逾期1年以上且单笔数额不超过5万元或者不超过企业年度收入总额万分之一的应收款项和企业逾期3年以上的应收款项，会计规定已作为损失处理的，可以作为坏账损失。

8. 企业向税务机关申报扣除资产损失，需填报企业所得税年度纳税申报表《资产损失税前扣除及纳税调整明细表》（A105090），不必报送资产损失相关资料。企业资产损失相关资料应当完整保存、备查，保证资料的真实性、合法性。

9. 企业已做坏账损失处理后又收回的应收及预付等账款，应计入企业当期收入，计算缴纳企业所得税。

10. 有的企业将"应收账款"科目期末为贷方余额，不在资产负债表中的"预收账款"项目列示，而是在资产负债表中的"应收账款"项目以负数的形式列示，从而达到享受小型微利企业税收优惠资产需要的条件。

11. 如果应收账款余额巨大，且长期挂账，可能存在虚开发票或隐瞒收入。会计分录一般是借记"应收账款"科目，贷记"应付账款（其他应付款）"科目。

12. 如果应收账款本期余额大幅增加，但利润表中营业收入增加额不同步，可能存在隐瞒收入。一般用以下公式进行校验：

应收账款的增加数＞利润表中营业收入×（1＋企业适用的增值税税率）

13. 应收账款余额大幅减少，但货币资金没有同步增加。关注执行企业会计准则的企业是否对长期挂账的应收账款计提坏账准备或核销坏账；是否发生了债务重组。税法规定，企业计提的坏账准备不允许税前扣除。要注意企业是否进行了纳税调整；对企业的坏账损失和债务重组损失，要关注企业是否申报了企业所得税年度纳税申报表《资产损失税前扣除及纳税调整明细表》（A105090）《企业重组及递延纳税事项纳税调整明细表》（A105100）。

1.6.3 差异分析

1. 小企业会计准则规定，应收及预付款项不计提坏账准备金，坏账损失采用的是直接转销法，而非备抵法。

2. 企业会计准则规定，应收及预付款项可计提坏账准备金，坏账损失采用的是备抵法。

1.7 预付账款

预付账款是指小企业按照合同规定预付的款项，包括根据合同规定预付的购货款、租金、工程款等。

1.7.1 科目核算内容

"预付账款"科目核算小企业按照合同规定预付的款项。小企业应按照对方单位（或个人）进行明细核算，期末借方余额反映预付的各种款项。

1. 小企业购货而预付的款项，借记"预付账款"科目，贷记"银行存款"等科目。收到所购物资，按照应计入购入物资成本的金额，借记"在途物资"或"原材料""库存商品"等科目，按照税法规定可抵扣的增值税进项税额，借记"应交税费——应交增值税（进项税额）"科目，按照应支付的金额，贷记"预付账款"科目。补付的款项，借记"预付账款"科目，贷记"银行存款"等科目；退回多付的款项，做相反的会计分录。

［例 1-22］2022 年 6 月 7 日，A 公司向 B 公司预付材料款 50 000 元。会计分录如下：

借：预付账款——B 公司　　　　　　　　　　　　　　　　　50 000
　　贷：银行存款　　　　　　　　　　　　　　　　　　　　　50 000

收到材料并验收入库，增值税专用发票上注明货款 300 000 元，增值税税额 39 000 元，会计分录为：

借：原材料　　　　　　　　　　　　　　　　　　　　　　　300 000
　　应交税费——应交增值税（进项税额）　　　　　　　　　　39 000
　　贷：预付账款——B 公司　　　　　　　　　　　　　　　339 000

补付货款时，会计分录为：

借：预付账款——B 公司　　　　　　　　　　　　　　　　289 000
　　贷：银行存款　　　　　　　　　　　　　　　　　　　289 000

2. 小企业进行在建工程预付的工程价款，也通过"预付账款"科目核算。按照合同规定预付的工程价款，借记"预付账款"科目，贷记"银行存款"等科目。按照工程进度和合同规定结算的工程价款，借记"在建工程"科目，贷记"预付账款""银行存款"等科目。

[例1-23] 2022年7月8日，A公司与B公司签订建筑承包合同，预付工程价款100 000元由B公司施工建设新厂房，工期1个月。会计分录如下：

借：预付账款——B公司　　　　　　　　　　100 000
　　贷：银行存款　　　　　　　　　　　　　　　　100 000

1个月后，结算工程价款150 000元时：

借：在建工程　　　　　　　　　　　　　　　150 000
　　贷：预付账款——B公司　　　　　　　　　　　100 000
　　　　银行存款　　　　　　　　　　　　　　　　50 000

3. 按照小企业会计准则规定确认预付账款实际发生的坏账损失，应按照可收回的金额，借记"银行存款"等科目，按照其账面余额，贷记"预付账款"科目，按照其差额，借记"营业外支出"科目。

[特别提示]

（1）预付款项情况不多的小企业，也可以不设置"预付账款"科目，将预付的款项直接记入"应付账款"科目借方。

（2）如果"预付账款"科目期末为贷方余额，应该在资产负债表中的"应付账款"项目列示。

1.7.2　涉税解析

预付账款与应收账款同属于企业的债权，但应收账款主要是与企业的销售业务有关，通常转化为货币，而预付账款往往与企业的采购业务有关，它将转化为企业的材料、商品或设备的采购，构成存货或固定资产，并且金额较大。

1. 凡与企业进货有关的业务，一般需要签订购销合同；签订合同的购货业务需要缴纳购销合同印花税。

2. 根据"预付账款"的性质、用途、结构，侧重于对其借、贷方发生额的检查，判断企业是否利用"往来"账户截留收入，逃避纳税。

3. 企业发生无法收回的应收及预付款项时，计入营业外支出，同时直接冲减应收及预付款项；预付账款损失以后又收回的，应并入当期应纳税所得额征收企业所得税。

4. 企业向税务机关申报扣除资产损失，需填报企业所得税年度纳税申报表《资产损失税前扣除及纳税调整明细表》（A105090），不必报送资产损失相关资料。企业资产损失相关资料应当完整保存、备查，保证资料的真实性、合法性。

5. 重点关注假预付账款之名，行融资之实。这种情况一般发生在母子公司之间。

6. 重点关注利用预付账款隐瞒收入。这种情况建筑业挂靠资质公司较多。

1.7.3 差异分析

小企业会计准则规定,企业应收及预付款项坏账损失采用的是直接转销法,不计提坏账准备;企业会计准则规定,企业应收及预付款项可以计提坏账准备。

1.8 应收股利

应收股利是指小企业应收取的现金股利或利润。

"应收股利"科目核算小企业应收取的现金股利或利润。小企业应按照被投资单位进行明细核算,期末借方余额反映尚未收到的现金股利或利润。

1. 小企业购入股票,如果实际支付的购买价款中包含已宣告但尚未发放的现金股利,应当按照实际支付的购买价款和相关税费扣除已宣告但尚未发放的现金股利后的金额,借记"短期投资"或"长期股权投资"科目,按照应收的现金股利,借记"应收股利"科目,按照实际支付的购买价款和相关税费,贷记"银行存款"科目。

2. 小企业在短期投资或长期股权投资持有期间,被投资单位宣告分派现金股利或利润,应当按照本企业应享有的金额,借记"应收股利"科目,贷记"投资收益"科目。

3. 小企业实际收到现金股利或利润,借记"银行存款"等科目,贷记"应收股利"科目。

[特别提示] 具体核算办法与涉税解析内容参见本章"短期投资""长期股权投资"。

1.9 应收利息

"应收利息"科目核算小企业债券投资应收取的利息。小企业应按照被投资单位进行明细核算,期末借方余额反映尚未收到的债券利息。

1. 小企业购入债券,如果实际支付的购买价款中包含已到付息期但尚未领取的债券利息,应当按照实际支付的购买价款和相关税费扣除应收的债券利息后的金额,借记"短期投资"或"长期债券投资"科目,按照应收的债券利息,借记"应收利息"科目,按照实际支付的购买价款和相关税费,贷记"银行存款"科目。

2. 小企业在长期债券投资持有期间，在债务人应付利息日，按照分期付息、一次还本债券投资的票面利率计算的利息收入，借记"应收利息"科目，贷记"投资收益"科目；按照一次还本付息债券投资的票面利率计算的利息收入，借记"长期债券投资——应计利息"科目，贷记"投资收益"科目。

3. 小企业实际收到债券利息，借记"银行存款"等科目，贷记"应收利息"科目。

[特别提示] 具体核算办法与涉税解析内容参见本章"短期投资""长期债券投资"。

1.10 其他应收款

其他应收款是指小企业除应收票据、应收账款、预付账款、应收股利、应收利息等以外的其他各种应收及暂付款项，包括各种应收的赔款、应向职工收取的各种垫付款项等。

1.10.1 科目核算内容

"其他应收款"科目核算小企业除应收票据、应收账款、预付账款、应收股利、应收利息等以外的其他各种应收及暂付款项。小企业应按照对方单位（或个人）进行明细核算，期末借方余额反映尚未收回的其他应收款项。

1. 小企业发生的其他各种应收款项，借记"其他应收款"科目，贷记"库存现金""银行存款""固定资产清理"等科目。

2. 小企业收回其他各种应收款项，借记"库存现金""银行存款""应付职工薪酬"等科目，贷记"其他应收款"科目。

3. 按照小企业会计准则规定确认其他应收款实际发生的坏账损失，应当按照可收回的金额，借记"银行存款"等科目，按照其账面余额，贷记"其他应收款"科目，按照其差额，借记"营业外支出"科目。

[特别提示] 小企业出口货物按照税法规定应予退回的增值税款，通过"其他应收款"科目核算。纳税人出口货物按规定计算的应收出口退税额，借记"其他应收款"科目，贷记"应交税费——应交增值税（出口退税）"科目；收到出口退税时，借记"银行存款"科目，贷记"其他应收款"科目。

[例1-24] 2022年5月10日，A公司（执行小企业会计准则）实现一批商品出口，产生出口退税业务，应退回已缴增值税15 000元。会计分录如下：

```
借：应收出口退税款（其他应收款）——出口退税         15 000
    贷：应交税费——应交增值税（出口退税）              15 000
```
收到出口退税款项时：
```
借：银行存款                                        15 000
    贷：应收出口退税款（其他应收款）——出口退税        15 000
```

《财政部关于印发〈增值税会计处理规定〉的通知》（财会〔2016〕22号）规定，为核算纳税人出口货物应收取的出口退税款，设置"应收出口退税款"科目，该科目借方反映销售出口货物按规定向税务机关申报应退回的增值税、消费税等，贷方反映实际收到的出口货物应退回的增值税、消费税等。期末借方余额，反映尚未收到的应退税额。

未实行"免、抵、退"办法的一般纳税人出口货物按规定退税的，按规定计算的应收出口退税额，借记"应收出口退税款"科目，贷记"应交税费——应交增值税（出口退税）"科目，收到出口退税时，借记"银行存款"科目，贷记"应收出口退税款"科目；退税额低于购进时取得的增值税专用发票上的增值税税额的差额，借记"主营业务成本"科目，贷记"应交税费——应交增值税（进项税额转出）"科目。

1.10.2 涉税解析

企业在生产经营活动中，除形成大量的应收账款、应收票据等经营性债权外，还会发生各种应收、暂付的往来款项，形成企业的非经营性债权。"其他应收款"科目就常被用来记载这些性质不明确的经济业务内容，而且内容繁多，每笔金额较小，多数用现金结算。因此，有的纳税人惯于用此账户调节费用和收入。

"其他应收款"应着重分析其发生额，关注其明细核算内容：

1. 重点关注是否是股东撤资或减少投资。如果股东借款金额超过出资额20%的，应查看相关借款凭证、还款凭证和相应的银行记录，并了解借款原因及款项是否及时归还，借此判断真实情况是否为股东以借资的形式撤资或减少投资。如果是股东从被投资企业撤回或减少投资，其取得的资产中，相当于初始出资的部分，应确认为投资收回；相当于被投资企业累计未分配利润和累计盈余公积按减少实收资本比例计算的部分，应确认为股息所得；其余部分确认为投资资产转让所得。以此确定撤资或减少投资的股东是否按相关规定履行了纳税义务。

2. 重点关注是否是股东或企业其他人借资。如果投资者个人、投资者家庭成员或企业其他人员向企业借款用于购买房屋及其他财产，将所有权登记为投资者、投资者家庭成员或企业其他人员且借款年度终了后未归还借款的，实质均为企业对个人进行了实物性质的分配，要依法计征个人所得税；如果纳税年度内投资者从其投资企业借款，在该纳税年度终了后既不归还，又未用于企业生产经营的，其未归还的借款可视为企业对个人投资者的红利分配,依照"利息、股息、红利所得"项目计征个人所得税。

[例1-25] 2021年2月,A公司职工李某向公司借款20 000元,李某每月工资4 000元,到2022年3月仍未还款。

由于李某属于"企业其他人员",则A公司应按"工资、薪金所得"代扣代缴李某的个人所得税。

[例1-26] 2021年2月,A公司投资人之一黄某向公司借款500万元,2022年3月仍未归还借款。

由于黄某是企业股东之一,则A公司应按"利息、股息、红利所得"代扣代缴黄某个人所得税。

3. 重点关注是否是企业向其他单位或个人提供资金使用。应结合"应收利息"科目进行分析。企业向其他单位或个人提供资金使用而取得的收入,包括欠款利息收入、资金占用费收入等,只要是发生将资金贷与他人使用的行为,无论是否是关联方,均应视为贷款行为,按"金融服务"项目征收增值税。

4. 重点关注是否是企业关联方借款。如是关联方借款,借款协议规定的利率是否符合银行同期贷款利率,是否按规定收取利息,是否开具合法票据,是否按规定缴纳各项税金及附加。

5. 重点关注"其他应收款"明细账,如果发现其余额出现借方红字(或为贷方余额)的情况,应逐笔查看相关的收、付款凭证,查明原因,分析是否是企业收入"挂账",延迟确认收入或不确认收入。

6. 对其他应收款账龄进行分析。对账龄较长的尤其是长期"挂账"不动的其他应收款,确定其款项性质,如果属于对外投资借款,应进一步核实是否按期确认投资收益。

7. 在"其他应收款"科目中核算的出口退回的增值税税款应征收城市维护建设税和教育费附加等。

1.10.3 差异分析

1. 小企业会计准则规定,在一般企业财务报表格式中,"应收股利""应收利息"及"其他应收款"科目在资产负债表中分项列示。

2. 企业会计准则规定,在一般企业财务报表格式中,"应收股利""应收利息"科目归并至资产负债表中"其他应收款"项目。

1.11 材料采购

材料采购是指小企业采用计划成本法进行材料日常核算而购入的各种材料采购成本。

1.11.1 科目核算内容

"材料采购"科目核算小企业采用计划成本法进行材料日常核算而购入各种材料的采购成本。小企业应按照供应单位和材料品种进行明细核算,期末借方余额反映已经收到发票账单,但材料尚未到达或尚未验收入库的在途材料的采购成本。

1. 小企业外购材料,应当按照发票账单所列购买价款、运输费、装卸费、保险费以及在外购材料过程发生的其他直接费用,借记"材料采购"科目,按照税法规定可抵扣的增值税进项税额,借记"应交税费——应交增值税(进项税额)"科目,按照购买价款、相关税费、运输费、装卸费、保险费以及在外购材料过程发生的其他直接费用,贷记"库存现金""银行存款""其他货币资金""预付账款""应付账款"等科目。

[例1-27] 2022年5月20日,A公司向B公司购入甲材料300千克,买价90 000元,购入乙材料700千克,买价140 000元,增值税进项税额29 900元,款项尚未支付。以银行存款支付采购运杂费1 500元。会计分录如下:

借:材料采购——甲材料　　　　　　　　　　　　　90 000
　　　　　　——乙材料　　　　　　　　　　　　　140 000
　　应交税费——应交增值税(进项税额)　　　　　29 900
　　贷:应付账款——B公司　　　　　　　　　　　259 900

以银行存款支付采购运杂费1 500元时:

运杂费分配率 = 1 500 ÷ (300 + 700) = 1.5(元/千克)

甲材料负担 = 300 × 1.5 = 450(元)

乙材料负担 = 700 × 1.5 = 1 050(元)

借:材料采购——甲材料　　　　　　　　　　　　　450
　　　　　　——乙材料　　　　　　　　　　　　　1 050
　　贷:银行存款　　　　　　　　　　　　　　　　1 500

结转甲、乙材料的实际采购成本并验收入库时:

甲材料的采购成本 = 90 000 + 450 = 90 450(元)

乙材料的采购成本 = 140 000 + 1 050 = 141 050（元）

借：原材料——甲材料　　　　　　　　　　　　　　90 450
　　　　　——乙材料　　　　　　　　　　　　　　141 050
　　贷：材料采购——甲材料　　　　　　　　　　　　90 450
　　　　　　　　——乙材料　　　　　　　　　　　　141 050

开出转账支票，以银行存款偿还 B 公司的账款时：

借：应付账款——B 公司　　　　　　　　　　　　　259 900
　　贷：银行存款　　　　　　　　　　　　　　　　　259 900

2. 材料已经收到，但尚未办理结算手续的，可暂不作会计分录；待办理结算手续后，再根据所付金额或发票账单的应付金额，借记"材料采购"科目，贷记"银行存款"等科目。

3. 小企业向供应单位、运输机构等收回的材料短缺或其他应冲减材料采购成本的赔偿款项，应根据有关的索赔凭证，借记"应付账款"或"其他应收款"科目，贷记"材料采购"科目。因自然灾害等发生的损失和尚待查明原因的途中损耗，先记入"待处理财产损溢"科目，查明原因后再作处理。

4. 月末，应将仓库转来的外购收料凭证，分别以下列不同情况进行处理：

（1）对于收到发票账单的收料凭证（包括本月付款或开出承兑商业汇票的上月收料凭证），应按照实际成本和计划成本分别汇总，并按照计划成本，借记"原材料""周转材料"等科目，贷记"材料采购"科目；将实际成本大于计划成本的差异，借记"材料成本差异"科目，贷记"材料采购"科目，实际成本小于计划成本的差异做相反的会计分录。

（2）对于尚未收到发票账单的收料凭证，应按照计划成本暂估入账，借记"原材料""周转材料"等科目，贷记"应付账款——暂估应付账款"科目；下月初用红字做同样的会计分录予以冲回，以便下月收到发票账单等结算凭证时，按照正常程序进行账务处理。

[例 1-28] 2022 年 5 月 10 日，A 公司从 C 公司购入丙材料 3 000 千克，合同价（不含税价）每千克 2 元，已入库，尚未收到结算凭证，货款尚未支付。6 月 10 日，上述材料到达，材料含税价每千克 1.90 元，货款及税款均以银行存款支付。

若 A 公司原材料采用实际成本核算，暂估价应按合同价。会计分录如下：

5 月 10 日购入丙材料时：

借：原材料——丙材料　　　　　　　　　　　　　　6 000
　　贷：应付账款——暂估应付账款　　　　　　　　　6 000

6 月 1 日红字冲回时：

借：原材料——丙材料　　　　　　　　　　　　　　6 000

贷：应付账款——暂估应付账款　　　　　　　　　　　　　　6 000

6 月 10 日据凭证进行结算时：

借：原材料——丙材料　　　5 044.25　[1.9×3 000÷（1+13%）]
　　应交税费——应交增值税（进项税额）655.75　[1.9×3 000÷（1+13%）×13%]
　　贷：银行存款　　　　　　　　　　　　　　　　　　　　5 700

若 A 公司原材料采用计划成本核算，计划单价为每千克 2 元，暂估价应按计划价。会计分录如下：

5 月 10 日入丙材料时：

借：原材料——丙材料　　　　　　　　　　　　　　　　　　6 000
　　贷：应付账款——暂估应付账款　　　　　　　　　　　　6 000

6 月 1 日红字冲回时：

借：原材料——丙材料　　　　　　　　　　　　　　　　　　6 000
　　贷：应付账款——暂估应付账款　　　　　　　　　　　　6 000

6 月 10 日据凭证进行结算时：

借：材料采购——丙材料　　　　　　　　　　　　　　　5 044.25
　　应交税费——应交增值税（进项税额）　　　　　　　　655.75
　　贷：银行存款　　　　　　　　　　　　　　　　　　　5 700
借：原材料——丙材料　　　　　　　　　　　　　　　　6 000
　　贷：材料采购——丙材料　　　　　　　　　　　　　5 044.25
　　　　材料成本差异——原材料　　　　　　　　　　　　955.75

[特别提示]

（1）小企业采用实际成本法进行材料、商品等物资日常核算的，尚未到达或尚未验收入库的各种物资的实际采购成本，在"在途物资"科目核算。

（2）委托外单位加工材料、商品的加工成本，在"委托加工物资"科目核算。

1.11.2　涉税解析

1. 材料采购成本包括购买价款、相关税费、运输费、装卸费、保险费以及在外购材料过程发生的其他直接费用，但不包括按照税法规定可以抵扣的增值税进项税额。

（1）材料采购的相关税费，具体为小企业购入材料或商品发生的进口关税、消费税、资源税和不能抵扣的增值税进项税额等应计入材料采购成本的税费。

（2）外购材料过程中发生的其他直接费用，具体为仓储费、包装费、运输途中的合理损耗、入库前的挑选整理费用等。

2. 企业通过材料采购取得存货，支付或者负担的增值税税额为进项税额。下列进项税额准予从销项税额中抵扣：

（1）从销售方取得的增值税专用发票上注明的增值税税额。

（2）从海关取得的海关进口增值税专用缴款书上注明的增值税税额。

（3）购进农产品，按照农产品收购发票或者销售发票上注明的农产品买价乘以税收规定的扣除率计算的进项税额。

进项税额计算公式：进项税额 = 买价 × 扣除率

（4）购进或者销售货物支付运输费用的，按照运输费用结算单据上注明的运输费用金额（不包括装卸费、保险费等其他杂费）乘以税收规定的扣除率计算的进项税额。

进项税额计算公式：进项税额 = 运输费用金额 × 扣除率

3. 企业通过材料采购取得存货，下列项目的进项税额不得从销项税额中抵扣：用于非增值税应税项目、免征增值税项目、集体福利或者个人消费的购进货物；因管理不善造成被盗、丢失、霉烂变质等非正常损失的购进货物；非正常损失的在产品、产成品所耗用的购进货物；国务院财政、税务主管部门规定的纳税人自用消费品；以上四项规定的货物的运输费用。

4. 企业已抵扣进项税额的存货改变用途（用于非增值税应税项目、集体福利或者个人消费）或发生因管理不善造成被盗、丢失、霉烂变质等非正常损失的，应做进项税额转出处理。

5. 一般纳税人企业因客观原因造成增值税扣税凭证逾期的，可按照《国家税务总局关于逾期增值税扣税凭证抵扣问题的公告》的规定，申请办理逾期抵扣手续。

6. 企业采购过程中发生的物资毁损、短缺等，除合理的途耗计入采购成本外，应区别不同情况进行处理：从供货单位、外部运输机构等收回的物资短缺或其他赔款，应冲减所购物资的采购成本；遭受意外灾害发生的损失和尚待查明原因的途中损耗，暂作为待处理财产损溢进行核算，查明原因后，结转计入其他应收款或营业外支出、管理费用等。

7. 企业当年度实际发生的材料采购相关成本、费用，由于各种原因未能及时取得该成本、费用的有效凭证，在预缴企业所得税时，可暂按账面发生金额进行核算；但在汇算清缴时，企业应补充提供该成本、费用的有效凭证。

1.12 在途物资

在途物资是指小企业采用实际成本法进行材料、商品等物资的日常核算、尚未到达或尚未验收入库的各种物资。

1.12.1 科目核算内容

"在途物资"科目核算小企业采用实际成本法进行材料、商品等物资的日常核算、尚未到达或尚未验收入库的各种物资的实际采购成本。小企业应按照供应单位和物资品种进行明细核算,期末借方余额反映已经收到发票账单,但材料或商品尚未到达或尚未验收入库的在途材料、商品等物资的采购成本。

1. 小企业外购材料、商品等物资,应当按照发票账单所列购买价款、运输费、装卸费、保险费以及在外购材料过程发生的其他直接费用,借记"在途物资"科目,按照税法规定可抵扣的增值税进项税额,借记"应交税费——应交增值税(进项税额)"科目,按照购买价款、相关税费、运输费、装卸费、保险费以及在外购物资过程发生的其他直接费用,贷记"库存现金""银行存款""其他货币资金""预付账款""应付账款"等科目。

[例1-29] 2022年5月5日,A公司向B公司购入甲材料500千克,买价100 000元,购入乙材料1 000千克,买价200 000元,增值税进项税额39 000元,以银行存款支付。材料于5月25日验收入库。会计分录如下:

支付价款时:

借:在途物资——甲材料　　　　　　　　　　　　　　100 000
　　　　　　——乙材料　　　　　　　　　　　　　　200 000
　　应交税费——应交增值税(进项税额)　　　　　　　39 000
　　贷:银行存款　　　　　　　　　　　　　　　　　339 000

验收入库时:

借:原材料——甲材料　　　　　　　　　　　　　　　100 000
　　　　　——乙材料　　　　　　　　　　　　　　　200 000
　　贷:在途物资——甲材料　　　　　　　　　　　　100 000
　　　　　　　　——乙材料　　　　　　　　　　　　200 000

2. 材料已经收到,但尚未办理结算手续的,可暂不作会计分录;待办理结算手续后,再根据所付金额或发票账单的应付金额,借记"在途物资"科目,贷记"银行存款"等科目。

3. 小企业向供应单位、外部运输机构等收回的材料或商品短缺或其他应冲减材料或商品采购成本的赔偿款项,应根据有关的索赔凭证,借记"应付账款"或"其他应收款"科目,贷记"在途物资"科目。因自然灾害等发生的损失和尚待查明原因的途中损耗,先记入"待处理财产损溢"科目,查明原因后再作处理。

[例1-30] 2022年5月20日,A公司外购材料一批,每千克200元,数量1 000千克,增值税税率13%,款项以银行存款支付。5月22日该批材料运达企业,验收时

发现材料短缺 50 千克，经查明原因系运输公司责任，其同意进行赔偿。A 公司会计分录如下：

外购材料时：

借：在途物资　　　　　　　　　　　　　　　　　　　　　200 000
　　应交税费——应交增值税（进项税额）　　　　　　　　 26 000
　　贷：银行存款　　　　　　　　　　　　　　　　　　　226 000

发生赔偿时：

借：其他应收款——运输公司　　　　　　　　　　　　　　 11 300
　　贷：在途物资　　　　　　　　　　　　　　　　　　　 10 000
　　　　应交税费——应交增值税（进项税额转出）　　　　 1 300

材料验收入库时：

借：原材料　　　　　　　　　　　　　　　　　　　　　　190 000
　　贷：在途物资　　　　　　　　　　　　　　　　　　　190 000

4. 月末，应将仓库转来的外购材料或商品收料凭证，按照材料或商品分别以下列不同情况进行汇总：

（1）对于收到发票账单的收料凭证（包括本月付款或开出、承兑商业汇票的上月收料凭证），应当按照汇总金额，借记"原材料""周转材料""库存商品"等科目，贷记"在途物资"科目。

（2）对于尚未收到发票账单的收料凭证，应分别材料或商品，并按照估计金额暂估入账，借记"原材料""周转材料""库存商品"等科目，贷记"应付账款——暂估应付账款"科目；下月初用红字做同样的会计分录予以冲回，以便下月收到发票账单等结算凭证时，按照正常程序进行账务处理。

[特别提示] 小企业会计准则规定：小企业（批发业、零售业）在购买商品过程中发生的费用（包括运输费、装卸费、包装费、保险费、运输途中的合理损耗和入库前的挑选整理费等），在"销售费用"科目核算，不在"在途物资"科目核算。

1.12.2　涉税解析

1. 企业在途物资发生的应由其他单位（如承运物资的运输公司）承担的损失或其他非正常的损失，所对应的增值税税额应从该批在途物资进项税额转出，不得从销项税额中抵扣。

2. 企业购进货物取得的增值税扣税凭证不符合法律、行政法规或者国务院税务主管部门有关规定的，其进项税额不得从销项税额中抵扣。

3. 增值税一般纳税人发生真实交易但由于客观原因造成增值税扣税凭证逾期的，经主管税务机关审核、逐级上报，由国家税务总局认证、稽核比对后，对比对相符的增值税扣税凭证,允许纳税人继续抵扣其进项税额。

1.13 原材料

原材料是指小企业库存的各种原料及主要材料、辅助材料、外购半成品(外购件)、修理用备件(备品备件)、包装材料、燃料等。

1.13.1 科目核算内容

"原材料"科目核算小企业库存的各种材料的实际成本或计划成本。小企业应按照材料的保管地点(仓库)、材料的类别、品种和规格等进行明细核算,期末借方余额反映库存材料的实际成本或计划成本。

1. 小企业购入并已验收入库的材料,按照实际成本,借记"原材料"科目,贷记"在途物资""应付账款"等科目。涉及按照税法规定可抵扣的增值税进项税额的,还应当借记"应交税费——应交增值税(进项税额)"科目。

[例1-31] 2022年5月20日,A公司从B公司购入一批货物,增值税专用发票上注明原材料价款200 000元,增值税税额32 000元,材料已验收入库,货款因资金紧张尚未支付。会计分录如下:

借:原材料　　　　　　　　　　　　　　　　　　　　　　200 000
　　应交税费——应交增值税(进项税额)　　　　　　　　 26 000
　　　贷:应付账款　　　　　　　　　　　　　　　　　　 226 000

以后支付货款时:

借:应付账款　　　　　　　　　　　　　　　　　　　　　226 000
　　　贷:银行存款　　　　　　　　　　　　　　　　　　 226 000

2. 购入的材料已经到达并已验收入库,但在月末尚未办理结算手续的,可按照暂估价值入账,借记"原材料""周转材料"等科目,贷记"应付账款——暂估应付账款"科目;下月初用红字做同样的会计分录予以冲回,以便下月收到发票账单等结算凭证时,按照正常程序进行账务处理。

[例1-32] 2022年5月25日,A公司从C公司购入一批货物,合同价款100 000元,已经到达并验收入库,但未收到货物发票尚未办理结算手续。会计分录如下:

借:原材料　　　　　　　　　　　　　　　　　　　　　　100 000
　　　贷:应付账款——暂估应付账款　　　　　　　　　　 100 000

6月1日红字冲回时:

借：原材料　　　　　　　　　　　　　　　　　　　　　　100 000
　　贷：应付账款——暂估应付账款　　　　　　　　　　　　　　100 000

假如 A 公司 6 月 10 日收到该批货物增值税专用发票，注明货款 100 000 元，增值税税额 13 000 元，用银行存款进行结算时：

借：原材料　　　　　　　　　　　　　　　　　　　　　　100 000
　　应交税费——应交增值税（进项税额）　　　　　　　　　　13 000
　　贷：银行存款　　　　　　　　　　　　　　　　　　　　113 000

3. 小企业自制并已验收入库的材料，按照实际成本，借记"原材料"科目，贷记"生产成本"科目。

[例 1-33] 2022 年 7 月 6 日，A 公司车间自制一批材料，已验收入库，生产成本 150 000 元，会计分录如下：

借：原材料　　　　　　　　　　　　　　　　　　　　　　150 000
　　贷：生产成本　　　　　　　　　　　　　　　　　　　　150 000

4. 小企业取得投资者投入的原材料，应当按照评估价值，借记"原材料"科目，贷记"实收资本""资本公积"科目。涉及增值税进项税额的，还应进行相应的账务处理。

[例 1-34] 2022 年 5 月 10 日，A 公司、B 公司、C 公司三方共同投资设立了 X 公司。A 公司以其生产的产品作为投资（X 公司作为原材料管理和核算），该批产品的公允价值为 5 000 000 元。X 公司取得的增值税专用发票上注明的不含税价款为 5 000 000 元，增值税税额为 650 000 元。假定 X 公司的实收资本总额为 10 000 000 元，A 公司在 X 公司享有的份额为 35%。X 公司为一般纳税人，适用的增值税税率为 13%；X 公司采用实际成本法核算存货。

本例中，由于 X 公司为一般纳税人，投资合同约定的该项原材料的价值为 5 000 000 元，因此，X 公司接受的这批原材料的入账价值为 5 000 000 元、增值税税额为 650 000 元单独作为可抵扣的进项税额进行核算。

A 公司在 X 公司享有的实收资本金额 = 10 000 000 × 35% = 3 500 000（元）

A 公司在 X 公司投资的实收资本溢价 = 5 000 000 + 650 000 - 3 500 000 = 2 150 000（元）

X 公司的会计分录如下：

借：原材料　　　　　　　　　　　　　　　　　　　　　　5 000 000
　　应交税费——应交增值税（进项税额）　　　　　　　　　650 000
　　贷：实收资本——A 公司　　　　　　　　　　　　　　　3 500 000
　　　　资本公积——资本溢价　　　　　　　　　　　　　　2 150 000

5. 小企业发给外单位加工的材料，按照实际成本，借记"委托加工物资"科目，贷记"原材料"科目。外单位加工完成并已验收入库的材料，按照加工收回材料的实际成本，借记"原材料"科目，贷记"委托加工物资"科目。

[特别提示] 具体核算办法与涉税解析内容参见本章"委托加工物资"。

6. 小企业生产经营领用材料，按照实际成本，借记"生产成本""制造费用""销售费用""管理费用"等科目，贷记"原材料"科目。

[例 1-35] 2022 年 5 月 31 日，A 公司根据发料单汇总本月发出材料，用于生产车间生产产品领用原材料 560 000 元，辅助车间领用原材料 120 000 元，生产车间领用一般消耗材料 10 000 元，行政管理部门领料 5 000 元。会计分录如下：

借：生产成本——基本生产成本　　　　　　　　　　560 000
　　　　　　——辅助生产成本　　　　　　　　　　120 000
　　制造费用　　　　　　　　　　　　　　　　　　 10 000
　　管理费用　　　　　　　　　　　　　　　　　　　5 000
　　贷：原材料　　　　　　　　　　　　　　　　　695 000

7. 小企业出售材料结转成本，按照实际成本，借记"其他业务成本"科目，贷记"原材料"科目。

[例 1-36] 2022 年 5 月 20 日，A 公司销售一批原材料，售价 3 000 元，增值税销项税额 360 元，价款已收存银行。该批原材料的账面价值 2 000 元。会计分录如下：

借：银行存款　　　　　　　　　　　　　　　　　　3 360
　　贷：其他业务收入　　　　　　　　　　　　　　3 000
　　　　应交税费——应交增值税（销项税额）　　　　360
借：其他业务成本　　　　　　　　　　　　　　　　2 000
　　贷：原材料　　　　　　　　　　　　　　　　　2 000

8. 采用计划成本进行材料日常核算的小企业，日常领用、发出原材料均按照计划成本记账。月末，按照发出各种原材料的计划成本计算应负担的成本差异，借记"生产成本""制造费用""销售费用""管理费用""委托加工物资""其他业务成本"等科目，贷记"材料成本差异"科目；实际成本小于计划成本的差异做相反的会计分录。

9. 小企业清查盘点，发现盘盈、盘亏、毁损的原材料，按照实际成本（或估计价值），借记或贷记"原材料"科目，贷记或借记"待处理财产损溢——待处理流动资产损溢"科目。

[例 1-37] 2022 年 5 月 30 日，A 公司在财产清查中盘盈材料 1 000 千克，按同类材料市场价格计算确定的价值为 60 000 元。会计分录如下：

批准处理前，会计分录为：

借：原材料　　　　　　　　　　　　　　　　　　　60 000
　　贷：待处理财产损溢——待处理流动资产损溢　　60 000

批准处理后，会计分录为：

借：待处理财产损溢——待处理流动资产损溢　　　　　　60 000
　　贷：营业外收入　　　　　　　　　　　　　　　　　　　　60 000

[**特别提示**] 小企业购入的工程用材料，在"工程物资"科目核算，不在"原材料"科目核算。

1.13.2　涉税解析

1. 企业当年度实际发生的原材料相关成本、费用，由于各种原因未能及时取得该成本、费用的有效凭证，在预缴季度所得税时，可暂按账面发生金额进行核算；但在汇算清缴时，企业应补充提供该成本、费用的有效凭证。

2. 小企业取得投资者投入原材料等存货，以该存货的公允价值和支付的税费为成本，允许在计算应纳税所得额时扣除。小企业收到投资者投入原材料等存货时，其增值税进项税额也是投资者投入的股本，应按万分之二点五的税率计算缴纳资金账簿印花税。

3. 投资者以购进的原材料等货物作为投资，提供给其他单位或者个体工商户，一方面属于企业投资行为；另一方面视同企业销售货物，应分别进行相应税务处理。

4. 企业对外销售原材料，取得销售收入作为其他业务收入，相应的原材料成本计入其他业务成本。

5. 企业原材料、库存商品、周转材料等各项存货盘盈，作为企业"营业外收入"，应并入应纳税所得额，计算缴纳企业所得税。

6. 企业原材料、库存商品、周转材料等各项存货盘亏，以存货盘亏金额扣除责任人赔偿后的余额，作为存货损失在计算应纳税所得额时扣除。

应依以下证据材料确认：存货计税成本确定依据；企业内部有关责任认定、责任人赔偿说明和内部核批文件；存货盘点表；存货保管人对于盘亏的情况说明。

7. 小企业原材料、库存商品、周转材料等各项存货报废、毁损或变质损失，以存货的成本扣除残值及责任人赔偿后的余额，作为存货非正常损失在计算应纳税所得额时扣除。

应依以下证据材料确认：存货计税成本的确定依据；企业内部关于存货报废、毁损、变质、残值情况说明及核销资料；涉及责任人赔偿的，应当有赔偿情况说明；该项损失数额较大的（指占企业该类资产计税成本10%以上，或减少当年应纳税所得、增加亏损10%以上），应有专业技术鉴定意见或法定资质中介机构出具的专项报告等。

8. 小企业原材料、库存商品、周转材料等各项存货被盗损失，以存货的成本减除保险赔款和责任人赔偿后的余额，作为存货被盗损失在计算应纳税所得额时扣除。

应依以下证据材料确认：存货计税成本的确定依据；向公安机关的报案记录；涉

及责任人和保险公司赔偿的，应有赔偿情况说明等。

9. 小企业发生原材料、库存商品、周转材料等各项存货盘亏、毁损、报废、被盗等时，不得从增值税销项税额中抵扣进项税额，须从进项税额中转出，但可以与存货损失一起在计算企业所得税应纳税所得额时扣除。

10. 企业发生的原材料、库存商品、周转材料等各项存货损失，需填报企业所得税年度纳税申报表《资产损失税前扣除及纳税调整明细表》（A105090），不必报送资产损失相关资料。企业资产损失相关资料应当完整保存、备查，保证资料的真实性、合法性。

11. 企业在计算应纳税所得额时已经扣除的原材料、库存商品、周转材料等各项存货损失，在以后纳税年度全部或者部分收回时，其收回部分应当作为收入计入收回当期的应纳税所得额。

12. 企业境内、境外营业机构发生的存货损失应分开核算，对境外营业机构由于发生存货损失而产生的亏损，不得在计算境内应纳税所得额时扣除。

1.13.3　差异分析

1. 小企业会计准则规定，投资者投入存货的成本，应当按照评估价值确定。
2. 企业会计准则规定，投资者投入存货的成本，应当按照投资合同或协议约定的价值确定，但合同或协议约定价值不公允的除外。
3. 税法规定，企业通过货币以外的方式取得存货，以该存货的公允价值和支付的税费为成本。

1.14　材料成本差异

材料成本差异是指小企业采用计划成本进行日常核算的材料计划成本与实际成本的差额。

1.14.1　科目核算内容

"材料成本差异"科目核算小企业采用计划成本进行日常核算的材料计划成本与实际成本的差额。小企业应分别"原材料""周转材料"等科目，按照类别或品种进行明细核算。"材料成本差异"科目期末借方余额反映小企业库存材料等的实际成本大于计划成本的差异；贷方余额反映小企业库存材料等的实际成本小于计划成本的差异。

1. 小企业验收入库材料发生的材料成本差异,实际成本大于计划成本的差异,借记"材料成本差异"科目,贷记"材料采购"科目;实际成本小于计划成本的差异做相反的会计分录。入库材料的计划成本应当尽可能接近实际成本,除特殊情况外,计划成本在年度内不得随意变更。

2. 小企业结转发出材料应负担的材料成本差异,按照实际成本大于计划成本的差异,借记"生产成本""管理费用""销售费用""委托加工物资""其他业务成本"等科目,贷记"材料成本差异"科目;实际成本小于计划成本的差异做相反的会计分录。

1.14.2 涉税解析

1. 小企业发出材料应负担的成本差异应当按月分摊,不得在季末或年末一次计算。企业往往对节约额不及时分摊,造成多计材料成本、少计利润、少缴企业所得税。

2. 发出材料应负担的成本差异,除委托外部加工发出材料可按照月初成本差异率计算外,应使用本月的实际成本差异率;月初成本差异率与本月实际成本差异率相差不大的,也可按照月初成本差异率计算。小企业材料成本差异率的计算方法一经确定,不得随意变更。

材料成本差异率的计算公式如下:

(1) 本月材料成本差异率 = (月初结存材料的成本差异 + 本月验收入库材料的成本差异) ÷ (月初结存材料的计划成本 + 本月验收入库材料的计划成本) × 100%

(2) 月初材料成本差异率 = 月初结存材料的成本差异 ÷ 月初结存材料的计划成本 × 100%

(3) 发出材料应负担的成本差异 = 发出材料的计划成本 × 材料成本差异率

3. 重点关注企业是否利用材料成本差异调节原材料成本、调节企业利润。

1.15 库存商品

库存商品是指小企业库存的各种商品,包括库存产成品、外购商品、存放在门市部准备出售的商品、发出展览的商品以及寄存在外的商品等。

1.15.1 科目核算内容

"库存商品"科目核算小企业库存的各种商品的实际成本或售价。小企业应按照库存商品的种类、品种和规格等进行明细核算,期末借方余额反映库存商品的实际成本或售价。

1. 小企业生产的产成品的入库和出库，平时只记数量不记金额，月末计算入库产成品的实际成本。生产完成验收入库的产成品，按照其实际成本，借记"库存商品"科目，贷记"生产成本"等科目；对外销售出库的产成品，借记"主营业务成本"科目，贷记"库存商品"科目。

2. 小企业购入商品到达验收入库后，按照商品的实际成本或售价，借记"库存商品"科目，贷记"库存现金""银行存款""在途物资"等科目。涉及增值税进项税额的，还应进行相应的处理。按照售价与进价之间的差额，贷记"商品进销差价"科目。

购入的商品已经到达并已验收入库，但尚未办理结算手续的，可按照暂估价值入账，借记"库存商品"科目，贷记"应付账款——暂估应付账款"科目；下月初用红字做同样的会计分录予以冲回，以便下月收到发票账单等结算凭证时，按照正常程序进行账务处理。

3. 小企业对外销售商品结转销售成本或售价，借记"主营业务成本"科目，贷记"库存商品"科目。

[例1-38] 2022年6月，A公司发生的部分购销业务如下：10日，完工甲产品100台，单位成本10 000元，实际生产成本1 000 000元，产品验收入库；11日，向外单位购进乙商品100件，单价500元，取得增值税专用发票上注明商品价款为50 000元，增值税税额6 500元，款项已开出支票支付，商品验收入库；20日，对外销售甲产品10件，单位售价11 000元，销售价款计110 000元，销项税额14 300元，货款尚未收到；对外销售乙商品50件，单位售价600元，销售价款计30 000元，销项税额3 900元，货款已存入银行。会计分录如下：

甲产品验收入库时：
借：库存商品——甲产品　　　　　　　　　　　　　　1 000 000
　　贷：生产成本——甲产品　　　　　　　　　　　　　　1 000 000
乙商品入库时：
借：库存商品——乙商品　　　　　　　　　　　　　　50 000
　　应交税费——应交增值税（进项税额）　　　　　　6 500
　　贷：银行存款　　　　　　　　　　　　　　　　　　56 500
销售甲产品时：
借：应收账款　　　　　　　　　　　　　　　　　　　124 300
　　贷：主营业务收入　　　　　　　　　　　　　　　　110 000
　　　　应交税费——应交增值税（销项税额）　　　　　14 300
销售乙商品时：

借：银行存款　　　　　　　　　　　　　　　　　　　33 900
　　贷：主营业务收入　　　　　　　　　　　　　　　　30 000
　　　　应交税费——应交增值税（销项税额）　　　　 3 900
月末结转成本时：
借：主营业务成本——甲产品　　　　　　　　　　　　100 000
　　贷：库存商品——甲产品　　　　　　　　　　　　100 000
借：主营业务成本——乙商品　　　　　　　　　　　　 25 000
　　贷：库存商品——乙商品　　　　　　　　　　　　 25 000

[特别提示]

（1）小企业接受来料加工制造的代制品和为外单位加工修理的代修品，在制造和修理完成验收入库后，视同小企业的产成品，也通过"库存商品"科目核算。

（2）小企业以降价出售的不合格品，也在"库存商品"科目核算，但应与合格产品分开记账。

（3）小企业已经完成销售手续，但购买单位在月末未提取的库存产成品，应作为代管产品处理，单独设置代管产品备查簿，不再在"库存商品"科目核算。

（4）小企业（农、林、牧、渔业）可将"库存商品"科目改为"农产品"科目。

（5）小企业（批发业、零售业）在购买商品过程中发生的费用（包括运输费、装卸费、包装费、保险费、运输途中的合理损耗和入库前的挑选整理费等），在"销售费用"科目核算，不在"库存商品"科目核算。

1.15.2　涉税解析

1. 小企业原材料、库存商品、周转材料等各项存货的使用或销售，其实际成本的计算方法可以在先进先出法、加权平均法和个别计价法中任选一种，但计价方法一经选用，不得随意变更。按照规定计算的成本，可以在计算应纳税所得额时扣除。

2. 库存商品、原材料、周转材料等各项存货"视同销售"的税务处理。

（1）企业所得税的"视同销售"行为或情形。

①企业发生非货币性资产交换，以及将货物、财产、劳务用于捐赠、偿债、赞助、集资、广告、样品、职工福利或者利润分配等用途的，由于资产所有权属在形式和实质上均发生了变化，除国务院财政、税务主管部门另有规定外，应当视同销售货物、转让财产或者提供劳务。

②企业将资产用于生产、制造、加工另一产品；改变资产形状、结构或性能；改变资产用途（如自建商品房转为自用或经营）；将资产在总机构及其分支机构之间转移；其他不改变资产所有权属的用途。以上情形中，由于资产所有权属在形式和实质上均不发生改变，可作为内部处置资产，除将资产转移至境外以外，不视同销售确认

收入,相关资产的计税基础延续计算。

(2) 增值税的"视同销售"行为或情形。

①按照《增值税暂行条例》及实施细则规定,下列行为,视同销售货物:将货物交付其他单位或者个人代销;销售代销货物;设有两个以上机构并实行统一核算的纳税人,将货物从一个机构移送其他机构用于销售,但相关机构设在同一县(市)的除外;将自产或者委托加工的货物用于非增值税应税项目;将自产、委托加工的货物用于集体福利或者个人消费;将自产、委托加工或者购进的货物作为投资,提供给其他单位或者个体工商户;将自产、委托加工或者购进的货物分配给股东或者投资者;将自产、委托加工或者购进的货物无偿赠送其他单位或者个人。

②按照《财政部 国家税务总局关于全面推开营业税改征增值税试点的通知》规定,下列情形,视同销售服务、无形资产或者不动产:无偿提供服务,但用于公益事业或者以社会公众为对象的除外;无偿转让无形资产或者不动产,但用于公益事业或者以社会公众为对象的除外;财政部和国家税务总局规定的其他情形。

3. 小企业取得的库存商品、原材料、周转材料等各项存货,以下情形,不得从增值税销项税额中抵扣,须做进项税额转出:用于非增值税应税项目、免征增值税项目、集体福利或者个人消费的购进货物或者应税劳务;非正常损失的购进货物及相关的应税劳务;非正常损失的在产品、产成品所耗用的购进货物或者应税劳务;国务院财政、税务主管部门规定的纳税人自用消费品。

4. 房地产企业的存货主要是用于开发建造商品房的土地和所建的未售楼盘,除增值税、土地增值税以及企业所得税外,城镇土地使用税和房产税也是税务部门应关注的重点,尤其是房地产企业房产税的缴纳,往往被忽视:如是否存在将长期未售出商品房用于出租、出借以及用于售楼办公而仍然挂在存货上,未计提缴纳房产税。

5. 房地产企业将开发产品(商品房)用于捐赠、赞助、职工福利、奖励、对外投资、分配给股东或投资人、抵偿债务、换取其他企事业单位和个人的非货币性资产等行为,应视同销售,于开发产品所有权或使用权转移,或于实际取得利益权利时确认收入的实现。确认收入的方法和顺序为:

(1) 按本企业近期或本年度最近月份同类开发产品市场销售价格确定;

(2) 由主管税务机关参照当地同类开发产品市场公允价值确定;

(3) 按开发产品的成本利润率确定。开发产品的成本利润率不得低于15%,具体比例由主管税务机关确定。

6. 小企业外购商品作为礼品赠送,原则上应该缴纳增值税,但要视企业是否先期抵扣了进项税额:若先期抵扣了进项税额,则要征收增值税;若先期没有抵扣进项税额,则不征增值税。

7. 企业和单位在营销活动中以折扣折让、赠品、抽奖等方式,向个人赠送礼品有关个人所得税的涉税问题：

（1）企业在销售商品（产品）和提供服务过程中向个人赠送礼品，属于下列情形之一的，不征收个人所得税：企业通过价格折扣、折让方式向个人销售商品（产品）和提供服务；企业在向个人销售商品（产品）和提供服务的同时给予赠品，如通信企业对个人购买手机赠话费、入网费，或者购话费赠手机等；企业对累积消费达到一定额度的个人按消费积分反馈礼品。

（2）企业对累积消费达到一定额度的顾客，给予额外抽奖机会，个人的获奖所得，按照"偶然所得"项目，全额适用20%的税率缴纳个人所得税。

（3）企业赠送的礼品是自产产品（服务）的，按该产品（服务）的市场销售价格确定个人的应税所得；是外购商品（服务）的，按该商品（服务）的实际购置价格确定个人的应税所得。

8. 小企业库存商品、周转材料等各项存货盘盈，作为营业外收入，应并入应纳税所得额，计算缴纳企业所得税。

9. 小企业库存商品、周转材料等各项存货，不做跌价准备。因盘亏、报废、毁损、被盗等各种原因造成的存货损失，其企业所得税、增值税等相关税务处理，参见本章"原材料"科目。

1.16　商品进销差价

商品进销差价，是指小企业采用售价进行日常核算的商品售价与进价之间的差额。

1.16.1　科目核算内容

"商品进销差价"科目核算小企业采用售价进行日常核算的商品售价与进价之间的差额。小企业应按照库存商品的种类、品种和规格等进行明细核算，期末贷方余额反映库存商品的商品进销差价。

1. 小企业购入、加工收回以及销售退回等增加的库存商品，按照商品售价，借记"库存商品"科目，按照商品进价，贷记"银行存款""委托加工物资"等科目，按照售价与进价之间的差额，贷记"商品进销差价"科目。

2. 月末，分摊已销商品的进销差价，借记"商品进销差价"科目，贷记"主营业务成本"科目。

1.16.2　涉税解析

1. 小企业的商品进销差价率各月之间比较均衡的，可以采用上月商品进销差价率计算分摊本月的商品进销差价。年度终了，应对商品进销差价进行复核调整。销售商品应分摊的商品进销差价，按照以下公式计算：

（1）商品进销差价率＝月末分摊前本科目贷方余额÷（"库存商品"科目月末借方余额＋本月"主营业务收入"科目贷方发生额）×100%

（2）本月销售商品应分摊的商品进销差价＝本月"主营业务收入"科目贷方发生额×商品进销差价率

2. 重点关注企业是否利用商品进销差价调节库存商品成本。

3. 重点关注企业是否不及时分摊商品进销差价，影响当期利润。

1.17 委托加工物资

委托加工物资，是指小企业委托外单位加工的各种材料、商品等物资。

1.17.1 科目核算内容

"委托加工物资"科目核算小企业委托外单位加工的各种材料、商品等物资的实际成本。小企业应按照加工合同、受托加工单位以及加工物资的品种等进行明细核算，期末借方余额反映委托外单位加工尚未完成物资的实际成本。

1. 小企业发给外单位加工的物资，按照实际成本，借记"委托加工物资"科目，贷记"原材料""库存商品"等科目；按照计划成本或售价核算的，还应同时结转材料成本差异或商品进销差价。

2. 小企业支付加工费、运杂费等，借记"委托加工物资"科目，贷记"银行存款"等科目；需要缴纳消费税的委托加工物资，由受托方代收代缴的消费税，借记"委托加工物资"科目（收回后用于直接销售的）或"应交税费——应交消费税"科目（收回后用于继续加工的），贷记"应付账款""银行存款"等科目。

3. 小企业加工完成验收入库的物资和剩余的物资，按照加工收回物资的实际成本和剩余物资的实际成本，借记"原材料""库存商品"等科目，贷记"委托加工物资"科目。

4. 小企业采用计划成本或售价核算的，按照计划成本或售价，借记"原材料"或"库存商品"科目，按照实际成本，贷记"委托加工物资"科目，按照实际成本与计划成本或售价之间的差额，借记或贷记"材料成本差异"或贷记"商品进销差价"科目。

[例1-39] 2022年5月10日，A公司委托B公司加工材料一批（属于应税消费

品）。原材料成本为 20 000 元，支付的加工费为 7 000 元（不含增值税），消费税税率为 10%，材料加工完成并已验收入库，加工费用等已经支付。双方适用的增值税税率为 13%。A 公司会计分录如下：

发出委托加工材料时：

借：委托加工物资——B 公司　　　　　　　　　　　　　　20 000
　　贷：原材料　　　　　　　　　　　　　　　　　　　　　　20 000

支付加工费和税金时：

消费税组成计税价格 =（20 000 + 7 000）÷（1 - 10%）= 30 000（元）

受托方代收代交的消费税税额 = 30 000 × 10% = 3 000（元）

应交增值税税额 = 7 000 × 13% = 910（元）

如果 A 公司收回加工后的材料用于继续生产应税消费品的，其会计分录为：

借：委托加工物资——B 公司　　　　　　　　　　　　　　7 000
　　应交税费——应交增值税（进项税额）　　　　　　　　　　910
　　　　　　——应交消费税　　　　　　　　　　　　　　　3 000
　　贷：银行存款　　　　　　　　　　　　　　　　　　　10 910

如果 A 公司收回加工后的材料直接用于销售的，其会计分录为：

借：委托加工物资——B 公司　　　　　　　　　　　　　　10 000
　　应交税费——应交增值税（进项税额）　　　　　　　　　　910
　　贷：银行存款　　　　　　　　　　　　　　　　　　　10 910

加工完成，收回委托加工材料，如果 A 公司收回加工后的材料用于继续生产应税消费品的，其会计分录为：

借：原材料　　　　　　　　　　　　　　　　　　　　　27 000
　　贷：委托加工物资——B 公司　　　　　　　　　　　　27 000

如果 A 公司收回加工后的材料直接用于销售的，其会计分录为：

借：库存商品　　　　　　　　　　　　　　　　　　　　30 000
　　贷：委托加工物资——B 公司　　　　　　　　　　　　30 000

1.17.2　涉税解析

1. 缴纳的增值税：委托加工物资用于应交增值税项目并取得了增值税专用发票的一般纳税人企业，其加工物资所应负担的增值税可作为进项税额，准予抵扣，不计入加工物资成本；委托加工物资用于非应纳增值税项目或免征增值税项目，以及未取得增值税专用发票的一般纳税人企业或者是小规模纳税人企业，其加工物资所应负担的增值税税额，不准予抵扣，应将这部分增值税计入加工物资成本。

2. 缴纳的消费税：委托加工的应税消费品，除受托方为个人外，由受托方在向委托方交货时代收代缴税款。委托加工的应纳消费税的物品收回后继续生产加工应税消费品的，按规定由受托方代收代交的消费税不计入委托加工物资的成本，准予抵扣；如果收回的物资不再继续生产加工应税消费品的，则将委托加工环节已代收代缴的消费税计入委托加工物资的成本。

3. 支付的往返运输费、装卸费、途中保险费等费用。其中，符合条件的运输费可以按税收规定的抵扣率计算进项税额进行抵扣。

1.18 周转材料

周转材料是指小企业能够多次使用、逐渐转移其价值但仍保持原有形态且不确认为固定资产的材料，包括包装物、低值易耗品以及小企业（建筑业）的钢模板、木模板、脚手架等。

1.18.1 科目核算内容

"周转材料"科目核算小企业库存的周转材料的实际成本或计划成本。小企业应按照周转材料的种类，分别在库、在用和摊销进行明细核算，期末余额反映在库、出租、出借周转材料的实际成本或计划成本以及在用周转材料的摊余价值。

1. 小企业购入、自制、委托外单位加工完成并验收入库的周转材料，按照实际成本，借记"周转材料"科目，贷记"在途物资""应付账款""银行存款"等科目。涉及按照税法规定可抵扣的增值税进项税额的，应借记"应交税费——应交增值税（进项税额）"科目。

2. 小企业生产、施工领用周转材料，通常采用一次转销法，按照其成本，借记"生产成本""管理费用""工程施工"等科目，贷记"周转材料"科目。

[例 1-40] 2022 年 3 月 8 日，A 公司（采用一次转销法核算周转材料）领用周转材料一批，用于生产甲产品，价值 20 000 元。会计分录如下：

借：生产成本——甲产品　　　　　　　　　　　　20 000
　　贷：周转材料　　　　　　　　　　　　　　　　　　20 000

3. 随同产品出售但不单独计价的包装物，按照其成本，借记"销售费用"科目，贷记"周转材料"科目；随同产品出售并单独计价的包装物，按照其成本，借记"其他业务成本"科目，贷记"周转材料"科目。

[例 1-41] 2022 年 5 月 8 日，A 公司在销售产品时，领用随同产品出售的包装物一批。其中不单独计价包装物成本 4 000 元；单独计价包装物成本 5 000 元，售价

6 000元，增值税税率13%。款项收到并存入银行。会计分录如下：

不单独计价包装物时：

借：销售费用　　　　　　　　　　　　　　　　　　　　　　4 000
　　贷：周转材料　　　　　　　　　　　　　　　　　　　　　4 000

单独计价包装物时：

借：银行存款　　　　　　　　　　　　　　　　　　　　　　6 780
　　贷：其他业务收入　　　　　　　　　　　　　　　　　　　6 000
　　　　应交税费——应交增值税（销项税额）　　　　　　　　　780
借：其他业务成本　　　　　　　　　　　　　　　　　　　　5 000
　　贷：周转材料　　　　　　　　　　　　　　　　　　　　　5 000

4. 小企业金额较大的周转材料，也可以采用分次摊销法，领用时应按照其成本，借记"周转材料"科目（在用），贷记"周转材料"科目（在库）；按照使用次数摊销时，应按照其摊销额，借记"生产成本""管理费用""工程施工"等科目，贷记"周转材料"科目（摊销）。

[例1-42] 2022年6月1日，A公司（采用分次摊销法进行周转材料的核算）生产部门领用一批周转材料，价值50 000元，预计使用20次，6月末，该周转材料已使用了3次。会计分录如下：

领用时：

借：周转材料——在用　　　　　　　　　　　　　　　　　50 000
　　贷：周转材料——在库　　　　　　　　　　　　　　　　50 000

6月末计算摊销时：

本期应摊销额 = 周转材料账面价值 ÷ 预计使用次数 × 该期实际使用次数 = 50 000 ÷ 20 × 3 = 7 500（元）

借：生产成本　　　　　　　　　　　　　　　　　　　　　7 500
　　贷：周转材料——摊销　　　　　　　　　　　　　　　　7 500

假如2022年年末，该批周转材料预计使用次数完毕，申请报废，残料价值1 000元。会计分录如下：

最后一次摊销时：

借：生产成本　　　　　　　　　　　　　　　　　　　　　2 500
　　贷：周转材料——摊销　　　　　　　　　　　　　　　　2 500

结转周转材料摊销额：

借：周转材料——摊销　　　　　　　　　　　　　　　　　50 000
　　贷：周转材料——在用　　　　　　　　　　　　　　　　50 000

周转材料报废后的残料入库时：

借：原材料　　　　　　　　　　　　　　　　　　　　　　　　　1 000
　　贷：生产成本　　　　　　　　　　　　　　　　　　　　　　　　1 000

5. 小企业周转材料采用计划成本进行日常核算的，领用等发出周转材料，还应结转应分摊的成本差异。

6. 小企业清查盘点，发现盘盈、盘亏、毁损的周转材料，按照实际成本（或估计价值），借记或贷记"周转材料"科目，贷记或借记"待处理财产损溢——待处理流动资产损溢"科目。

[特别提示]

（1）小企业各种包装材料，如纸、绳、铁丝、铁皮等，应在"原材料"科目内核算；用于储存和保管产品、材料而不对外出售的包装物，应按照价值大小和使用年限长短，分别在"固定资产"科目或"周转材料"科目核算。

（2）小企业的包装物、低值易耗品，也可以单独设置"包装物""低值易耗品"科目。

（3）包装物数量不多的小企业，也可以不设置"周转材料"科目，将包装物并入"原材料"科目核算。

1.18.2　涉税解析

1. 周转材料采用一次转销法进行会计处理，在领用时按其成本计入生产成本或当期损益；金额较大的周转材料，也可以采用分次摊销法进行会计处理。

2. 小企业销售部门领用的周转材料，随同商品出售但不单独计价的，其账面价值计入销售费用；随同商品出售并单独计价的，应视为材料销售，将取得的收入作为其他业务收入，相应的周转材料账面价值计入其他业务成本。

3. 小企业出租或出借周转材料，不需要结转其成本，但应当进行备查登记。出租包装物的租金和逾期未退的出租、出借包装物的押金，应确认为小企业营业外收入，计入企业所得税应纳税所得额。

4. 小企业提供包装物使用权所取得的租金收入，应按交易合同或协议中规定的承租人应付租金的日期确认收入的实现。如果租赁期限跨年度，且租金提前一次性支付，出租人可对已确认的租金收入，在租赁期内，分期均匀计入相关年度收入。

5. 企业随同产品销售出租周转材料收取的租金收入，属于价外费用，计算缴纳增值税；没收的周转材料押金，属于计税收入，应并入销售额征收增值税及企业所得税。

[例1-43] 2022年5月10日，A公司随同产品销售出租给B公司包装箱一批，租期2个月。该批包装箱实际成本10 000元，收取押金12 000元，收取租金3 390元（含税），存入银行。2022年7月1日该批包装箱收回，未发生损坏，包装箱入库，押金以银行存款退回。A会计分录如下：

收到押金时：
借：银行存款　　　　　　　　　　　　　　　　　　　　12 000
　　贷：其他应付款——B 公司　　　　　　　　　　　　　　　12 000
收到租金时：
借：银行存款　　　　　　　　　　　　　　　　　　　　3 390
　　贷：营业外收入　　　　　　　　　3 000　[3 390÷(1+13%)]
　　　　应交税费——应交增值税（销项税额）
　　　　　　　　　　　　　　　　　390　[3 390÷(1+13%)×13%]
7 月 1 日退还押金时：
借：其他应付款——B 公司　　　　　　　　　　　　　　　12 000
　　贷：银行存款　　　　　　　　　　　　　　　　　　　　12 000
假如 7 月 1 日，包装箱因损毁导致 B 公司无法归还，A 公司将押金没收时：
借：其他应付款　　　　　　　　　　　　　　　　　　　　12 000
　　贷：营业外收入　　　　　　　10 619.47　[12 000÷(1+13%)]
　　　　应交税费——应交增值税（销项税额）1 380.53　[12 000÷(1+13%)×13%]

[特别提示] 将含税的租金和押金换算成不含税的数额，再计算增值税销项税额。

6. 为销售货物出租出借包装物而收取的押金，无论包装物周转使用期限长短，超过 1 年（含 1 年）以上仍不退还的均并入销售额征收增值税及企业所得税。

1.19　消耗性生物资产

消耗性生物资产是指小企业（农、林、牧、渔业）为出售而持有的，或在将来收获为农产品的生物资产，包括生长中的大田作物、蔬菜、用材林以及存栏代售的牲畜等。

1.19.1　科目核算内容

"消耗性生物资产"科目核算小企业（农、林、牧、渔业）持有的消耗性生物资产的实际成本。小企业应按照消耗性生物资产的种类、群别等进行明细核算，"消耗性生物资产"科目期末借方余额反映消耗性生物资产的实际成本。

1. 小企业外购的消耗性生物资产，按照应计入消耗性生物资产成本的金额，借记"消耗性生物资产"科目，贷记"银行存款""应付账款"等科目。

[例 1-44] 2022 年 2 月 9 日，A 公司为满足节日市场供求需要，从外地购进一批

育肥羊 500 只，以银行存款支付价款 250 000 元，其他各项费用 10 000 元（不考虑其他因素）。会计分录如下：

借：消耗性生物资产　　　　　　　　　　　　　　260 000
　　贷：银行存款　　　　　　　　　　　　　　　　　　　260 000

2. 小企业自行栽培的大田作物和蔬菜，应按照收获前发生的必要支出，借记"消耗性生物资产"科目，贷记"银行存款"等科目；自行营造的林木类消耗性生物资产，应按照郁闭前发生的必要支出，借记"消耗性生物资产"科目，贷记"银行存款"等科目；自行繁殖的育肥畜、水产养殖的动植物，应按照出售前发生的必要支出，借记"消耗性生物资产"科目，贷记"银行存款"等科目。

[例 1 - 45] 2022 年 A 公司种植芝麻 200 亩，收获前发生支出有：种子费 10 000 元，播种费 10 000 元，肥料费 40 000 元，农药 1 000 元，人工费 15 000 元，合计生产成本 76 000 元。会计分录如下：

借：消耗性生物资产　　　　　　　　　　　　　　76 000
　　贷：银行存款　　　　　　　　　　　　　　　　　　　76 000

3. 小企业产畜或役畜淘汰转为育肥畜的，应按照转群时的账面价值，借记"消耗性生物资产"科目，按照已计提的累计折旧，借记"生产性生物资产累计折旧"科目，按照其账面余额，贷记"生产性生物资产"科目；育肥畜转为产畜或役畜的，应按照其账面余额，借记"生产性生物资产"科目，贷记"消耗性生物资产"科目。

[特别提示] 具体核算办法参见本章"生产性生物资产""生产性生物资产累计折旧"。

4. 小企业择伐、间伐或抚育更新性质采伐而补植林木类消耗性生物资产发生的后续支出，借记"消耗性生物资产"科目，贷记"银行存款"等科目；林木类消耗性生物资产达到郁闭后发生的管护费用等后续支出，借记"管理费用"科目，贷记"银行存款"等科目。

5. 小企业消耗性生物资产收获为农产品时，应按照其账面余额，借记"农产品"科目，贷记"消耗性生物资产"科目。

续 [例 1-45]，A 公司 200 亩芝麻经过 4 个月的种植，收获芝麻 30 000 千克，已验收入库，该批芝麻生产成本为 76 000 元。会计分录如下：

借：农产品　　　　　　　　　　　　　　　　　　76 000
　　贷：消耗性生物资产　　　　　　　　　　　　　　　　76 000

6. 农业生产过程中发生的应归属于消耗性生物资产的费用，按照应分配的金额，借记"消耗性生物资产"科目，贷记"生产成本"科目。

7. 小企业出售消耗性生物资产，应按照实际收到的金额，借记"银行存款"等科目，贷记"主营业务收入"等科目；按照其账面余额，借记"主营业务成本"等科目，贷记"农产品""消耗性生物资产"等科目。

续［例1-45］，2022年A公司收获芝麻30 000千克，全部出售，出售价格360 000元。会计分录如下：

  借：银行存款   360 000
    贷：主营业务收入   360 000
  借：主营业务成本   76 000
    贷：农产品   76 000

1.19.2 涉税解析

1. 消耗性生物资产成本确定，应按以下规定执行：

（1）外购消耗性生物资产的成本包括：购买价款、相关税费、运输费、装卸费、保险费以及在外购过程中发生的其他直接费用。

（2）自行栽培的大田作物和蔬菜的成本包括：在收获前耗用的种子、肥料、农药等材料费、人工费和应分摊的间接费用。

（3）自行营造的林木类消耗性生物资产的成本包括：郁闭前发生的造林费、抚育费、营林设施费、良种试验费、调查设计费和应分摊的间接费用。

（4）自行繁殖的育肥畜的成本包括：出售前发生的饲料费、人工费和应分摊的间接费用。

（5）水产养殖的动物和植物的成本包括：在出售或入库前耗用的苗种、饲料、肥料等材料费、人工费和应分摊的间接费用。

2. 涉农税收政策。

（1）增值税。

①农业生产者销售的自产农产品免征增值税。所称农业，是指种植业、养殖业、林业、牧业、水产业；农业生产者，包括从事农业生产的单位和个人；农产品，是指初级农产品，具体按财政部、国家税务总局确定的范围执行。

②农民专业合作社销售本社成员生产的农业产品，视同农业生产者销售自产农业产品免征增值税；增值税一般纳税人从农民专业合作社购进的免税农业产品，可按10%的扣除率计算抵扣增值税进项税额；对农民专业合作社向本社成员销售的农膜、种子、种苗、化肥、农药、农机，免征增值税。

［**特别提示**］纳税人生产销售和批发、零售有机肥产品（包括有机肥料、有机—无机复混肥料和生物有机肥）免征增值税。

（2）企业所得税。

①企业从事下列项目的所得，免征企业所得税：蔬菜、谷物、薯类、油料、豆类、棉花、麻类、糖料、水果、坚果的种植；农作物新品种的选育；中药材的种植；林木

的培育和种植;牲畜、家禽的饲养;林产品的采集;灌溉、农产品初加工、兽医、农技推广、农机作业和维修等农、林、牧、渔服务业项目;远洋捕捞。

②企业从事下列项目的所得,减半征收企业所得税:花卉、茶以及其他饮料作物和香料作物的种植;海水养殖、内陆养殖。

③被认定为高新技术企业的生物企业,按照税法规定减按15%的税率征收企业所得税。

(3) 城镇土地使用税。

①直接用于农、林、牧、渔业的生产用地免缴城镇土地使用税。

②在城镇土地使用税征收范围内经营采摘、观光农业的单位和个人,其直接用于采摘、观光的种植、养殖、饲养的土地,免征城镇土地使用税。

③在城镇土地使用税征收范围内,利用林场土地兴建度假村等休闲娱乐场所的,其经营、办公和生活用地,应按规定征收城镇土地使用税。

④在城镇土地使用税征税范围内实际使用应税集体所有建设用地、但未办理土地使用权流转手续的,由实际使用集体土地的单位和个人按规定缴纳城镇土地使用税。

(4) 车船税。拖拉机、捕捞、养殖渔船、非机动车船(不包括非机动驳船)免征车船税。

(5) 印花税。

①国家指定的收购部门与村民委员会、农民个人书立的农副产品收购合同免征印花税。

②农林作物、牧业畜类保险合同暂不贴花。

③农民专业合作社与本社成员签订的农业产品和农业生产资料购销合同,免征印花税。

(6) 个人所得税。

①农民从事种植业、养殖业、饲养业、捕捞业取得的所得不缴纳个人所得税。

②农民销售自产农产品的所得,暂不缴纳个人所得税。

1.20 长期债券投资

长期债券投资是指小企业为了获取高于银行储蓄存款利率的利息,准备长期(在1年以上)持有的债券投资。

1.20.1 科目核算内容

"长期债券投资"科目核算小企业准备长期(在1年以上)持有的债券投资。小企业应按照债券种类和被投资单位,分别就"面值""溢折价""应计利息"进行明细核算,期末借方余额反映持有的分期付息、一次还本债券投资的成本和到期一次还本付息债券投资的本息。

1. 小企业购入债券作为长期投资,应当按照债券票面价值,借记"长期债券投资——面值"科目,按照实际支付的购买价款和相关税费,贷记"银行存款"科目,按照其差额,借记或贷记"长期债券投资——溢折价"科目。

如果实际支付的购买价款中包含已到付息期但尚未领取的债券利息,应当按照债券票面价值,借记"长期债券投资——面值"科目,按照应收的债券利息,借记"应收利息"科目,按照实际支付的购买价款和相关税费,贷记"银行存款"科目,按照其差额,借记或贷记"长期债券投资——溢折价"科目。

2. 小企业在长期债券投资持有期间,在债务人应付利息日,按照分期付息、一次还本的长期债券投资票面利率计算的利息收入,借记"应收利息"科目,贷记"投资收益"科目;按照一次还本付息的长期债券投资票面利率计算的利息收入,借记"长期债券投资——应计利息"科目,贷记"投资收益"科目。

在债务人应付利息日,按照应分摊的债券溢折价金额,借记或贷记"投资收益"科目,贷记或借记"长期债券投资——溢折价"科目。

3. 小企业长期债券投资到期收回长期债券投资,应当按照收回的债券本金或本息,借记"银行存款"等科目,按照其账面余额,贷记"长期债券投资——面值""长期债券投资——溢折价""长期债券投资——应计利息"科目,按照应收未收的利息收入,贷记"应收利息"科目。

4. 小企业处置长期债券投资,应当按照处置收入,借记"银行存款"等科目,按照其账面余额,贷记"长期债券投资——面值""长期债券投资——溢折价"科目,按照应收未收的利息收入,贷记"应收利息"科目,按照其差额,贷记或借记"投资收益"科目。

5. 按照小企业会计准则规定确认实际发生的长期债券投资损失,应当按照可收回的金额,借记"银行存款"等科目,按照其账面余额,贷记"长期债券投资——面值""长期债券投资——溢折价"科目,按照其差额,借记"营业外支出"科目。

[例1-46] 2022年7月1日,A公司(小企业)用银行存款购入B公司2022年1月1日发行的为期两年的债券,总面值为100 000元,年利率12%,支付金额106 000元,另以现金支付手续费1 000元。该债券每年年末付息一次,最后一年还本。会计分录如下:

债券溢折价 = 106 000 + 1 000 - 100 000 = 7 000(元)

每年的溢价摊销额 = 7 000 ÷ 2 = 3 500(元)

每年债券应计利息 = 100 000 × 12% = 12 000(元)

购入债券时：

借：长期债券投资——面值　　　　　　　　　　　　　　　100 000
　　　　　　　　——溢折价　　　　　　　　　　　　　　　　7 000
　　贷：银行存款　　　　　　　　　　　　　　　　　　　　107 000

2022 年 12 月 31 日确认利息收入时：

借：应收利息　　　　　　　　　　　　　　　　　　　　　　12 000
　　贷：长期债券投资——溢折价　　　　　　　　　　　　　　3 500
　　　　投资收益——债券利息收入　　　　　　　　　　　　　8 500

收到利息后时：

借：银行存款　　　　　　　　　　　　　　　　　　　　　　12 000
　　贷：应收利息　　　　　　　　　　　　　　　　　　　　12 000

假设 A 公司将债券持有到期，2023 年 12 月 31 日，确认利息收入，并存入银行时：

借：应收利息　　　　　　　　　　　　　　　　　　　　　　12 000
　　贷：长期债券投资——溢折价　　　　　　　　　　　　　　3 500
　　　　投资收益——债券利息收入　　　　　　　　　　　　　8 500

借：银行存款　　　　　　　　　　　　　　　　　　　　　　12 000
　　贷：应收利息　　　　　　　　　　　　　　　　　　　　12 000

2023 年 12 月 31 日，收回债券本金时：

借：银行存款　　　　　　　　　　　　　　　　　　　　　100 000
　　贷：长期债券投资——面值　　　　　　　　　　　　　　100 000

[例 1 – 47] 2022 年 9 月 1 日，A 公司（小企业）购入 C 公司 1 月 1 日发行的两年期债券 200 000 元，年利率为 12%。企业实际支付价款 217 000 元，有关税费 2 000 元。债券采取每年末计提利息，到期一次还本付息方式发行。会计分录如下：

债券溢折价 = 217 000 + 2 000 – 200 000 = 19 000（元）

每年的溢价摊销额 = 19 000 ÷ 2 = 9 500（元）

每年债券应计利息 = 200 000 × 12% = 24 000（元）

购入时：

借：长期债券投资——面值　　　　　　　　　　　　　　　200 000
　　　　　　　　——溢折价　　　　　　　　　　　　　　　19 000
　　贷：银行存款　　　　　　　　　　　　　　　　　　　219 000

2022 年年末计提利息时：

借：长期债券投资——应计利息　　　　　　　　　　　　　　24 000
　　贷：投资收益——债券利息收入　　　　　　　　　　　　14 500

| 长期债券投资——溢折价 | 9 500 |

假设 A 公司将债券持有到期，2023 年 12 月 31 日，计提利息收入时：

借：长期债券投资——应计利息　　　　　　　　　　　24 000
　　贷：投资收益——债券利息收入　　　　　　　　　　14 500
　　　　长期债券投资——溢折价　　　　　　　　　　　 9 500

2023 年 12 月 31 日收回本金、利息时：

借：银行存款　　　　　　　　　　　　　　　　　　　248 000
　　贷：长期债券投资——面值　　　　　　　　　　　 200 000
　　　　长期债券投资——应计利息　　　　　　　　　　48 000

1.20.2　涉税解析

1. 长期债券投资应按照购买价款和相关税费作为成本进行计量。取得投资时实际支付的价款中包含的已到付息期但尚未领取的债券利息，作为购买价款的组成部分计入投资成本。

2. 长期债券投资在持有期间发生的应收利息应当确认为投资收益。企业所得税法规定，按照合同约定的债权人应付利息的日期确认利息收入的实现，企业利息收入金额按照合同名义利率（即债券票面利率）计算确定。

3. 长期债券投资到期，小企业收回投资，应当冲减其账面余额。处置长期债券投资，处置价款扣除其账面余额、相关税费后的净额，应当计入投资收益。

4. 企业持有国务院财政部门发行的国债取得的利息收入，免征企业所得税。

5. 企业转让或到期兑付国债取得的价款，减除其购买国债成本，并扣除其持有期间的国债利息收入以及交易过程中相关税费后的余额，为企业转让国债收益（损失）。企业转让国债，应作为转让财产，其取得的收益（损失）应作为企业应纳税所得额计算纳税。

6. 企业在不同时间购买同一品种国债的，其转让时的成本计算方法，可在先进先出法、加权平均法、个别计价法中选用一种。计价方法一经选用，不得随意改变。

7. 企业和个人取得的 2009—2011 年发行的地方政府债券利息所得，免征企业所得税和个人所得税。地方政府债券是指经国务院批准，以省、自治区、直辖市和计划单列市政府为发行和偿还主体的债券。

8. 企业持有 2011—2013 年发行的中国铁路建设债券取得的利息收入，减半征收企业所得税。中国铁路建设债券是指经国家发展改革委核准，以铁道部为发行和偿还主体的债券。

9. 企业取得的债券转让收入，不论是以货币形式还是非货币形式体现，除另有规定外，均应一次性计入确认收入的年度计算缴纳企业所得税。

10. 企业债权投资损失应依据投资的原始凭证、合同或协议、会计核算资料等相关证据材料确认。下列情况债权投资损失的，还应出具相关证据材料：

（1）债务人或担保人依法被宣告破产、关闭、被解散或撤销、被吊销营业执照、失踪或者死亡等，应出具资产清偿证明或者遗产清偿证明。无法出具资产清偿证明或者遗产清偿证明，且上述事项超过3年以上的，或债权投资（包括信用卡透支和助学贷款）余额在300万元以下的，应出具对应的债务人和担保人破产、关闭、解散证明、撤销文件、工商行政管理部门注销证明或查询证明以及追索记录等（包括司法追索、电话追索、信件追索和上门追索等原始记录）。

（2）债务人遭受重大自然灾害或意外事故，企业对其资产进行清偿和对担保人进行追偿后，未能收回的债权，应出具债务人遭受重大自然灾害或意外事故证明、保险赔偿证明、资产清偿证明等。

（3）债务人因承担法律责任，其资产不足归还所借债务，又无其他债务承担者的，应出具法院裁定证明和资产清偿证明。

（4）债务人和担保人不能偿还到期债务，企业提出诉讼或仲裁的，经人民法院对债务人和担保人强制执行，债务人和担保人均无资产可执行，人民法院裁定终结或终止（中止）执行的，应出具人民法院裁定文书。

（5）债务人和担保人不能偿还到期债务，企业提出诉讼后被驳回起诉的、人民法院不予受理或不予支持的，或经仲裁机构裁决免除（或部分免除）债务人责任，经追偿后无法收回的债权，应提交法院驳回起诉的证明，或法院不予受理或不予支持证明，或仲裁机构裁决免除债务人责任的文书。

（6）经国务院专案批准核销的债权，应提供国务院批准文件或经国务院同意后由国务院有关部门批准的文件。

11. 企业向税务机关申报扣除资产损失，需填报企业所得税年度纳税申报表《资产损失税前扣除及纳税调整明细表》（A105090），不必报送资产损失相关资料。企业资产损失相关资料应当完整保存、备查，保证资料的真实性、合法性。

12. 下列债权不得作为损失在税前扣除：债务人或者担保人有经济偿还能力，未按期偿还的企业债权；违反法律、法规的规定，以各种形式、借口逃废或悬空的企业债权；行政干预逃废或悬空的企业债权；企业未向债务人和担保人追偿的债权；企业发生非经营活动的债权；其他不应当核销的企业债权和股权。

1.20.3 差异分析

1. 利息收入确定上存在的差异：会计规定，如果小企业按照高于或低于债券面值的价格购入长期债券投资时，需要在投资持有期间逐期分摊溢折价金额，作为投资收益的调整；税法规定，企业利息收入金额按照合同名义利率（即债券票面利率）计算确定。

2. 投资成本的计量上存在的差异：取得投资时实际支付的价款中包含的已到付息期但尚未领取的债券利息，会计规定单独确认为应收利息，不计入投资成本；税法规定作为购买价款的组成部分计入投资成本。

1.21 长期股权投资

长期股权投资是指小企业为了获得收益或实现资本增值，准备长期（在1年以上）持有的权益性投资。

1.21.1 科目核算内容

"长期股权投资"科目核算小企业准备长期（在1年以上）持有的权益性投资。小企业应按照被投资单位进行明细核算，期末借方余额反映持有的长期股权投资的成本。

1. 小企业以支付现金取得的长期股权投资，应当按照购买价款和相关税费，借记"长期股权投资"科目，贷记"银行存款"科目；如果实际支付的购买价款中包含已宣告但尚未发放的现金股利，应当按照实际支付的购买价款和相关税费扣除已宣告但尚未发放的现金股利后的金额，借记"长期股权投资"科目，按照应收的现金股利，借记"应收股利"科目，按照实际支付的购买价款和相关税费，贷记"银行存款"科目。

［例1-48］2022年1月8日，A公司以现金支付的方式取得B公司5%的股权，实际支付的买价为320万元，在购买过程中另支付手续费等相关费用8万元。股权购买价款中包含A公司应享有的B公司已宣告但尚未发放的现金股利10万元。A公司将其作为长期股权投资。会计分录如下：

购入B公司5%的股权时：

初始投资成本 = 320 + 8 - 10 = 318（万元）

借：长期股权投资——B公司　　　　　　　　　　　3 180 000
　　应收股利——B公司　　　　　　　　　　　　　　100 000
　　贷：银行存款　　　　　　　　　　　　　　　　　　3 280 000

收到B公司派发的现金股利时：

借：银行存款　　　　　　　　　　　　　　　　　　100 000
　　贷：应收股利——B公司　　　　　　　　　　　　　100 000

2. 小企业通过非货币性资产交换取得的长期股权投资，应当按照非货币性资产的评估价值与相关税费之和，借记"长期股权投资"科目，按照换出非货币性资产的账面价值，贷记"固定资产清理""无形资产"等科目，按照支付的相关税费，贷记"应交税费"等科目，按照其差额，贷记"营业外收入"或借记"营业外支出"等科目。

[例1-49] 2022年5月8日，A公司以一台设备（2009年1月1日购入）换入C公司3%的股权，该设备的账面原值为800 000元，累计折旧400 000元，拆卸过程中支付清理费16 000元。该设备的评估价值为420 000元（不含税），换出该设备另支付相关税费4 000元，以银行存款支付。A公司将其做为长期股权投资。A公司会计分录如下：

转销换出固定资产账面价值时：

借：固定资产清理　　　　　　　　　　　　　　　400 000
　　累计折旧　　　　　　　　　　　　　　　　　400 000
　　贷：固定资产　　　　　　　　　　　　　　　　　　800 000
借：固定资产清理　　　　　　　　　　　　　　　 16 000
　　贷：银行存款　　　　　　　　　　　　　　　　　　 16 000

确认长期股权投资初始投资成本：初始投资成本 = 420 000 + 54 600 + 4 000 = 478 600（元）

借：长期股权投资——C公司　　　　　　　　　　478 600
　　贷：固定资产清理　　　　　　　　　　　　　　　　420 000
　　　　应交税费——应交增值税（销项税额）　　　　 54 600
　　　　银行存款　　　　　　　　　　　　　　　　　　 4 000

该项投资视同销售行为，视同销售所得为420 000元，视同销售成本：400 000 + 16 000 = 416 000（元），视同销售所得：420 000 - 416 000 = 4 000（元）

借：固定资产清理　　　　　　　　　　　　　　　 4 000
　　贷：营业外收入　　　　　　　　　　　　　　　　　 4 000

3. 在长期股权投资持有期间，被投资单位宣告分派的现金股利或利润，应当按照应分得的金额，借记"应收股利"科目，贷记"投资收益"科目。

续[例1-49]，2022年12月C公司宣告分派现金股利500 000元，A公司于12月31日收到现金股利并存入银行。会计分录如下：

宣告分派股利时，确认应收股利：500 000 × 3% = 15 000（元）

借：应收股利——C公司　　　　　　　　　　　　 15 000
　　贷：投资收益　　　　　　　　　　　　　　　　　　 15 000

收到现金股利时：

借：银行存款　　　　　　　　　　　　　　　　　　　　　15 000
　　贷：应收股利——C公司　　　　　　　　　　　　　　　　　15 000

4. 处置长期股权投资，应当按照处置价款，借记"银行存款"等科目，按照其成本，贷记"长期股权投资"科目，按照应收未收的现金股利或利润，贷记"应收股利"科目，按照其差额，贷记或借记"投资收益"科目。

[例1-50] 2022年1月1日，A公司购入D公司股票150 000股，实际支付购买价款285 000元（包括交易税费）。A公司将其作为长期股权投资。2022年5月25日，A公司将持有的D公司股票全部转让，实际收到转让价款180 000元。会计分录如下：

转让损益 = 180 000 - 285 000 = -105 000（元）

借：银行存款　　　　　　　　　　　　　　　　　　　　　180 000
　　投资收益　　　　　　　　　　　　　　　　　　　　　　105 000
　　贷：长期股权投资——D公司　　　　　　　　　　　　　　285 000

5. 根据小企业会计准则规定确认实际发生的长期股权投资损失，应当按照可收回的金额，借记"银行存款"等科目，按照其账面余额，贷记"长期股权投资"科目，按照其差额，借记"营业外支出"科目。

1.21.2　涉税解析

1. 长期股权投资取得时的涉税处理。

（1）以支付货币资金取得长期股权投资，按照实际支付的购买价款和相关税费作为初始投资成本，准予扣除。但实际支付价款中包含的被投资单位已宣告但尚未发放的现金股利，税法规定作为购买价款的组成部分计入投资成本；会计规定单独确认为应收股利，不计入投资成本。

（2）以非货币性资产取得长期股权投资，按照资产的公允价值和支付的相关税费作为成本，准予扣除。这种投资方式视同先将非货币性资产按照市场价格出售或转让，再以所取得的对价购入一项新的资产即长期股权投资。因此，在投资交易发生时，将其分解为按公允价值销售或转让有关非货币性资产和对外投资两项经济业务进行增值税、消费税、印花税、企业所得税、个人所得税、土地增值税、契税等相关处理。

①以动产、外购的原材料或者自产产品对外投资，应视同销售，缴纳增值税；如果以自产应税消费品对外投资应视同销售，缴纳消费税。同时确定成本，计算销售收入，计算缴纳企业所得税。

②以固定资产、无形资产对外投资，应当视同不动产销售或无形资产转让计算确定相关的税费，同时与其账面余额之间的差额计入营业外收入或营业外支出。

（3）执行企业会计准则的企业，按权益法核算长期股权投资对初始投资成本调整确认收益在《一般企业收入明细表》（A101010）"第26行营业外收入——其他"填列，同时，在《纳税调整项目明细表》（A105000）"第5行（四）按权益法核算长期股权投资对初始投资成本调整确认收益第4列"进行调减。

2. 长期股权投资持有时的涉税处理。

（1）被投资企业发生的经营亏损，由被投资企业按规定结转弥补；投资企业不得调整减少其投资成本，也不得将其确认为投资损失。投资资产持有期间，不论被投资企业盈亏，只要不分配，投资资产的计税基础不变。

（2）被投资单位宣告分派的现金股利或利润，投资企业按照应分得的金额确认为投资收益，计入利润总额。

（3）被投资企业将股权（票）溢价所形成的资本公积转为股本的，不作为投资企业的股息、红利收入，投资企业也不得增加该项长期投资的计税基础。

（4）居民企业直接投资于其他居民企业取得的股息、红利等权益性投资收益（不包括连续持有居民企业公开发行并上市流通的股票不足12个月取得的投资收益），免征企业所得税。

（5）在中国境内设立机构、场所的非居民企业从居民企业取得的与该机构、场所有实际联系的股息、红利等权益性投资收益（不包括连续持有居民企业公开发行并上市流通的股票不足12个月取得的投资收益），免征企业所得税。

3. 长期股权投资转让或者处置时的涉税处理。

（1）企业转让股权收入，应于转让协议生效，且完成股权变更手续时，确认收入的实现。

（2）转让或者处置股权收入扣除为取得该股权所发生的成本、相关税费后的净额，为股权转让所得；企业在计算股权转让所得时，不得扣除被投资企业未分配利润等股东留存收益中按该项股权所可能分配的金额。

（3）企业对外投资期间，投资资产的成本在计算应纳税所得额时不得扣除；企业转让资产，该项资产的成本，准予在计算应纳税所得额时扣除。

（4）企业取得的股权转让收入，不论是以货币形式还是非货币形式体现，除另有规定的外，均应一次性计入确认收入的年度计算缴纳企业所得税。

4. 长期股权投资撤回或减少时的涉税处理。

（1）投资企业从被投资企业撤回或减少投资，其取得的资产中，相当于初始出资的部分，应确认为投资收回；相当于被投资企业累计未分配利润和累计盈余公积按减少实收资本比例计算的部分，应确认为股息所得；其余部分确认为投资资产转让所得。

[例1-51] A公司以注册资本1 000万元投资B公司，注册资本占比20%。2021年，经股东会决议，A公司撤回投资，A公司分得资金2 000万元，截至2021年B公司累计未分配利润和累计盈余公积3 000万元。

A公司分得的2 000万元分为三部分：1 000万元为投资收回；股息所得600万元

(3 000×20%)；投资资产转让所得 400 万元（2 000－1 000－600）。

（2）股息所得只能按减少实收资本比例计算的部分确认为股息所得，而不是公司章程约定的分红比例来计算。

（3）符合条件的居民企业之间的股息、红利等权益性投资收益作为免税收入，免征企业所得税；对投资转让所得，应计入应纳税所得额计算缴纳企业所得税。

A 公司取得的 600 万元股息所得为免税收入，不需缴纳企业所得税；取得的 400 万元投资资产转让所得应交纳企业所得税 100 万元（400×25%）。A 公司进行企业所得税汇算清缴时，要填报《符合条件的居民企业之间的股息、红利等权益性投资收益优惠明细表》（A107011）。

[**特别提示**] 投资企业撤回或减少投资不包括股权转让，两者不同：股权转让不得确认股息所得，而投资撤回或减少应确认股息所得；体现在留存收益中的税后利润如果经投资企业撤回或减少投资进行分配处理后，为免税收入，如果随着股权一并转让的，不视为免税收入。股权转让与撤资、减资的税务计算是不一样的。

5. 被投资单位进行清算时的涉税处理。

（1）被清算企业股东分得的剩余资产的金额，其中相当于被清算企业累计未分配利润和累计盈余公积中按该股东所占股份比例计算的部分，确认为股息所得；剩余资产减去股息所得后的余额，超过或低于股东投资成本的部分，确认为股东的投资转让所得或损失。

（2）被清算企业的股东从被清算企业分得的资产应按可变现价值或实际交易价格确定计税基础。投资企业要填报《符合条件的居民企业之间的股息、红利等权益性投资收益优惠明细表》（A107011）。

6. 长期股权投资损失时的涉税处理。

（1）企业的长期股权投资，符合下列条件之一的，减除可收回的金额后确认的无法收回的长期股权投资，可作为长期股权投资损失，计入营业外支出：

①被投资方依法宣告破产、关闭、解散、被撤销，或者被依法注销、吊销营业执照的。

②被投资方财务状况严重恶化，累计发生巨额亏损，已连续停止经营 3 年以上，且无重新恢复经营改组计划的。

③对被投资方不具有控制权，投资期限届满或者投资期限已超过 10 年，且被投资单位因连续 3 年经营亏损导致资不抵债的。

④被投资方财务状况严重恶化，累计发生巨额亏损，已完成清算或清算期超过 3 年以上的。

⑤国务院财政、税务主管部门另有规定的其他条件。

（2）企业股权投资损失应依据以下相关证据材料确认：股权投资计税基础证明材

料；被投资企业破产公告、破产清偿文件；工商行政管理部门注销、吊销被投资单位营业执照文件；政府有关部门对被投资单位的行政处理决定文件；被投资企业终止经营、停止交易的法律或其他证明文件；被投资企业资产处置方案、成交及入账材料；企业法定代表人、主要负责人和财务负责人签章证实有关投资（权益）性损失的书面申明；会计核算资料等其他相关证据材料。

上述事项超过3年以上且未能完成清算的，应出具被投资企业破产、关闭、解散或撤销、吊销等的证明以及不能清算的原因说明。

（3）下列股权不得作为损失在税前扣除：债务人或者担保人有经济偿还能力，未按期偿还的企业债权；违反法律、法规的规定，以各种形式、借口逃废或悬空的企业债权；行政干预逃废或悬空的企业债权；企业未向债务人和担保人追偿的债权；企业发生非经营活动的债权；其他不应当核销的企业债权和股权。

（4）小企业发生长期股权投资损失，向税务机关申报扣除损失，需填报企业所得税年度纳税申报表《资产损失税前扣除及纳税调整明细表》（A105090），不必报送资产损失相关资料。企业资产损失相关资料应当完整保存、备查，保证资料的真实性、合法性。

（5）企业对外进行股权投资所发生的损失，在经确认的损失发生年度，作为企业损失在计算企业应纳税所得额时一次性扣除。

[特别提示]　重点关注企业是否利用往来账来掩盖、掩饰投资收益。

[例1-52]　A公司2022年收到对B公司的投资收益1 000 000元。

正常的投资收益核算会计分录为：

借：银行存款　　　　　　　　　　　　　　　　　　　　　1 000 000
　　贷：投资收益　　　　　　　　　　　　　　　　　　　　　　1 000 000

异常的投资收益核算会计分录为：

企业将投资收益记入往来账时：

借：银行存款　　　　　　　　　　　　　　　　　　　　　1 000 000
　　贷：应收账款　　　　　　　　　　　　　　　　　　　　　　1 000 000

用银行存款支付管理费用800 000元时：

借：管理费用　　　　　　　　　　　　　　　　　　　　　　800 000
　　贷：银行存款　　　　　　　　　　　　　　　　　　　　　　800 000

银行存款结余200 000元，企业就有可能设立成"小金库"；以后，再将应收账款1 000 000元作为资产损失进行税前扣除。企业通过往来账的操作，达到了调剂企业经营利润，少纳税的目的。

1.21.3　差异分析

1. 税法与会计的差异：取得投资时实际支付的价款中包含的已宣告但尚未发放的

现金股利,会计规定单独确认为应收股利,不计入投资成本;而税法规定作为购买价款的组成部分计入投资成本。

2. 小企业会计准则与企业会计准则的差异:小企业会计准则规定,长期股权投资采用成本法核算,按照初始投资成本计量,账面价值一般保持不变;企业会计准则规定,长期股权投资采用成本法或权益法核算,计提长期股权投资减值准备。

3. 税法、小企业会计准则和企业会计准则三者差异:小企业会计准则规定,投资者以非货币性资产进行投资时,其初始投资成本按照评估价值确定;企业会计准则规定,其初始投资成本应当按照投资合同或协议约定的价值确定,但合同或协议约定价值不公允的除外;税法规定,企业通过货币以外的方式取得存货,以该存货的公允价值和支付的税费为成本。

1.22 固定资产

固定资产是指小企业为生产产品、提供劳务、出租或经营管理而持有的,使用寿命超过1年的有形资产,包括房屋、建筑物、机器、机械、运输工具、设备、器具、工具等,不包括投资性房地产、生物资产。

1.22.1 科目核算内容

"固定资产"科目核算小企业固定资产的原价(成本)。小企业应根据实际情况设置"固定资产登记簿"和"固定资产卡片",按照固定资产类别和项目进行明细核算,期末借方余额反映固定资产的原价(成本)。

1. 小企业购入(含以分期付款方式购入)不需要安装的固定资产,应当按照实际支付的购买价款、相关税费(不包括按照税法规定可抵扣的增值税进项税额)、运输费、装卸费、保险费等,借记"固定资产"科目,按照税法规定可抵扣的增值税进项税额,借记"应交税费——应交增值税(进项税额)"科目,贷记"银行存款""长期应付款"等科目;购入需要安装的固定资产,先记入"在建工程"科目,安装完成后再转入"固定资产"科目。

[例1-53] 2022年5月10日,A公司(一般纳税人小企业)购入不需安装的设备一台,增值税专用发票上注明的设备买价100 000元,增值税税额13 000元,支付的运费2 000元,均取得合法票据并以存款支付。会计分录如下:

购置设备的成本 = 100 000 + 2 000 ÷ (1 + 10%) = 101 818(元)

借:固定资产　　　　　　　　　101 818 [100 000 + 2 000 ÷ (1 + 10%)]

应交税费——应交增值税（进项税额）
13 182 [13 000+2 000÷（1+10%）×10%]
　　贷：银行存款　　　　　　　　　　　　　　　　　　　　115 000

[**例 1-54**] 2022 年 5 月 20 日，A 公司（一般纳税人小企业）购入需安装的设备一台，增值税专用发票上注明的设备买价 100 000 元，增值税税额 13 000 元，支付运费 2 000 元，增值税税额 180 元；安装时领用材料 1 000 元，进项税额 130 元，已经抵扣，支付安装人员工资 3 000 元，均取得合法票据并以存款支付。会计分录如下：

支付设备价款、增值税、运费时：
借：在建工程　　　　　　　　　　　　　　　　　　　　　　102 000
　　应交税费——应交增值税（进项税额）　　　　　　　　　　13 180
　　贷：银行存款　　　　　　　　　　　　　　　　　　　　115 180

领用材料时：
借：在建工程　　　　　　　　　　　　　　　　　　　　　　　1 000
　　贷：工程物资　　　　　　　　　　　　　　　　　　　　　1 000

支付安装人员工资时：
借：在建工程　　　　　　　　　　　　　　　　　　　　　　　3 000
　　贷：应付职工薪酬　　　　　　　　　　　　　　　　　　　3 000

安装完毕结转成本时：
借：固定资产　　　　　　　　　　　　　　　　　　　　　　106 000
　　贷：在建工程　　　　　　　　　　　　　　　　　　　　106 000

[**特别提示**] 根据《增值税暂行条例实施细则》的规定，存货用于固定资产、在建工程、管理部门、职工福利等方面不作"视同销售"处理。所以，安装时领用材料 1 000 元，发生的 130 元进项税额直接进行抵扣。

2. 小企业自行建造的固定资产，完成竣工决算，按照竣工决算前发生相关支出，借记"固定资产"科目，贷记"在建工程"科目。具体核算办法参见本章"在建工程"。

3. 小企业取得投资者投入的固定资产，应当按照评估价值和相关税费，借记"固定资产"科目或"在建工程"科目，贷记"实收资本""资本公积"科目。

[**例 1-55**] 2022 年 5 月 1 日，A 公司收到 B 公司投入的不需要安装的设备一台，该设备评估价值和相关税费为 500 000 元，合同约定 A 公司接受 B 公司的投入资本为 450 000 元。A 公司会计分录如下：

借：固定资产　　　　　　　　　　　　　　　　　　　　　　500 000
　　贷：实收资本　　　　　　　　　　　　　　　　　　　　450 000

资本公积　　　　　　　　　　　　　　　　　　　　　　　　　50 000

4. 小企业融资租入的固定资产，在租赁期开始日，按照租赁合同约定的付款总额和在签订租赁合同过程中发生的相关税费，借记"固定资产"科目或"在建工程"科目，贷记"长期应付款"等科目。

[例1-56] 2022年6月1日，A公司以融资租赁方式从C租赁公司租入生产设备一套，租赁合同确定的设备租赁价款200 000元，以银行存款支付设备运杂费2 000元。A公司会计分录如下：

借：固定资产——融资租入固定资产　　　　　　　　　　　202 000
　　贷：长期应付款——融资租入固定资产　　　　　　　　　　200 000
　　　　银行存款　　　　　　　　　　　　　　　　　　　　　　2 000

5. 小企业盘盈的固定资产，按照同类或类似固定资产的市场价格或评估价值扣除按照新旧程度估计的折旧后的余额，借记"固定资产"科目，贷记"待处理财产损溢——待处理非流动资产损溢"科目；小企业盘亏的固定资产，按照该项固定资产的账面价值，借记"待处理财产损溢——待处理非流动资产损溢"科目，按照已计提的折旧，借记"累计折旧"科目，按照其原价，贷记"固定资产"科目。

[例1-57] 2022年5月6日，A公司对企业全部固定资产进行盘查，盘盈一台6成新的机器设备，该设备同类产品市场价格为10 000元。会计分录如下：

盘盈时：

借：固定资产　　　　　　　　　　　　　　　　　　　　　　10 000
　　贷：累计折旧　　　　　　　　　　　　　　　　　　　　　　4 000
　　　　待处理财产损溢——待处理非流动资产损溢　　　　　　　6 000

批准处理后：

借：待处理财产损溢——待处理非流动资产损溢　　　　　　　6 000
　　贷：营业外收入　　　　　　　　　　　　　　　　　　　　　6 000

[例1-58] 2022年7月20日，A公司因暴雨毁损机器设备一批，该批设备实际成本为2 000 000元，已提折旧1 100 000元，保险公司赔偿500 000元。会计分录如下：

盘亏时：

借：待处理财产损溢——待处理非流动资产损溢　　　　　　900 000
　　累计折旧　　　　　　　　　　　　　　　　　　　　　1 100 000
　　贷：固定资产　　　　　　　　　　　　　　　　　　　2 000 000

批准处理后：

借：其他应收款　　　　　　　　　　　　　　　　　　　　500 000
　　营业外支出　　　　　　　　　　　　　　　　　　　　400 000

贷：待处理财产损溢——待处理非流动资产损溢　　　　900 000

6. 小企业在固定资产使用过程中发生的修理，按照修理范围的大小、费用支出的多少、间隔时间的长短，分为日常修理和大修理两类。固定资产的日常修理费，应当按照固定资产的受益对象，借记"制造费用""管理费用"等科目，贷记"银行存款"等科目；固定资产的大修理支出，借记"长期待摊费用"科目，贷记"银行存款"等科目（具体核算办法参见本章"长期待摊费用"科目）。

[**例 1 - 59**] 2022 年 6 月 7 日，A 公司第二生产车间对生产设备进行日常修理，用银行存款支付修理费 10 000 元。会计分录如下：

借：制造费用　　　　　　　　　　　　　　　　　10 000
　　贷：银行存款　　　　　　　　　　　　　　　　　10 000

7. 小企业对固定资产进行改扩建时，应按照该项固定资产账面价值，借记"在建工程"科目，按照其已计提的累计折旧，借记"累计折旧"科目，按照其原价，贷记"固定资产"科目；在改扩建过程中发生的相关支出，借记"在建工程"科目，贷记"银行存款"等科目；改扩建完成办理竣工决算，借记"固定资产"科目，贷记"在建工程"科目。已提足折旧的固定资产和经营租入的固定资产的改建支出，应当计入长期待摊费用。具体核算办法参见本章"长期待摊费用"。

[**例 1 - 60**] 2022 年 6 月 5 日，A 公司对一幢厂房推倒重置，该厂房原价 500 000 元，已计提折旧 200 000 元，改扩建中以银行存款支付工程款 100 000 元。会计分录如下：

进行改扩建时：
借：在建工程　　　　　　　　　　　　　　　　　300 000
　　累计折旧　　　　　　　　　　　　　　　　　200 000
　　贷：固定资产　　　　　　　　　　　　　　　　　500 000
发生改建支出时：
借：在建工程　　　　　　　　　　　　　　　　　100 000
　　贷：银行存款　　　　　　　　　　　　　　　　　100 000
改建完成进行竣工结算时：
借：固定资产　　　　　　　　　　　　　　　　　400 000
　　贷：在建工程　　　　　　　　　　　　　　　　　400 000

8. 小企业因出售、报废、毁损、对外投资等原因处置固定资产，应当按照该项固定资产账面价值，借记"固定资产清理"科目，按照其已计提的累计折旧，借记"累计折旧"科目，按照其原价，贷记"固定资产"科目。具体核算办法参见本章"固定资产清理"。

[特别提示]

(1) 小企业购置计算机硬件所附带的、未单独计价的软件，也通过"固定资产"科目核算。

(2) 小企业临时租入的固定资产和以经营租赁租入的固定资产，应另设备查簿进行登记，不在"固定资产"科目核算。

1.22.2 涉税解析

1. 小企业购进或自制固定资产的成本计量：

(1) 小企业购进或自制固定资产的成本包括购买价款、相关税费、运输费、装卸费、保险费、安装费等，但不含按照税法规定可以抵扣的增值税进项税额。

(2) 小企业购进或自制固定资产可以抵扣的增值税进项税额，是指一般纳税人小企业 2009 年 1 月 1 日以后（含 1 月 1 日）购进（包括接受捐赠、实物投资）或者自制（包括改扩建、安装）固定资产发生的进项税额，自 2009 年 1 月 1 日起，可根据有关规定，凭增值税专用发票、海关进口增值税专用缴款书和运输费用结算单据从销项税额中抵扣。

(3) 小企业购进或自制固定资产可以抵扣的增值税进项税额，是指一般纳税人小企业购进或者自制的使用期限超过 12 个月的机器、机械、运输工具以及其他与生产经营有关的设备、器具、工具（纳税人自用的应征消费税的摩托车、汽车、游艇除外）等固定资产发生的进项税额，以及随上述固定资产购置发生的运输费中按税法准予抵扣的部分，可根据有关规定，凭增值税专用发票、海关进口增值税专用缴款书和运输费用结算单据从销项税额中抵扣。

(4) 小企业购进或自制固定资产不得抵扣的增值税进项税额，具体包括：小规模纳税人的小企业外购或自制固定资产支付的增值税，一律不得抵扣，全部计入固定资产成本；企业购进的纳税人自用的应征消费税的摩托车、汽车、游艇，不得抵扣增值税进项税额。

[例1-61] 2022 年 7 月 7 日，A 公司（小规模纳税人）购入为办公大楼安装的电梯，取得的增值税专用发票上注明价款为 200 000 元，增值税税额 26 000 元，款项以银行存款支付。假如企业会计分录如下：

借：固定资产　　　　　　　　　　　　　　　　　　200 000
　　应交税费——应交增值税（进项税额）　　　　　 26 000
　　贷：银行存款　　　　　　　　　　　　　　　　　　226 000

因 A 公司是小规模纳税人，其进项税额不得扣除，应计入固定资产。因此，以上会计分录错误。

正确会计处理如下：

借：固定资产　　　　　　　　　　　　　　　　　　　226 000
　　贷：银行存款　　　　　　　　　　　　　　　　　　　226 000

2. 小企业采用融资租赁方式租入的固定资产，以租赁合同约定的付款总额和承租人在签订租赁合同过程中发生的相关费用为计税基础，租赁合同未约定付款总额的，以该资产的公允价值和承租人在签订租赁合同过程中发生的相关费用为计税基础。

3. 小企业通过投资、捐赠、非货币性资产交换、债务重组等方式取得的固定资产，以该资产的公允价值和支付的相关税费作为计税基础。

4. 小企业固定资产改扩建的税务处理。

（1）未提足折旧的固定资产发生的改扩建支出，与固定资产原值减除累计折旧后的余额，待固定资产改扩建竣工完成决算后，一并计入改扩建后固定资产的计税成本。并在该固定资产重新投入使用后的次月起，按照税法规定的折旧年限，开始计提折旧。

（2）已提足折旧的固定资产和经营租入的固定资产发生的改扩建支出，应当计入长期待摊费用，按规定摊销的，在计算应纳税所得额时准予扣除。

5. 小企业固定资产使用过程中发生的修理，按照修理范围的大小、费用支出的多少、间隔时间的长短，分为日常修理和大修理。日常修理费，应当按照固定资产的受益对象，计入相关资产成本或当期损益；大修理支出，应当计入长期待摊费用，按规定摊销的，在计算应纳税所得额时准予扣除。

6. 小企业固定资产清查的税务处理。

（1）固定资产盘盈，以同类或类似固定资产的市场价格或评估价值，扣除按照该项固定资产新旧程度估计的折旧后的余额，作为资产溢余收入计入当期应纳税所得额。

（2）固定资产盘亏、丢失，以该固定资产的账面净值减除责任人赔偿后的余额，作为固定资产损失在计算应纳税所得额时扣除。

依据以下证据材料确认：企业内部有关责任认定和核销资料；固定资产盘点表；固定资产的计税基础相关资料；固定资产盘亏、丢失情况说明；损失金额较大的，应有专业技术鉴定报告或法定资质中介机构出具的专项报告等。

（3）企业毁损、报废的固定资产，以该固定资产的账面净值减除残值、保险赔款和责任人赔偿后的余额，作为固定资产毁损、报废损失在计算应纳税所得额时扣除。

依据以下证据材料确认：固定资产的计税基础相关资料；企业内部有关责任认定和核销资料；企业内部有关部门出具的鉴定材料；涉及责任赔偿的，应当有赔偿情况的说明；损失金额较大的或自然灾害等不可抗力原因造成固定资产毁损、报废的，应有专业技术鉴定意见或法定资质中介机构出具的专项报告等。

（4）企业被盗的固定资产，以该固定资产的账面净值减除保险赔款和责任人赔偿后的余额，作为固定资产被盗损失在计算应纳税所得额时扣除。

依据以下证据材料确认：固定资产计税基础相关资料；公安机关的报案记录，公安机关立案、破案和结案的证明材料；涉及责任赔偿的，应有赔偿责任的认定及赔偿情况的说明等。

7. 企业境内、境外营业机构发生的资产损失应分开核算，对境外营业机构由于发生资产损失而产生的亏损，不得在计算境内应纳税所得额时扣除。

8. 企业向税务机关申报扣除资产损失，需填报企业所得税年度纳税申报表《资产损失税前扣除及纳税调整明细表》（A105090），不必报送资产损失相关资料。企业资产损失相关资料应当完整保存、备查，保证资料的真实性、合法性。

9. 企业在计算应纳税所得额时已经扣除的资产损失，在以后纳税年度全部或者部分收回时，其收回部分应当作为收入计入收回当期的应纳税所得额。

1.22.3　差异分析

1. 固定资产的界定不同。企业所得税法与企业会计准则对固定资产的规定一致，是指企业为生产产品、提供劳务、出租或经营管理而持有的，使用时间超过12个月的非货币性资产，包括房屋、建筑物、机器、机械、运输工具以及其他与生产经营有关的设备、器具、工具等；增值税暂行条例对固定资产的规定范围较小，是指使用期限超过12个月的机器、机械、运输工具以及其他与生产经营有关的设备、器具、工具等。

2. 固定资产计量确定不同。会计准则以固定资产"达到预定可使用状态前所发生的必要支出"确定固定资产的入账价值，此后的费用直接计入当期损益；税法以固定资产"竣工结算前发生的支出"为计税基础。

3. 融资租入固定资产的成本计价不同。小企业会计准则和税法规定基本一致，按照租赁合同约定的付款总额和在签订租赁合同过程中发生的相关税费等确定；企业会计准则规定按照租赁开始日资产的公允价值与最低租赁付款额的现值中较低者确定。

4. 固定资产的财务报表填列格式不同。小企业会计准则规定，在一般企业财务报表格式中，"固定资产"和"固定资产清理"科目在资产负债表中分项列示；企业会计准则规定，在一般企业财务报表格式中，"固定资产清理"科目归并至资产负债表中"固定资产"项目。

1.23　累计折旧

固定资产累计折旧是指小企业的固定资产由于磨损和损耗而逐渐转移的价值，按照确定的方法，在固定资产使用寿命内进行系统分摊。

1. 影响因素。

（1）原始价值，指固定资产的实际取得成本，就折旧计算而言，也称为折旧基数。

（2）预计净残值，指假定固定资产预计使用寿命已满并处于使用寿命终了时的预期状态，企业目前从该项资产处置中获得的扣除预计处置费用之后的金额。

（3）预计使用年限，指固定资产预计经济使用年限，也称折旧年限，通常短于固定资产的物质使用年限。

2. 折旧方法。固定资产折旧方法包括年限平均法、工作量法、双倍余额递减法和年数总和法等。固定资产的折旧方法一经确定，不得随意变更。

（1）年限平均法。年限平均法，又称直线法，是指将固定资产的应计折旧额均衡地分摊到固定资产预计使用寿命内的一种方法。采用这种方法计算的每期折旧额相等。计算公式如下：

年折旧率 =（1 - 预计净残值率）÷ 预计使用寿命（年）× 100%

月折旧率 = 年折旧率 ÷ 12

月折旧额 = 固定资产原价 × 月折旧率

[例 1 - 62] A 公司办公楼原值 500 000 元，预计使用年限 40 年，预计残值 24 000 元，清理费用 4 000 元，则：

预计净残值率 =（24 000 - 4 000）÷ 500 000 = 4%

年折旧率 =（1 - 4%）÷ 40 = 2.4%

月折旧率 = 2.4% ÷ 12 = 0.2%

月折旧额 = 500 000 × 0.2% = 1 000（元）

（2）工作量法。工作量法是根据实际工作量计算每期应提折旧额的一种方法。计算公式如下：

单位工作量折旧额 = 固定资产原价 ×（1 - 预计净残值率）÷ 预计总工作量

某项固定资产月折旧额 = 该项固定资产当月工作量 × 单位工作量折旧额

（3）双倍余额递减法。双倍余额递减法是指在不考虑固定资产预计净残值的情况下，根据每期期初固定资产原价减去累计折旧后的金额和双倍的直线法折旧率计算固定资产折旧的一种方法。应用这种方法计算折旧额时，由于每年年初固定资产净值没有扣除预计净残值，所以在计算固定资产折旧额时，应在其折旧年限到期前两年内，将固定资产净值扣除预计净残值后的余额平均摊销。计算公式如下：

年折旧率 = 2 ÷ 预计使用寿命（年）× 100%

月折旧率 = 年折旧率 ÷ 12

月折旧额 =（固定资产原价 - 累计折旧）× 月折旧率

[例 1 - 63] A 公司某固定资产原值 500 000 元，预计净残值为 200 元，使用年限

为 5 年。

在双倍余额递减法下每年应提的折旧额，如表 1-1 所示。

表 1-1　　　　　　　　双倍余额递减法折旧计算表　　　　　　　　单位：元

年次	固定资产原值	年折旧率	年折旧额	累计折旧	折余价值
1	50 000	40%	20 000	20 000	30 000
2	50 000	40%	12 000	32 000	18 000
3	50 000	40%	7 200	39 200	10 800
4	50 000		5 300	44 500	5 500
5	50 000		5 300	49 800	200
合计			49 800		

年折旧率 = 2 ÷ 5 × 100% = 40%

（4）年数总和法。年数总和法，又称年限合计法，是指将固定资产的原价减去预计净残值后的余额，乘以一个以固定资产尚可使用寿命为分子、以预计使用寿命逐年数字之和为分母的逐年递减的分数计算每年的折旧额。计算公式如下：

年折旧率 = 尚可使用寿命 ÷ 预计使用寿命的年数总和 × 100%

月折旧率 = 年折旧率 ÷ 12

月折旧额 = (固定资产原价 - 预计净残值) × 月折旧率

[例 1-64] A 公司固定资产原值为 50 000 元，预计净残值为 200 元，估计使用年限为 5 年。则各年折旧率依次为 5/15、4/15、3/15、2/15、1/15，在年数总和法下应提的折旧额如表 1-2 所示。

表 1-2　　　　　　　　年数总和法折旧计算表　　　　　　　　单位：元

年次	原值	净残值	应计折旧总额	年折旧率	年折旧额
1	50 000	200	49 800	5/15	16 600
2	50 000	200	49 800	4/15	13 280
3	50 000	200	49 800	3/15	9 960
4	50 000	200	49 800	2/15	6 640
5	50 000	200	49 800	1/15	3 320
合计					49 800

1.23.1　科目核算内容

"累计折旧"科目核算小企业固定资产的折旧累计。小企业根据"固定资产卡片"上所记载的该项固定资产原价、折旧率和实际使用年数等资料进行总分类核算，也可以进行明细核算，期末贷方余额反映固定资产的累计折旧额。

1. 小企业按月计提固定资产的折旧费，按照固定资产的受益对象，借记"制造费用""管理费用"等科目，贷记"累计折旧"科目。

[例 1-65] 2021 年 12 月，A 公司购入生产设备一台，原值为 1 000 000 元，预计残值率 5%，预计使用年限为 10 年。采用年限平均法计提折旧。会计分录如下：

2022—2031 年每年应提折旧额：（1 000 000 - 1 000 000 × 5%）÷ 10 = 95 000（元）

每年计提折旧时：

借：制造费用　　　　　　　　　　　　　　　　　　　　　　95 000
　　贷：累计折旧　　　　　　　　　　　　　　　　　　　　　　95 000

2. 小企业因出售、报废、毁损、对外投资等原因处置固定资产，应当按照该项固定资产账面价值，借记"固定资产清理"科目，按照其已计提的累计折旧，借记"累计折旧"本科目，按照其原价，贷记"固定资产"科目。

[例 1-66] 2022 年 6 月，A 公司出售 2009 年购入的生产设备一台，原值为 500 000 元，已计提折旧 400 000 元，实际出售价格 50 000 元（含增值税）。会计分录如下：

出售固定资产转入清理时：

借：固定资产清理　　　　　　　　　　　　　　　　　　　100 000
　　累计折旧　　　　　　　　　　　　　　　　　　　　　400 000
　　贷：固定资产　　　　　　　　　　　　　　　　　　　500 000

收到设备价款时：

借：银行存款　　　　　　　　　　　　　　　　　　　　　 50 000
　　贷：固定资产清理　　　　　　　　　44 247.79 ［50 000 ÷（1 + 13%）］
　　　　应交税费——应交增值税（销项税额）
　　　　　　　　　　　　　　　　　　 5 752.21 ［50 000 ÷（1 + 13%）× 13%］

结转出售设备净损失时：

借：营业外支出　　　　　　　　　　　　　　　　　　　 55 752.21
　　贷：固定资产清理　　　　　　　　　　　　　　　　　 55 752.21

1.23.2 涉税解析

1. 小企业应当根据固定资产的性质和使用情况，并考虑税法的规定，合理确定固定资产的使用寿命和预计净残值。小企业应当按照直线法（即年限平均法）计提折旧；小企业的固定资产由于技术进步等原因，确需加速折旧的，可以采用双倍余额递减法和年数总和法。固定资产的折旧方法、使用寿命、预计净残值一经确定，不得随意变更。

2. 小企业应当对所有固定资产计提折旧，但已提足折旧仍继续使用的固定资产和单独计价入账的土地不得计提折旧。如果企业拥有税法不允许计提折旧的固定资产，需要进行相应的纳税调整。

3. 小企业在计算应纳税所得额时，按照直线法（即年限平均法）计算的固定资产折旧，准予扣除。下列固定资产不得计算折旧扣除：房屋、建筑物以外未投入使用的固定资产；以经营租赁方式租入的固定资产；以融资租赁方式租出的固定资产；已足额提取折旧仍继续使用的固定资产；与经营活动无关的固定资产；单独估价作为固定资产入账的土地；其他不得计算折旧扣除的固定资产。

4. 除国务院财政、税务主管部门另有规定外，企业所得税法规定固定资产计算折旧的最低年限如下：房屋、建筑物，为 20 年；飞机、火车、轮船、机器、机械和其他生产设备，为 10 年；与生产经营活动有关的器具、工具、家具等，为 5 年；飞机、火车、轮船以外的运输工具，为 4 年；电子设备，为 3 年。

[**特别提示**] 如果会计规定固定资产折旧年限小于企业所得税法规定的最短折旧年限，则需要进行纳税调整。

[**例 1 - 67**] 2021 年 12 月，A 公司购入生产设备一台，原值为 1 000 000 元，预计残值率 5%，预计使用年限为 8 年，采用年限平均法计提折旧，会计分录如下：

2022—2029 年每年应提折旧额：（1 000 000 - 1 000 000 × 5%）÷ 8 = 118 750（元）

每年计提折旧时：

借：制造费用　　　　　　　　　　　　　　　　　　　　118 750
　　贷：累计折旧　　　　　　　　　　　　　　　　　　　　　　118 750

按《企业所得税法》规定，机器、机械和其他生产设备折旧最低年限为 10 年，因此 A 公司该设备每年税前允许计提的折旧额 95 000 元 [（1 000 000 - 1 000 000 × 5%）÷ 10]。因此，A 公司 2022—2029 年每年申报企业所得税时，应调整增加应纳税所得额 23 750 元（118 750 - 95 000）；2030—2031 年申报企业所得税时，每年应调整减少应纳税所得额 95 000 元。

5. 企业的固定资产由于技术进步等原因，确需加速折旧的，可以缩短折旧年限或者采取加速折旧的方法。可以采取缩短折旧年限或者采取加速折旧方法的固定资产，包括：由于技术进步，产品更新换代较快的固定资产；常年处于强震动、高腐蚀状态的固定资产。

采取缩短折旧年限方法的，最低折旧年限不得低于折旧年限的 60%；采取加速折旧方法的，可以采取双倍余额递减法或者年数总和法。

6. 财税〔2014〕75 号文件规定：生物药品制造业，专用设备制造业，铁路、船舶、航空航天和其他运输设备制造业，计算机、通信和其他电子设备制造业，仪器仪表制造业，信息传输、软件和信息技术服务业等六个行业的企业 2014 年 1 月 1 日后新购进的固定资产，可缩短折旧年限或采取加速折旧的方法。

上述六个行业的小型微利企业2014年1月1日后新购进的研发和生产经营共用的仪器、设备，单位价值不超过100万元的，允许一次性计入当期成本费用在计算应纳税所得额时扣除，不再分年度计算折旧；单位价值超过100万元的，可缩短折旧年限或采取加速折旧的方法。

7. 财税〔2015〕106号文件规定：轻工、纺织、机械、汽车等四个领域重点行业的企业2015年1月1日后新购进的固定资产，可由企业选择缩短折旧年限或采取加速折旧的方法。企业根据自身生产经营需要，也可选择不实行加速折旧政策。

上述四个行业的小型微利企业2015年1月1日后新购进的研发和生产经营共用的仪器、设备，单位价值不超过100万元的，允许一次性计入当期成本费用在计算应纳税所得额时扣除，不再分年度计算折旧；单位价值超过100万元的，可由企业选择缩短折旧年限或采取加速折旧的方法。

[特别提示] 企业所得税优惠期间企业固定资产计提折旧的涉税处理注意事项：

假设企业在优惠期内（按15%税率缴纳企业所得税）应提未提折旧100万元，这就虚增应税所得额100万元，多交企业所得税15万元（100×15%）；优惠期过后按25%的税率缴纳企业所得税，企业采取化整为零或一次性提取的方式补提折旧，导致当期应税所得额减少100万元，影响当期企业所得税25万元（100×25%）。这样企业实际少交企业所得税10万元（25-15）。

8. 财税〔2014〕75号文件规定：所有企业2014年1月1日后新购进的专门用于研发的仪器、设备，单位价值不超过100万元的，允许一次性计入当期成本费用在计算应纳税所得额时扣除，不再分年度计算折旧；单位价值超过100万元的，可缩短折旧年限或采取加速折旧的方法。

9. 财税〔2014〕75号文件规定：所有行业企业持有的单位价值不超过5 000元的固定资产，允许一次性计入当期成本费用在计算应纳税所得额时扣除，不再分年度计算折旧。

[特别提示] 财政部、税务总局公告2021年第6号规定：企业在2018年1月1日至2023年12月31日期间新购进的设备、器具，单位价值不超过500万元的，允许一次性计入当期成本费用在计算应纳税所得额时扣除，不再分年度计算折旧；单位价值超过500万元的，仍按《企业所得税法实施条例》《财政部 国家税务总局关于完善固定资产加速折旧企业所得税政策的通知》（财税〔2014〕75号）、《财政部 国家税务总局关于进一步完善固定资产加速折旧企业所得税政策的通知》（财税〔2015〕106号）等相关规定执行。所称设备、器具，是指除房屋、建筑物以外的固定资产。

10. 企业计提的固定资产折旧费，应当根据固定资产的受益对象计入相关资产成本或者当期损益。小企业应当按月计提折旧，当月增加的固定资产，当月不计提折旧，从下月起计提折旧；当月减少的固定资产，当月仍计提折旧，从下月起不再计提折旧。

11. 企业对房屋、建筑物固定资产在未足额提取折旧前进行改扩建的，如属于推倒重置的，该资产原值减除提取折旧后的净值，应并入重置后的固定资产计税成本，并在该固定资产投入使用后的次月起，按照税法规定的折旧年限，一并计提折旧；如属于提升功能、增加面积的，该固定资产的改扩建支出，并入该固定资产计税基础，并从改扩建完工投入使用后的次月起，重新按税法规定的该固定资产折旧年限计提折旧，如该改扩建后的固定资产尚可使用的年限低于税法规定的最低年限的，可以按尚可使用的年限计提折旧。

[例1-68] 2021年1月25日，A公司对所属一家构建于2017年的商场进行重置，商场原值500 000元，已计提折旧100 000元。在重置过程中，发生以下支出：领用生产用原材料40 000元，支付的进项税额为5 200元；辅助生产车间为装修提供劳务支出14 660元；发生有关人员薪酬29 640元。2021年12月26日装修完毕交付使用，预计尚可使用年限10年，固定资产预计净残值91 100元，采用直线法计提折旧。

会计分录如下：

2021年1月进行重置时：

借：在建工程　　　　　　　　　　　　　　400 000
　　累计折旧　　　　　　　　　　　　　　100 000
　　贷：固定资产　　　　　　　　　　　　　　　　500 000

领用原材料时：

借：在建工程　　　　　　　　　　　　　　 40 000
　　贷：原材料　　　　　　　　　　　　　　　　　 40 000

辅助车间提供劳务时：

借：在建工程　　　　　　　　　　　　　　 14 660
　　贷：生产成本——辅助生产成本　　　　　　　 14 660

发生人员薪酬时：

借：在建工程　　　　　　　　　　　　　　 29 640
　　贷：应付职工薪酬　　　　　　　　　　　　　　 29 640

2021年12月完工交付使用时：

借：固定资产　　　　　　　　　　　　　　484 300
　　贷：在建工程　　　　484 300（400 000 + 40 000 + 14 660 + 29 640）

自2022年起，每年计提固定资产折旧，折旧期间为尚可使用年限10年。

每年折旧额 =（484 300 - 91 100）÷ 10 = 39 320（元）

借：管理费用　　　　　　　　　　　　　　 39 320
　　贷：累计折旧　　　　　　　　　　　　　　　　 39 320

12. 重点关注平时不计提折旧，到汇算清缴时，通过纳税调整明细表补提折旧，导致虚增年度利润总额，人为地扩大公益性捐赠支出扣除基数。

13. 重点关注将应该在优惠期内（地区）计提的折旧转至非优惠期内（地区）计提，从而达到少缴企业所得税的目的。

14. 重点关注申报资产损失扣除时，通过扩大折旧年限的方式，少计利得或多报损失。

15. 重点关注申报资产损失扣除时，通过缩小计提（使用）年限的方式，少计利得或多报损失。

16. 重点关注将已经扣除的固定资产的进项税额，重复计入固定资产原值，扩大累计折旧计提基数。

1.23.3 差异分析

1. 企业会计准则规定，固定资产应计折旧总额是应当计提的折旧的固定资产的入账价值扣除其预计净残值后的金额；已计提减值准备的，还应扣除已计提的减值准备。税法规定，固定资产计提折旧的总额为固定资产的计税基础。

2. 企业会计准则规定，固定资产以"达到预定可使用状态时"的下月计提折旧，税法规定，以固定资产"竣工结算时"的下月计提折旧。

3. 企业会计准则规定，固定资产折旧是在固定资产使用寿命内，按照确定的方法对应计折旧额进行系统分摊；税法规定，对不同类别固定资产的最短折旧年限有原则性限制。

4. 企业会计准则规定，企业可以在规定范围内自行选择折旧方法；税法规定，固定资产折旧一般情况下采用直线法。

5. 会计准则规定，预计净残值一经确定，不得随意变更，但如果年度终了复核预计净残值数与原先估计有差异的，应当调整预计净残值；税法规定，预计净残值一经确定，不得变更。

1.24 在建工程

在建工程是指小企业固定资产的新建、改建、扩建或技术改造、设备更新和大修理工程等尚未完工的工程支出。

1.24.1 科目核算内容

"在建工程"科目核算小企业固定资产的新建、改建、扩建或技术改造、设备更新和大修理工程等尚未完工的工程支出成本。小企业应按照在建工程项目进行明细核算，期末借方余额反映尚未完工或虽已完工，但尚未办理竣工决算的工程成本。

1. 小企业购入需要安装的固定资产，应当按照实际支付的购买价款、相关税费（不包括按照税法规定可抵扣的增值税进项税额）、运输费、装卸费、保险费、安装费等，借记"在建工程"科目，按照税法规定可抵扣的增值税进项税额，借记"应交税费——应交增值税（进项税额）"科目，贷记"银行存款"等科目；固定资产安装完成，借记"固定资产"科目，贷记"在建工程"科目。

[例1-69] 2022年5月10日，A公司（一般纳税人小企业）购入需安装的机器设备一台，增值税专用发票上注明的设备买价200 000元，增值税税额26 000元，支付的运费2 000元，增值税额180元；支付安装人员工资3 000元，均取得合法票据并以存款支付。会计分录如下：

支付设备价款、增值税、运费时：
借：在建工程　　　　　　　　　　　　　　　　　　202 000
　　应交税费——应交增值税（进项税额）　　　　　 26 180
　　贷：银行存款　　　　　　　　　　　　　　　　　228 180

支付安装人员工资时：
借：在建工程　　　　　　　　　　　　　　　　　　　3 000
　　贷：应付职工薪酬　　　　　　　　　　　　　　　　3 000

安装完毕结转成本时：
借：固定资产　　　　　　　　　　　　　　　　　　205 000
　　贷：在建工程　　　　　　　　　　　　　　　　　205 000

2. 小企业融资租入的固定资产，在租赁期开始日，按照租赁合同约定的付款总额和在签订租赁合同过程中发生的相关税费等，借记"在建工程"科目或"固定资产"科目，贷记"长期应付款"科目。

[例1-70] 2022年6月1日，A公司以融资租赁方式从B租赁公司租入生产设备一套，租赁合同确定的设备租赁价款100 000元，以银行存款支付设备安装费5 000元。不考虑其他费用。A公司会计分录如下：

设备安装时：
借：在建工程　　　　　　　　　　　　　　　　　　105 000
　　贷：长期应付款——融资租入固定资产　　　　　　100 000
　　　　银行存款　　　　　　　　　　　　　　　　　　5 000

设备安装后：
借：固定资产——融资租入固定资产　　　　　　　　105 000

贷：在建工程　　　　　　　　　　　　　　　　　　　　　　　　　105 000

　　3. 小企业自营建造固定资产，领用工程物资，借记"在建工程"科目，贷记"工程物资"科目。在建工程应负担的职工薪酬，借记"在建工程"科目，贷记"应付职工薪酬"科目。在建工程使用本企业的产品或商品，应当按照成本，借记"在建工程"科目，贷记"库存商品"科目。按照税法规定应交纳的增值税税额，借记"在建工程"科目，贷记"应交税费——应交增值税（销项税额）"科目。

　　在建工程在竣工决算前发生的借款利息，在应付利息日应当根据借款合同利率计算确定的利息费用，借记"在建工程"科目，贷记"应付利息"科目；办理竣工决算后发生的利息费用，在应付利息日，借记"财务费用"科目，贷记"应付利息"等科目。

　　在建工程在试运转过程中发生的支出，借记"在建工程"科目，贷记"银行存款"等科目；形成的产品或者副产品对外销售或转为库存商品的，借记"银行存款""库存商品"等科目，贷记"在建工程"科目。

　　自营工程办理竣工决算，借记"固定资产"科目，贷记"在建工程"科目。

　　[例 1-71] 2022 年 6 月 1 日，A 公司（一般纳税人小企业）开始自建×生产线，购入为工程准备的各种物资 500 000 元，增值税进项税额为 65 000 元，全部款项用转账支票支付，物资当月全部被领用于生产线建设；同时该生产线当月领用了企业生产用的一批原材料，实际成本 10 000 元，该材料的进项税额 1 300 元已经认证抵扣；辅助车间为工程提供劳务支出 35 000 元；应支付工程人员薪酬 65 800 元。10 月底工程交付使用。会计分录如下：

购入工程物资时：

借：工程物资　　　　　　　　　　　　　　　　　　　　　　　　　500 000
　　应交税费——应交增值税（进项税额）　　　　　　　　　　　　　65 000
　　贷：银行存款　　　　　　　　　　　　　　　　　　　　　　　　565 000

领用工程物资时：

借：在建工程　　　　　　　　　　　　　　　　　　　　　　　　　500 000
　　贷：工程物资　　　　　　　　　　　　　　　　　　　　　　　　500 000

领用原材料时：

借：在建工程　　　　　　　　　　　　　　　　　　　　　　　　　 10 000
　　贷：原材料　　　　　　　　　　　　　　　　　　　　　　　　　 10 000

辅助车间为工程提供劳务支出时：

借：在建工程　　　　　　　　　　　　　　　　　　　　　　　　　 35 000
　　贷：生产成本——辅助生产成本　　　　　　　　　　　　　　　　 35 000

支付工程人员工资时：

借：在建工程　　　　　　　　　　　　　　　　　　　65 800
　　　　贷：应付职工薪酬　　　　　　　　　　　　　　　　　65 800
10月完工转作固定资产时：
　　借：固定资产　　　　　　　　　　　　　　　　　　　610 800
　　　　贷：在建工程　　　　　　　　　　　　　　　　　　610 800

4. 小企业出包工程，按照工程进度和合同规定结算的工程价款，借记"在建工程"科目，贷记"银行存款""预付账款"等科目；工程完工收到承包单位提供的账单，借记"固定资产"科目，贷记"在建工程"科目。

[例1-72] 2022年5月15日，A公司将一幢厂房工程出包给C公司承建，按规定在工程开工时向C公司预付工程款500 000元。工程完工后收到C公司结算账单，该项工程实际支出800 000元，通过银行存款补付工程款300 000元。厂房完工后，经验收合格交付使用。A公司会计分录如下：

预付工程款时：
　　借：预付账款——出包工程（厂房）　　　　　　　　　500 000
　　　　贷：银行存款　　　　　　　　　　　　　　　　　　500 000
结算工程款时：
　　借：在建工程——出包工程（厂房）　　　　　　　　　800 000
　　　　贷：预付账款——出包工程（厂房）　　　　　　　　500 000
　　　　　　银行存款　　　　　　　　　　　　　　　　　　300 000
工程验收交付时：
　　借：固定资产　　　　　　　　　　　　　　　　　　　800 000
　　　　贷：在建工程——出包工程（厂房）　　　　　　　　800 000

5. 小企业对固定资产进行改扩建时，应当按照该项固定资产账面价值，借记"在建工程"科目，按照其已计提的累计折旧，借记"累计折旧"科目，按照其原价，贷记"固定资产"科目；在改扩建过程中发生的相关支出，借记"在建工程"科目，贷记相关科目；改扩建完成办理竣工决算，借记"固定资产"科目，贷记"在建工程"科目。

[例1-73] 2022年6月5日，A公司对一幢办公楼进行改建，该办公楼原价400 000元，已计提折旧250 000元，改扩建中以银行存款支付工程款160 000元。会计分录如下：

进行改扩建时：
　　借：在建工程　　　　　　　　　　　　　　　　　　　150 000
　　　　累计折旧　　　　　　　　　　　　　　　　　　　250 000
　　　　贷：固定资产　　　　　　　　　　　　　　　　　　400 000

发生改建支出时：

借：在建工程　　　　　　　　　　　　　　　　　　160 000
　　贷：银行存款　　　　　　　　　　　　　　　　　　160 000

改建完成进行竣工结算时：

借：固定资产　　　　　　　　　　　　　　　　　　310 000
　　贷：在建工程　　　　　　　　　　　　　　　　　　310 000

1.24.2　涉税解析

1. 自行建造固定资产的成本，由建造该项资产在竣工决算前发生的支出（含相关的借款费用）构成。

2. 在建工程因正常原因发生单项或单位工程报废或毁损，减去残料价值和过失人或保险公司等赔款后的净损失，计入继续施工的工程成本；如为非常原因造成的报废或毁损，或在建工程项目全部报废或毁损，应将其净损失直接计入当期营业外支出。

3. 工程完工后，剩余的工程物资转作本企业存货的，按其实际成本或计划成本进行结转。盘盈、盘亏、报废、毁损的工程物资，减去残料价值和保险公司、过失人赔偿部分后的净损失（收益），工程项目尚未完工的，计入或冲减所建工程项目的成本；工程已经完工的，计入当期营业外收支。

4. 企业在建工程在试运转过程中形成的产品、副产品或试车收入，视同销售收入计算缴纳增值税，并直接冲减在建工程成本。

5. 企业所建造的固定资产以"竣工结算前发生的支出"为计税基础，并于"竣工结算时"的下月起开始计提折旧。企业固定资产投入使用后，由于工程款项尚未结清未取得全额发票的，可暂按合同金额计入固定资产计税基础计提折旧，待发票取得后进行调整。该项调整应在使用后12个月内进行。

6. 小企业为购置、建造固定资产、无形资产和经过12个月以上的建造才能达到预定可销售状态的存货发生借款的，在有关资产购置、建造期间发生的合理的借款费用，应当作为资本性支出计入有关资产的成本。其他借款费用应当在发生时根据其发生额确认为费用，计入当期损益。

7. 在建工程停建、报废损失，为其工程项目投资账面价值扣除残值后的余额，应依据以下证据材料确认：工程项目投资账面价值确定依据；工程项目停建原因说明及相关材料；因质量原因停建、报废的工程项目和因自然灾害和意外事故停建、报废的工程项目，应出具专业技术鉴定意见和责任认定、赔偿情况的说明等。

8. 企业向税务机关申报扣除资产损失，需填报企业所得税年度纳税申报表《资产损失税前扣除及纳税调整明细表》（A105090），不必报送资产损失相关资料。企业资产损失相关资料应当完整保存、备查，保证资料的真实性、合法性。

1.24.3 差异分析

1. 小企业购入不需要安装的固定资产，在"固定资产"科目核算，不在"在建工程"科目核算。

2. 小企业已提足折旧的固定资产的改建支出和经营租入固定资产的改建支出，在"长期待摊费用"科目核算，不在"在建工程"科目核算。

1.25 工程物资

工程物资是指小企业为在建工程准备的各种材料、物资，包括工程用材料、尚未安装的设备以及为生产准备的工器具等。

1.25.1 科目核算内容

"工程物资"科目核算小企业为在建工程准备的各种材料、物资的成本。小企业应按照"专用材料""专用设备""工器具"等进行明细核算，"工程物资"科目期末借方余额反映为在建工程准备的各种材料、物资的成本。

1. 小企业购入为工程准备的物资，应当按照实际支付的购买价款和相关税费，借记"工程物资"科目，贷记"银行存款"等科目。

2. 工程领用工程物资，借记"在建工程"科目，贷记"工程物资"科目。工程完工后将领出的剩余物资退库时，借记"工程物资"科目，贷记"在建工程"科目；工程完工后剩余的工程物资转作本企业存货的，借记"原材料"等科目，贷记"工程物资"科目。

[例1-74] 2022年5月20日，A公司自行建造一条生产线，购入各种工程物资，取得的增值税专用发票上注明的价款为500 000元，增值税税额65 000元。实际领用工程物资300 000元，剩余物资转为原材料。支付工程人员工资50 000元，款项以银行存款支付。工程于2022年7月20日办理竣工决算。会计分录如下：

购入工程物资时：

借：工程物资　　　　　　　　　　　　　　　　500 000
　　应交税费——应交增值税（进项税额）　　　 65 000
　　贷：银行存款　　　　　　　　　　　　　　　　　565 000

领用工程物资时：

借：在建工程　　　　　　　　　　　　　　　　300 000

  贷：工程物资   300 000

剩余物资转为原材料时：

  借：原材料   200 000

    贷：工程物资   200 000

支付工程人员工资时：

  借：在建工程   50 000

    贷：银行存款   50 000

工程竣工决算时：

  借：固定资产   350 000

    贷：在建工程   350 000

[**特别提示**] 工程物资发生损失，可比照存货损失的规定确认。

1.25.2 差异分析

1. 小企业会计准则规定，在一般企业财务报表格式中，"工程物资"科目在资产负债表中单独列示。

2. 企业会计准则规定，在一般企业财务报表格式中，"工程物资"科目归并至资产负债表中"在建工程"项目。

1.26 固定资产清理

  固定资产清理是指小企业因出售、报废、毁损、对外投资等原因处置固定资产时，对转出固定资产所进行的清理工作。

1.26.1 科目核算内容

  "固定资产清理"科目核算小企业因出售、报废、毁损、对外投资等原因处置固定资产时，所转出的固定资产账面价值以及在清理过程中发生的费用等。小企业应按照被清理的固定资产项目进行明细核算，"固定资产清理"科目期末借方余额反映尚未清理完毕的固定资产清理净损失；期末贷方余额反映尚未清理完毕的固定资产清理净收益。

  1. 小企业因出售、报废、毁损、对外投资等原因处置固定资产，应当按照该项固定资产的账面价值，借记"固定资产清理"科目，按照其已计提的累计折旧，借记"累计折旧"科目，按照其原价，贷记"固定资产"科目。同时，按照税法规定不得从增值税销项税额中抵扣的进项税额，借记"固定资产清理"科目，贷记"应交税费——应交增值税（进项税额转出）"科目。

2. 小企业固定资产清理过程中应支付的相关税费及其他费用，借记"固定资产清理"科目，贷记"银行存款""应交税费"等科目。取得出售固定资产的价款、残料价值和变价收入等处置收入，借记"银行存款""原材料"等科目，贷记"固定资产清理"科目。应由保险公司或过失人赔偿的损失，借记"其他应收款"等科目，贷记"固定资产清理"科目。

3. 固定资产清理完成后，发生净损失时，借记"营业外支出——非流动资产处置净损失"科目，贷记"固定资产清理"科目。如为净收益，借记"固定资产清理"科目，贷记"营业外收入——非流动资产处置净收益"科目。

[例 1-75] 2022 年 5 月，A 公司为增值税一般纳税人，出售 2016 年购入的设备一台，原价 300 000 元，已提折旧 150 000 元，按协议价 113 000 元收款（含增值税），同时支付拆卸费 2 000 元。会计分录如下：

固定资产转入清理时：
借：固定资产清理　　　　　　　　　　　　　　　150 000
　　累计折旧　　　　　　　　　　　　　　　　　150 000
　　贷：固定资产　　　　　　　　　　　　　　　　　　　300 000

支付拆卸费时：
借：固定资产清理　　　　　　　　　　　　　　　2 000
　　贷：银行存款　　　　　　　　　　　　　　　　　　　2 000

收到设备价款时：
借：银行存款　　　　　　　　　　　　　　　　　113 000
　　贷：固定资产清理　　　　　　　100 000 [113 000÷(1+13%)]
　　　　应交税费——应交增值税（销项税额）
　　　　　　　　　　　　　　　　　13 000 [113 000÷(1+13%)×13%]

结转出售设备净损时：
借：营业外支出——非流动资产处置净损失　　　　52 000
　　贷：固定资产清理　　　　　　　　　　　　　　　　52 000

[例 1-76] 2022 年 7 月，A 公司（一般纳税人）一座库房因暴雨侵袭而损毁，经批准报废转入清理。该库房原值 500 000 元，已提折旧 400 000 元，用银行存款支付清理费用 5 000 元，出售残料收入 5 000 元（含增值税），收到保险公司赔款 150 000 元。会计分录如下：

固定资产转入清理时：
借：固定资产清理　　　　　　　　　　　　　　　100 000

累计折旧 400 000
贷：固定资产 500 000

支付清理费时：
借：固定资产清理 5 000
    贷：银行存款 5 000

出售残料时：
借：银行存款 5 000
    贷：固定资产清理 4 424.78 ［5 000÷(1+13%)］
        应交税费——应交增值税（销项税额）
        575.22 ［5 000÷(1+13%)×13%］

收到保险赔款时：
借：银行存款 150 000
    贷：固定资产清理 150 000

结转出售设备净收益时：
借：固定资产清理 49 424.78 （150 000+4 424.78-5 000-100 000）
    贷：营业外收入——非流动资产处置净收益 49 424.78

[例1-77] 2022年6月5日，A公司（一般纳税人）以一台2015年购入的设备做为对B公司（一般纳税人）的长期股权投资。该设备原价2 000 000元，已计提折旧600 000元，清理过程中发生清理费用20 000元，设备评估价值1 500 000元（不含税）。A公司会计分录如下：

固定资产转入清理时：
借：固定资产清理 1 400 000
    累计折旧 600 000
    贷：固定资产 2 000 000

支付清理费时：
借：固定资产清理 20 000
    贷：银行存款 20 000

确定投资时：
借：长期股权投资——B公司 1 695 000
    贷：固定资产清理 1 500 000
        应交税费——应交增值税（销项税额） 195 000

结转设备处置净收益时：
借：固定资产清理 80 000
    贷：营业外收入 80 000

1.26.2 涉税解析

1. 企业将固定资产用于非应税项目、集体福利或个人消费；将固定资产用于投资、分配给股东或无偿捐赠，均应视同销售，应计缴增值税、企业所得税。

2. 固定资产处置收入扣除固定资产净值、相关税费和清理费用后的净额，应当计入营业外收入或营业外支出。

3. 一般纳税人销售自己使用过的，购买或自制时未能抵扣过增值税进项税额的固定资产，再销售时可按简易办法依3%征收率减按2%征收增值税。应开具普通发票，不得由税务机关代开增值税专用发票。

按下列公式确定销售额和应纳税额：

销售额 = 含税销售额 ÷ (1 + 3%)

应纳税额 = 销售额 × 2%

4. 小规模纳税人销售自己使用过的固定资产，可按简易办法依3%征收率减按2%征收增值税，应开具普通发票，不得由税务机关代开增值税专用发票。

按下列公式确定销售额和应纳税额：

销售额 = 含税销售额 ÷ (1 + 3%)

应纳税额 = 销售额 × 2%

[例1-78] 2022年5月8日，A公司（小规模纳税人）向B公司出售2012年购买的一套机器设备，设备原值200 000元，已计提折旧100 000元，销售价格120 000元（含税），以银行存款结算。A公司会计处理如下：

出售设备转入清理时：

借：固定资产清理		100 000
累计折旧		100 000
贷：固定资产		200 000

收到出售设备价款时：

借：银行存款		120 000
贷：固定资产清理		120 000

按简易办法依3%征收率减按2%征收增值税时：

销售额 = 120 000 ÷ (1 + 3%) = 116 505（元）

应纳税额 = 116 504.85 × 2% = 2 330.10（元）

借：固定资产清理		2 330.10
贷：应交税费——未交增值税		2 330.10

代开普通发票时：

借：应交税费——未交增值税		2 330.10

贷：银行存款　　　　　　　　　　　　　　　　　　　　　2 330.10

结转固定资产清理损益时：

借：固定资产清理　　　　　　　　　　　　　　　　　　　17 669.90

　　贷：营业外收入　　　　　　　　　　　　　　　　　　　17 669.90

5. 纳税人销售自己使用过的固定资产，适用简易办法依照3%征收率减按2%征收增值税政策的，可以放弃减税，按照简易办法依照3%征收率缴纳增值税，并可以开具增值税专用发票。

续［例1-78］，若A公司依据B公司要求开具增值税专用发票，为达到B公司进项税额可以进行抵扣的目的。则A公司会计处理如下：

出售设备转入清理时：

借：固定资产清理　　　　　　　　　　　　　　　　　　　100 000

　　累计折旧　　　　　　　　　　　　　　　　　　　　　100 000

　　贷：固定资产　　　　　　　　　　　　　　　　　　　　200 000

收到出售设备价款时：

借：银行存款　　　　　　　　　　　　　　　　　　　　　120 000

　　贷：固定资产清理　　　　　　　　　　　　　　　　　　120 000

放弃减税，按照简易办法依照3%征收率缴纳增值税，账务处理如下：

销售额 = 120 000 ÷ (1 + 3%) = 116 505.85（元）

应纳税额 = 116 504.85 × 3% = 3 495.15（元）

借：固定资产清理　　　　　　　　　　　　　　　　　　　3 495

　　贷：应交税费——未交增值税　　　　　　　　　　　　　3 495

代开专用发票时：

借：应交税费——未交增值税　　　　　　　　　　　　　　3 495.15

　　贷：银行存款　　　　　　　　　　　　　　　　　　　　3 495.15

结转固定资产清理损益时：

借：固定资产清理　　　　　　　　　　　　　　　　　　　16 505.85

　　贷：营业外收入　　　　　　　　　　　　　　　　　　　16 505.85

6. 企业固定资产达到或超过使用年限而正常报废清理的，企业向税务机关申报扣除资产损失，需填报企业所得税年度纳税申报表《资产损失税前扣除及纳税调整明细表》（A105090），不必报送资产损失相关资料。企业资产损失相关资料应当完整保存、备查，保证资料的真实性、合法性。

7. 重点关注不及时结转固定资产清理，从而调节利润。资产负债表日，如借方有余额，填在资产负债表"固定资产清理"中，虚增利润；如贷方有余额，有可能没有及时结转净收益，减少利润。

1.26.3 差异分析

1. 小企业会计准则规定，在一般企业财务报表格式中，"固定资产清理"科目在资产负债表中单独列示。

2. 企业会计准则规定，在一般企业财务报表格式中，"固定资产清理"科目归并至资产负债表中"固定资产"项目。

1.27 生产性生物资产

生产性生物资产是指小企业（农、林、牧、渔业）为生产农产品、提供劳务或出租等目的而持有的生物资产，包括经济林、薪炭林、产畜和役畜等。

生产性生物资产具有两个显著特征：

（1）生产性生物资产是有生命的动物或植物，具有能够进行生物转化的能力。所谓生物转化，是指导致生物资产质量或数量发生变化的生长、蜕化、生产和繁殖的过程。

（2）生产性生物资产与农业生产密切相关，包括种植业、畜牧养殖业、林业和水产业等行业。

1.27.1 科目核算内容

"生产性生物资产"科目核算小企业（农、林、牧、渔业）持有的生产性生物资产的原价（成本），期末借方余额反映小企业（农、林、牧、渔业）生产性生物资产的原价（成本）。

"生产性生物资产"科目应按照"未成熟生产性生物资产"和"成熟生产性生物资产"，分别生物资产的种类、群别等进行明细核算。

1. 小企业外购的生产性生物资产，按照购买价款和相关税费，借记"生产性生物资产"科目，贷记"银行存款"等科目。涉及按照税法规定可抵扣的增值税进项税额的，还应当借记"应交税费——应交增值税（进项税额）"科目。

[例1-79] 2022年1月，A公司（小规模纳税人）从市场一次性购入种猪50头，每头单价200元（含税），发生运输费1 000元，保险费2 000元，装卸费500元，款项全部以银行存款支付。会计分录如下：

借：生产性生物资产——种猪 13 500
　　贷：银行存款 13 500

2. 小企业自行营造的林木类生产性生物资产，达到预定生产经营目的前发生的造林费、抚育费、营林设施费、良种试验费、调查设计费和应分摊的间接费用等必要支出，借记"生产性生物资产——未成熟生产性生物资产"科目，贷记"原材料""银行存款""应付利息"等科目；未成熟生产性生物资产达到预定生产经营目的时，按照其账面余额，借记"生产性生物资产——成熟生产性生物资产"科目，贷记"生产性生物资产——未成熟生产性生物资产"科目。

[**例 1-80**] 2019 年 A 公司（小规模纳税人）开始自行营造 200 亩桃树，当年发生种苗费 200 000 元，化肥、农药费用 30 000 元，人员工资 40 000 元，机械作业费 20 000 元，其他管护费 15 000 元。桃树达到正常生长期为 3 年，从 2020—2021 年，抚育支出化肥、农药费 60 000 元，人员工资 30 000 元，管护费 15 000 元。2022 年开始挂果，达到预期生产目的。会计分录如下：

2019 年时：

借：生产性生物资产——未成熟生产性生物资产（桃）　　　305 000
　　贷：原材料——种苗　　　　　　　　　　　　　　　　　200 000
　　　　　　——化肥农药　　　　　　　　　　　　　　　　 30 000
　　　　应付职工薪酬　　　　　　　　　　　　　　　　　　 40 000
　　　　银行存款　　　　　　　　　　　　　　　　　　　　 35 000

2020—2021 年时：

借：生产性生物资产——未成熟生产性生物资产（桃）　　　105 000
　　贷：原材料——化肥农药　　　　　　　　　　　　　　　 60 000
　　　　应付职工薪酬　　　　　　　　　　　　　　　　　　 30 000
　　　　银行存款　　　　　　　　　　　　　　　　　　　　 15 000

2022 年时：

借：生产性生物资产——成熟生产性生物资产（桃）　　　　410 000
　　贷：生产性生物资产——未成熟生产性生物资产（桃）　　410 000

3. 小企业自行繁殖的产畜和役畜，达到预定生产经营目的前发生的饲料费、人工费和应分摊的间接费用等必要支出，借记"生产性生物资产——未成熟生产性生物资产"科目，贷记"原材料""银行存款""应付利息"等科目；未成熟生产性生物资产达到预定生产经营目的时，按照其账面余额，借记"生产性生物资产——成熟生产性生物资产"科目，贷记"生产性生物资产——未成熟生产性生物资产"科目。

4. 择伐、间伐或抚育更新等生产性采伐而补植林木类生产性生物资产发生的后续支出，借记"生产性生物资产——未成熟生产性生物资产"科目，贷记"银行存款"等科目；产畜和役畜发生的管护、饲养费用等后续支出，借记"管理费用"科目，贷记"银行存款"等科目。

5. 育肥畜转为产畜或役畜，应当按照其账面余额，借记"生产性生物资产"科目，贷记"消耗性生物资产"科目；产畜或役畜淘汰转为育肥畜，应按照转群时其账面价值，借记"消耗性生物资产"科目，按照已计提的累计折旧，借记"生产性生物资产累计折旧"科目，按照其原价，贷记"生产性生物资产"科目。

6. 因出售、报废、毁损、对外投资等原因处置生产性生物资产，应按照取得的出售生产性生物资产的价款、残料价值和变价收入等处置收入，借记"银行存款"等科目，按照已计提的累计折旧，借记"生产性生物资产累计折旧"科目，按照其原价，贷记"生产性生物资产"科目，按照其差额，借记"营业外支出——非流动资产处置净损失"科目或贷记"营业外收入——处置非流动资产处置净收益"科目。

[例1-81] 2022年5月，A公司（小规模纳税人）将已经产崽2年的种猪20头，作价8 000元出售，款项存入银行。种猪账面原价5 400元，已计提折旧3 600元。会计分录如下：

借：银行存款　　　　　　　　　　　　　　　　　　　8 000
　　生产性生物资产累计折旧　　　　　　　　　　　　3 600
　　贷：生产性生物资产——种猪　　　　　　　　　　5 400
　　　　营业外收入　　　　　　　　　　　　　　　　6 200

1.27.2　涉税解析

1. 生产性生物资产按照以下方法确定成本，准予税前扣除：外购生产性生物资产，以购买价款和支付的相关税费为计税基础；通过捐赠、投资、非货币性资产交换、债务重组等方式取得的生产性生物资产，以该资产的公允价值和支付的相关税费为计税基础。

2. 对于自行营造或者繁殖的生产性生物资产在营造或者繁殖的过程中所发生的成本，税法允许计入当期费用税前扣除。

3. 因出售、报废、毁损、对外投资等原因处置生产性生物资产，应按照取得的出售生产性生物资产的价款、残料价值和变价收入等处置收入，减除该生产性生物资产计提折旧后的净值，确定生产性生物资产的处置损益。

4. 生产性生物资产盘亏损失，为其账面净值扣除责任人赔偿后的余额，应依据以下证据材料确认，才准予税前扣除：生产性生物资产盘点表；生产性生物资产盘亏情况说明；生产性生物资产损失金额较大的，企业应有专业技术鉴定意见和责任认定、赔偿情况的说明等。

5. 因森林病虫害、疫情、死亡而产生的生产性生物资产损失，为其账面净值扣除残值、保险赔偿和责任人赔偿后的余额，应依据以下证据材料确认，才准予税前扣除：损失情况说明；责任认定及其赔偿情况的说明；损失金额较大的，应有专业技术鉴定意见。

6. 对被盗伐、被盗、丢失而产生的生产性生物资产损失，为其账面净值扣除保险赔偿以及责任人赔偿后的余额，应依据以下证据材料确认，才准予税前扣除：生产性生物资产被盗后，向公安机关的报案记录或公安机关立案、破案和结案的证明材料；责任认定及其赔偿情况的说明。

7. 企业向税务机关申报扣除资产损失，需填报企业所得税年度纳税申报表《资产损失税前扣除及纳税调整明细表》，不必报送资产损失相关资料。企业资产损失相关资料应当完整保存、备查，保证资料的真实性、合法性。

［特别提示］

（1）生产性生物资产和消耗性生物资产的区别。生产性生物资产具有能够在生产经营中长期、反复使用，从而不断产出农产品或者是长期役用，通常认为生产性生物资产在一定程度上具有固定资产的特性，例如果树每年产水果、奶牛每年产牛奶等。消耗性生物资产在收获农产品之后就不复存在，通常一次性消耗获得其服务能力或经济利益，属于存货，例如作物、蔬菜、用材林以及存栏待售的牲畜等。

（2）生产性生物资产和消耗性生物资产的转换。生产性生物资产持有目的是为了将来能生产产品，消耗性生物资产的持有目的是为了出售。但有时两者之间也可以转换：如养母猪是为了卖猪肉，该猪就是消耗性生物资产，若养母猪是为了繁殖小猪，则该母猪为生产性生物资产；再比如种菜是为了出售，该菜就是消耗性生物资产；种菜是为了培育种子，则该菜即为生产性生物资产。

1.28 生产性生物资产累计折旧

生产性生物资产累计折旧是指在生产性生物资产的使用寿命内，按照年限平均法对应计提折旧额进行系统分摊。

1.28.1 科目核算内容

"生产性生物资产累计折旧"科目核算小企业（农、林、牧、渔业）成熟生产性生物资产的折旧累计，期末贷方余额反映小企业成熟生产性生物资产的累计折旧额。

小企业按月计提成熟生产性生物资产的折旧，借记"生产成本""管理费用"等科目，贷记"生产性生物资产累计折旧"科目。

处置生产性生物资产还应同时结转生产性生物资产累计折旧。

续［例1-80］，2019年A公司（小规模纳税人）开始自行营造200亩桃树，账面原值410 000元，从2022年挂果时起，预计经济寿命10年，采用年限平均法计提折旧，假设该桃树期满无残值。会计分录如下：

2022年年折旧额 = 410 000 ÷ 10 = 41 000（元）

借：生产成本　　　　　　　　　　　　　　　　　　　　　　　41 000
　　贷：生产性生物资产累计折旧　　　　　　　　　　　　　　　　41 000

1.28.2　涉税解析

1. 小企业（农、林、牧、渔业）应当根据生产性生物资产的性质和使用情况，并考虑税法的规定，合理确定生产性生物资产的使用寿命和预计净残值。生产性生物资产的折旧方法、使用寿命、预计净残值一经确定，不得随意变更。

2. 生产性生物资产只有按照年限平均法计算的折旧，才准予扣除。

3. 生产性生物资产计算折旧的最低年限如下：林木类生产性生物资产为10年；畜类生产性生物资产为3年。

4. 小企业（农、林、牧、渔业）应当自生产性生物资产投入使用月份的次月起按月计提折旧；停止使用的生产性生物资产，应当自停止使用月份的次月起停止计提折旧。

1.29　无形资产

无形资产是指小企业为生产产品、提供劳务、出租或经营管理而持有的、没有实物形态的可辨认非货币性资产，包括土地使用权、专利权、商标权、著作权、非专利技术等。

[特别提示]

（1）商誉的特别规定：税法中的无形资产包括商誉。会计规定由于商誉的存在无法与企业分离，不能确认为无形资产。

（2）土地使用权的特别规定：小企业取得的土地使用权应确认为无形资产。

土地使用权用于自行开发建造厂房等建筑物，相关的土地使用权不与地上建筑物合并计算其成本，而仍作为无形资产进行核算，土地使用权与地上建筑物分别进行摊销和计提折旧。

小企业（房地产开发经营）将土地使用权用于建造对外出售的房屋建筑物，相关的土地使用权应当计入所建造的房屋建筑物的成本。

小企业外购的房屋建筑物，实际支付的价款中包含了土地和建筑物的价值，应当按照合理的方法在建筑物和土地使用权之间进行分配。合理的分配方法通常是按照土地使用权和建筑物的市场价格或评估价值的相应比例进行分配。如果确实无法合理分配，应当全部作为固定资产。

1.29.1 科目核算内容

"无形资产"科目核算小企业持有的无形资产成本，期末借方余额反映无形资产的成本。

1. 小企业外购无形资产，应当按照实际支付的购买价款、相关税费和相关的其他支出（含相关的利息费用），借记"无形资产"科目，贷记"银行存款""应付利息"等科目。

[例1-82] 2022年1月8日，A公司从B公司购买一项专利权，支付的买价和有关税费合计500 000元，款项已支付。假设不考虑其他因素，A公司会计分录如下：

借：无形资产　　　　　　　　　　　　　　　　　　500 000
　　贷：银行存款　　　　　　　　　　　　　　　　　　500 000

2. 小企业自行研究开发无形资产发生的研发支出，满足资本化条件的，借记"研发支出——资本化支出"科目，不满足资本化条件的，借记"研发支出——费用化支出"科目，贷记"原材料""应付职工薪酬""应付利息""银行存款"等科目。

研究开发项目达到预定用途形成无形资产的，应按"研发支出——资本化支出"科目余额，借记"无形资产"科目，贷记"研发支出——资本化支出"科目；月末，应将"研发支出——费用化支出"科目余额转入"管理费用"科目，借记"管理费用"科目，贷记"研发支出——费用化支出"科目。

[例1-83] 2022年1月，A公司开始自行研究开发某项新型技术，该项目在研究开发过程中发生材料费用500 000元，人工费用200 000元，其他费用100 000元，总计800 000元。其中，符合资本化条件的支出550 000元。2022年5月，该项新型技术已经达到预计用途。会计分录如下：

发生研发支出时：

借：研发支出——资本化支出　　　　　　　　　　　550 000
　　研发支出——费用化支出　　　　　　　　　　　250 000
　　贷：原材料　　　　　　　　　　　　　　　　　　500 000
　　　　应付职工薪酬　　　　　　　　　　　　　　　200 000
　　　　银行存款　　　　　　　　　　　　　　　　　100 000

2022年5月该项技术达到预计用途时：

借：无形资产　　　　　　　　　　　　　　　　　　550 000
　　贷：研发支出——资本化支出　　　　　　　　　　550 000

借：管理费用 250 000
　　贷：研发支出——费用化支出 250 000

3. 小企业收到投资者投入的无形资产，应当按照评估价值和相关税费，借记"无形资产"科目，贷记"实收资本""资本公积"科目。

[例1-84] A公司接受B公司投入一项专利技术，投资评估确立的价值为200 000元。假设不考虑其他因素，A公司会计分录如下：

借：无形资产 200 000
　　贷：实收资本 200 000

4. 小企业因出售、报废、对外投资等原因处置无形资产，应当按照取得的无形资产处置收入，借记"银行存款"等科目，按照其已计提的累计摊销，借记"累计摊销"科目，按照应支付的相关税费，贷记"应交税费——应交增值税""银行存款"等科目，按照其成本，贷记"无形资产"科目，按照其差额，贷记"营业外收入——非流动资产处置净收益"科目或借记"营业外支出——非流动资产处置净损失"科目。

[例1-85] 2022年5月10日，A公司（小规模纳税人）出售一项专利权，该专利权成本为600 000元，已累计摊销220 000元，实际取得的转让价款为500 000元（含税），款项已存入银行。会计分录如下：

借：银行存款 500 000
　　累计摊销 220 000
　　贷：无形资产 600 000
　　　　应交税费——应交增值税　14 563.11　[500 000÷(1+3%)×3%]
　　　　营业外收入——非流动资产处置净收益 105 436.89

[例1-86] 2022年7月1日，A公司某项专利权报废，该专利账面余额300 000元，专利摊销期10年，采用直线法摊销，已摊销5年，残值为零。会计处理如下：

借：累计摊销 150 000
　　营业外支出——处置非流动资产损失 150 000
　　贷：无形资产 300 000

1.29.2 涉税解析

1. 无形资产应当按照成本进行计量。

（1）外购无形资产的成本包括：购买价款、相关税费和相关的其他支出（含相关的借款费用）。

（2）自行开发的无形资产的成本，由符合资本化条件后至达到预定用途前发生的支出（含相关的借款费用）构成。

(3) 通过捐赠、投资、非货币性资产交换、债务重组等方式取得的无形资产，应当按照评估价值和相关税费确定。

2. 无形资产按照以下方法确定计税基础：外购的无形资产，以购买价款和支付的相关税费以及直接归属于使该资产达到预定用途发生的其他支出为计税基础；自行开发的无形资产，以开发过程中该资产符合资本化条件后至达到预定用途前发生的支出为计税基础；通过捐赠、投资、非货币性资产交换、债务重组等方式取得的无形资产，以该资产的公允价值和支付的相关税费为计税基础。

3. 小企业自行开发无形资产发生的支出，同时满足下列条件的，才能确认为无形资产：完成该无形资产以使其能够使用或出售在技术上具有可行性；具有完成该无形资产并使用或出售的意图；能够证明运用该无形资产生产的产品存在市场或无形资产自身存在市场，无形资产将在内部使用的，应当证明其有用性；有足够的技术、财务资源和其他资源支持，以完成该无形资产的开发，并有能力使用或出售该无形资产；归属于该无形资产开发阶段的支出能够可靠地计量。

4. 企业研究阶段的支出全部费用化，计入当期损益；开发阶段的支出符合条件的进行资本化，不符合资本化条件的计入当期损益。如果确实无法区分研究阶段的支出和开发阶段的支出，应将其所发生的研发支出全部费用化，计入当期损益。

5. 企业为获得科学与技术新知识，创造性运用科学技术新知识，或实质性改进技术、产品（服务）、工艺而进行的研发活动，其实际发生的研发费用，未形成无形资产计入当期损益的，在按规定据实扣除的基础上，按照本年度实际发生额的50%，从本年度应纳税所得额中扣除；形成无形资产的，按照无形资产成本的150%在税前摊销。

研发费用的具体范围包括：

（1）直接从事研发活动人员的工资薪金、基本养老保险费、基本医疗保险费、失业保险费、工伤保险费、生育保险费和住房公积金，以及外聘研发人员的劳务费用。

（2）直接投入费用：研发活动直接消耗的材料、燃料和动力费用；用于中间试验和产品试制的模具、工艺装备开发及制造费，不构成固定资产的样品、样机及一般测试手段购置费，试制产品的检验费；用于研发活动的仪器、设备的运行维护、调整、检验、维修等费用，以及通过经营租赁方式租入的用于研发活动的仪器、设备租赁费。

（3）用于研发活动的仪器、设备的折旧费。

（4）用于研发活动的软件、专利权、非专利技术（包括许可证、专有技术、设计和计算方法等）的摊销费用。

（5）新产品设计费、新工艺规程制定费、新药研制的临床试验费、勘探开发技术的现场试验费。

（6）与研发活动直接相关的其他费用，如技术图书资料费、资料翻译费、专家咨询费、高新科技研发保险费，研发成果的检索、分析、评议、论证、鉴定、评审、评估、验收费用，知识产权的申请费、注册费、代理费、差旅费、会议费等。此项费用总额不得超过可加计扣除研发费用总额的10%。

（7）财政部和国家税务总局规定的其他费用。

[特别提示]

（1）财政部、税务总局公告2021年第13号规定：制造业企业开展研发活动中实际发生的研发费用，未形成无形资产计入当期损益的，在按规定据实扣除的基础上，自2021年1月1日起，再按照实际发生额的100%在税前加计扣除；形成无形资产的，自2021年1月1日起，按照无形资产成本的200%在税前摊销。

（2）科技型中小企业开展研发活动中实际发生的研发费用，未形成无形资产计入当期损益的，在按规定据实扣除的基础上，自2022年1月1日起，再按照实际发生额的100%在税前加计扣除；形成无形资产的，自2022年1月1日起，按照无形资产成本的200%在税前摊销。

6. 不适用税前加计扣除政策的行业：烟草制造业；住宿和餐饮业；批发和零售业；房地产业；租赁和商务服务业；娱乐业；财政部和国家税务总局规定的其他行业。

7. 不适用税前加计扣除政策的活动：企业产品（服务）的常规性升级；对某项科研成果的直接应用，如直接采用公开新工艺、材料、装置、产品、服务或知识等；企业在商品化后为顾客提供的技术支持活动；对现存产品、服务、技术、材料或工艺流程进行的重复或简单改变；市场调查研究、效率调查或管理研究；作为工业（服务）流程环节或常规的质量控制、测试分析、维修维护；社会科学、艺术或人文学方面的研究。

8. 对按照房产原值计税的房产，无论会计规定如何核算，房产原值均应包含地价，包括为取得土地使用权支付的价款、开发土地发生的成本费用等。宗地容积率低于0.5的，按房产建筑面积的2倍计算土地面积并据此确定计入房产原值的地价。

[例1-87] A公司有一宗土地，占地26 000平方米，支付价款26 000万元，每平方米平均地价1万元，该宗土地上房屋建筑面积12 000平方米，房屋原值40 000万元。

该宗地容积率为：土地上房屋建筑面积12 000平方米÷占地26 000平方米=0.46

因为容积率小于0.5，因此，计入房产原值的地价为：

应税房产建筑面积×2×土地单价=12 000平方米×2×1万元/平方米=24 000（万元）

房产税计税原值：

计入房产原值的地价24 000万元+房屋原值40 000万元=64 000（万元）

9. 出让国有土地使用权，契税计税价格为承受人为取得该土地使用权而支付的全部经济利益，包括土地出让金、土地补偿费、安置补助费、地上附着物和青苗补偿费、拆迁补偿费、市政建设配套费等承受者应支付的货币、实物、无形资产及其他经济利益。

10. 纳税人提供技术转让、技术开发和与之相关的技术咨询、技术服务免征增值税。

11. 符合条件的技术转让所得免征、减征企业所得税：一个纳税年度内，居民企业技术转让所得不超过500万元的部分，免征企业所得税；超过500万元的部分，减半征收企业所得税。

12. 处置无形资产，处置收入扣除其账面价值、相关税费等后的净额，应当计入营业外收入或营业外支出。所称无形资产的账面价值，是指无形资产的成本扣减累计摊销后的金额。

13. 被其他新技术所代替或已经超过法律保护期限，已经丧失使用价值和转让价值，尚未摊销的无形资产损失，予以税前扣除，但需依据以下资料确认：会计核算资料；企业内部核批文件及有关情况说明；技术鉴定意见和企业法定代表人、主要负责人和财务负责人签章证实无形资产已无使用价值或转让价值的书面申明；无形资产的法律保护期限文件。

14. 企业向税务机关申报扣除资产损失，需填报企业所得税年度纳税申报表《资产损失税前扣除及纳税调整明细表》（A105090），不必报送资产损失相关资料。企业资产损失相关资料应当完整保存、备查，保证资料的真实性、合法性。

1.30 累计摊销

小企业的无形资产应当在其使用寿命内采用年限平均法（即直线法）进行摊销，计入相关资产的成本或当期损益。

1.30.1 科目核算内容

"累计摊销"科目核算小企业对无形资产计提的摊销累计，期末借方余额反映无形资产的累计摊销额。

小企业按月采用年限平均法计提无形资产的摊销，应当按照无形资产的受益对象，借记"制造费用""管理费用"等科目，贷记"累计摊销"科目。

处置无形资产还应同时结转累计摊销。

[**例 1-88**] 2022 年 2 月，A 公司从外单位购入一项专利权用于产品的生产，成本 60 000 元，使用寿命 10 年，残值为零。会计分录如下：

购入时：

借：无形资产——专利权　　　　　　　　　　　　　　60 000
　　贷：银行存款　　　　　　　　　　　　　　　　　　　　60 000

摊销时：

借：制造费用——专利权摊销　　　　　　　　　　　　6 000
　　贷：累计摊销　　　　　　　　　　　　　　　　　　　　6 000

如果企业购买的专利权不能明确到其服务的产品中，则摊销时列管理费用计入当期损益：

借：管理费用　　　　　　　　　　　　　　　　　　　6 000
　　贷：累计摊销　　　　　　　　　　　　　　　　　　　　6 000

1.30.2　涉税解析

1. 在计算应纳税所得额时，企业按照规定计算的无形资产摊销费用，准予扣除。以下无形资产不得计算摊销费用扣除：自行开发的支出已在计算应纳税所得额时扣除的无形资产；自创商誉；与经营活动无关的无形资产；其他不得计算摊销费用扣除的无形资产。

2. 小企业无形资产应当在其使用寿命内采用年限平均法进行摊销，根据其受益对象计入相关资产成本或者当期损益。有关法律规定或合同约定了使用年限的，可以按照规定或约定的使用年限分期摊销；小企业对不能可靠估计无形资产使用寿命的，摊销期不得低于 10 年。

（1）法律规定发明专利权有效期为 20 年，商标权有效期为 10 年，土地使用权 50 年。

（2）合同约定了的无形资产使用年限。

（3）有些无形资产如永久性特许经营权、非专利技术等的寿命则不受法律或合同的限制；小企业会计准则规定，摊销期不得低于 10 年。

3. 无形资产的残值通常为零，因此，无形资产的应摊销额就是其成本。与固定资产不同，固定资产由于存在实体，通常会保留预计净残值。

4. 无形资产的摊销期自其可供使用时开始至停止使用或出售时止，并从无形资产可供使用的当月起开始计算摊销。

5. 企业外购的软件，凡符合固定资产或无形资产确认条件的，可以按照固定资产或无形资产进行核算，其折旧或摊销年限可以适当缩短，最短可为 2 年（含）。

1.30.3 差异分析

1. 企业会计准则规定，对于使用寿命不确定的无形资产，不要求摊销，应计提减值准备。税法规定，无法合理估计使用寿命的无形资产按照不低于10年的期间摊销，无形资产按照直线法计算的摊销费用，准予扣除，计提减值准备不得税前扣除。

2. 企业会计准则规定，根据与无形资产有关的经济利益的预期实现方式选择摊销方法；税法规定，统一要求采用年限平均法（直线法）摊销，不允许选用产量法等其他摊销方法。

3. 会计规定，无形资产要求考虑残值；税法规定，无形资产通常不要求保留残值。

1.31 长期待摊费用

长期待摊费用是指小企业已经发生但应由本期和以后各期负担的分摊期限在一年以上的各项费用，包括已提足折旧的固定资产的改建支出、经营租入固定资产的改建支出、固定资产的大修理支出和其他长期待摊费用等。

1.31.1 科目核算内容

"长期待摊费用"科目核算小企业已提足折旧的固定资产的改建支出、经营租入固定资产的改建支出、固定资产的大修理支出和其他长期待摊费用等，期末借方余额反映尚未摊销完毕的长期待摊费用。

1. 小企业发生的长期待摊费用，借记"长期待摊费用"科目，贷记"银行存款""原材料"等科目。

2. 小企业按月采用年限平均法摊销长期待摊费用，按照长期待摊费用的受益对象，借记"制造费用""管理费用"等科目，贷记"长期待摊费用"科目。

[例1-89] 2022年1月5日，A公司自行对经营租入发电设备进行大修理，经核算共发生大修理支出24 000元，修理间隔期为4年。会计分录如下：

借：长期待摊费用——大修理支出　　　　　　　　　　24 000
　　贷：银行存款　　　　　　　　　　　　　　　　　　24 000

上述大修理费用按修理间隔期4年平均摊销，每月摊销500元。

借：制造费用　　　　　　　　　　　　　　　　　　　　500
　　贷：长期待摊费用　　　　　　　　　　　　　　　　　500

1.31.2 涉税解析

1. 计算应纳税所得额时，企业发生的下列支出作为长期待摊费用，按照规定摊销的准予扣除：已足额提取折旧的固定资产的改建支出；租入固定资产的改建支出；固定资产的大修理支出；其他应当作为长期待摊费用的支出。

（1）已提足折旧的固定资产，账面价值仅剩了净残值，该项固定资产的可利用价值已全部转移，这时候在这些资产上发生的改建支出，不能将其计入固定资产成本，应将其作为长期待摊费用分期摊销。

（2）经营租入的固定资产，与该资产相关的风险和报酬并没有转移给承租方，资产的所有权仍属于出租方，承租方只在协议规定的期限内拥有对该资产的使用权，因而对以经营租赁方式租入的固定资产发生的改建支出，不能计入固定资产成本，只能计入长期待摊费用分期摊销。

（3）固定资产的改建支出，是指改变房屋或建筑物结构、延长使用年限等发生的支出。

（4）固定资产的大修理支出，是指同时符合下列条件的支出：修理支出达到取得固定资产时的计税基础50%以上；修理后固定资产的使用年限延长2年以上。

2. 长期待摊费用应当在摊销期限内采用年限平均法（即直线法）进行摊销，自支出发生月份的次月起开始计算，计入相关资产的成本或管理费用，并冲减长期待摊费用。

（1）已提足折旧的固定资产的改建支出，按照固定资产预计尚可使用年限分期摊销。

（2）经营租入固定资产的改建支出，按照合同约定的剩余租赁期限分期摊销。

（3）符合税法规定的固定资产大修理支出，按照固定资产尚可使用年限分期摊销。

（4）其他长期待摊费用，自支出发生月份的次月起分期摊销，摊销年限不得超过3年。

3. 税法中开（筹）办费未明确列作长期待摊费用，企业可以在开始经营之日的当年一次性扣除，也可以按照税法有关长期待摊费用的处理规定处理，但一经选定，不得改变。

企业在税法实施以前年度的未摊销完的开办费，也可根据上述规定处理。

4. 企业在筹建期间发生的与筹办活动有关的业务招待费支出，可按实际发生额的60%计入企业筹办费，并按有关规定在税前扣除；发生的广告费和业务宣传费，可按实际发生额计入企业筹办费，并按有关规定在税前扣除。

1.32　待处理财产损溢

待处理财产损溢是指小企业在清查财产过程中查明的各种财产的盘盈、盘亏和毁损。

1.32.1　科目核算内容

"待处理财产损溢"科目核算小企业在清查财产过程中查明的各种财产的盘盈、盘亏和毁损。小企业按照待处理流动资产损溢和待处理非流动资产损溢进行明细核算，查明财产损溢原因，在年末结账前处理完毕，处理后"待处理财产损溢"科目应无余额。

1. 小企业盘盈的各种材料、产成品、商品、现金等，应当按照同类或类似存货的市场价格或评估价值，借记"原材料""库存商品""库存现金"等科目，贷记"待处理财产损溢——待处理流动资产损溢"科目；小企业盘亏、毁损、短缺的各种材料、产成品、商品、现金等，应当按照其账面余额，借记"待处理财产损溢——待处理流动资产损溢"科目，贷记"材料采购"或"在途物资""原材料""库存商品""库存现金"等科目。涉及增值税进项税额的，还应进行相应的账务处理。

2. 小企业盘盈的固定资产，按照同类或类似固定资产的市场价格或评估价值扣除按照该项固定资产新旧程度估计的折旧后的余额，借记"固定资产"科目，贷记"待处理财产损溢——待处理非流动资产损溢"科目；小企业盘亏的固定资产，按照该项固定资产的账面价值，借记"待处理财产损溢——待处理非流动资产损溢"科目，按照已计提的累计折旧，借记"累计折旧"科目，按照其原价，贷记"固定资产"科目。

3. 小企业盘盈的各种材料、产成品、商品、固定资产、现金等，按照管理权限经批准后处理时，按照"待处理财产损溢"科目余额，借记"待处理财产损溢——待处理流动资产损溢""待处理财产损溢——待处理非流动资产损溢"科目，贷记"营业外收入"科目；小企业盘亏、毁损、报废的各项资产，按照管理权限经批准后处理时，按照残料价值，借记"原材料"等科目，按照可收回的保险赔偿或过失人赔偿，借记"其他应收款"科目，按照"待处理财产损溢"科目余额，贷记"待处理财产损溢——待处理流动资产损溢""待处理财产损溢——待处理非流动资产损溢"科目，按照其借方差额，借记"营业外支出"科目。

[特别提示] 小企业采购物资在运输途中因自然灾害等发生的损失或尚待查明的

损耗,通过"待处理财产损溢"科目核算。

1.32.2 涉税解析

1. "待处理财产损溢"是一个过渡性会计科目,具有暂时性的特点。企业财产物资盘盈、盘亏的结转是否按时、及时,涉及企业的成本费用和营业外收支情况,影响企业所得税的缴纳。

2. 企业财产物资的盘盈,应冲减企业费用或列作营业外收入,增加计税所得额。企业对盘盈的财产长期挂账,迟迟不予结转的,会减少当期的计税所得。

3. 企业财产的短缺要查明原因,分清责任,按规定进行转销。企业向税务机关申报扣除资产损失,需填报企业所得税年度纳税申报表《资产损失税前扣除及纳税调整明细表》(A105090),不必报送资产损失相关资料。企业资产损失相关资料应当完整保存、备查,保证资料的真实性、合法性。

第 2 章
负债的核算及涉税解析

负债是指企业过去的交易或者事项形成的，预期会导致经济利益流出企业的现时义务。负债作为会计要素之一，是资产负债表的重要组成部分，反映了企业的负债水平和负债结构。本章对短期借款、应付票据、应付账款、预收账款、应付职工薪酬、应交税费、应付利息、应付利润、其他应付款、递延收益、长期借款、长期应付款等负债类会计科目逐项进行核算内容剖析、涉及税种解析、差异分析。

2.1 短期借款

短期借款是指小企业向银行或其他金融机构等借入的期限在一年内的各种借款。

2.1.1 科目核算内容

"短期借款"科目核算小企业向银行或其他金融机构等借入的期限在一年内的各种借款。"短期借款"科目期末贷方余额，反映小企业尚未偿还的短期借款本金。

1. 小企业借入的各种短期借款，借记"银行存款"科目，贷记"短期借款"科目；偿还借款，做相反的会计分录。
2. 银行承兑汇票到期，小企业无力支付票款的，按照银行承兑汇票的票面金额，借记"应付票据"科目,贷记"短期借款"科目。

3. 持未到期的商业汇票向银行贴现,应当按照实际收到的金额(即减去贴现息后的净额),借记"银行存款"科目,按照贴现息,借记"财务费用"科目,按照商业汇票的票面金额,贷记"应收票据"科目(银行无追索权情况下)或"短期借款"科目(银行有追索权情况下)。

4. 在应付利息日,应当按照短期借款合同利率计算确定的利息费用,借记"财务费用"科目,贷记"应付利息"等科目。

[特别提示]"短期借款"应按照借款种类、贷款人和币种进行明细核算。

2.1.2 涉税解析

1. 非金融企业向金融企业借款的利息支出、金融企业的各项存款利息支出和同业拆借利息支出、企业经批准发行债券的利息支出准予税前扣除。

[特别提示] 非金融企业向非金融企业借款的利息支出,不超过按照金融企业同期同类贷款利率计算的数额的部分可以税前扣除,本金在"其他应付款"中核算,支付资金占用费时应取得合法票据。

2. 重点关注短期借款合同是否按规定缴纳印花税。

3. 结合"财务费用""应付利息""在建工程"等科目着重关注:

(1)企业在生产经营活动中发生的合理的不需要资本化的借款费用,允许计入当期损益予以扣除。

(2)企业为购置、建造固定资产、无形资产和经过 12 个月以上的建造才能达到预定可销售状态的存货发生借款的,在有关资产购置、建造期间发生的合理的借款费用,应当作为资本性支出计入有关资产的成本并按规定扣除。

2.2 应付票据

应付票据是指小企业因购买材料、商品和接受劳务等日常生产经营活动开出、承兑的商业汇票(银行承兑汇票和商业承兑汇票)。

2.2.1 科目核算内容

"应付票据"科目核算小企业因购买材料、商品和接受劳务等日常生产经营活动开出、承兑的商业汇票(银行承兑汇票和商业承兑汇票)。"应付票据"科目期末贷方余额,反映小企业开出、承兑的尚未到期的商业汇票的票面金额。

1. 小企业开出、承兑商业汇票或以承兑商业汇票抵付货款、应付账款等，借记"原材料""材料采购""在途物资"等科目，贷记"应付票据"科目。涉及增值税进项税额的，还应进行相应的账务处理。

2. 支付银行承兑汇票的手续费，借记"财务费用"科目，贷记"银行存款"科目。支付票款，借记"应付票据"科目，贷记"银行存款"科目。

3. 银行承兑汇票到期，小企业无力支付票款的，按照银行承兑汇票的票面金额，借记"应付票据"科目，贷记"短期借款"科目。

[特别提示]

（1）"应付票据"科目应按照债权人进行明细核算。小企业应当设置"应付票据备查簿"，详细登记商业汇票的种类、号数和出票日期、到期日、票面金额、交易合同号和收款人姓名或单位名称以及付款日期和金额等资料，商业汇票到期结清票款后，在备查簿中应予注销。

（2）"应付票据"科目核算的内容是商业汇票（包括银行承兑汇票和商业承兑汇票），应付票据的利息应该计入"应付票据"科目，不通过"应付利息"科目核算，商业汇票的付款期限不超过6个月，因此会计规定作为流动负债管理和核算。

2.2.1.1 不带息票据的会计处理

1. 取得商业汇票时，按面值计入"应付票据"的贷方。如果开出的是银行承兑汇票，应将支付的手续费计入"财务费用"科目。

2. 到期按面值支付款项。

3. 小企业开出承兑的商业承兑汇票如果不能如期支付的，应在票据到期时，将"应付票据"票面金额转入"应付账款"科目。小企业应付银行承兑汇票到期不能支付的，应将应付票据的账面余额转作短期借款。

[例2-1] 2022年5月3日，A公司购进一批铝锭已入库（按实际成本计价），价值60 000元，增值税税额7 800元，双方协议货到后签发3个月不带息的商业承兑汇票，支付银行手续费15元。则A公司应作如下会计处理：

据进货发票和商业汇票存根时：

借：原材料　　　　　　　　　　　　　　　　　　　　　　60 000

　　应交税费——应交增值税（进项税额）　　　　　　　　 7 800

　　贷：应付票据　　　　　　　　　　　　　　　　　　　　　　67 800

支付银行手续费时：

借：财务费用　　　　　　　　　　　　　　　　　　　　　　 15

　　贷：银行存款　　　　　　　　　　　　　　　　　　　　　　　 15

到期收到银行支付通知时：

| 借：应付票据 | 67 800 |
| 贷：银行存款 | 67 800 |

假设上述业务票据是银行承兑汇票。到期无力支付时，A 公司会计处理如下：

| 借：应付票据 | 67 800 |
| 贷：短期借款 | 67 800 |

2.2.1.2 带息票据的会计处理

1. 开出商业汇票时，按面值计入"应付票据"的贷方。

2. 带息票据应于期末计算应付利息，计入当期财务费用，同时增加应付票据的账面余额。

[**例 2-2**] 2022 年 11 月 1 日，A 公司从 B 公司购入原材料一批。其价款为 50 000 元，增值税为 6 500 元。A 公司同时出具一张期限为 3 个月的带息商业票据，年利率为 12%。A 公司会计处理如下：

2022 年 11 月 1 日购入材料时：

借：原材料	50 000
应交税费——应交增值税（进项税额）	6 500
贷：应付票据	56 500

2022 年 12 月 31 日计提两个月的利息费用 [56 500 × 12% ÷ 12 × 2 = 1 130（元）] 时：

| 借：财务费用——利息支出 | 1 130 |
| 贷：应付票据 | 1 130 |

2023 年 2 月 1 日到期付款时：

借：财务费用——利息支出	565
应付票据	57 630（56 500 + 1 130）
贷：银行存款	58 195

2.2.2 涉税解析

1. 检查应付票据备查簿，抽查若干应付票据的相关合同、发票、货物验收单等原始凭证，查明商业承兑汇票是否具备真实的交易背景。

2. 根据应付票据备查簿，核查已付款的应付票据，检查支付凭证；确定应付票据的余额是否正确。

3. 根据应付票据备查簿，复核票据利息计提是否正确，其会计及税务处理是否正确，不具有真实交易背景以及与纳税人经营业务无关的商业汇票的利息支出是否已按税法规定进行纳税调整。

4. 根据应付票据备查簿,检查商业汇票票面记载内容,逐笔核查应付票据偿付时有无取得折扣,是否按会计制度和税法相关规定处理。

5. 对于向金融部门贴息利息凭金融部门贴息票据允许税前扣除;对于向非金融部门(民间)贴息重点关注资金占用费票据,取得的贴现收入应关注增值税及其附加税费的缴纳。

2.3 应付账款

应付账款是指小企业因购买材料、商品和接受劳务等日常生产经营活动应支付的款项。

2.3.1 科目核算内容

"应付账款"科目核算小企业因购买材料、商品和接受劳务等日常生产经营活动应支付的款项。"应付账款"科目期末贷方余额,反映小企业尚未支付的应付账款。

1. 小企业购入材料、商品等未验收入库,货款尚未支付,应当根据有关凭证(发票账单、随货同行发票上记载的实际价款或暂估价值),借记"在途物资"科目,按照可抵扣的增值税进项税额,借记"应交税费——应交增值税(进项税额)"科目,按照应付的价款,贷记"应付账款"科目。

2. 接受供应单位提供劳务而发生的应付未付款项,应当根据供应单位的发票账单,借记"生产成本""管理费用"等科目,贷记"应付账款"科目。

3. 偿付应付账款,借记"应付账款"科目,贷记"银行存款"等科目。

4. 小企业确实无法偿付的应付账款,借记"应付账款"科目,贷记"营业外收入"科目。

[特别提示]

(1)"应付账款"科目应按照对方单位(或个人)进行明细核算。

(2)应付账款一般在较短期限内支付,但有时应付账款由于债权单位撤销或其他原因而无法支付,无法支付的应付款项直接转入营业外收入。

(3)应付账款入账时间的确定,应以所购买物资的所有权转移或接受劳务已发生为标志。但在实际工作中,应区别两种情况分别进行处理:

在物资和发票账单同时到达的情况下,要区分两种情况处理:如果物资验收入库的同时支付货款,则不通过"应付账款"科目核算;如果物资验收入库后仍未付款,则按发票账单登记入账。按发票账单登记入账主要是为了确认所购入的物资是否在质量、数量和品种上都与合同上订明的条件相符。

在物资和发票账单不是同时到达的情况下，也要区分两种情况处理：在发票账单已到，物资未到的情况下，应当直接根据发票账单支付物资价款运杂费，计入有关物资的成本和"应付账款"（未能及时支付货款时），不需要按照应付债务估计入账；在物资已到，发票账单未到也无法确定实际成本的情况下，在月度终了，需要按照所购物资和应付债务估计入账，待下月初作相反的会计分录予以冲回。

应付账款一般按应付金额入账，而不按到期应付金额的现值入账。如果应付账款附有现金折扣，则应付账款的入账价值应按总价法确定，即按不扣除现金折扣的金额入账。企业在折扣期限内付款而获得现金折扣，应按折扣金额冲减财务费用。如果应付账款附有商业折扣，则应付账款入账价值应按净价法确定，即按扣除商业折扣的金额入账。

[例2-3] 2022年7月16日，A公司从B公司购进铝材5吨，取得的增值税专用发票上注明货款为40 000元，增值税税额为5 200元，款项尚未支付，铝材已验收入库。2年后该应付账款因无法支付而予以转销。则A公司应作如下会计处理：

购买铝材时：

借：原材料 40 000
　　应交税费——应交增值税（进项税额） 5 200
　　贷：应付账款——B公司 45 200

2年后转销应付账款时：

借：应付账款——B公司 45 200
　　贷：营业外收入 45 200

2.3.2 涉税解析

1. 重点分析应付账款长期挂账的原因，查明是否存在虚假列账、隐匿收入或赖账不还的现象。

2. 对于确实无法偿付的应付款项，分析是否按规定转入营业外收入，税务处理是否正确。

3. 结合其他应付款的明细余额，查明有无不属于应付账款的其他应付款。

4. 重点关注应付账款大幅增加或余额巨大，借记"银行存款""库存现金""应收账款"等科目，贷记"应付账款""其他应付款"等科目，存在隐瞒收入或虚开发票。

5. 应付账款余额大幅减少，而现金流量表中"购进商品或接受劳务支付的现金"本期与上期相比变化不大，并且企业"短期借款""长期借款""其他应付款"等也没有大幅上升，可能存在债权人豁免债务、债务转股份、修改债务条件、以非货币性资产抵债。

6. 应付账款余额长期挂账，但是企业盈利情况良好并且货币资金充裕。可能存在虚假采购，虚增成本。

7. 重点关注是否还有无法偿付的应付账款没有结转到营业外收入中。

[特别提示] 如"应付账款"科目期末为借方余额，应当在资产负债表中的"预付账款"项目列示。

2.4 预收账款

预收账款是指小企业按照合同规定预收的款项。包括预收的购货款、工程款等。

2.4.1 科目核算内容

"预收账款"科目核算预收账款的取得、偿付等情况。该科目的贷方登记发生的预收账款的数额和购货方补付账款的数额，借方登记企业向购货方发货后冲销的预收账款数额和退回购货方多付账款的数额，期末余额一般在贷方，反映企业预收的款项，如为借方余额，反映企业尚未转销的款项。

1. 企业向购货单位预收款项时，按实际收到的金额，借记"银行存款"等科目，贷记"预收账款"科目。

2. 企业销售实现时，按实现的收入，借记"预收账款"科目，贷记"主营业务收入"科目；涉及增值税销项税额的，还应贷记"应交税费——应交增值税（销项税额）"科目。

3. 企业收到购货单位补付的款项时，借记"银行存款"等科目，贷记"预收账款"科目。

4. 企业向购货单位退回其多付的款项时，借记"预收账款"科目，贷记"银行存款"科目。

[特别提示]

(1) "预收账款"科目可按购货单位设置明细科目，进行明细核算。

(2) 预收账款业务不多的，也可以不设置"预收账款"科目，将预收的款项直接记入"应收账款"科目。

[例 2-4] 2022 年 5 月，A 公司向 B 公司（一般纳税人）出售一批电脑，按照合同 B 公司预付 A 公司货款 113 000 元，6 月 A 公司向 B 公司发出货物并开具增值税专用发票，则 A 公司的账务处理如下：

收到预收账款时：

借：银行存款 113 000
　　贷：预收账款——B公司 113 000

待开出销售发票时：

借：预收账款——B公司 113 000
　　贷：主营业务收入 100 000
　　　　应交税费——应交增值税（销项税额）13 000

[**特别提示**] 不单独设"预收账款"科目的企业，预收的账款在"应收账款"科目核算。在"应收账款"的贷方登记收到的预收款数额，上述业务可做如下处理：

收到预收账款时：

借：银行存款 113 000
　　贷：应收账款——B公司 113 000

待开出销售发票时：

借：应收账款——B公司 113 000
　　贷：主营业务收入 100 000
　　　　应交税费——应交增值税（销项税额） 13 000

2.4.2 涉税解析

1. 采取预收货款方式销售货物，为货物发出的当天，但生产销售生产工期超过12个月的大型机械设备、船舶、飞机等货物，为收到预收款或者书面合同约定的收款日期的当天。

2. 企业如果"预收账款"科目余额长期较大，应关注企业是否未及时确认收入。重点关注房地产业、建筑服务业、租赁业的预收款是否及时缴纳相关税费。预收账款和存货余额都很大，企业可能存在收入挂"预收账款"，一方面是账上不确认收入和结转销售成本的问题，造成无货可发挂预收；另一方面库存积压的矛盾从而隐瞒收入。

3. 预收账款的期末数减期初数与利润表中营业收入不匹配。如果预收账款的（期末数－期初数）÷（1＋企业适用的增值税税率）＞利润表中营业收入，说明企业存在着预收账款减少但未计收入。

4. 企业通过正式签订《房地产销售合同》或《房地产预售合同》所取得的收入，应确认为销售收入的实现。房地产开发企业取得的企业所得税应税收入，应该以签订《预售合同》或《销售合同》为前提。如果房地产开发企业与购房业主签订了《预售合同》或《销售合同》，房地产开发企业收取了业主的款项，均应该按照规定预缴企业所得税；房地产公司没有与购房者签订相关合同，所收取的款项则不需要缴纳企业所得税。

[**特别提示**] 如果"预收账款"科目期末为借方余额,应当在资产负债表中的"应收账款"项目列示。

2.5 应付职工薪酬

应付职工薪酬,是指小企业为获得职工提供的服务而应付给职工的各种形式的报酬以及其他相关支出。包括职工工资、奖金、津贴和补贴;职工福利费;医疗保险费、养老保险费、失业保险费、工伤保险费和生育保险费等社会保险费;住房公积金;工会经费和职工教育经费;非货币性福利;因解除与职工的劳动关系给予的补偿;其他与获得职工提供的服务相关的支出等。

[**特别提示**] 以购买商业保险形式提供给职工的各种保险待遇,也属于职工薪酬。

2.5.1 科目核算内容

"应付职工薪酬"科目核算小企业根据有关规定应付给职工的各种薪酬。"应付职工薪酬"科目期末贷方余额,反映小企业应付未付的职工薪酬。

2.5.1.1 职工薪酬的分配

月末,小企业应当将本月发生的职工薪酬区分以下情况进行分配:

1. 生产部门(提供劳务)人员的职工薪酬,借记"生产成本""制造费用"等科目,贷记"应付职工薪酬"科目。

2. 应由在建工程、无形资产开发项目负担的职工薪酬,借记"在建工程""研发支出"等科目,贷记"应付职工薪酬"科目。

3. 管理部门人员的职工薪酬和因解除与职工的劳动关系给予的补偿,借记"管理费用"科目,贷记"应付职工薪酬"科目。

4. 销售人员的职工薪酬,借记"销售费用"科目,贷记"应付职工薪酬"科目。

2.5.1.2 职工薪酬的发放

小企业发放职工薪酬应当区分以下情况进行处理:

1. 向职工支付工资、奖金、津贴、福利费等,从应付职工薪酬中扣还的各种款项(代垫的家属药费、个人所得税等),借记"应付职工薪酬"科目,贷记"库存现金""银行存款""其他应收款""应交税费——应交个人所得税"等科目。

2. 支付工会经费和职工教育经费用于工会活动和职工培训,借记"应付职工薪酬"科目，贷记"银行存款"等科目。

3. 按照国家有关规定缴纳的社会保险费和住房公积金，借记"应付职工薪酬"科目，贷记"银行存款"科目。

4. 以其自产产品发放给职工的，按照其销售价格，借记"应付职工薪酬"科目，贷记"主营业务收入"科目；同时，还应结转产成品的成本。涉及增值税销项税额的，还应进行相应的账务处理。

5. 支付的因解除与职工的劳动关系给予职工的补偿，借记"应付职工薪酬"科目，贷记"库存现金""银行存款"等科目。

[特别提示]

（1）"应付职工薪酬"科目应按照"职工工资""奖金、津贴和补贴""职工福利费""社会保险费""住房公积金""工会经费""职工教育经费""非货币性福利""辞退福利"等进行明细核算。

（2）小企业（外商投资）按照规定从净利润中提取的职工奖励及福利基金，也通过"应付职工薪酬"科目核算。

（3）企业进行账务处理时，可将应付职工薪酬划分为货币性职工薪酬、非货币性职工薪酬等类型。

2.5.1.3 货币性职工薪酬

1. 货币性职工薪酬的内容。货币性职工薪酬是企业以货币形式发放的职工薪酬，主要有工资、职工福利、社会保险费、住房公积金、工会经费、职工教育经费等。企业应当按照受益原则，借记相关的成本费用科目，贷记"应付职工薪酬"科目；待到发放时，借记"应付职工薪酬"科目，贷记"银行存款"科目。

企业应当在职工为其提供服务的会计期间，根据职工提供服务的受益对象，将应确认的职工薪酬（包括货币性薪酬和非货币性福利）计入相关资产成本或当期损益，同时确认为应付职工薪酬。

分配（计提）职工的各项薪酬（根据不同受益对象或岗位）：

借：生产成本（生产工人的薪酬）

　　制造费用（车间管理人员的薪酬）

　　劳务成本（提供劳务人员的薪酬）

　　管理费用（行政管理人员的薪酬）

　　销售费用（专设销售机构人员的薪酬）

　　在建工程（由在建工程负担的薪酬）

　　研发支出（由研发支出负担的职工薪酬）

　贷：应付职工薪酬——工资

　　　　——职工福利费
　　　　——工会经费
　　　　——职工教育经费
　　　　——社会保险费
　　　　——住房公积金等
当期实际发生金额大于预计金额的，应当补提应付职工薪酬。
先补提时：
借：制造费用等
　　贷：应付职工薪酬
再发放时：
借：应付职工薪酬
　　贷：银行存款
当期实际发生金额小于预计金额的，应当冲回多提的应付职工薪酬。
先冲回时：
借：应付职工薪酬
　　贷：制造费用等
再发放时：
借：应付职工薪酬
　　贷：银行存款

2. 货币性职工薪酬的计量。

（1）国务院有关部门、省、自治区、直辖市人民政府或经批准的企业年金计划规定了计提基础和计提比例的职工薪酬项目，应当按照规定的标准计提。其中：

①基本养老保险。城镇个体工商户和灵活就业人员参加基本养老保险的缴费基数为当地上年度在岗职工平均工资，企业和个人分别按照法定的缴费比例计算缴纳，退休后按企业职工基本养老金计发办法计发基本养老金。

②补充养老保险。企业缴纳的补充养老保险总额在工资总额5%以内的部分，从成本（费用）中列支。超出规定比例的部分，不得由企业负担，应当从职工个人工资中扣缴。

③基本医疗保险费。基本医疗保险费用由用人单位和职工共同缴纳。用人单位和个人分别按照法定的缴费率乘以在职工工资总额计算缴纳。

④补充医疗保险。企业可在按规定参加当地基本医疗保险的同时，自主决定是否建立补充医疗保险。企业补充医疗保险费在工资总额5%以内的部分，企业可直接从成本中列支，不再经同级财政部门审批。

⑤失业保险。城镇企业事业单位按照本单位工资总额的2%缴纳失业保险费。城

镇企业事业单位职工按照本人工资的1%缴纳失业保险费。

⑥工伤保险费。企业应当根据企业所属行业类别，对照《工伤保险行业基准费率和浮动档次表》，选择所属行业类别对应的浮动基准费率，缴纳工伤保险费。统筹地区经办机构根据用人单位工伤保险费使用、工伤发生率等情况，适用所属行业内相应的费率档次确定单位缴费费率。用人单位缴纳工伤保险费得数额为本单位职工工资总额乘以单位缴费费率之积。

⑦生育保险费。由企业按照其工资总额的一定比例向社会保险经办机构缴纳生育保险费，建立生育保险基金。生育保险费的提取比例由当地人民政府根据计划内生育人数和生育津贴、生育医疗费等项费用确定，并可根据费用支出情况适时调整，但最高不得超过工资总额的1%。企业缴纳的生育保险费作为期间费用处理，列入企业管理费用。职工个人不缴纳生育保险。

⑧住房公积金。职工和单位住房公积金缴存比例不应低于5%，不得高于12%。只有足额缴纳税款的企业和自收自支的事业单位及其所属职工可以参加补充住房公积金。

⑨工会经费。凡依法建立工会组织的企业、事业单位以及其他组织，每月按照全部职工工资总额的2%向工会拨缴工会经费，并凭工会组织开具的《工会经费拨缴款专用收据》或者凭合法有效的工会经费代收凭据依法在税前扣除。

⑩职工教育经费。企业按工资总额的一定比例提取用于职工教育事业的一项费用，是企业为职工学习先进技术和提高文化水平而支付的费用。企业发生的职工教育经费支出，不超过工资薪金总额2.5%的部分，准予扣除；超过部分，准予在以后纳税年度结转扣除。自2018年1月1日起，企业职工教育经费扣除限额提高至8%。

［特别提示］软件生产企业发生的职工教育经费中的职工培训费用，可以全额在税前扣除。软件生产企业应准确划分职工教育经费中的职工培训费支出，对于不能准确划分的，以及准确划分后职工教育经费中扣除职工培训费用的余额，一律按照工资、薪金总额2.5%（自2018年1月1日起按8%）的比例扣除。

（2）国家（包括省、市、自治区政府）相关法律法规没有明确规定计提基础和计提比例的职工薪酬项目，企业应当根据历史经验数据和自身实际情况，合理预计当期应付职工薪酬。当期实际发生金额大于预计金额的，应当补提；当期实际发生金额小于预计金额的，应当冲回多提的应付职工薪酬。

2.5.1.4 非货币性职工薪酬

1. 非货币性职工薪酬的内容。

（1）以自产产品或外购商品作为福利发放给职工；

（2）将自有或租赁的住房等资产无偿提供给职工使用；

(3) 将企业已支付补贴的商品或服务提供给职工。

2. 非货币性职工薪酬的计量。企业以非货币性福利形式发放的职工薪酬，应当分别情况处理：

(1) 企业以自产产品或外购商品作为福利发放给职工。企业以自产产品作为福利发放给职工，应当按照该产品的公允价值和相关税费计入职工薪酬和相应的成本费用中，并确认主营业务收入，同时结转成本。

[例2-5] A公司有职工220人，其中：生产工人200人，销售人员10人，管理人员10人。2022年5月将自产的电饭锅作为福利发放给职工，电饭锅每台成本700元，含税售价1 000元。A公司适用的增值税税率为13%。根据上述内容企业做如下会计分录：

确认时：

借：生产成本　　　　　　　　　　　　　　200 000（200×1 000）
　　销售费用　　　　　　　　　　　　　　10 000（10×1 000）
　　管理费用　　　　　　　　　　　　　　10 000（10×1 000）
　　贷：应付职工薪酬——非货币性福利　　220 000

发放时：

借：应付职工薪酬——非货币性福利　　　　220 000
　　贷：主营业务收入　　　　　　　　　　194 690.27
　　　　应交税费——应交增值税（销项税额）
　　　　　　　　　　　　　25 309.73　[220 000÷(1+13%)×13%]

同时结转成本时：

借：主营业务成本　　　　　　　　　　　　154 000（700×220）
　　贷：库存商品　　　　　　　　　　　　154 000

(2) 企业将拥有的房屋等资产无偿提供给职工使用的应当根据受益对象，将该房屋等资产每期应计提的折旧计入相关资产成本或当期损益，同时确认应付职工薪酬。

确认费用时：

借：管理费用、生产成本、制造费用
　　贷：应付职工薪酬——非货币性福利

计提折旧时（两个分录同时做，不需要日后支付现金）：

借：应付职工薪酬——非货币性福利
　　贷：累计折旧

(3) 租赁住房等资产供职工无偿使用的，应当根据受益对象，将每期应付的租金计入相关资产成本或当期损益，并确认应付职工薪酬。难以认定受益对象的非货币性福利，直接计入当期损益和应付职工薪酬。

计提费用时：

借：管理费用、生产成本、制造费用
　　贷：应付职工薪酬——非货币性福利

实际支付租金时：

借：应付职工薪酬——非货币性福利
　　贷：银行存款

2.5.2 涉税解析

1. 企业长期正式职工费用涉税问题。工资发放对象是否均为本企业任职或受雇员工；实际发放工资的职工人数是否与企业所得税年度申报表中的从业人数相吻合；工资的构成是否符合有关规定；工资、薪金是否依法代扣代缴个人所得税。

2. 非企业长期正式职工费用涉税问题。

（1）关于季节工、临时工等费用税前扣除问题。企业因雇用季节工、临时工、实习生、返聘离退休人员所实际发生的费用，应区分为工资薪金支出和职工福利费支出，并按规定在企业所得税前扣除。其中属于工资薪金支出的，准予计入企业工资薪金总额的基数，作为计算其他各项相关费用扣除的依据。

（2）企业接受外部劳务派遣用工支出税前扣除问题。企业接受外部劳务派遣用工所实际发生的费用，应分两种情况按规定在税前扣除：按照协议（合同）约定直接支付给劳务派遣公司的费用，应作为劳务费支出；直接支付给员工个人的费用，应作为工资薪金支出和职工福利费支出。其中属于工资薪金支出的费用，准予计入企业工资薪金总额的基数，作为计算其他各项相关费用扣除的依据。

［**特别提示**］ 工资薪金支出能否在税前扣除，应把握以下几点：

（1）能在税前扣除的工资薪金必须是实际发放的工资薪金支出。

（2）工资薪金的发放对象是在本企业任职或者受雇的员工。

（3）工资薪金的标准应该限于合理的范围和幅度内。

（4）工资薪金的表现形式包括所有现金和非现金形式。

（5）工资薪金的种类包括基本工资、奖金、津贴、补贴、年终加薪、加班工资以及与职工任职或者受雇有关的其他支出。

（6）企业在年度汇算清缴结束前向员工实际支付的已预提汇缴年度工资薪金，准予在汇缴年度按规定扣除。

3. 社会保险费涉税问题。

（1）各类基本社会保障性缴款缴纳情况是否符合国务院有关主管部门或省级人民政府规定的范围和标准。

（2）税法规定依据国家有关规定标准、实际缴纳的社会保险费可以税前扣除。对于提而未缴的保险费不得在税前扣除，本期实际缴纳数超过了提取数的部分，允许在实际缴纳的年度扣除，即前期调增的金额，允许在本年作纳税调减。

（3）企业为员工支付的补充养老保险费、补充医疗保险费的扣除基础是职工工资总额，企业支付给员工合理的工资薪金可以税前扣除，如果工资薪金不合理，则须纳税调整。同时，企业为员工支付的补充养老保险费、补充医疗保险费也相应要调整；企业为员工支付的补充养老保险费、补充医疗保险费的比例超过国家规定标准的，则在纳税申报时对超过部分进行纳税调整。

4. 职工福利费涉税处理。企业实际发生的职工福利费支出超过工资总额的14%部分调增应纳税所得额。职工福利费支出按实际发生额扣除，如果企业按其内部制定的标准计提福利费，即使其计提比例未超过14%，可在税前扣除的职工福利费支出，也只能是企业纳税年度已实际支付给职工的职工福利费，尚未支付的职工福利费不能税前扣除。

5. 职工教育经费涉税处理。

（1）企业当年实际发生的职工教育经费按规定未超过工资总额的2.5%部分在税前扣除，对于超标准的部分当期应作纳税调整，应无限期向以后年度结转扣除。自2018年1月1日起，企业职工教育经费扣除限额提高至8%。

（2）企业职工参加社会上的学历教育以及个人为取得学位而参加的在职教育，所需费用，财务制度中规定应由个人承担，不得税前扣除。

（3）企业组织的员工旅游或相似性质的考察费用不应计入职工教育经费。

6. 工会经费实际列支的具体内容及金额，是否有合法的票据；企业拨缴的工会经费是否超过工资总额的2%，超过部分是否调增应纳税所得额。

2.5.3 差异分析

1. 职工薪酬的内容不同。会计规定：职工薪酬主要包括职工工资、奖金、津贴和补贴；职工福利费；医疗保险费、养老保险费、失业保险费、工伤保险费和生育保险费等社会保险费；住房公积金；工会经费和职工教育经费；非货币性福利；因解除与职工的劳动关系给予的补偿；其他与获得职工提供的服务相关的支出。

税法规定：工资薪金是指企业每一纳税年度支付给在本企业任职或者受雇的员工的所有现金形式或者非现金形式的劳动报酬，包括基本工资、奖金、津贴、补贴、年终加薪、加班工资，以及与员工任职或者受雇有关的其他支出。

2. "职工"的范围不同。会计规定的"职工"主要包括三类人员：一是与企业订立正式劳动合同的所有人员，含全职、兼职和临时职工；二是未与企业订立正式劳动合同，但由企业正式任命的人员，如董事会成员、监事会成员和内部审计委员会成员等；三是在企业的计划、领导和控制下，虽未与企业订立正式劳动合同，或未由企业正式任命，但为企业提供了类似职工服务的人员，也属于职工薪酬准则所称的"职工"。

税法规定的"职工"是在本企业任职或者受雇的员工。所谓任职或雇佣关系，一般是指具有连续性的服务关系，提供服务的任职或者雇员的主要收入或者很大一部分收入来自于任职企业，并且这种收入基本上代表了提供服务人员的劳动。不符合上述条件的人员称为劳务人员，其从接受劳务的单位所获取的报酬称为"劳务报酬"，如外部董事费。

2.6 应交税费

应交税费是指小企业按照税法等规定计算应交纳的各种税费，包括增值税、消费税、企业所得税、个人所得税、资源税、城镇土地使用税、房产税、城市维护建设税、土地增值税、车船税、契税、烟叶税、环境保护税、教育费附加、地方教育附加、水利建设基金、残疾人就业保障金、矿产资源补偿费等。

2.6.1 科目核算内容

"应交税费"科目核算小企业按照税法等规定计算应交纳的各种税费。

"应交税费"科目期末贷方余额，反映小企业尚未缴纳的税费；期末如为借方余额，反映小企业多交或尚未抵扣的税费。

"应交税费"科目应按照应交的税费项目进行明细核算。

2.6.1.1 应交增值税的科目专栏设置及主要账务处理

1. 科目专栏设置。增值税一般纳税人应当在"应交税费"科目下设置"应交增值税""未交增值税""预交增值税""待抵扣进项税额""待认证进项税额""待转销项税额""增值税留抵税额""简易计税""转让金融商品应交增值税""代扣代交增值税"等明细科目。

（1）增值税一般纳税人应在"应交增值税"明细账内设置"进项税额""销项税额抵减""已交税金""转出未交增值税""减免税款""出口抵减内销产品应纳税额""销项税额""出口退税""进项税额转出""转出多交增值税"等专栏。

"进项税额"专栏，记录一般纳税人购进货物、加工修理修配劳务、服务、无形资产或不动产而支付或负担的、准予从当期销项税额中抵扣的增值税税额；

"销项税额抵减"专栏，记录一般纳税人按照现行增值税制度规定因扣减销售额而减少的销项税额；

"已交税金"专栏,记录一般纳税人当月已缴纳的应交增值税税额;

"转出未交增值税"和"转出多交增值税"专栏,分别记录一般纳税人月度终了转出当月应交未交或多交的增值税税额;

"减免税款"专栏,记录一般纳税人按现行增值税制度规定准予减免的增值税税额;

"出口抵减内销产品应纳税额"专栏,记录实行"免、抵、退"办法的一般纳税人按规定计算的出口货物的进项税抵减内销产品的应纳税额;

"销项税额"专栏,记录一般纳税人销售货物、加工修理修配劳务、服务、无形资产或不动产应收取的增值税税额;

"出口退税"专栏,记录一般纳税人出口货物、加工修理修配劳务、服务、无形资产按规定退回的增值税税额;

"进项税额转出"专栏,记录一般纳税人购进货物、加工修理修配劳务、服务、无形资产或不动产等发生非正常损失以及其他原因而不应从销项税额中抵扣、按规定转出的进项税额。

(2)"未交增值税"明细科目,核算一般纳税人月度终了从"应交增值税"或"预交增值税"明细科目转入当月应交未交、多交或预缴的增值税税额,以及当月缴纳以前期间未交的增值税税额。

(3)"预交增值税"明细科目,核算一般纳税人转让不动产、提供不动产经营租赁服务、提供建筑服务、采用预收款方式销售自行开发的房地产项目等,以及其他按现行增值税制度规定应预缴的增值税税额。

(4)"待抵扣进项税额"明细科目,核算一般纳税人已取得增值税扣税凭证并经税务机关认证,按照现行增值税制度规定准予以后期间从销项税额中抵扣的进项税额。包括一般纳税人自2016年5月1日后取得并按固定资产核算的不动产或者2016年5月1日后取得的不动产在建工程,按现行增值税制度规定准予以后期间从销项税额中抵扣的进项税额;实行纳税辅导期管理的一般纳税人取得的尚未交叉稽核比对的增值税扣税凭证上注明或计算的进项税额。

(5)"待认证进项税额"明细科目,核算一般纳税人由于未经税务机关认证而不得从当期销项税额中抵扣的进项税额。包括一般纳税人已取得增值税扣税凭证、按照现行增值税制度规定准予从销项税额中抵扣,但尚未经税务机关认证的进项税额;一般纳税人已申请稽核但尚未取得稽核相符结果的海关缴款书进项税额。

(6)"待转销项税额"明细科目,核算一般纳税人销售货物、加工修理修配劳务、服务、无形资产或不动产,已确认相关收入(或利得)但尚未发生增值税纳税义务而需于以后期间确认为销项税额的增值税税额。

(7)"增值税留抵税额"明细科目,核算兼有销售服务、无形资产或者不动产的原增值税一般纳税人，截止到纳入营改增试点之日前的增值税期末留抵税额按照现行增值税制度规定不得从销售服务、无形资产或不动产的销项税额中抵扣的增值税留抵税额。

（8）"简易计税"明细科目，核算一般纳税人采用简易计税方法发生的增值税计提、扣减、预缴、缴纳等业务。

（9）"转让金融商品应交增值税"明细科目，核算增值税纳税人转让金融商品发生的增值税税额。

（10）"代扣代交增值税"明细科目，核算纳税人购进在境内未设经营机构的境外单位或个人在境内的应税行为代扣代缴的增值税。

[特别提示] 小规模纳税人只需在"应交税费"科目下设置"应交增值税"明细科目，不需要设置上述专栏及除"转让金融商品应交增值税""代扣代交增值税"外的明细科目。

2. 账务处理。

（1）取得资产或接受劳务等业务的账务处理。

①采购等业务进项税额允许抵扣的账务处理。一般纳税人购进货物、加工修理修配劳务、服务、无形资产或不动产，按应计入相关成本费用或资产的金额，借记"在途物资"或"原材料""库存商品""生产成本""无形资产""固定资产""管理费用"等科目，按当月已认证的可抵扣增值税税额，借记"应交税费——应交增值税（进项税额）"科目，按当月未认证的可抵扣增值税税额，借记"应交税费——待认证进项税额"科目，按应付或实际支付的金额，贷记"应付账款""应付票据""银行存款"等科目。发生退货的，如原增值税专用发票已做认证，应根据税务机关开具的红字增值税专用发票做相反的会计分录；如原增值税专用发票未做认证，应将发票退回并做相反的会计分录。

②采购等业务进项税额不得抵扣的账务处理。一般纳税人购进货物、加工修理修配劳务、服务、无形资产或不动产，用于简易计税方法计税项目、免征增值税项目、集体福利或个人消费等，其进项税额按照现行增值税制度规定不得从销项税额中抵扣的，取得增值税专用发票时，应借记相关成本费用或资产科目，借记"应交税费——待认证进项税额"科目，贷记"银行存款""应付账款"等科目，经税务机关认证后，应借记相关成本费用或资产科目，贷记"应交税费——应交增值税（进项税额转出）"科目。

③购进不动产或不动产在建工程按规定进项税额分年抵扣的账务处理。一般纳税人自2016年5月1日后取得并按固定资产核算的不动产或者2016年5月1日后取得的不动产在建工程，其进项税额按现行增值税制度规定自取得之日起分2年从销项税额中抵扣的，应当按取得成本，借记"固定资产""在建工程"等科目，按当期可抵扣

的增值税税额，借记"应交税费——应交增值税（进项税额）"科目，按以后期间可抵扣的增值税税额，借记"应交税费——待抵扣进项税额"科目，按应付或实际支付的金额，贷记"应付账款""应付票据""银行存款"等科目。尚未抵扣的进项税额待以后期间允许抵扣时，按允许抵扣的金额，借记"应交税费——应交增值税（进项税额）"科目，贷记"应交税费——待抵扣进项税额"科目。

④货物等已验收入库但尚未取得增值税扣税凭证的账务处理。一般纳税人购进的货物等已到达并验收入库，但尚未收到增值税扣税凭证并未付款的，应在月末按货物清单或相关合同协议上的价格暂估入账，不需要将增值税的进项税额暂估入账。下月初，用红字冲销原暂估入账金额，待取得相关增值税扣税凭证并经认证后，按应计入相关成本费用或资产的金额，借记"原材料""库存商品""固定资产""无形资产"等科目，按可抵扣的增值税税额，借记"应交税费——应交增值税（进项税额）"科目，按应付金额，贷记"应付账款"等科目。

⑤小规模纳税人采购等业务的账务处理。小规模纳税人购买物资、服务、无形资产或不动产，取得增值税专用发票上注明的增值税应计入相关成本费用或资产，不通过"应交税费——应交增值税"科目核算。

⑥购买方作为扣缴义务人的账务处理。按照现行增值税制度规定，境外单位或个人在境内发生应税行为，在境内未设有经营机构的，以购买方为增值税扣缴义务人。境内一般纳税人购进服务、无形资产或不动产，按应计入相关成本费用或资产的金额，借记"生产成本""无形资产""固定资产""管理费用"等科目，按可抵扣的增值税税额，借记"应交税费——进项税额"科目（小规模纳税人应借记相关成本费用或资产科目），按应付或实际支付的金额，贷记"应付账款"等科目，按应代扣代缴的增值税税额，贷记"应交税费——代扣代交增值税"科目。实际缴纳代扣代缴增值税时，按代扣代缴的增值税税额，借记"应交税费——代扣代交增值税"科目，贷记"银行存款"科目。

（2）销售等业务的账务处理。

①销售业务的账务处理。企业销售货物、加工修理修配劳务、服务、无形资产或不动产，应当按应收或已收的金额，借记"应收账款""应收票据""银行存款"等科目，按取得的收入金额，贷记"主营业务收入""其他业务收入""固定资产清理""工程结算"等科目，按现行增值税制度规定计算的销项税额（或采用简易计税方法计算的应纳增值税税额），贷记"应交税费——应交增值税（销项税额）"或"应交税费——简易计税"科目（小规模纳税人应贷记"应交税费——应交增值税"科目）。发生销售退回的，应根据按规定开具的红字增值税专用发票做相反的会计分录。

[特别提示] 按照国家统一的会计制度确认收入或利得的时点早于按照增值税制度确认增值税纳税义务发生时点的，应将相关销项税额计入"应交税费——待转销项

税额"科目，待实际发生纳税义务时再转入"应交税费——应交增值税（销项税额）"或"应交税费——简易计税"科目。

按照增值税制度确认增值税纳税义务发生时点早于按照国家统一的会计制度确认收入或利得的时点的，应将应纳增值税税额，借记"应收账款"科目，贷记"应交税费——应交增值税（销项税额）"或"应交税费——简易计税"科目，按照国家统一的会计制度确认收入或利得时，应按扣除增值税销项税额后的金额确认收入。

②视同销售的账务处理。企业发生税法规定视同销售的行为，应当按照企业会计准则制度相关规定进行相应的会计处理，并按照现行增值税制度规定计算的销项税额（或采用简易计税方法计算的应纳增值税税额），借记"应付职工薪酬""利润分配"等科目，贷记"应交税费——应交增值税（销项税额）"或"应交税费——简易计税"科目（小规模纳税人应计入"应交税费——应交增值税"科目）。

全面试行营业税改征增值税前已确认收入，此后产生增值税纳税义务的账务处理。企业营业税改征增值税前已确认收入，但因未产生营业税纳税义务而未计提营业税的，在达到增值税纳税义务时点时，企业应在确认应交增值税销项税额的同时冲减当期收入；已经计提营业税且未缴纳的，在达到增值税纳税义务时点时，应借记"应交税费——应交营业税""应交税费——应交城市维护建设税""应交税费——应交教育费附加"等科目，贷记"主营业务收入"科目，并根据调整后的收入计算确定计入"应交税费——待转销项税额"科目的金额，同时冲减收入。

全面试行营业税改征增值税后，"营业税金及附加"科目名称调整为"税金及附加"科目，该科目核算企业经营活动发生的消费税、城市维护建设税、资源税、教育费附加及房产税、土地使用税、车船税、印花税等相关税费；《利润表》中的"营业税金及附加"项目调整为"税金及附加"项目。

（3）差额征税的账务处理。

①企业发生相关成本费用允许扣减销售额的账务处理。按现行增值税制度规定企业发生相关成本费用允许扣减销售额的，发生成本费用时，按应付或实际支付的金额，借记"主营业务成本""存货""工程施工"等科目，贷记"应付账款""应付票据""银行存款"等科目。待取得合规增值税扣税凭证且纳税义务发生时，按照允许抵扣的税额，借记"应交税费——应交增值税（销项税额抵减）"或"应交税费——简易计税"科目（小规模纳税人应借记"应交税费——应交增值税"科目），贷记"主营业务成本""存货""工程施工"等科目。

②金融商品转让按规定以盈亏相抵后的余额作为销售额的账务处理。金融商品实际转让月末，如产生转让收益，则按应纳税额借记"投资收益"等科目，贷记"应交税费——转让金融商品应交增值税"科目；如产生转让损失，则按可结转下月抵扣税额，借记"应交税费——转让金融商品应交增值税"科目，贷记"投资收益"等科

目。缴纳增值税时，应借记"应交税费——转让金融商品应交增值税"科目，贷记"银行存款"科目。年末，本科目如有借方余额，则借记"投资收益"等科目，贷记"应交税费——转让金融商品应交增值税"科目。

(4) 出口退税的账务处理。为核算纳税人出口货物应收取的出口退税款，设置"其他应收款——应收出口退税款"科目，该科目借方反映销售出口货物按规定向税务机关申报应退回的增值税、消费税等，贷方反映实际收到的出口货物应退回的增值税、消费税等。期末借方余额，反映尚未收到的应退税额。

①未实行"免、抵、退"办法的一般纳税人出口货物按规定退税的，按规定计算的应收出口退税额，借记"其他应收款——应收出口退税款"科目，贷记"应交税费——应交增值税（出口退税）"科目；收到出口退税时，借记"银行存款"科目，贷记"其他应收款——应收出口退税款"科目；退税额低于购进时取得的增值税专用发票上的增值税税额的差额，借记"主营业务成本"科目，贷记"应交税费——应交增值税（进项税额转出）"科目。

②实行"免、抵、退"办法的一般纳税人出口货物，在货物出口销售后结转产品销售成本时，按规定计算的退税额低于购进时取得的增值税专用发票上的增值税税额的差额，借记"主营业务成本"科目，贷记"应交税费——应交增值税（进项税额转出）"科目；按规定计算的当期出口货物的进项税抵减内销产品的应纳税额，借记"应交税费——应交增值税（出口抵减内销产品应纳税额）"科目，贷记"应交税费——应交增值税（出口退税）"科目。在规定期限内，内销产品的应纳税额不足以抵减出口货物的进项税额，不足部分按有关税法规定给予退税的，应在实际收到退税款时，借记"银行存款"科目，贷记"应交税费——应交增值税（出口退税）"科目。

(5) 进项税额抵扣情况发生改变的账务处理。因发生非正常损失或改变用途等，原已计入进项税额、待抵扣进项税额或待认证进项税额，按现行增值税制度规定不得从销项税额中抵扣的，借记"待处理财产损溢""应付职工薪酬""固定资产""无形资产"等科目，贷记"应交税费——应交增值税（进项税额转出）""应交税费——待抵扣进项税额"或"应交税费——待认证进项税额"科目；原不得抵扣且未抵扣进项税额的固定资产、无形资产等，因改变用途等用于允许抵扣进项税额的应税项目的，应按允许抵扣的进项税额，借记"应交税费——应交增值税（进项税额）"科目，贷记"固定资产""无形资产"等科目。固定资产、无形资产等经上述调整后，应按调整后的账面价值在剩余尚可使用寿命内计提折旧或摊销。

一般纳税人购进时已全额计提进项税额的货物或服务等转用于不动产在建工程的，对于结转以后期间的进项税额，应借记"应交税费——待抵扣进项税额"科目，贷记"应交税费——应交增值税（进项税额转出）"科目。

（6）月末转出多交增值税和未交增值税的账务处理。月度终了，企业应当将当月应交未交或多交的增值税自"应交增值税"明细科目转入"未交增值税"明细科目。对于当月应交未交的增值税，借记"应交税费——应交增值税（转出未交增值税）"科目，贷记"应交税费——未交增值税"科目；对于当月多交的增值税，借记"应交税费——未交增值税"科目，贷记"应交税费——应交增值税（转出多交增值税）"科目。

（7）缴纳增值税的账务处理。

①缴纳当月应交增值税的账务处理。企业缴纳当月应交的增值税，借记"应交税费——应交增值税（已交税金）"科目（小规模纳税人应借记"应交税费——应交增值税"科目），贷记"银行存款"科目。

②缴纳以前期间未交增值税的账务处理。企业缴纳以前期间未交的增值税，借记"应交税费——未交增值税"科目，贷记"银行存款"科目。

③预缴增值税的账务处理。企业预缴增值税时，借记"应交税费——预交增值税"科目，贷记"银行存款"科目。月末，企业应将"预交增值税"明细科目余额转入"未交增值税"明细科目，借记"应交税费——未交增值税"科目，贷记"应交税费——预交增值税"科目。房地产开发企业等在预缴增值税后，应直至纳税义务发生时方可从"应交税费——预交增值税"科目结转至"应交税费——未交增值税"科目。

④减免增值税的账务处理。对于当期直接减免的增值税，借记"应交税费——应交增值税（减免税款）"科目，贷记损益类相关科目。

（8）增值税期末留抵税额的账务处理。纳入营改增试点当月月初，原增值税一般纳税人应按不得从销售服务、无形资产或不动产的销项税额中抵扣的增值税留抵税额，借记"应交税费——增值税留抵税额"科目，贷记"应交税费——应交增值税（进项税额转出）"科目。待以后期间允许抵扣时，按允许抵扣的金额，借记"应交税费——应交增值税（进项税额）"科目，贷记"应交税费——增值税留抵税额"科目。

（9）增值税税控系统专用设备和技术维护费用抵减增值税税额的账务处理。按现行增值税制度规定，企业初次购买增值税税控系统专用设备支付的费用以及缴纳的技术维护费允许在增值税应纳税额中全额抵减的，按规定抵减的增值税应纳税额，借记"应交税费——应交增值税（减免税款）"科目（小规模纳税人应借记"应交税费——应交增值税"科目），贷记"管理费用"等科目。

（10）关于小微企业免征增值税的会计处理规定。小微企业在取得销售收入时，应当按照税法的规定计算应交增值税，并确认为应交税费，在达到增值税制度规定的免征增值税条件时，将有关应交增值税转入当期损益。

3. 财务报表相关项目列示。"应交税费"科目下的"应交增值税""未交增值税"

"待抵扣进项税额""待认证进项税额""增值税留抵税额"等明细科目期末借方余额应根据情况，在资产负债表中的"其他流动资产"或"其他非流动资产"项目列示；"应交税费——待转销项税额"等科目期末贷方余额应根据情况，在资产负债表中的"其他流动负债"或"其他非流动负债"项目列示；"应交税费"科目下的"未交增值税""简易计税""转让金融商品应交增值税""代扣代交增值税"等科目期末贷方余额应在资产负债表中的"应交税费"项目列示。

2.6.1.2　应交消费税的主要账务处理

1. 销售需要缴纳消费税的物资应交的消费税，借记"税金及附加"等科目，贷记"应交税费——应交消费税"科目。

2. 以生产的产品用于在建工程、非生产机构等，按照税法规定应交纳的消费税，借记"在建工程""管理费用"等科目，贷记"应交税费——应交消费税"科目。

随同商品出售但单独计价的包装物，按照税法规定应交纳的消费税，借记"税金及附加"科目，贷记"应交税费——应交消费税"科目。出租、出借包装物逾期未收回没收的押金应交的消费税，借记"税金及附加"科目，贷记"应交税费——应交消费税"科目。

3. 需要缴纳消费税的委托加工物资，由受托方代收代缴税款（除受托加工或翻新改制金银首饰按照税法规定由受托方缴纳消费税外）。小企业（受托方）按照应交税款金额，借记"应收账款""银行存款"等科目，贷记"应交税费——应交消费税"科目。

委托加工物资收回后，直接用于销售的，小企业（委托方）应将代收代缴的消费税计入委托加工物资的成本，借记"库存商品"等科目，贷记"应付账款""银行存款"等科目；委托加工物资收回后用于连续生产，按照税法规定准予抵扣的，按照代收代缴的消费税，借记"应交税费——应交消费税"科目，贷记"应付账款""银行存款"等科目。

4. 有金银首饰零售业务的以及采用以旧换新方式销售金银首饰的小企业，在营业收入实现时，按照应交的消费税，借记"税金及附加"科目，贷记"应交税费——应交消费税"科目。有金银首饰零售业务的小企业因受托代销金银首饰按照税法规定应交纳的消费税，借记"税金及附加"科目，贷记"应交税费——应交消费税"科目；以其他方式代销金银首饰的，其缴纳的消费税，借记"税金及附加"科目，贷记"应交税费——应交消费税"科目。

有金银首饰批发、零售业务的小企业将金银首饰用于馈赠、赞助、广告、职工福利、奖励等方面的，应于物资移送时，按照应交的消费税，借记"营业外支出""销售费用""应付职工薪酬"等科目，贷记"应交税费——应交消费税"科目。

随同金银首饰出售但单独计价的包装物，按照税法规定应交纳的消费税，借记"税金及附加"科目，贷记"应交税费——应交消费税"科目。

小企业因受托加工或翻新改制金银首饰按照税法规定应交纳的消费税，于向委托方交货时，借记"税金及附加"科目，贷记"应交税费——应交消费税"科目。

5. 需要缴纳消费税的进口物资，其缴纳的消费税应计入该项物资的成本，借记"材料采购"或"在途物资""库存商品""固定资产"等科目，贷记"银行存款"等科目。

6. 小企业（生产性）直接出口或通过外贸企业出口的物资，按照税法规定直接予以免征消费税的，可不计算应交消费税。

7. 缴纳的消费税，借记"应交税费——应交消费税"科目，贷记"银行存款"科目。

2.6.1.3 应交城市维护建设税和教育费附加的主要账务处理

1. 小企业按照税法规定应交的城市维护建设税、教育费附加，借记"税金及附加"科目，贷记"应交税费——应交城市维护建设税"科目、"应交税费——应交教育费附加"科目。

2. 缴纳的城市维护建设税和教育费附加，借记"应交税费——应交城市维护建设税"科目、"应交税费——应交教育费附加"科目，贷记"银行存款"科目。

2.6.1.4 应交企业所得税的主要账务处理

1. 小企业按照税法规定应交的企业所得税，借记"所得税费用"科目，贷记"应交税费——应交企业所得税"科目。

2. 缴纳的企业所得税，借记"应交税费——应交企业所得税"科目，贷记"银行存款"科目。

2.6.1.5 应交资源税的主要账务处理

1. 小企业销售商品按照税法规定应交纳的资源税，借记"税金及附加"科目，贷记"应交税费——应交资源税"科目。

2. 自产自用的物资应交纳的资源税，借记"生产成本"科目，贷记"应交税费——应交资源税"科目。

3. 收购未税矿产品，按照实际支付的价款，借记"材料采购"或"在途物资"等科目，贷记"银行存款"等科目，按照代扣代缴的资源税，借记"材料采购"或"在途物资"等科目，贷记"应交税费——应交资源税"科目。

4. 外购液体盐加工固体盐：在购入液体盐时，按照税法规定所允许抵扣的资源税，借记"应交税费——应交资源税"科目，按照购买价款减去允许抵扣的资源税后的金额，借记"材料采购"或"在途物资""原材料"等科目，按照应支付的购买价款，贷记"银行存款""应付账款"等科目；加工成固体盐后，在销售时，按照销售固体盐应交纳的资源税，借记"税金及附加"科目，贷记"应交税费——应交资源税"科目；将销售固体盐应交资源税抵扣液体盐已交资源税后的差额上交时，借记"应交税费——应交资源税"科目，贷记"银行存款"科目。

5. 缴纳的资源税，借记"应交税费——应交资源税"科目，贷记"银行存款"科目。

2.6.1.6　应交土地增值税的主要账务处理

1. 小企业转让土地使用权应缴纳土地增值税，土地使用权与地上建筑物及其附着物一并在"固定资产"科目核算的，转固定资产清理，按照已计提的累计折旧额，借记"累计折旧"科目，按照其成本，贷记"固定资产"科目，按照其差额，借记"固定资产清理"科目；按转让价款，借记"银行存款"科目，贷记"固定资产清理"和"应交税费——应交增值税（销项税额）"科目，按其差额，贷记"营业外收入——非流动资产处置净收益"科目或借记"营业外支出——非流动资产处置净损失"科目。如果产生营业外收入，则计算缴纳土地增值税，借记"税金及附加——应交土地增值税"科目，贷记"应交税费——应交土地增值税"。缴纳土地增值税时，借记"应交税费——应交土地增值税"科目，贷记"银行存款"科目。

2. 小企业转让土地使用权应交纳土地增值税，土地使用权在"无形资产"科目核算的，按照实际收到的金额，借记"银行存款"科目，按照已计提的累计摊销额，借记"累计摊销"科目，按照其成本，贷记"无形资产"和"应交税费——应交增值税（销项税额）"科目，按照其差额，贷记"营业外收入——非流动资产处置净收益"科目或借记"营业外支出——非流动资产处置净损失"科目。如果产生营业外收入，则计算缴纳土地增值税，借记"税金及附加——应交土地增值税"科目，贷记"应交税费——应交土地增值税"；缴纳土地增值税时，借记"应交税费——应交土地增值税"科目，贷记"银行存款"科目。

3. 小企业（房地产开发经营）销售房地产应缴纳的土地增值税，借记"税金及附加"科目，贷记"应交税费——应交土地增值税"科目。

4. 缴纳的土地增值税，借记"应交税费——应交土地增值税"科目，贷记"银行存款"科目。

2.6.1.7　应交城镇土地使用税、房产税、车船税、环境保护税、矿产资源补偿费的主要账务处理

1. 小企业按照规定应缴纳的城镇土地使用税、房产税、车船税、环境保护税、矿

产资源补偿费，借记"税金及附加"科目，贷记"应交税费——应交城镇土地使用税"科目、"应交税费——应交房产税"科目、"应交税费——应交车船税"科目、"应交税费——应交环境保护税"科目、"应交税费——应交矿产资源补偿费"科目。

2. 缴纳的城镇土地使用税、房产税、车船税、环境保护税、矿产资源补偿费，借记"应交税费——应交城镇土地使用税"科目、"应交税费——应交房产税"科目、"应交税费——应交车船税"科目、"应交税费——应交环境保护税"科目、"应交税费——应交矿产资源补偿费"科目，贷记"银行存款"科目。

2.6.1.8 应交个人所得税的主要账务处理

1. 小企业按照税法规定应代扣代缴的个人所得税，借记"应付职工薪酬"科目，贷记"应交税费——应交个人所得税"科目。

2. 缴纳的个人所得税，借记"应交税费——应交个人所得税"科目，贷记"银行存款"科目。

[特别提示]

（1）小企业代扣代缴的个人所得税等，也通过"应交税费"科目核算。

（2）小企业按照规定实行企业所得税、增值税、消费税等先征后返的，应当在实际收到返还的企业所得税、增值税（不含出口退税）、消费税等时，借记"银行存款"科目，贷记"营业外收入"科目。

（第8章对"应交税费"科目进行详细解析）

2.7 应付利息

应付利息是指小企业按照合同约定应支付的利息费用。

2.7.1 科目核算内容

"应付利息"科目核算企业按照合同约定应支付的利息费用。期末贷方余额，反映小企业应付未付的利息费用。

1. 在应付利息日，小企业应当按照合同利率计算确定的利息费用，借记"财务费用""在建工程"等科目，贷记"应付利息"科目。

2. 实际支付的利息，借记"应付利息"科目，贷记"银行存款"等科目。

3. 合同利率与实际利率差异较小的，也可以采用合同利率计算利息费用。实际支付利息时，借记"应付利息"科目，贷记"银行存款"等科目。

[**特别提示**] "应付利息"科目可按存款人或债权人进行明细核算。

[**例 2-6**] 2022年1月1日，A公司向银行借入一笔生产经营用短期借款，共计120 000元，期限为9个月，年利率为8%。根据与银行签署的借款协议，该项借款的本金到期后一次归还；利息分月预提，按季支付。A公司的有关会计处理如下：

1月1日借入短期借款时：

借：银行存款　　　　　　　　　　　　　　　　　　　　120 000
　　贷：短期借款　　　　　　　　　　　　　　　　　　　　　　120 000

1月末，计提1月份应计利息时：

本月应计提的利息金额 = 120 000 × 8% ÷ 12 × 1 = 800（元）

借：财务费用　　　　　　　　　　　　　　　　　　　　　　800
　　贷：应付利息　　　　　　　　　　　　　　　　　　　　　　800

本例中，短期借款利息800元属于企业的筹资费用，应计入"财务费用"科目。

2月末，计提2月份利息费用的处理与1月份相同。

3月末，支付第一季度银行借款利息时：

借：应付利息　　　　　　　　　　　　　　　　　　　　　1 600
　　财务费用　　　　　　　　　　　　　　　　　　　　　　　800
　　贷：银行存款　　　　　　　　　　　　　　　　　　　　　2 400

本例中，1—2月已经计提的利息为1 600元，再加上3月份的800元。实际支付利息2 400元。第二、第三季度的会计处理同上。

10月1日偿还银行借款本金时：

借：短期借款　　　　　　　　　　　　　　　　　　　　120 000
　　贷：银行存款　　　　　　　　　　　　　　　　　　　　　120 000

2.7.2　涉税解析

1. 向金融企业的借款利息支出可以全部税前扣除。

2. 企业向非金融企业的借款利息费用，除不超过按照金融企业同期同类贷款利率计算的数额外，还必须取得符合规定的资金占用费合法票据，才能在税前扣除。

3. 投资者未按规定期限出资从而使企业对外借款的，其出资不足部分的利息支出，即使从金融机构借款，或从非金融企业借款不超过金融企业同期同类贷款利率计算的数额的利息，不能在税前扣除。

4. 关联方借款利息要符合独立交易原则。税收上对关联方借款是有限制的，不仅要求符合独立交易原则，而且不能超过一定的额度。对于超过规定额度的借款，其利息费用也不能税前扣除。

上述规定额度的计算标准是接受关联方债权性投资与其权益性投资比例为：金融

企业为5:1；其他企业为2:1。

[例2-7] A公司注册资本为5 000万元，B公司向A公司投资200万元，占有4%的股份。两公司存在关联关系并且都不是金融企业。2022年1月1日，A公司从B公司取得3年期借款700万元，借款利率是5%，银行同期借款利率是3.6%，每年支付利息。A公司应如何作会计处理和填报企业所得税年度申报表？会计处理：

取得借款时：
借：银行存款　　　　　　　　　　　　　　　　　7 000 000
　　贷：长期借款　　　　　　　　　　　　　　　　　7 000 000
年末计息时：
借：财务费用　　　　　　　　　　　350 000（7 000 000×5%）
　　贷：应付利息　　　　　　　　　　　　　　　　　350 000
支付利息时：
借：应付利息　　　　　　　　　　　　　　　　　　350 000
　　贷：银行存款　　　　　　　　　　　　　　　　　350 000

税务处理第一种方法：

第一步，非金融企业向非金融企业借款的利息支出，不超过按照金融企业同期同类贷款利率计算的数额的部分，准予税前扣除。

实际支付的全部利息：700×5% = 35（万元）

允许扣除的利息：700×3.6% = 25.2（万元）

不允许扣除的利息：35 - 25.2 = 9.8（万元）

第二步，计算不得扣除利息支出 = 年度实际支付的全部关联方利息×（1 - 标准比例/关联债资比例）。

年度实际支付的全部关联方利息 = 700×3.6% = 25.2（万元）

（注意：是银行同期贷款利率3.6%，而不是实际贷款利率。）

标准比例是2:1

关联债资比例 700:200 = 7:2

不得扣除利息支出 = 25.2×（1 - 2:1/7:2）= 10.8（万元）

第三步，填写《纳税调整项目明细表》（A105000）（见表2-1）。

表2-1　　　　　　　A105000　纳税调整项目明细表

行次	项　目	账载金额	税收金额	调增金额	调减金额
		1	2	3	4
18	（六）利息支出	350 000	252 000	98 000	0
41	五、特别纳税调整应税所得	*	*	108 000	0
43	合计（1 + 12 + 30 + 35 + 41 + 42）	*	*	206 000	0

税务处理第二种方法：

A 公司支付给 B 公司的利息可以税前扣除的金额为 14.4 万元（200×3.6%×2）（不在表 A105000 第 18 行第 2 列），A 公司实际支付的利息为 35 万元（700×5%）（不在 A105000 第 18 行第 1 列），所以应该调增 20.6 万元（35－14.4）（在《纳税调整项目明细表》（A105000）的第 41 行"特别纳税调整应税所得"第 3 列调增。见表 2－2）。

表 2－2　　　　　　　　　A105000　纳税调整项目明细表

行次	项　目	账载金额	税收金额	调增金额	调减金额
		1	2	3	4
18	（六）利息支出	0	0	0	0
41	五、特别纳税调整应税所得	*	*	206 000	0
43	合计（1＋12＋30＋35＋41＋42）	*	*	206 000	

5. 房地产企业借款利息的处理。企业为建造开发产品借入资金而发生的符合税收规定的借款费用，可直接在税前扣除；企业集团或其成员企业统一向金融机构借款分摊集团内部其他成员企业使用的，借入方凡能出具从金融机构取得借款的证明文件，可以在使用借款的企业间合理的分摊利息费用，使用借款的企业分摊的合理利息准予在税前扣除。

6. 应予以资本化的利息支出，计入相关资产成本，不得计入当期损益。

7. 对向除股东或其他与企业有关联关系的自然人以外的内部职工或其他人员借款的利息支出，符合以下条件的个人借款利息可以扣除：企业与个人之间的借贷是真实、合法、有效的，并且不具有非法集资目的或其他违反法律、法规的行为；企业与个人之间签订了借款合同；按规定缴纳相关税费并取得资金占用费合法票据。利息支出在不超过按照金融企业同期同类贷款利率计算的数额的部分，准予税前扣除。

8. 向股东或其他与企业有关联关系的自然人的借款利息按关联方债权性投资与其权益性投资比例 2:1 税前扣除。

2.8　应付利润

应付利润是指小企业应分配给投资者的利润。

2.8.1　科目核算内容

"应付利润"科目核算小企业向投资者分配的利润，期末贷方余额反映小企业应付未付的利润。

1. 小企业根据规定或协议确定的应分配给投资者的利润，借记"利润分配"科目，贷记"应付利润"科目。

2. 向投资者实际支付利润，借记"应付利润"科目，贷记"库存现金""银行存款"科目。

[特别提示]"应付利润"科目应按照投资者进行明细核算。

[例2-8] 2022年1月，A公司付给B公司投资利润20 000元。A公司会计分录如下：

利润分配时：

借：利润分配——应付利润　　　　　　　　　　　　20 000
　　贷：应付利润——B公司　　　　　　　　　　　　　　20 000

支付利润时：

借：应付利润——B公司　　　　　　　　　　　　　　20 000
　　贷：银行存款　　　　　　　　　　　　　　　　　　20 000

2.8.2 涉税解析

1. 应付利润的分配是否经过正当程序授权批准；已分配的应付利润是否真实、正确；分配依据是否合规、合理等。

2. 企业利用"应付利润"科目隐匿、转移应税收入。

[例2-9] 审阅A公司2022年3月"应付利润"明细账，发现其明细账下有一笔账户对应关系异常的会计分录：

借：银行存款　　　　　　　　　　　　　　　　　　250 000
　　贷：应付利润——B公司　　　　　　　　　　　　　250 000

所附原始凭证为1张银行进账单收账通知联，付款人为B公司。

2022年9月20日，又从借方转出：

借：应付利润——B公司　　　　　　　　　　　　　　250 000
　　贷：银行存款　　　　　　　　　　　　　　　　　　250 000

所附原始凭证为1张转账支票存根，但支款用途未填。

经查实，所支付的利润原来是企业取得的一笔投资收益。企业用此款为职工发放了集体福利。这种将隐匿的收益转在税后的结算账户的情形，税收检查时应特别关注！

3. 重点关注支付利润时是否按规定代扣代缴了个人所得税。

4. 企业对投资者支付利润的形式多样化，既可以用货币支付，也可以用实物支付。如果企业以外购、自产或委托加工收回的货物支付利润时，按税法的规定，应按销售货物处理。

[例 2 – 10] 审查 A 公司"应付利润"明细账,发现该企业以自产电水壶支付利润,未通过销售账户核算。其会计处理如下:

借:应付利润　　　　　　　　　　　　　　　　　　200 000
　　贷:库存商品——电水壶　　　　　　　　　　　　　　174 000
　　　　应交税费——应交增值税(销项税额)　　　　　　26 000

经核实,该批用于支付利润的电水壶成本价为 174 000 元,不含增值税的售价为 200 000 元。企业虽然计算了增值税销项税额,但由于没通过销售账户核算其销售收入和销售成本,故此认定少计缴了企业所得税。

应补缴企业所得税 = (200 000 - 174 000) × 25% = 6 500(元)

[特别提示] 以自产的产品用于利润分配、以自产的产品发给职工、以非货币性资产对外投资均应作销售收入处理。

2.8.3　差异分析

1. 小企业会计准则规定,支付投资者利润时通过"应付利润"科目核算。
2. 企业会计准则规定,支付投资者利润时通过"应付股利"科目核算。

2.9　其他应付款

其他应付款是小企业除应付账款、预收账款、应付职工薪酬、应交税费、应付利息、应付利润等以外的其他各项应付、暂收的款项,如应付租入固定资产和包装物的租金、存入保证金等。

2.9.1　科目核算内容

"其他应付款"科目核算小企业除应付账款、预收账款、应付职工薪酬、应交税费、应付利息、应付利润等以外的其他各项应付、暂收的款项。"其他应付款"科目期末贷方余额,反映小企业应付未付的其他应付款项。

1. 小企业发生的其他各种应付、暂收款项,借记"管理费用"等科目,贷记"其他应付款"科目。
2. 支付的其他各种应付、暂收款项,借记"其他应付款"科目,贷记"银行存款"等科目。

[特别提示]

(1) "其他应付款"科目应按照其他应付款的项目和对方单位(或个人)进行明

细核算。

（2）小企业无法支付的其他应付款，借记"其他应付款"科目，贷记"营业外收入"科目。

（3）小企业没收的包装物押金，应做收入处理。

[例2-11] 2022年5月，A公司出租包装物，收到押金6 000元存入银行。出租期满对方单位退回包装物，A公司退回押金。则A公司应做如下会计处理：

收到押金时：

借：银行存款　　　　　　　　　　　　　　　　　6 000
　　贷：其他应付款——包装物押金　　　　　　　　　　6 000

退回押金时：

借：其他应付款——包装物押金　　　　　　　　　6 000
　　贷：银行存款　　　　　　　　　　　　　　　　　　6 000

如没收押金时：

借：其他应付款——包装物押金　　　　　　　　　6 000
　　贷：其他业务收入　　　　　　5 309.73 [6 000÷(1+13%)]
　　　　应交税费——应交增值税（销项税额）
　　　　　　　　　　　　　　　690.27 [6 000÷(1+13%)×13%]

2.9.2　涉税解析

1. 对在"其他应付款"中核算的包装物押金，企业应按税法规定将逾期未退还包装物押金等转为收入，计缴相关税费。

2. 除啤酒、黄酒以外的酒类生产企业所收取的包装物押金，应计缴增值税、消费税等相关税费。

[例2-12] 某酒厂生产各种粮食白酒，为便于销售，对所售散白酒出借塑料酒桶，每个加收200元押金。核实"其他应付款"明细账时发现，2022年5月5日出借给A糖酒公司的酒桶200个，借期3个月。到期时收回完好的酒桶192个，企业如数返还了押金，另外有8个酒桶损坏或丢失无法收回，企业在逾期一年后作了转账处理。其账务处理为：

借：其他应付款——包装物押金　　　　　　　　1 600（200×8）
　　贷：其他业务收入　　　　　　1 415.93 [1 600÷(1+13%)]
　　　　应交税费——应交增值税（销项税额）
　　　　　　　　　　　　　　　184.07 [1 600÷(1+13%)×13%]

借：其他业务支出　　　　　　　　　　　　　　　283.19
　　贷：应交税费——应交消费税　　　283.19（1 415.93×20%）

以上会计处理，企业会计自认没有错误，但是企业收取押金后应对全部200个酒桶并入当期酒类产品销售额中，依酒类产品的适用税率申报缴纳增值税和消费税，而不能只就返还的8个酒桶押金纳税。其正确的账务处理应为：

借：其他应付款——包装物押金　　　　　　　40 000（200×200）
　　贷：应交税费——应交增值税（销项税额）
　　　　　　　　　　　　　　　　　4 601.77［40 000÷（1＋13%）×13%］
　　　　其他业务收入　　　　　　　　　　　　35 398.23
借：其他业务支出　　　　　　　　　　　　　　7 079.65
　　贷：应交税费——应交消费税　　　7 079.65（35 398.23×20%）

3. 分析其他应付款有无预提性质的项目虚列成本费用。

4. 分析"其他应付款"明细项目，如租金收入、订金、定金等，是否长期挂账，不确认收入或延迟确认收入。

5. 拆借资金，向其他单位个人拆借资金支付利息时有无资金占用费合法票据。

6. 重点关注有无通过"其他应付款"科目支付个人集资利息而未扣缴个人所得税。

7. 重点关注有无将向购买方收取的手续费、补贴、基金、集资费、返还利润、奖励费、违约金、滞纳金、延期付款利息、赔偿金、代收款项、代垫款项、包装费、包装物租金、储备费、优质费、运输装卸费以及其他各种性质的价外收费计入"其他应付款"，从而少计缴相关税费。

8. 重点关注长期应付未付的"其他应付款"是否转为营业外收入。

9. 重点关注对在"其他应付款"科目中核算的应付保证金、应付租入固定资产、包装物的租金等经济业务一般需要与对方签订有关协议或合同，是否足额缴纳印花税。

2.10 递延收益

递延收益是指小企业已经收到、应在以后期间计入损益的政府补助。

2.10.1 科目核算内容

"递延收益"科目核算小企业已经收到、应在以后期间计入损益的政府补助。小企业应按照相关项目进行明细核算，"递延收益"科目期末贷方余额，反映小企业已经收到、但应在以后期间计入损益的政府补助。

1. 小企业收到与资产相关的政府补助，借记"银行存款"等科目，贷记"递延收益"科目。在相关资产的使用寿命内平均分配递延收益,借记"递延收益"科目,贷记"营业外收入"科目。

2. 收到的其他政府补助,用于补偿本企业以后期间的相关费用或亏损的,应当按照收到的金额,借记"银行存款"等科目,贷记"递延收益"科目。在发生相关费用或亏损的未来期间,应当按照应补偿的金额,借记"递延收益"科目,贷记"营业外收入"科目。

3. 用于补偿本企业已发生的相关费用或亏损的,应当按照收到的金额,借记"银行存款"等科目,贷记"营业外收入"科目。

[例2-13] 2022年1月1日,A公司收到政府450万元财政拨款用于购买科研设备1台。A公司于1月29日购入该无需安装的设备并交付使用,实际成本480万元,其中用自有资金30万元支付。该设备使用寿命10年,直线法计提折旧,无残值。8年后的2月1日出售该设备,收到价款120万元。会计分录如下:

2022年1月收到财政拨款时:
借:银行存款   4 500 000
    贷:递延收益   4 500 000

2022年1月29日购入该设备时:
借:固定资产   4 800 000
    贷:银行存款   4 800 000

自2022年2月每个资产负债表日计提折旧,分摊递延收益时:
借:研发支出   40 000
    贷:累计折旧   40 000(4 800 000元÷10年÷12个月)
借:递延收益   37 500
    贷:营业外收入——政府补助利得
                         37 500(4 500 000元÷10年÷12个月)

8年后的2月1日出售该设备,同时转销该递延收益余额时:
借:固定资产清理   960 000
    累计折旧   3 840 000(40 000元×12个月×8年)
    贷:固定资产   4 800 000
借:银行存款   1 200 000
    贷:固定资产清理   960 000
        营业外收入——处置非流动资产利得   240 000
借:递延收益   900 000(4 500 000元-37 500元×12个月×8年)
    贷:营业外收入——政府补助   900 000

2.10.2 涉税解析

1. 对企业取得的来源于政府及其有关部门的财政补助，符合以下条件的可以作为不征税收入，在计算应纳税所得额时从收入总额中减除：企业能够提供规定资金专项用途的资金拨付文件；财政部门或其他拨付资金的政府部门对该资金有专门的资金管理办法或具体管理要求；企业对该资金以及以该资金发生的支出单独进行核算。

2. 不征税收入用于支出所形成的费用，不得在计算应纳税所得额时扣除；用于支出所形成的资产，其计算的折旧、摊销不得在计算应纳税所得额时扣除。

3. 作不征税收入处理后，在 5 年（60 个月）内未发生支出且未缴回财政部门或其他拨付资金的政府部门的部分，应计入取得该资金第六年的应税收入总额；计入应税收入总额的财政性资金发生的支出，允许在计算应纳税所得额时扣除。

2.10.3 差异分析

政府补助在小企业会计准则规定通过"递延收益"科目反映，在企业会计准则规定通过"专项应付款"科目反映。

2.11 长期借款

长期借款是指小企业向银行或其他金融机构借入的期限在 1 年以上（不含 1 年）的各种借款，包括人民币长期借款和外币长期借款。一般用于固定资产的购建、改扩建工程、大修理工程、对外投资以及为了保持长期经营能力等方面。

2.11.1 科目核算内容

"长期借款"科目核算小企业向银行或其他金融机构借入的期限在 1 年以上的各项借款本金，期末贷方余额反映小企业尚未偿还的长期借款本金。

1. 小企业借入长期借款，借记"银行存款"科目，贷记"长期借款"科目。
2. 在应付利息日，应当按照借款本金和借款合同利率计提利息费用，借记"财务费用""在建工程"等科目，贷记"应付利息"科目。
3. 偿还长期借款本金，借记"长期借款"科目，贷记"银行存款"科目。

[特别提示] "长期借款"科目应按照借款种类、贷款人和币种进行明细核算。

[例 2-14] 2022 年 1 月 1 日，A 公司（执行小企业会计准则）从银行借入资金 6 000 000 元，借款期限 2 年，借款合同规定年利率 8%，到期一次还清本金，每年付

息一次。会计分录如下：

2022年1月1日，取得借款时：

借：银行存款　　　　　　　　　　　　　　　　　　6 000 000
　　贷：长期借款——本金　　　　　　　　　　　　　　　　6 000 000

2022年12月31日，计提2022年的长期借款利息时：

借款利息 = 6 000 000 × 8% = 480 000（元）

借：财务费用　　　　　　　　　　　　　　　　　　480 000
　　贷：应付利息　　　　　　　　　　　　　　　　　　　480 000

支付利息时：

借：应付利息　　　　　　　　　　　　　　　　　　480 000
　　贷：银行存款　　　　　　　　　　　　　　　　　　　480 000

2023年12月31日，计提2023年的长期借款利息时：

借款利息 = 6 000 000 × 8% = 480 000（元）

借：财务费用　　　　　　　　　　　　　　　　　　480 000
　　贷：应付利息　　　　　　　　　　　　　　　　　　　480 000

支付利息时：

借：应付利息　　　　　　　　　　　　　　　　　　480 000
　　贷：银行存款　　　　　　　　　　　　　　　　　　　480 000

2023年12月31日，归还借款时：

借：长期借款——本金　　　　　　　　　　　　　　6 000 000
　　贷：银行存款　　　　　　　　　　　　　　　　　　　6 000 000

2.11.2　涉税解析

1. 重点关注长期借款合同是否按规定缴纳印花税。

2. 企业为购置、建造固定资产、无形资产和经过12个月以上的建造才能达到预定可销售状态的存货发生借款的，在有关资产购置、建造期间发生的合理的借款费用，应当作为资本性支出计入有关资产的成本并按规定扣除。

2.11.3　差异分析

1. 小企业会计准则规定，长期借款应当按照借款本金和借款合同利率按期计提利息费用。企业会计准则规定，利息费用根据实际利率和摊余成本确定。

2. 小企业会计准则规定，资产负债表中没有"一年内到期的长期负债"项目；企业会计准则规定，企业将一年内到期的长期借款应列示于资产负债表中流动负债下"一年内到期的长期负债"项目。

2.12 长期应付款

长期应付款是指小企业除长期借款以外的其他各种长期应付款项,包括应付融资租入固定资产的租赁费、以分期付款方式购入固定资产发生的应付款项等。

2.12.1 科目核算内容

"长期应付款"科目核算小企业除长期借款以外的其他各种长期应付款项,包括应付融资租入固定资产的租赁费、以分期付款方式购入固定资产发生的应付款项等。"长期应付款"科目期末贷方余额,反映小企业应付未付的长期应付款项。

1. 小企业融资租入固定资产,在租赁期开始日,按照租赁合同约定的付款总额和在签订租赁合同过程中发生的相关税费等,借记"固定资产"或"在建工程"科目,贷记"长期应付款"等科目。

2. 以分期付款方式购入固定资产,应当按照实际支付的购买价款和相关税费(不包括按照税法规定可抵扣的增值税进项税额),借记"固定资产"或"在建工程"科目,按照税法规定可抵扣的增值税进项税额,借记"应交税费——应交增值税(进项税额)"科目,贷记"长期应付款"科目。

[特别提示] "长期应付款"科目应按照长期应付款的种类和债权人进行明细核算。

[例2-15] 2022年1月1日,A公司融资租入一台设备,总价款租期5年,设备价值为1 000 000元,租金与设备价值相等,租赁合同规定租金分5年于每年年末等额支付,该设备不需安装即可投入使用。设备预计净残值20 000元,采用直线法计提折旧。租赁期满后设备归承租方所有。则A公司应作会计处理如下:

租赁开始日:
借:固定资产——融资租入固定资产　　　　1 000 000
　　贷:长期应付款——应付融资租赁　　　　　　　1 000 000

每年支付租金时:
借:长期应付款——应付融资租赁款　　　　200 000
　　贷:银行存款　　　　　　　　　　　　　　　　200 000

每年按期计提折旧时:
借:制造费用　　　　　　　　　　　　　　196 000
　　贷:累计折旧　　　　196 000 [(1 000 000 - 20 000) ÷ 5]

租赁期满后，该项融资租入固定资产转为承租方所有时：
借：固定资产——生产用固定资产　　　　　　　　　　　1 000 000
　　贷：固定资产——融资租入固定资产　　　　　　　　　　1 000 000

2.12.2　涉税解析

1. 长期应付未付款项如果是账务处理有误形成（包括企业自身及与对方单位发生错账形成），则必须在查明形成错账的原因后区别情况处理：如果是企业本身记账错误或与对方结账错误，则必须纠正错误；如果查明属于仍需支付的款项，则必须继续挂账；如果属于确实无法偿付的应付款项，则应计入营业外收入。

2. 长期应付未付款项如果因与对方存在经济纠纷形成，则应该在解决经济纠纷后依据相关法律文件，如民事判决书、裁定书或调解书等，判断为应付不付款项，并计入营业外收入。

3. 长期应付未付款项如果是因虚开多开原材料或费用发票、隐匿或延迟收入、转移利润等原因，应按规定追缴相关税费。

4. 长期应付未付款项如果是企业正常生产经营过程中因各种原因形成的确实无法偿付的款项，应作其他收入计入营业外收入。

5. 对融资租赁固定资产，应按借款合同缴纳印花税。

2.12.3　差异分析

1. 小企业会计准则规定，融资租入固定资产按照租赁合同约定的付款总额和在签订租赁合同过程中发生的相关税费等确定。

2. 企业会计准则规定，融资租入固定资产按照租赁开始日资产的公允价值与最低租赁付款额的现值中较低者确定。

3. 小企业会计准则规定，没有"专项应付款"项目，而是通过"递延收益"项目来反映相关内容，"递延收益"科目在资产负债表中单独列示；企业会计准则规定，在一般企业财务报表格式中，"长期应付款"和"专项应付款"科目归并至资产负债表中"长期应付款"项目。

第 3 章 所有者权益的核算及涉税解析

所有者权益是指企业资产扣除负债后，由所有者享有的剩余权益，其来源包括所有者投入的资本、其他综合收益、留存收益等。所有者权益作为会计要素之一，在资产负债表中分列项目反映。对税务机关来讲，特别要关注所有者权益涉及企业所得税和个人所得税的业务处理。本章对实收资本（股本）、资本公积、盈余公积和未分配利润等所有者权益类会计科目逐项进行核算内容剖析、涉及税种解析、差异分析。

3.1 实收资本

实收资本是指投资者按照合同协议约定或相关规定投入到小企业、构成小企业注册资本的部分。

[特别提示] 实收资本在一般情况下无需偿还，可以长期周转使用，除了符合规定条件的增资和减资外，一般不得随意变动。

3.1.1 科目核算内容

"实收资本"科目核算小企业收到投资者按照合同协议约定或相关规定投入的、构成注册资本的部分。"实收资本"科目期末贷方余额，反映小企业实收资本总额。

[特别提示]

（1）小企业（股份有限公司）应将"实收资本"科目改为"股本"科目。

（2）"实收资本"科目应按照投资者进行明细核算。

（3）收到小企业投资者出资超过其在注册资本中所占份额的部分，在"资本公积"科目核算，不在"实收资本"科目核算。

1. 取得实收资本的账务处理。小企业收到投资者的出资，借记"银行存款""其他应收款""固定资产""无形资产"等科目，按其在注册资本或股本中所占份额，贷记"实收资本"或"股本"，按其差额，贷记"资本公积——资本溢价或股本溢价"科目。

[例 3-1] 2022 年 3 月 1 日，A 有限责任公司由甲、乙、丙三人共同出资设立，注册资本 6 000 000 元，出资比例分别为 60%、30% 和 10%。当日，所有投资者将资金存入银行账户。A 有限责任公司收到款项时，应作如下账务处理：

借：银行存款　　　　　　　　　　　　　　　　　　6 000 000
　　贷：实收资本——甲　　　　　　　　　　　　　　3 600 000
　　　　　　　——乙　　　　　　　　　　　　　　1 800 000
　　　　　　　——丙　　　　　　　　　　　　　　　600 000

2. 按规定增加实收资本的账务处理。小企业增加资本的途径主要有以下几种：新增投入资本、将资本公积或盈余公积转增资本。

（1）新增投入资本。对于新增投入的资本，借记"银行存款""其他应收款""固定资产""无形资产"等科目，按其在注册资本或股本中所占份额，贷记"实收资本"或"股本"，按其差额，贷记"资本公积——资本溢价或股本溢价"科目。

[例 3-2] 2022 年 3 月 1 日，A 有限责任公司由甲、乙、丙三人各出资 1 000 000 元设立，2023 年 12 月 31 日，该公司留存收益为 1 200 000 元。此时，丁有意加入该公司，并表示愿意出资 1 500 000 元而取得该公司 25% 的股份。A 有限责任公司收到款项时，应作如下账务处理：

借：银行存款　　　　　　　　　　　　　　　　　　1 500 000
　　贷：实收资本——丁　　　　　　　　　　　　　　1 000 000
　　　　资本公积——资本溢价　　　　　　　　　　　　500 000

（2）用资本公积或盈余公积转增资本，借记"资本公积——资本（股本）溢价""盈余公积——法定（任意）盈余公积"科目，贷记"实收资本"或"股本"科目。

[例 3-3] A 有限责任公司由甲、乙、丙三人共同出资设立，注册资本为 10 000 000 元，甲、乙、丙出资比例分别 40%、30%、30%。2022 年 8 月 1 日为扩大经营规模，经批准，A 有限责任公司按照出资比例将资本公积 3 000 000 元、盈余公积 2 000 000 元转增资本。甲、乙、丙按照出资比例分别获得转增资本为 2 000 000 元

（5 000 000×40%）、1 500 000 元（5 000 000×30%）、1 500 000 元（5 000 000×30%）。A 有限责任公司进行账务处理时，应作会计分录如下：

借：资本公积——资本溢价　　　　　　　　　　　　3 000 000
　　盈余公积——法定盈余公积　　　　　　　　　　2 000 000
　　　贷：实收资本——甲　　　　　　　　　　　　　　　2 000 000
　　　　　　　　　——乙　　　　　　　　　　　　　　　1 500 000
　　　　　　　　　——丙　　　　　　　　　　　　　　　1 500 000

3. 按规定减少实收资本的账务处理。企业实收资本减少的原因大体有两种：一是资本过剩；二是企业发生重大亏损而需要减少实收资本。

小企业按照法定程序报经批准减少注册资本时，按照减资金额，借记"实收资本"科目，贷记"库存现金""银行存款"等科目。

[例 3-4] 2022 年 2 月 1 日，A 公司由甲、乙、丙三人共同出资设立，注册资本为 5 000 000 元，其中，甲、乙、丙三人出资比例分别为 50%、30% 和 20%。2023 年 7 月 1 日，A 公司由于市场前景不好，为了缩小生产经营规模，决定按照相关规定减资 2 000 000 元，全部用银行存款支付。A 公司支付款项时，应作会计分录如下：

借：实收资本——甲　　　　　　　　　　　　　　　1 000 000
　　　　　　——乙　　　　　　　　　　　　　　　　600 000
　　　　　　——丙　　　　　　　　　　　　　　　　400 000
　　　贷：银行存款　　　　　　　　　　　　　　　　　　2 000 000

3.1.2　涉税解析

1. 涉及印花税的处理。企业应就"实收资本"与"资本公积"之和按万分之二点五的税率缴纳印花税。如果以后年度"实收资本"与"资本公积"两项的合计金额有增加，需对其增加部分补贴印花。

2. 企业由于投资者投资未到位而发生的利息支出扣除问题。凡企业投资者在规定期限内未缴足其应缴资本额的，该企业对外借款所发生的利息，相当于投资者实缴资本额与在规定期限内应缴资本额的差额应计付的利息，不属于企业合理的支出，应由企业投资者负担，不得在计算企业应纳税所得额时扣除。

3. 企业接受政府和股东投入、划入资产的计税基础是否按规定确定。县级以上人民政府（包括政府有关部门，下同）将国有资产明确以股权投资方式投入企业，企业应作为国家资本金（包括资本公积）处理。该项资产如为非货币性资产，应按政府确定的接收价值确定计税基础。

企业接收股东划入资产（包括股东赠予资产、上市公司在股权分置改革过程中接收原非流通股股东和新非流通股股东赠予的资产、股东放弃本企业的股权，下同），凡合同、协议约定作为资本金（包括资本公积）且会计规定已做实际处理的，不计入企业的收入总额，企业应按公允价值确定该项资产的计税基础。

4. 对技术成果投资入股实施选择性税收优惠政策。企业或个人以技术成果投资入股到境内居民企业，被投资企业支付的对价全部为股票（权）的，企业或个人可选择继续按现行有关税收政策执行，也可选择适用递延纳税优惠政策；选择技术成果投资入股递延纳税政策的，经向主管税务机关备案，投资入股当期可暂不纳税，允许递延至转让股权时，按股权转让收入减去技术成果原值和合理税费后的差额计算缴纳所得税；企业或个人选择适用上述任一项政策，均允许被投资企业按技术成果投资入股时的评估值入账并在企业所得税前摊销扣除。

5. 企业以未分配利润、盈余公积和除股票溢价发行外的资本公积转增资本，属于股息、红利性质的分配，对个人取得的转增数额，应征收个人所得税，企业应履行扣缴义务，及时代扣代缴个人所得税。

非上市及未在全国中小企业股份转让系统挂牌的中小高新技术企业以未分配利润、盈余公积、资本公积向个人股东转增股本，个人股东一次缴纳个人所得税确有困难的，可根据实际情况自行制定分期缴税计划，在不超过5年内分期缴纳，并将有关资料报主管税务机关备案；非上市及未在全国中小企业股份转让系统挂牌的其他企业转增股本，企业应履行扣缴义务，及时代扣代缴个人所得税。

企业以股票溢价发行所形成的资本公积金转增资本，不属于股息、红利性质的分配，其中对个人取得的转增股本数额，不作为个人所得，不征收个人所得税。对法人取得的转增数额，不作为投资方企业股息、红利收入，投资方企业也不得增加该项长期投资的计税基础。

6. 对于个人转让股权，股权转让收入应当按照公平交易原则确定，关注是否存在低价转让问题，企业应当详细记录股东持有本企业股权相关成本，如实向税务机关提供与股权转让有关的信息。

个人转让股权，以股权转让收入减除股权原值和合理费用后的余额为应纳税所得额，按"财产转让所得"缴纳个人所得税。个人股权转让所得个人所得税，以股权转让方为纳税人，以受让方为扣缴义务人，以被投资企业所在地税务机关为主管税务机关。股权转让收入应当按照公平交易原则确定。符合下列情形之一的，主管税务机关可以核定股权转让收入：申报的股权转让收入明显偏低且无正当理由的；未按照规定期限办理纳税申报，经税务机关责令限期申报，逾期仍不申报的；转让方无法提供或拒不提供股权转让收入的有关资料；其他应核定股权转让收入的情形。

主管税务机关应当及时向被投资企业核实其股权变动情况，并确认相关转让所得，及时督促扣缴义务人和纳税人履行法定义务。

7. 投资者根据有关规定对小企业进行减资，小企业应当减少实收资本。个人因各种原因终止投资、联营、经营合作等行为,从被投资企业取得股权转让收入、违约金、补偿金、赔偿金以及其他名目收回的款项等,均属于个人所得税应税收入,应按照"财产转让所得"项目适用的规定计算缴纳个人所得税。投资企业从被投资企业撤回或减少投资,其取得的资产中,相当于初始出资的部分,应确认为投资收回;相当于被投资企业累计未分配利润和累计盈余公积按减少实收资本比例计算的部分,应确认为股息所得;其余部分为投资资产转让所得。

3.1.3 差异分析

1. 实收资本增加的差异分析。小企业会计准则"实收资本"科目增加的途径主要为:新增投入资本,将资本公积、盈余公积转增资本。企业会计准则"实收资本"科目增加除上述一般途径外,还包括发行新股、向股东分配股票股利、将重组债务转增资本、可转换公司债券转增资本、以权益结算的股份支付的行权等途径。

(1) 股份有限公司发放股票股利实现增资,应在办理增资手续后,借记"利润分配"科目,贷记"股本"科目。

[例3-5] 2022年2月1日,经股东大会决议,A股份有限公司2017年利润分配方案为:以2021年年末总股本1 000万股为基数,每10股发放股票股利2股,每股股票面值为1元。2022年3月10日,增资手续完毕。A股份有限公司进行账务处理时,应作会计分录如下:

借:利润分配——转作股本的股利　　　　　　　　　　　2 000 000
　　贷:股本　　　　　　　　　　　　　　　　　　　　　　　2 000 000

股份制企业在分配股息、红利时,以股票形式向股东个人支付应得的股息、红利(即派发红股),应以派发红股的股票票面金额为收入额,按"利息、股息、红利"项目计征个人所得税。扣缴义务人将属于纳税义务人应得的利息、股息、红利收入,分配到个人名下时,即应认为所得的支付,应按税收法规规定及时代扣代缴个人应交纳的个人所得税。

(2) 企业将重组债务转为资本的,应按重组债务的账面价值,借记"应付账款"等科目,按债权人放弃债权而享有本企业股份的面值总额,贷记"实收资本"或"股本"科目,按股份的公允价值总额与相应的实收资本或股本之间的差额,贷记或借记"资本公积——资本溢价或股本溢价"科目,按其差额,贷记"营业外收入——债务重组利得"科目。

[例3-6] 2022年12月31日,A公司应收B公司账款的账面余额100 000元,由于B公司发生财务困难,无法偿付应付账款。经双方协商同意,采取债权转股权方式进行债务重组,假定B公司的股票票面面值为1元,B公司以30 000股股票抵偿该债务,B公司每股股票的公允价值为2.8元。同日,B公司股票登记手续已办理完毕,B

公司进行账务处理时，应按抵债股票票面价值 30 000 元增加"股本"，按抵债股票的公允价值与票面价值差额 54 000 元增加"资本公积——股本溢价"，按应付账款与抵债股票的公允价值的差额 16 000 元计入"营业外收入——债务重组利得"。作会计分录如下：

借：应付账款——A 公司　　　　　　　　　　　　100 000
　　贷：股本　　　　　　　　　　　　　　　　　　30 000
　　　　资本公积——股本溢价　　　　　　　　　　54 000
　　　　营业外收入——债务重组利得　　　　　　　16 000

企业债务重组发生债权转股权的，应分解为债务清偿和股权投资两项业务，确认有关债务清偿所得或损失。企业重组符合适用特殊性税务处理条件的，交易各方对其交易中的股权支付部分的税务处理：企业债务重组确认的应纳税所得额占该企业当年应纳税所得额 50% 以上，可以在 5 个纳税年度的期间内，均匀计入各年度的应纳税所得额；企业发生债权转股权业务，对债务清偿和股权投资两项业务暂不确认有关债务清偿所得或损失，股权投资的计税基础以原债权的计税基础确定。企业的其他相关所得税事项保持不变。

实收资本减少的差异分析。执行小企业会计准则企业减少注册资本的会计处理比较简单，小企业按照法定程序报经批准减少注册资本的，按照减资金额，借记"实收资本"科目，贷记"库存现金""银行存款"等科目。

执行企业会计准则的股份有限公司采用收购本企业股票方式减资的，应按实际支付的金额，借记"库存股"科目，贷记"银行存款"等科目。注销库存股时，应按股票面值和注销股数计算的股票面值总额，借记"股本"科目，按注销库存股的账面余额，贷记"库存股"科目，按其差额，冲减股票发行时原计入资本公积的溢价部分，借记"资本公积——股本溢价"科目，回购价格超过上述冲减"股本"及"资本公积——股本溢价"科目的部分，应依次借记"盈余公积""未分配利润——未分配利润"等科目。如果回购价格低于回购股份对应的股本，应按回购股份所对应的股本面值，借记"股本"科目，按注销库存股的账面余额，贷记"库存股"科目，按其差额，贷记"资本公积——股本溢价"科目。

3.2　资本公积

资本公积是指小企业收到投资者出资超过其在注册资本（或股本）中所占份额的部分。资本公积由全体股东享有，其形成有特定的来源，与企业的净利润无关。

3.2.1 科目核算内容

"资本公积"科目核算小企业收到投资者出资额超出其在注册资本或股本中所占份额的部分,小企业会计准则中"资本公积"科目来源仅为资本溢价(或股本溢价)部分,该科目应当分别设"资本溢价""股本溢价"进行明细核算。小企业用资本公积转增资本,应当冲减资本公积。"资本公积"科目期末贷方余额,反映小企业资本公积总额。

1. 小企业收到投资者的出资,借记"银行存款""其他应收款""固定资产""无形资产"等科目,按投入资本在注册资本或股本中所占份额,贷记"实收资本"或"股本"科目,按其差额,贷记"资本公积——资本(股本)溢价"科目。

[例 3-7] 2022 年 5 月 1 日,A 有限责任公司由甲、乙、丙三人共同出资设立,注册资本为 8 000 000 元,其中:甲、乙、丙持股比例分别为 50%、30% 和 20%。2023 年 10 月 1 日,由于企业发展形势良好,为扩大经营规模,A 有限责任公司全体股东决定新增注册资本 2 000 000 元,且全部由丁投资者以现金投入,丁投资者实际出资 2 600 000 元,A 有限责任公司进行会计处理时,应作会计分录如下:

借:银行存款 2 600 000
　　贷:实收资本——丁 2 000 000
　　　　资本公积——资本溢价 600 000

2. 企业根据有关规定用资本公积转增资本,借记"资本公积——资本(股本)溢价"科目,贷记"实收资本"或"股本"科目。根据有关规定减少注册资本,借记"实收资本"和"资本公积——资本(股本)溢价"科目,贷记"银行存款"等科目。

[例 3-8] 2022 年 2 月 1 日,B 有限责任公司由甲、乙、丙三人共同出资设立,原注册资本为 5 000 000 元,甲、乙、丙持股比例分别为 50%、30% 和 20%。2023 年 2 月 1 日,由于企业发展形势良好,为扩大经营规模,经批准,B 有限责任公司按照出资比例将资本公积 1 000 000 元转增资本。B 有限责任公司进行会计处理时,应作会计分录如下:

借:资本公积——资本溢价 1 000 000
　　贷:实收资本——甲 500 000
　　　　　　　　——乙 300 000
　　　　　　　　——丙 200 000

[特别提示] 小企业资本公积不得用于弥补亏损。

3.2.2 涉税解析

1. 企业应就"实收资本"与"资本公积"之和按万分之二点五的税率缴纳印花

税。如果以后年度"实收资本"与"资本公积"两项的合计金额有增加，需对其增加部分补贴印花。

2. 企业以资本公积转增资本，属于股息、红利性质的分配，应作为个人所得征税，企业应履行扣缴义务，及时代扣代缴个人所得税。

（1）企业以股票溢价所形成的资本公积金转增资本，不属于股息、红利性质的分配，其中对个人取得的转增股本数额，不得作为个人所得征收个人所得税。对法人取得的转增数额，不作为投资方企业股息、红利收入，投资方企业也不得增加该项长期投资的计税基础。企业以未分配利润、盈余公积和除股票溢价发行外的其他资本公积转增资本的，属于股息、红利性质的分配，对个人取得的转增数额，应作为个人所得征收个人所得税，企业应履行扣缴义务，及时代扣代缴个人所得税；对法人取得的转增数额，应作为企业股息、红利收入，符合条件的，可以享受所得税免税待遇。

（2）非上市及未在全国中小企业股份转让系统挂牌的中小高新技术企业以未分配利润、盈余公积、资本公积向个人股东转增股本，个人股东一次缴纳个人所得税确有困难的，可根据实际情况自行制定分期缴税计划，在不超过5年内分期缴纳，并将有关资料报主管税务机关备案；非上市及未在全国中小企业股份转让系统挂牌的其他企业转增股本，企业应履行扣缴义务，及时代扣代缴个人所得税。

（3）一名或多名个人投资者以股权收购方式取得被收购企业100%股权，股权收购前，被收购企业原账面金额中的"资本公积、盈余公积、未分配利润"等盈余积累未转增股本，而在股权交易时将其一并计入股权转让价格并履行了所得税纳税义务。股权收购后，企业将原账面金额中的盈余积累向个人投资者（新股东，下同）转增股本，有关个人所得税问题区分以下情形处理：

新股东以不低于净资产价格收购股权的，企业原盈余积累已全部计入股权交易价格，新股东取得盈余积累转增股本的部分，不征收个人所得税。

新股东以低于净资产价格收购股权的，企业原盈余积累中，对于股权收购价格减去原股本的差额部分已经计入股权交易价格，新股东取得盈余积累转增股本的部分，不征收个人所得税；对于股权收购价格低于原所有者权益的差额部分未计入股权交易价格，新股东取得盈余积累转增股本的部分，应按照"利息、股息、红利所得"项目征收个人所得税。

3. 个人股东从被投资企业取得的、以企业资产评估增值转增个人股本的部分，属于企业对个人股东股息、红利性质的分配，按照"利息、股息、红利所得"项目计征个人所得税。税款由企业在转增个人股本时代扣代缴。

3.2.3　差异分析

1. 小企业会计准则规定，"资本公积"科目来源仅为资本溢价（或股本溢价）部分；企业会计准则规定,"资本公积"科目包括资本溢价(或股本溢价)和其他资本公积。

2. 其他资本公积是指除资本溢价(或股本溢价)项目以外所形成的资本公积,包括核算以权益结算的股份支付形成的其他资本公积和核算采用权益法核算的长期股权投资形成其他资本公积。

[特别提示]

(1)以权益结算的股份支付涉及个人所得税处理。员工接受实施股票期权计划授予的股票期权时,除另有规定外,一般不作为应税所得征税。

员工行权时,其从企业取得股票的实际购买价(施权价)低于购买日市场价格的差额,应按"工资、薪金所得"计算缴纳个人所得税。

员工将行权后的股票再转让时获得高于购买日市场价的差额,应按照"财产转让所得"计算缴纳个人所得税。

员工因持有股权而参与企业税后利润分配取得的所得,应按"利息、股息、红利所得"计算缴纳个人所得税。

(2)以权益结算的股份支付涉及企业所得税处理。对实施股票期权计划,企业在等待期内会计规定计算确认的相关成本费用,不得在对应年度计算缴纳企业所得税时扣除。在股票期权行权后,企业方可根据该股票实际行权时的市场价格与员工实际购买价格的差额及数量,计算确定作为当年企业工资薪金支出,依照税法规定进行税前扣除。

3.3 盈余公积

盈余公积是指小企业按照法律规定在税后利润中提取的法定公积金和任意公积金。

[特别提示] 小企业用盈余公积弥补亏损或转增资本,应当冲减盈余公积。小企业的盈余公积还可以用于扩大生产经营。

3.3.1 科目核算内容

"盈余公积"科目核算小企业(公司制)按照公司法规定在税后利润中提取的法定公积金和任意公积金。"盈余公积"科目期末贷方余额,反映小企业(公司制)的法定公积金和任意公积金总额,小企业(外商投资)的储备基金和企业发展基金总额。

[特别提示]

(1)小企业(外商投资)按照法律规定在税后利润中提取的储备基金和企业发

基金也在"盈余公积"科目核算。

（2）"盈余公积"科目应按盈余公积的种类设置明细账，进行明细核算。小企业（公司制）应当分别对"法定盈余公积""任意盈余公积"进行明细核算。小企业（外商投资）还应当分别对"储备基金""企业发展基金"进行明细核算。

（3）小企业（中外合作经营）根据合同规定在合作期间归还投资者的投资，应在"盈余公积"科目设置"利润归还投资"明细科目进行核算。

1. 小企业（公司制）按照公司法规定提取的法定公积金和任意公积金，借记"利润分配——提取法定盈余公积""利润分配——提取任意盈余公积"科目，贷记"盈余公积——法定盈余公积""盈余公积——任意盈余公积"科目。

小企业（外商投资）按照规定提取储备基金、企业发展基金、职工奖励及福利基金，借记"利润分配——提取储备基金、提取企业发展基金、提取职工奖励及福利基金"科目，贷记"盈余公积——储备基金、企业发展基金""应付职工薪酬"科目。

[例3-9] A公司2022年实现净利润2 000 000元，法定盈余公积提取比例为10%，经股东会决议按净利润的5%提取任意盈余公积。A公司提取盈余公积时，应作会计分录如下：

借：利润分配——提取法定盈余公积　　　　　　　　　　　200 000
　　　　　　——提取任意盈余公积　　　　　　　　　　　100 000
　　贷：盈余公积——法定盈余公积　　　　　　　　　　　200 000
　　　　　　——任意盈余公积　　　　　　　　　　　　　100 000

[特别提示] 法定盈余公积是依据法律规定必须提取的，公司分配当年税后利润时，应当按照税后利润的10%提取。公司法定盈余公积累计额达到公司注册资本的50%时，可不再提取。公司从税后利润中提取法定公积金后，经股东会或者股东大会决议，还可以从税后利润中提取任意盈余公积。

2. 小企业（公司制）使用盈余公积转增资本，借记"盈余公积"科目，贷记"实收资本"科目。

[例3-10] 2022年3月1日，A公司经股东会决议，决定将法定盈余公积400 000元和任意盈余公积200 000元转增资本，按规定增资程序获得批准后，该公司应作如下会计分录：

借：盈余公积——法定盈余公积　　　　　　　　　　　　　400 000
　　　　　　——任意盈余公积　　　　　　　　　　　　　200 000
　　贷：实收资本　　　　　　　　　　　　　　　　　　　600 000

[特别提示] 公司的盈余公积可用于弥补公司的亏损、扩大公司生产经营或者转为增加公司资本，但法定盈余公积转为资本时，所留存的该项公积金不得少于转增前公司注册资本的25%。

3. 小企业（公司制）使用盈余公积弥补亏损，借记"盈余公积"科目，贷记"利润分配——盈余公积补亏"科目。

[例3-11] 2022年3月，A公司发生经营亏损500 000元，经股东会决议，用法定盈余公积350 000元和任意盈余公积150 000元弥补，会计核算上应作如下会计分录：

借：盈余公积——法定盈余公积　　　　　　　　　　　350 000
　　　　　　——任意盈余公积　　　　　　　　　　　150 000
　　贷：利润分配——盈余公积补亏　　　　　　　　　　　　500 000

[**特别提示**] 会计规定的"亏损"与税法规定的"亏损"不是同一概念，税法规定的"亏损"是企业依照税法在会计"利润"基础上减除不征税收入、免税收入和各项扣除后小于零的数额。企业应按税法规定进行弥补亏损。

4. 小企业（中外合作经营）根据合同规定在合作期间归还投资者的投资，应当按照实际归还投资的金额，借记"实收资本——已归还投资"科目，贷记"银行存款"等科目；同时，借记"利润分配——利润归还投资"科目，贷记"盈余公积——利润归还投资"科目。

3.3.2 涉税解析

1. 企业应就"实收资本"与"资本公积"之和按万分之二点五的税率缴纳印花税。如果以后年度"实收资本"与"资本公积"两项的合计金额有增加，需对其增加部分补贴印花。

2. 企业将从税后利润中提取的法定公积金和任意公积金转增注册资本，实际上是该企业将盈余公积金向股东分配了股息、红利，股东再以分得的股息、红利增加注册资本。因此，对属于个人股东分得再投入企业（转增注册资本）的部分应按照"利息、股息、红利所得"项目征收个人所得税，税款由企业在有关部门批准增资、股东会决议通过后代扣代缴。对法人取得的转增数额，应作为企业股息、红利收入，符合条件的，可以享受所得税免税待遇。

3. 非上市及未在全国中小企业股份转让系统挂牌的中小高新技术企业以未分配利润、盈余公积、资本公积向个人股东转增股本，个人股东一次缴纳个人所得税确有困难的，可根据实际情况自行制定分期缴税计划，在不超过5年内分期缴纳，并将有关资料报主管税务机关备案；非上市及未在全国中小企业股份转让系统挂牌的其他企业转增股本，企业应履行扣缴义务，及时代扣代缴个人所得税。

4. 一名或多名个人投资者以股权收购方式取得被收购企业100%股权，股权收购前，被收购企业原账面金额中的"资本公积、盈余公积、未分配利润"等盈余积累未转增股本，而在股权交易时将其一并计入股权转让价格并履行了所得税纳税义务。股

权收购后,企业将原账面金额中的盈余积累向个人投资者(新股东,下同)转增股本,有关个人所得税问题区分以下情形处理:

新股东以不低于净资产价格收购股权的,企业原盈余积累已全部计入股权交易价格,新股东取得盈余积累转增股本的部分,不征收个人所得税。

新股东以低于净资产价格收购股权的,企业原盈余积累中,对于股权收购价格减去原股本的差额部分已经计入股权交易价格,新股东取得盈余积累转增股本的部分,不征收个人所得税;对于股权收购价格低于原所有者权益的差额部分未计入股权交易价格,新股东取得盈余积累转增股本的部分,应按照"利息、股息、红利所得"项目征收个人所得税。

5. 盈余公积分配现金股利涉税处理。企业的盈余公积可以用于弥补亏损、转增资本(股本),符合规定条件的企业,也可以用盈余公积分派现金股利。企业用盈余公积派发现金股利,对个人投资者从公司取得的股息红利所得,应按照"利息、股息、红利所得"项目征收个人所得税,"利息、股息、红利所得"实行源泉扣缴的征收方式,其扣缴义务人是直接向纳税义务人支付利息、股息、红利的单位。

6. 盈余公积分配股票股利涉税处理。股份制企业在分配股息和红利时,以股票形式向股东个人支付应得的股息、红利(即派发红股),应以派发红股的股票票面金额为收入额,按"利息、股息、红利"项目计征个人所得税,派发红股的股份制企业作为支付所得的单位应按照税法规定履行扣缴义务。股份制企业发放股票股利,应按"股本"账户增加的金额按万分之五减半缴纳印花税。

3.4 未分配利润

未分配利润是指小企业实现的净利润,经过弥补亏损、提取法定公积金和任意公积金、向投资者分配利润后,留存在本企业的、历年结存的利润。未分配利润与盈余公积构成企业的留存收益。未分配利润有两层含义:一是留待以后年度分配的利润;二是未指定特定用途的利润。

3.4.1 科目核算内容

企业未分配利润通过"利润分配——未分配利润"明细科目进行核算。年度终了,企业应将"本年利润"科目的余额,转入"利润分配——未分配利润"明细科目。同时,将"利润分配"科目所属的其他明细科目的余额,转入"利润分配——未分配利润"明细科目。"利润分配——未分配利润"明细科目的贷方登记从"本年利润"科目转入的本期实现的净利润以及弥补的亏损数；借方登记实际分配的利润数和从"本年利润"科目转入的亏损数；结转后，期末贷方余额表示累计未分配的利润数，若为借方余额，则表示累计未弥补的亏损数。

[例3-12] A有限责任公司由甲、乙、丙共同出资设立，注册资本为8 000 000元，甲、乙、丙出资比例分别为50%、30%、20%。2021年年初未分配利润为贷方500 000元，2021年实现净利润3 000 000元。2022年3月31日，A公司经批准的2021年度利润分配方案为：按照2021年实现净利润的10%提取法定盈余公积，5%提取任意盈余公积，向投资者分配利润2 000 000元。A股份有限公司进行账务处理时，应作会计分录如下：

结转本年实现的净利润时：

借：本年利润　　　　　　　　　　　　　　　　　3 000 000
　　贷：利润分配——未分配利润　　　　　　　　　　　3 000 000

提取法定盈余公积和任意盈余公积时：

借：利润分配——提取法定盈余公积　　　　　　　300 000
　　　　　　——提取任意盈余公积　　　　　　　150 000
　　贷：盈余公积——法定盈余公积　　　　　　　　　300 000
　　　　　　　——任意盈余公积　　　　　　　　　150 000

批准发放现金股利时：

借：利润分配——应付利润　　　　　　　　　　　2 000 000
　　贷：应付利润——甲　　　　　　　　　　　　　　1 000 000
　　　　　　　——乙　　　　　　　　　　　　　　600 000
　　　　　　　——丙　　　　　　　　　　　　　　400 000

结转"利润分配"明细科目时：

借：利润分配——未分配利润　　　　　　　　　　2 450 000
　　贷：利润分配——提取法定盈余公积　　　　　　　300 000
　　　　　　　——提取任意盈余公积　　　　　　　150 000
　　　　　　　——应付利润　　　　　　　　　　2 000 000

[特别提示]

（1）上市公司在利润分配时一般可以采取两种方式：一种是现金股利分配方式；另一种是股票股利分配方式。

（2）企业利润分配采用现金股利分配方式的，在批准通过利润分配方案时做账务处理，借记"利润分配——应付现金股利"科目，贷记"应付股利"科目。

（3）企业利润分配采用股票股利分配方式的，在批准通过利润分配方案时不做账务处理，待新增股本办理完股权登记和相关增资手续时，借记"利润分配——转作股本的股利"科目，贷记"股本"科目。

3.4.2 涉税解析

1. 未分配利润弥补亏损涉税处理。以当年实现的利润弥补以前年度结转的未弥补亏损，不需要进行专门的账务处理。企业应将当年实现的利润自"本年利润"科目转入"利润分配——未分配利润"的贷方，其贷方发生额与"利润分配——未分配利润"的借方自然抵补。在以税前利润弥补亏损的情况下，其弥补的数额可以抵减当期企业应纳税所得额，而以税后利润弥补的数额，则不能作为企业所得税纳税所得扣除处理。

[**特别提示**] 会计规定的"亏损"与税法规定的"亏损"不是同一概念，税法规定的"亏损"是在会计"利润"基础上按税法规定调整后的金额，企业应按税法规定进行弥补。

2. 未分配利润转增资本涉税处理，参见本章资本公积、盈余公积转增资本涉税处理有关内容。

3. 未分配利润分配股利、利润涉税处理。经股东大会或类似机构决议，分配给股东或投资者的现金股利或利润，股东需要缴纳个人所得税，税额为含税现金股利的20%；分配给股东的股票股利，应在办理增资手续后，以派发红股的股票票面金额为收入额，按照"利息、股息、红利所得"项目征收个人所得税。对于股东需要缴纳个人所得税，企业作为支付方应按照税法规定履行扣缴义务。

股份制企业发放股票股利，应按股本账户增加的金额按万分之二点五征收印花税。

第 4 章
收入和成本的核算及涉税解析

收入是指企业在日常活动中形成的、会导致所有者权益增加的、与所有者投入资本无关的经济利益的总流入，一般分为主营业务收入和其他业务收入；成本是生产和销售一定种类与数量产品以耗费资源用货币计量的经济价值，一般分为主营业务成本和其他业务成本。收入和成本在《利润表》中分列项目反映，通过对重要财务数据的分析，可以对企业经营状况和涉税事项进行解析。本章对主营业务收入、主营业务成本、生产成本、制造费用、研发支出、工程施工、机械作业、其他业务收入、其他业务成本、投资收益等会计科目逐项进行核算内容剖析、涉及税种解析、差异分析。

4.1 主营业务收入

主营业务收入是指小企业在销售商品、提供劳务等日常活动中所产生的收入。

4.1.1 科目核算内容

"主营业务收入"科目核算小企业确认的销售商品、提供劳务等主营业务的收入。月末，可将"主营业务收入"科目的余额转入"本年利润"科目，结转后"主营业务收入"科目应无余额。

1. 小企业销售商品或提供劳务实现的收入，应当按照实际收到或应收的金额，借记"银行存款""应收账款"等科目，按照税法规定应缴纳的增值税税额，贷记"应交税费——应交增值税（销项税额）"科目，按照确认的销售商品收入，贷记"主营业务收入"科目。

2. 发生销货退回（不论属于本年度还是属于以前年度的销售），按照应冲减销售商品收入的金额，借记"主营业务收入"科目，按照实际支付或应退还的金额，贷记"银行存款""应收账款"等科目。涉及增值税销项税额的，还应进行相应的账务处理。

[**特别提示**]"主营业务收入"科目应按照主营业务的种类进行明细核算，其对应的科目有"应收账款""主营业务成本""银行存款""应收票据""库存商品""预收账款""工程施工""本年利润"等科目。

4.1.1.1 销售商品收入

销售商品收入是指小企业销售商品（产成品、材料）取得的收入。

1. 收取现金或银行存款销售商品。通常，小企业应当在发出商品且收到货款或取得收款权利时，确认销售商品收入。由于税收与会计目的不同，在收入确认方面也有差异。税法规定，收入应以权责发生制为原则，只要属于当期的收入，不论款项是否收到，均作为当期收入。

[**例 4 – 1**] 2022 年 6 月，A 公司销售一批产品给 B 公司，产品售价为 50 000 元，增值税税率为 13%。B 公司用银行存款支付 A 公司货款，A 公司收到款项后，仓库发货，运费由 B 公司自己承担。A 公司的账务处理如下：

借：银行存款　　　　　　　　　　　　　　　　　　　　　　　56 500
　　贷：主营业务收入　　　　　　　　　　　　　　　　　　　　50 000
　　　　应交税费——应交增值税（销项税额）　　　　　　　　　6 500

2. 分期收款方式销售商品（赊销）。企业采用赊销方式，要按照合同确定收款日期确认收入和增值税的实现，税法与会计要求一致。无书面合同或者书面合同没有约定收款日期的，增值税纳税义务发生时间为货物发出的当天。

[**例 4 – 2**] 2022 年 5 月 12 日，A 公司向 B 公司赊销一批商品，产品售价为 100 000元，增值税税率为 13%。商品已经发出。A 公司 2022 年 8 月 12 日收到款项。A 公司的账务处理如下：

2022 年 5 月 12 日，发出商品时：

借：应收账款　　　　　　　　　　　　　　　　　　　　　　　113 000
　　贷：主营业务收入　　　　　　　　　　　　　　　　　　　　100 000
　　　　应交税费——应交增值税（销项税额）　　　　　　　　　13 000

2022 年 8 月 12 日收到款项时：

借：银行存款　　　　　　　　　　　　　　　　　　　　　　　113 000
　　贷：应收账款　　　　　　　　　　　　　　　　　　　　　　　113 000

3. 预收款销售商品。企业所得税法和增值税法对企业采用预收款方式销售商品，要求在发出商品时确认收入，会计与税法要求一致。

[例 4-3] 2022 年 6 月 13 日，A 公司与 B 公司签订协议，采用预收款方式向 B 公司销售一批商品。该批商品销售价格为 50 000 元，增值税税额为 6 500 元，B 公司签订协议时要预付 60% 货款（按不含增值税销售价格计算），剩余货款待发货时一并支付。A 公司的账务处理如下：

收到 60% 货款时：

借：银行存款　　　　　　　　　　　　　　　　　　　　　　　30 000
　　贷：预收账款——B 公司　　　　　　　　　　　　　　　　　30 000

收到剩余货款及增值税税款并确认收入时：

借：预收账款——B 公司　　　　　　　　　　　　　　　　　　30 000
　　银行存款　　　　　　　　　　　　　　　　　　　　　　　26 500
　　贷：主营业务收入　　　　　　　　　　　　　　　　　　　 50 000
　　　　应交税费——应交增值税（销项税额）　　　　　　　　　6 500

4. 委托代销商品。受托方销售代销货物，要视同销售，按销售货物征收税款，在收到代销清单时确认收入。代销商品业务，企业所得税法与会计处理一致，但与增值税法处理不一致。增值税处理上应注意，发出的代销货物已满 180 天仍未收到代销清单，此时，无论会计是否确认收入，都应计提增值税销项税额。

[例 4-4] 2022 年 5 月 5 日，A 公司委托 B 公司销售甲商品 1 000 件，以每件 100 元的价格出售给顾客，B 公司按售价的 10% 收取手续费，该商品成本为 80 元/件，增值税税率为 13%。B 公司实际销售时，即向买方开出增值税专用发票，发票上注明该商品的售价为 100 000 元，增值税税额 13 000 元。A 公司在收到 B 公司交来的代销清单时，向 B 公司开具一张相同金额的增值税发票（不考虑其他因素）。委托方 A 公司的账务处理如下：

发出商品时：

借：发出商品　　　　　　　　　　　　　　　　　　　　　　　80 000
　　贷：库存商品　　　　　　　　　　　　　　　　　　　　　 80 000

收到代销清单时：

借：应收账款——B 公司　　　　　　　　　　　　　　　　　　113 000
　　贷：主营业务收入　　　　　　　　　　　　　　　　　　　100 000
　　　　应交税费——应交增值税（销项税额）　　　　　　　　　13 000

借：主营业务成本 80 000
  贷：发出商品 80 000
借：销售费用 10 000
  贷：应收账款——B公司 10 000

受托方B公司的账务处理如下：

收到商品时：
借：受托代销商品 100 000
  贷：受托代销商品款 100 000

对外销售时：
借：银行存款 113 000
  贷：应付账款——A公司 100 000
    应交税费——应交增值税（销项税额） 13 000

收到增值税专用发票时：
借：应交税费——应交增值税（进项税额） 13 000
  贷：应付账款——A公司 13 000
借：受托代销商品款 100 000
  贷：受托代销商品 100 000

支付货款并计算代销手续费时：
借：应付账款——A公司 113 000
  贷：银行存款 103 000
    主营业务收入 10 000

5. 商品以旧换新。企业销售商品以旧换新的，销售和回收的商品分别作为销售和购进商品进行账务核算。

[例4-5] 2022年6月，A公司进行以旧换新活动，共收到旧商品20件，每件回收价格3 390元（含增值税），回收的商品作为库存商品处理。同时换出新商品20件，每件销售价格20 000元（不含增值税）。该商品每件成本为10 000元，款项均已收付。

换出新商品时：
借：银行存款 452 000
  贷：主营业务收入 400 000
    应交税费——应交增值税（销项税额） 52 000
借：主营业务成本 200 000
  贷：库存商品 200 000

收回旧商品时：
借：库存商品 60 000

应交税费——应交增值税（进项税额）　　　　　　　　　　　7 800
　　贷：银行存款　　　　　　　　　　　　　　　　　　　　　　67 800

4.1.1.2　提供劳务收入

1. 提供劳务。企业在各个纳税期末，提供劳务交易的结果能够可靠估计的，应采用完工进度（完工百分比）法确认提供劳务收入。企业受托加工制造大型机械设备、船舶、飞机，以及从事建筑、安装、装配工程业务或者提供其他劳务等，持续时间超过12个月的，按照纳税年度内完工进度的工作量确认收入的实现。

[例4-6] 2022年5月10日，A公司接受一项设备安装任务，该安装任务可一次完成，合同总价款为98 100元（含税），实际发生安装成本50 000元。假定A公司为一般纳税人，安装业务属于A公司的主营业务。

A公司在安装完成时：
借：应收账款（或银行存款）　　　　　　　　　　　　　　　98 100
　　贷：主营业务收入　　　　　　　　　　　　90 000 [98 100÷(1+9%)]
　　　　应交税费——应交增值税（销项税额）
　　　　　　　　　　　　　　　　　　90 000 [98 100÷(1+9%)×9%]
借：主营业务成本　　　　　　　　　　　　　　　　　　　　 50 000
　　贷：银行存款　　　　　　　　　　　　　　　　　　　　　50 000

[例4-7] A公司是增值税一般纳税人，适用建筑业一般计税方法。2022年10月承包一项路桥工程，合同总价2 180万元（含税），预算不含税收入2 000万元，不含税成本1 600万元。2022年11月购入材料300万元，进项税额39万元，领用材料400万元，租赁机械费用30万元，计提职工薪酬90万元。本月以前已确认收入1 400万元，成本1 190万元，本月完工进度100%。每个月结算的工程进度款为当月确认收入的90%，年末实际累计结算工程款2 100万元（不含税）。

11月账务处理如下：
采购材料时：
借：材料采购　　　　　　　　　　　　　　　　　　　　　 3 000 000
　　应交税费——应交增值税（进项税额）　　　　　　　　　 390 000
　　贷：银行存款　　　　　　　　　　　　　　　　　　　 3 390 000
材料入库时：
借：原材料　　　　　　　　　　　　　　　　　　　　　　 3 000 000
　　贷：材料采购　　　　　　　　　　　　　　　　　　　 3 000 000
领用材料时：
借：工程施工——合同成本（直接材料费）　　　　　　　　 4 000 000

贷：原材料　　　　　　　　　　　　　　　　　　　　　　4 000 000

支付租赁费时：

借：工程施工——合同成本（机械使用费）　　　　　　　　300 000
　　应交税费——应交增值税（进项税额）　　　　　　　　 39 000
　　贷：银行存款　　　　　　　　　　　　　　　　　　　 339 000

计提工资时：

借：工程施工——合同成本（直接人工费）　　　　　　　　900 000
　　贷：应付职工薪酬　　　　　　　　　　　　　　　　　 900 000

11月确认收入，结转成本时：

收入 = 2 000 × 100% - 1 400 = 600（万元）

成本 = 1 600 × 100% - 1 190 = 410（万元）

毛利 = 600 - 410 = 190（万元）

借：主营业务成本　　　　　　　　　　　　　　　　　　 4 100 000
　　工程施工——合同毛利　　　　　　　　　　　　　　 1 900 000
　　贷：主营业务收入　　　　　　　　　　　　　　　　 6 000 000

11月结算工程进度款 = 600 × 90% = 540（万元）

销项税额 = 600 × 90% × 9% = 48.6（万元）

借：应收账款　　　　　　　　　　　　　　　　　　　　 5 886 000
　　贷：工程结算　　　　　　　　　　　　　　　　　　 5 400 000
　　　　应交税费——应交增值税（销项税额）　　　　　　 486 000

[**特别提示**] 销售应税劳务，纳税义务发生时间为提供劳务同时收讫销售款或取得索取销售款凭据的当天。

[**例4-8**] 中结算工程款应是540万元，申报销项税额为48.6万元（540×9%），进项税额为42.9万元［购入材料（300×13%）+租赁机械费用（30×13%）］，因此，11月应纳税额为5.7万元（48.6-42.9）。

11月末根据"应交税费——应交增值税"明细账出现贷方余额转出应缴未缴的增值税时：

借：应交税费——应交增值税（转出未交增值税）　　　　　 57 000
　　贷：应交税费——应交增值税（未交增值税）　　　　　 57 000

12月15日前申报缴纳增值税：

借：应交税费——应交增值税（未交增值税）　　　　　　　 57 000
　　贷：银行存款　　　　　　　　　　　　　　　　　　　 57 000

年末账务处理如下：

年末累计结算工程款2 100万元，前期已结算工程款1 800万元［(1 400+600)×

90%], 因此, 12月结算工程款300万元 (2 100 - 1 800); 销项税额为27万元 (300 × 9%), 假设12月无进项税额。

借: 应收账款　　　　　　　　　　　　　　　　　　　　　　3 270 000
　　贷: 工程结算　　　　　　　　　　　　　　　　　　　　　3 000 000
　　　　应交税费——应交增值税 (销项税额)　　　　　　　　　　270 000
借: 应交税费——应交增值税 (转出未缴增值税)　　　　　　　　　270 000
　　贷: 应交税费——应交增值税 (未交增值税)　　　　　　　　　270 000

2023年1月15日前申报缴纳增值税时:

借: 应交税费——应交增值税 (未交增值税)　　　　　　　　　　270 000
　　贷: 银行存款　　　　　　　　　　　　　　　　　　　　　　270 000

工程完工,将"工程施工"科目的余额与"工程结算"科目的余额对冲,累计确认成本1 600万元,累计结算工程款2 100万元,累计确认毛利 = 2 100 - 1 600 = 500 (万元)。

借: 工程结算　　　　　　　　　　　　　　　　　　　　　　21 000 000
　　贷: 工程施工——合同成本　　　　　　　　　　　　　　　16 000 000
　　　　工程施工——合同毛利　　　　　　　　　　　　　　　　5 000 000

2. 委托加工业务。纳税人委托加工应税消费品,收入确认时间为纳税人提货的当天。

[例4-9] 2022年5月, A公司发给B加工单位一批物资, 让B加工单位加工成品。这批物资实际成本为80万元, 支付加工费20万元。一个月后, B加工单位加工完成, A公司验收入库, 直接对外销售取得收入150万元 (不考虑其他因素)。

委托加工时:
借: 委托加工物资　　　　　　　　　　　　　　　　　　　　　800 000
　　贷: 原材料　　　　　　　　　　　　　　　　　　　　　　　800 000

支付加工费时:
借: 委托加工物资　　　　　　　　　　　　　　　　　　　　　200 000
　　应交税费——应交增值税 (进项税额)　　　　　　　　　　　　26 000
　　贷: 银行存款　　　　　　　　　　　　　　　　　　　　　　226 000

加工完毕验收入库时:
借: 原材料　　　　　　　　　　　　　　　　　　　　　　　1 000 000
　　贷: 委托加工物资　　　　　　　　　　　　　　　　　　　1 000 000

销售取得收入时:
借: 银行存款　　　　　　　　　　　　　　　　　　　　　　1 695 000
　　贷: 主营业务收入　　　　　　　　　　　　　　　　　　　1 500 000

　　　　应交税费——应交增值税（销项税额）　　　　　　　　　　195 000

3. 销售商品和提供劳务的混合业务。纳税人兼营销售货物、劳务、服务、无形资产或者不动产，适用不同税率或征收率的，应当分别核算不同税率或者征收率的销售额；未分别核算的，从高适用税率。从事货物的生产、批发或者零售的单位和个体工商户的混合销售行为，按照销售货物征收增值税；其他混合销售行为，按照销售服务征收增值税。

[例4-10] 2022年6月，A公司向B公司销售一部电梯并负责安装，价款合计为90 000元，其中，电梯销售价格85 000元、安装费5 000元。电梯成本为60 000元，电梯安装过程中发生人工费4 000元。假定电梯已经安装完毕并验收合格，款项已收到。

第一种情况，分别核算：

电梯销售实现时：

借：银行存款　　　　　　　　　　　　　　　　　　　　　　96 050
　　贷：主营业务收入　　　　　　　　　　　　　　　　　　　85 000
　　　　应交税费——应交增值税（销项税额）　　　　　　　　11 050

结转成本时：

借：主营业务成本　　　　　　　　　　　　　　　　　　　　60 000
　　贷：库存商品　　　　　　　　　　　　　　　　　　　　　60 000

实际发生安装费用时：

借：劳务成本　　　　　　　　　　　　　　　　　　　　　　 4 000
　　贷：应付职工薪酬　　　　　　　　　　　　　　　　　　　 4 000

确认安装费收入并结转成本：

借：银行存款　　　　　　　　　　　　　　　　　　　　　　 5 450
　　贷：主营业务收入　　　　　　　　　　　　　　　　　　　 5 000
　　　　应交税费——应交增值税（销项税额）　　　　　　　　　 450

结转安装成本时：

借：主营业务成本　　　　　　　　　　　　　　　　　　　　 4 000
　　贷：劳务成本　　　　　　　　　　　　　　　　　　　　　 4 000

第二种情况，未分别核算。续[例4-10]，若电梯销售和安装不能区分开来，A公司收到电梯销售及安装费90 000元，增值税11 700元。A公司会计处理如下：

实际发生安装费用时：

借：劳务成本　　　　　　　　　　　　　　　　　　　　　　 4 000
　　贷：应付职工薪酬　　　　　　　　　　　　　　　　　　　 4 000

电梯销售实现时：

借：银行存款　　　　　　　　　　　　　　　　　　　　　101 700
　　贷：主营业务收入　　　　　　　　　　　　　　　　　　90 000
　　　　应交税费——应交增值税（销项税额）　　　　　　 11 700
结转成本时：
借：主营业务成本　　　　　　　　　　　　　　　　　　　 64 000
　　贷：库存商品　　　　　　　　　　　　　　　　　　　　60 000
　　　　劳务成本　　　　　　　　　　　　　　　　　　　　 4 000

[特别提示] 第一种情况，分别核算时，增值税销项税额为 11 500 元（11 050 + 450）；第二种情况，未分别核算时，增值税销项税额 11 700 元。后者比前者多 200 元。

4.1.1.3　销售折扣、折让

1. 现金折扣销售商品。销售商品涉及现金折扣的税务处理与会计处理一致，应当按照扣除现金折扣前的金额确定销售商品收入金额。现金折扣应当在实际发生时，计入财务费用。但在进行企业所得税税前扣除时，应注意销货方给予购货方的现金折扣是否符合经营常规和会计惯例，注意合理性原则。

[例 4-11] 2022 年 6 月 1 日，A 公司向 B 公司销售一批商品，开出的增值税专用发票上注明的销售价款为 200 000 元，增值税税额 26 000 元。现金折扣条件为：如果 B 公司在 10 天之内付款，就享受 2% 的折扣；如果在 20 天之内付款，就可以享受 1% 的现金折扣；如果在 20 天以上付款，就不能够享受现金折扣。

6 月 1 日销售实现时：
借：应收账款——B 公司　　　　　　　　　　　　　　　　226 000
　　贷：主营业务收入　　　　　　　　　　　　　　　　　200 000
　　　　应交税费——应交增值税（销项税额）　　　　　　 26 000

如果 B 公司在 6 月 10 日付清货款，享受 2% 的现金折扣，实际支付 222 000 元（226 000 - 200 000 × 2%）：
借：银行存款　　　　　　　　　　　　　　　　　　　　　222 000
　　财务费用　　　　　　　　　　　　　　　　　　　　　　4 000
　　贷：应收账款——B 公司　　　　　　　　　　　　　　226 000

如果 B 公司在 6 月 20 日付清货款，享受 1% 的现金折扣，实际支付 224 000 元（226 000 - 200 000 × 1%）：
借：银行存款　　　　　　　　　　　　　　　　　　　　　224 000
　　财务费用　　　　　　　　　　　　　　　　　　　　　　2 000
　　贷：应收账款——B 公司　　　　　　　　　　　　　　226 000

如果B公司在6月底付清货款,要全额付款:
借:银行存款　　　　　　　　　　　　　　　　　　　　　226 000
　　贷:应收账款——B公司　　　　　　　　　　　　　　　　　226 000

[特别提示] 现金折扣下缴纳增值税的计算方法是"企业应向客户全额收取增值税销项税额,仅对销售货款实行现金折扣优待"。换一句话说,现金折扣是在主营业务收入的基础上进行,是价款×折扣率,而不是在应收账款的基础上进行,即不是价税总和×折扣率。因此,在现金折扣中,增值税是按原始的价款计算。

2. 商业折扣销售商品。销售商品涉及商业折扣的,企业所得税法与小企业会计准则处理方法一致,应按照扣除商业折扣后的金额确定销售商品收入金额。进行增值税处理时,未在同一张发票金额栏注明折扣额,而仅在发票的备注栏注明折扣额的,折扣额不得从销售额中减除;销货方将折扣额另开发票的,按照增值税专用发票使用规定开具红字增值税专用发票,否则,不论折扣额在财务上如何处理,均不得从销售额中减除。

[例4-12] 2022年6月10日,A公司赊销商品一批,按价目表的价格计算,货款金额总计100 000元,给买方的商业折扣为10%,适用增值税税率为13%。代垫运杂费5 000元。A公司应作如下会计分录:

实现销售时:
借:应收账款　　　　　　　　　　　　　　　　　　　　　106 700
　　贷:主营业务收入　　　　　　　　　　　　　　　　　　 90 000
　　　　应交税费——应交增值税(销项税额)　　　　　　　　11 700
　　　　银行存款　　　　　　　　　　　　　　　　　　　　5 000

收到货款时:
借:银行存款　　　　　　　　　　　　　　　　　　　　　106 700
　　贷:应收账款　　　　　　　　　　　　　　　　　　　　106 700

3. 销售折让处理。小企业已经确认销售商品收入的售出商品发生的销售折让,应当在发生时冲减当期销售商品收入。企业所得税法与小企业会计准则处理方法一致,只要企业遵照税法规定开具了红字增值税专用发票,允许税前抵扣。

[例4-13] 2022年6月15日,A公司向B公司销售一批商品。开出的增值税发票上的销售价格为100 000元,增值税税额为13 000元,款项尚未收到。B公司在验收这批商品的时候,商品外观上有瑕疵,基本上不影响使用。要求A公司在价格(不含增值税税额)上给予5%的折让。

销售实现时:
借:应收账款——B公司　　　　　　　　　　　　　　　　113 000
　　贷:主营业务收入　　　　　　　　　　　　　　　　　　100 000

应交税费——应交增值税（销项税额） 13 000

发生销售折让时：

借：主营业务收入 5 000

　　应交税费——应交增值税（销项税额） 650

　　　贷：应收账款——B公司 5 650

实际收到款项时：

借：银行存款 107 350

　　贷：应收账款——B公司 107 350

4.1.1.4　商品销售退回

关于销售退回，企业所得税法与小企业会计准则处理方法一致，对于已经确认销售商品收入的售出商品发生销售退回的，不论销售业务是发生在当期或以前年度，小企业均应在退货实际发生时冲减退货当期的商品销售收入。

[例 4-14] 2022年5月15日，A公司向B公司销售一批商品。开出的增值税发票上的销售价格为10 000元，增值税税额为1 300元。2022年6月15日，B公司向A公司支付全部款项。2022年7月1日，B公司由于产品质量原因退回，当日A公司支付有关款项。

2022年5月15日销售实现时：

借：应收账款——B公司 11 300

　　贷：主营业务收入 10 000

　　　　应交税费——应交增值税（销项税额） 1 300

2022年6月15日收到货款时：

借：银行存款 11 300

　　贷：应收账款——B公司 11 300

2022年7月1日退回时：

借：主营业务收入 10 000

　　应交税费——应交增值税（销项税额） 1 300

　　　贷：银行存款 11 300

4.1.1.5　视同销售收入

《增值税暂行条例》规定，外购的商品或货物，用于捐赠、赞助、对外投资、抵偿债务、换取资产、分配给投资者等方面一律视同销售，用于固定资产、在建工程、管理部门、职工福利等方面不视同销售；自产产品（包括委托加工货物），用于捐赠、赞助、对外投资、抵偿债务、换取资产、分配给投资者或用于固定资产、在建工程、管理部门、职工福利等方面一律视同销售。

《企业所得税法》规定，视同销售行为企业发生非货币性资产交换，以及将货物、财产、劳务用于捐赠、偿债、赞助、集资、广告、样品、职工福利或者利润分配等用途的，应当视同销售货物、转让财产或者提供劳务，但国务院财政、税务主管部门另有规定的除外。企业所得税法对企业自产产品用于在建工程、管理部门、非生产性机构不再视同销售。

企业将自己生产的产品用于捐赠、偿债、赞助、集资、广告、样品、职工福利或利润分配等方面，企业会计不作为销售处理，而按成本结转。但税法规定，要做视同增值税销售处理。

[例4-15] 2022年6月，A手机厂商为扩大销售量的需要，对外宣传购买X型号手机一个，赠送品牌电池一个。假定手机属于自制产品，品牌电池属于外购产品，手机含税售价11 300元，成本8 000元，电池的不含税采购成本200元，则相关会计处理为：

借：库存现金　　　　　　　　　　　　　　　　　　　　　　　11 300
　　贷：主营业务收入——手机　　　　　　　　　　　　　　　　9 800
　　　　主营业务收入——品牌电池　　　　　　　　　　　　　　　200
　　　　应交税费——应交增值税（销项税额）　　　　　　　　　1 300
借：主营业务成本　　　　　　　　　　　　　　　　　　　　　　8 200
　　贷：库存商品——手机　　　　　　　　　　　　　　　　　　8 000
　　　　库存商品——电池　　　　　　　　　　　　　　　　　　　200

[特别提示]

（1）企业以非货币形式取得的收入，应当按照公允价值确定收入额。

（2）2018年1月1日起，客户取得相关商品或服务的控制权时确认收入，收入确认时点的判断标准由风险报酬转移变成控制权转移；对包含多重交易安排的合同，要求企业在合同开始日对合同进行评估，识别合同所包含的各单项履约义务，按照各单项履约义务所承诺商品（或服务）的单独售价的相对比例将交易价格分摊至各单项履约义务，进而在履行各单项履约义务时确认相应的收入；对于某些特定交易（或事项），应区分总额和净额确认收入、附有质量保证条款的销售、附有客户额外购买选择权的销售、向客户授予知识产权许可、售后回购、无需退还的初始费等内容核算收入。

4.1.1.6　外币交易应转换为人民币结算

[例4-16] 2022年5月26日，A公司（执行小企业会计准则）以人民币为记账本位币。出售一批商品，销售价款为60 000欧元，货款尚未收到。当日即期汇率为1

欧元＝9.41元人民币。不考虑相关税费。6月27日，收到应收账款60 000欧元，款项已存入银行。当日即期汇率为1欧元＝9.54元人民币。

发出商品时：
借：应收账款　　　　　　　　　　564 600（60 000×9.41）
　　贷：主营业务收入　　　　　　　　　　　　　　564 600
收到货款时：
借：银行存款　　　　　　　　　　57 240（60 000×9.54）
　　贷：应收账款　　　　　　　　　　　　　　　　564 600
　　　　营业外收入　　　　　　　　　　　　　　　　7 800

[特别提示]

（1）小企业会计准则规定，汇兑收益贷记"营业外收入"科目，汇兑损失借记"财务费用"科目。

（2）企业会计准则规定，汇兑收益贷记"财务费用"科目，汇兑损失借记"财务费用"科目。

4.1.2　涉税解析

1. 重点关注采用托收承付方式销售货物的，是否按税法规定在办妥托收手续时确认收入。

2. 重点关注采取预收款方式销售货物的，是否按税法规定在发出商品时确认收入。

3. 重点关注销售货物需要安装和检验的，是否在购买方接受商品以及安装和检验完毕时确认收入。如果安装程序比较简单，是否在发出商品时确认收入。纳税人销售活动板房、机器设备、钢结构件等自产货物的同时提供建筑、安装服务，应分别核算货物和建筑服务的销售额，分别适用不同的税率或者征收率。一般纳税人销售电梯的同时提供安装服务，其安装服务可以按照甲供工程选择适用简易计税方法计税。

4. 重点关注采用支付手续费方式委托代销的销售货物，是否在收到代销清单时确认收入。

5. 重点关注以分期收款方式销售货物的，是否按照合同约定的收款日期确认收入的实现。

6. 重点关注采取产品分成方式取得收入的，是否按照分得产品的日期确认收入的实现。

7. 重点关注以其他销售方式销售货物的，除国务院财政、税务主管部门另有规定外，是否按权责发生制为原则确认收入。属于当期的收入，不论款项是否收到，均作为当期的收入；不属于当期的收入，即使款项已经在当期收到，均不作为当期的收入。

8. 重点关注企业是否利用往来账户科目延迟实现或不实现所得应税收入。

9. 重点关注采用售后回购方式销售货物的，销售的货物是否按售价确认收入。如果有证据表明不符合销售收入确认条件的，可不确认收入，如以销售商品方式进行融资，收到的款项应确认为负债。

10. 重点关注以旧换新的方式销售货物的，是否按照销售新货物收入确认收入。

11. 重点关注销售货物涉及商业折扣的，是否按照扣除商业折扣后的金额确定销售货物收入金额。

12. 重点关注销售货物涉及现金折扣的，是否按扣除现金折扣前的金额确定销售货物收入金额。

13. 重点关注已经确认销售收入的售出货物发生销售折让或销售退回，是否在发生当期冲减当期销售收入。

14. 重点关注企业发生的销售折让或退回，已冲销当期的销售收入的，是否有购货方提供折让或退货的适当证明，否则不得冲销当期的销售收入，应调增应纳税所得额。

15. 重点关注采取产品分成方式取得的收入，是否按照产品的公允价值确定收入额。

16. 重点关注以非货币形式取得的销售货物收入，是否按照公允价值（即按照市场价格确定的价值）确定收入额。

17. 重点关注企业发生非货币性资产交换，以及将货物、财产、劳务用于捐赠、偿债、赞助、集资、广告、样品、职工奖励或福利、利润（股息）分配、交际应酬、市场推广或销售等其他改变资产所有权属用途的（不包括以"买一赠一"等方式组合销售本企业商品的），除国务院财政、税务主管部门另有规定的外，是否按税法规定视同销售货物、转让财产或者提供劳务确认收入。如属于企业自制的资产，应按企业同类资产同期对外销售价格确定销售收入；如属于外购的资产，可按购入时的价格确定销售收入。

18. 重点关注企业在销售商品过程中向客户赠送各种礼品、宣传品、与销售商品无关的其他商品等（不包括以"买一赠一"等方式组合销售本企业商品的），是否按税法规定属于捐赠作为视同销售收入，调增应纳税所得额，征收企业所得税。

19. 重点关注受托加工制造大型机械设备、船舶、飞机，以及从事建筑、安装、装配工程业务或者提供其他劳务等，持续时间超过12个月的，是否按照纳税年度内完工进度或者完成的工作量确认收入。

20. 重点关注安装费、广告的制作费、软件开发费收入，是否按完工进度确认收入。

21. 重点关注安装工作是商品销售附带条件的，安装费收入是否在确认商品销售实现时确认收入。

22. 重点关注包含在商品售价内可区分的服务费收入，是否在提供服务的期间分期确认收入。

23. 重点关注长期为客户提供重复劳务收取的劳务费收入，是否在相关劳务活动发生时确认收入。

24. 重点关注属于提供设备和其他有形资产的特许权费收入，是否在交付资产或转移资产所有权时确认收入。

25. 重点关注属于提供初始及后续服务的特许权费收入，是否在提供服务时确认收入。

26. 重点关注申请入会或加入会员，只允许取得会籍，所有其他服务或商品都要另行收费的，会员费收入是否在取得该会员费时确认收入。

27. 重点关注申请入会或加入会员后，会员在会员期内不再付费就可得到各种服务或商品，或者以低于非会员的价格销售商品或提供服务的，会员费收入是否在整个受益期内分期确认收入。

28. 重点关注以非货币形式取得的转让财产收入和提供劳务收入，是否按照公允价值（即按照市场价格确定的价值）确定收入额。

29. 重点关注提供劳务收入，是否按照从接受劳务方已收或应收的合同或协议价款确定劳务收入额。

30. 重点关注转让固定资产、生物资产、无形资产、股权、债权等财产取得的收入，是否按权责发生制原则确认收入。

31. 重点关注企业转让股权收入，是否于转让协议生效、且完成股权变更手续时，确认收入的实现。

32. 重点关注分析与库存商品科目对应的相关科目是否正确、是否应计入主营业务收入或视同销售，成交价格是否公允、有无少计或不计收入情况。

33. 重点关注是否存在以物易物、互不开销售发票而少记收入的情况。

[特别提示] 不征税收入与免税收入的区别。

（1）不征税收入不属于税收优惠。由于从根源和性质上，不征税收入不属于营利性活动带来的经济利益，是专门从事特定目的的收入，这些收入从企业所得税原理上讲应永久不列为征税范围的收入范畴。如政府预算拨款，依法收取并纳入财政管理的行政事业性收费、政府性基金等。不征税收入所形成的成本费用不能税前扣除。

（2）免税收入属于税收优惠。免税收入是纳税人应税收入的重要组成部分，只是国家为了实现某些经济和社会目标，在特定时期或对特定项目取得的经济利益给予的税收优惠照顾，而在一定时期又有可能恢复征税的收入范围。如国债利息收入，符合条件的居民企业之间的股息、红利收入，在中国境内设立机构、场所的非居民企业从居民企业取得与该机构、场所有实际联系的股息、红利收入，符合条件的非营利公益组织的收入等。免税收入所形成的成本费用可以税前扣除。

4.2 主营业务成本

主营业务成本是指小企业确认的销售商品或提供劳务等主营业务收入应结转的成本。

4.2.1 科目核算内容

"主营业务成本"科目核算小企业确认销售商品或提供劳务等主营业务收入应结转的成本。"主营业务成本"科目应按照主营业务的种类进行明细核算。月末，可将"主营业务成本"科目的余额转入"本年利润"科目，结转后"主营业务成本"科目应无余额。

1. 月末，小企业可根据本月销售各种商品或提供各种劳务实际成本，计算应结转的主营业务成本，借记"主营业务成本"科目，贷记"库存商品""生产成本""工程施工"等科目。

2. 本月发生的销售退回，可以直接从本月的销售数量中减去，得出本月销售的净数量，然后计算应结转的主营业务成本，也可以单独计算本月销售退回成本，借记"库存商品"等科目，贷记"主营业务成本"科目。

[例4-17] 2022年6月2日，A公司向B公司销售一批商品，开出的增值税专用发票上注明售价为100 000元，增值税税额为13 000元；A公司已收到B公司支付的货款113 000元，并将提货单送交乙公司；该批商品成本为60 000元。A公司会计分录如下：

借：银行存款　　　　　　　　　　　　　　　　　　　　　　113 000
　　贷：主营业务收入　　　　　　　　　　　　　　　　　　100 000
　　　　应交税费——应交增值税（销项税额）　　　　　　　 13 000
借：主营业务成本　　　　　　　　　　　　　　　　　　　　 60 000
　　贷：库存商品　　　　　　　　　　　　　　　　　　　　 60 000

[例4-18] 2022年6月5日，A公司向C公司销售商品一批，开出的增值税专用发票上注明售价为40 000元，增值税税额为5 200元；A公司收到C公司开出的不带息银行承兑汇票一张，票面金额为45 200元，期限为2个月；该批商品已经发出，A公司以银行存款代垫运杂费200元；该批商品成本为32 000元。A公司会计分录如下：

产品销售时：
借：应收票据——C公司　　　　　　　　　　　　　　　　45 200
　　应收账款——C公司　　　　　　　　　　　　　　　　 200
　　贷：主营业务收入　　　　　　　　　　　　　　　　　40 000
　　　　应交税费——应交增值税（销项税额）　　　　　　 5 200
　　　　银行存款　　　　　　　　　　　　　　　　　　　 200
结转销售成本时：
借：主营业务成本　　　　　　　　　　　　　　　　　　　32 000
　　贷：库存商品　　　　　　　　　　　　　　　　　　　32 000

4.2.2　涉税解析

1. 重点关注是否存在不按实际销售产品的数量计算结转销售成本，造成销售成本不实的问题。

2. 重点关注是否存在不按在税务机关备案的计价方法确定单位产品销售成本，或采用的计价方法前后各期不一致，造成多转销售成本的问题。

3. 重点关注是否存在销货退回只冲减销售收入，不冲减销售成本，造成多结转销售成本的问题。

4. 重点关注是否存在非货币性资产交换、产品用于市场推广或销售、用于交际应酬、用于职工奖励或福利、用于股息分配、用于对外捐赠、用于对外投资项目、提供劳务和税收政策规定的其他视同销售行为不结转视同销售主营业务成本，而转入销售成本的问题。

5. 重点关注是否存在与"生产成本""库存商品"等科目不配比的问题。

6. 重点关注是否根据本月销售各种商品或提供各种劳务实际成本，计算应结转的主营业务成本、是否将与实际成本无关的费用成本化，或虚增实际成本，减少应税所得额。

4.3　生产成本

生产成本是指小企业进行工业性生产发生的各项生产费用之和。

4.3.1　科目核算内容

"生产成本"科目核算小企业进行工业性生产发生的各项生产成本。包括生产各种产品（产成品、自制半成品等）、自制材料、自制工具和自制设备等。"生产成本"科目期末借方余额，反映小企业尚未加工完成的在产品成本。

"生产成本"科目可按照基本生产成本和辅助生产成本进行明细核算。

1. 小企业发生的各项直接生产成本，借记"生产成本"科目（基本生产成本、辅助生产成本），贷记"原材料""库存现金""银行存款""应付职工薪酬"等科目。

2. 各生产车间应负担的制造费用，借记"生产成本"科目（基本生产成本、辅助生产成本），贷记"制造费用"科目。

3. 辅助生产车间为基本生产车间、管理部门和其他部门提供的劳务和产品，可在月末按照一定的分配标准分配给各受益对象，借记"生产成本——基本生产成本""销售费用""管理费用""其他业务成本""在建工程"等科目，贷记"生产成本——辅助生产成本"科目；也可在提供相关劳务和产品时，借记"生产成本""销售费用""管理费用""其他业务成本""在建工程"等科目，贷记"原材料""库存现金""银行存款""应付职工薪酬"等科目。

4. 小企业已经生产完成并已验收入库的产成品以及入库的自制半成品，可在月末，借记"库存商品"等科目，贷记"生产成本——基本生产成本"科目。

[例 4-19] 2022 年 5 月 10 日，A 公司生产车间生产产品领用原材料 10 000 元。账务处理如下：

　　借：生产成本　　　　　　　　　　　　　　　　　　　　　10 000
　　　　贷：原材料　　　　　　　　　　　　　　　　　　　　　　10 000

[例 4-20] 2022 年 5 月 12 日，A 公司车间管理领用原材料 3 000 元。账务处理如下：

　　借：制造费用　　　　　　　　　　　　　　　　　　　　　　3 000
　　　　贷：原材料　　　　　　　　　　　　　　　　　　　　　　3 000

[例 4-21] 2022 年 5 月 14 日，A 公司某车间领用低值易耗品一批，实际成本 4 000 元。A 公司采用一次摊销法核算，账务处理如下：

　　借：制造费用　　　　　　　　　　　　　　　　　　　　　　4 000
　　　　贷：周转材料　　　　　　　　　　　　　　　　　　　　　4 000

[例 4-22] 2022 年 5 月 31 日，A 公司 B 车间生产了甲产品 100 件，甲产品耗用了 1 000 千克原材料，原材料单价 80 元。假定在 5 月份仅生产了甲产品，B 车间工人工资 12 000 元，B 车间产生了折旧费、水电费 10 000 元。生产结束后入库处理。

结转成本时：

　　借：生产成本　　　　　　　　　　　　　　　　　　　　　102 000
　　　　贷：原材料　　　　　　　　　　　　　　　　　　　　　　80 000
　　　　　　制造费用　　　　　　　　　　　　　　　　　　　　10 000

　　　　应付职工薪酬　　　　　　　　　　　　　　　　　　　　12 000

完工入库时：

借：库存商品　　　　　　　　　　　　　　　　　　　　　　102 000

　　贷：生产成本　　　　　　　　　　　　　　　　　　　　　102 000

[**特别提示**] 小企业对外提供劳务发生的成本，可将"生产成本"科目改为"4001　劳务成本"科目，或单独设置"4002　劳务成本"科目进行核算。

4.3.2　涉税解析

1. 关注其他不得列支项目。查看"生产成本"科目和三项期间费用科目，看已计入损益的项目是否进行纳税调整，重点核实各种准备金、赞助支出、与取得收入无关的其他支出。列支《企业所得税法》第十条规定不得扣除的八类项目（向投资者支付的股息红利等权益性投资收益款项、企业所得税税款、税收滞纳金、罚金罚款和被没收财物的损失，以及《企业所得税法》第九条规定以外的捐赠支出、赞助支出、未经核定的准备金支出、与取得收入无关的其他支出），须调增应纳税所得额。

2. 关注各类预提、准备支出。查看预提费用、提取准备金等，是否在申报时做纳税调整；特别注意如有担保、未决诉讼、重组业务，核查"营业外支出"是否有预计负债发生。已在企业所得税前扣除项目中支出，没有实际发生的各类预提准备性质支出（如资产减值准备金；担保、未决诉讼、重组业务形成的预计负债），须进行纳税调整。

3. 企业税前扣除的成本费用支出，除国务院财政、税务主管部门另有规定外，核查是否符合权责发生制原则。属于当期的成本费用，不论款项是否支付，均作为当期的成本费用；不属于当期的成本费用，即使款项已经在当期支付，均不作为当期的成本费用。

4. 核查企业税前扣除的成本费用支出，是否实际发生，除国务院财政、税务主管部门另有规定外，不得税前扣除的任何计提费用，如有税前扣除上述计提费用应调增应纳税所得额。

5. 核查企业不征税收入用于支出所形成的费用或者财产，是否税前扣除或者计算对应的折旧、摊销税前扣除。税法规定企业的不征税收入用于支出所形成的费用或者财产，不得扣除或者计算对应的折旧、摊销扣除。

6. 查看企业实际发生的成本费用支出，除税法另有规定外，是否重复税前扣除。

7. 查看企业对相关成本、费用各明细内容的记录、归集是否正确，是否存在错记、混记、漏记等情况，以导致生产成本、产成品（或库存商品）的核算和结转出现错误。

8. 查看企业是否存在以领代耗多转半成品、产成品生产成本，影响当期损益，少缴企业所得税的情况。

9. 查看采购成本是否正确，将无关费用、损失和不得税前列支的回扣等计入材料成本，是否有高转材料成本的情况。

10. 比对材料及其运输成本，核查有无关联交易转移利润的情况，谨防材料定价不公允。

11. 核查领用材料的计价是否真实，有无提高生产领用计价或非生产领用材料计入生产成本的问题。有无不及时调整估价入库材料，有无重复入账或者以估价入账代替正式入账的情况。

12. 查看"生产成本"科目和"管理费用——通讯费、交通费、担保费、福利费"等相关成本费用科目是否存在与生产经营无关但已在税前列支的各项支出；关联企业成本、投资者或职工生活方面的个人支出、离退休福利、对外担保费用等与生产经营无关的成本费用，以及各类代缴代付款项（代扣代缴个人所得税、委托加工代垫运费等）在税前扣除，未进行纳税调整的，需要进行调整。

4.4 制造费用

制造费用是指小企业生产车间（部门）为生产产品和提供劳务而发生的各项间接费用。

4.4.1 科目核算内容

"制造费用"科目核算小企业生产车间（部门）为生产产品和提供劳务而发生的各项间接费用。除季节性生产的小企业外，"制造费用"科目期末应无余额。"制造费用"科目应按照不同的生产车间、部门和费用项目进行明细核算。

1. 生产车间发生的机物料消耗和固定资产修理费，借记"制造费用"科目，贷记"原材料""银行存款"等科目。

2. 发生的生产车间管理人员的工资等职工薪酬，借记"制造费用"科目，贷记"应付职工薪酬"科目。

3. 生产车间计提的固定资产折旧费，借记"制造费用"科目，贷记"累计折旧"科目。

4. 生产车间支付的办公费、水电费等，借记"制造费用"科目，贷记"银行存款""应付账款"等科目。

5. 发生季节性和修理期间的停工损失，借记"制造费用"科目，贷记"原材料"

"应付职工薪酬""银行存款"等科目。

6. 小企业经过1年期以上的制造才能达到预定可销售状态的产品在制造完成之前发生的借款利息，在应付利息日根据借款合同利率计算确定的利息费用，借记"制造费用"科目，贷记"应付利息"科目。制造完成之后发生的利息费用，借记"财务费用"科目，贷记"应付利息"科目。

7. 将制造费用分配后计入有关的成本核算对象，借记"生产成本——基本生产成本""生产成本——辅助生产成本"等科目，贷记"制造费用"科目。

8. 季节性生产小企业制造费用全年实际发生额与分配额的差额，除其中属于为下一年开工生产做准备的可留待下一年分配外，其余部分实际发生额大于分配额的差额，借记"生产成本——基本生产成本"科目，贷记"制造费用"科目；实际发生额小于分配额的差额，做相反的会计分录。

[例4-23] 2022年5月，A公司生产车间共发生制造费用200 000元，其中生产甲产品耗工人工时共计55 000工时，生产乙产品耗工人工时共计45 000工时，该企业按生产工人工时分配制造费用。

甲产品应分配制造费用 = 55 000 ÷ (55 000 + 45 000) × 200 000 = 110 000（元）

乙产品应分配制造费用 = 45 000 ÷ (55 000 + 45 000) × 200 000 = 90 000（元）

借：生产成本——甲产品　　　　　　　　　　　　　110 000
　　　　　　——乙产品　　　　　　　　　　　　　 90 000
　　贷：制造费用　　　　　　　　　　　　　　　　200 000

[例4-24] 2022年5月，A公司生产车间共发生制造费用200 000元，假设企业生产甲产品共用机器工时4 600小时，生产乙产品共用机器工时3 400小时，该企业按机器工时分配制造费用。

甲产品应分配制造费用 = 4 600 ÷ (4 600 + 3 400) × 200 000 = 115 000（元）

乙产品应分配制造费用 = 3 400 ÷ (4 600 + 3 400) × 200 000 = 85 000（元）

借：生产成本——甲产品　　　　　　　　　　　　　115 000
　　　　　　——乙产品　　　　　　　　　　　　　 85 000
　　贷：制造费用　　　　　　　　　　　　　　　　200 000

[例4-25] 2022年5月，A公司生产车间共发生制造费用200 000元，假设企业本月共生产甲产品36 000件，生产乙产品32 000件，该企业按产成品成本分配制造费用。

甲产品应分配制造费用 = 36 000 ÷ (36 000 + 32 000) × 200 000 = 105 880（元）

乙产品应分配制造费用 = 32 000 ÷ (36 000 + 32 000) × 200 000 = 94 120（元）

借：生产成本——甲产品　　　　　　　　　　　　　105 880
　　　　　　——乙产品　　　　　　　　　　　　　 94 120

贷：制造费用　　　　　　　　　　　　　　　　　　　　　　200 000

[**特别提示**]　制造费用的分配方法还包括按生产工人工资分配、按耗用原材料的数量分配，按直接费用分配等方式。

[例 4-26]　A 公司设有供电、供水两个辅助生产车间，2022 年 5 月供电、供水车间分别发生成本 60 000 元与 40 000 元，共 100 000 元。其中，应归集入甲产品生产成本的金额为 35 000 元，应计入制造费用的金额为 25 000 元，应计入销售网点的费用金额为 18 000 元，应计入公司行政办公室管理费用的金额为 22 000 元。该企业单独设置"辅助生产成本"科目对辅助生产成本进行归集与分配。

借：辅助生产成本——供电　　　　　　　　　　　　　　　60 000
　　　　　　　　——供水　　　　　　　　　　　　　　　40 000
　贷：银行存款　　　　　　　　　　　　　　　　　　　100 000
借：生产成本——甲产品　　　　　　　　　　　　　　　　35 000
　　制造费用　　　　　　　　　　　　　　　　　　　　25 000
　　销售费用　　　　　　　　　　　　　　　　　　　　18 000
　　管理费用　　　　　　　　　　　　　　　　　　　　22 000
　贷：辅助生产成本——供电　　　　　　　　　　　　　60 000
　　　　　　　　——供水　　　　　　　　　　　　　　40 000

4.4.2　涉税解析

1. 重点关注制造费用在不同期间、不同产品以及完工产品与期末在产品之间的分配情况，在产品发生非正常损失做增值税进项税额转出及损失向税务机关申报情况。

2. 重点关注计入制造费用的各项支出凭据是否合法有效。

4.5　研发支出

研发支出是指小企业进行研究与开发无形资产过程中发生的各项支出。

4.5.1　科目核算内容

"研发支出"科目核算小企业进行研究与开发无形资产过程中发生的各项支出。"研发支出"科目期末借方余额，反映小企业正在进行的无形资产开发项目满足资本化条件的支出。"研发支出"科目应按照研究开发项目，分别"费用化支出""资本化支出"进行明细核算。

1. 小企业自行研究开发无形资产发生的研发支出，不满足资本化条件的，借记"研发支出——费用化支出"科目，满足资本化条件的，借记"研发支出——资本化支出"科目，贷记"原材料""银行存款""应付职工薪酬""应付利息"等科目。

2. 研究开发项目达到预定用途形成无形资产的，应按"研发支出——资本化支出"科目的余额，借记"无形资产"科目，贷记"研发支出——资本化支出"科目。

3. 月末，应将"研发支出"科目归集的费用化支出金额转入"管理费用"科目，借记"管理费用"科目，贷记"研发支出——费用化支出"科目。

[特别提示]

（1）企业为获得科学与技术新知识，创造性运用科学技术新知识，或实质性改进技术、产品（服务）、工艺而进行的研发活动，其实际发生的研发费用，未形成无形资产计入当期损益的，在按规定据实扣除的基础上，按照本年度实际发生额的50%，从本年度应纳税所得额中扣除；形成无形资产的，按照无形资产成本的150%在税前摊销。

（2）根据财政部、税务总局公告2021年第13号规定：制造业企业开展研发活动中实际发生的研发费用，未形成无形资产计入当期损益的，在按规定据实扣除的基础上，自2021年1月1日起，再按照实际发生额的100%在税前加计扣除；形成无形资产的，自2021年1月1日起，按照无形资产成本的200%在税前摊销。

（3）科技型中小企业开展研发活动中实际发生的研发费用，未形成无形资产计入当期损益的，在按规定据实扣除的基础上，自2022年1月1日起，再按照实际发生额的100%在税前加计扣除；形成无形资产的，自2022年1月1日起，按照无形资产成本的200%在税前摊销。

（4）资产负债表日，小企业正在进行的无形资产研究开发项目满足资本化条件的支出在资产负债表中的"开发支出"项目填列。

（5）小企业会计准则《利润表》中新增"研发费用"项目，从"管理费用"项目中分拆"研发费用"项目进行单独列示。

[例4-27] 2022年1月1日，A公司（非科技型中小企业）自行研究开发一项新产品专利技术，在研究开发过程中发生材料费120万元、人工工资30万元以及其他费用150万元，总计300万元。其中，符合资本化条件的支出为170万元，当年7月1日该专利技术已达到预定用途。假设该专利技术按照法律规定使用期限为10年。A公司应作如下会计处理。

研发费用发生时：

借：研发支出——费用化支出　　　　　　　　　　　1 300 000

　　　　　——资本化支出　　　　　　　　　　　　1 700 000

　　贷：原材料　　　　　　　　　　　　　　　　　　　　　1 200 000

  应付职工薪酬   300 000

  银行存款   1 500 000

2022年7月1日该专利技术已经达到预定用途时：

 借：管理费用——研发费用   1 300 000

   无形资产——专利权   1 700 000

  贷：研发支出——费用化支出   1 300 000

     ——资本化支出   1 700 000

2022年共摊销无形资产成本85 000元（1 700 000÷10÷12×6）：

 借：管理费用   85 000

  贷：累计摊销   85 000

4.5.2 涉税解析

1. 企业应严格按照税收政策规定的列支范围加计扣除，否则不得加计扣除。

2. 生产经营和研发共用的设备、软件、模具，企业应对研发费用和生产经营费用分别核算，准确、合理归集各项费用支出，对划分不清的不得加计扣除。

3. 未设置研发费用辅助账的不得加计扣除。

4. 无法划分不同项目研发费用不得加计扣除。多项研发应按照不同研发项目分别归集可加计扣除的研发费用，否则，不得加计扣除。

5. 委托研发加计扣除关键资料为委托开发合同及受托方提供的关于该项目的研发费用支出明细情况等。委托境外进行研发活动所发生的费用，按照费用实际发生额的80%计入委托方的委托境外研发费用。委托境外研发费用不超过境内符合条件的研发费用2/3的部分，可以按规定在企业所得税前加计扣除。委托外部研究开发费用实际发生额应按照独立交易原则确定。委托方与受托方存在关联关系的，受托方应向委托方提供研发项目费用支出明细情况。

4.6 工程施工

  工程施工是指小企业（建筑业）实际发生的各种工程成本。

4.6.1 科目核算内容

  "工程施工"科目核算小企业（建筑业）实际发生的各种工程成本。"工程施工"科目期末借方余额，反映小企业尚未完工的建造合同成本和合同毛利。"工程施工"

科目应按照建造合同项目分别"合同成本"和"间接费用"进行明细核算。

1. 小企业进行合同建造时发生的人工费、材料费、机械使用费以及施工现场材料的二次搬运费、生产工具和用具使用费、检验试验费、临时设施折旧费等其他直接费用,借记"工程施工——合同成本"科目,贷记"应付职工薪酬""原材料"等科目。

2. 发生的施工、生产单位管理人员职工薪酬、财产保险费、工程保修费、固定资产折旧费等间接费用,借记"工程施工——间接费用"科目,贷记"累计折旧""银行存款"等科目。

3. 期(月)末,将间接费用分配计入有关合同成本,借记"工程施工——合同成本"科目,贷记"工程施工——间接费用"科目。

4. 确认合同收入和合同费用时,借记"应收账款""预收账款"等科目,贷记"主营业务收入"科目;按照应结转的合同成本,借记"主营业务成本"科目,贷记"工程施工——合同成本"科目。

[例 4-28] 2022 年 5 月,A 建筑公司有一项建设服务工程款 100 万元(含税),B 公司分包该工程子项目 20 万元,该项目采用简易计税。A 公司支付分包工程款 20 万元应作如下处理:

借:工程施工　　　　　　　　　　　194 174.76 [200 000÷(1+3%)]
　　应交税费——应交增值税(销项税额)
　　　　　　　　　　　　　　　　　5 825.24 [200 000÷(1+3%)×3%]
　贷:银行存款　　　　　　　　　　　　　　　　　　　　　200 000

[例 4-29] 2022 年 5 月,A 公司承包了一项建筑工程,当月领用工程材料 100 万元,支付工人工资 30 万元,发生检验试验费 10 万元,计提固定资产折旧费 10 万元。A 公司应作如下处理:

借:工程施工——合同成本——材料费　　　　　　　　　1 000 000
　　　　　　　　　　　　——人工费　　　　　　　　　　300 000
　　　　　　　　　　　　——直接费用　　　　　　　　　100 000
　　　　　　　　　　　　——间接费用　　　　　　　　　100 000
　贷:原材料　　　　　　　　　　　　　　　　　　　　　1 000 000
　　　应付职工薪酬　　　　　　　　　　　　　　　　　　　300 000
　　　银行存款　　　　　　　　　　　　　　　　　　　　　100 000
　　　累计折旧　　　　　　　　　　　　　　　　　　　　　100 000

4.6.2　涉税解析

1. 核查归集的各项间接费用是否真实合法,有无将不应在工程施工中列支的费用而列支。

2. 核查"主营业务成本"科目的借方与"工程施工——合同成本"科目贷方发生额是否相匹配。

4.7 机械作业

机械作业是指小企业（建筑业）及其内部独立核算的施工单位、机械站和运输队使用自有施工机械和运输设备进行机械作业（含机械化施工和运输作业等）所发生的各项费用。

4.7.1 科目核算内容

"机械作业"科目核算小企业（建筑业）及其内部独立核算的施工单位、机械站和运输队使用自有施工机械和运输设备进行机械作业（含机械化施工和运输作业等）所发生的各项费用。"机械作业"科目期末应无余额。"机械作业"科目应按照施工机械或运输设备的种类等进行明细核算。

1. 小企业发生的机械作业支出，借记"机械作业"科目，贷记"原材料""应付职工薪酬""累计折旧"等科目。

2. 期（月）末，小企业及其内部独立核算的施工单位、机械站和运输队为本企业承包的工程进行机械化施工和运输作业的成本，应转入承包工程的成本，借记"工程施工"科目，贷记"机械作业"科目。

3. 对外单位、专项工程等提供机械作业（含运输设备）的成本，借记"生产成本（或劳务成本）"科目，贷记"机械作业"科目。

[特别提示]

（1）小企业及其内部独立核算的施工单位，从外单位或本企业其他内部独立核算的机械站租入施工机械发生的机械租赁费，在"工程施工"科目核算，不在"机械作业"科目核算。

（2）小企业内部独立核算的机械施工、运输单位使用自有施工机械或运输设备进行机械作业所发生的各项费用，应按照成本核算对象和成本项目进行归集。成本项目一般分为：职工薪酬、燃料及动力费、折旧及修理费、其他直接费用、间接费用（为组织和管理机械作业生产所发生的费用）等。

[例4-30] A公司是B公司内部独立核算的机械站，2022年5月5日承包了B公司某工程项目，本月发生油料费100 000元，工人工资200 000元，提取挖掘机折旧费

用 50 000 元。A 公司账务处理如下：

费用发生时：

借：机械作业　　　　　　　　　　　　　　　　　　　　350 000

　　贷：原材料　　　　　　　　　　　　　　　　　　　100 000

　　　　应付职工薪酬　　　　　　　　　　　　　　　　200 000

　　　　累计折旧　　　　　　　　　　　　　　　　　　 50 000

月末结转时：

借：工程施工　　　　　　　　　　　　　　　　　　　　350 000

　　贷：机械作业　　　　　　　　　　　　　　　　　　350 000

4.7.2　涉税解析

1. 核查企业发生的人工费、燃料及动力费、折旧及修理费、其他直接费用、间接费用等费用是否进行了明细核算，发生是否合理，凭证是否合法合规，有无虚列机械费用增加工程成本的现象。

2. 核查折旧计提是否准确。

4.8　其他业务收入

其他业务收入是指小企业确认的除主营业务活动以外的其他日常生产经营活动实现的收入，包括出租固定资产、出租无形资产、销售材料等实现的收入。

4.8.1　科目核算内容

"其他业务收入"科目核算小企业确认的除主营业务活动以外的其他日常生产经营活动实现的收入。包括出租固定资产、出租无形资产、销售材料等实现的收入。

"其他业务收入"科目应按照其他业务收入种类进行明细核算。

1. 小企业确认的其他业务收入，借记"银行存款""其他应收款"等科目，贷记"其他业务收入"科目。涉及增值税销项税额的，还应进行相应的账务处理。

2. 月末，可将"其他业务收入"科目余额转入"本年利润"科目，结转后"其他业务收入"科目应无余额。

［例 4-31］2022 年 5 月，A 公司销售一批原材料，开出的增值税专用发票上注明的售价为 10 000 元，增值税税额为 1 300 元，款项已由银行收妥。该批原材料的实际成本为 9 000 元。A 公司会计处理如下：

取得原材料销售收入时：

借：银行存款　　　　　　　　　　　　　　　　　　　　　　11 300
　　贷：其他业务收入　　　　　　　　　　　　　　　　　　10 000
　　　　应交税费——应交增值税（销项税额）　　　　　　　1 300

结转已销原材料的实际成本时：

借：其他业务成本　　　　　　　　　　　　　　　　　　　　9 000
　　贷：原材料　　　　　　　　　　　　　　　　　　　　　9 000

[例 4-32] 2022 年 5 月，A 公司（一般纳税人）取得房屋出租收入 50 000 元（不含税），已经按照适用税率开具增值税专用发票，款项已收。

借：银行存款　　　　　　　　　　　　　　　　　　　　　　54 500
　　贷：其他业务收入　　　　　　　　　　　　　　　　　　50 000
　　　　应交税费——应交增值税（销项税额）　　　　　　　4 500

[例 4-33] 2022 年 6 月，A 物流公司提供交通运输物流辅助收入 100 万元，按照适用税率，已经开具增值税专用发票，款项已收。

借：银行存款　　　　　　　　　　　　　　　　　　　　　　1 060 000
　　贷：其他业务收入　　　　　　　　　　　　　　　　　　1 000 000
　　　　应交税费——应交增值税（销项税额）　　　　　　　60 000

[例 4-34] A 公司向 B 公司转让某商品的商标使用权，约定 B 公司每年年末按年销售收入的 10% 支付使用费，使用期 10 年。第一年，B 公司实现收入 1 000 000 元（含税）；第二年，B 公司实现收入 2 000 000 元（含税）。假定 A 公司均于每年年末收到使用费。A 公司确认使用费收入的会计处理如下：

第一年年末确认使用费收入：应确认的使用费收入 = 1 000 000 × 10% = 100 000（元）

借：银行存款　　　　　　　　　　　　　　　　　　　　　　100 000
　　贷：其他业务收入　　　　　　　　　94 339.62 [100 000 ÷ (1 + 6%)]
　　　　应交税费——应交增值税（销项税额）
　　　　　　　　　　　　　　　　　　5 660.38 [100 000 ÷ (1 + 6%) × 6%]

第二年年末确认使用费收入：应确认的使用费收入 = 2 000 000 × 10% = 200 000（元）

借：银行存款　　　　　　　　　　　　　　　　　　　　　　200 000
　　贷：其他业务收入　　　　　　　　　188 679.25 [200 000 ÷ (1 + 6%)]
　　　　应交税费——应交增值税（销项税额）
　　　　　　　　　　　　　　　　　11 320.75 [200 000 ÷ (1 + 6%) × 6%]

4.8.2　涉税解析

1. 核查企业提供固定资产、包装物或者其他有形资产的使用权取得的租金收入，是否按照合同或协议约定的承租人应付租金的日期确认收入。如果交易合同或协议中规定租赁期限跨年度，且租金提前一次性支付的，根据收入与费用配比原则，出租人可对上述已确认的收入，在租赁期内，分期均匀计入相关年度收入。凡与按合同约定支付时间确认的收入额发生变化的，应将该收入额减去以前年度已按照其他方式确认的收入额后的差额，确认为当期收入。

2. 核查企业提供专利权、非专利技术、商标权、著作权以及其他特许权的使用权取得的特许权使用费收入，是否按照合同约定的特许权使用人应付特许权使用费的日期全额确认收入。即与会计规定在使用期内各个期间按照直线法确认为当期损益，产生的税会差异，是否调整了应纳税所得额。

3. 核查企业以非货币形式取得的租金收入和以非货币形式取得的特许权使用费收入，是否按照公允价值（即按照市场价格确定的价值）确定收入额。

4.9 其他业务成本

其他业务成本是指小企业确认的除主营业务活动以外的其他日常生产经营活动所发生的支出，包括销售材料的成本、出租固定资产的折旧费、出租无形资产的摊销额等。

4.9.1 科目核算内容

"其他业务成本"科目核算小企业确认的除主营业务活动以外的其他日常生产经营活动所发生的支出。包括销售材料的成本、出租固定资产的折旧费、出租无形资产的摊销额等。"其他业务成本"科目应按照其他业务成本的种类进行明细核算。

1. 小企业发生的其他业务成本，借记"其他业务成本"科目，贷记"原材料""周转材料""累计折旧""累计摊销""银行存款"等科目。

2. 月末，可将"其他业务成本"科目余额转入"本年利润"科目，结转后"其他业务成本"科目应无余额。

[例4-35] 2022年1月1日，A公司向B公司转让某专利权的使用权。协议约定转让期为5年，每年年末收取使用费1 000 000元（含税）。2022年该专利权计提的摊销额为600 000元，每月计提累计摊销金额为50 000元。假定不考虑其他因素。

2022年年末确认使用费收入时：

借：应收账款（或银行存款） 1 000 000
　　贷：其他业务收入 94 339.62 ［1 000 000÷(1+6%)］

应交税费——应交增值税（销项税额）
5 660.38 ［1 000 000÷(1+6%)×6%］

2022年每月计提专利权摊销额时：

借：其他业务成本　　　　　　　　　　　　　　50 000
　　贷：累计摊销　　　　　　　　　　　　　　　　　50 000

［例4-36］2022年5月，A公司对外销售辅助材料一批，实际成本为10 000元。则A公司结转已销售材料营业成本的会计处理如下：

借：其他业务成本——销售材料　　　　　　　　10 000
　　贷：原材料——辅助材料　　　　　　　　　　　　10 000

4.9.2　涉税解析

1. 核查销售材料成本中"非货币性资产交换成本"在具有商业实质且公允价值能够可靠计量的情况下，小企业是否按换出原材料的账面价值确认换出材料成本。

2. 核查企业是否存在出租固定资产、无形资产，计入当期损益的折旧、摊销金额不符合税收政策规定。

3. 核查材料销售成本、代购代销费用，包装物出租成本、相关税金及附加等其他业务支出的核算内容是否符合税收政策规定。

4.10　投资收益

投资收益是指小企业确认的投资收益或投资损失，由小企业股权投资取得的现金股利（或利润）、债券投资取得的利息收入和处置股权投资和债券投资取得的处置价款扣除成本或账面余额、相关税费后的净额三部分组成。

4.10.1　科目核算内容

"投资收益"科目核算小企业确认的投资收益或投资损失。"投资收益"科目应按照投资项目进行明细核算。月末，可将"投资收益"科目余额转入"本年利润"科目，"投资收益"科目结转后应无余额。

1. 对于短期股票投资、短期基金投资和长期股权投资，小企业应当按照被投资单位宣告分派的现金股利或利润中属于本企业的部分，借记"应收股利"科目，贷记"投资收益"科目。

2. 在长期债券投资或短期债券投资持有期间，在债务人应付利息日，按照分期付息、一次还本的长期债券投资或短期债券投资的票面利率计算的利息收入，借记"应收利息"科目，贷记"投资收益"科目；按照一次还本付息的长期债券投资票面利率计算的利息收入，借记"长期债券投资——应计利息"科目，贷记"投资收益"科目。在债务人应付利息日，按照应分摊的债券溢折价金额，借记或贷记"投资收益"科目，贷记或借记"长期债券投资——溢折价"科目。

3. 出售短期投资、处置长期股权投资和长期债券投资，应当按照实际收到的价款或收回的金额，借记"银行存款"或"库存现金"科目，按照其账面余额，贷记"短期投资""长期股权投资""长期债券投资"科目，按照尚未领取的现金股利或利润、债券利息收入，贷记"应收股利""应收利息"科目，按照其差额，贷记或借记"投资收益"科目。

4.10.1.1 短期投资

[例 4-37] 2022 年 4 月，A 公司用银行存款 1 642 500 元从证券市场购入 B 公司股票作为短期投资。2022 年 5 月，B 公司宣告并分派现金股利 32 500 元，2022 年 6 月收到宣告的现金股利，2022 年 7 月以 1 700 000 元卖出 B 公司股票。不考虑其他因素，A 公司会计处理如下：

2022 年 4 月，购买短期股票时：
借：短期投资　　　　　　　　　　　　　　　　　　　　1 642 500
　　贷：银行存款　　　　　　　　　　　　　　　　　　　　1 642 500

2022 年 5 月，B 公司宣告分派的股利时：
借：应收股利　　　　　　　　　　　　　　　　　　　　　32 500
　　贷：投资收益　　　　　　　　　　　　　　　　　　　　　32 500

2022 年 6 月，收到宣告分派的股利时：
借：银行存款　　　　　　　　　　　　　　　　　　　　　32 500
　　贷：应收股利　　　　　　　　　　　　　　　　　　　　　32 500

2022 年 7 月，卖出股票后：
借：银行存款　　　　　　　　　　　　　　　　　　　　1 700 000
　　贷：短期投资　　　　　　　　　　　　　　　　　　　　1 642 500
　　　　投资收益　　　　　　　　　　　　　　　　　　　　　57 500

4.10.1.2 长期债券投资分期付息一次还本的长期债券

[例 4-38] 2022 年 7 月 1 日，A 公司用银行存款购入 H 公司 2022 年 6 月 30 日发行的为期三年的债券，总面值为 1 000 000 元，票面利率 12%，实际利率 10%，支付金额 1 080 000 元，另以现金支付手续费 4 000 元。该债券每年年末付息一次，最后一

年还本金。A 公司会计处理如下：

购入长期债券时：

借：长期债券投资——面值　　　　　　　　　　　　1 000 000
　　　　　　　　——溢折价　　　　　　　　　　　　　84 000
　　贷：银行存款　　　　　　　　　　　　　　　　　1 080 000
　　　　库存现金　　　　　　　　　　　　　　　　　　　4 000

持有期间每年末：

借：应收利息　　　　　　　　　　　　　　　　　　　　100 000
　　贷：投资收益　　　　　　　　　　　　　　　　　　　100 000
借：投资收益　　　　　　　　　　　　　　　　　　　　 28 000
　　贷：长期债券投资——溢折价　　　　　　　　　　　　28 000 (84 000÷3)

实际收到利息时：

借：银行存款　　　　　　　　　　　　　　　　　　　　100 000
　　贷：应收利息　　　　　　　　　　　　　　　　　　　100 000

处置长期债券投资，收到 1 200 000 元：

借：银行存款　　　　　　　　　　　　　　　　　　　1 200 000
　　贷：长期债券投资——面值　　　　　　　　　　　　1 000 000
　　　　投资收益　　　　　　　　　　　　　　　　　　 200 000

4.10.1.3　长期股权投资

[例 4-39] 2020 年 1 月 7 日，A 公司购入 B 公司有表决权的股票 10 万股。该股票每股买入价为 8 元，其中每股含已宣告分派但尚未领取的现金股利 0.2 元，另支付相关税费 10 000 元，款项均由银行存款支付。2021 年 3 月 1 日，B 公司宣告发放现金股利，每股 0.2 元。2017 年 4 月 1 日，A 公司收到 B 公司发放的现金股利。2022 年 1 月 7 日，A 公司出售所持有的 B 公司的股票 10 万股，每股售价为 10 元。

初始投资成本 = 8×100 000 - 0.2×100 000 + 10 000 = 790 000（元）

购入长期股权投资时：

借：长期股权投资——B 公司　　　　　　　　　　　　　790 000
　　应收股利——B 公司　　　　　　　　　　　　　　　 20 000
　　贷：银行存款　　　　　　　　　　　　　　　　　　 810 000

B 公司宣告发放现金股利时：

借：应收股利——B 公司　　　　　　　　　　　　　　　 20 000
　　贷：投资收益　　　　　　　　　　　　　　　　　　　20 000

A 公司收到股利时：

```
借：银行存款                                    20 000
    贷：应收股利——B公司                          20 000
```
A公司出售所持有的B公司的股票时：
```
借：银行存款                                 1 000 000
    贷：长期股权投资——B公司                     790 000
        投资收益                                210 000
```

4.10.2 涉税解析

1. 核查投资收益中，对联营企业和合营企业的投资收益项目，反映采用权益法核算的对联营企业和合营企业投资在被投资单位实现的净损益中应享有的份额（不包括处置投资形成的收益）。本项目应根据"投资收益"科目的发生额分析填列。如为投资损失，本项目以"-"号填列。投资收益是指对外投资所取得的利润、股利和债券利息等收入减去投资损失后的净收益。该项目应与投资项目配比分析。结合投资收益明细账分析是股权投资收益还是债权投资收益，结合《企业所得税法》第二十六条及《企业所得税法实施条例》第十七条、第八十三条的规定，对投资收益的税收优惠政策做出合理的判断。

2. 核查股息、红利等权益性投资收益，是否按照被投资方做出利润分配决定的日期确认收入的实现。即以被投资企业股东会或股东大会做出利润分配或转股决定的日期，确定收入的实现。

3. 核查对会计规定采用成本法或权益法核算长期股权投资的投资收益与税法规定确认的投资收益存在的税会差异，是否按税法规定确认投资收益，进行所得税纳税调整。

（1）采用成本法核算的长期股权投资，会计准则规定投资企业确认投资收益，仅限于被投资单位接受投资后产生的累积净利润的分配额，所获得的利润或现金股利超过上述数额的部分作为初始投资成本的收回。但是，上述会计规定作为初始投资成本收回的超过部分，税法规定将其确认为投资收益，且不调整该投资资产的计税基础，故存在税会差异，应进行纳税调整。

（2）采用权益法核算的长期股权投资，若其初始投资成本小于投资时应享有被投资单位可辨认净资产公允价值份额的，其差额应当计入当期损益，同时调整长期股权投资的成本，但税法规定通过支付现金方式取得的投资资产，以购买价款为成本；通过支付现金以外的方式取得的投资资产，以该资产的公允价值和支付的相关税费为成本，故可能存在税会差异。

（3）根据会计准则的规定，即使尚未分配利润，投资企业也应当按照应享有或应分担的被投资单位实现的净损益的份额，确认投资损益并调整长期股权投资的账面价值。但是，根据税法的规定，股息、红利等权益性投资收益，除国务院财政、税务主管部门另有规定外，按照被投资方做出利润分配决定的日期确认收入的实现，并且税法确认的收入是被投资企业实际决定分配的金额，故可能存在税会差异。

（4）对被投资方未决定分配的利润仅因被投资方盈利而根据会计准则要求确认的收益，应调减应纳税所得额，在被投资企业做出利润分配决定时，再作调增处理。同理，对于被投资企业的亏损，税法同样不予确认，应按会计规定已冲减投资收益的金额，调增应纳税所得额。

4. 核查以非货币形式取得的股息、红利等权益性投资收益，是否按照公允价值（即按照市场价格确定的价值）确定收入额。

5. 核查是否有将应征企业所得税的股息、红利等权益性投资收益，混作免征企业所得税股息、红利等权益性投资收益，少缴企业所得税。

投资企业从被投资企业撤回或减少投资，其取得的资产中，相当于初始出资的部分，应确认为投资收回；相当于被投资企业累计未分配利润和累计盈余公积按减少实收资本比例计算的部分，应确认为股息所得；其余部分确认为投资资产转让所得。

免税收益包括：符合条件的居民企业之间的股息、红利等权益性投资收益；在中国境内设立机构、场所的非居民企业从居民企业取得与该机构、场所有实际联系的股息、红利等权益性投资收益。符合条件的居民企业之间的股息、红利等权益性投资收益，是指居民企业直接投资于其他居民企业取得的投资收益。上述免税股息、红利等权益性投资收益，不包括连续持有居民企业公开发行并上市流通的股票不足12个月取得的投资收益。

符合条件的居民企业之间的股息、红利等权益性投资收益作为免税收入，免征企业所得税，而股权转让所得是征税的。免税部分在企业所得税年度汇算清缴表中《符合条件的居民企业之间的股息、红利等权益性投资收益优惠明细表》（A107011）反映调整。

4.10.3 差异分析

4.10.3.1 短期投资规定的差异

企业实际取得的价款与短期投资账面余额之间的差额，小企业会计准则与企业会计准则均计入投资收益。

短期投资初始及后续计量方面，小企业准则设置"短期投资"科目核算企业取得的短期投资，取得投资时按照历史成本计量投资价值，相关交易费用计入投资成本。小企业会计准则在确认应收股利或利息时，借记"应收股利"或"应收利息"科目，贷记"投资收益"科目；资产负债表日发生短期投资公允价值变动不作任何处理。

企业会计准则设置"交易性金融资产——成本"科目核算企业取得的短期投资；

取得投资时按照公允价值计量投资价值,相关交易费用计入投资收益。企业会计准则规定在确认应收股利或利息时,借记"交易性金融资产——成本"科目,贷记"投资收益"科目;资产负债表日发生短期投资公允价值变动,调整投资成本,借记或贷记"交易性金融资产——公允价值变动"科目,对应损益类科目为"公允价值变动损益"。

4.10.3.2 长期债券投资规定的差异

1. 债券投资分类不同。小企业会计准则将债券投资分为短期投资和长期债券投资。企业会计准则规定,企业债券投资分为交易性金融资产、持有至到期投资和可供出售金融资产。

2. 长期债券投资初始入账价值计量不同。小企业会计准则规定,长期债券投资按成本入账,即购买价款加上相关税费再减去实际支付价款中包括的已到付息期但尚未领取的债券利息。企业会计准则按类别规定债券投资初始计量:交易性金融资产按公允价值计量,相关交易费用直接计入损益;持有至到期投资和可供出售金融资产均按公允价值和相关交易费用之和计量初始入账价值,对已到付息期但尚未领取的债券利息单独确认为应收利息。

3. 长期债券投资后续计量不同。小企业会计准则规定,长期债券投资按面值和票面利率计算投资收益。企业会计准则规定,长期债券投资按摊余成本和实际利率计算投资收益。

4. 债券折价或溢价的摊销方法不同。小企业会计准则规定,长期债券投资中的债券折价或溢价采用实际直线法摊销,在持有债券期间内确认利息收入时摊销。企业会计准则规定,对企业持有至到期投资的债券折价或溢价采用实际利率法,按摊余成本和实际利率计算确认利息收入。

5. 资产负债表日价值计量方法不同。小企业会计准则规定,长期债券投资按历史成本计量,在资产负债表日不做处理。企业会计准则对交易性金融资产在资产负债表日按公允价值计量,公允价值变动价值计入当期损益。

4.10.3.3 长期股权投资规定的差异

1. 长期股权投资初始计量规定不同。小企业会计准则规定,长期股权投资按支付的价款和相关税费作为长期股权投资成本,不区分投资的控制方式,比企业会计准则规定简单。企业会计准则规定,同一控制下的企业合并方式取得的长期股权投资按取得的被投资单位净资产账面价值的份额作为长期股权投资成本;非同一控制下的企业合并方式取得的长期股权投资,按确定的合并成本(包括购买方付出的资产、发生或承担的负债、发行权益性证券公允价值之和)作为长期股权投资成本。

2. 长期股权投资后续计量方法不同。小企业会计准则规定，长期股权投资后续计量一律采用成本法核算。企业会计准则规定，长期股权投资后续计量按对被投资单位影响程度及是否存在活跃市场、公允价值能否可靠取得等差别采用成本法及权益法核算。

3. 对长期股权投资处置规定的不同。处置长期股权投资时，小企业会计准则因不计提减值准备，不涉及上述核算。企业会计准则规定，已经计提的减值准备对应转出；将权益法核算的列入"资本公积"科目的其他权益变动结转当期损益。

4. 对长期股权投资减值的会计处理不同。小企业会计准则规定，不计提长期股权投资减值准备，资产负债表日长期股权投资仍按历史成本计量。企业会计准则规定，企业在资产负债表日判断长期股权投资是否存在可能发生减值的迹象；对存在发生减值迹象的长期股权投资进行减值测试，按估计减值金额计提长期股权投资减值准备。

第 5 章
期间费用和税金及附加的核算及涉税解析

　　期间费用是指企业在日常活动中发生的、会导致所有者权益减少的、与向所有者分配利润无关的经济利益的总流出，一般分为销售费用、管理费用和财务费用；税金及附加是指小企业开展日常生产经营活动应负担的消费税、城市维护建设税、资源税、土地增值税、城镇土地使用税、环境保护税、房产税、车船税、印花税和教育费附加、地方教育附加、水利建设基金、矿产资源补偿费等。期间费用和税金及附加在《利润表》中分列项目反映，其真实性、合规性与潜在的税收风险高度关联。本章对销售费用、管理费用、财务费用、税金及附加等会计科目逐项进行核算内容剖析、涉及税种解析、差异分析。

5.1　销售费用

　　销售费用是指小企业在销售商品或提供劳务过程中发生的各种费用，包括销售人员的职工薪酬、商品维修费、运输费、装卸费、包装费、保险费、广告费、业务宣传费、展览费等。

　　[**特别提示**]　小企业（批发业、零售业）在购买商品过程中发生的费用（包括运输费、装卸费、包装费、保险费、运输途中的合理损耗和入库前的挑选整理费等）也

构成销售费用。

5.1.1 科目核算内容

"销售费用"科目核算小企业在销售商品或提供劳务过程中发生的各种费用,包括销售人员的职工薪酬、商品维修费、运输费、装卸费、包装费、保险费、广告费、业务宣传费、展览费等。月末,可将"销售费用"科目余额转入"本年利润"科目,借记"本年利润"科目,贷记"销售费用"科目,结转后"销售费用"科目应无余额。"销售费用"科目应按照费用项目进行明细核算。

1. 小企业在销售商品或提供劳务过程中发生的销售人员的职工薪酬、商品维修费、运输费、装卸费、包装费、保险费、广告费、业务宣传费、展览费等费用,借记"销售费用"科目,贷记"库存现金""银行存款"等科目。

2. 小企业(批发业、零售业)在购买商品过程中发生的运输费、装卸费、包装费、保险费、运输途中的合理损耗和入库前的挑选整理费等,借记"销售费用"科目,贷记"库存现金""银行存款""应付账款"等科目。

5.1.2 涉税解析

5.1.2.1 运输费、装卸费、包装费、保险费、展览费、商品维修费、销售人员的职工薪酬等费用

[例5-1] 2022年5月3日,A公司用转账支票21 800元,分别支付销售商品发生的保险费5 000元、运输费2 500元、包装费300元、展览费10 000元、商品维修费4 000元;5月15日,计提并用现金支付销售人员工资11 000元(不考虑增值税)。

A公司应作如下会计处理:

支付保险费、运输费、包装费、展览费、商品维修费时:

借:销售费用——保险费　　　　　　　　　　　　　　　　5 000
　　　　　　——运输费　　　　　　　　　　　　　　　　2 500
　　　　　　——包装费　　　　　　　　　　　　　　　　 300
　　　　　　——展览费　　　　　　　　　　　　　　　　10 000
　　　　　　——商品维修费　　　　　　　　　　　　　　 4 000
　　贷:银行存款　　　　　　　　　　　　　　　　　　　21 800

计提销售人员职工薪酬时:

借:销售费用——销售人员职工薪酬　　　　　　　　　　　11 000
　　贷:应付职工薪酬——销售人员职工薪酬　　　　　　　11 000

支付职工薪酬时:

借:应付职工薪酬——销售人员职工薪酬　　　　　　　　　11 000
　　贷:库存现金　　　　　　　　　　　　　　　　　　　11 000

结转销售费用时：
借：本年利润   32 800
    贷：销售费用   32 800

[特别提示]

（1）注意销售人员人数、发放的薪酬额等是否正确，有没有虚列人员、虚发薪酬等情况。

（2）费用的发生是否真实，发票（支付凭据）是否符合规定。

（3）运输费、保险费等支出事项是否签订了合同；合同是否按规定缴纳了印花税等。

5.1.2.2 广告费和业务宣传费

[例5-2] 2021年、2022年、2023年度A公司的销售收入分别为1 100万元、800万元、1 200万元，各年度广告费和业务宣传费实际支出额分别为160万元、150万元、170万元。则A公司各年的会计处理分别为：

2021年：
借：销售费用——广告费和业务宣传费   1 600 000
    贷：银行存款   1 600 000

2022年：
借：销售费用——广告费和业务宣传费   1 500 000
    贷：银行存款   1 500 000

2023年：
借：销售费用——广告费和业务宣传费   1 700 000
    贷：银行存款   1 700 000

2021年度实际发生广告费和业务宣传费160万元，本年允许税前扣除165万元（1 100×15%），允许全额扣除。

2022年度实际发生广告费和业务宣传费150万元，但本年只允许税前扣除120万元（800×15%），尚未扣除的30万元（150-120），结转以后年度扣除，本年调增应纳税所得额30万元。

2023年度实际发生广告费和业务宣传费170万元，但本年允许税前扣除180万元（1 200×15%），其中包括本年度实际支付广告费和业务宣传费170万元，以及以前年度结转的广告费和业务宣传费扣除额10万元。本年应调减应纳税所得额10万元（180-170）。累计到2023年结转以后年度的广告费和业务宣传费扣除额为20万元（30-10）。

[例5-3] C公司和D公司是关联企业，根据分摊协议，C公司在2022年发生的

销售收入税前扣除限额比例内的广告费和业务宣传费的30%归集至D公司扣除。假设C公司2022年销售收入为1 500万元,当年实际发生的广告费和业务宣传费为400万元,D公司主营业务收入为4 000万元,当年实际发生广告费和业务宣传费为800万元。

C公司的会计处理为:

借:销售费用——广告费和业务宣传费　　　　　　　　4 000 000
　　贷:银行存款　　　　　　　　　　　　　　　　　　4 000 000

2022年C公司可税前扣除的广告费和业务宣传费限额=1 500×15%=225(万元)

C公司可分摊到D公司扣除的广告费和业务宣传费应为C公司扣除限额的30%,即67.5万元(225×30%),而不是实际发生额的30%即120万元(400×30%),应在C公司扣除的广告费和业务宣传费为157.50万元(225-67.50),结转以后年度扣除的广告费和业务宣传费为175万元(400-225),而非242.5万元(400-157.5)。

2022年D公司销售收入为4 000万元,当年实际发生广告费和业务宣传费为800万元,其广告费和业务宣传费的扣除比例为销售收入的15%,可税前扣除的广告费和业务宣传费限额为600万元(4 000×15%)。

根据财税〔2017〕41号文件规定,接受归集扣除广告费和业务宣传费的关联企业,其接受扣除的费用不占用本企业的扣除限额。因而,D公司除可按规定比例计算的广告费和业务宣传费限额扣除外,还可以将C公司未扣除而归集来的广告费和业务宣传费67.5万元在本企业扣除,即D公司本年度实际扣除的广告费和业务宣传费为667.5万元(600+67.5),但结转以后年度扣除的广告费和业务宣传费为200万元(800-600),而非132.5万元(800-667.5)。

[特别提示]

(1)企业发生的符合条件的广告费和业务宣传费支出,除国务院财政、税务主管部门另有规定外,不超过当年销售(营业)收入15%的部分,准予扣除;超过部分,准予在以后纳税年度结转扣除。企业应设置"广告费和业务宣传费税前扣除台账",为各年度申报企业所得税做好基础工作。

(2)对化妆品制造或销售、医药制造和饮料制造(不含酒类制造)企业发生的广告费和业务宣传费支出,不超过当年销售(营业)收入30%的部分,准予扣除;超过部分,准予在以后纳税年度结转扣除。

(3)对签订广告费和业务宣传费分摊协议的关联企业,其中一方发生的不超过当年销售(营业)收入税前扣除限额比例内的广告费和业务宣传费支出可以在本企业扣除,也可以将其中的部分或全部按照分摊协议归集至另一方扣除。另一方在计算本企业广告费和业务宣传费支出企业所得税税前扣除限额时,可将按照上述办法归集至本企业的广告费和业务宣传费不计算在内。

(4) 烟草企业的烟草广告费和业务宣传费支出，一律不得在计算应纳税所得额时扣除。

(5) 计算广告费和业务宣传费的基数是否正确。一般企业计算广告费和业务宣传费的基数为主营业务收入、其他业务收入和视同销售收入之和，不包括营业外收入。

(6) 发生的广告费和业务宣传费是否符合条件。符合条件的广告费的支付对象应当具有从业资质。对于不符合条件的广告宣传，当年不允许扣除，以后年度也不允许扣除。

按权责发生制原则属于当期负担的广告费和业务宣传费，不管是否在当期支付，可以在当期扣除。超过部分，准予在以后纳税年度结转扣除。

(7) 发票（支付凭证）是否符合要求。如果不符合要求，即使发生的广告费和业务宣传费符合条件，也不能扣除。

(8) 不能将赞助支出在广告费和业务宣传费中列支。

(9) 企业在筹建期间，发生的广告费和业务宣传费，可按实际发生额计入企业筹办费，并按有关规定在税前扣除。

(10) 对外赠送礼品时，如果赠品上注有本公司名称、电话号码、商标、厂徽等标识，应作业务宣传费处理，在"销售费用"科目列支；如果没有任何标识，应作对外捐赠处理，在"营业外支出"科目列支，公益性捐赠按照税法规定的标准扣除，非公益性捐赠、直接捐赠不得在税前扣除。根据税法规定，将外购的商品或自产产品用于对外赠送，一律视同销售，计征增值税和企业所得税。

(11) 企业在业务宣传、广告等活动中，随机向本单位以外的个人赠送礼品，对个人取得的礼品所得，按照"其他所得"项目，全额适用20%的税率缴纳个人所得税。企业在年会、座谈会、庆典以及其他活动中向本单位以外的个人赠送礼品，对个人取得的礼品所得，按照"其他所得"项目，全额适用20%的税率缴纳个人所得税。企业对累积消费达到一定额度的顾客，给予额外抽奖机会，个人的获奖所得，按照"偶然所得"项目，全额适用20%的税率缴纳个人所得税。

(12) 对于广告费和业务宣传费支出，会计规定是全额扣除，对企业发生的广告费和业务宣传费在"销售费用"中据实列支。税法是按标准扣除，超过部分准予在以后纳税年度结转扣除。

5.1.2.3 销售佣金和手续费

[例5-4] 2022年，A房地产开发有限公司与B销售代理有限公司签订了《商品房委托代理销售合同》，合同中约定销售总金额为15 000万元，A房地产开发有限公司支付销售佣金450万元（占合同金额的3%）。B销售代理有限公司售房后，将销售佣金450万元从应该支付的商品房销售款15 000万元中扣除，支付给A房地产开发有

限公司司 14 550 万元。A 房地产开发有限公司按照 14 550 万元作为销售收入处理。A 房地产开发有限公司的处理是否正确？

A 房地产开发有限公司的收入不能以抵减销售佣金后的金额进行处理，这样做的结果是减少了计税销售额，造成少缴增值税。正确的处理方式是：B 销售代理有限公司将商品房销售款 15 000 万元按照合同约定支付给 A 房地产开发有限公司，A 房地产开发有限公司向 B 销售代理有限公司支付销售佣金 450 万元，并取得合规的票据。这样处理，A 房地产开发公司支付的佣金完全可以在企业所得税税前扣除。

[特别提示]

（1）实际发生的手续费及佣金支出税前扣除应具备的条件：与企业的生产经营相关的手续费及佣金；企业应与具有合法经营资格中介服务企业或个人签订代办协议或合同，并按国家有关规定支付手续费及佣金；签订合同或协议的单位或个人应该具有"中介服务"的经营范围以及中介服务资格证书；签订合同或协议的单位或个人，不包括交易双方及其雇员、代理人和代表人等；支付手续费及佣金的形式，除委托个人代理外，不得以现金等非转账方式支付；企业应当如实向当地主管税务机关提供当年手续费及佣金计算分配表和其他相关资料，并依法取得合法真实凭证。

（2）根据《财政部 税务总局公告 2019 年第 72 号》规定，自 2019 年 1 月 1 日起，保险企业发生与其经营活动有关的手续费及佣金支出，不超过当年全部保费收入扣除退保金等后余额的 18%（含本数）的部分，在计算应纳税所得额时准予扣除；超过部分，允许结转以后年度扣除。

（3）其他企业按与具有合法经营资格中介服务机构或个人（不含交易双方及其雇员、代理人和代表人等）所签订服务协议或合同确认的收入金额的 5% 计算限额。企业委托境外机构销售开发产品的，其支付境外机构的销售费用（含佣金或手续费）不超过委托销售收入 10% 的部分，准予据实扣除。

5.2 管理费用

管理费用是指小企业为组织和管理生产经营发生的其他费用。包括小企业在筹建期间内发生的开办费、行政管理部门发生的费用（包括固定资产折旧费、修理费、办公费、水电费、差旅费、管理人员的职工薪酬等）、业务招待费、研究费用、技术转让费、相关长期待摊费用摊销、财产保险费、聘请中介机构费、咨询费（含顾问费）、诉讼费等。

5.2.1 科目核算内容

"管理费用"科目核算小企业为组织和管理生产经营发生的其他费用。月末，可将"管理费用"科目的余额转入"本年利润"科目,借记"本年利润"科目,贷记"管理费用"科目,结转后"管理费用"科目应无余额。

1. 小企业在筹建期间内发生的开办费(包括相关人员的职工薪酬、办公费、培训费、差旅费、印刷费、注册登记费以及不计入固定资产成本的借款费用等),在实际发生时,借记"管理费用"科目,贷记"银行存款"等科目。

2. 行政管理部门人员的职工薪酬及其他职工薪酬,包括因解除与职工的劳动关系给予的补偿,借记"管理费用",贷记"应付职工薪酬"科目。

3. 行政管理部门计提的固定资产折旧费和发生的修理费,借记"管理费用"科目,贷记"累计折旧""银行存款"等科目。

4. 行政管理部门发生的办公费、水电费、差旅费,借记"管理费用"科目,贷记"银行存款"等科目。

5. 小企业发生的业务招待费、相关长期待摊费用摊销、技术转让费、财产保险费、聘请中介机构费、咨询费(含顾问费)、诉讼费等,借记"管理费用"科目,贷记"银行存款""长期待摊费用"等科目。

6. 小企业自行研究无形资产发生的研究费用,借记"管理费用"科目,贷记"研发支出"科目。

[特别提示]

(1)"管理费用"科目应按照费用项目进行明细核算。

(2)小企业(批发业、零售业)管理费用不多的,可不设置"管理费用"科目,"管理费用"科目的核算内容可并入"销售费用"科目核算。

5.2.2 涉税解析

5.2.2.1 开办费

1. 小企业会计准则规定,开办费在实际发生时,借记"管理费用——开办费"科目,贷记"银行存款"等科目。税法中规定企业开始经营之日的当年一次性扣除,也可以按长期待摊费用自支出发生月份的次月起,分期摊销,摊销年限不得低于3年。

2. 核查企业是否按规定列支,是否缩短或者延长开办期限。

3. 从开办费的核算内容来看,开办费不包括业务招待费,开办费与业务招待费为管理费用的两个不同明细科目。企业在筹建期间,发生的与筹办活动有关的业务招待费支出,可按实际发生额的60%计入企业筹办费,并按有关规定在"管理费用——业务招待费"科目列支;发生的广告费和业务宣传费,可按实际发生额计入企业筹办费,并按有关规定在税前扣除。

4. 企业开始生产经营的年度为开始计算企业损益的年度。企业从事生产经营之前进行筹办活动期间发生筹办费用支出,不得计算为当期的亏损。

5.2.2.2 业务招待费

[例5-5] 2022年，A公司取得销售产品主营业务收入1 500万元、其他业务收入400万元、视同销售收入200万元、投资收益50万元、营业外收入10万元。本年度实际发生并用银行存款支付业务招待费25万元（25万元的发票全部符合规定）。则该公司应作如下会计处理：

借：管理费用——业务招待费　　　　　　　　　　　　250 000
　　贷：银行存款　　　　　　　　　　　　　　　　　　250 000

按实际发生业务招待费的60%计算的扣除数是15万元（25×60%），大于按销售收入计算的扣除限额10.5万元〔（1 500+400+200）×5‰〕，故只能在企业所得税税前扣除10.5万元，调增应纳税所得额14.5万元（25-10.5）。

[例5-6] 2022年，A公司取得主营业务收入3 000万元，其他业务收入500万元，投资收益100万元，营业外收入10万元，视同销售收入300万元。本年度该公司用银行存款支付业务招待费27万元。则A公司应做如下会计处理：

借：管理费用——业务招待费　　　　　　　　　　　　270 000
　　贷：银行存款　　　　　　　　　　　　　　　　　　270 000

按实际发生业务招待费的60%计算的扣除数是16.2万元（27×60%），小于按销售收入计算的扣除限额19万元〔（3 000+500+300）×5‰〕，故只能在计算企业所得税时扣除16.2万元，调增应纳税所得额10.8万元（27-16.2）。

[特别提示]

（1）一般企业实际发生的业务招待费的60%在不超过当年收入的5‰的部分，允许在税前扣除。其当年收入是指主营业务收入、其他业务收入和视同销售收入的合计数。对从事股权投资业务的企业（包括集团公司总部、创业投资企业等），其从被投资企业所分配的股息、红利以及股权转让收入，可以按规定的比例计算业务招待费扣除限额。

（2）关注餐费与业务招待费的区别。业务招待费包括餐费，但餐费不一定都是业务招待费。

员工出差过程中发生的符合标准的餐费属于差旅费，允许全部在企业所得税前扣除；公司召开市场会议过程中发生的餐费属于会务费，允许全部在企业所得税前扣除；公司召开董事会过程中发生的餐费属于董事会费，允许全部在企业所得税前扣除；公司员工岗位技能培训过程中发生的餐费属于职工教育经费，允许按照工资总额的8%（软件生产企业发生的职工教育经费中的职工培训费用，可以全额在企业所得税前扣除）在企业所得税前扣除，超过部分，准予在以后纳税年度结转扣除；公司逢年过节等员工聚餐过程中发生的餐费属于福利费，允许按照工资总额的14%在企业所得税前扣除；企业筹建过程中发生的餐费属于开办费，可以按照金额的60%计入开办费，并按规定在税前扣除，总额度不受收入的限制。企业因销售业务洽谈会、展览会过程中发生的餐饮费用属于业务宣传费，允许按照营业收入总额的15%（对化妆品制造或销售、医药制造和饮料制造（不含酒类制造）企业发生的广告费和业务宣传费支出，不超过当年销售（营业）收入30%的部分，准予扣除；超过部分，准予在以后纳税年度结转扣除）在企业所得税前扣除。

（3）纳税人申报扣除的业务招待费，主管税务机关要求提供证明资料的，应提供能证明真实性的足够的有效凭证或资料。不能提供的，不得在税前扣除。

（4）企业在筹建期间，发生的与筹办活动有关的业务招待费支出，按实际发生额的60%计入企业筹办费，并按有关规定在税前扣除。

（5）关注企业是否按规定将业务招待费在"管理费用（业务招待费）"科目中列支。

5.2.2.3　长期待摊费用摊销

[例5-7] 2022年4月，B公司对经营租入的办公用房进行改建，共发生改建支出180 000元，还有3年的租赁期。

4月末，B公司应作如下会计分录：

借：长期待摊费用——租入的办公用房　　　　　　　180 000
　　贷：银行存款　　　　　　　　　　　　　　　　　　　　180 000

从5月份开始，分期摊销长期待摊费用，每月摊销额 = 180 000÷3÷12 = 5 000（元）

借：管理费用　　　　　　　　　　　　　　　　　　　　　5 000
　　贷：长期待摊费用　　　　　　　　　　　　　　　　　　　5 000

[特别提示]

（1）固定资产的大修理支出，必须同时符合修理支出达到取得固定资产时的计税基础50%以上、修理后固定资产的使用寿命延长2年以上的条件，才能作为长期待摊费用进行摊销。

（2）长期待摊费用应当在其摊销期限内采用年限平均法进行摊销，根据其受益对象计入相关资产的成本或者管理费用，并冲减长期待摊费用。已提足折旧的固定资产的改建支出，按照固定资产预计尚可使用年限分期摊销；经营租入固定资产的改建支出，按照合同约定的剩余租赁期限分期摊销；固定资产的大修理支出，按照固定资产使用年限分期摊销；其他长期待摊费用，自支出发生月份的下月起分期摊销，摊销期不得低于3年。

（3）企业已提足折旧的固定资产的改建支出和经营租入固定资产的改建支出，在"长期待摊费用"科目核算，不在"在建工程"科目核算。

5.2.2.4 研发费用

[例5-8] 2022年1月1日，A公司（非科技型中小企业）自行开发研究了一项新专利，在研究过程中发生材料费300万元、人工工资60万元以及其他费用160万元，总计520万元，其中，符合资本化条件的支出为390万元，当年10月1日该专利已达到预定用途。假设该专利使用期限为10年。A公司应作如下会计处理：

研发费用发生时：

借：研发支出——费用化支出　　　　　　　　　　　　　　1 300 000
　　　　　　——资本化支出　　　　　　　　　　　　　　3 900 000
　　贷：原材料　　　　　　　　　　　　　　　　　　　　3 000 000
　　　　应付职工薪酬　　　　　　　　　　　　　　　　　　600 000
　　　　银行存款　　　　　　　　　　　　　　　　　　　1 600 000

2022年10月1日该专利技术已经达到预定用途时：

借：管理费用——研发费用　　　　　　　　　　　　　　　1 300 000
　　无形资产——专利权　　　　　　　　　　　　　　　　3 900 000
　　贷：研发支出——费用化支出　　　　　　　　　　　　1 300 000
　　　　　　　　——资本化支出　　　　　　　　　　　　3 900 000

2022年共摊销无形资产成本：（3 900 000÷10÷12×3）=97 500（元）

借：管理费用　　　　　　　　　　　　　　　　　　　　　　97 500
　　贷：累计摊销　　　　　　　　　　　　　　　　　　　　97 500

对于研发费用，会计制度规定，将130万元研发费用计入管理费用，汇算清缴时，加计扣除的65万元（130×50%），作为应纳税所得额调减处理。

对于无形资产成本及累计摊销，会计制度规定，将无形资产成本390万元计入研发支出，累计摊销9.75万元（390÷10÷12×3）计入管理费用；汇算清缴时，加计摊销的4.875万元（390×150%÷10÷12×3-9.75），作为应纳税所得额调减处理。

加计扣除数平时在账务上不体现，只是在预缴企业所得税和汇算清缴时在企业所得税纳税申报表中体现。

[特别提示]

（1）财政部、税务总局公告2021年第13号规定，制造业企业开展研发活动中实际发生的研发费用，未形成无形资产计入当期损益的，在按规定据实扣除的基础上，自2021年1月1日起，再按照实际发生额的100%在税前加计扣除；形成无形资产的，自2021年1月1日起，按照无形资产成本的200%在税前摊销。

（2）科技型中小企业开展研发活动中实际发生的研发费用，未形成无形资产计入当期损益的，在按规定据实扣除的基础上，自2022年1月1日起，再按照实际发生额的100%在税前加计扣除；形成无形资产的，自2022年1月1日起，按照无形资产成本的200%在税前摊销。

（3）不适用税前加计扣除政策的研发费用：企业产品（服务）的常规性升级；对某项科研成果的直接应用，如直接采用公开的新工艺、材料、装置、产品、服务或知识等；企业在商品化后为顾客提供的技术支持活动；对现存产品、服务、技术、材料或工艺流程进行的重复或简单改变；市场调查研究、效率调查或管理研究；作为工业（服务）流程环节或常规的质量控制、测试分析、维修维护；社会科学、艺术或人文学方面的研究。

（4）关注企业研究开发人员范围是否符合规定？

（5）企业对研发费用和生产经营费用划分不清的，不得进行加计扣除。

（6）关注委托研发是否符合要求？

（7）烟草制造业、住宿和餐饮业、批发和零售业、房地产业、租赁和商务服务业、娱乐业、财政部和国家税务总局规定的其他行业等不适用研发费用税前加计扣除政策。

（8）会计制度规定，企业自行研究开发无形资产发生的研发支出，不满足资本化条件的，借记"研发支出——费用化支出"科目，月末，应将"研发支出"科目归集的费用化支出金额转入"管理费用"科目；满足资本化条件的，借记"研发支出——资本化支出"科目，贷记"原材料""银行存款""应付职工薪酬""应付利息"等科目。研究开发项目达到预定用途形成无形资产的，应按"研发支出——资本化支出"科目的余额，借记"无形资产"科目，贷记"研发支出——资本化支出"科目。

"开发支出"科目，反映企业开发无形资产过程中能够资本化形成无形资产成本的支出部分。"开发支出"科目应当根据"研发支出"科目中所属的"资本化支出"明细科目期末余额填列。

5.3 财务费用

财务费用是指小企业为筹集生产经营所需资金发生的筹资费用，包括利息费用（减利息收入）、汇兑损失、银行相关手续费、小企业给予的现金折扣（减享受的现金折扣）等费用。

5.3.1 科目核算内容

"财务费用"科目核算小企业为筹集生产经营所需资金发生的筹资费用，包括利息费用（减利息收入）、汇兑损失、银行相关手续费、小企业给予的现金折扣（减享受的现金折扣）等。"财务费用"科目应按照费用项目进行明细核算。月末，可将"财务费用"科目余额转入"本年利润"科目，结转后"财务费用"科目无余额。

1. 小企业发生的利息费用、汇兑损失、银行相关手续费、给予的现金折扣等，借记"财务费用"科目，贷记"应付利息""银行存款"等科目。

2. 持未到期的商业汇票向银行贴现，应当按照实际收到的金额（即减去贴现息后的净额），借记"银行存款"科目，按照贴现息，借记"财务费用"科目，按照商业汇票的票面金额，贷记"应收票据"科目（银行无追索权情况下）或"短期借款"科目（银行有追索权情况下）。

3. 发生的应冲减财务费用的利息收入、享受的现金折扣等，借记"银行存款"等科目，贷记"财务费用"科目。

[例5-9] 2022年5月1日，B公司向工商银行借款600 000元用于生产经营，期限6个月，年利率6%，该借款本金到期后一次归还，利息分月预提，按季支付。5月31日预提短期借款利息。则B公司应做如下会计处理：

每月计提利息时：
借：财务费用　　　　　　　　　　　　　　　　　　　　　3 000
　　贷：应付利息　　　　　　　　　　　　　　　　　　　3 000（600 000×6%÷12）

按季支付利息时：
借：应付利息　　　　　　　　　　　　　　　　　　　　　9 000
　　贷：银行存款　　　　　　　　　　　　　　　　　　　9 000

[例5-10] 2022年5月5日，A公司向C公司借款150 000元用于生产经营，支付利息16 000元，金融企业同类同期贷款利率为8%。则A公司应做如下会计处理：

借：财务费用　　　　　　　　　　　　　　　　　　　　　16 000
　　贷：银行存款　　　　　　　　　　　　　　　　　　　16 000

该公司允许税前扣除的利息费用为：150 000×8% = 12 000（元）

企业所得税汇算清缴时，调增应纳税所得额为：16 000 - 12 000 = 4 000（元）

5.3.2 涉税解析

1. 向金融企业借款的利息支出准予在企业所得税税前扣除。

2. 非金融企业向非金融企业借款的利息支出，不超过按照金融企业同期同类贷款利率计算的数额的部分，准予税前扣除。

3. 非金融机构收到的利息收入通过"财务费用"科目贷方反映，不得将利息收入计入其他业务收入，变相扩大业务招待费、广告费和业务宣传费的扣除基数。

4. 企业财务费用贷方余额较大时（在利润表中用红字或负数体现），应关注企业是否将闲置资金对外拆借,是否按照规定计算缴纳相关税费。

5. 重点资本化支出和费用化支出产生利息的区别。

6. 企业向欠款方收取的属于延期付款利息性质的利息,属于价外费用,应当缴纳增值税。

7. 企业或者外国企业在中国境内设立的从事生产、经营的机构、场所与其关联企业之间的业务往来,应当按照独立企业之间的业务往来收取或者支付价款、费用;不按照独立企业之间的业务往来收取或者支付价款、费用,而减少其应纳税的收入或者所得额的,税务机关有权进行合理调整。单位或者个体工商户向其他单位或者个人无偿提供服务,视同销售服务、无形资产或者不动产,但用于公益事业或者以社会公众为对象的除外。

8. 企业与其关联方发生劳务交易支付或者收取价款不符合独立交易原则而减少企业或者其关联方应纳税收入或者所得额的,税务机关可以实施特别纳税调整;企业向其关联方支付非受益性劳务的价款,税务机关可以按照已税前扣除的金额全额实施特别纳税调整。

5.3.3 差异分析

1. 小企业会计准则规定,小企业为购建固定资产、无形资产和经过1年期以上的制造才能达到预定可销售状态的存货发生的借款费用,在"在建工程""研发支出""制造费用"等科目核算,不在"财务费用"科目核算;企业会计准则规定,符合资本化条件的资产发生在资本化期间内的有关借款费用应该资本化,资本化金额的计算需要区分一般借款和专门借款。

2. 小企业会计准则规定,企业发生的汇兑收益,贷记"营业外收入"科目,汇兑损失借记"财务费用"科目;企业会计准则规定,企业汇兑收益贷记"财务费用"科目,汇兑损失借记"财务费用"科目。

3. 小企业会计准则规定,利息支出或利息收入,按照合同利率和借款本金计算;企业会计准则规定,利息支出或利息收入通过实际利率和摊余成本确定。

5.4 税金及附加

税金及附加是指小企业开展日常生产经营活动应负担的消费税、城市维护建设税、资源税、土地增值税、城镇土地使用税、环境保护税、房产税、车船税、印花税和教育费附加、地方教育附加、水利建设基金、矿产资源补偿费等。

"税金及附加"科目核算小企业开展日常生产经营活动应负担的消费税、城市维护建设税、资源税、土地增值税、城镇土地使用税、环境保护税、房产税、车船税、印花税和教育费附加、地方教育附加、水利建设基金、矿产资源补偿费等。

[特别提示]

（1）"税金及附加"科目应按照税种进行明细核算。

（2）全面试行营业税改征增值税后，"营业税金及附加"科目名称调整为"税金及附加"科目。

（3）企业会计准则规定，房产税、车船税、城镇土地使用税、印花税在"管理费用"科目核算；但根据《增值税会计处理规定》（财会〔2016〕22号）规定，自2016年5月1日起，房产税、车船税、城镇土地使用税、印花税全部在"税金及附加"科目核算。

（4）小企业按照规定实行企业所得税、增值税、消费税等先征后返的，应当在实际收到返还的企业所得税、增值税（不含出口退税）、消费税时，计入营业外收入。

（5）房地产企业销售开发产品应纳的土地增值税在"税金及附加"科目中核算。

（6）与最终确认营业外收入或营业外支出相关的税费，在"固定资产清理""无形资产"等科目核算，不在"税金及附加"科目核算。

（详细内容参见第8章。）

第 6 章
营业外收入和营业外支出的核算及涉税解析

营业外收入是指与企业的业务经营无直接关系的收益,包括罚款收入、政府补助、确实无法支付的应付款项、固定资产盘盈等,主要涉及企业所得税事项处理;营业外支出是指与企业的业务经营无直接关系的支出,包括罚款支出、捐赠支出、非常损失、固定资产盘亏等,主要涉及税前扣除事项处理。营业外收入和营业外支出是企业财务成果的组成部分并在《利润表》中分列项目反映。本章对营业外收入和营业外支出会计科目逐项进行核算内容剖析、涉及税种解析、差异分析。

6.1 营业外收入

营业外收入是指小企业非日常生产经营活动形成的、应当计入当期损益、会导致所有者权益增加、与所有者投入资本无关的经济利益的净流入。包括非流动资产处置净收益、政府补助、捐赠收益、盘盈收益、汇兑收益、出租包装物和商品的租金收入、逾期未退包装物押金收益、确实无法偿付的应付款项、已作坏账损失处理后又收回的应收款项、违约金收益等。

6.1.1 科目核算内容

"营业外收入"科目核算小企业实现的各项营业外收入。包括非流动资产处置净收益、政府补助、捐赠收益、盘盈收益、汇兑收益、出租包装物和商品的租金收入、逾期未退包装物押金收益、确实无法偿付的应付款项、已作坏账损失处理后又收回的应收款项、违约金收益等。月末，可将"营业外收入"科目余额转入"本年利润"科目，结转后"营业外收入"科目应无余额。"营业外收入"科目应按照营业外收入项目进行明细核算。

1. 小企业确认非流动资产处置净收益，比照"固定资产清理""无形资产"等科目的相关规定进行账务处理。

[例 6-1] 2022 年 1 月，A 公司将固定资产报废清理的净收益 68 000 元转作营业外收入。

  借：固定资产清理   68 000
    贷：营业外收入   68 000

[特别提示] 企业会计准则规定，《利润表》中"资产处置收益"项目，反映企业出售划分为持有待售的非流动资产（金融工具、长期股权投资和投资性房地产除外）或处置组（子公司和业务除外）时确认的处置利得或损失，以及处置未划分为持有待售的固定资产、在建工程、生产性生物资产及无形资产而产生的处置利得或损失。债务重组中因处置非流动资产产生的利得或损失和非货币性资产交换中换出非流动资产产生的利得或损失也包括在本项目内。企业以上资产处置收支不再计入营业外收支。

2. 确认的政府补助收入，借记"银行存款"或"递延收益"科目，贷记"营业外收入"科目。

[例 6-2] 2022 年 5 月 5 日，A 公司收到当地政府无偿划入的办公楼一幢，原账面价值为 270 万元，评估价值为 600 万元，产权过户手续已经办理完毕。财务处理如下：

  借：固定资产   6 000 000
    贷：递延收益   6 000 000

假定上述固定资产的使用寿命为 10 年，不考虑残值，按照直线法计提折旧，则每年计提折旧、分配递延收益时：

  借：管理费用   600 000
    贷：累计折旧   600 000
  借：递延收益   600 000
    贷：营业外收入   600 000

[特别提示] 根据 2017 年 5 月 10 日财政部公布修订后的《企业会计准则第 16 号——政府补助》（财会〔2017〕15 号），对政府补助从计入营业收入、计入其他收益、冲减资产账面价值、冲减费用、计入营业外支出、财政贴息的会计处理规定等几

个方面进行解析：

（1）计入营业收入。企业从政府取得的经济资源，如果与企业销售商品或提供服务等活动密切相关，如新能源汽车推广补助、家电下乡补助、可再生能源发电项目上网电价补助以及高效照明产品推广财政补贴等，应计入营业收入。

[例6-3] 政府为了鼓励购买节能灯替换白炽灯，给生产企业支付高效照明产品推广财政补贴。企业生产一个节能灯成本5元，售价6元。政府要求企业只能按3元卖给老百姓，然后再每个补贴给企业3元（不考虑增值税）。

借：银行存款　　　　　　　　　　　　　　　　　　　　　　6
　　贷：主营业务收入　　　　　　　　　　　　　　6（售价3元+补助3元）

（2）计入其他收益。"其他收益"是新增的一个会计科目，专门用于核算与企业日常活动相关、但又不宜确认收入或冲减成本费用的政府补助。比如粮食保管费补贴、增值税先征后返等业务。

（3）冲减资产账面价值。与资产相关的政府补助，应当冲减相关资产的账面价值或确认为递延收益。

企业既可以选择确认为递延收益分期摊销（总额法），也可以选择一次直接冲减资产账面价值（净额法）。一经选定，不得随意变更。

[例6-4] 按照国家有关政策，企业购置环保设备可以申请补贴，以补偿其环保支出。A公司于2022年1月向政府有关部门提交了420万元的补助申请，作为对其购置环保设备的补贴。2022年3月15日，A公司收到政府补助420万元，与日常活动相关。2022年4月20日，A公司购入不需要安装的环保设备，实际成本为960万元，使用寿命10年，采用直线法计提折旧（不考虑净残值）。假若2026年4月A公司出售了这台设备，取得价款240万元（不考虑增值税）。

A公司上述业务按总额法和净额法分别进行会计处理，其结果如表6-1所示。

表6-1　　　　　　　　　　A公司业务分别会计处理情况

业务	方法一：总额法（万元）	方法二：净额法（万元）
实际收到财政拨款	借：银行存款　　　　　　　　420 　　贷：递延收益　　　　　　　420	
购入设备	借：固定资产　　960 　　贷：银行存款　　　960	借：固定资产　　960 　　贷：银行存款　　　960 借：递延收益　　420 　　贷：固定资产　　　420

续表

业务	方法一：总额法（万元）	方法二：净额法（万元）
计提折旧和摊销递延	①计提折旧 借：制造费用　　　　　8 　　贷：累计折旧　　　　　8 8＝（960÷10÷12） ②月末分摊递延收益 借：递延收益　　　　　3.5 　　贷：其他收益　　　　　3.5 3.5＝（420÷10÷12）	计提折旧 借：制造费用　　　　　4.5 　　贷：累计折旧　　　　　4.5 4.5＝［（960－420）÷10÷12］
出售设备	①出售设备 借：固定资产清理　　　　192 　　累计折旧　　　　　　768 　　贷：固定资产　　　　　960 768＝8×（8＋7×12＋4） 借：银行存款　　　　　240 　　贷：固定资产清理　　　192 　　　　资产处置收益　　　48 ②转销递延收益余额 借：递延收益　　　　　84 　　贷：其他收益　　　　　84 84＝420－3.5×（8＋7×12＋4）	借：固定资产清理　　　　108 　　累计折旧　　　　　　432 　　贷：固定资产　　　　　540 432＝4.5×（8＋7×12＋4） 借：银行存款　　　　　240 　　贷：固定资产清理　　　108 　　　　资产处置收益　　　132

注：如果企业先取得与资产相关的政府补助，再确认所购建的长期资产，总额法下应当在开始对相关资产计提折旧或进行摊销时按照合理、系统的方法将递延收益分期计入当期收益；净额法下应当在相关资产达到预定可使用状态或预定用途时将递延收益冲减资产账面价值。如果相关长期资产投入使用后企业再取得与资产相关的政府补助，总额法下应当在相关资产的剩余使用寿命内按照合理、系统的方法将递延收益分期计入当期收益；净额法下应当在取得补助时冲减相关资产的账面价值，并按照冲减后的账面价值和相关资产的剩余使用寿命计提折旧或进行摊销。

（4）冲减成本。与企业日常活动相关的政府补助，应当按照经济业务实质，计入其他收益或冲减相关成本费用。如政府按芳烃生产企业实际耗用的石脑油数量退还石脑油成本中所含的消费税，应当冲减芳烃生产成本。

（5）冲减费用。与收益相关的政府补助，应当分情况按照以下规定进行会计处理：

用于补偿企业以后期间的相关成本费用或损失的，确认为递延收益，并在确认相关成本费用或损失的期间，计入当期损益或冲减相关成本；

用于补偿企业已发生的相关成本费用或损失的，直接计入当期损益或冲减相关成本。

［例6－5］A企业于2022年3月15日与企业所在地地方政府签订合作协议，根据

协议约定当地政府向 A 企业提供 500 万元奖励基金，用于企业的人才激励和人才引进奖励。A 企业必须按年向当地政府报送详细的资金使用计划，并按规定用途使用资金（不考虑其他因素）。

A 企业于 2022 年 4 月 10 日收到 500 万元补助资金。分别在 2022 年 12 月、2023 年 12 月、2024 年 12 月使用了 200 万元、150 万元、150 万元于发放给总裁级别高管年度奖金。A 企业选择将该政府补助冲减管理费用。相关账务处理如下：

2022 年 4 月 10 日 A 企业实际收到补助资金时：

借：银行存款　　　　　　　　　　　　　　　　　　　　　5 000 000
　　贷：递延收益　　　　　　　　　　　　　　　　　　　　　5 000 000

2022 年 12 月、2023 年 12 月、2024 年 12 月，A 企业将补贴资金发放高管奖金时：

借：递延收益　　　　　　　　　　　　　　　　　　　　　2 000 000
　　贷：管理费用　　　　　　　　　　　　　　　　　　　　　2 000 000
借：递延收益　　　　　　　　　　　　　　　　　　　　　1 500 000
　　贷：管理费用　　　　　　　　　　　　　　　　　　　　　1 500 000
借：递延收益　　　　　　　　　　　　　　　　　　　　　1 500 000
　　贷：管理费用　　　　　　　　　　　　　　　　　　　　　1 500 000

（6）计入营业外收支。与企业日常活动无关的政府补助，应当计入营业外收支。

（7）财政贴息的会计处理规定。企业取得财政贴息的，应当区分财政将贴息资金拨付给贷款银行和财政将贴息资金直接拨付给受益企业两种情况，分别进行会计处理。

财政将贴息资金拨付给贷款银行，由贷款银行以政策性优惠利率向受益企业提供贷款，企业可以选择下列方法之一进行会计处理：以实际收到的借款金额作为借款的入账价值，按照借款本金和该政策性优惠利率计算借款费用；以借款的公允价值作为借款的入账价值并按照实际利率法计算借款费用，实际收到的金额与借款入账价值之间的差额确认为递延收益。递延收益在借款存续期内采用实际利率法摊销，冲减相关借款费用。

财政将贴息资金直接拨付给企业，企业应当将对应的贴息冲减相关借款费用。

[例 6-6] 2022 年 1 月 1 日，B 公司向银行贷款 100 万元，期限 2 年，按月计息，按季度付息，到期一次还本。由于这笔贷款资金将被用于国家扶持产业，符合财政贴息的条件。B 公司与银行签订的贷款合同约定的年利率为 12%，以付息凭证向财政申请 6% 贴息资金。财政按年与丙企业结算贴息资金，贴息后实际支付的年利息率为 6%，贷款期间的利息费用满足资本化条件，计入相关在建工程的成本，相关账务处理如下：

2022 年 1 月 1 日，丙企业取得银行贷款 100 万元：

借：银行存款　　　　　　　　　　　　　　　　　　　　　1 000 000

贷：长期借款　　　　　　　　　　　　　　　　　　　1 000 000

2022年1月31日起每月月末，丙企业按月计提利息，应向银行支付的利息金额为1万元（100×12%÷12），企业实际承担的利息支出为0.5万元（100×6%÷12），应收政府贴息为0.5万元。

   借：在建工程　　　　　　　　　　　　　　　　　　　　10 000
   　　贷：应付利息　　　　　　　　　　　　　　　　　　10 000
   借：其他应收款　　　　　　　　　　　　　　　　　　　 5 000
   　　贷：在建工程　　　　　　　　　　　　　　　　　　 5 000

［特别提示］企业对2017年1月1日存在的政府补助采用未来适用法处理，对2017年1月1日至《企业会计准则第16号——政府补助》（财会〔2017〕15号）施行日之间新增的政府补助根据该准则进行追溯调整。

税法相关规定：政府补助要同时满足三个条件，才能作为不征税收入。根据《财政部 国家税务总局关于专项用途财政性资金企业所得税处理问题的通知》（财税〔2011〕70号）规定，企业从县级以上各级人民政府财政部门及其他部门取得的应计入收入总额的财政性资金，凡同时符合以下条件的，可以作为不征税收入，在计算应纳税所得额时从收入总额中减除：企业能够提供规定资金专项用途的资金拨付文件；财政部门或其他拨付资金的政府部门对该资金有专门的资金管理办法或具体管理要求；企业对该资金以及以该资金发生的支出单独进行核算。

3. 小企业按照规定实行企业所得税、增值税（不含出口退税）、消费税等先征后返的，应当在实际收到返还的企业所得税、增值税、消费税等时，借记"银行存款"科目，贷记"营业外收入"科目。

4. 确认的捐赠收益，借记"银行存款""固定资产"等科目，贷记"营业外收入"科目。

5. 确认的盘盈收益，借记"待处理财产损溢——待处理流动资产损溢、待处理非流动资产损溢"科目，贷记"营业外收入"科目。

［例6-7］2022年6月30日，A公司现金清查发现现金溢余15 000元。原因无法查明。相关账务处理如下：

发现现金溢余时：
   借：库存现金　　　　　　　　　　　　　　　　　　　　15 000
   　　贷：待处理财产损溢——待处理流动资产损溢　　　　15 000

确认无法查明溢余原因时：
   借：待处理财产损溢——待处理流动资产损溢　　　　　　15 000
   　　贷：营业外收入　　　　　　　　　　　　　　　　　15 000

6. 确认的汇兑收益，借记"银行存款"等科目，贷记"营业外收入"科目。

7. 确认的出租包装物和商品的租金收入、逾期未退包装物押金收益、确实无法偿付的应付款项、违约金收益等，借记"其他应收款""应付账款""其他应付款"等科目，贷记"营业外收入"科目。

[**例 6 - 8**] 2022 年 5 月，A 公司有一项应付账款 60 000 元确实无法支付。账务处理如下：

借：应付账款　　　　　　　　　　　　　　　　　　60 000
　　贷：营业外收入　　　　　　　　　　　　　　　　　　60 000

8. 确认的已作坏账损失处理后又收回的应收款项，借记"银行存款"等科目，贷记"营业外收入"科目。

[**例 6 - 9**] A 公司与 B 公司在 2014 年发生过业务，B 公司欠 A 公司 100 000 元，由于 B 公司已经停工，未追回所欠款项，已经做过坏账处理。2022 年 B 公司被 C 公司收购，B 公司通过银行存款偿还 A 公司 50 000 元。A 公司会计处理如下：

借：银行存款　　　　　　　　　　　　　　　　　　50 000
　　贷：营业外收入　　　　　　　　　　　　　　　　　　50 000

[**特别提示**] 小企业收到出口产品或商品按照规定退回的增值税款，在"其他应收款"科目核算，不在"营业外收入"科目核算。

6.1.2　涉税解析

1. 注意企业接受捐赠的非货币性资产是否按接受捐赠时资产的公允价值确认捐赠收入；企业接受捐赠的货币性资产是否并入当期应纳税所得。

2. 注意因企业债权人原因确实无法支付的应付款项是否并入当期应纳税所得。

3. 对取得政府补偿或补贴收入的，分析是否符合不征税条件。

4. 对按照规定实行企业所得税、增值税、消费税等先征后返的，在实际收到返还的企业所得税、增值税（不含出口退税）、消费税时，注意是否已计入营业外收入。

5. 注意对价外收取的形成价外费用的补贴、奖励费、违约金是否已计入营业外收入、是否已按规定缴纳流转税和所得税。

6. 注意结合质保金等长期未付的应付账款、确认企业无法偿付的应付款项、企业取得的罚款、滞纳金、参加财产、运输保险取得的无赔款优待、收回以前年度已核销的坏账损失、固定资产盘盈收入，教育费附加返还，以及在"资本公积金"中反映的债务重组收益、接受捐赠资产等是否按税法规定确认其他收入。

7. 注意企业搬迁收入是否未在搬迁完成年度进行搬迁清算，将搬迁所得计入当年度企业应纳税所得额计算纳税；企业因搬迁处置存货而取得的收入是否按正常经营活动取得的收入进行所得税处理。

8.《企业所得税法》规定企业取得的由国务院财政、税务主管部门规定专项用途并经过国务院批准的财政性资金,准予作为不征税收入,在计算应纳税所得额时应从收入总额中减除,用于支出所形成的资产,其计算的折旧、摊销不得在计算应纳税所得额时扣除。

9. 不征税收入的调整。注意企业取得的补贴收入是否属于不征税收入以及对不征税收入用于支出形成的费用、用于支出形成的资产所计算的折旧、摊销数额和账务处理情况是否按规定进行纳税调整。

取得无专项用途的各种政府补贴、出口贴息、专项补贴、增值税(消费税)即征即退、先征后退(返)、其他税款返还、行政罚款返还以及代扣代缴个人所得税手续费等应税收入作为不征税收入处理;非国家投资、贷款的财政性资金通过资本公积核算应作收入申报纳税或按取得时间申报。

符合税法规定条件的不征税收入(如技改专项补贴等)对应的支出,应进行纳税调整。

符合规定条件的财政性资金作不征税收入处理后,在 5 年(60 个月)内未发生支出且未缴回财政或其他拨付资金的政府部门的部分,应计入取得该资金第六年的应税收入总额。根据不征税收入相关文件等,确定相关收入是否符合不征税收入条件;通过往来款项和"资本公积""营业外收入""递延收益""管理费用"等科目,了解政府补助款项取得时间、使用和结余情况。

10. 非货币性资产转让的调整。在生产经营中,特别是在改制和投资等业务过程中,转让特许经营权、专利权、专利技术、固定资产、有价证券、股权以及其他非货币性资产所有权,应按照规定核算应税收入。

11. 债务重组收入的调整。债务重组适用于特殊性税务处理的,应按税法规定分期确认收入(纳税人在一个纳税年度发生的债务重组所得,占应纳税所得 50% 及以上的,可在不超过 5 年的期间均匀计入各年度的应纳税所得);企业股权收购、资产收购重组,收购方取得股权或资产的计税基础应以公允价值为基础确定,被收购方应按税法规定以公允价值确认股权、资产转让所得或损失。按照"营业外收入"科目明细内容,查看相关重组资产的计税基础和账面价值,应根据企业的重组协议、特殊性重组的备案批复、重组协议裁决等文书来确认重组收入,对非现金资产抵债金额较大的项目应分期确认收入,计算成本。

6.1.3 差异分析

1. 对于盘盈收益和固定资产盘盈,小企业会计准则规定,借记"原材料"等科目,贷记"营业外收入"科目;企业会计准则规定,借记"原材料"科目,贷记"管理费用"科目;对盘盈的固定资产,都是借记"固定资产"科目,贷记"营业外收入"科目。

2. 对于汇兑收益，小企业会计准则规定，借记"银行存款"科目，贷记"营业外收入"科目；企业会计准则规定，借记"银行存款"科目，贷记"财务费用"科目。

3. 对于已作坏账损失处理后又收回的应收款项，小企业会计准则规定，借记"银行存款"科目，贷记"营业外收入"科目；企业会计准则规定，借记"应收账款"科目，贷记"坏账准备"科目，同时借记"银行存款"科目，贷记"应收账款"科目，或者借记"银行存款"科目，贷记"坏账准备"科目。

4. 小企业会计准则规定，"营业外收入"科目核算内容包括非流动资产处置净收益、政府补助、捐赠收益、盘盈收益、汇兑收益、出租包装物和商品的租金收入、逾期未退包装物押金收益、确实无法偿付的应付款项、已作坏账损失处理后又收回的应收款项、违约金收益等；企业会计准则规定，"营业外收入"科目核算内容包括处置非流动资产利得、非货币性资产交换利得、债务重组利得、罚没利得、政府补助利得、捐赠利得、确实无法支付而按规定程序经批准后转作营业外收入的应付款项等。企业所得税纳税申报表中，营业外收入项目填列内容包括非流动资产处置利得、非货币性资产交换利得、债务重组利得、政府补助利得、盘盈利得、捐赠利得、罚款利得、确实无法支付的应付款项、汇兑收益和其他。

5. "营业外收入"和"其他收益"的区别。2017年5月25日，财政部修订发布了《企业会计准则第16号——政府补助》。来源于政府的经济资源，如果与企业销售有密切关系，则应适用于2017年7月5日新发布的《企业会计准则第14号——收入》，不适用于《企业会计准则第16号——政府补助》（以下简称16号准则）。在16号准则发布之前，小微企业免征的增值税，计入"营业外收入"，其后企业须区分收到的政府补助是否与其日常活动相关判断是否纳入营业利润，记入"其他收益"科目。

"其他收益"是新增损益类科目，专门用于核算与企业日常活动相关但不宜确认收入或冲减成本费用的政府补助，在16号准则利润表中的"营业利润"项目之上单独列报。"其他收益"科目不并入营业收入作为业务招待费、广告费和业务宣传费扣除标准的基数。

自2017年6月12日起，企业对2017年1月1日后存在的政府补助，采用未来适用法处理，应把增值税出口退税、增值税直接减免、所得税加计抵扣、免征的企业所得税、减征的企业所得税等不属于政府补助的项目进行会计差错调整，即从"营业外收入"调整到"其他收益"。除增值税出口退税要进行会计处理外，其他增值税与所得税的直接减免，不需要作会计处理。

6. 企业会计准则规定，"资产处置收益"项目，反映企业出售划分为持有待售的非流动资产（金融工具、长期股权投资和投资性房地产除外）或处置组（子公司和业务除外）时确认的处置利得或损失，以及处置未划分为持有待售的固定资产、在建工程、生产性生物资产及无形资产而产生的处置利得或损失。债务重组中因处置非流动资产产生的利得或损失和非货币性资产交换中换出非流动资产产生的利得或损失也包括在本项目内。该项目应根据"资产处置损益"科目的发生额分析填列；如为处置损失，以"-"号填列。企业以上资产处置收支不再计入营业外收支。

6.2 营业外支出

营业外支出是指小企业非日常生产经营活动发生的、应当计入当期损益、会导致所有者权益减少、与向所有者分配利润无关的经济利益的净流出。

6.2.1 科目核算内容

"营业外支出"科目核算小企业发生的各项营业外支出，包括存货的盘亏、毁损、报废损失，非流动资产处置净损失，坏账损失，无法收回的长期债券投资损失，无法收回的长期股权投资损失，自然灾害等不可抗力因素造成的损失，税收滞纳金，罚金，罚款，被没收财物的损失，捐赠支出，赞助支出等。"营业外支出"科目应按照支出项目进行明细核算。月末，可将本科目余额转入"本年利润"科目，结转后"营业外支出"科目应无余额。

1. 小企业确认存货的盘亏、毁损、报废损失，非流动资产处置净损失，自然灾害等不可抗力因素造成的损失，借记"营业外支出""生产性生物资产累计折旧""累计摊销"等科目，贷记"待处理财产损溢——待处理流动资产损溢"或"待处理财产损溢——待处理非流动资产损溢""固定资产清理""生产性生物资产""无形资产"等科目。

2. 根据小企业会计准则规定确认实际发生的坏账损失、长期债券投资损失，应当按照可收回的金额，借记"银行存款"等科目，按照应收账款、预付账款、其他应收款、长期债券投资的账面余额，贷记"应收账款""预付账款""其他应收款""长期债券投资"等科目，按照其差额，借记"营业外支出"科目。

3. 根据小企业会计准则规定确认实际发生的长期股权投资损失，按照可收回的金额，借记"银行存款"等科目，按照长期股权投资的账面余额，贷记"长期股权投资"科目，按照其差额，借记"营业外支出"科目。

4. 支付的税收滞纳金、罚金、罚款，借记"营业外支出"科目，贷记"银行存款"等科目。

5. 确认被没收财物的损失、捐赠支出、赞助支出，借记"营业外支出"科目，贷记"银行存款"等科目。

[例 6-10] A 公司应收 B 公司账款余额合计为 7 000 元。在 2022 年 5 月 10 日，A 公司获知 B 公司经营业绩下滑，经协商，A 公司同意将 B 公司的债务减为 5 000 元，并与当日收到款项。账务处理如下：

借：银行存款　　　　　　　　　　　　　　　　　　　　　　5 000
　　营业外支出　　　　　　　　　　　　　　　　　　　　　　2 000
　　贷：应收账款　　　　　　　　　　　　　　　　　　　　　7 000

A 公司向供应商 B 公司预付了 80 000 元，但是连续几年供应商不能提供相应原材料，且联系不上供应商 B 公司，已成为事实上的坏账。账务处理如下：

借：营业外支出　　　　　　　　　　　　　　　　　　　　　80 000
　　贷：预付账款　　　　　　　　　　　　　　　　　　　　80 000

[例 6-11] 2022 年 1 月，A 公司采购原材料的运输过程中发生了损耗。在供应商出厂的时候甲材料 200 千克，每千克单价 500 元，而材料进厂之后，再次计量甲材料 190 千克，超出了正常合理损耗。账务处理如下：

发生损耗时：

借：待处理财产损溢——待处理流动资产损溢　　　　　　　5 000
　　贷：原材料　　　　　　　　　　　　　　　　　　　　　5 000

经查明原因，采购运输过程当中，因自然灾害发生损失时：

借：营业外支出　　　　　　　　　　　　　　　　　　　　　5 000
　　贷：待处理财产损溢——待处理流动资产损溢　　　　　　5 000

若经查明原因，采购运输过程当中，由于司机保管不善被盗，应由司机赔偿：

借：其他应收款　　　　　　　　　　　　　　　　　　　　　5 000
　　贷：待处理财产损溢——待处理流动资产损溢　　　　　　5 000

[例 6-12] 2022 年 7 月，A 公司发生如下业务：赞助某行业协会 9 000 元；支付逾期银行罚息 3 000 元；支付合同违约金 10 000 元；缴纳税收滞纳金 5 000 元；通过中国红十字会向红十字会事业捐款 30 000 元（假设在年度利润总额的 12% 以内）。相关账务处理如下：

发生赞助支出时：

借：营业外支出——赞助支出　　　　　　　　　　　　　　　9 000
　　贷：银行存款　　　　　　　　　　　　　　　　　　　　9 000

支付银行罚息时：

借：营业外支出——银行罚息　　　　　　　　　　　　　　　3 000
　　贷：银行存款　　　　　　　　　　　　　　　　　　　　3 000

支付违约金和税收滞纳金时：

借：营业外支出——合同违约金　　　　　　　　　　　　　　10 000
　　　　　　　——税收滞纳金　　　　　　　　　　　　　　5 000
　　贷：银行存款　　　　　　　　　　　　　　　　　　　　15 000

向红十字会捐款时：
借：营业外支出——捐赠支出　　　　　　　　　　　　　　　30 000
　　贷：银行存款　　　　　　　　　　　　　　　　　　　　30 000

[**例 6-13**] 2022 年 1 月，A 公司在财产清查中盘亏设备一台，账面原值 100 000 元，已提折旧 80 000 元。不考虑其他因素，会计分录如下：

清查盘亏时：
借：待处理财产损溢——待处理固定资产损溢　　　　　　　20 000
　　累计折旧　　　　　　　　　　　　　　　　　　　　　80 000
　　贷：固定资产　　　　　　　　　　　　　　　　　　　100 000

盘亏设备经批准后转销时：
借：营业外支出——固定资产盘亏　　　　　　　　　　　　20 000
　　贷：待处理财产损溢——待处理固定资产损溢　　　　　20 000

6.2.2　涉税解析

1. 重点关注公益性捐赠的范围、公益性捐赠税前扣除限额、公益性捐赠凭证是否符合税收规定；企业用库存商品、固定资产和其他物资进行捐赠的还要视同销售，计算缴纳流转税和所得税。

2. 赞助支出不能混同为公益性捐赠支出，防止将不符合广告性的赞助支出按广告费和业务宣传费的规定处理，从而达到税前扣除的目的。

3. 行政性罚款、罚金和被没收财物的损失不得税前扣除；经济性罚款（如银行罚息）允许税前扣除。

4. 税收滞纳金不得税前扣除，注意企业是否将税收滞纳金混同为主税种在企业所得税税前扣除。

5. 税务机关根据税收法律、行政法规的规定，对企业做出特别纳税调整的，应当对补征的税款，自税款所属纳税年度的次年 6 月 1 日起至补缴税款之日止的期间，按日加收的利息，不得在计算应纳税所得额时扣除。

6. 注意非流动资产处置损失、非货币性资产交换损失、债务重组损失、非常损失、坏账损失和无法收回的债券股权投资损失是否按税收规定进行了处理。

6.2.3　差异分析

1. 小企业会计准则规定，"营业外支出"科目核算内容包括存货的盘亏、毁损、报废损失，以及非流动资产处置净损失、坏账损失、无法收回的长期债券投资损失、无法收回的长期股权投资损失、自然灾害等不可抗力因素造成的损失、税收滞纳金、罚金、罚款、被没收财物的损失、捐赠支出、赞助支出等；企业会计准则规定，"营业外支出"科目核算内容包括非货币性资产交换损失、债务重组损失、公益性捐赠支出、非常损失和盘亏损失等；企业所得税纳税申报表中，营业外支出项目填列内容包括非流动资产处置净损失、非货币性资产交换损失、债务重组损失、非常损失、捐赠支出、赞助支出、罚没支出、坏账损失、无法收回的债券股权投资损失和其他。其中，"无法收回的长期债券投资损失"和"无法收回的长期股权投资损失"按小企业会计准则规定，通过"营业外支出"科目借方反映，而企业会计准则规定，通过"投资收益"科目借方反映。

2. 资产盘亏的处理不完全相同。对于现金资产盘亏，小企业会计准则和企业会计准则处理办法相同，非常损失的责任赔偿记入"营业外支出"科目，由企业承担的损失记入"管理费用"科目。对于固定资产盘亏损失，小企业会计准则规定，将非正常损失记入"营业外支出"科目，其他经营损失记入"管理费用"科目；企业会计准则规定，不区分原因，固定资产盘亏损失全部记入"营业外支出"科目。

第 7 章 利润的核算及涉税解析

利润是指企业在一定会计期间的经营成果,既是企业经营发展的基本保证,也是经营绩效的重要指标,在《利润表》中分列项目反映。企业经营目的是实现利润最大化,而利润也和税收中的企业所得税息息相关。本章对本年利润、所得税费用、利润分配等会计科目逐项进行核算内容剖析、涉及税种解析、差异分析。

7.1 利润

利润是指小企业在一定会计期间的经营成果,包括营业利润、利润总额和净利润。

(1) 营业利润,是指营业收入减去营业成本、税金及附加、销售费用、管理费用、财务费用,加上投资收益(或减去投资损失)后的金额。其计算公式为:

营业利润 = 营业收入 - 营业成本 - 税金及附加 - 销售费用 - 管理费用 - 财务费用 ± 投资收益(或投资损失)

(2) 利润总额,是指营业利润加上营业外收入,减去营业外支出后的金额。其计算公式为:利润总额 = 营业利润 + 营业外收入 - 营业外支出

(3) 净利润,是指利润总额减去所得税费用后的净额。其计算公式为:净利润 = 利润总额 - 所得税费用

7.1.1 科目核算内容

"本年利润"科目核算企业当年实现的净利润(或发生的净亏损)。"本年利润"科目贷方登记月末从收入、收益账户转入数,借方登记月末从成本费用账户转入数。结转以后,"本年利润"科目的贷方余额为当期实现的净利润;借方余额为当期发生的净亏损。

1. 期末应将"主营业务收入""其他业务收入""营业外收入"等科目的期末余额分别转入"本年利润"科目的贷方。即借记"主营业务收入""其他业务收入""营业外收入"等科目,贷记"本年利润"科目。

2. 将"主营业务成本""其他业务成本""税金及附加""销售费用""管理费用""财务费用""营业外支出""所得税费用"等科目的期末余额分别转入"本年利润"科目的借方。即借记"本年利润"科目,贷记"主营业务成本""其他业务成本""税金及附加""销售费用""管理费用""财务费用""营业外支出""所得税费用"等科目。

3. 将"投资收益"科目的贷方余额,转入"本年利润"科目,借记"投资收益"科目,贷记"本年利润"科目;如为借方余额,做相反的会计分录。

4. 年度终了,应当将本年收入和支出相抵后结出的本年实现的净利润,转入"利润分配"科目,借记"本年利润"科目,贷记"利润分配——未分配利润"科目;如为净亏损,做相反的会计分录。结转后"本年利润"科目应无余额。

7.1.2 涉税解析

1. 年末,企业不论盈利还是亏损,均应按照国家税收的有关规定计算当期应交企业所得税,确认当期所得税费用,并将所得税费用转入"本年利润"科目的借方,最终余额(即净利润)转入"利润分配"科目。

2. 企业所得税分月或者分季预缴,由税务机关具体核定。企业分月或者分季预缴企业所得税时,应当按照月度或者季度的实际利润额预缴;按照月度或者季度的实际利润额预缴有困难的,可以按照上一纳税年度应纳税所得额的月度或者季度平均额预缴,或者按照经税务机关认可的其他方法预缴。预缴方法一经确定,该纳税年度内不得随意变更。

3. 利润总额是按照会计制度规定计算得出的,是计算公益性捐赠的基数。

7.1.3 差异分析

1. 会计亏损和企业所得税法所称亏损是两个不同的概念,会计亏损的计算用公式表示为:利润总额=营业利润+营业外收入-营业外支出,且计算结果为负数;企业所得税法所称亏损,是指企业依照税法规定将每一纳税年度的收入总额减除不征税收入、免税收入和各项扣除后小于零的数额。税法规定的亏损是根据企业所得税法规定对会计利润调整后确定的,企业弥补亏损是按照税法规定计算的亏损进行弥补。

2. 小企业会计准则规定,营业利润＝营业收入－营业成本－税金及附加－销售费用－管理费用－财务费用±投资收益(或投资损失)

3. 企业会计准则规定,营业利润＝营业收入－营业成本－税金及附加－销售费用－管理费用－财务费用－资产减值损失±公允价值变动收益(或公允价值变动损失)±投资收益(或投资损失)±资产处置收益(资产处置损失)＋其他收益

7.2 所得税费用

所得税费用是指小企业根据企业所得税法确定的应从当期利润总额中扣除的企业所得税费用。

7.2.1 科目核算内容

"所得税费用"科目核算小企业根据企业所得税法确定的应从当期利润总额中扣除的企业所得税费用。年度终了,应将"所得税费用"科目的余额转入"本年利润"科目,结转后"所得税费用"科目应无余额。

小企业按照企业所得税法规定计算确定的当期应纳税额,借记"所得税费用"科目,贷记"应交税费——应交企业所得税"科目。

[特别提示]

(1) 小企业根据企业所得税法规定补交的企业所得税,通过"所得税费用"科目核算。

(2) 小企业按照规定实行企业所得税先征后返的,实际收到返还的企业所得税,在"营业外收入"科目核算,不在"所得税费用"科目核算。

7.2.2 涉税解析

1. 小企业应当按照企业所得税法规定计算的当期应纳税额,确认所得税费用。小企业的应纳所得税额等于所得税费用。

2. 小企业所得税费用的计算。小企业应当在利润总额的基础上,按照企业所得税法规定进行纳税调整,计算出当期应纳税所得额,按照应纳税所得额与适用所得税税率为基础计算确定当期应纳税额。在计算应纳税所得额时,企业财务、会计处理办法

与税收法律、行政法规的规定不一致的，应当依照税收法律、行政法规的规定计算。因此，在计算应纳税所得额时，需要对小企业会计准则与企业所得税法的规定不一致的项目进行纳税调整。

3. 利润总额、应纳税所得额、所得税费用与净利润关系。

利润总额反映企业实现的利润，包括营业利润和营业外利润。

利润总额 = 营业利润 + 营业外收入 − 营业外支出

应纳税所得额是企业每一个纳税年度的收入总额，减除不征税收入、免税收入、各项扣除以及允许弥补的以前年度亏损后的余额。

应纳税所得额 = 收入总额 − 不征税收入 − 免税收入 − 各项扣除 − 弥补以前年度亏损

所得税费用是指小企业根据企业所得税法确定的应从当期利润总额中扣除的所得税费用，小企业的应纳所得税额等于所得税费用。

净利润是指企业实现的净利润

净利润（或亏损）= 利润总额 − 所得税费用

利润总额、应纳税所得额、所得税费用与净利润关系，可用公式表示为：

①净利润（或亏损）= 利润总额 − 所得税费用

其中，小企业当期所得税费用 = 当期实际应纳所得税额，即净利润 = 利润总额 − 实际应纳所得税额

实际应纳所得税额 = 应纳税额 + 境外所得应纳所得税额 − 境外所得抵免所得税额

应纳税额 = 应纳所得税额 − 减免所得税额 − 抵免所得税额

应纳所得税额 = 应纳税所得额 × 25%

②应纳税所得额 = 纳税调整后所得 − 所得减免 − 弥补以前年度亏损 − 抵扣应纳税所得额

其中，纳税调整后所得 = 利润总额 − 境外所得 + 纳税调整增加额 − 纳税调整减少额 − 免税、减计收入及加计扣除 + 境外应税所得抵减境内亏损

[特别提示]

(1) 净利润与资产负债表、利润表、现金流量表的勾稽关系：

资产负债表与利润表勾稽关系：小企业会计准则规定，资产负债表中期末"未分配利润" = 资产负债表中"未分配利润"的年初数 + 利润表中"净利润"累计金额 − (资产负债表中"盈余公积"期末余额 − "盈余公积"期初余额) − 应付给投资者的利润

企业会计准则规定，资产负债表中期末"未分配利润" = 资产负债表中"未分配利润"的年初数 + 利润表中"净利润"本期增加 − 提取的盈余公积、公益金（或提取的职工奖励工资、储备基金、企业发展基金或利润归还投资）− 应付股东股利或转作

资本部分

现金流量表与资产负债表的勾稽关系：现金流量表中现金（现金等价物）净增加额＝资产负债表中"货币资金"期末数－"货币资金"期初数

现金流量表中期初现金（现金等价物）余额＝资产负债表"货币资金"期初余额

现金流量表中期末现金（现金等价物）余额＝资产负债表"货币资金"期末余额

净利润（或净亏损）＝利润总额－所得税费用，其中利润总额项目在《中华人民共和国企业所得税年度纳税申报表（A类）》（A100000）第13行反映；所得税费用与《中华人民共和国企业所得税年度纳税申报表（A类）》（A100000）第31行"实际应纳所得税额"相吻合。既小企业的净利润（或净亏损）是指利润总额减除实际应纳所得税额后的余额。

资产负债表中的"盈余公积"数是以利润表的净利润数为基础按照比例提取的盈余公积金、公益金。

（2）应纳税所得额如果按照计算顺序算出的结果为负数，在《中华人民共和国企业所得税年度纳税申报表（A类）》（A100000）第23行"五、应纳税所得额"金额栏填列0而不能出现负数；但在利润表中，净利润一栏以负数填报。

（3）利润表新增的"持续经营净利润"和"终止经营净利润"分别反映净利润中与持续经营相关的净利润和与终止经营相关的净利润。

7.2.3 差异分析

1. 小企业会计准则规定，企业一律按应付税款法核算所得税。当期所得税费用等于当期应交的所得税，即"所得税费用"科目发生额与"应交税费——应交企业所得税"科目的发生额相同。在实务中具体表现为：利润表中的"所得税费用"的金额等于《中华人民共和国企业所得税年度纳税申报表（A类）》（A100000）第31行"实际应纳所得税额"的金额。

企业会计准则规定，企业采用资产负债表债务法（递延所得税法）。此种情况下，利润表中的所得税费用由两部分组成：当期所得税和递延所得税。

所得税费用＝当期所得税＋递延所得税

当期所得税＝当期应交所得税＝应纳税所得额×适用所得税税率

其中，应纳税所得额＝会计利润＋按照会计准则规定计入利润表但计税时不允许扣除的费用±计入利润表的费用与税法规定可予税前抵扣的金额之间的差额±计入利润表的收入与按照税法规定应计入应纳税所得额的收入之间的差额－税法规定的不征税收入±其他需要调整的因素

递延所得税＝（递延所得税负债的期末余额－递延所得税负债的期初余额）－（递延所得税资产的期末余额－递延所得税资产的期初余额）

2. 企业按照规定实行企业所得税先征后返的，应当在实际收到返还的企业所得税时，按小企业会计准则规定贷记"营业外收入"科目，按企业会计准则规定贷记"所得税费用"科目。

[特别提示] 会计利润和应纳税所得额是两个不同的概念。会计利润是从会计核算的概念出发，按照会计准则和会计制度的要求计算出来的反映企业于一定会计期间内生产经营的财务成果。应纳税所得额是所得税法规定的概念，是按照企业所得税法的规定计算出来的，主要存在应纳税所得额调增项目和调减项目两方面的差异。

（1）应纳税所得额调增项目的差异。会计处理对赞助费、捐赠支出、罚款罚金、滞纳金支出及与取得应税收入无关的支出等项目在营业外支出中据实列支，而税法则对这些项目或是明确不得扣除，或是规定只能按限定标准扣除。如捐赠支出，会计处理按实际捐赠价值列作营业外支出；而按增值税、企业所得税法等规定，需要先区分货币捐赠与实物捐赠、公益救济性捐赠与非公益救济性捐赠、直接捐赠与间接捐赠、限定比例内捐赠与限定比例外捐赠后，再确定是否要按规定缴纳增值税、是否准予所得税前扣除及准予扣除的数额。

（2）应纳税所得额调减项目的差异。会计处理对已计入利润总额而按税法规定可以免予征税或不需征税的项目，如国债利息等单项免税或不征税项目、其他单位分得不需征税的税后利润、所得税前追加扣除的研究开发费用，以及所得税前弥补以前年度经营亏损等项目，这些项目按税法规定均可在会计利润中依法扣除后再计算征收企业所得税。

7.3 利润分配

利润分配是指小企业根据国家有关规定和企业章程、投资者协议等，对小企业当年可供分配的利润所进行的分配。

7.3.1 科目核算内容

"利润分配"科目核算小企业利润的分配（或亏损的弥补）和历年分配（或弥补）后的余额。"利润分配"科目年末余额，反映小企业的未分配利润（或未弥补亏损），应按照"应付利润""未分配利润"等进行明细核算。

1. 年度终了，小企业应当将本年实现的净利润，自"本年利润"科目转入"利润分配"科目，借记"本年利润"科目，贷记"利润分配——未分配利润"；为净亏损的，做相反的会计分录。同时，将"利润分配——应付利润、盈余公积补亏"科目的余额转入"利润分配——未分配利润"明细科目。结转后,"利润分配"科目除"未分配利润"明细科目外,其他明细科目应无余额。

2. 用盈余公积弥补亏损,借记"盈余公积"科目,贷记"利润分配——盈余公积补亏"。

3. 小企业根据有关规定分配给投资者的利润,借记"利润分配——应付利润",贷记"应付利润"科目。

4. 小企业(中外合作经营)根据合同规定在合作期间归还投资者的投资,应按照实际归还投资的金额,借记"实收资本——已归还投资"科目,贷记"银行存款"等科目;同时,借记"利润分配——利润归还投资"科目,贷记"盈余公积——利润归还投资"科目。

7.3.2 涉税解析

1. 小企业以当年净利润弥补以前年度亏损后剩余的税后利润,可用于向投资者进行分配。企业分配税后利润时,应按照《公司法》的规定提取法定公积金和任意公积金。除法律、行政法规另有规定外,小企业按照以下顺序分配:

(1)弥补以前年度亏损。

(2)提取10%的法定公积金。公司法定公积金累计额为公司注册资本的50%以上的,可以不再提取。

(3)提取任意公积金。任意公积金提取比例由企业董事会或股东大会决定。

(4)向投资者分配利润。企业以前年度未分配利润,并入本年度净利润,充分考虑现金流量状况后,向投资者分配利润。

2. 企业发生的年度经营亏损,依照税法规定弥补。税法规定年限内的税前利润不足弥补的,用以后年度的税后利润弥补,或经投资者审议后用盈余公积弥补。企业弥补以前年度亏损和提取盈余公积后,当年没有可供分配的利润时,不得向投资者分配利润,但法律、行政法规另有规定的除外。

3. 企业(合并企业)按一般性税务处理规定进行企业合并后,计算应纳税所得额时,合并前被合并企业的亏损不准在合并企业结转弥补,如果已弥补的,按税法规定不得结转弥补,应调增应纳税所得额。

4. 企业(分立企业)按一般性税务处理规定进行企业分立后,计算应纳税所得额时,被分立企业的分立前亏损不准在分立企业结转弥补,如果已弥补的,按税法规定不得结转弥补,应调增应纳税所得额。

5. 企业(分立企业)按特殊性税务处理规定进行企业分立后,计算应纳税所得额时,被分立企业的分立前未超过法定弥补期限的亏损应按税法规定按分立资产占全部资产的比例进行分配,由分立企业继续弥补,否则应进行应纳税所得额调整。

6. 企业支付或者到期应支付给未在中国境内设立机构、场所的非居民企业股息、红利等权益性投资收益，应按税法及相关国家（地区）的税收协定（安排）的规定代扣代缴企业所得税，否则应补扣缴企业所得税。税法规定应在做出利润分配决定的日期代扣代缴企业所得税。如实际支付时间先于利润分配决定日期的，应在实际支付时代扣代缴企业所得税。

7. 企业在汇总计算缴纳企业所得税时，其境外营业机构的亏损不得抵减境内营业机构的盈利。

8. 企业支付或者到期应支付给在中国境内设立机构、场所的非居民企业，但与该机构、场所没有实际联系的股息、红利等权益性投资收益，应按税法及相关国家（地区）的税收协定（安排）的规定代扣代缴企业所得税，否则应补扣缴企业所得税。

9. 扣缴义务人将属于纳税义务人应得的利息、股息、红利收入，通过扣缴义务人的往来会计科目分配到个人名下，收入所有人有权随时提取，在这种情况下，扣缴义务人将利息、股息、红利所得分配到个人名下时，即应认为所得的支付，应按税收法规规定及时代扣代缴个人应缴纳的个人所得税。

10. 企业向投资者分配利润，属"股息、红利"所得，应按个人所得税法的有关规定，对所得征收20%个人所得税。股份制企业用盈余公积金派发红股属于股息、红利性质的分配，对个人取得的红股数额，应作为个人所得征税。有限公司将从税后利润中提取的法定公积金和任意公积金转增注册资本，实际上是该公司将盈余公积金向股东分配了股息、红利，股东再以分得的股息、红利增加注册资本。对属于个人股东分得再投入公司（转增注册资本）的部分应按照"利息、股息、红利所得"项目征收个人所得税。

[例7-1] 2022年6月1日，A公司向投资者分配利润1 000 000元，其中甲股东个人持股60%，乙股东个人持股40%。假如不考虑其他因素，A公司的会计分录为：

发放现金股利时：

借：利润分配——应付利润　　　　　　　　　　　　　1 000 000
　　贷：应付利润　　　　　　　　　　　　　　　　　　1 000 000
借：应付利润——甲股东　　　　　　　　　　　　　　　600 000
　　　　　　——乙股东　　　　　　　　　　　　　　　400 000
　　贷：应交税费——应交个人所得税　　　　　　　　　　200 000
　　　　银行存款　　　　　　　　　　　　　　　　　　800 000

上缴个人所得税时：

借：应交税费——应交个人所得税　　　　　　　　　　　200 000
　　贷：银行存款　　　　　　　　　　　　　　　　　　200 000

11. 企业纳税年度发生的亏损，准予向以后年度结转，用以后年度的所得弥补，但结转年限最长不得超过 5 年。

弥补的亏损是指税法规定的应纳税所得额为负数的情况，弥补亏损应按照企业所得税申报表上应纳税所得额计算的填报。

《企业所得税弥补亏损明细表》（A106000）与《中华人民共和国企业所得税年度纳税申报表》（A100000）的表间关系：《企业所得税弥补亏损明细表》（A106000）第 6 行第 2 列（本年度可弥补亏损所得）＝表 A100000 第 19—20 行（纳税调整后所得 − 所得减免）；《企业所得税弥补亏损明细表》（A106000）第 6 行第 10 列（本年度实际弥补的以前年度亏损额）＝《中华人民共和国企业所得税年度纳税申报表》（A100000）第 21 行（弥补以前年度亏损）

［例 7 − 2］A 公司 2017 年亏损 100 万元，2018 年盈利 15 万元，2019 年盈利 50 万元，2020 年亏损 80 万元，2021 年盈利 10 万元，2022 年盈利 80 万元。弥补亏损如下：2022 年盈利 80 万元，先弥补 2017 年未弥补的亏损 25 万元（填第 1 行第 10 列），再弥补 2020 年亏损，因为 2022 年的盈利弥补 2017 年后只剩 55 万元（80 − 25），所以 2020 年的亏损只能再弥补 55 万元（填第 4 行第 10 列），2022 年的盈利已全部用于弥补以前年度的亏损（详见表 7 − 1）。

表 7 − 1　　A106000　企业所得税弥补亏损明细表　　单位：万元

行次	项目	年度	可弥补亏损所得	合并、分立转入（转出）可弥补的亏损额		当年可弥补的亏损额	以前年度亏损已弥补额					本年度实际弥补的以前年度亏损额	可结转以后年度弥补的亏损额
							前四年度	前三年度	前二年度	前一年度	合计		
			1	2	3	4	5	6	7	8	9	10	11
1	前五年度	2017	−100				15	50	0	10	75	25	*
2	前四年度	2018	15				*						
3	前三年度	2019	50				*	*					
4	前二年度	2020	−80			−10	*	*	*	0	0	55	35
5	前一年度	2021	10				*	*	*	*	*		
6	本年度	2022	80				*	*	*	*	*	80	
7			可结转以后年度弥补的亏损额合计										35

[**特别提示**] 自 2018 年 1 月 1 日起，当年具备高新技术企业或科技型中小企业资格的企业，其具备资格年度之前 5 个年度发生的尚未弥补完的亏损，准予结转以后年度弥补，最长结转年限由 5 年延长至 10 年。

此处所称高新技术企业，是指按照《科技部 财政部 国家税务总局关于修订印发〈高新技术企业认定管理办法〉的通知》（国科发火〔2016〕32 号）规定认定的高新技术企业；所称科技型中小企业，是指按照《科技部 财政部 国家税务总局关于印发〈科技型中小企业评价办法〉的通知》（国科发政〔2017〕115 号）规定取得科技型中小企业登记编号的企业。

12. 通过利润及利润分配核算会计资料，可以获取以下涉税信息：营业外收入是否全部申报缴纳企业所得税；不得在税前扣除的营业外支出项目是否调增应纳税所得额；税法规定有扣除标准的营业外支出项目是否按照规定调整应纳税所得额；向自然人分配利润是否代扣代缴个人所得税；营业外支出中的非正常损失是否向税务机关说明情况，并出具专项报告；弥补以前年度亏损的情况。

获取涉税信息的主要方式有两种，一是根据"营业外收入明细账""营业外支出明细账""所得税费用明细账"及"利润分配明细账"中的摘要说明及记载的凭证编号，抽取相应的记账凭证及其所附的原始凭证进行审阅；二是审阅企业所得税纳税申报表。

第 8 章
现行税费解析及会计核算

　　现行由税务部门征收管理的税费：增值税、消费税、车辆购置税、企业所得税、个人所得税、资源税、城镇土地使用税、房产税、城市维护建设税、耕地占用税、契税、土地增值税、车船税、印花税、烟叶税、环境保护税、文化事业建设费、教育费附加、地方教育附加、水利建设基金、残疾人就业保障金、工会经费；现行由海关部门代征的税种：关税、船舶吨税、代扣代缴的增值税和消费税。其中：《中华人民共和国个人所得税法》自 1980 年 9 月 10 日起施行、《中华人民共和国企业所得税法》自 2008 年 1 月 1 日起施行、《中华人民共和国车船税法》自 2012 年 1 月 1 日起施行、《中华人民共和国环境保护税法》自 2018 年 1 月 1 日起施行、《中华人民共和国烟叶税法》自 2018 年 7 月 1 日起施行、《中华人民共和国船舶吨税法》自 2018 年 7 月 1 日起施行、《中华人民共和国车辆购置税法》自 2019 年 7 月 1 日起施行、《中华人民共和国耕地占用税法》自 2019 年 9 月 1 日起施行、《中华人民共和国资源税法》自 2020 年 9 月 1 日起施行、《中华人民共和国城市维护建设税法》自 2021 年 9 月 1 日起施行、《中华人民共和国契税法》自 2021 年 9 月 1 日起施行、《中华人民共和国印花税法》自 2022 年 7 月 1 日起施行。

　　自 2019 年 1 月 1 日起，各项社会保险费和非税收入由税务部门统一征收。

　　本章系统、全面地对现行税制最新内容和税收知识最新变化，按税费基本要素进行归纳、总结和分析，并对现行税费及会计核算进行解析。

8.1 增值税

增值税是对在中华人民共和国境内销售货物或者加工、修理修配劳务，销售服务、无形资产、不动产以及进口货物过程中实现的增值额征收的一种税。

现行的增值税是根据 2017 年 11 月 19 日《国务院关于废止〈中华人民共和国营业税暂行条例〉和修改〈中华人民共和国增值税暂行条例〉的决定》（中华人民共和国国务院令 691 号）的规定执行的。

8.1.1 纳税人

在中华人民共和国境内销售货物或者加工、修理修配劳务（以下简称劳务），销售服务、无形资产、不动产以及进口货物的单位和个人，为增值税的纳税人。

企业租赁、承包给他人经营的，以承租人、承包人为纳税人。

境外的单位和个人在境内销售应税劳务，而在境内未设经营机构的，以代理人为扣缴义务人，没有代理人的，以购买者为扣缴义务人。

[特别提示]

（1）提供加工、修理修配劳务，是指有偿提供加工、修理修配劳务。单位或者个体工商户聘用的员工为本单位或者雇主提供加工、修理修配劳务，不包括在内。

（2）企业、单位或个人的下列行为，视同销售货物：将货物交付他人代销；销售代销货物；设有两个以上机构并实行统一核算的纳税人，将货物从一个机构移送其他机构用于销售；将自己生产或委托加工的货物用于非应税项目、集体福利或个人消费；将自产、委托加工或购买的货物作为投资，提供给其他企业、单位或者个体经营者；分配给股东、投资者，无偿赠送他人；从事货物生产、批发、零售的混合销售行为。

（3）纳税人兼营销售货物、劳务、服务、无形资产或者不动产，适用不同税率或者征收率的，应当分别核算适用不同税率或者征收率的销售额；未分别核算的，从高适用税率。纳税人兼营免税、减税项目的，应当分别核算免税、减税项目的销售额；未分别核算的，不得免税、减税。

（4）一项销售行为如果既涉及服务又涉及货物，为混合销售。从事货物的生产、批发或者零售的单位和个体工商户的混合销售行为，按照销售货物缴纳增值税；其他单位和个体工商户的混合销售行为，按照销售服务缴纳增值税。

（5）从事货物的生产、批发或者零售的单位和个体工商户，包括以从事货物的生产、批发或者零售为主，并兼营销售服务的单位和个体工商户在内。

(6) 单位以承包、承租、挂靠方式经营的，承包人、承租人、挂靠人（以下统称承包人）以发包人、出租人、被挂靠人（以下统称发包人）名义对外经营并由发包人承担相关法律责任的，以该发包人为纳税人。否则，以承包人为纳税人。

自 2017 年 5 月 1 日起，建筑企业与发包方签订建筑合同后，以内部授权或者三方协议等方式，授权集团内其他纳税人（以下称"第三方"）为发包方提供建筑服务，并由第三方直接与发包方结算工程款的，由第三方缴纳增值税并向发包方开具增值税发票，与发包方签订建筑合同的建筑企业不缴纳增值税。发包方可凭实际提供建筑服务的纳税人开具的增值税专用发票抵扣进项税额。

8.1.2 税率、征收率、预征率、扣除率

8.1.2.1 税率

自 2019 年 4 月 1 日起，增值税一般纳税人发生增值税应税销售行为或者进口货物，原适用 16% 税率的，税率调整为 13%；原适用 10% 税率的，税率调整为 9%；纳税人购进农产品（农产品，是指初级农产品，具体范围由财政部、国家税务总局确定），原适用 10% 扣除率的，扣除率调整为 9%；纳税人购进用于生产或者委托加工 13% 税率货物的农产品，按照 10% 的扣除率计算进项税额；原适用 16% 税率且出口退税率为 16% 的出口货物劳务，出口退税率调整为 13%；原适用 10% 税率且出口退税率为 10% 的出口货物、跨境应税行为，出口退税率调整为 9%。

1. 自 2019 年 4 月 1 日起，税率调整为 13% 的应税行为。销售货物、进口货物、提供加工、修理修配劳务、有形动产租赁服务。

2. 自 2019 年 4 月 1 日起，税率调整为 9% 的应税行为。

（1）销售服务：交通运输服务、基础电信服务、邮政服务、建筑服务、现代服务（不动产租赁服务）；

（2）销售无形资产——土地使用权；

（3）销售不动产；

（4）纳税人销售或者进口下列货物：农产品（含粮食）、自来水、暖气、石油液化气、天然气、食用植物油、冷气、热水、煤气、居民用煤炭制品、食用盐、农机、饲料、农药、农膜、化肥、沼气、二甲醚、图书、报纸、杂志、音像制品、电子出版物。

3. 6% 税率的应税行为。

（1）销售服务：增值电信服务、金融服务、现代服务（除有形动产租赁、不动产租赁服务外）、生活服务；

（2）销售除土地使用权外的无形资产。

4. 零税率的应税行为。

（1）境内的单位和个人销售的下列服务和无形资产，适用增值税零税率：

国际运输服务、航天运输服务、向境外单位提供的完全在境外消费的服务（研发服务、合同能源管理服务、设计服务、广播影视节目作品的制作和发行服务软件服务、电路设计及测试服务、信息系统服务、业务流程管理服务、离岸服务外包业务、转让技术）、财政部和国家税务总局规定的其他服务。

（2）按照国家有关规定应取得相关资质的国际运输服务项目，纳税人取得相关资质的，适用增值税零税率政策，未取得的，适用增值税免税政策。

（3）2016年4月30日前签订的合同，符合《财政部 国家税务总局关于将铁路运输和邮政业纳入营业税改征增值税试点的通知》（财税〔2013〕106号）附件4和《财政部 国家税务总局关于影视等出口服务适用增值税零税率政策的通知》（财税〔2015〕118号）规定的零税率或者免税政策条件的，在合同到期前可以继续享受零税率或者免税政策。

一般纳税人适用增值税适用税率表（见表8-1）。

表8-1　　　　　　　　　　　增值税适用税率表

（一般纳税人适用）

类别	应税行为		2018年5月1日前	2018年5月1日后	2019年4月1日后
销售货物	销售或者进口货物（另有列举的货物除外）		17%	16%	13%
	农产品（含粮食）、自来水、暖气、石油液化气、天然气、食用植物油、冷气、热水、煤气、居民用煤炭制品、食用盐、农机、饲料、农药、农膜、化肥、沼气、二甲醚、图书、报纸、杂志、音像制品、电子出版物		11%	10%	9%
	提供加工、修理修配劳务		17%	16%	13%
销售服务	交通运输服务	陆路运输服务	11%	10%	9%
		水路运输服务	11%	10%	
		航空运输服务	11%	10%	
		管道运输服务	11%	10%	
	邮政服务	邮政普遍服务	11%	10%	9%
		邮政特殊服务	11%	10%	
		其他邮政服务	11%	10%	
	电信服务	基础电信服务	11%	10%	9%
		增值电信服务	6%	6%	6%
	建筑服务	工程服务	11%	10%	9%
		安装服务	11%	10%	
		修缮服务	11%	10%	
		装饰服务	11%	10%	
		其他建筑服务	11%	10%	

续表

类别			应税行为	2018年5月1日前	2018年5月1日后	2019年4月1日后
销售服务		金融服务	贷款服务	6%	6%	6%
			直接收费金融服务	6%	6%	
			保险服务	6%	6%	
			金融商品转让	6%	6%	
	现代服务	研发和技术服务	研发服务	6%	6%	6%
			合同能源管理服务	6%	6%	
			工程勘察勘探服务	6%	6%	
			专业技术服务	6%	6%	
		信息技术服务	软件服务	6%	6%	6%
			电路设计及测试服务	6%	6%	
			信息系统服务	6%	6%	
			业务流程管理服务	6%	6%	
			信息系统增值服务	6%	6%	
		文化创意服务	设计服务	6%	6%	6%
			知识产权服务	6%	6%	
			广告服务	6%	6%	
			会议展览服务	6%	6%	
		物流辅助服务	航空服务	6%	6%	6%
			港口码头服务	6%	6%	
			货运客运场站服务	6%	6%	
			打捞救助服务	6%	6%	
			装卸搬运服务	6%	6%	
			仓储服务	6%	6%	
			收派服务	6%	6%	
		租赁服务	有形动产融资租赁服务	17%	16%	13%
			有形动产经营租赁服务	17%	16%	
			不动产融资租赁服务	11%	10%	9%
			不动产经营租赁服务	11%	10%	
		鉴证咨询服务	认证服务	6%	6%	6%
			鉴证服务	6%	6%	
			咨询服务	6%	6%	
		广播影视服务	广播影视节目(作品)制作服务	6%	6%	6%
			广播影视节目(作品)发行服务	6%	6%	
			广播影视节目(作品)播映服务	6%	6%	

续表

类别	应税行为			2018年5月1日前	2018年5月1日后	2019年4月1日后
销售服务	现代服务	商务辅助服务	企业管理服务	6%	6%	6%
			经纪代理服务	6%	6%	
			人力资源服务	6%	6%	
			安全保护服务	6%	6%	
		其他现代服务		6%	6%	
	生活服务	文化体育服务	文化服务	6%	6%	6%
			体育服务	6%	6%	
		教育医疗服务	教育服务	6%	6%	
			医疗服务	6%	6%	
		旅游娱乐服务	旅游服务	6%	6%	
			娱乐服务	6%	6%	
		餐饮住宿服务	餐饮服务	6%	6%	
			住宿服务	6%	6%	
		居民日常服务		6%	6%	
		其他生活服务		6%	6%	
销售无形资产	技术	专利技术		6%	6%	6%
		非专利技术		6%	6%	6%
	商标			6%	6%	6%
	著作权			6%	6%	
	商誉			6%	6%	
	其他权益性无形资产	基础设施资产经营权		6%	6%	6%
		公共事业特许权		6%	6%	
		配额		6%	6%	
		经营权（包括特许经营权、连锁经营权、其他经营权）		6%	6%	
		经销权		6%	6%	
		分销权		6%	6%	
		代理权		6%	6%	
		会员权		6%	6%	
		席位权		6%	6%	
		网络游戏虚拟道具		6%	6%	
		域名		6%	6%	
		名称权		6%	6%	
		肖像权		6%	6%	
		冠名权		6%	6%	
		转会费		6%	6%	

续表

类别	应税行为		2018年5月1日前	2018年5月1日后	2019年4月1日后
销售无形资产	自然资源使用权	海域使用权	6%	6%	6%
		探矿权	6%	6%	
		采矿权	6%	6%	
		取水权	6%	6%	
		其他自热资源使用权	6%	6%	
	土地使用权		11%	10%	9%
销售不动产	建筑物		11%	10%	9%
	构筑物		11%	10%	
在境内载运旅客或者货物出境			0	0	0
在境外载运旅客或者货物入境			0	0	
在境外载运旅客或者货物			0	0	
航天运输服务			0	0	
向境外单位提供的完全在境外消费的研发服务			0	0	
向境外单位提供的完全在境外消费的合同能源管理服务			0	0	
向境外单位提供的完全在境外消费的设计服务			0	0	
向境外单位提供的完全在境外消费的广播影视节目（作品）的制作和发行服务			0	0	
向境外单位提供的完全在境外消费的软件服务			0	0	
向境外单位提供的完全在境外消费的电路设计及测试服务			0	0	
向境外单位提供的完全在境外消费的信息系统服务			0	0	
向境外单位提供的完全在境外消费的业务流程管理服务			0	0	
向境外单位提供的完全在境外消费的离岸服务外包业务			0	0	0
向境外单位提供的完全在境外消费的转让技术			0	0	
财政部和国家税务总局规定的其他服务			0	0	
出口货物			0	0	

8.1.2.2 征收率

小规模纳税人及允许适用简易计税方式的一般纳税人适用增值税适用征收率表（见表8－2）。

表8－2　　　　　　　　增值税适用征收率表

（小规模纳税人及允许适用简易计税方式的一般纳税人适用）

序号	税目	增值税征收率
1	陆路运输服务	3%

续表

序号	税目	增值税征收率
2	水路运输服务	3%
3	航空运输服务	3%
4	管道运输服务	3%
5	邮政普遍服务	3%
6	邮政特殊服务	3%
7	其他邮政服务	3%
8	基础电信服务	3%
9	增值电信服务	3%
10	工程服务	3%
11	安装服务	3%
12	修缮服务	3%
13	装饰服务	3%
14	其他建筑服务	3%
15	贷款服务	3%
16	直接收费金融服务	3%
17	保险服务	3%
18	金融商品转让	3%
19	研发和技术服务	3%
20	信息技术服务	3%
21	文化创意服务	3%
22	物流辅助服务	3%
23	有形动产租赁服务	3%
24	不动产租赁服务	5%
25	鉴证咨询服务	3%
26	广播影视服务	3%
27	商务辅助服务	3%
28	其他现代服务	3%
29	文化体育服务	3%
30	教育医疗服务	3%
31	旅游娱乐服务	3%
32	餐饮住宿服务	3%
33	居民日常服务	3%
34	其他生活服务	3%
35	销售无形资产	3%
36	转让土地使用权	3%

续表

序号	税目	增值税征收率
37	销售不动产	5%
38	销售或者进口货物	3%
39	粮食、食用植物油	3%
40	自来水、暖气、冷气、热水、煤气、石油液化气、天然气、沼气、居民用煤炭制品	3%
41	图书、报纸、杂志	3%
42	饲料、化肥、农药、农机、农膜	3%
43	农产品	3%
44	音像制品	3%
45	电子出版物	3%
46	二甲醚	3%
47	国务院规定的其他货物	3%
48	加工、修理修配劳务	3%
49	一般纳税人提供建筑服务选择适用简易计税办法	3%
50	小规模纳税人转让其取得的不动产	5%
51	个人转让其购买的住房	5%
52	房地产开发企业中的一般纳税人,销售自行开发的房地产老项目,选择适用简易计税方法的	5%
53	房地产开发企业中的小规模纳税人,销售自行开发的房地产项目	5%
54	一般纳税人出租其2016年4月30日前取得的不动产,选择适用简易计税方法的	5%
55	单位和个体工商户出租不动产(个体工商户和其他个人出租住房按照5%征收率减按1.5%计算应纳税额)	5%
56	其他个人出租不动产(出租住房减按1.5%计算应纳税额)	5%
57	一般纳税人转让其2016年4月30日前取得的不动产,选择适用简易计税方法计税的	5%
58	销售旧货、小规模纳税人及符合规定情形的一般纳税人销售自己使用过的固定资产	3%减按2%
59	2020年5月1日—2023年12月31日,销售二手车	减按0.5%

8.1.2.3 预征率

销售建筑服务、销售自行开发房地产、不动产经营租赁、销售不动产适用增值税预征率表(见表8-3)。

表8-3　　　　　　　　　增值税预征率表

应税行为	预征率		应税行为
	一般计税	简易计税	
销售建筑服务	2%	3%	销售建筑服务
销售自行开发房地产	3%	3%	销售自行开发房地产

续表

应税行为	预征率		应税行为
	一般计税	简易计税	
不动产经营租赁	3%	5%	不动产经营租赁
销售不动产	5%	5%	销售不动产

8.1.2.4 扣除率

购进农产品按照增值税扣除率（见表8-4）计算进项税额。

表8-4　　　　　增值税适用扣除率表（自2019年4月1日起执行）

序号	应税行为	增值税扣除率
1	购进农产品（除以下第二项外）	9%的扣除率计算进项税额
2	购进用于生产销售或委托加工13%税率货物的农产品	10%的扣除率计算进项税额

[特别提示]

（1）提供餐饮服务的纳税人销售的外卖食品，按照"餐饮服务"缴纳增值税，适用6%税率。

（2）宾馆、旅馆、旅社、度假村和其他经营性住宿场所提供会议场地及配套服务的活动，按照"会议展览服务"缴纳增值税。

（3）纳税人以长（短）租形式出租酒店式公寓并提供配套服务的，按照"住宿服务"缴纳增值税。

（4）纳税人在游览场所经营索道、摆渡车、电瓶车、游船等取得的收入，按照"文化体育服务"缴纳增值税。

（5）纳税人提供武装守护押运服务，按照商务辅助服务的"安全保护服务"缴纳增值税。

（6）纳税人将建筑施工设备出租给他人使用并配备操作人员的，按照"建筑服务"缴纳增值税。

（7）纳税人销售活动板房、机器设备、钢结构件等自产货物的同时提供建筑、安装服务，分别适用13%和9%税率。

（8）纳税人原适用的税率高于财税〔2016〕140号文件所明确税目对应税率的，多申报的销项税额可以抵减以后月份的销项税额；同时，纳税人已就相关业务向购买方开具增值税专用发票的，应将增值税专用发票收回并重新开具；无法收回的不再调整。

（9）"按照5%征收率减按1.5%计算应纳税额"与"减按0.5%计算应纳税额"的不同。前者的计算公式：应纳税额=含税销售额÷（1+5%）×1.5%；后者的计算公式：应纳税额 = 含税销售额 ÷ (1 + 0.5%) × 0.5%。

(10)《关于对增值税小规模纳税人免征增值税的公告》（财政部 税务总局公告2022年第15号）：自2022年4月1日至2022年12月31日，增值税小规模纳税人适用3%征收率的应税销售收入，免征增值税；适用3%预征率的预缴增值税项目，暂停预缴增值税。

8.1.3 计税依据及应纳税额计算

8.1.3.1 一般纳税人的计算公式

1. 一般纳税人销售货物或者应税劳务，其应纳税额为当期销项税额抵扣当期进项税额后的余额。其计算公式为：

应纳税额 = 销项税额 − 进项税额

销项税额 = 销售额 × 适用税率

进项税额 = 购进货物或应税劳务支付或者承担价格（不含增值税）× 适用税率

销售额为纳税人发生应税销售行为收取的全部价款和价外费用，但是不包括收取的销项税额。

价外费用，包括价外向购买方收取的手续费、补贴、基金、集资费、返还利润、奖励费、违约金、滞纳金、延期付款利息、赔偿金、代收款项、代垫款项、包装费、包装物租金、储备费、优质费、运输装卸费以及其他各种性质的价外收费。但下列项目不包括在内：

(1) 受托加工应征消费税的消费品所代收代缴的消费税。

(2) 同时符合以下条件的代垫运输费用：承运部门的运输费用发票开具给购买方的；纳税人将该项发票转交给购买方的。

(3) 同时符合以下条件代为收取的政府性基金或者行政事业性收费：由国务院或者财政部批准设立的政府性基金，由国务院或者省级人民政府及其财政、价格主管部门批准设立的行政事业性收费；收取时开具省级以上财政部门印制的财政票据；所收款项全额上缴财政。

(4) 销售货物的同时代办保险等而向购买方收取的保险费，以及向购买方收取的代购买方缴纳的车辆购置税、车辆牌照费。

2. 一般纳税人销售货物或者应税劳务，采用销售额和销项税额合并定价方法的，按下列公式计算销售额：

销售额 = 含税销售额 ÷ (1 + 税率)

销售额以人民币计算。纳税人以人民币以外的货币结算销售额的，应当折合成人民币计算。

纳税人发生应税销售行为的价格明显偏低并无正当理由的，由主管税务机关核定其销售额。

3. 价格明显偏低并无正当理由或者《增值税暂行条例实施细则》第四条所列视同销售货物行为而无销售额者，按下列顺序确定销售额：按纳税人最近时期同类货物的平均销售价格确定；按其他纳税人最近时期同类货物的平均销售价格确定；按组成计税价格确定。组成计税价格的公式为：

组成计税价格 = 成本 × (1 + 成本利润率)

属于应征消费税的货物，其组成计税价格中应加计消费税税额。

公式中的成本，是指销售自产货物的为实际生产成本，销售外购货物的为实际采购成本。公式中的成本利润率由国家税务总局确定。

进项税额是纳税人购进货物、劳务、服务、无形资产、不动产支付或者负担的增值税额。

下列进项税额准予从销项税额中抵扣：从销售方取得的增值税专用发票上注明的增值税额；从海关取得的海关进口增值税专用缴款书上注明的增值税额；购进农产品，除取得增值税专用发票或者海关进口增值税专用缴款书外，按照农产品收购发票或者销售发票上注明的农产品买价和法定的扣除率计算的进项税额，进项税额计算公式：进项税额 = 买价 × 扣除率。国务院另有规定的除外；自境外单位或者个人购进劳务、服务、无形资产或者境内的不动产，从税务机关或者扣缴义务人取得的代扣代缴税款的完税凭证上注明的增值税额。

上述所称买价，包括纳税人购进农产品在农产品收购发票或者销售发票上注明的价款和按规定缴纳的烟叶税。

下列项目的进项税额不得从销项税额中抵扣：用于简易计税方法计税项目、免征增值税项目、集体福利或者个人消费（所称个人消费包括纳税人的交际应酬消费）的购进货物、劳务、服务、无形资产和不动产；非正常损失（所称非正常损失，是指因管理不善造成被盗、丢失、霉烂变质的损失）的购进货物，以及相关的劳务和交通运输服务；非正常损失的在产品、产成品所耗用的购进货物（不包括固定资产）、劳务和交通运输服务；国务院规定的其他项目。

纳税人自用的应征消费税的摩托车、汽车、游艇，其进项税额不得从销项税额中抵扣。

[特别提示]

（1）当期销项税额小于当期进项税额不足抵扣时，其不足部分可以结转下期继续抵扣。

（2）纳税人购进货物、劳务、服务、无形资产、不动产，取得的增值税扣税凭证不符合法律、行政法规或者国务院税务主管部门有关规定的，其进项税额不得从销项税额中抵扣。所称增值税扣税凭证，是指增值税专用发票、海关进口增值税专用缴款书、农产品收购发票和农产品销售发票以及运输费用结算单据。

（3）小规模纳税人以外的纳税人（以下称一般纳税人）因销售货物退回或者折让而退还给购买方的增值税额，应从发生销售货物退回或者折让当期的销项税额中扣减；因购进货物退出或者折让而收回的增值税额，应从发生购进货物退出或者折让当期的进项税额中扣减。

一般纳税人销售货物或者应税劳务，开具增值税专用发票后，发生销售货物退回或者折让、开票有误等情形，应按国家税务总局的规定开具红字增值税专用发票。未按规定开具红字增值税专用发票的，增值税额不得从销项税额中扣减。

（4）除国家税务总局另有规定外，纳税人一经认定为一般纳税人后，不得转为小规模纳税人。

（5）有下列情形之一的，应按销售额依照增值税税率计算应纳税额，不得抵扣进项税额，也不得使用增值税专用发票：一般纳税人会计核算不健全，或者不能够提供准确税务资料的；除"年应税销售额超过小规模纳税人标准的其他个人按小规模纳税人纳税；非企业性单位、不经常发生应税行为的企业可选择按小规模纳税人纳税"。的规定外，纳税人销售额超过小规模纳税人标准，未申请办理一般纳税人认定手续的。

8.1.3.2 小规模纳税人的计算公式

1. 小规模纳税人销售货物或应税劳务，按照销售额和规定的征收率计算应纳税额，不得抵扣进项税额。其计算公式为：

应纳税额 = 销售额 × 征收率

小规模纳税人的销售额不包括其应纳税额。

2. 小规模纳税人销售货物或者应税劳务采用销售额和应纳税额合并定价方法的，按下列公式计算销售额：

销售额 = 含税销售额 ÷（1 + 征收率）

[特别提示]

（1）自 2018 年 5 月 1 日起，增值税小规模纳税人标准为年应征增值税销售额 500 万元及以下。

（2）小规模纳税人会计核算健全，能够提供准确税务资料的，可以向主管税务机关办理登记，不作为小规模纳税人，依照《增值税暂行条例》有关规定计算应纳税额。

（3）小规模纳税人因销售货物退回或者折让退还给购买方的销售额，应从发生销售货物退回或者折让当期的销售额中扣减。

8.1.3.3 进口货物的计算公式

纳税人进口货物，按照组成计税价格和规定的适用税率计算应纳税额，不得抵扣任何进项税额。其计算公式为：

应纳税额＝组成计税价格×适用税率

组成计税价格＝关税完税价格＋进口消费税＋关税

8.1.4 纳税期限

增值税的纳税期限分别为 1 日、3 日、5 日、10 日、15 日、1 个月或者 1 个季度。纳税人的具体纳税期限，由主管税务机关根据纳税人应纳税额的大小分别核定；不能按照固定期限纳税的，可以按次纳税。

纳税人以 1 个月或者 1 个季度为 1 个纳税期的，自期满之日起 15 日内申报纳税；以 1 日、3 日、5 日、10 日或者 15 日为 1 个纳税期的，自期满之日起 5 日内预缴税款，于次月 1 日起 15 日内申报纳税并结清上月应纳税款。

扣缴义务人解缴税款的期限，依照前两款规定执行。

8.1.5 税收优惠

8.1.5.1 增值税条例及其细则规定的免税项目

农业（是指种植业、养殖业、林业、牧业、水产业）生产者（包括从事农业生产的单位和个人）销售的自产农产品；避孕药品和用具；古旧图书（是指向社会收购的古书和旧书）；直接用于科学研究、科学试验和教学的进口仪器、设备；外国政府、国际组织无偿援助的进口物资和设备；由残疾人的组织直接进口供残疾人专用的物品；销售的自己使用过的物品（是指其他个人自己使用过的物品），免征增值税。

8.1.5.2 财政部、税务总局公告 2021 年第 11 号、国家税务总局公告 2021 年第 5 号规定的免税项目

自 2021 年 4 月 1 日至 2022 年 12 月 31 日，小规模纳税人发生增值税应税销售行为，合计月销售额未超过 15 万元（以 1 个季度为 1 个纳税期的，季度销售额未超过 45 万元，下同）的，免征增值税。

小规模纳税人发生增值税应税销售行为，合计月销售额超过 15 万元，但扣除本期发生的销售不动产的销售额后未超过 15 万元的，其销售货物、劳务、服务、无形资产取得的销售额免征增值税。

适用增值税差额征税政策的小规模纳税人，以差额后的销售额确定是否可以享受本公告规定的免征增值税政策。

按固定期限纳税的小规模纳税人可以选择以 1 个月或 1 个季度为纳税期限，一经选择，一个会计年度内不得变更。

《中华人民共和国增值税暂行条例实施细则》第九条所称的其他个人，采取一次性收取租金形式出租不动产取得的租金收入，可在对应的租赁期内平均分摊，分摊后

的月租金收入未超过15万元的，免征增值税。

按照现行规定应当预缴增值税税款的小规模纳税人，凡在预缴地实现的月销售额未超过15万元的，当期无需预缴税款。

小规模纳税人中的单位和个体工商户销售不动产，应按其纳税期、本公告第五条以及其他现行政策规定确定是否预缴增值税；其他个人销售不动产，继续按照现行规定免征增值税。

8.1.5.3 营改增后延续执行的免征增值税项目

托儿所、幼儿园提供的保育和教育服务；养老机构提供的养老服务；残疾人福利机构提供的育养服务；婚姻介绍服务；殡葬服务；残疾人员本人为社会提供的服务；医疗机构提供的医疗服务；从事学历教育的学校提供的教育服务；学生勤工俭学提供的服务；农业机耕、排灌、病虫害防治、植物保护、农牧保险以及相关技术培训业务，家禽、牲畜、水生动物的配种和疾病防治；纪念馆、博物馆、文化馆、文物保护单位管理机构、美术馆、展览馆、书画院、图书馆在自己的场所提供文化体育服务取得的第一道门票收入；寺院、宫观、清真寺和教堂举办文化、宗教活动的门票收入；行政单位之外的其他单位收取的符合《营业税改征增值税试点实施办法》第十条规定条件的政府性基金和行政事业性收费；个人转让著作权；个人销售自建自用住房；台湾航运公司、航空公司从事海峡两岸海上直航、空中直航业务在大陆取得的运输收入；纳税人提供的直接或者间接国际货物运输代理服务；被撤销金融机构以货物、不动产、无形资产、有价证券、票据等财产清偿债务；保险公司开办的一年期以上人身保险产品取得的保费收入；符合条件的金融商品转让收入；金融同业往来利息收入；同时符合条件的担保机构从事中小企业信用担保或者再担保业务取得的收入（不含信用评级、咨询、培训等收入）3年内免征增值税；国家商品储备管理单位及其直属企业承担商品储蓄任务，从中央或者地方财政取得的利息补贴收入和价差补贴收入；纳税人提供技术转让、技术开发和与之相关的技术咨询、技术服务；符合条件的合同能源管理服务；政府举办的从事学历教育的高等、中等和初等学校（不含下属单位），举办进修班、培训班取得的全部归该学校所有的收入；政府举办的职业学校设立的主要为在校学生提供实习场所、并由学校出资自办、由学校负责经营管理、经营收入归学校所有的企业，从事《销售服务、无形资产或者不动产注释》中"现代服务"（不含融资租赁服务、广告服务和其他现代服务）、"生活服务"（不含文化体育服务、其他生活服务和桑拿、氧吧）业务活动取得的收入；家政服务企业由员工制家政服务员提供家政服务取得的收入；福利彩票、体育彩票的发行收入；军队空余房产租赁收入；为了配合国家住房制度改革，企业、行政事业单位按房改成本价、标准价出售住房取得的收入；将土地使用权转让给农业生产者用于农业生产；涉及家庭财产分割的个人无偿转让不动产、土地使用权；土地所有者出让土地使用权和土地使用者将土地使用权归还给土地所有者；县级以上地方人民政府或自然资源行政管理主管部门出让、转让或收回自然资源使用权（不含土地使用权）；随军家属就业；军队转业干部就业。

8.1.5.4 增值税即征即退项目

一般纳税人提供管道运输服务，对其增值税实际税负超过3%的部分实行增值税即征即退政策。

经人民银行、银保监会或者商务部批准从事融资租赁业务的试点纳税人中的一般纳税人，提供有形动产融资租赁服务和有形动产融资性售后回租服务，对其增值税实际税负超过3%的部分实行增值税即征即退政策。

8.1.5.5 留抵退税

留抵退税就是把增值税期末未抵扣完的税额退还给纳税人。增值税实行链条抵扣机制，以纳税人当期销项税额抵扣进项税额后的余额为应纳税额。其中，销项税额是指按照销售额和适用税率计算的增值税额；进项税额是指购进原材料等所负担的增值税额。当进项税额大于销项税额时，未抵扣完的进项税额会形成留抵税额。留抵税额主要是纳税人进项税额和销项税额在时间上不一致造成的，如集中采购原材料和存货，尚未全部实现销售；投资期间没有收入等。此外，在多档税率并存的情况下，销售适用税率低于进项适用税率，也会形成留抵税额。国际上对于留抵税额一般有两种处理方式：允许纳税人结转下期继续抵扣或申请当期退还。同时，允许退还的国家或地区，也会相应设置较为严格的退税条件，如留抵税额必须达到一定数额；每年或一段时期内只能申请一次退税；只允许特定行业申请退税等。2019年以来，我国逐步建立了增值税增量留抵退税制度。2022年，完善增值税留抵退税制度，优化征缴退流程，对留抵税额实行大规模退税，把纳税人今后才可继续抵扣的进项税额予以提前返还。优先安排小微企业，对小微企业的存量留抵税额于2022年6月底前一次性全部退还，增量留抵税额足额退还。重点支持制造业，全面解决制造业、科研和技术服务、生态环保、电力燃气、交通运输、软件和信息技术服务等行业留抵退税问题。通过提前返还尚未抵扣的税款，直接为市场主体提供现金流，增加企业现金流，缓解资金回笼压力，不但有助于提升企业发展信心，激发市场主体活力，还能够促进消费投资，支持实体经济高质量发展，推动产业转型升级和结构优化。

《财政部 国家税务总局关于退还集成电路企业 采购设备增值税期末留抵税额的通知》（财税〔2011〕107号）规定，为解决集成电路重大项目企业采购设备引起的增值税进项税额占用资金问题，决定自2011年11月1日起对其因购进设备形成的增值税期末留抵税额予以退还。

2018年6月，财政部、税务总局发布财税〔2018〕70号文，试行对部分行业增值税期末留抵税额予以退还。

2019年3月《关于深化增值税改革有关政策的公告》（财政部 税务总局 海关总署公告2019年第39号）出台，取消了行业限制，规定从2019年4月1日起对于符合条件的纳税人，均有机会申请享受增值税期末留抵税额退税制度（文件第八条第三款关于"进项构成比例"的相关规定，按照财政部、税务总局公告2022年第14号规定执行）。

2019年4月，国家税务总局发布《国家税务总局关于办理增值税期末留抵税额退税有关事项的公告》（国家税务总局公告2019年第20号），对期末留抵退税的全流程进行了明确，自2019年5月1日起施行（该文件附件已被国家税务总局公告2021年第10号废止，文件第二条已被国家税务总局公告2022年第4号废止）。

为进一步推进制造业高质量发展，2019年8月31日，财政部、税务总局发布《关于明确部分先进制造业增值税期末留抵退税政策的公告》（财政部 税务总局公告2019年第84号），明确部分先进制造业（非金属矿物制品、通用设备、专用设备及计算机、通信和其他电子设备销售额）的留抵退税政策，两个主要变化：一是留抵退税的条件由一般企业的"连续六个月增量留抵税额均大于零，且第六个月增量留抵税额不低于50万元"的条件变为"增量留抵税额大于零"；二是应退税额计算，取消了60%的限制（该文件已被财政部、税务总局公告2022年第14号废止）。

《国家税务总局关于国内旅客运输服务进项税抵扣等增值税征管问题的公告》（国家税务总局公告2019年第31号）修订并重新发布了《退（抵）税申请表》（文件第三条已被国家税务总局公告2022年第4号废止）。

根据《国家税务总局关于取消增值税扣税凭证认证确认期限等增值税征管问题的公告》（国家税务总局公告2019年第45号）规定，纳税人适用增值税留抵退税政策，有纳税信用级别条件要求的，以纳税人向主管税务机关申请办理增值税留抵退税提交《退（抵）税申请表》时的纳税信用级别确定。在计算允许退还的增量留抵税额的进项构成比例时，纳税人在2019年4月至申请退税前一税款所属期内按规定转出的进项税额，无需从已抵扣的增值税专用发票、机动车销售统一发票、海关进口增值税专用缴款书、解缴税款完税凭证注明的增值税额中扣减（该规定已被国家税务总局公告2022年第4号废止）。

根据《财政部 税务总局关于民用航空发动机、新支线飞机和大型客机税收政策的公告》（财政部 税务总局公告2019年第88号）规定，从事大型民用客机发动机、中大功率民用涡轴涡桨发动机研制项目、生产销售新支线飞机、从事大型客机研制项目而形成的增值税期末留抵税额予以退还（财政部 税务总局公告2021年第6号规定，到期的税收优惠政策执行期限延长至2023年12月31日）。

根据《关于支持新型冠状病毒感染的肺炎疫情防控有关税收政策的公告》（财政部 税务总局公告2020年第8号）规定，疫情防控重点保障物资生产企业可以按月向主管税务机关申请全额退还增值税增量留抵税额。公告所称增量留抵税额，是指与2019年12月底相比新增加的期末留抵税额（该项优惠规定已于2021年3月31日执行到期）。

根据《财政部 税务总局关于明确先进制造业增值税期末留抵退税政策的公告》（财政部 税务总局公告2021年第15号）规定，自2021年4月1日起，将运输设备、电气机械、仪器仪表、医药、化学纤维等制造业企业纳入先进制造业企业增值税留抵退税政策范围，实行按月全额退还增量留抵税额（该文件已被国家税务总局公告2022年第4号废止）。

《国家税务总局关于明确先进制造业增值税期末留抵退税征管问题的公告》（国家税务总局公告2021年第10号）明确了先进制造业增值税期末留抵退税征管问题，对《退（抵）税申请表》进行修订并重新发布，自2021年5月1日起施行（该文件已被国家税务总局公告2022年第4号废止）。

根据《中华人民共和国城市维护建设税法》第二条规定，城市维护建设税的计税依据应当按照规定扣除期末留抵退税退还的增值税税额。《关于城市维护建设税征收管理有关事项的公告》（国家税务总局公告2021年第26号）中对期末留抵退税退还的增值税的口径、应扣除期限、允许扣除的情形和特殊情况下未扣除完的余额如何处理等问题进行了明确：纳税人自收到留抵退税额之日起，应当在下一个纳税申报期从城建税计税依据中扣除；留抵退税额仅允许在按照增值税一般计税方法确定的城建税计税依据中扣除。当期未扣除完的余额，在以后纳税申报期按规定继续扣除；对于增值税小规模纳税人更正、查补此前按照一般计税方法确定的城建税计税依据，允许扣除尚未扣除完的留抵退税额。

根据《关于进一步加大增值税期末留抵退税政策实施力度的公告》（财政部 税务总局公告2022年第14号）规定，自2022年4月1日起，加大小微企业以及"制造业""科学研究和技术服务业""电力、热力、燃气及水生产和供应业""软件和信息技术服务业""生态保护和环境治理业"和"交通运输、仓储和邮政业"的留抵退税力度，将先进制造业按月全额退还增值税增量留抵税额政策范围扩大至小微企业和制造业等行业，并一次性退还其存量留抵税额。

《关于下达2022年支持小微企业留抵退税有关专项资金预算的通知》（财预〔2022〕34号）下达2022年支持小微企业留抵退税有关专项资金预算指标，用于支持小微企业留抵退税。

根据《国家税务总局关于进一步加大增值税期末留抵退税政策实施力度有关征管事项的公告》（国家税务总局公告2022年第4号），明确了进一步加大增值税期末留抵退税政策实施力度有关征管事项。

[**例 8-1**] A 公司是制造业企业，2021 年 12 月底无留抵税额（留抵税额为 0）。2022 年 4 月为了扩大生产规模，购进大型设备若干台，截至 4 月底留抵税额为 500 万元，符合按月退还增量留抵税额条件，分两种情况：

第一，未申请留抵退税。5—6 月份无增值税业务，7 月份实现销项税额 700 万元，无其他涉税事项，那么 A 公司 7 月份应交增值税为 200 万元（700 - 500）。

第二，5 月份申请留抵退税。退回 500 万元（500 - 0），那么留抵税额应相应调整为 0。5—6 月份无增值税业务，7 月份实现销项税额 700 万元，无其他涉税事项，那么 A 公司 7 月份应交增值税为 700 万元（700 - 0）。

两种情况的应交增值税差额为 500 万元（700 - 200），也即退给企业的 500 万元，在将来实现销项税额时还需要给补回去，从时间价值来说，缓解了企业资金压力。

（1）申请留抵退税时，会计分录为：

借：其他应收款——留抵退税　　　　　　　　　　　　　　　　500
　　贷：应交税费——应交增值税（进项税额转出）　　　　　　　　500

（2）收到退还的留抵税额时，会计分录为：

借：银行存款　　　　　　　　　　　　　　　　　　　　　　　500
　　贷：其他应收款——留抵退税　　　　　　　　　　　　　　　　500

总之，收到留抵退税款，相当于收回应收款项，减少了以后纳税期可抵扣的进项税额，并非企业的一项收益，因此是不需要计入损益的。如果是增值税"即征即退"或者是加计抵减，是需要计入损益的。

[**特别提示**] 留抵退税与加计抵减的区别：

（1）适用条件不同。加计抵减只能适用于四项服务取得的销售额占全部销售额占比超过 50% 的一般纳税人，加计抵减 15% 政策只能适用于提供生活服务取得的销售额占全部销售额的比重超过 50% 的纳税人；而留抵退税政策一般无行业限制；加计抵减无信用等级等要求，留抵退税政策除疫情防控重点保障物资生产企业外，对信用等级要求 A 级或 B 级；加计抵减可以是即征即退、先征退返（退）项目；留抵退税除疫情防控重点保障物资生产企业外必须未享受即征即退、先征后返（退）政策。

（2）计算公式不同。加计抵减的计算公式没有进项构成比例的限制，而留抵退税除疫情防控重点保障物资生产企业在计算进项构成比例时，农产品收购方票、购进国内旅客运输服务取得的电子普通发票等并不在退税的范围之内。

（3）会计处理不同。加计抵减的金额贷记"其他收益"科目；留抵退税的退税额计应交税费——应交增值税（进项税额转出）。

（4）抵减/退税方式不同。加计抵减抵减当期应纳税额，不影响进项和留抵税额，对加计抵减额不能申请留抵退税，而留抵退税影响退税当期的留抵税额。

（5）提交资料不同。加计抵减需提交《适用加计抵减政策的声明》，留抵税额提交《退（抵）税申请表》。

（6）执行期限不同。加计抵减政策规定了执行期限，留抵退税制度未规定期限。

（7）对税额的影响不同。加计抵减额并不是纳税人的进项税额，不计入留抵税额。未抵减完的当期可抵减加计抵减额，可结转下期继续抵减，不能申请留抵退税。

8.1.5.6　加计抵减

1. 加计抵减文件。2019年增值税税率调整，6%一档保持不变，在16%、10%两档税率同时下调的情况下，适用6%税率的生产、生活性服务业纳税人，因进项税额减少税负可能出现上升。要确保所有行业税负只减不增，财政部和税务总局确定对生产、生活性服务业适用进项税额加计抵减10%的政策。

根据财政部、税务总局、海关总署公告2019年第39号规定，自2019年4月1日至2021年12月31日，允许生产、生活性服务业纳税人按照当期可抵扣进项税额加计10%，抵减应纳税额（以下称加计抵减政策）。

根据税务总局公告2019年第14号规定，适用加计抵减政策的生产、生活性服务业纳税人，应在年度首次确认适用加计抵减政策时，通过电子税务局（或前往办税服务厅）提交《适用加计抵减政策的声明》。

《国家税务总局关于调整增值税纳税申报有关事项的公告》（国家税务总局公告2019年第15号）在原《增值税纳税申报表附列资料（四）》表式内容中，增加"二、加计抵减情况"相关栏次。

财政部会计司《关于〈关于深化增值税改革有关政策的公告〉适用〈增值税会计处理规定〉有关问题的解读》规定，加计抵减政策应当按照《增值税会计处理规定》（财会〔2016〕22号）的相关规定对增值税相关业务进行会计处理；实际缴纳增值税时，按应纳税额借记"应交税费——未交增值税"等科目，按实际纳税金额贷记"银行存款"科目，按加计抵减的金额贷记"其他收益"科目。

根据《国家税务总局关于国内旅客运输服务进项税抵扣等增值税征管问题的公告》（国家税务总局公告2019年第31号）规定，对关于适用加计抵减政策的销售额定义、关于暂无销售收入的纳税人如何适用加计抵减政策、关于汇总纳税的总分支机构如何适用加计抵减政策等事项进行明确。

2019年10月8日，财政部、税务总局发布《关于明确生活性服务业增值税加计抵减政策的公告》（财政部　税务总局公告2019年第87号）（以下简称《公告》）明确，自2019年10月1日至2021年12月31日，进一步加大生活性服务业减税力度，允许生活性服务业纳税人增值税加计抵减的比例，由10%提高至15%（以下称加计抵减15%政策），进一步加大了生活性服务业减税力度。文件规定，生活性服务业纳税人是指，提供生活服务取得的销售额占全部销售额的比重超过50%的纳税人。生活服务的具体范围按照《销售服务、无形资产、不动产注释》（财税〔2016〕36号印发）执行。

根据《国家税务总局关于增值税发票管理等有关事项的公告》（国家税务总局公告2019年第33号）规定，符合《财政部 税务总局关于明确生活性服务业增值税加计抵减政策的公告》（财政部 税务总局公告2019年第87号）规定的生活性服务业纳税人，应在年度首次确认适用15%加计抵减政策时，通过电子税务局（或前往办税服务厅）提交《适用15%加计抵减政策的声明》。注意：加计抵减15%声明中的生活服务业包含范围比加计抵减10%声明中的生活服务范围小，不包含社会工作、公共设施管理业、不动产出租、商务服务业、专业技术服务业、代理业、其他生活服务业。

2022年3月3日，根据《财政部 税务总局关于促进服务业领域困难行业纾困发展有关增值税政策的公告》（财政部 税务总局公告2022年第11号）规定，《财政部 税务总局 海关总署关于深化增值税改革有关政策的公告》（财政部 税务总局 海关总署公告2019年39号）第七条和《财政部 税务总局关于明确生活性服务业增值税加计抵减政策的公告》（财政部 税务总局公告2019年第87号）规定的生产、生活性服务业增值税加计抵减政策，执行期限延长至2022年12月31日。

[特别提示] 加计抵减与加计扣除的异同：

（1）适用范围不同。加计抵减适用于提供邮政服务、电信服务、现代服务、生活服务四项服务销售额的比重超过50%的一般纳税人，加计抵减15%政策仅适用于提供生活服务取得的销售额占全部销售额的比重超过50%的纳税人；加计扣除用于农产品进项抵扣。

（2）加计对象不同。加计抵减加计的是当期可抵扣进项税额；加计扣除加计的是当期领用农产品用于生产加工13%税率货物时可加计扣除。

（3）加计比例不同。加计抵减是按照当期可抵扣进项税额的10%计提；加计扣除按照当期生产领用农产品金额的1%计算。

（4）抵减/扣除方式不同。加计抵减直接抵减应纳税额；加计扣除的是进项税额。

（5）申报表填报不同。加计抵减填报《增值税纳税申报表附列资料（四）》；加计扣除填报《增值税纳税申报表附列资料（二）》加计扣除农产品进项税额栏。

（6）提交资料不同。加计抵减需要提交《适用加计抵减政策的声明》，加计扣除不用。

（7）执行期限不同。加计抵减政策规定了执行期限；加计扣除没有规定期限。

（8）相同点是两者都需要单独核算，加计抵减需要单独核算加计抵减额的计提、抵减、调减、结余等变化；加计扣除需要分别核算用于13%税率货物和用于生产或委托受托加工其他货物服务的农产品进项税额。

(9) 符合条件的加计扣除和加计抵减可同时适用。如某企业提供生活服务的销售额占全部销售额的比重超过50%，可以适用加计抵减政策。该企业如果同时兼营农产品深加工业务，其购进用于生产或者委托加工13%税率货物的农产品，可按照10%扣除率计算进项税额，并可同时适用加计抵减政策。

2. 加计抵减的会计处理。根据财政部会计司《关于〈关于深化增值税改革有关政策的公告〉适用〈增值税会计处理规定〉有关问题的解读》规定，生产、生活性服务业纳税人取得资产或接受劳务时，应当按照《增值税会计处理规定》（财会〔2016〕22号）的相关规定对增值税相关业务进行会计处理；实际缴纳增值税时，按应纳税额借记"应交税费——未交增值税"等科目，按实际纳税金额贷记"银行存款"科目，按加计抵减的金额贷记"其他收益"科目。

[例8－2] A服务有限公司是增值税一般纳税人，主营业务为居民日常服务业，兼营商品销售，适用加计抵减15%政策。2022年5月一般计税项目实现收入2 000万元，销项税额为120万元，进项税额100万元，上月已抵扣并加计抵减的一批设备转为用于职工福利，本期进项转出10万元。企业上期留抵税额13万元，上期结转的加计抵减额余额16万元；简易计税项目销售额160万元（不含税价，对应成本未取得扣税凭证无进项税额抵扣），征收率5%。此外，无其他涉税事项（包括暂不考虑需要按照简易计税销售额占总销售额的比例转出的不得抵扣的进项税额）。

①加计抵减计算。计算本期可加计抵减额：

计提加计抵减额 = 当期可抵扣进项税额 × 15% = 100 × 15% = 15（万元）

调减加计抵减额：

已计提后又进项转出的 10 × 15% = 1.5（万元）

当期可抵减加计抵减额 = 上期末加计抵减额余额 + 当期计提加计抵减额 - 当期调减加计抵减额 = 16 + 15 - 1.5 = 29.5（万元）

计算本期应纳税额：

抵减前一般计税应纳税额 = 120 - 100 + 10 - 13 = 17（万元）

当期可抵减加计抵减额与一般计税应纳税额相比较：抵减前的应纳税额（17万元）大于零，且小于或等于当期可抵减加计抵减额（29.5万元）的，以当期可抵减加计抵减额抵减应纳税额至零。当期实际加计抵减额17万元，未抵减完的当期可抵减加计抵减额为12.5万元（29.5 - 17），结转下期继续抵减。

抵减后的一般计税应纳税额为0，加计抵减额余额为12.5万元

②简易计税项目：应纳税额 = 160 × 5% = 8（万元）

本期应纳税额合计为8万元。

③增值税会计处理。实现收入时：

借：银行存款　　　　　　　　　　　　　　　　　　　　　21 200 000

贷：主营业务收入 20 000 000
　　应交税费——应交增值税（销项税额） 1 200 000

进项抵扣时：
借：应交税费——应交增值税（进项税额） 1 000 000
　贷：银行存款等 1 000 000

进项转出时：
借：应付职工薪酬 100 000
　贷：应交税费——应交增值税（进项税额转出） 100 000

月份终了，将当月发生的应缴增值税额自"应交税费——应交增值税"科目转入"未交增值税"科目：

借：应交税费——应交增值税（转出未交增值税） 170 000
　贷：应交税费——未交增值税 170 000

简易计税项目：
借：银行存款等 80 000
　贷：应交税费——简易计税 80 000

实际缴纳时：
借：应交税费——未交增值税 170 000
　　应交税费——简易计税 80 000
　贷：银行存款 80 000
　　其他收益 170 000

[特别提示]

（1）增值税加计抵减额应记入"其他收益"科目贷方，小企业会计准则下记"营业外收入"科目贷方，计入企业的利润总额。企业所得税年度申报表主表中的"利润总额"包含"其他收益"。

（2）增值税加计抵减额既不符合免税收入条件，也不符合不征税收入条件。

（3）对年纳税所得额处于临界点的小型微利企业来说，若增值税加计抵减额计入年度应纳税所得额，很有可能导致企业超过小型微利企业标准，将不能适用小型微利企业所得税优惠。

8.1.6 会计处理及涉税解析

8.1.6.1 会计处理

增值税一般纳税人应当在"应交税费"科目下设置"应交增值税""未交增值税""预交增值税""待抵扣进项税额""待认证进项税额""待转销项税额""增值税留抵税额""简易计税""转让金融商品应交增值税""代扣代交增值税"等明细

科目。

符合条件的一般纳税人转登记为小规模纳税人尚未申报抵扣的进项税额以及转登记日当期的期末留抵税额,计入"应交税费——待抵扣进项税额"核算。

1. 取得资产或接受劳务等业务的账务处理。

(1) 采购等业务进项税额允许抵扣的账务处理。一般纳税人购进货物、加工修理修配劳务、服务、无形资产或不动产,按应计入相关成本费用或资产的金额,借记"在途物资"或"原材料""库存商品""生产成本""无形资产""固定资产""管理费用"等科目,按当月已认证的可抵扣增值税税额,借记"应交税费——应交增值税(进项税额)"科目,按当月未认证的可抵扣增值税税额,借记"应交税费——待认证进项税额"科目,按应付或实际支付的金额,贷记"应付账款""应付票据""银行存款"等科目。发生退货的,如原增值税专用发票已做认证,应根据税务机关开具的红字增值税专用发票做相反的会计分录;如原增值税专用发票未做认证,应将发票退回并做相反的会计分录。

(2) 采购等业务进项税额不得抵扣的账务处理。一般纳税人购进货物、加工修理修配劳务、服务、无形资产或不动产,用于简易计税方法计税项目、免征增值税项目、集体福利或个人消费等,其进项税额按照现行增值税制度规定不得从销项税额中抵扣的,取得增值税专用发票时,应借记相关成本费用或资产科目,借记"应交税费——待认证进项税额"科目,贷记"银行存款""应付账款"等科目,经税务机关认证后,应借记相关成本费用或资产科目,贷记"应交税费——应交增值税(进项税额转出)"科目。

[例8-3] C公司为增值税一般纳税人,2022年7月购入一批材料,增值税专用发票上注明的增值税税额为15.6万元,材料价款为120万元。材料已入库,货款已经支付(假如该企业材料采用实际成本进行核算)。材料入库后,该企业将该批材料全部用于发放职工福利。根据该项经济业务,企业可作如下账务处理:

材料入库时:

借:原材料　　　　　　　　　　　　　　　　　　　　　　1 200 000
　　应交税费——应交增值税(进项税额)　　　　　　　　　156 000
　　贷:银行存款　　　　　　　　　　　　　　　　　　　1 356 000

用于发放职工福利时:

借:应付职工薪酬　　　　　　　　　　　　　　　　　　　1 356 000
　　贷:应交税费——应交增值税(进项税额转出)　　　　　156 000
　　　　原材料　　　　　　　　　　　　　　　　　　　　1 200 000

(3) 货物等已验收入库但尚未取得增值税扣税凭证的账务处理。一般纳税人购进的货物等已到达并验收入库,但尚未收到增值税扣税凭证并未付款的,应在月末按货物清单或相关合同协议上的价格暂估入账,不需要将增值税的进项税额暂估入账。下月初,用红字冲销原暂估入账金额,待取得相关增值税扣税凭证并经认证后,按应计入相关成本费用或资产的金额,借记"原材料""库存商品""固定资产""无形资产"等科目,按可抵扣的增值税税额,借记"应交税费——应交增值税(进项税额)"科目,按应付金额,贷记"应付账款"等科目。

(4) 小规模纳税人采购等业务的账务处理。小规模纳税人购买物资、服务、无形资产或不动产,取得增值税专用发票上注明的增值税应计入相关成本费用或资产,不通过"应交税费——应交增值税"科目核算。

[例8-4] 2022年8月,B公司核定为小规模纳税人,本期购入原材料,按照增值税专用发票上记载的原材料价款为100万元,支付的增值税税额为13万元,企业开出承兑的商业汇票,材料已到达并验收入库(材料按实际成本核算)。根据上述经济业务,企业应作如下账务处理:

借:原材料   1 130 000
  贷:应付票据   1 130 000

(5) 购买方作为扣缴义务人的账务处理。按照现行增值税制度规定,境外单位或个人在境内发生应税行为,在境内未设有经营机构的,以购买方为增值税扣缴义务人。境内一般纳税人购进服务、无形资产或不动产,按应计入相关成本费用或资产的金额,借记"生产成本""无形资产""固定资产""管理费用"等科目,按可抵扣的增值税税额,借记"应交税费——进项税额"科目(小规模纳税人应借记相关成本费用或资产科目),按应付或实际支付的金额,贷记"应付账款"等科目,按应代扣代缴的增值税税额,贷记"应交税费——代扣代交增值税"科目。实际缴纳代扣代缴增值税时,按代扣代缴的增值税税额,借记"应交税费——代扣代交增值税"科目,贷记"银行存款"科目。

2. 销售等业务的账务处理。

(1) 销售业务的账务处理。企业销售货物、加工修理修配劳务、服务、无形资产或不动产,应当按应收或已收的金额,借记"应收账款""应收票据""银行存款"等科目,按取得的收入金额,贷记"主营业务收入""其他业务收入""固定资产清理""工程结算"等科目,按现行增值税制度规定计算的销项税额(或采用简易计税方法计算的应纳增值税税额),贷记"应交税费——应交增值税(销项税额)"或"应交税费——简易计税"科目(小规模纳税人应贷记"应交税费——应交增值税"科目)。发生销售退回的,应根据按规定开具的红字增值税专用发票做相反的会计分录。

按照国家统一的会计制度确认收入或利得的时点早于按照增值税制度确认增值税纳税义务发生时点的,应将相关销项税额记入"应交税费——待转销项税额"科目,待实际发生纳税义务时再转入"应交税费——应交增值税（销项税额）"或"应交税费——简易计税"科目。

按照增值税制度确认增值税纳税义务发生时点早于按照国家统一的会计制度确认收入或利得的时点的，应将应纳增值税税额，借记"应收账款"科目，贷记"应交税费——应交增值税（销项税额）"或"应交税费——简易计税"科目，按照国家统一的会计制度确认收入或利得时，应按扣除增值税销项税额后的金额确认收入。

（2）视同销售的账务处理。企业发生税法规定视同销售的行为，应当按照企业会计准则制度相关规定进行相应的会计处理，并按照现行增值税制度规定计算的销项税额（或采用简易计税方法计算的应纳增值税税额），借记"应付职工薪酬""利润分配"等科目，贷记"应交税费——应交增值税（销项税额）"或"应交税费——简易计税"科目（小规模纳税人应计入"应交税费——应交增值税"科目）。

[例 8 – 5] 2022 年 8 月，A 公司将一批外购的甲材料用于捐赠支出，这批材料含税价 113 万元。会计处理如下：

购入时：

借：原材料——甲　　　　　　　　　　　　　　　　　1 000 000
　　应交税费——应交增值税（进项税额）　　　　　　　 130 000
　　贷：银行存款　　　　　　　　　　　　　　　　　　1 130 000

捐赠时：

借：营业外支出——捐赠支出　　　　　　　　　　　　 1 130 000
　　贷：其他业务收入　　　　　　　　　　　　　　　　1 000 000
　　　　应交税费——应交增值税（销项税额）　　　　　　130 000

结转成本：

借：其他业务成本　　　　　　　　　　　　　　　　　 1 000 000
　　贷：原材料——甲　　　　　　　　　　　　　　　　1 000 000

甲材料的 13 万元的进项税额与捐赠的原材料一起计入营业外支出，在整体捐赠成本没有超过捐赠限额的情况下，随捐赠成本在企业所得税税前扣除。

（3）全面试行营业税改征增值税前已确认收入，此后产生增值税纳税义务的账务处理。企业营业税改征增值税前已确认收入，但因未产生营业税纳税义务而未计提营业税的，在达到增值税纳税义务时点时，企业应在确认应交增值税销项税额的同时冲减当期收入；已经计提营业税且未缴纳的，在达到增值税纳税义务时点时，应借记"应交税费——应交营业税""应交税费——应交城市维护建设税""应交税费——应交教育费附加"等科目，贷记"主营业务收入"科目，并根据调整后的收入计算确定计入"应交税费——待转销项税额"科目的金额，同时冲减收入。

全面试行营业税改征增值税后，"营业税金及附加"科目名称调整为"税金及附加"科目,该科目核算企业经营活动发生的消费税、城市维护建设税、资源税、教育费附加及房产税、城镇土地使用税、车船税、印花税等相关税费;《利润表》中的"营业税金及附加"项目调整为"税金附加"项目。

3. 差额征税的账务处理。

(1) 企业发生相关成本费用允许扣减销售额的账务处理。按现行增值税制度规定企业发生相关成本费用允许扣减销售额的,发生成本费用时,按应付或实际支付的金额,借记"主营业务成本""存货""工程施工"等科目,贷记"应付账款""应付票据""银行存款"等科目。待取得合规增值税扣税凭证且纳税义务发生时,按照允许抵扣的税额,借记"应交税费——应交增值税(销项税额抵减)"或"应交税费——简易计税"科目(小规模纳税人应借记"应交税费——应交增值税"科目),贷记"主营业务成本""存货""工程施工"等科目。

[例8-6] 2022年6月15日,A旅游企业为增值税一般纳税人,选择差额征税的方式。该企业本期向旅游服务购买方收取的含税价款为530 000元(含增值税30 000元),应支付给其他接团旅游企业的旅游费用和其他单位的相关费用为424 000元,其中因允许扣减销售额而减少的销项税额24 000元。

假设该旅游企业采用总额法确认收入,根据该项经济业务,企业可作如下账务处理:

借:银行存款　　　　　　　　　　　　　　　　　　　530 000
　　贷:主营业务收入　　　　　　　　　　　　　　　　500 000
　　　　应交税费——应交增值税(销项税额)　　　　　30 000
借:主营业务成本　　　　　　　　　　　　　　　　　400 000
　　应交税费——应交增值税(销项税额抵减)　　　　　24 000
　　贷:应付账款　　　　　　　　　　　　　　　　　　424 000

(2) 金融商品转让按规定以盈亏相抵后的余额作为销售额的账务处理。金融商品实际转让月末,如产生转让收益,则按应纳税额借记"投资收益"等科目,贷记"应交税费——转让金融商品应交增值税"科目;如产生转让损失,则按可结转下月抵扣税额,借记"应交税费——转让金融商品应交增值税"科目,贷记"投资收益"等科目。缴纳增值税时,应借记"应交税费——转让金融商品应交增值税"科目,贷记"银行存款"科目。年末,本科目如有借方余额,则借记"投资收益"等科目,贷记"应交税费——转让金融商品应交增值税"科目。

4. 出口退税的账务处理。为核算纳税人出口货物应收取的出口退税款,设置"应收出口退税款"科目,该科目借方反映销售出口货物按规定向税务机关申报应退回的增值税、消费税等,贷方反映实际收到的出口货物应退回的增值税、消费税等。期末借方余额,反映尚未收到的应退税额。

未实行"免、抵、退"办法的一般纳税人出口货物按规定退税的,按规定计算的应收出口退税额,借记"应收出口退税款"科目,贷记"应交税费——应交增值税(出口退税)"科目;收到出口退税时,借记"银行存款"科目,贷记"应收出口退税款"科目;退税额低于购进时取得的增值税专用发票上的增值税税额的差额,借记"主营业务成本"科目,贷记"应交税费——应交增值税(进项税额转出)"科目。

实行"免、抵、退"办法的一般纳税人出口货物,在货物出口销售后结转产品销售成本时,按规定计算的退税额低于购进时取得的增值税专用发票上的增值税税额的差额,借记"主营业务成本"科目,贷记"应交税费——应交增值税(进项税额转出)"科目;按规定计算的当期出口货物的进项税抵减内销产品的应纳税额,借记"应交税费——应交增值税(出口抵减内销产品应纳税额)"科目,贷记"应交税费——应交增值税(出口退税)"科目。在规定期限内,内销产品的应纳税额不足以抵减出口货物的进项税额,不足部分按有关税法规定给予退税的,应在实际收到退税款时,借记"银行存款"科目,贷记"应交税费——应交增值税(出口退税)"科目。

[例 8-7] 2022 年 7 月 16 日,A 公司向 B 公司购进甲货物 1 000 吨,货款 100 万元,进项税额 13 万元。A 公司将这批货物出口,货物已报关离境,离岸价折合人民币 110 万元,外销收入已收汇核销。会计分录如下:

购进货物:

借:库存商品——甲	1 000 000
应交税费——应交增值税(进项税额)	130 000
贷:银行存款	1 130 000

出口销售:

借:银行存款	1 100 000
贷:主营业务收入	1 100 000

结转销售成本:

借:主营业务成本	1 000 000
贷:库存商品——甲	1 000 000

A 公司按规定的退税率计算应收的出口退税时:

借:应收出口退税款	130 000
贷:应交税费——应交增值税(出口退税)	130 000

实际收到退税款时:

借:银行存款	130 000
贷:应收出口退税款	130 000

[特别提示] 如退税率是 10%,这样与征税率不一致,则将低于征税率的差额计

入销售成本 = 1 000 000 × （13% - 10%） = 30 000（元）

借：主营业务成本　　　　　　　　　　　　　　　　30 000

　　贷：应交税费——应交增值税（进项税额转出）　　　　30 000

5. 进项税额抵扣情况发生改变的账务处理。因发生非正常损失或改变用途等，原已计入进项税额、待抵扣进项税额或待认证进项税额，但按现行增值税制度规定不得从销项税额中抵扣的，借记"待处理财产损溢""应付职工薪酬""固定资产""无形资产"等科目，贷记"应交税费——应交增值税（进项税额转出）""应交税费——待抵扣进项税额"或"应交税费——待认证进项税额"科目；原不得抵扣且未抵扣进项税额的固定资产、无形资产等，因改变用途等用于允许抵扣进项税额的应税项目的，应按允许抵扣的进项税额，借记"应交税费——应交增值税（进项税额）"科目，贷记"固定资产""无形资产"等科目。固定资产、无形资产等经上述调整后，应按调整后的账面价值在剩余尚可使用寿命内计提折旧或摊销。

一般纳税人购进时已全额计提进项税额的货物或服务等转用于不动产在建工程的，对于结转以后期间的进项税额，应借记"应交税费——待抵扣进项税额"科目，贷记"应交税费——应交增值税（进项税额转出）"科目。

6. 月末转出多交增值税和未交增值税的账务处理。月度终了，企业应当将当月应交未交或多交的增值税自"应交增值税"明细科目转入"未交增值税"明细科目。对于当月应交未交的增值税，借记"应交税费——应交增值税（转出未交增值税）"科目，贷记"应交税费——未交增值税"科目；对于当月多交的增值税，借记"应交税费——未交增值税"科目，贷记"应交税费——应交增值税（转出多交增值税）"科目。

7. 缴纳增值税的账务处理。缴纳当月应交增值税的账务处理。企业缴纳当月应交的增值税，借记"应交税费——应交增值税（已交税金）"科目（小规模纳税人应借记"应交税费——应交增值税"科目），贷记"银行存款"科目。

缴纳以前期间未交增值税的账务处理。企业缴纳以前期间未交的增值税，借记"应交税费——未交增值税"科目，贷记"银行存款"科目。

预缴增值税的账务处理。企业预缴增值税时，借记"应交税费——预交增值税"科目，贷记"银行存款"科目。月末，企业应将"预交增值税"明细科目余额转入"未交增值税"明细科目，借记"应交税费——未交增值税"科目，贷记"应交税费——预交增值税"科目。房地产开发企业等在预缴增值税后，应直至纳税义务发生时方可从"应交税费——预交增值税"科目结转至"应交税费——未交增值税"科目。

减免增值税的账务处理。对于当期直接减免的增值税，借记"应交税费——应交增值税（减免税款）"科目，贷记损益类相关科目。

[例8-8] E公司处理2008年7月购置的固定资产（使用过的未曾抵扣进项税额），处理净值额2 060 000元。根据规定按照3%的征收率简易征收，可以享受减按2%征收的优惠政策。会计分录如下：

计提时：
借：银行存款　　　　　　　　　　　　　　　　　　　2 060 000
　　贷：固定资产清理　　　　　　　　2 000 000　[2 060 000÷(1+3%)]
　　　　应交税费——应交增值税（减征增值税）
　　　　　　　　　　　　　　　　　　60 000　[2 060 000÷(1+3%)×3%]

减征时：
借：应交税费——应交增值税（减征增值税）
　　　　　　　　　　　　　　　　20 000　[2 060 000÷(1+3%)×(3%-2%)]
　　贷：营业外收入（其他收益）　　　　　　　　　　　　　20 000

交纳增值税时：
借：应交税费——应交增值税（减征增值税）　　　　　　　40 000
　　贷：银行存款　　　　　　　　　　　　　　　　　　　　40 000

8. 增值税期末留抵税额的账务处理。纳入营改增试点当月月初，原增值税一般纳税人应按不得从销售服务、无形资产或不动产的销项税额中抵扣的增值税留抵税额，借记"应交税费——增值税留抵税额"科目，贷记"应交税费——应交增值税（进项税额转出）"科目。待以后期间允许抵扣时，按允许抵扣的金额，借记"应交税费——应交增值税（进项税额）"科目，贷记"应交税费——增值税留抵税额"科目。

9. 增值税税控系统专用设备和技术维护费用抵减增值税税额的账务处理。按现行增值税制度规定，企业初次购买增值税税控系统专用设备支付的费用以及缴纳的技术维护费允许在增值税应纳税额中全额抵减的，按规定抵减的增值税应纳税额，借记"应交税费——应交增值税（减免税款）"科目（小规模纳税人应借记"应交税费——应交增值税"科目），贷记"管理费用"等科目。

10. 关于小微企业免征增值税的会计处理规定。小微企业在取得销售收入时，应当按照税法的规定计算应交增值税，并确认为应交税费，在达到增值税制度规定的免征增值税条件时，将有关应交增值税转入当期损益。

[例8-9] A公司为增值税小规模纳税人，销售电脑配件，2022年7月收入为20 600元。符合增值税小规模纳税人免征增值税的条件。会计分录如下：

计提时：
借：银行存款　　　　　　　　　　　　　　　　　　　　20 600
　　贷：主营业务收入　　　　　　　　　　　　　　　　　20 000
　　　　应交税费——应交增值税（免征增值税）　　　　　　　600

免征时：

借：应交税费——应交增值税（免征增值税） 600

　　贷：营业外收入（其他收益） 600

[特别提示] 自 2018 年 5 月 1 日起，一般纳税人转登记为小规模纳税人的账务处理。

同时符合以下条件的一般纳税人，可选择按照《财政部 税务总局关于统一增值税小规模纳税人标准的通知》（财税〔2018〕33号）第二条的规定，转登记为小规模纳税人，或选择继续作为一般纳税人：根据《中华人民共和国增值税暂行条例》第十三条和《中华人民共和国增值税暂行条例实施细则》第二十八条的有关规定，登记为一般纳税人。转登记日前连续12个月（以1个月为1个纳税期，下同）或者连续4个季度（以1个季度为1个纳税期，下同）累计应征增值税销售额（以下称应税销售额）未超过500万元。

转登记纳税人尚未申报抵扣的进项税额以及转登记日当期的期末留抵税额，计入"应交税费——待抵扣进项税额"核算。

尚未申报抵扣的进项税额计入"应交税费——待抵扣进项税额"时：

转登记日当期已经取得的增值税专用发票、机动车销售统一发票、收费公路通行费增值税电子普通发票，应当已经通过增值税发票选择确认平台进行选择确认或认证后稽核比对相符；经稽核比对异常的，应当按照现行规定进行核查处理。已经取得的海关进口增值税专用缴款书，经稽核比对相符的，应当自行下载《海关进口增值税专用缴款书稽核结果通知书》；经稽核比对异常的，应当按照现行规定进行核查处理。

转登记日当期尚未取得的增值税专用发票、机动车销售统一发票、收费公路通行费增值税电子普通发票，转登记纳税人在取得上述发票以后，应当持税控设备，由主管税务机关通过增值税发票选择确认平台（税务局端）为其办理选择确认。尚未取得的海关进口增值税专用缴款书，转登记纳税人在取得以后，经稽核比对相符的，应当由主管税务机关通过稽核系统为其下载《海关进口增值税专用缴款书稽核结果通知书》；经稽核比对异常的，应当按照现行规定进行核查处理。

转登记纳税人在一般纳税人期间销售或者购进的货物、劳务、服务、无形资产、不动产，自转登记日的下期起发生销售折让、中止或者退回的，调整转登记日当期的销项税额、进项税额和应纳税额。

调整后的应纳税额小于转登记日当期申报的应纳税额形成的多缴税款，从发生销售折让、中止或者退回当期的应纳税额中抵减；不足抵减的，结转下期继续抵减。

调整后的应纳税额大于转登记日当期申报的应纳税额形成的少缴税款，从"应交税费——待抵扣进项税额"中抵减；抵减后仍有余额的，计入发生销售折让、中止或者退回当期的应纳税额一并申报缴纳。

转登记纳税人因税务稽查、补充申报等原因，需要对一般纳税人期间的销项税额、进项税额和应纳税额进行调整的，按照上述规定处理。

转登记纳税人应准确核算"应交税费——待抵扣进项税额"的变动情况。

转登记纳税人可以继续使用现有税控设备开具增值税发票，不需要缴销税控设备和增值税发票。

转登记纳税人自转登记日的下期起，发生增值税应税销售行为，应当按照征收率开具增值税发票；转登记日前已作增值税专用发票票种核定的，继续通过增值税发票管理系统自行开具增值税专用发票；销售其取得的不动产，需要开具增值税专用发票的，应当按照有关规定向税务机关申请代开。

自转登记日的下期起连续不超过12个月或者连续不超过4个季度的经营期内，转登记纳税人应税销售额超过财政部、国家税务总局规定的小规模纳税人标准的，应当按照《增值税一般纳税人登记管理办法》（国家税务总局令第43号）的有关规定，向主管税务机关办理一般纳税人登记。

转登记纳税人按规定再次登记为一般纳税人后，不得再转登记为小规模纳税人。

11. 简易计税项目。简易计税项目分成三大类：

（1）强制简易计税。建筑工程总承包单位为房屋建筑的地基与基础、主体结构提供工程服务，建设单位自行采购全部或部分钢材、混凝土、砌体材料、预制构件的，适用简易计税方法计税。

（2）营改增项目简易计税。一般纳税人发生特定应税行为，可选简易计税，一经选择，36个月内不得变更。

公共交通运输服务，包括轮客渡、公交客运、地铁、城市轻轨、出租车、长途客运、班车，可以选择简易计税方法按照3%征收率计算缴纳增值税。铁路旅客运输不得简易计税。公共交通不包括铁路（高铁）、航空、游轮、邮轮。

经认定的动漫企业为开发动漫产品提供的动漫脚本编撰、形象设计、背景设计、动画设计、分镜、动画制作、摄制、描线、上色、画面合成、配音、配乐、音效合成、剪辑、字幕制作、压缩转码（面向网络动漫、手机动漫格式适配）服务，以及在境内转让动漫版权（包括动漫品牌、形象或者内容的授权及再授权），可以选择简易计税方法按照3%征收率计算缴纳增值税。

电影放映服务、仓储服务、装卸搬运服务、收派服务和文化体育服务，可以选择简易计税方法按照3%征收率计算缴纳增值税。

以纳入营改增试点之日前取得的有形动产为标的物提供的经营租赁服务，可以选择简易计税方法按照3%征收率计算缴纳增值税。

在纳入营改增试点之日前签订的尚未执行完毕的有形动产租赁合同，可以选择简易计税方法按照3%征收率计算缴纳增值税。

清包工、甲供工程、建筑工程老项目的建筑服务，可以选择简易计税方法按照3%征收率计算缴纳增值税。

销售电梯的同时提供安装服务，其安装服务可按甲供工程选择简易计税。

物业服务企业为业主提供的装修服务，按照"建筑服务"缴纳增值税。

销售外购2016年4月30日前取得的不动产、自建不动产，可以选择简易计税方法按照5%征收率计算缴纳增值税。

房地产企业出售其2016年4月30日前开发的老项目，可以选择简易计税方法按照5%征收率计算缴纳增值税。

房地产企业出租其开发的老项目，可以选择简易计税方法按照5%征收率计算缴纳增值税。出租2016年5月1日后开发新项目，一般计税自2019年4月1日起调整为9%。

出租2016年4月30日前取得的不动产、土地，可以选择简易计税方法按照5%征收率计算缴纳增值税。

农村信用社、村镇银行、农村资金互助社、由银行业机构全资发起设立的贷款公司、法人机构在县（县级市、区、旗）及县以下地区的农村合作银行和农村商业银行提供金融服务收入，可以选择简易计税方法按照3%征收率计算缴纳增值税。

村镇银行，是指经中国银行业监督管理委员会依据有关法律、法规批准，由境内外金融机构、境内非金融机构企业法人、境内自然人出资，在农村地区设立的主要为当地农民、农业和农村经济发展提供金融服务的银行业金融机构。

农村资金互助社，是指经银行业监督管理机构批准，由乡（镇）、行政村农民和农村小企业自愿入股组成，为社员提供存款、贷款、结算等业务的社区互助性银行业金融机构。

由银行业机构全资发起设立的贷款公司，是指经中国银行业监督管理委员会依据有关法律、法规批准，由境内商业银行或农村合作银行在农村地区设立的专门为县域农民、农业和农村经济发展提供贷款服务的非银行业金融机构（县级市、区、旗）。不包括直辖市和地级市所辖城区。

农行"三农金融事业部"试点县域支行，提供农户贷款、农村企业和农村各类组织贷款（具体清单）取得的利息收入，可以选择简易计税方法按照3%征收率计算缴纳增值税。

农户贷款，是指金融机构发放给农户的贷款，但不包括按照《营业税改征增值税试点过渡政策的规定》第一条第（十九）项规定的免征增值税的农户小额贷款。

农户，是指《营业税改征增值税试点过渡政策的规定》第一条第（十九）项所称的农户。

农村企业和农村各类组织贷款，是指金融机构发放给注册在农村地区的企业及各类组织的贷款。

一般纳税人提供非学历教育服务（范围参见财税〔2016〕36号），可以选择简易计税方法按照3%征收率计算缴纳增值税。

一般纳税人提供教育辅助服务，可以选择简易计税方法按照3%征收率计算缴纳增值税。

非企业性单位中的一般纳税人提供的研发和技术服务、信息技术服务、鉴证咨询服务，以及销售技术、著作权等无形资产，可以选择简易计税方法按照3%征收率计算缴纳增值税。

非企业性单位中的一般纳税人提供的研发和技术服务、信息技术服务、鉴证咨询服务，以及销售技术、著作权等无形资产，可以选择简易计税方法按照3%征收率计算缴纳增值税。

非企业性单位中的一般纳税人提供《营业税改征增值税试点过渡政策的规定》第一条第（二十六）项中的"技术转让、技术开发和与之相关的技术咨询、技术服务"，可以参照上述规定，选择简易计税方法按照3%征收率计算缴纳增值税。

一般纳税人提供劳务派遣服务，可差额纳税，扣除代付工资、福利、社保及住房公积金后，可以选择简易计税方法按照5%征收率计算缴纳增值税。

一般纳税人提供劳务派遣服务，可以按照《财政部 国家税务总局关于全面推开营业税改征增值税试点的通知》的有关规定，以取得的全部价款和价外费用为销售额，按照一般计税方法计算缴纳增值税；也可以选择差额纳税，以取得的全部价款和价外费用，扣除代用工单位支付给劳务派遣员工的工资、福利和为其办理社会保险及住房公积金后的余额为销售额，按照简易计税方法依5%的征收率计算缴纳增值税。

小规模纳税人提供劳务派遣服务，可以按照《财政部 国家税务总局关于全面推开营业税改征增值税试点的通知》的有关规定，以取得的全部价款和价外费用为销售额，按照简易计税方法依3%的征收率计算缴纳增值税；也可以选择差额纳税，以取得的全部价款和价外费用，扣除代用工单位支付给劳务派遣员工的工资、福利和为其办理社会保险及住房公积金后的余额为销售额，按照简易计税方法依5%的征收率计算缴纳增值税。

选择差额纳税的纳税人，向用工单位收取用于支付给劳务派遣员工工资、福利和为其办理社会保险及住房公积金的费用，不得开具增值税专用发票，可以开具普通发票。

劳务派遣服务，是指劳务派遣公司为了满足用工单位对于各类灵活用工的需求，将员工派遣至用工单位，接受用工单位管理并为其工作的服务。

安全保护服务比照劳务派遣。

纳税人提供人力资源外包服务,按照经纪代理服务缴纳增值税,其销售额不包括受客户单位委托代为向客户单位员工发放的工资和代理缴纳的社会保险、住房公积金。向委托方收取并代为发放的工资和代理缴纳的社会保险、住房公积金,不得开具增值税专用发票,可以开具普通发票。

一般纳税人提供人力资源外包服务,可以选择适用简易计税方法,按照5%的征收率计算缴纳增值税。人力资源外包按经纪代理服务、不按人力资源服务。

转让2016年4月30日前取得的土地使用权,可以减去土地原价、差额简易计税5%。

2016年5月1日起营改增前的不动产融资租赁合同,可以选择简易计税方法按照5%征收率计算缴纳增值税。

物业管理纳税人,向服务接受方收取的自来水水费,扣除支付的自来水水费,可以选择简易计税方法按照3%征收率计算缴纳增值税。

(3) 销售货物简易计税。一般纳税人自己使用过的物品(根据财务会计制度已经计提折旧的固定资产)属于《增值税暂行条例》第十条规定不得抵扣且未抵扣进项税额的固定资产,依3%征收率减按2%征收。

现行旧货政策。依3%征收率减按2%征收:应纳税额=销售额×2%=含税销售额÷(1+3%)×2%。

一般纳税人销售自产的下列货物,可选择按照简易办法依照3%征收率计算缴纳增值税。县级及县级以下小型水力发电单位生产的电力。小型水力发电单位,是指各类投资主体建设的装机容量为5万千瓦以下(含5万千瓦)的小型水力发电单位。建筑用和生产建筑材料所用的砂、土、石料。以自己采掘的砂、土、石料或其他矿物连续生产的砖、瓦、石灰(不含粘土实心砖、瓦)。用微生物、微生物代谢产物、动物毒素、人或动物的血液或组织制成的生物制品。自来水。商品混凝土(仅限于以水泥为原料生产的水泥混凝土)。

一般纳税人寄售商店代销寄售物品(包括居民个人寄售的物品在内)、典当业销售死当物品,暂按简易办法依照3%征收率计算缴纳增值税。

属于增值税一般纳税人的单采血浆站销售非临床用人体血液,可以按照简易办法依照3%征收率计算应纳税额,但不得对外开具增值税专用发票;也可以按照销项税额抵扣进项税额的办法依照增值税适用税率计算应纳税额。

增值税一般纳税人的药品经营企业销售生物制品,可以选择简易办法按照生物制品销售额和3%的征收率计算缴纳增值税。

兽用药品经营企业销售兽用生物制品,可以选择简易办法按照兽用生物制品销售额和3%的征收率计算缴纳增值税。

自 2014 年 7 月 1 日起，光伏发电项目发电户销售电力产品，按照税法规定应交纳增值税的，可由国家电网公司所属企业按照增值税简易计税办法计算并代征增值税税款，同时开具普通发票。

自 2018 年 5 月 1 日起，增值税一般纳税人生产销售和批发、零售抗癌药品，可选择按照简易办法依照 3% 征收率计算缴纳增值税。上述纳税人选择简易办法计算缴纳增值税后，36 个月内不得变更。纳税人应单独核算抗癌药品的销售额。未单独核算的，不得适用。自 2018 年 5 月 1 日起，对进口抗癌药品，减按 3% 征收进口环节增值税。

8.1.6.2 涉税解析

1. 纳税人发生应税销售行为，应当向索取增值税专用发票的购买方开具增值税专用发票，并在增值税专用发票上分别注明销售额和销项税额。属于下列情形之一的，不得开具增值税专用发票：应税销售行为的购买方为消费者个人的；发生应税销售行为适用免税规定的。

2. 固定业户应当向其机构所在地的主管税务机关申报纳税。总机构和分支机构不在同一县（市）的，应当分别向各自所在地的主管税务机关申报纳税；经国务院财政、税务主管部门或者其授权的财政、税务机关批准，可以由总机构汇总向总机构所在地的主管税务机关申报纳税。

3. 固定业户到外县（市）销售货物或者劳务，应当向其机构所在地的主管税务机关报告外出经营事项，并向其机构所在地的主管税务机关申报纳税；未报告的，应当向销售地或者劳务发生地的主管税务机关申报纳税；未向销售地或者劳务发生地的主管税务机关申报纳税的，由其机构所在地的主管税务机关补征税款。

4. 非固定业户销售货物或者劳务，应当向销售地或者劳务发生地的主管税务机关申报纳税；未向销售地或者劳务发生地的主管税务机关申报纳税的，由其机构所在地或者居住地的主管税务机关补征税款。

5. 进口货物，应当向报关地海关申报纳税。

6. 纳税人进口货物，应当自海关填发海关进口增值税专用缴款书之日起 15 日内缴纳税款。

7. 纳税人出口货物适用退（免）税规定的，应当向海关办理出口手续，凭出口报关单等有关凭证，在规定的出口退（免）税申报期内按月向主管税务机关申报办理该项出口货物的退（免）税；境内单位和个人跨境销售服务和无形资产适用退（免）税规定的，应当按期向主管税务机关申报办理退（免）税。具体办法由国务院财政、税务主管部门制定。

8. 出口货物办理退税后发生退货或者退关的，纳税人应当依法补缴已退的税款。

8.2 消费税

消费税是对规定的消费品或者消费行为征收的一种税。现行的消费税是 2008 年 11 月 5 日国务院第 34 次常务会议修订通过的《中华人民共和国消费税暂行条例》（以下简称《消费税暂行条例》），自 2009 年 1 月 1 日起施行的。

8.2.1 纳税人

在中华人民共和国境内生产、委托加工和进口《消费税暂行条例》规定的消费品的单位和个人，以及国务院确定的销售《消费税暂行条例》规定的消费品的其他单位和个人为消费税的纳税人。

8.2.2 税目及税率

消费税税目及税率见表 8-5。

表 8-5　　　　　　　　　　消费税税目税率表

税目	税率
一、烟	
1. 卷烟	
（1）甲类卷烟（调拨价 70 元（不含增值税）/条以上（含 70 元））	56% 加 0.003 元/支（生产环节）
（2）乙类卷烟（调拨价 70 元（不含增值税）/条以下）	36% 加 0.003 元/支（生产环节）
（3）商业批发	11% 加 0.005 元/支（批发环节）
2. 雪茄烟	36%（生产环节）
3. 烟丝	30%（生产环节）
二、酒	
1. 白酒	20% 加 0.5 元/500 克（或者 500 毫升）
2. 黄酒	240 元/吨
3. 啤酒	
（1）甲类啤酒	250 元/吨
（2）乙类啤酒	220 元/吨
4. 其他酒	10%
三、高档化妆品	15%
四、贵重首饰及珠宝玉石	
1. 金银首饰、铂金首饰和钻石及钻石饰品	5%

续表

税目	税率
2. 其他贵重首饰和珠宝玉石	10%
五、鞭炮、焰火	15%
六、成品油	
1. 汽油	1.52元/升
2. 柴油	1.20元/升
3. 航空煤油	1.20元/升
4. 石脑油	1.52元/升
5. 溶剂油	1.52元/升
6. 润滑油	1.52元/升
7. 燃料油	1.20元/升
七、摩托车	
1. 气缸容量（排气量，下同）250毫升的	3%
2. 气缸容量在250毫升以上的	10%
八、小汽车	
1. 乘用车	
（1）气缸容量（排气量，下同）在1.0升（含1.0升）以下的	1%
（2）气缸容量在1.0升以上至1.5升（含1.5升）的	3%
（3）气缸容量在1.5升以上至2.0升（含2.0升）的	5%
（4）气缸容量在2.0升以上至2.5升（含2.5升）的	9%
（5）气缸容量在2.5升以上至3.0升（含3.0升）的	12%
（6）气缸容量在3.0升以上至4.0升（含4.0升）的	25%
（7）气缸容量在4.0升以上的	40%
2. 中轻型商用客车	5%
3. 超豪华小汽车	10%
九、高尔夫球及球具	10%
十、高档手表	20%
十一、游艇	10%
十二、木制一次性筷子	5%
十三、实木地板	5%
十四、铅蓄电池	4%（2016年1月1日起实施）
无汞原电池、金属氢化物镍蓄电池、锂原电池、锂离子蓄电池、太阳能电池、燃料电池和全钒液流电池	免征
十五、涂料	4%
施工状态下挥发性有机物（Volatile Organic Compounds，VOC）含量低于420克/升（含）	免征

[特别提示] 根据《消费税暂行条例》第三条规定，纳税人兼营不同税率的应当缴纳消费税的消费品（以下简称应税消费品），应当分别核算不同税率应税消费品的销售额、销售数量；未分别核算销售额、销售数量，或者将不同税率的应税消费品组成成套消费品销售的，从高适用税率。

8.2.3 计税依据及应纳税额计算

实行从价定率办法计算的应纳税额 = 销售额 × 比例税率

实行从量定额办法计算的应纳税额 = 销售数量 × 定额税率

实行复合计税办法计算的应纳税额 = 销售额 × 比例税率 + 销售数量 × 定额税率

[特别提示]

（1）根据《中华人民共和国消费税暂行条例实施细则》（以下简称《消费税暂行条例实施细则》）第十二条规定，《消费税暂行条例》第六条所称销售额，不包括应向购货方收取的增值税税款。如果纳税人应税消费品的销售额中未扣除增值税税款或者因不得开具增值税专用发票而发生价款和增值税税款合并收取的，在计算消费税时，应当换算为不含增值税税款的销售额。

（2）根据《消费税暂行条例实施细则》第十三条规定，应税消费品连同包装物销售的，无论包装物是否单独计价以及在会计上如何核算，均应并入应税消费品的销售额中缴纳消费税。如果包装物不作价随同产品销售，而是收取押金，此项押金则不应并入应税消费品的销售额中征税。但对因逾期未收回的包装物不再退还的或者已收取的时间超过12个月的押金，应并入应税消费品的销售额，按照应税消费品的适用税率缴纳消费税。对既作价随同应税消费品销售，又另外收取押金的包装物的押金，凡纳税人在规定的期限内没有退还的，均应并入应税消费品的销售额，按照应税消费品的适用税率缴纳消费税。

根据财税字〔1995〕53号文件规定，从1995年6月1日起，对酒类产品生产企业销售酒类产品而收取的包装物押金，无论押金是否返还与会计上如何核算，均需并入酒类产品销售额中，依酒类产品的适用税率征收消费税。

（3）根据《消费税暂行条例》第七条规定，纳税人自产自用的应税消费品，按照纳税人生产的同类消费品的销售价格计算纳税；没有同类消费品销售价格的，按照组成计税价格计算纳税。

实行从价定率办法计算纳税的组成计税价格计算公式：

组成计税价格 = (成本 + 利润) ÷ (1 - 比例税率)

实行复合计税办法计算纳税的组成计税价格计算公式：

组成计税价格 = (成本 + 利润 + 自产自用数量 × 定额税率) ÷ (1 - 比例税率)

[例8-10] 2022年8月，A公司生产一种新的粮食白酒，广告样品使用0.6吨、

生产成本每吨 40 000 元,成本利润率 10%,无同类产品出厂价,白酒定额税率为每 500 克 0.5 元、比例税率 20%。计算 A 公司 8 月份应缴纳的消费税。

从量计算的应纳税额 = 0.6 × 2 000 × 0.5 = 600（元）

从价计算的应纳税额 = [0.6 × 40 000 × (1 + 10%) + 0.6 × 2 000 × 0.5] ÷ (1 - 20%) × 20% = 6 750（元）

A 公司 8 月份应缴纳的消费税 = 600 + 6 750 = 7 350（元）

(4) 根据《消费税暂行条例》第八条规定,委托加工的应税消费品,按照受托方的同类消费品的销售价格计算纳税;没有同类消费品销售价格的,按照组成计税价格计算纳税。

实行从价定率办法计算纳税的组成计税价格计算公式:

组成计税价格 = (材料成本 + 加工费) ÷ (1 - 比例税率)

实行复合计税办法计算纳税的组成计税价格计算公式:

组成计税价格 = (材料成本 + 加工费 + 委托加工数量 × 定额税率) ÷ (1 - 比例税率)

8.2.4　纳税期限

消费税的纳税期限分别为 1 日、3 日、5 日、10 日、15 日、1 个月或者 1 个季度。纳税人的具体纳税期限,由主管税务机关根据纳税人应纳税额的大小分别核定;不能按照固定期限纳税的,可以按次纳税。

纳税人以 1 个月或者 1 个季度为 1 个纳税期的,自期满之日起 15 日内申报纳税;以 1 日、3 日、5 日、10 日或者 15 日为 1 个纳税期的,自期满之日起 5 日内预缴税款,于次月 1 日起 15 日内申报纳税并结清上月应纳税款。

8.2.5　税收优惠

1. 横琴、平潭区内企业销售货物免征消费税。
2. 节能环保电池免征消费税。
3. 节能环保涂料免征消费税。
4. 废动植物油生产纯生物柴油免征消费税。
5. 用废矿物油生产的工业油料免征消费税。
6. 对北京冬奥组委、北京冬奥会测试赛赛事组委会赛后再销售物品和出让资产收入免征消费税。
7. 对北京冬奥组委、北京冬奥会测试赛赛事组委会委托加工生产的高档化妆品免征消费税。
8. 对国际奥委会取得的与北京 2022 年冬奥会有关的收入免征消费税。
9. 对中国奥委会取得的由北京冬奥组委支付的收入免征消费税。

10. 对国际残奥委会取得的与北京2022年冬残奥会有关的收入免征消费税。
11. 对中国残奥委会取得的由北京冬奥组委分期支付的收入免征消费税。
12. 生产成品油过程中消耗的自产成品油部分免征消费税。
13. 自产石脑油、燃料油生产乙烯、芳烃产品免征消费税。
14. 用已税汽油生产的乙醇汽油免征消费税。

8.2.6 会计处理及涉税解析

8.2.6.1 会计处理

消费税的会计核算是通过"税金及附加""应交税费——应交消费税"等科目进行的。"应交消费税"明细科目的贷方登记企业按规定应缴纳的消费税；借方登记企业实际缴纳的消费税和待抵扣的消费税；期末贷方余额，反应尚未缴纳的消费税；期末借方余额反映企业多交或待抵扣的消费税。

1. 销售需要缴纳消费税的物资应交的消费税，借记"税金及附加"等科目，贷记"应交税费——应交消费税"。

2. 以生产的产品用于在建工程、非生产机构等，按照税法规定应交纳的消费税，借记"在建工程""管理费用"等科目，贷记"应交税费——应交消费税"。

随同商品出售但单独计价的包装物，按照税法规定应交纳的消费税，借记"税金及附加"科目，贷记"应交税费——应交消费税"。出租、出借包装物逾期未收回没收的押金应交的消费税，借记"税金及附加"科目，贷记"应交税费——应交消费税"。

3. 需要缴纳消费税的委托加工物资，由受托方代收代缴税款（除受托加工或翻新改制金银首饰按照税法规定由受托方缴纳消费税外）。企业（受托方）按照应交税款金额，借记"应收账款""银行存款"等科目，贷记"应交税费——应交消费税"。

4. 企业因受托加工或翻新改制金银首饰按照税法规定应缴纳的消费税，在向委托方交货时，借记"税金及附加"科目，贷记"应交税费——应交消费税"。

5. 需要缴纳消费税的进口物资，其缴纳的消费税应计入该项物资的成本，借记"材料采购"或"在途物资""库存商品""固定资产"等科目，贷记"银行存款"等科目。

6. 缴纳的消费税，借记"应交税费——应交消费税"，贷记"银行存款"科目。

8.2.6.2 涉税解析

1. 生产性企业直接出口或通过外贸企业出口的物资，按照税法规定直接予以免征消费税的，可不计算应交消费税。

2. 根据国家税务总局公告2017年第32号规定，自2017年10月1日起，对于纳税人套用其他牌号、规格卷烟计税价格，造成少缴消费税税款的，主管税务机关按照《卷烟消费税计税价格信息采集和核定管理办法》第十八条规定，调整纳税人应纳税收入时，应按照采集的该牌号、规格卷烟市场零售价格适用最低档批发毛利率确定计税价格，追缴纳税人少缴消费税税款。

3. 根据国家税务总局公告 2015 年第 91 号规定，2015 年 12 月 23 日起，纳税人销售的应税消费品，因质量等原因发生退货的，其已缴纳的消费税税款可予以退还。纳税人办理退税手续时，应将开具的红字增值税发票、退税证明等资料报主管税务机关备案。主管税务机关核对无误后办理退税；纳税人直接出口的应税消费品办理免税后，发生退关或者国外退货，复进口时已予以免税的，可暂不办理补税，待其转为国内销售的当月申报缴纳消费税。

4. 未按规定采集、审核、汇总、核定卷烟消费税计税价格和白酒消费税最低计税价格。

5. 纳税人将部分成品油产品改变名称后应计提而未计提消费税或者将应适用高税率的产品改为适用低税率的产品，从而达到不交税或少交税的目的。

6. 根据国税发〔1993〕156 号文件第三条（五）规定，纳税人通过自设非独立核算门市部销售的自产应税消费品，应当按照门市部对外销售额或者销售数量征收消费税。

7. 根据国税发〔1993〕156 号文件第三条（六）规定，纳税人用于换取生产资料和消费资料，投资入股和抵偿债务等方面的应税消费品，应当以纳税人同类应税消费品的最高销售价格作为计税依据计算消费税。

8. 根据国家税务总局公告 2021 年第 20 号、国家税务总局公告 2022 年第 3 号规定，自 2021 年 8 月 1 日起，消费税分别与城市维护建设税、教育费附加、地方教育附加申报表整合，启用《〈消费税及附加税费申报表〉附表 6（消费税附加税费计算表）》。

9. 因为消费税不同税目的税率和征收方式都有差异，可以按照国家税务总局针对具体税目出台的具体管理办法，实行针对性、个性化的管理和服务。

8.3 车辆购置税

车辆购置税是对在中华人民共和国境内购置汽车、有轨电车、汽车挂车、排气量超过 150 毫升的摩托车（以下统称应税车辆）的单位和个人征收的一种税。

购置，是指以购买、进口、自产、受赠、获奖或者其他方式取得并自用应税车辆的行为。

现行车辆购置税是由中华人民共和国第十三届全国人民代表大会常务委员会第七次会议于 2018 年 12 月 29 日通过的《中华人民共和国车辆购置税法》(以下简称《车辆购置税法》),自 2019 年 7 月 1 日起施行的。

8.3.1 纳税人

在中华人民共和国境内购置汽车、有轨电车、汽车挂车、排气量超过 150 毫升的摩托车的单位和个人,为车辆购置税的纳税人。

8.3.2 税目及税率

车辆购置税的征收范围包括购买、进口、自产、受赠、获奖或者其他方式取得并自用的汽车、有轨电车、汽车挂车以及排气量超过 150 毫升的摩托车。

车辆购置税实行比例税率,税率为 10%。

8.3.3 计税依据及应纳税额计算

车辆购置税实行一次性征收。购置已征车辆购置税的车辆,不再征收车辆购置税。
车辆购置税的应纳税额按照应税车辆的计税价格乘以税率计算。
计算公式为:应纳税额 = 计税价格 × 适用税率
应税车辆的计税价格,按照下列规定确定:
(1)纳税人购买自用应税车辆的计税价格,为纳税人实际支付给销售者的全部价款,不包括增值税税款。
(2)纳税人进口自用应税车辆的计税价格,为关税完税价格加上关税和消费税。
(3)纳税人自产自用应税车辆的计税价格,按照纳税人生产的同类应税车辆的销售价格确定,不包括增值税税款。
(4)纳税人以受赠、获奖或者其他方式取得自用应税车辆的计税价格,按照购置应税车辆时相关凭证载明的价格确定,不包括增值税税款。
纳税人申报的应税车辆计税价格明显偏低,又无正当理由的,由税务机关依照《中华人民共和国税收征收管理法》的规定核定其应纳税额。
纳税人以外汇结算应税车辆价款的,按照申报纳税之日的人民币汇率中间价折合成人民币计算缴纳税款。
(5)免税、减税车辆因转让、改变用途等原因不再属于免税、减税范围的,纳税人应当在办理车辆转移登记或者变更登记前缴纳车辆购置税。计税价格以免税、减税车辆初次办理纳税申报时确定的计税价格为基准,每满一年扣减 10%。

[特别提示]

（1）《车辆购置税法》规定，计税依据仅包括全部价款，不再包括价外费用。价外费用，是指销售方价外向购买方收取的基金、集资费、违约金（延期付款利息）和手续费、包装费、储存费、优质费、运输装卸费、保管费以及其他各种性质的价外收费，但不包括销售方代办保险等而向购买方收取的保险费，以及向购买方收取的代购买方缴纳的车辆购置税、车辆牌照费。

（2）纳税人将已征车辆购置税的车辆退回车辆生产企业或者销售企业的，可以向主管税务机关申请退还车辆购置税。退税额以已缴税款为基准，自缴纳税款之日至申请退税之日，每满一年扣减10%。

8.3.4 纳税期限

车辆购置税的纳税义务发生时间为纳税人购置应税车辆的当日。纳税人应当自纳税义务发生之日起六十日内应当向车辆登记地的主管税务机关申报缴纳车辆购置税；购置不需要办理车辆登记的应税车辆的，应当向纳税人所在地的主管税务机关申报缴纳车辆购置税。

纳税人应当在向公安机关交通管理部门办理车辆注册登记前，缴纳车辆购置税。公安机关交通管理部门办理车辆注册登记，应当根据税务机关提供的应税车辆完税或者免税电子信息对纳税人申请登记的车辆信息进行核对，核对无误后依法办理车辆注册登记。

8.3.5 税收优惠

下列车辆免征车辆购置税：

（1）依照法律规定应当予以免税的外国驻华使馆、领事馆和国际组织驻华机构及其有关人员自用的车辆。

（2）中国人民解放军和中国人民武装警察部队列入装备订货计划的车辆。

（3）悬挂应急救援专用号牌的国家综合性消防救援车辆。

（4）设有固定装置的非运输专用作业车辆。

（5）城市公交企业购置的公共汽电车辆。

根据国民经济和社会发展的需要，国务院可以规定减征或者其他免征车辆购置税的情形，报全国人民代表大会常务委员会备案。

8.3.6 会计处理及涉税解析

8.3.6.1 会计处理

企业缴纳的车辆购置税，不通过"应交税费"科目核算，企业缴纳的车辆购置税计入"固定资产"科目。

企业按照规定缴纳的车辆购置税,借记"固定资产"科目,贷记"银行存款"科目。

8.3.6.2 涉税解析

1. 防止有的企业将购置车辆已经抵扣的增值税进项税额,重复计入固定资产原值,通过计提折旧的方式逐步摊销,从而达到少缴企业所得税的目的。

2. 日常工作中,可以通过车辆购置税与车船税信息的比对,查看是否有不属于本企业的车辆而计入本企业的现象。

3. 取消车辆购置税最低计税价格后,不可以低开发票。《车辆购置税法》取消车辆购置税最低计税价格,不再以最低计税价格与有效价格凭证价格比对两者孰高来核定应纳税额,以有效价格凭证价格确定应纳税额,并不意味着可以低开发票,进行不实申报。车辆购置税最低计税价格取消后,市场平均交易价格机制将成为开展车辆购置税风险防控工作的重要抓手。相关信息系统按周自动采集每个车型的全国市场平均交易价格,作为税务机关判断纳税人车辆购置税申报价格是否偏低的重要参考指标。对于被判断为车辆购置税申报价格明显偏低,又无正当理由的,税务机关依照征管法的规定核定征收;同时,税务机关可以对车辆经销企业进行增值税、消费税、车辆购置税多税种联动评估检查,通过车辆生产、出厂、流通、终端销售等各环节增值税、消费税、企业所得税、车辆购置税的协同管理,从而实现相关税种的税源管控,有效防止车辆经销企业开据虚假发票、低开发票来达到偷逃税款目的。对查实低开发票的车辆销售企业,纳入税收信用范围,严格按照黑名单制度规定,列入黑名单,联合惩戒,并按相关规定进行处罚。

[特别提示]

(1)纳税人可以查询、打印车辆购置税完税证明。实行车辆购置税完税证明无纸化后,纳税人如需要纸质车辆购置税完税证明,可向主管税务机关提出为其打印《车辆购置税完税证明(电子版)》,也可由纳税人通过本省(市)电子税务局等官方互联网平台查询、打印。

(2)纳税人缴纳车辆购置税后,车辆购置税完税或者免税电子信息即时传输到公安机关交通管理部门,公安机关交通管理部门根据税务机关提供的应税车辆完税或者免税电子信息对纳税人申请登记的车辆信息进行核对,核对无误后依法办理车辆注册登记,不需提交纸质车辆购置税完税证明。

(3)《车辆购置税法》实施后,纳税人向主管税务机关申请退还车辆购置税税款,不需提交纸质车辆购置税完税证明正本、副本。

8.4 企业所得税

企业所得税是对在中华人民共和国境内的企业和其他取得收入的组织（以下统称企业）所取得的生产、经营所得和其他所得征收的一种税。

现行的企业所得税法是 2007 年 3 月 16 日第十届全国人民代表大会第五次会议通过中华人民共和国主席令 2007 年第 63 号《中华人民共和国企业所得税法》（以下简称《企业所得税法》），根据 2017 年 2 月 24 日第十二届全国人民代表大会常务委员会第二十六次会议《关于修改〈中华人民共和国企业所得税法〉的决定》进行修正，根据 2018 年 12 月 29 日第十三届全国人民代表大会常务委员会第七次会议《关于修改〈中华人民共和国电力法〉等四部法律的决定》修正）。自 2008 年 1 月 1 日起开始施行的。

[特别提示]

（1）2017 年《企业所得税法》修正条款：第九条　企业发生的公益性捐赠支出，在年度利润总额 12% 以内的部分，准予在计算应纳税所得额时扣除；超过年度利润总额 12% 的部分，准予结转以后三年内在计算应纳税所得额时扣除。

（2）2018 年《企业所得税法》修正条款：第五十一条　非居民企业取得本法第三条第二款规定的所得，以机构、场所所在地为纳税地点。非居民企业在中国境内设立两个或者两个以上机构、场所，符合国务院税务主管部门规定条件的，可以选择由其主要机构、场所汇总缴纳企业所得税。

8.4.1 纳税人

在中华人民共和国境内，企业和其他取得收入的组织为企业所得税的纳税人。

[特别提示]《企业所得税法》规定：

（1）个人独资企业和合伙企业不属于企业所得税的纳税人，但属于个人所得税的纳税义务人。

（2）企业分为居民企业和非居民企业。

居民企业，是指依法在中国境内成立（依法在中国境内成立的企业，包括依照中国法律、行政法规在中国境内成立的企业、事业单位、社会团体以及其他取得收入的组织），或者依照外国（地区）法律成立（依照外国（地区）法律成立的企业，包括依照外国（地区）法律成立的企业和其他取得收入的组织）但实际管理机构（实际管理机构，是指对企业的生产经营、人员、账务、财产等实施实质性全面管理和控制的机构）在中国境内的企业。

居民企业应当就其来源于中国境内、境外的所得（所得，包括销售货物所得、提供劳务所得、转让财产所得、股息红利等权益性投资所得、利息所得、租金所得、特许权使用费所得、接受捐赠所得和其他所得）缴纳企业所得税。

非居民企业，是指依照外国（地区）法律成立且实际管理机构不在中国境内，但在中国境内设立机构、场所的，或者在中国境内未设立机构、场所，但有来源于中国境内所得的企业。非居民企业取得的此项所得，以机构、场所所在地为纳税地点。非居民企业在中国境内设立两个或者两个以上机构、场所，符合国务院税务主管部门规定条件的，可以选择由其主要机构、场所汇总缴纳企业所得税。

非居民企业在中国境内设立机构、场所的，应当就其所设机构、场所（机构、场所，是指在中国境内从事生产经营活动的机构、场所，包括：管理机构、营业机构、办事机构；工厂、农场、开采自然资源的场所；提供劳务的场所；从事建筑、安装、装配、修理、勘探等工程作业的场所；其他从事生产经营活动的机构、场所。非居民企业委托营业代理人在中国境内从事生产经营活动的，包括委托单位或者个人经常代其签订合同，或者储存、交付货物等，该营业代理人视为非居民企业在中国境内设立的机构、场所）取得的来源于中国境内的所得，以及发生在中国境外但与其所设机构、场所有实际联系（实际联系，是指非居民企业在中国境内设立的机构、场所拥有据以取得所得的股权、债权，以及拥有、管理、控制据以取得所得的财产等）的所得，缴纳企业所得税。

非居民企业在中国境内未设立机构、场所的，或者虽设立机构、场所但取得的所得与其所设机构、场所没有实际联系的，应当就其来源于中国境内的所得缴纳企业所得税。

（3）来源于中国境内、境外的所得的确定原则：销售货物所得，按照交易活动发生地确定；提供劳务所得，按照劳务发生地确定；转让财产所得，不动产转让所得按照不动产所在地确定，动产转让所得按照转让动产的企业或者机构、场所所在地确定，权益性投资资产转让所得按照被投资企业所在地确定；股息、红利等权益性投资所得，按照分配所得的企业所在地确定；利息所得、租金所得、特许权使用费所得，按照负担、支付所得的企业或者机构、场所所在地确定，或者按照负担、支付所得的个人的住所地确定；其他所得，由国务院财政、税务主管部门确定。

（4）对非居民企业取得本法第三条第三款规定的所得应缴纳的所得税，实行源泉扣缴，以支付人为扣缴义务人。税款由扣缴义务人在每次支付或者到期应支付时，从支付或者到期应支付的款项中扣缴。

对非居民企业在中国境内取得工程作业和劳务所得应缴纳的所得税，税务机关可以指定工程价款或者劳务费的支付人为扣缴义务人。

依照企业所得税法规定应当扣缴的所得税,扣缴义务人未依法扣缴或者无法履行扣缴义务的,由纳税人在所得发生地缴纳。纳税人未依法缴纳的,税务机关可以从该纳税人在中国境内其他收入项目的支付人应付的款项中,追缴该纳税人的应纳税款。

扣缴义务人每次代扣的税款,应当自代扣之日起7日内缴入国库,并向所在地的税务机关报送扣缴企业所得税报告表。

8.4.2 税率

1. 25%的税率。《企业所得税法》第四条规定,企业所得税的税率为25%。
2. 20%的税率。

(1)《企业所得税法》第二十八条规定,符合条件的小型微利企业,减按20%的税率征收企业所得税。

(2)根据财税〔2019〕13号文件规定,小型微利企业是指从事国家非限制和禁止行业,且同时符合年度应纳税所得额不超过300万元、从业人数不超过300人、资产总额不超过5 000万元等三个条件的企业。

(3)根据财政部、税务总局公告2021年第12号、国家税务总局公告2021年第8号规定自2021年1月1日至2022年12月31日,对小型微利企业年应纳税所得额不超过100万元的部分,在《财政部 税务总局关于实施小微企业普惠性税收减免政策的通知》(财税〔2019〕13号)第二条规定的优惠政策基础(优惠政策基础,是指对小型微利企业年应纳税所得额不超过100万元的部分,减按25%计入应纳税所得额,按20%的税率缴纳企业所得税)上,再减半征收企业所得税(即应纳所得税额=应纳税所得额×25%×20%×50%=应纳税所得额×2.5%)。

(4)根据财政部、税务总局公告2022年第13号规定,自2022年1月1日至2024年12月31日对小型微利企业年应纳税所得额超过100万元但不超过300万元的部分,减按25%计入应纳税所得额,按20%的税率缴纳企业所得税(即应纳所得税额=应纳税所得额×25%×20%=应纳税所得额×5%)。

[例8-11] A公司符合小型微利企业条件,2022年第一季度实现应纳税所得额60万元,该公司第一季度预缴企业所得税时,应纳所得税额为1.5万元(60×25%×20%×50%),第一季度减免所得税额为13.5万元(60×25%-1.5)。

2022年第二季度累计实现应纳税所得额180万元,该公司第二季度预缴企业所得税时,累计应纳所得税额为6.5万元〔100×25%×20%×50%+(180-100)×25%×20%〕,截至第二季度累计减免所得税额为38.5万元(180×25%-6.5)。第二季度实际预缴所得税额为5万元(6.5-1.5)。

2022年第三季度累计实现应纳税所得额350万元,该公司第三季度预缴企业所得税时,因为第三季度累计应纳税所得额超过300万元,已不符合小微企业标准,所以累计应纳所得税额为87.5万元（350×25%）。第三季度实际预缴所得税额为81万元（87.5-1.5-5）。

2022年第四季度累计实现应纳税所得额300万元，因为第四季度累计应纳税所得额没超过300万元，又符合小微企业标准，所以该公司第四季度预缴企业所得税时，累计应纳所得税额为12.5万元｛[100×25%×20%×50%+（300-100）×25%×20%]+10｝，截至第四季度累计减免所得税额为62.5万元（300×25%-12.5）。第四季度实际预缴所得税额为-75万元（12.5-5-1.5-81），即应该退税75万元。

3. 15%的税率。

（1）《企业所得税法》第二十八条规定，国家需要重点扶持的高新技术企业，减按15%的税率征收企业所得税。

[特别提示] 国家需要重点扶持的高新技术企业，是指拥有核心自主知识产权，并同时符合下列条件的企业：产品（服务）属于《国家重点支持的高新技术领域》规定的范围；研究开发费用占销售收入的比例不低于规定比例；高新技术产品（服务）收入占企业总收入的比例不低于规定比例；科技人员占企业职工总数的比例不低于规定比例；高新技术企业认定管理办法规定的其他条件。

（2）根据财税〔2021〕29号文件规定，自2021年1月1日至2025年12月31日，对设在平潭综合实验区的符合条件（符合的条件，是指以《平潭综合实验区企业所得税优惠目录（2021版）》中规定的产业项目为主营业务，且其主营业务收入占收入总额60%以上）的企业减按15%的税率征收企业所得税。享受上述优惠政策的企业需收入总额按照《中华人民共和国企业所得税法》第六条规定执行。

（3）根据财税〔2021〕30号文件规定，自2021年1月1日起执行至2025年12月31日，对设在前海深港现代服务业合作区的符合条件（符合的条件，是指以《前海深港现代服务业合作区企业所得税优惠目录（2021版）》中规定的产业项目为主营业务，且其主营业务收入占收入总额60%以上。收入总额按照《中华人民共和国企业所得税法》第六条规定执行）的企业按15%的税率征收企业所得税。享受上述优惠政策的企业需收入总额按照《中华人民共和国企业所得税法》第六条规定执行。

（4）根据财税〔2020〕31号文件规定，自2020年1月1日起至2024年12月31日，对注册在海南自由贸易港并实质性运营（实质性运营，是指企业的实际管理机构设在海南自由贸易港，并对企业生产经营、人员、账务、财产等实施实质性全面管理和控制。对不符合实质性运营的企业，不得享受优惠）的鼓励类产业企业（鼓励类产业企业，是指以海南自由贸易港鼓励类产业目录中规定的产业项目为主营业务，且其主营业务收入占企业收入总额60%以上的企业），减按15%的税率征收企业所得税。

（5）根据财税〔2020〕38号文件规定，中国（上海）自由贸易试验区临港新片区（以下称"新片区"）内从事集成电路、人工智能、生物医药、民用航空等关键领域核心环节相关产品（技术）业务，并开展实质性生产或研发活动的符合条件的法人企业，自设立之日起5年内减按15%的税率征收企业所得税。

（6）根据财税〔2017〕79号文件规定，自2017年1月1日起，对经认定的技术先进型服务企业，减按15%的税率征收企业所得税。

（7）根据财税〔2018〕44号文件规定，自2018年1月1日起，对经认定的技术先进型服务企业（服务贸易类），减按15%的税率征收企业所得税。

技术先进型服务企业（服务贸易类）须符合的条件及认定管理事项，按照《财政部 税务总局 商务部 科技部 国家发展改革委关于将技术先进型服务企业所得税政策推广至全国实施的通知》（财税〔2017〕79号）的相关规定执行。其中，企业须满足的技术先进型服务业务领域范围按照本通知所附《技术先进型服务业务领域范围（服务贸易类）》执行。

（8）根据财政部、税务总局公告2022年第4号、财政部 税务总局 国家发展改革委 生态环境部公告2019年第60号规定，自2019年1月1日至2023年12月31日，对符合条件的从事污染防治的第三方企业［以下称第三方防治企业，第三方防治企业是指受排污企业或政府委托，负责环境污染治理设施（包括自动连续监测设施，下同）运营维护的企业］减按15%的税率征收企业所得税。

（9）根据财政部、税务总局、国家发展改革委公告2020年第23号规定，自2021年1月1日至2030年12月31日，对设在西部地区的鼓励类产业企业（鼓励类产业企业是指以《西部地区鼓励类产业目录》中规定的产业项目为主营业务，且其主营业务收入占企业收入总额60%以上的企业）减按15%的税率征收企业所得税。

4. 10%的税率。《企业所得税法实施条例》第九十一条规定，非居民企业取得企业所得税法第二十七条第（五）项规定的所得（非居民企业在中国境内未设立机构、场所的，或者虽设立机构、场所但取得的所得与其所设机构、场所没有实际联系的，应当就其来源于中国境内的所得缴纳企业所得税），减按10%的税率征收企业所得税。

8.4.3 应纳税额

企业的应纳税所得额乘以适用税率，减除依照本法关于税收优惠的规定减免和抵免的税额后的余额，为应纳税额。公式如下：

应纳税额 = 应纳税所得额 × 适用税率 − 减免税额 − 抵免税额

应纳税所得额 = 每一纳税年度的收入总额 − 不征税收入、免税收入、各项扣除以及允许弥补的以前年度亏损后的余额

公式中的减免税额和抵免税额，是指依照企业所得税法和国务院的税收优惠规定减征、免征和抵免的应纳税额。

[特别提示]

（1）企业应纳税所得额的计算，以权责发生制为原则，属于当期的收入和费用，不论款项是否收付，均作为当期的收入和费用；不属于当期的收入和费用，即使款项已经在当期收付，均不作为当期的收入和费用。企业所得税法条例和国务院财政、税务主管部门另有规定的除外。

（2）在计算应纳税所得额时，企业财务、会计处理办法与税收法律、行政法规的规定不一致的，应当依照税收法律、行政法规的规定计算。

（3）创业投资企业从事国家需要重点扶持和鼓励的创业投资，可以按投资额的一定比例抵扣应纳税所得额（是指创业投资企业采取股权投资方式投资于未上市的中小高新技术企业2年以上的，可以按照其投资额的70%在股权持有满2年的当年抵扣该创业投资企业的应纳税所得额；当年不足抵扣的，可以在以后纳税年度结转抵扣）。

（4）企业与其关联方之间的业务往来，不符合独立交易原则而减少企业或者其关联方应纳税收入或者所得额的，税务机关有权按照合理方法调整。

企业与其关联方共同开发、受让无形资产，或者共同提供、接受劳务发生的成本，在计算应纳税所得额时应当按照独立交易原则进行分摊。

企业可以向税务机关提出与其关联方之间业务往来的定价原则和计算方法，税务机关与企业协商、确认后，达成预约定价安排。

企业向税务机关报送年度企业所得税纳税申报表时，应当就其与关联方之间的业务往来，附送年度关联业务往来报告表。

税务机关在进行关联业务调查时，企业及其关联方，以及与关联业务调查有关的其他企业，应当按照规定提供相关资料。

企业不提供与其关联方之间业务往来资料，或者提供虚假、不完整资料，未能真实反映其关联业务往来情况的，税务机关有权依法核定其应纳税所得额。

由居民企业，或者由居民企业和中国居民控制的设立在实际税负明显低于本法第四条第一款规定税率水平的国家（地区）的企业，并非由于合理的经营需要而对利润不作分配或者减少分配的，上述利润中应归属于该居民企业的部分，应当计入该居民企业的当期收入。

企业实施其他不具有合理商业目的的安排而减少其应纳税收入或者所得额的，税务机关有权按照合理方法调整。

税务机关依照本章规定作出纳税调整，需要补征税款的，应当补征税款，并按照国务院规定加收利息。

（5）缴纳的企业所得税，以人民币计算。所得以人民币以外的货币计算的，应当折合成人民币计算并缴纳税款。

1. 收入总额。收入总额是指企业以货币形式和非货币形式从各种来源取得的收入。包括：

（1）销售货物收入。销售货物收入，是指企业销售商品、产品、原材料、包装物、低值易耗品以及其他存货取得的收入。

（2）提供劳务收入。提供劳务收入，是指企业从事建筑安装、修理修配、交通运输、仓储租赁、金融保险、邮电通信、咨询经纪、文化体育、科学研究、技术服务、教育培训、餐饮住宿、中介代理、卫生保健、社区服务、旅游、娱乐、加工以及其他劳务服务活动取得的收入。

（3）转让财产收入。转让财产收入，是指企业转让固定资产、生物资产、无形资产、股权、债权等财产取得的收入。

（4）股息、红利等权益性投资收益。股息、红利等权益性投资收益，是指企业因权益性投资从被投资方取得的收入。

股息、红利等权益性投资收益，除国务院财政、税务主管部门另有规定外，按照被投资方作出利润分配决定的日期确认收入的实现。

（5）利息收入。利息收入，是指企业将资金提供他人使用但不构成权益性投资，或者因他人占用本企业资金取得的收入，包括存款利息、贷款利息、债券利息、欠款利息等收入。

利息收入，按照合同约定的债务人应付利息的日期确认收入的实现。

（6）租金收入。租金收入，是指企业提供固定资产、包装物或者其他有形资产的使用权取得的收入。

租金收入，按照合同约定的承租人应付租金的日期确认收入的实现。

（7）特许权使用费收入。特许权使用费收入，是指企业提供专利权、非专利技术、商标权、著作权以及其他特许权的使用权取得的收入。

特许权使用费收入，按照合同约定的特许权使用人应付特许权使用费的日期确认收入的实现。

（8）接受捐赠收入。接受捐赠收入，是指企业接受的来自其他企业、组织或者个人无偿给予的货币性资产、非货币性资产。

接受捐赠收入，按照实际收到捐赠资产的日期确认收入的实现。

（9）其他收入。其他收入，是指企业取得的除企业所得税法第六条第（一）项至第（八）项规定的收入外的其他收入，包括企业资产溢余收入、逾期未退包装物押金收入、确实无法偿付的应付款项、已作坏账损失处理后又收回的应收款项、债务重组收入、补贴收入、违约金收入、汇兑收益等。

[特别提示]

（1）企业取得收入的货币形式，包括现金、存款、应收账款、应收票据、准备持有至到期的债券投资以及债务的豁免等。

(2) 企业取得收入的非货币形式,包括固定资产、生物资产、无形资产、股权投资、存货、不准备持有至到期的债券投资、劳务以及有关权益等。

(3) 企业以非货币形式取得的收入,应当按照公允价值(公允价值,是指按照市场价格确定的价值)确定收入额。

(4) 企业的下列生产经营业务可以分期确认收入的实现:以分期收款方式销售货物的,按照合同约定的收款日期确认收入的实现;企业受托加工制造大型机械设备、船舶、飞机,以及从事建筑、安装、装配工程业务或者提供其他劳务等,持续时间超过12个月的,按照纳税年度内完工进度或者完成的工作量确认收入的实现。

(5) 采取产品分成方式取得收入的,按照企业分得产品的日期确认收入的实现,其收入额按照产品的公允价值确定。

(6) 企业发生非货币性资产交换,以及将货物、财产、劳务用于捐赠、偿债、赞助、集资、广告、样品、职工福利或者利润分配等用途的,应当视同销售货物、转让财产或者提供劳务,但国务院财政、税务主管部门另有规定的除外。

(7) 企业综合利用资源,生产符合国家产业政策规定的产品所取得的收入,可以在计算应纳税所得额时减计收入(减计收入,是指企业以《资源综合利用企业所得税优惠目录》规定的资源作为主要原材料,生产国家非限制和禁止并符合国家和行业相关标准的产品取得的收入,减按90%计入收入总额)。

原材料占生产产品材料的比例不得低于《资源综合利用企业所得税优惠目录》规定的标准。

2. 不征税收入。收入总额中的下列收入为不征税收入:

(1) 财政拨款。财政拨款,是指各级人民政府对纳入预算管理的事业单位、社会团体等组织拨付的财政资金,但国务院和国务院财政、税务主管部门另有规定的除外。

(2) 依法收取并纳入财政管理的行政事业性收费、政府性基金。行政事业性收费,是指依照法律法规等有关规定,按照国务院规定程序批准,在实施社会公共管理,以及在向公民、法人或者其他组织提供特定公共服务过程中,向特定对象收取并纳入财政管理的费用。政府性基金,是指企业依照法律、行政法规等有关规定,代政府收取的具有专项用途的财政资金。

(3) 国务院规定的其他不征税收入。国务院规定的其他不征税收入,是指企业取得的,由国务院财政、税务主管部门规定专项用途并经国务院批准的财政性资金。

3. 免税收入。企业的下列收入为免税收入:

(1) 国债利息收入,是指企业持有国务院财政部门发行的国债取得的利息收入。

(2) 符合条件的居民企业之间的股息、红利等权益性投资收益,是指居民企业直接投资于其他居民企业取得的投资收益。《企业所得税法》第二十六条第(二)项和第(三)项所称股息、红利等权益性投资收益,不包括连续持有居民企业公开发行并上市流通的股票不足 12 个月取得的投资收益。

（3）在中国境内设立机构、场所的非居民企业从居民企业取得与该机构、场所有实际联系的股息、红利等权益性投资收益。

（4）符合条件的非营利组织的收入。

[特别提示]

（1）非居民企业取得《企业所得税法》第三条第三款规定的所得（非居民企业在中国境内未设立机构、场所的，或者虽设立机构、场所但取得的所得与其所设机构、场所没有实际联系的，应当就其来源于中国境内的所得缴纳企业所得税），按照下列方法计算其应纳税所得额：股息、红利等权益性投资收益和利息、租金、特许权使用费所得，以收入全额为应纳税所得额；转让财产所得，以收入全额减除财产净值后的余额为应纳税所得额；其他所得，参照前两项规定的方法计算应纳税所得额。

（2）符合条件的非营利组织，是指同时符合下列条件的组织：依法履行非营利组织登记手续；从事公益性或者非营利性活动；取得的收入除用于与该组织有关的、合理的支出外，全部用于登记核定或者章程规定的公益性或者非营利性事业；财产及其孳息不用于分配；按照登记核定或者章程规定，该组织注销后的剩余财产用于公益性或者非营利性目的，或者由登记管理机关转赠给与该组织性质、宗旨相同的组织，并向社会公告；投入人对投入该组织的财产不保留或者享有任何财产权利；工作人员工资福利开支控制在规定的比例内，不变相分配该组织的财产。

符合条件的非营利组织的收入，不包括非营利组织从事营利性活动取得的收入，但国务院财政、税务主管部门另有规定的除外。

4. 各项扣除。

（1）企业实际发生的与取得收入有关的、合理的支出（有关的支出，是指与取得收入直接相关的支出；合理的支出，是指符合生产经营活动常规，应当计入当期损益或者有关资产成本的必要和正常的支出），包括成本（是指企业在生产经营活动中发生的销售成本、销货成本、业务支出以及其他耗费）、费用（是指企业在生产经营活动中发生的销售费用、管理费用和财务费用，已经计入成本的有关费用除外）、税金（是指企业发生的除企业所得税和允许抵扣的增值税以外的各项税金及其附加）、损失（是指企业在生产经营活动中发生的固定资产和存货的盘亏、毁损、报废损失，转让财产损失，呆账损失，坏账损失，自然灾害等不可抗力因素造成的损失以及其他损失）和其他支出（是指除成本、费用、税金、损失外，企业在生产经营活动中发生的与生产经营活动有关的、合理的支出），准予在计算应纳税所得额时扣除。

[特别提示] 企业发生的损失，减除责任人赔偿和保险赔款后的余额，依照国务院财政、税务主管部门的规定扣除。企业已经作为损失处理的资产，在以后纳税年度又全部收回或者部分收回时，应当计入当期收入。

（2）在计算应纳税所得额时，企业按照直线法计算的固定资产（是指企业为生产产品、提供劳务、出租或者经营管理而持有的、使用时间超过 12 个月的非货币性资产，包括房屋、建筑物、机器、机械、运输工具以及其他与生产经营活动有关的设备、器具、工具等）折旧，准予扣除。

[特别提示]

（1）固定资产按照以下方法确定计税基础：外购的固定资产，以购买价款和支付的相关税费以及直接归属于使该资产达到预定用途发生的其他支出为计税基础；自行建造的固定资产，以竣工结算前发生的支出为计税基础；融资租入的固定资产，以租赁合同约定的付款总额和承租人在签订租赁合同过程中发生的相关费用为计税基础，租赁合同未约定付款总额的，以该资产的公允价值和承租人在签订租赁合同过程中发生的相关费用为计税基础；盘盈的固定资产，以同类固定资产的重置完全价值为计税基础；通过捐赠、投资、非货币性资产交换、债务重组等方式取得的固定资产，以该资产的公允价值和支付的相关税费为计税基础；改建的固定资产，除《企业所得税法》第十三条第（一）项和第（二）项规定的支出外，以改建过程中发生的改建支出增加计税基础。

企业应当自固定资产投入使用月份的次月起计算折旧；停止使用的固定资产，应当自停止使用月份的次月起停止计算折旧。

企业应当根据固定资产的性质和使用情况，合理确定固定资产的预计净残值。固定资产的预计净残值一经确定，不得变更。

（2）生产性生物资产（生产性生物资产，是指企业为生产农产品、提供劳务或者出租等而持有的生物资产，包括经济林、薪炭林、产畜和役畜等）按照以下方法确定计税基础：外购的生产性生物资产，以购买价款和支付的相关税费为计税基础；通过捐赠、投资、非货币性资产交换、债务重组等方式取得的生产性生物资产，以该资产的公允价值和支付的相关税费为计税基础。

生产性生物资产按照直线法计算的折旧，准予扣除。

企业应当自生产性生物资产投入使用月份的次月起计算折旧；停止使用的生产性生物资产，应当自停止使用月份的次月起停止计算折旧。

企业应当根据生产性生物资产的性质和使用情况，合理确定生产性生物资产的预计净残值。生产性生物资产的预计净残值一经确定，不得变更。

（3）在计算应纳税所得额时，企业按照直线法计算的无形资产（是指企业为生产产品、提供劳务、出租或者经营管理而持有的、没有实物形态的非货币性长期资产，包括专利权、商标权、著作权、土地使用权、非专利技术、商誉等）摊销费用，准予扣除。

[特别提示] 无形资产按照以下方法确定计税基础：外购的无形资产，以购买价

款和支付的相关税费以及直接归属于使该资产达到预定用途发生的其他支出为计税基础；自行开发的无形资产，以开发过程中该资产符合资本化条件后至达到预定用途前发生的支出为计税基础；通过捐赠、投资、非货币性资产交换、债务重组等方式取得的无形资产，以该资产的公允价值和支付的相关税费为计税基础。

（4）在计算应纳税所得额时，企业发生的下列支出作为长期待摊费用，按照规定摊销的，准予扣除：已足额提取折旧的固定资产的改建支出（是指改变房屋或者建筑物结构、延长使用年限等发生的支出，按照固定资产预计尚可使用年限分期摊销）；租入固定资产的改建支出（此项支出按照合同约定的剩余租赁期限分期摊销）；固定资产的大修理支出（是指同时符合下列条件的支出：修理支出达到取得固定资产时的计税基础50%以上；修理后固定资产的使用年限延长2年以上）；其他应当作为长期待摊费用的支出（自支出发生月份的次月起，分期摊销，摊销年限不得低于3年）。

（5）企业使用或者销售存货（是指企业持有以备出售的产品或者商品、处在生产过程中的在产品、在生产或者提供劳务过程中耗用的材料和物料等），按照规定计算的存货成本，准予在计算应纳税所得额时扣除。

[特别提示] 存货按照以下方法确定成本：通过支付现金方式取得的存货，以购买价款和支付的相关税费为成本；通过支付现金以外的方式取得的存货，以该存货的公允价值和支付的相关税费为成本；生产性生物资产收获的农产品，以产出或者采收过程中发生的材料费、人工费和分摊的间接费用等必要支出为成本。企业使用或者销售的存货的成本计算方法，可以在先进先出法、加权平均法、个别计价法中选用一种。计价方法一经选用，不得随意变更。

（6）企业转让资产，该项资产的净值（是指有关资产、财产的计税基础减除已经按照规定扣除的折旧、折耗、摊销、准备金等后的余额），准予在计算应纳税所得额时扣除。

（7）企业发生的公益性捐赠支出（公益性捐赠，是指企业通过公益性社会团体或者县级以上人民政府及其部门，用于《中华人民共和国公益事业捐赠法》规定的公益事业的捐赠），在年度利润总额（年度利润总额，是指企业依照国家统一会计制度的规定计算的年度会计利润）12%以内的部分，准予在计算应纳税所得额时扣除；超过年度利润总额12%的部分，准予结转以后三年内在计算应纳税所得额时扣除。

（8）企业的下列支出，可以在计算应纳税所得额时加计扣除：开发新技术、新产品、新工艺发生的研究开发费用（研究开发费用的加计扣除，是指企业为开发新技术、新产品、新工艺发生的研究开发费用，未形成无形资产计入当期损益的，在按照规定据实扣除的基础上，按照研究开发费用的50%加计扣除；形成无形资产的，按照无形资产成本的150%摊销。详见本章《表8-6企业所得税费用扣除及政策依据》中的"十二、研发费用支出"）；安置残疾人员（企业安置残疾人员所支付的工资的加计扣除,是指企业安置残疾人员的,在按照支付给残疾职工工资据实扣除的基础上,按照支付给残疾职工工资的100%加计扣除。残疾人员的范围适用《中华人民共和国残疾人保障法》的有关规定)及国家鼓励安置的其他就业人员所支付的工资。

(9)企业从其关联方接受的债权性投资与权益性投资的比例超过规定标准而发生的利息支出,不得在计算应纳税所得额时扣除。

[例8-12] A公司注册资本为2亿元,B公司向A公司投资600万元,占有3%的股份。两公司存在关联关系,并且都不是金融企业。2022年1月1日A公司从B公司取得3年期借款1 500万元,借款年利率是5%,银行同期借款年利率是3.6%,每年支付利息。A公司应如何作会计处理以及如何填报企业所得税年度申报表?

解析:

①会计处理,取得借款时:

借:银行存款　　　　　　　　　　　　　　　　　15 000 000
　　贷:长期借款　　　　　　　　　　　　　　　　15 000 000

年末计息时:

借:财务费用　　　　　　　　　　　　750 000(1 500万元×5%)
　　贷:应付利息　　　　　　　　　　　　　　　　750 000

支付利息时:

借:应付利息　　　　　　　　　　　　　　　　　750 000
　　贷:银行存款　　　　　　　　　　　　　　　　750 000

②涉税解析。第一种方法:

第一步,先根据《企业所得税法实施条例》第三十八条规定:非金融企业向非金融企业借款的利息支出,不超过按照金融企业同期同类贷款利率计算的数额的部分,准予税前扣除。

实际支付的全部利息 = 1 500 × 5% = 75(万元)

允许扣除的利息 = 1 500 × 3.6% = 54(万元)

不允许扣除的利息 = 75 - 54 = 21(万元)

第二步,再根据国税发〔2009〕2号文件第八十五条规定:所得税法第四十六条所称不得在计算应纳税所得额时扣除的利息支出应按以下公式计算:不得扣除利息支出 = 年度实际支付的全部关联方利息 × (1 - 标准比例/关联债资比例)

其中:标准比例是指财税〔2008〕121号文件规定的比例:其接受关联方债权性投资与其权益性投资比例为:金融企业为5:1;其他企业为2:1。

关联债资比例,是指根据《企业所得税法》第四十六条及《所得税法实施条例》第一百一十九的规定:企业从其全部关联方接受的债权性投资(以下简称关联债权投资)占企业接受的权益性投资(以下简称权益投资)的比例,关联债权投资包括关联方以各种形式提供担保的债权性投资。

年度实际支付的全部关联方利息 = 1 500 × 3.6% = 54（万元）

（注意：是银行同期贷款利率 3.6%，而不是实际贷款利率）

标准比例是 2∶1（财税〔2008〕121 号文件规定的比例）

关联债资比例 = 1 500∶600 = 5∶2

不得扣除利息支出 = 54 × (1 - 2∶1/5∶2) = 10.8（万元）

汇算清缴时，A 公司填报《纳税调整项目明细表》（A105000）如表 8 - 6 所示。

表 8 - 6　　　　　　　A105000　纳税调整项目明细表　　　　　　　单位：元

行次	项目	账载金额	税收金额	调增金额	调减金额
		1	2	3	4
18	（六）利息支出	750 000	540 000	210 000	0
44	五、特别纳税调整应税所得	*	*	108 000	0
46	合计（1 + 12 + 30 + 35 + 41 + 42）	*	*	318 000	0

第二种方法：

根据财税〔2008〕121 号文件规定，A 公司支付给 B 公司的利息可以税前扣除的金额为 43.2 万元（600 × 3.6% × 2）（不在表 A105000 第 18 行第 2 列填列），A 公司实际支付的利息为 75 万元（1 500 × 5%）（不在表 A105000 第 18 行第 1 列填列），所以应该调增 31.8 万元（75 - 43.2）（在 2017 年版的第 44 行"特别纳税调整应税所得"第 3 列调增金额填列）。

汇算清缴时，A 公司填报《纳税调整项目明细表》（A105000）如表 8 - 7 所示。

表 8 - 7　　　　　　　A105000　纳税调整项目明细表　　　　　　　单位：元

行次	项目	账载金额	税收金额	调增金额	调减金额
		1	2	3	4
18	（六）利息支出	0	0	0	0
44	五、特别纳税调整应税所得	*	*	318 000	0
46	合计（1 + 12 + 30 + 35 + 41 + 42）	*	*	318 000	0

（10）企业发生的合理的工资薪金（工资薪金，是指企业每一纳税年度支付给在本企业任职或者受雇的员工的所有现金形式或者非现金形式的劳动报酬，包括基本工资、奖金、津贴、补贴、年终加薪、加班工资，以及与员工任职或者受雇有关的其他支出）支出，准予扣除。

（11）企业依照国务院有关主管部门或者省级人民政府规定的范围和标准为职工缴纳的基本养老保险费、基本医疗保险费、失业保险费、工伤保险费、生育保险费等基本社会保险费和住房公积金,准予扣除。

(12) 企业为投资者或者职工支付的补充养老保险费、补充医疗保险费,在国务院财政、税务主管部门规定的范围和标准内,准予扣除。

(13) 除企业依照国家有关规定为特殊工种职工支付的人身安全保险费和国务院财政、税务主管部门规定可以扣除的其他商业保险费外,企业为投资者或者职工支付的商业保险费,不得扣除。

(14) 企业在生产经营活动中发生的合理的不需要资本化的借款费用,准予扣除。

(15) 企业为购置、建造固定资产、无形资产和经过12个月以上的建造才能达到预定可销售状态的存货发生借款的,在有关资产购置、建造期间发生的合理的借款费用,应当作为资本性支出计入有关资产的成本,并依照企业所得税法实施条例的规定扣除。

(16) 企业在生产经营活动中发生的下列利息支出,准予扣除:非金融企业向金融企业借款的利息支出、金融企业的各项存款利息支出和同业拆借利息支出、企业经批准发行债券的利息支出;非金融企业向非金融企业借款的利息支出,不超过按照金融企业同期同类贷款利率计算的数额的部分。

(17) 企业在货币交易中,以及纳税年度终了时将人民币以外的货币性资产、负债按照期末即期人民币汇率中间价折算为人民币时产生的汇兑损失,除已经计入有关资产成本以及与向所有者进行利润分配相关的部分外,准予扣除。

(18) 企业发生的职工福利费支出,不超过工资薪金总额14%的部分,准予扣除。

(19) 企业拨缴的工会经费,不超过工资薪金总额2%的部分,准予扣除。

(20) 除国务院财政、税务主管部门另有规定外,企业发生的职工教育经费支出,不超过工资薪金总额2.5%的部分,准予扣除;超过部分,准予在以后纳税年度结转扣除(详见本章表8-8企业所得税费用扣除及政策依据》中的"三、以工资薪金为基数计算扣除的费用")。

(21) 企业发生的与生产经营活动有关的业务招待费支出,按照发生额的60%扣除,但最高不得超过当年销售(营业)收入的5‰。

(22) 企业发生的符合条件的广告费和业务宣传费支出,除国务院财政、税务主管部门另有规定外,不超过当年销售(营业)收入15%的部分,准予扣除;超过部分,准予在以后纳税年度结转扣除。

(23) 企业根据生产经营活动的需要租入固定资产支付的租赁费,按照以下方法扣除:以经营租赁方式租入固定资产发生的租赁费支出,按照租赁期限均匀扣除;以融资租赁方式租入固定资产发生的租赁费支出,按照规定构成融资租入固定资产价值的部分应当提取折旧费用,分期扣除。

(24) 企业发生的合理的劳动保护支出,准予扣除。

（25）非居民企业在中国境内设立的机构、场所，就其中国境外总机构发生的与该机构、场所生产经营有关的费用，能够提供总机构出具的费用汇集范围、定额、分配依据和方法等证明文件，并合理分摊的，准予扣除。

（26）外购商誉的支出，在企业整体转让或者清算时，准予扣除。

（27）企业在转让或者处置投资资产时，投资资产的成本，准予扣除。投资资产按照以下方法确定成本：通过支付现金方式取得的投资资产，以购买价款为成本；通过支付现金以外的方式取得的投资资产，以该资产的公允价值和支付的相关税费为成本。

[特别提示]

（1）在计算应纳税所得额时，下列支出不得扣除：向投资者支付的股息、红利等权益性投资收益款项；企业所得税税款；税收滞纳金；罚金、罚款和被没收财物的损失；《企业所得税法》第九条规定以外的捐赠支出；赞助支出（是指企业发生的与生产经营活动无关的各种非广告性质支出）；未经核定的准备金支出（是指不符合国务院财政、税务主管部门规定的各项资产减值准备、风险准备等准备金支出）；与取得收入无关的其他支出。

（2）下列固定资产不得计算折旧扣除：房屋、建筑物以外未投入使用的固定资产；以经营租赁方式租入的固定资产；以融资租赁方式租出的固定资产；已足额提取折旧仍继续使用的固定资产；与经营活动无关的固定资产；单独估价作为固定资产入账的土地；其他不得计算折旧扣除的固定资产。

（3）下列无形资产不得计算摊销费用扣除：自行开发的支出已在计算应纳税所得额时扣除的无形资产；自创商誉；与经营活动无关的无形资产；其他不得计算摊销费用扣除的无形资产。

（4）企业对外投资期间，投资资产（是指企业对外进行权益性投资和债权性投资形成的资产）的成本在计算应纳税所得额时不得扣除。

（5）企业发生的支出应当区分收益性支出和资本性支出。收益性支出在发生当期直接扣除；资本性支出应当分期扣除或者计入有关资产成本，不得在发生当期直接扣除。

（6）企业的不征税收入用于支出所形成的费用或者财产，不得扣除或者计算对应的折旧、摊销扣除。

（7）企业依照法律、行政法规有关规定提取的用于环境保护、生态恢复等方面的专项资金，准予扣除。上述专项资金提取后改变用途的，不得扣除。

（8）企业之间支付的管理费、企业内营业机构之间支付的租金和特许权使用费，以及非银行企业内营业机构之间支付的利息，不得扣除。

详见企业所得税费用扣除及政策依据（见表8-8）。

表 8-8　　　　　　　　　　　企业所得税费用扣除及政策依据

费用类别	扣除标准	扣除方法	政策依据
一、基本规定			
以前年度实际发生的、应扣未扣或者少扣的支出	据实或按规定比例、限额扣除，企业做出专项申报及说明后，准予追补至该项目发生年度计算扣除，但追补确认期限不得超过5年	企业以前年度应当取得而未取得发票、其他外部凭证，且相应支出在该年度没有税前扣除的，在以后年度取得符合规定的发票、其他外部凭证或者按照本办法第十四条的规定提供可以证实其支出真实性的相关资料，相应支出可以追补至该支出发生年度税前扣除，但追补年限不得超过五年	《国家税务总局关于企业所得税应纳税所得额若干税务处理问题的公告》（国家税务总局公告2012年第15号）、《企业所得税税前扣除凭证管理办法》（国家税务总局公告2018年第28号）第十七条：除发生本办法第十五条（汇算清缴期结束后，税务机关发现企业应当取得而未取得发票、其他外部凭证或者取得不合规发票、不合规其他外部凭证并且告知企业的，企业应当自被告知之日起60日内补开、换开符合规定的发票、其他外部凭证。其中，因对方特殊原因无法补开、换开发票、其他外部凭证的，企业应当按照本办法第十四条的规定，自被告知之日起60日内提供可以证实其支出真实性的相关资料规定的情形外
当年度实际发生的相关成本、费用	据实或按规定比例、限额扣除，未能及时取得该成本、费用的有效凭证的，预缴季度所得税时，可暂按账面发生金额进行核算；在汇算清缴时，应补充提供该成本、费用的有效凭证	由于各种原因未能及时取得该成本、费用的有效凭证，企业在预缴季度所得税时，可暂按账面发生金额进行核算；但在汇算清缴时，应补充提供该成本、费用的有效凭证。企业取得私自印制、伪造、变造、作废、开票方非法取得、虚开、填写不规范等不符合规定的发票，以及取得不符合国家法律、法规等相关规定的其他外部凭证，不得作为税前扣除凭证	《国家税务总局关于企业所得税若干问题的公告》（国家税务总局公告2011年第34号）第六条、《企业所得税税前扣除凭证管理办法》（国家税务总局公告2018年第28号）第十二条
免税收入所对应的费用	按规定扣除	企业取得的各项免税收入所对应的各项成本费用，除另有规定外，可以在计算企业应纳税所得额时扣除	《企业所得税法实施条例》第二十七条、第二十八条 《国家税务总局关于贯彻落实企业所得税法若干税收问题的通知》（国税函〔2010〕79号）
企业所得税法及其实施条例规定不得扣除的支出	不得扣除	在计算应纳税所得额时，下列支出不得扣除：①向投资者支付的股息、红利等权益性投资收益款项；②企业所得税款；③税收滞纳金；④罚金、罚款和被没收财物的损失；⑤《企业所得税法》第九条规定以外的捐赠支出；⑥赞助支出；⑦未经核定的准备金支出；⑧与取得收入无关的其他支出	《企业所得税法》第十条 《企业所得税法实施条例》第二十七条

续表

费用类别	扣除标准	扣除方法	政策依据
不征税收入形成的支出	不得扣除	企业的不征税收入用于支出所形成的费用或者财产，不得扣除或者计算对应的折旧、摊销扣除	《企业所得税法实施条例》第二十八条
非居民企业在中国境内设立的机构、场所，就其中国境外总机构发生的与该机构、场所生产经营有关的费用	准予扣除	能够提供总机构出具的费用汇集范围、定额、分配依据和方法等证明文件，并合理分摊的，准予扣除	《企业所得税法实施条例》第五十条
企业支出扣除的相关性、合理性原则	据实扣除	企业实际发生的与取得收入有关的（有关的支出，是指与取得收入直接相关的支出）、合理的支出（合理的支出，是指符合生产经营活动常规，应当计入当期损益或者有关资产成本的必要和正常的支出），包括成本、费用、税金、损失和其他支出，准予在计算应纳税所得额时扣除	《企业所得税法》第八条、第二十条 《企业所得税法实施条例》第二十七条
二、工资薪金			
职工工资	据实扣除	"合理工资薪金"：①企业制订了较为规范的员工工资薪金制度；②企业所制订的工资薪金制度符合行业及地区水平；③企业在一定时期所发放的工资薪金是相对固定的，工资薪金的调整是有序进行的；④企业对实际发放的工资薪金，已依法履行了代扣代缴个人所得税义务；⑤有关工资薪金的安排，不以减少或逃避税款为目的 列入企业员工工资薪金制度、固定与工资薪金一起发放的福利性补贴，符合国税函〔2009〕3号文件第一条规定的，可作为企业发生的工资薪金支出，按规定在税前扣除。 企业在年度汇算清缴结束前向员工实际支付的已预提汇缴年度工资薪金，准予在汇缴年度按规定扣除	《企业所得税法实施条例》第三十四条 《国家税务总局关于企业工资薪金及职工福利费扣除问题的通知》（国税函〔2009〕3号） 《国家税务总局关于企业工资薪金和职工福利费等支出税前扣除问题的公告》（国家税务总局公告2015年第34号）（适用于2014年度及以后年度企业所得税汇算清缴） 《职业学校校企合作促进办法》（教育部 财政部 国家税务总局等部委教职成〔2018〕1号）

续表

费用类别	扣除标准	扣除方法	政策依据
职工工资	据实扣除	企业因接收学生实习所实际发生的与取得收入有关的合理支出,依法在计算应纳税所得额时扣除	《企业所得税法实施条例》第三十四条 《国家税务总局关于企业工资薪金及职工福利费扣除问题的通知》(国税函〔2009〕3号) 《国家税务总局关于企业工资薪金和职工福利费等支出税前扣除问题的公告》(国家税务总局公告2015年第34号)(适用于2014年度及以后年度企业所得税汇算清缴) 《职业学校校企合作促进办法》(教育部 财政部 国家税务总局等部委教职成〔2018〕1号)
	加计100%扣除	企业安置残疾人员的,在按照支付给残疾职工工资据实扣除的基础上,可以在计算应纳税所得额时按照支付给残疾职工工资的100%加计扣除。 企业就支付给残疾职工的工资,在进行企业所得税预缴申报时,允许据实计算扣除;在年度终了进行企业所得税年度申报和汇算清缴时,再依照本条第一款的规定计算加计扣除	《企业所得税法》第三十条 《企业所得税法实施条例》第九十六条 《财政部 国家税务总局关于安置残疾人员就业有关企业所得税优惠政策问题的通知》(财税〔2009〕70号)
各类基本社会保障性缴款	据实扣除	企业依照国务院有关主管部门或者省级人民政府规定的范围和标准为职工缴纳的基本养老保险费、基本医疗保险费、失业保险费、工伤保险费、生育保险费等基本社会保险费和住房公积金,准予扣除	《企业所得税法实施条例》第三十五条
		安置残疾人的机关事业单位以及由机关事业单位改制后的企业,为残疾人缴纳的机关事业单位养老保险,属于"基本养老保险"范畴	《国家税务总局关于促进残疾人就业税收优惠政策相关问题的公告》(国家税务总局公告2015年第55号)
住房公积金	据实扣除	规定范围内("一金":住房公积金)	《企业所得税法实施条例》第三十五条

续表

费用类别	扣除标准	扣除方法	政策依据
雇用季节工、临时工、实习生、返聘离退休人员所实际发生的费用	据实扣除	应区分为工资薪金支出和职工福利费支出，并按《企业所得税法》规定在企业所得税前扣除。其中属于工资薪金支出的，准予计入企业工资薪金总额的基数，作为计算其他各项相关费用扣除的依据	《企业所得税法实施条例》第三十四条 《国家税务总局关于企业所得税应纳税所得额若干税务处理问题的公告》（国家税务总局公告2012年第15号）第一条
接收职业学校学生实习发生的费用	按规定扣除在实习岗位相对独立参与实际工作、初步具备实践岗位独立工作能力的学生，原则上应不低于本单位相同岗位工资标准的80%或最低档工资标准	实习单位因接收学生实习所实际发生的与取得收入有关的合理支出，依法在计算应纳税所得额时扣除。鼓励实习单位为实习学生购买意外伤害险，投保费用可从实习单位成本（费用）中列支	教育部 工业和信息化部 财政部 人力资源社会保障部 应急管理部 国务院国资委 市场监管总局 中国银保监会《职业学校学生实习管理规定》（教职成〔2021〕4号）
企业接受外部劳务派遣用工支出	据实扣除	应分两种情况按规定在税前扣除：按照协议（合同）约定直接支付给劳务派遣公司的费用，应作为劳务费支出；直接支付给员工个人的费用，应作为工资薪金支出和职工福利费支出。其中属于工资薪金支出的费用，准予计入企业工资薪金总额的基数，作为计算其他各项相关费用扣除的依据	《国家税务总局关于企业工资薪金和职工福利费等支出税前扣除问题的公告》（国家税务总局公告2015年第34号）第三条 适用于2014年度及以后年度企业所得税汇算清缴
三、以工资薪金为基数计算扣除的费用			
职工福利费	14%	不超过工资薪金总额14%的部分，准予扣除。支付给职工福利部门（项目）劳务派遣用工、季节工、临时工、实习生、返聘离退休人员的工资支出应在职工福利费列支	《企业所得税法实施条例》第四十条 《国家税务总局关于企业工资薪金及职工福利费扣除问题的通知》（国税函〔2009〕3号）
	2.5%	工资薪金总额，比例内据实扣除，超过部分准予在以后年度结转扣除	《企业所得税法实施条例》第四十二条
职工教育经费	8%	自2018年1月1日起，企业发生的职工教育经费支出，不超过工资薪金总额8%的部分，准予在计算企业所得税应纳税所得额时扣除；超过部分，准予在以后纳税年度结转扣除。含企业因接收学生实习，发生的职工教育经费支出	《职业学校校企合作促进办法》（教育部 财政部 国家税务总局等部委教职成〔2018〕1号） 《关于企业职工教育经费税前扣除政策的通知》（财税〔2018〕51号）

续表

费用类别	扣除标准	扣除方法	政策依据
补充养老保险、补充医疗保险	5%	企业根据国家有关政策规定,为在本企业任职或者受雇的全体员工支付的补充养老保险费、补充医疗保险费,分别在不超过职工工资总额5%标准内的部分,在计算应纳税所得额时准予扣除;超过的部分,不予扣除	《财政部 国家税务总局关于补充养老保险费补充医疗保险费有关企业所得税政策问题的通知》(财税〔2009〕27号)
非公有制企业党组织工作经费	1%	不超过职工年度工资薪金总额1%	《中共中央组织部 财政部 国家税务总局关于非公有制企业党组织工作经费问题的通知》(组通字〔2014〕42号)
国有企业(包括国有独资、全资和国有资本绝对控股、相对控股企业)党组织工作经费。集体所有制企业参照上述规定执行	1%	纳入管理费用的党组织工作经费,实际支出不超过职工年度工作薪金总额1%的部分,可以据实在企业所得税前扣除。年末如有结余,结转下一年度使用。累计结转超过上一年度职工工资总额的2%的,当年不再从管理费用中安排。集体所有制企业参照上述规定执行	《中共中央组织部 财政部 国务院国资委党委 国家税务总局关于国有企业党组织工作经费问题的通知》(组通字〔2017〕38号)
四、以销售收入为基数计算扣除的费用			
业务招待费	60%,5‰	企业发生的与生产经营活动有关的业务招待费支出,按照发生额的60%扣除,但最高不得超过当年销售(营业)收入的5‰。 对从事股权投资业务的企业(包括集团公司总部、创业投资企业等),其从被投资企业所分配的股息、红利以及股权转让收入,可以按规定的比例计算业务招待费扣除限额。 房地产企业通过正式签订《房地产销售合同》或《房地产预售合同》所取得的收入,应确认为销售收入的实现	《企业所得税法实施条例》第四十三条 《国家税务总局关于贯彻落实企业所得税法若干税收问题的通知》(国税函〔2010〕79号) 《国家税务总局关于印发〈房地产开发经营业务企业所得税处理办法〉的通知》(国税发〔2009〕31号)第六条

续表

费用类别	扣除标准	扣除方法	政策依据
广告费和业务宣传费	15%	不超过当年销售（营业）收入15%的部分，准予扣除；超过部分，准予在以后纳税年度结转扣除。 房地产企业通过正式签订《房地产销售合同》或《房地产预售合同》所取得的收入，应确认为销售收入的实现	《企业所得税法实施条例》第四十四条 《国家税务总局关于印发〈房地产开发经营业务企业所得税处理办法〉的通知》（国税发〔2009〕31号）第六条
	30%	当年销售（营业）收入；对化妆品制造或销售、医药制造和饮料制造（不含酒类制造，下同）企业发生的广告费和业务宣传费支出，不超过当年销售（营业）收入30%的部分，准予扣除；超过部分，准予在以后纳税年度结转扣除。 签订广告费和业务宣传费分摊协议（以下简称分摊协议）的关联企业，其中一方发生的不超过当年销售（营业）收入税前扣除限额比例内的广告费和业务宣传费支出可以在本企业扣除，也可以将其中的部分或全部按照分摊协议归集至另一方扣除。另一方在计算本企业广告费和业务宣传费支出企业所得税税前扣除限额时，可将按照上述办法归集至本企业的广告费和业务宣传费不计算在内	《财政部 国家税务总局关于广告费和业务宣传费支出税前扣除有关事项的公告》（财政部 税务总局公告2020年43号）自2021年1月1日起至2025年12月31日止
	不得扣除	烟草企业的烟草广告费和业务宣传费支出，一律不得在计算应纳税所得额时扣除	

续表

费用类别	扣除标准	扣除方法	政策依据
五、资产损失税前扣除			
资产损失	实际资产损失,在其实际发生且会计上已作损失处理的年度申报扣除。法定资产损失,在企业该项资产已符合法定资产损失确认条件且会计上已作损失处理的年度申报扣除	企业资产损失按其申报内容和要求的不同,分为清单申报和专项申报两种申报形式。商业零售企业存货单笔(单项)损失超过500万元的,无论何种因素形成的,均应以专项申报方式进行企业所得税纳税申报。根据《国家税务总局关于企业所得税资产损失资料留存备查有关事项的公告》(国家税务总局公告2018年第15号)规定,企业向税务机关申报扣除资产损失,仅需填报企业所得税年度纳税申报表《资产损失税前扣除及纳税调整明细表》,不再报送资产损失相关资料。相关资料由企业留存备查。企业应当完整保存资产损失相关资料,保证资料的真实性、合法性。公告规定适用于2017年度及以后年度企业所得税汇算清缴。《国家税务总局关于发布〈企业资产损失所得税税前扣除管理办法〉的公告》(国家税务总局公告2011年第25号)第四条、第七条、第八条、第十三条有关资产损失证据资料、会计核算资料、纳税资料等相关资料报送的内容同时废止	《企业所得税法》第八条《企业所得税法实施条例》第三十二条《财政部 国家税务总局关于企业资产损失税前扣除政策的通知》(财税〔2009〕57号)《国家税务总局关于发布〈企业资产损失所得税税前扣除管理办法〉的公告》(国家税务总局公告2011年第25号)《国家税务总局关于企业所得税资产损失资料留存备查有关事项的公告》(国家税务总局公告2018年第15号)
股权投资发生的损失	一次性扣除	企业对外进行权益性(以下简称股权)投资所发生的损失,在经确认的损失发生年度,作为企业损失在计算企业应纳税所得额时一次性扣除	《国家税务总局关于企业股权投资损失所得税处理问题的公告》(国家税务总局公告2010年第6号)
六、商业保险			
企业财产保险	据实扣除	企业参加财产保险,按照规定缴纳的保险费,准予扣除	《企业所得税法实施条例》第四十六条

续表

费用类别	扣除标准	扣除方法	政策依据
特殊工种职工的人身安全保险费	可以扣除	除企业依照国家有关规定为特殊工种职工支付的人身安全保险费和国务院财政、税务主管部门规定可以扣除的其他商业保险费外，企业为投资者或者职工支付的商业保险费，不得扣除	《企业所得税法实施条例》第三十六条
人身意外保险费	准予扣除	企业职工因公出差乘坐交通工具发生的人身意外保险费支出，准予企业在计算应纳税所得额时扣除	《国家税务总局关于企业所得税有关问题的公告》（国家税务总局公告2016年第80号）
其他商业保险	不得扣除	国务院财政、税务主管部门规定可以扣除的除外	《企业所得税法实施条例》第三十六条

七、捐赠支出

费用类别	扣除标准	扣除方法	政策依据
捐赠支出	企业当年发生及以前年度结转的，通过公益性社会组织或者县级（含）以上人民政府及其部门和直属机构，用于慈善活动、公益事业的公益性捐赠支出，在年度利润总额12%以内的部分，准予在计算应纳税所得额时扣除；超过的部分，准予结转以后三年扣除。年度利润总额，是指企业依照国家统一会计制度的规定计算的大于零的数额	公益性捐赠含捐赠住房作为公共租赁住房；有捐赠票据，财政部、国家税务总局和民政部以及省、自治区、直辖市、计划单列市财政、税务和民政部门公布的税前扣除资格名单内，所属年度内可扣。企业实施股权捐赠后，以其股权历史成本为依据确定捐赠额，并依此按照企业所得税法有关规定在所得税前予以扣除（应取得公益性社会团体按照捐赠企业提供的股权历史成本开具的捐赠票据）	《企业所得税法》第九条 《企业所得税法实施条例》第五十三条 《财政部 国家税务总局关于公益性捐赠税前扣除有关问题的通知》（财税〔2008〕160号） 《国家税务总局关于企业所得税执行中若干税务处理问题的通知》（国税函〔2009〕202号） 《财政部 国家税务总局 民政部关于公益性捐赠税前扣除有关问题的补充通知》（财税〔2010〕45号） 《财政部 国家税务总局关于公共租赁住房税收优惠政策的公告》（财政部 税务总局公告2019年第61号、2021年第6号规定执行至2023年12月31日 《财政部 国家税务总局关于公益股权捐赠企业所得税政策问题的通知》（财税〔2016〕45号）自2016年1月1日起执行 《财政部 国家税务总局关于公益性捐赠支出企业所得税税前结转扣除有关政策的通知》（财税〔2018〕15号）

续表

费用类别	扣除标准	扣除方法	政策依据
公益慈善事业捐赠支出	企业或个人通过公益性群众团体用于符合法律规定的公益慈善事业捐赠支出,准予按税法规定在计算应纳税所得额时扣除。除另有规定外,公益性群众团体在接受企业或个人捐赠时,按以下原则确认捐赠额:①接受的货币性资产捐赠,以实际收到的金额确认捐赠额;②接受的非货币性资产捐赠,以其公允价值确认捐赠额。捐赠方在向公益性群众团体捐赠时,应当提供注明捐赠非货币性资产公允价值的证明;不能提供证明的,接受捐赠方不得向其开具捐赠票据。企业在非货币性资产捐赠过程中发生的运费、保险费、人工费用等相关支出,凡纳入国家机关、公益性社会组织开具的公益捐赠票据记载的数额中的,作为公益性捐赠支出按照规定在税前扣除;上述费用未纳入公益性捐赠票据记载的数额中的,作为企业相关费用按照规定在税前扣除	公益性群众团体在接受捐赠时,应按照行政管理级次分别使用由财政部或省、自治区、直辖市财政部门监(印)制的公益事业捐赠票据,并加盖本单位的印章。公益慈善事业,应当符合《中华人民共和国公益事业捐赠法》第三条对公益事业范围的规定或者《中华人民共和国慈善法》第三条对慈善活动范围的规定。公益性群众团体,包括依照《社会团体登记管理条例》规定不需进行社团登记的人民团体以及经国务院批准免于登记的社会团体(以下统称群众团体),且按规定条件和程序已经取得公益性捐赠税前扣除资格。群众团体取得公益性捐赠税前扣除资格应当同时符合以下条件:①符合企业所得税法实施条例第五十二条第一项至第八项规定的条件;②县级以上各级机构编制部门直接管理其机构编制;③对接受捐赠的收入以及用捐赠收入进行的支出单独进行核算,且申报前连续3年接受捐赠的总收入中用于公益慈善事业的支出比例不低于70%。公益性捐赠税前扣除资格的确认按照(财政部 税务总局公告2021年第20号)第五条执行。公益性捐赠税前扣除资格在全国范围内有效,有效期为三年。对应当取消公益性捐赠税前扣除资格的公益性群众团体,由省级以上财政、税务部门核实相关信息后,按权限及时向社会发布取消资格名单公告。自发布公告的次月起,相关公益性群众团体不再具有公益性捐赠税前扣除资格。企业或个人可通过上述渠道查询群众团体公益性捐赠税前扣除资格及有效期	《中华人民共和国公益事业捐赠法》第三条《中华人民共和国慈善法》第三条《财政部 税务总局关于通过公益性群众团体的公益性捐赠税前扣除有关事项的公告》(财政部 税务总局公告2021年第20号),自2021年1月1日起执行

续表

费用类别	扣除标准	扣除方法	政策依据
用于目标脱贫地区的扶贫捐赠支出	据实扣除	企业通过公益性社会组织或者县级（含县级）以上人民政府及其组成部门和直属机构，用于目标脱贫地区的扶贫捐赠支出，准予在计算企业所得税应纳税所得额时据实扣除。在政策执行期限内，目标脱贫地区实现脱贫的，可继续适用上述政策。 "目标脱贫地区"包括832个国家扶贫开发工作重点县、集中连片特困地区县（新疆阿克苏地区6县1市享受片区政策）和建档立卡贫困村。 企业同时发生扶贫捐赠支出和其他公益性捐赠支出，在计算公益性捐赠支出年度扣除限额时，符合上述条件的扶贫捐赠支出不计算在内。 企业在2015年1月1日至2018年12月31日期间已发生的符合上述条件的扶贫捐赠支出，尚未在计算企业所得税应纳税所得额时扣除的部分，可执行上述企业所得税政策	《财政部 税务总局 国务院扶贫办关于企业扶贫捐赠所得税税前扣除政策的公告》（财政部 税务总局 国务院扶贫办公告2019年第49号），自2019年1月1日至2022年12月31日执行。 《关于延长部分扶贫税收优惠政策执行期限的公告》（财政部 税务总局 人力资源社会保障部 国家乡村振兴局公告2021年第18号），执行期限延长至2025年12月31日
赞助、捐赠北京2022年冬奥会、冬残奥会、测试赛的支出	全额扣除	企业、社会组织和团体赞助、捐赠的资金、物资、服务支出	《财政部 国家税务总局 海关总署关于北京2022年冬奥会和冬残奥会税收政策的通知》（财税〔2017〕60号）
赞助、捐赠杭州2022年亚运会、亚残奥会及其测试赛的支出	全额扣除	企业、社会组织和团体赞助、捐赠的资金、物资、服务支出	《财政部 国家税务总局 海关总署关于杭州2022年亚运会和亚残奥会税收政策的公告》（财政部 国家税务总局 海关总署公告2020年第18号）

续表

费用类别	扣除标准	扣除方法	政策依据
八、利息支出			
利息支出（向金融企业借款）	据实扣除	非金融企业向金融企业借款的利息支出、金融企业的各项存款利息支出和同业拆借利息支出、企业经批准发行债券的利息支出，准予扣除	《企业所得税法实施条例》第三十八条第（一）项 《国家税务总局关于企业所得税若干问题的公告》（国家税务总局公告2011年第34号）
利息支出（向非金融企业借款）	向非关联企业借款：同期同类范围内扣除	非金融企业向非金融企业借款的利息支出，不超过按照金融企业同期同类贷款利率计算的数额的部分，准予扣除。 企业在按照合同要求首次支付利息并进行税前扣除时，应提供"金融企业的同期同类贷款利率情况说明"，以证明其利息支出的合理性。 利率，既可以是金融企业公布的同期同类平均利率，也可以是金融企业对某些企业提供的实际贷款利率	《企业所得税法实施条例》第三十八条第（二）项 《国家税务总局关于企业向自然人借款的利息支出企业所得税税前扣除问题的通知》（国税函〔2009〕777号） 《国家税务总局关于企业所得税若干问题的公告》（国家税务总局公告2011年第34号）
	关联企业付给境内关联方的利息，在规定范围内据实扣除	企业实际支付给关联方的利息支出，除符合上栏条件的以外，不超过其接受关联方债权性投资与其权益性投资规定比例和税法及其实施条例有关规定计算的部分，准予扣除，超过的部分不得在发生当期和以后年度扣除。 同时不超过金融企业同期同类利率。 债权性投资与其权益性投资规定比例： 金融企业为5:1；其他企业为2:1	《企业所得税法》第四十六条 《企业所得税法实施条例》第一百一十九条 《财政部 国家税务总局关于企业关联方利息支出税前扣除标准有关税收政策问题的通知》（财税〔2008〕121号） 《特别纳税调整实施办法（试行）》（国税发〔2009〕2号）
利息支出（向自然人借款）	据实扣除（有关联关系自然人）	能证明关联交易符合独立交易原则；不超过金融企业同期同类利率	《企业所得税法》第四十六条 《企业所得税法实施条例》第一百一十九条 《财政部 国家税务总局关于企业关联方利息支出税前扣除标准有关税收政策问题的通知》（财税〔2008〕121号） 《特别纳税调整实施办法（试行）》（国税发〔2009〕2号） 《国家税务总局关于企业向自然人借款的利息支出企业所得税税前扣除问题的通知》（国税函〔2009〕777号）

续表

费用类别	扣除标准	扣除方法	政策依据
利息支出（向自然人借款）	关联企业付给境内关联方的利息	企业实际支付的利息支出，除符合上栏条件的以外，不超过其接受关联方债权性投资与其权益性投资规定比例和税法及其实施条例有关规定计算的部分，准予扣除，超过的部分不得在发生当期和以后年度扣除。 同时不超过金融企业同期同类利率。 企业通过发行债券、取得贷款、吸收保户储金等方式融资而发生的合理的费用支出，符合资本化条件的，应计入相关资产成本；不符合资本化条件的，应作为财务费用，准予在企业所得税前据实扣除。 债权性投资与其权益性投资规定比例：金融企业为5:1；其他企业为2:1	《企业所得税法》第四十六条 《企业所得税法实施条例》第一百一十九条 《财政部 国家税务总局关于企业关联方利息支出税前扣除标准有关税收政策问题的通知》（财税〔2008〕121号） 《特别纳税调整实施办法（试行）》（国税发〔2009〕2号） 《国家税务总局关于企业向自然人借款的利息支出企业所得税税前扣除问题的通知》（国税函〔2009〕777号） 《国家税务总局关于企业所得税应纳税所得额若干税务处理问题的公告》（国家税务总局公告2012年第15号）
	向关联方以外的内部职工或其他人员借款	不超过按照金融企业同期同类贷款利率计算的数额，且：①企业与个人之间的借贷是真实、合法、有效的，并且不具有非法集资目的或其他违反法律、法规的行为；②企业与个人之间签订了借款合同	《国家税务总局关于企业向自然人借款的利息支出企业所得税税前扣除问题的通知》（国税函〔2009〕777号）
利息支出（投资在规定期限内未缴足其应缴资本额到位借款）	超过部分不得扣除	凡企业投资者在规定期限内未缴足其应缴资本额的，该企业对外借款所发生的利息，相当于投资者实缴资本额与在规定期限内应缴资本额的差额应计付的利息，其不属于企业合理的支出，应由企业投资者负担，不得在计算企业应纳税所得额时扣除。 不得扣除的借款利息 = 该期间借款利息额 × 该期间未缴足注册资本额 ÷ 该期间借款额	《国家税务总局关于企业投资者投资未到位而发生的利息支出企业所得税前扣除问题的批复》（国税函〔2009〕312号）
非银行企业内营业机构间支付利息	不得扣除	不具有法人资格的营业机构之间	《企业所得税法实施条例》第四十九条
利息支出（发行可转换债券的利息）	按规定扣除	发行方企业发生的可转换债券的利息，按照规定在税前扣除。发行方企业按约定将购买方持有的可转换债券和应付未付利息一并转为股票，其应付未付利息视同已支付，按照规定在税前扣除	《国家税务总局关于企业所得税若干政策征管口径问题的公告》（国家税务总局公告2021年第17号）第二条

续表

费用类别	扣除标准	扣除方法	政策依据
利息支出（混合性投资业务）	属于支付利息的，准予按规定扣除	①企业混合性投资业务，是指兼具权益和债权双重特性的投资业务。同时，符合下列条件的混合性投资业务，按本公告进行企业所得税处理：被投资企业接受投资后，需要按投资合同或协议约定的利率定期支付利息（或定期支付保底利息、固定利润、固定股息，下同）；有明确的投资期限或特定的投资条件，并在投资期满或者满足特定投资条件后，被投资企业需要赎回投资或偿还本金；投资企业对被投资企业净资产不拥有所有权；投资企业不具有选举权和被选举权；投资企业不参与被投资企业日常生产经营活动。 符合上述规定的混合性投资业务，按下列规定进行企业所得税处理：对于被投资企业支付的利息，投资企业应于被投资企业应付利息的日期，确认收入的实现并计入当期应纳税所得额；被投资企业应于应付利息的日期，确认利息支出，并按税法及《国家税务总局关于企业所得税若干问题的公告》（国家税务总局公告2011年第34号）第一条的规定，进行税前扣除；对于被投资企业赎回的投资，投资双方应于赎回时将赎价与投资成本之间的差额确认为债务重组损益，分别计入当期应纳税所得额。 ②境外投资者在境内从事混合性投资业务，满足《国家税务总局关于企业混合性投资业务企业所得税处理问题的公告》（2013年第41号）第一条规定的条件的，可以按照该公告第二条第一款的规定进行企业所得税处理，但同时符合以下两种情形的除外：该境外投资者与境内被投资企业构成关联关系；境外投资者所在国家（地区）将该项投资收益认定为权益性投资收益，且不征收企业所得税。同时，符合上述两项规定情形的，境内被投资企业向境外投资者支付的利息应视为股息，不得进行税前扣除	《国家税务总局关于企业混合性投资业务企业所得税处理问题的公告》（国家税务总局公告2013年第41号） 《国家税务总局关于企业所得税若干政策征管口径问题的公告》（国家税务总局公告2021年第17号）第三条 《国家税务总局关于企业所得税若干问题的公告》（国家税务总局公告2011年第34号）

续表

费用类别	扣除标准	扣除方法	政策依据
利息支出（发行永续债支出）	属于支付股息、红利的不得扣除	企业发行的永续债，可以适用股息、红利企业所得税政策，即投资方取得的永续债利息收入属于股息、红利性质，按照现行企业所得税政策相关规定进行处理，其中，发行方和投资方均为居民企业的，永续债利息收入可以适用企业所得税法规定的居民企业之间的股息、红利等权益性投资收益免征企业所得税规定；同时发行方支付的永续债利息支出不得在企业所得税税前扣除	《财政部 税务总局关于永续债企业所得税政策问题的公告》（财政部 税务总局公告2019年第64号），自2019年1月1日起施行。 发行永续债的企业对每一永续债产品的税收处理方法一经确定，不得变更。企业对永续债采取的税收处理办法与会计核算方式不一致的，发行方、投资方在进行税收处理时须作出相应纳税调整
	属于支付债券利息的准予扣除	企业发行符合规定条件的永续债，也可以按照债券利息适用企业所得税政策，即发行方支付的永续债利息支出准予在其企业所得税税前扣除；投资方取得的永续债利息收入应当依法纳税	
借款费用	准予直接扣除	生产经营活动中发生的合理的不需要资本化的借款费用	《企业所得税法实施条例》第二十八条、第三十七条
	按规定扣除	为购置、建造固定资产、无形资产和经过12个月以上的建造才能达到预定可销售状态的存货而发生的借款费用计入有关资产的成本	

九、资产类扣除

费用类别	扣除标准	扣除方法	政策依据
固定资产租赁费	经营租赁均匀扣除	以经营租赁方式租入固定资产发生的租赁费支出，按照租赁期限均匀扣除	《企业所得税法实施条例》第四十七条
	融资租赁分期扣除	以融资租赁方式租入固定资产发生的租赁费支出，按照规定构成融资租入固定资产价值的部分应当提取折旧费用，分期扣除	《企业所得税法实施条例》第四十七条
固定资产折旧	规定范围内可扣	不低于最低折旧年限	《企业所得税法》第十一条 《企业所得税法实施条例》第五十七条、第五十八条、第五十九条、第六十条

续表

费用类别	扣除标准	扣除方法	政策依据
企业所得税由核定征收改为查账征收后，相关资产的税收处理	按规定扣除	对于原有资产的计税基础，凡能够提供发票等相关购置凭证的，以发票载明金额作为资产的计税基础；对于不能提供发票等购置凭证的，可以凭企业购置资产的合同、协议、资金支付证明、会计核算资料等，作为计税基础的凭证。对于企业核定征税期间投入使用的资产，改为查账征税后，以税法规定的折旧、摊销年限，扣除该资产使用年限后，就剩余年限继续计提折旧、摊销额并在税前扣除	《企业所得税法》第十一条 《企业所得税法实施条例》第五十七条、第五十八条、第五十九条、第六十条 《国家税务总局关于企业所得税若干政策征管口径问题的公告》（国家税务总局公告2021年第17号），适用于2021年及以后年度汇算清缴
小额固定资产可在当期一次性扣除	允许一次性计入当期成本费用扣除，不再分年度计算折旧	所有行业的企业持有的单位价值不超过5 000元的固定资产	《企业所得税法》第十一条、第三十二条 《企业所得税法实施条例》第五十七条、第五十八条、第五十九条、第六十条、第九十八条
所有企业专门用于研发的仪器、设备加速折旧全部制造业领域的企业固定资产加速折旧	可选择缩短折旧年限或加速折旧方法（缩短折旧年限的，最低折旧年限不得低于企业所得税法实施条例第六十条规定折旧年限的60%；采取加速折旧方法的，可采取双倍余额递减法或者年数总和法） 自2019年1月1日起，适用财税〔2014〕75号和财税〔2015〕106号规定固定资产加速折旧优惠的行业范围，扩大至全部制造业领域	所有行业企业2014年1月1日后新购进（包括自行建造）的专门用于研发的，单位价值超过100万元的仪器、设备	《财政部 国家税务总局关于完善固定资产加速折旧企业所得税政策的通知》（财税〔2014〕75号） 《国家税务总局关于固定资产加速折旧税收政策有关问题的公告》（国家税务总局公告2014年第64号） 《财政部 国家税务总局关于进一步完善固定资产加速折旧企业所得税政策的通知》（财税〔2015〕106号） 《国家税务总局关于进一步完善固定资产加速折旧企业所得税政策有关问题的公告》（国家税务总局公告2015年第68号） 《财政部 税务总局关于扩大固定资产加速折旧优惠政策适用范围的公告》（财政部 税务总局公告2019年第66号），自2019年1月1日起执行 《财政部 国家税务总局关于设备器具扣除有关企业所得税政策的通知》（财税〔2018〕54号）

续表

费用类别	扣除标准	扣除方法	政策依据
所有企业专门用于研发的仪器、设备加速折旧全部制造业领域的企业固定资产加速折旧	可选择缩短折旧年限或加速折旧方法（缩短折旧年限的，最低折旧年限不得低于企业所得税法实施条例第六十条规定折旧年限的60%；采取加速折旧方法的，可采取双倍余额递减法或者年数总和法）自2019年1月1日起，适用财税〔2014〕75号和财税〔2015〕106号规定固定资产加速折旧优惠的行业范围，扩大至全部制造业领域	生物药品制造业，专用设备制造业，铁路、船舶、航空航天和其他运输设备制造业，计算机、通信和其他电子设备制造业，仪器仪表制造业，信息传输、软件和信息技术服务业等6个行业的企业2014年1月1日后新购进（包括自行建造）的固定资产。包括上述六个行业的小型微利企业2014年1月1日新购进（包括自行建造）的单位价值超过100万元的研发和生产经营公用的仪器、设备	《国家税务总局关于设备器具扣除有关企业所得税政策执行问题的公告》（国家税务总局公告2018年第46号）
		轻工、纺织、机械、汽车等四个领域重点行业的企业2015年1月1日后新购进（包括自行建造）的固定资产。包括上述四个行业的小型微利企业2015年1月1日新购进（包括自行建造）的单位价值超过100万元的研发和生产经营公用的仪器、设备	
所有企业新购进的单位价值不超过500万元设备、器具	允许一次性计入当期成本费用，计算应纳税所得额时扣除，不再分年度计算折旧	所有企业在2018年1月1日至2023年12月31日期间新购进的设备、器具。所称设备、器具，是指除房屋、建筑物以外的固定资产；所称购进，包括以货币形式购进或自行建造，其中货币形式购进的固定资产包括购进的使用过的固定资产。企业选择享受一次性税前扣除政策的，其资产的税务处理可与会计不一致。企业根据自身生产经营核算需要，可自行选择一次性税前扣除政策。未选择享受的，以后年度不得再变更	《财政部 国家税务总局关于设备器具扣除有关企业所得税政策的通知》（财税〔2018〕54号）《国家税务总局关于设备器具扣除有关企业所得税政策执行问题的公告》（国家税务总局公告2018年第46号），延长至2023年12月31日《国家税务总局关于固定资产加速折旧税收政策有关问题的公告》（国家税务总局公告2014年第64号）《财政部 国家税务总局关于进一步完善固定资产加速折旧企业所得税政策的通知》（财税〔2015〕106号）《国家税务总局关于进一步完善固定资产加速折旧企业所得税政策有关问题的公告》（国家税务总局公告2015年第68号）《企业所得税优惠事项办理办法》（国家税务总局公告〔2018年第23号〕）
所有企业新购进的单位价值超过500万元设备、器具	按照企业所得税法实施条例、财税〔2014〕75号、财税〔2015〕106号		

续表

费用类别	扣除标准	扣除方法	政策依据
新购置（含自建、自行开发）的单位价值不超过500万元的固定资产	允许一次性计入当期成本费用，计算应纳税所得额时扣除，不再分年度计算折旧	在海南自由贸易区设立的企业	《财政部 税务总局关于海南自由贸易港企业所得税优惠政策的通知》（财税〔2020〕31号），自2020年1月1日至2024年12月31日执行
新购置（含自建、自行开发）的单位价值超过500万元的固定资产	可以缩短折旧、摊销年限或采取加速折旧、摊销的方法		
外购软件缩短折旧、摊销年限	缩短折旧、摊销年限	企业外购的软件，凡符合固定资产或无形资产确认条件的，可以按照固定资产或无形资产进行核算，其折旧或摊销年限可以适当缩短，最短可为2年（含）	《企业所得税法》第十一条、第三十二条 《企业所得税法实施条例》第五十七条、第五十八条、第五十九条、第六十条、第九十八条
生产设备缩短折旧年限	缩短折旧年限	集成电路生产企业的生产设备，其折旧年限可以适当缩短，最短可为3年（含）	《财政部 国家税务总局关于进一步鼓励软件产业和集成电路产业发展企业所得税政策的通知》（财税〔2012〕27号）
投资资产	在转让或者处置时，准予扣除成本	是指企业对外进行权益性投资和债权性投资形成的资产	《企业所得税法》第十四条 《企业所得税法实施条例》第七十一条
文物、艺术品等投资资产的税务处理	不得税前扣除	企业购买的文物、艺术品用于收藏、展示、保值增值的，作为投资资产进行税务处理。文物、艺术品资产在持有期间，计提的折旧、摊销费用，不得税前扣除	《国家税务总局关于企业所得税若干政策征管口径问题的公告》（国家税务总局公告2021年第17号），适用于2021年及以后年度汇算清缴
生产性生物资产折旧	规定范围内可扣除	生产性生物资产按照直线法计算的折旧，准予扣除。林木类10年，畜类3年	《企业所得税法实施条例》第六十二条、第六十三条、第六十四条
固定资产减值准备	不得扣除	企业按会计规定提取的固定资产减值准备，不得税前扣除，其折旧仍按税法确定的固定资产计税基础计算扣除	《企业所得税法》第十三条 《企业所得税法实施条例》第六十八条、第六十九条、第七十条 《国家税务总局关于企业所得税应纳税所得额若干问题的公告》（国家税务总局公告2014年第29号）

续表

费用类别	扣除标准	扣除方法	政策依据
无形资产摊销	准予扣除	无形资产的摊销年限不得低于10年。无形资产按照直线法计算的摊销费用,准予扣除。作为投资或者受让的无形资产,有关法律规定或者合同约定了使用年限的,可以按照规定或者约定的使用年限分期摊销。外购商誉的支出,在企业整体转让或者清算时,准予扣除。企业或个人以技术成果投资入股到境内居民企业,被投资企业支付的对价全部为股票（权）的,被投资企业按技术成果投资入股时的评估值入账并在企业所得税前摊销扣除	《企业所得税法》第十二条《企业所得税法实施条例》第六十五条、第六十六条、第六十七条《财政部 国家税务总局关于完善股权激励和技术入股有关所得税政策的通知》(财税〔2016〕101号)
	不予扣除	下列无形资产不得计算摊销费用扣除:自行开发的支出已在计算应纳税所得额时扣除的无形资产;自创商誉;与经营活动无关的无形资产;其他不得计算摊销费用扣除的无形资产	《企业所得税法》第十二条《企业所得税法实施条例》第六十七条
长期待摊费用	限额内准予扣除,自支出发生的次月起分期摊销	在计算应纳税所得额时,企业发生的下列支出作为长期待摊费用,按照规定摊销的,准予扣除:①已足额提取折旧的固定资产的改建支出,按预计尚可使用年限分摊;②租入固定资产的改建支出,按合同约定的剩余租赁期分摊;③固定资产的大修理支出,按固定资产尚可使用年限分摊;④其他应当作为长期待摊费用的支出,摊销年限不低于3年	《企业所得税法》第十三条《企业所得税法实施条例》第六十八条、第六十九条、第七十条
十、佣金及手续费			
证券、期货、保险代理等企业支付的手续费及佣金	据实扣除	从事代理服务、主营业务收入为手续费、佣金的企业（如证券、期货、保险代理等企业）,其为取得该类收入而实际发生的营业成本（包括手续费及佣金支出）,准予在企业所得税前据实扣除	《国家税务总局关于企业所得税应纳税所得额若干税务处理问题的公告》（国家税务总局公告2012年第15号）

续表

费用类别	扣除标准	扣除方法	政策依据
电信企业向经纪人、代办商支付的手续费及佣金	5%	电信企业在发展客户、拓展业务等过程中（如委托销售电话入网卡、电话充值卡等），需向经纪人、代办商支付手续费及佣金的，其实际发生的相关手续费及佣金支出，不超过企业当年收入总额5%的部分，准予在企业所得税前据实扣除	《国家税务总局关于企业所得税应纳税所得额若干税务处理问题的公告》（国家税务总局公告2012年第15号） 《国家税务总局关于电信企业手续费及佣金支出税前扣除问题的公告》（国家税务总局公告2013年第59号）
手续费和佣金支出	一般企业：5%	按服务协议或合同确认的收入金额的5%计算限额。出委托个人代理外，须转账支付，否则不可扣除。	《财政部 国家税务总局关于企业手续费及佣金支出税前扣除政策的通知》（财税〔2009〕29号）第一条第二项
	发行权益性证券：不得扣除	企业为发行权益性证券支付给有关证券承销机构的手续费及佣金不得在税前扣除。 企业已计入固定资产、无形资产等相关资产的手续费及佣金支出，应当通过折旧、摊销等方式分期扣除，不得在发生当期直接扣除。 企业支付的手续费及佣金不得直接冲减服务协议或合同金额，并如实入账	《财政部 国家税务总局关于企业手续费及佣金支出税前扣除政策的通知》（财税〔2009〕29号）第二条
	房地产企业委托境外机构销售：10%	企业委托境外机构销售开发产品的，其支付境外机构的销售费用（含佣金或手续费）不超过委托销售收入10%的部分，准予据实扣除	《国家税务总局关于印发〈房地产开发经营业务企业所得税处理办法〉的通知》（国税发〔2009〕31号）
	所有保险企业：18%	自2019年1月1日起，保险企业发生与其经营活动有关的手续费及佣金支出，不超过当年全部保费收入扣除退保金等后余额的18%（含本数）的部分，在计算应纳税所得额时准予扣除；超过部分，允许结转以后年度扣除。保险企业应建立健全手续费及佣金的相关管理制度，并加强手续费及佣金结转扣除的台账管理	《财政部 税务总局关于保险企业手续费及佣金支出税前扣除政策的公告》（财政部 税务总局公告2019年第72号）

续表

费用类别	扣除标准	扣除方法	政策依据
十一、金融业准备金支出			
证券结算风险基金	准予扣除	证券公司作为结算会员按人民币普通股和基金成交金额的十万分之三、国债现货成交金额的十万分之一、1天期国债回购成交额的千万分之五、2天期国债回购成交额的千万分之十、3天期国债回购成交额的千万分之十五、4天期国债回购成交额的千万分之二十、7天期国债回购成交额的千万分之五十、14天期国债回购成交额的十万分之一、28天期国债回购成交额的十万分之二、91天期国债回购成交额的十万分之六、182天期国债回购成交额的十万分之十二逐日缴纳的证券结算风险基金，准予在企业所得税税前扣除	《财政部 国家税务总局关于证券行业准备金支出企业所得税税前扣除有关政策问题的通知》（财税〔2017〕23号） 《证券结算风险基金管理办法》（证监发〔2006〕65号） 《证券投资者保护基金管理办法》（证监会令第27号、第124号） 《期货公司管理办法》（证监会令第43号） 《商品期货交易财务管理暂行规定》（财商字〔1997〕44号） 《期货投资者保障基金管理办法》（证监会令第38号、第129号） 《关于明确期货投资者保障基金缴纳比例有关事项的规定》（证监会财政部公告〔2016〕26号） 《财政部 税务总局关于延长部分税收优惠政策执行期限的公告》（财政部 税务总局公告2021年第6号）明确：准备金企业所得税税前扣除政策到期后继续执行
证券投资者保护基金	20% 0.5%—5%	上海、深圳证交所按交易经手费 证券公司依据有关规定，按其营业收入0.5%—5%缴纳的证券投资者保护基金，准予在企业所得税税前扣除	
证券交易所风险基金	按证券交易所交易收取经手费的20%、会员年费的10%提取	上海、深圳证交所依规提取的证券交易所风险基金，在各基金净资产不超过10亿元的额度内	
期货公司风险准备金	准予扣除	期货公司依据有关规定，从其收取的交易手续费收入减去应付期货交易所手续费后的净收入的5%提取的期货公司风险准备金，准予在企业所得税税前扣除	
期货交易所风险准备金	按向会员收取手续费收入的20%计提	上海期货交易所、大连商品交易所、郑州商品交易所和中国金融期货交易所，在风险准备金余额达到有关规定的额度内	
期货投资者保障基金	准予扣除	期货公司依据有关规定，从其收取的交易手续费中按照代理交易额的亿分之五至亿分之十的比例缴纳的期货投资者保障基金，在基金总额达到有关规定的额度内，准予在企业所得税税前扣除	

续表

费用类别	扣除标准	扣除方法	政策依据
保险保障基金按照《中华人民共和国保险法》和《保险保障基金管理办法》规定缴纳形成的，在规定情形下用于救助保单持有人、保单受让公司或者处置保险业风险的非政府性行业风险救助基金	按规定扣除	①非投资型财产保险业务，不得超过保费收入的0.8%；投资型财产保险业务，有保证收益的，不得超过业务收入的0.08%，无保证收益的，不得超过业务收入的0.05%。②有保证收益的人寿保险业务，不得超过业务收入的0.15%；无保证收益的人寿保险业务，不得超过业务收入的0.05%。③短期健康保险业务，不得超过保费收入的0.8%；长期健康保险业务，不得超过保费收入的0.15%。④非投资型意外伤害保险业务，不得超过保费收入的0.8%；投资型意外伤害保险业务，有保证收益的，不得超过业务收入的0.08%，无保证收益的，不得超过业务收入的0.05%。保险公司有下列情形之一的，其缴纳的保险保障基金不得在税前扣除：①财产保险公司的保险保障基金余额达到公司总资产的6%。②人身保险公司的保险保障基金余额达到公司总资产的1%	《财政部 国家税务总局关于保险公司准备金支出企业所得税税前扣除有关政策问题的通知》（财税〔2016〕114号）《财政部 税务总局关于延长部分税收优惠政策执行期限的公告》（财政部 税务总局公告2021年第6号）明确：准备金企业所得税税前扣除政策到期后继续执行
保险公司准备金	保险公司按国务院财政部门的相关规定提取的未到期责任准备金、寿险责任准备金、长期健康险责任准备金、已发生已报案未决赔款准备金和已发生未报案未决赔款准备金，准予在税前扣除	①未到期责任准备金、寿险责任准备金、长期健康险责任准备金依据经中国保监会核准任职资格的精算师或出具专项审计报告的中介机构确定的金额提取。②已发生已报案未决赔款准备金，按最高不超过当期已经提出的保险赔款或者给付金额的100%提取；已发生未报案未决赔款准备金按不超过当年实际赔款支出额的8%提取。保险公司实际发生的各种保险赔款、给付，应首先冲抵按规定提取的准备金，不足冲抵部分，准予在当年税前扣除	

续表

费用类别	扣除标准	扣除方法	政策依据
农业保险大灾风险准备金	准予扣除	保险公司经营财政给予保费补贴的农业保险，按不超过财政部门规定的农业保险大灾风险准备金（简称大灾准备金）计提比例，计提的大灾准备金，准予在企业所得税前据实扣除。具体计算公式如下： 本年度扣除的大灾准备金＝本年度保费收入×规定比例－上年度已在税前扣除的大灾准备金结存余额。 按上述公式计算的数额如为负数，应调增当年应纳税所得额。 财政给予保费补贴的农业保险，是指各级财政按照中央财政农业保险保费补贴政策规定给予保费补贴的种植业、养殖业、林业等农业保险。 规定比例，是指按照《财政部关于印发〈农业保险大灾风险准备金管理办法〉的通知》（财金〔2013〕129号）规定的计提比例	《财政部 国家税务总局关于保险公司准备金支出企业所得税税前扣除有关政策问题的通知》（财税〔2016〕114号） 《财政部 税务总局关于延长部分税收优惠政策执行期限的公告》（财政部 税务总局公告2021年第6号）明确：准备金企业所得税税前扣除政策到期后继续执行
执行财政部企业会计规定计提的准备金与之前执行保监会有关监督规定计提的准备金形成的差额	据实扣除	保险企业因执行财政部企业会计规定计提的准备金与之前执行中国保险业监督管理委员会有关监管规定计提的准备金形成的差额，应计入保险企业应纳税所得额。凡上述准备金差额尚未进行税务处理的，可分10年均匀计入2015年及以后年度应纳税所得额；已进行税务处理的不再分期计入以后年度应纳税所得额	《财政部 国家税务总局关于保险企业计提准备金有关税收处理问题的通知》（财税〔2015〕115号）

续表

费用类别	扣除标准	扣除方法	政策依据
中小企业信用担保机构担保赔偿准备	按规定扣除	符合条件的中小企业融资（信用）担保机构按照不超过当年年末担保责任余额1%的比例计提的担保赔偿准备，允许在企业所得税税前扣除，同时将上年度计提的担保赔偿准备余额转为当期收入。 实际发生的代偿损失，符合税收法律法规关于资产损失税前扣除政策规定的，应冲减已在税前扣除的担保赔偿准备，不足冲减部分据实在企业所得税税前扣除	《财政部 国家税务总局关于中小企业融资（信用）担保机构有关准备金企业所得税税前扣除政策的通知》（财税〔2017〕22号） 《财政部 税务总局关于延长部分税收优惠政策执行期限的公告》（财政部 税务总局公告2021年第6号）明确：准备金企业所得税税前扣除政策到期后继续执行
中小企业信用担保机构未到期责任准备	按规定扣除	符合条件的中小企业融资（信用）担保机构按照不超过当年担保费收入50%的比例计提的未到期责任准备，允许在企业所得税税前扣除，同时将上年度计提的未到期责任准备余额转为当期收入	
金融企业贷款损失准备金	按规定扣除	本年末准予提取贷款损失准备金的贷款资产余额的1%。 准予当年税前扣除的贷款损失准备金＝本年末准予提取贷款损失准备金的贷款资产余额×1%－截至上年末已在税前扣除的贷款损失准备金的余额。 发生的符合条件的贷款损失，应先冲减已在税前扣除的贷款损失准备金，不足冲减部分可据实计算当年应纳税所得额时扣除。 金融企业按上述公式计算的数额如为负数，应当相应调增当年应纳税所得额	《财政部 国家税务总局关于金融企业贷款损失准备金企业所得税税前扣除有关政策的通知》（财税〔2015〕9号） 《财政部 国家税务总局关于小额贷款公司有关税收政策的通知》（财税〔2017〕48号）第三条 《财政部 税务总局关于延长部分税收优惠政策执行期限的公告》（财政部 税务总局公告2021年第6号）明确：准备金企业所得税税前扣除政策到期后继续执行。 政策性银行、商业银行、财务银行、城乡信用社和金融租赁公司等金融企业；省级金融管理部门（金融办、局等）批准成立的小额贷款公司自2017年1月1日至2023年12月31日执行

续表

费用类别	扣除标准	扣除方法	政策依据
金融企业涉农贷款和中小企业贷款损失准备金	按比例扣除：①关注类贷款，计提比例为2%；②次级类贷款，计提比例为25%；③可疑类贷款，计提比例为50%；④损失类贷款，计提比例为100%	金融企业根据《贷款风险分类指引》（银监发〔2007〕54号），对其涉农贷款和中小企业贷款进行风险分类后，按照以下比例计提的贷款损失准备金，准予在计算应纳税所得额时扣除。涉农贷款和中小企业（年销售额和资产总额均不超过2亿元）贷款金融企业发生的符合条件的涉农贷款和中小企业贷款损失，应先冲减已在税前扣除的贷款损失准备金，不足冲减部分可据实在计算应纳税额时扣除	《财政部 国家税务总局关于金融企业涉农贷款和中小企业贷款损失准备金税前扣除有关问题的通知》（财税〔2015〕3号，自2014年1月1日起至2018年12月31日止执行，根据财政部 税务总局公告2019年第85号规定，自2019年1月1日起至2023年12月31日止执行，《财政部 税务总局关于延长部分税收优惠政策执行期限的公告》（财政部 税务总局公告2021年第6号）明确：准备金企业所得税税前扣除政策到期后继续执行。）《国家税务总局关于金融企业涉农贷款和中小企业贷款损失税前扣除问题的公告》（国家税务总局公告2015年第25号）
银行业金融机构存款保险保费	不超过0.16‰可以扣除（不包括存款保险保费滞纳金）	银行业金融机构依据《存款保险条例》的有关规定，按照不超过万分之一点六的存款保险费率，计算缴纳的存款保险保费，准予在企业所得税前扣除。准予在企业所得税税前扣除的存款保险保费 = 保费基数 × 存款保险费率	《财政部 国家税务总局关于银行业金融机构存款保险保费企业所得税税前扣除有关政策问题的通知》（财税〔2016〕106号），自2015年5月1日起执行
十二、研发费用支出			
研发费用加计扣除（不适用加计扣除政策以外的所有企业）2016年度及以后适用	企业开展研发活动中实际发生的研发费用，未形成无形资产计入当期损益的，在按照规定据实扣除的基础上，再按照研究开发费用的50%加计扣除；形成无形资产的，按照无形资产成本的150%摊销	下列活动不适用税前加计扣除政策：①企业产品（服务）的常规性升级。②对某项科研成果的直接应用，如直接采用公开的新工艺、材料、装置、产品、服务或知识等。③企业在商品化后为顾客提供的技术支持活动。④对现存产品、服务、技术、材料或工艺流程进行的重复或简单改变。⑤市场调查研究、效率调查或管理研究。⑥作为工业（服务）流程环节或常规的质量控制、测试分析、维修维护。⑦社会科学、艺术或人文学方面的研究。下列行业不适用加计扣除政策：①烟草制造业②住宿和餐饮业③批发和零售业④房地产业⑤租赁和商务服务业⑥娱乐业⑦财政部和国家税务总局规定的其他行业。失败的研发活动所发生的研发费用可享受税前加计扣除政策。	《企业所得税法》第三十条《企业所得税法实施条例》第九十五条《财政部 国家税务总局关于完善研究开发费用税前加计扣除政策的通知》（财税〔2015〕119号）《国家税务总局关于企业研究开发费用税前加计扣除政策有关问题的公告》（国家税务总局公告2015年第97号）《财政部 税务总局 科技部关于提高研发费用税前加计扣除比例的通知》（财税〔2018〕99号），根据《财政部 税务总局关于延长部分税收优惠政策执行期限的公告》（财政部 税务总局公告2021年第6号）规定，延长至2023年12月31日止执行。《国家税务总局关于进一步落实研发费用加计扣除政策有关问题的公告》（国家税务总局公告2021年第28号），适用于2021年及以后年度

续表

费用类别	扣除标准	扣除方法	政策依据
研发费用加计扣除（不适用加计扣除政策以外的所有企业）2018年1月1日至2023年12月31日期间适用	企业开展研发活动中实际发生的研发费用，未形成无形资产计入当期损益的，在按照规定据实扣除的基础上，再按照研究开发费用的75%加计扣除；形成无形资产的，按照无形资产成本的175%摊销	自2018年起，委托境外进行研发活动所发生的费用，按照费用实际发生额的80%计入委托方的委托外研发费用。委托境外研发费用不超过境内符合条件的研发费用三分之二的部分，可以按规定在企业所得税前加计扣除。2021年及以后年度，由企业依据实际发生的研发费用支出，自行计算加计扣除金额。采取"真实发生、自行判别、申报享受、相关资料留存备查"的方式办理加计扣除事项。《研发费用加计扣除明细表》（A107012）与政策规定的其他资料一并留存备查。	《国家税务总局关于进一步落实研发费用加计扣除政策有关问题的公告》（国家税务总局公告2021年第28号），适用于2021年及以后年度
制造业企业研发费用加计扣除以制造业（按照《国民经济行业分类确定》）业务为主营业务，享受优惠当年主营业务收入占收入总额的比例达到50%以上的企业	企业开展研发活动中实际发生的研发费用，未形成无形资产计入当期损益的，在按照规定据实扣除的基础上，再按照研究开发费用的100%加计扣除；形成无形资产的，按照无形资产成本的200%摊销	国家税务总局公告2021年第28号规定：其他相关费用限额计算，①企业在一个纳税年度内同时开展多项研发活动的，由原来按照每一研发项目分别计算"其他相关费用"限额，改为统一计算全部研发项目"其他相关费用"限额。企业按照以下公式计算《财政部 国家税务总局 科技部关于完善研究开发费用税前加计扣除政策的通知》（财税〔2015〕119号）第一条第（一）项"允许加计扣除的研发费用"第6目规定的"其他相关费用"的限额，其中资本化项目发生的费用在形成无形资产的年度统一纳入计算：全部研发项目的其他相关费用限额=全部研发项目的人员人工等五项费用之和×10%/（1-10%）。"人员人工等五项费用"是指财税〔2015〕119号文件第一条第（一）项"允许加计扣除的研发费用"第1目至第5目费用，包括"人员人工费用""直接投入费用""折旧费用""无形资产摊销"和"新产品设计费、新工艺规程制定费、新药研制的临床试验费、勘探开发技术的现场试验费"。②当"其他相关费用"实际发生数小于限额时，按实际发生数计算税前加计扣除额；当"其他相关费用"实际发生数大于限额时，按限额计算税前加计扣除额。（国家税务总局公告2015年第97号公告第二条第（三）项"其他相关费用的归集与限额计算"的规定同时废止）	《财政部 税务总局关于进一步完善研发费用加计扣除政策的公告》（财政部 税务总局公告2021年第13号），自2021年1月1日起执行。《国家税务总局关于进一步落实研发费用加计扣除政策有关问题的公告》（国家税务总局公告2021年第28号），适用于2021年及以后年度
科技型中小企业研发费用加计扣除须取得省级科技管理部门赋予的"全国科技型中小企业信息库"入库登记编号	科技型中小企业开展研发活动中实际发生的研发费用，未形成无形资产计入当期损益的，在按规定据实扣除的基础上，再按照实际发生额的100%在税前加计扣除；形成无形资产的，在上述期间按照无形资产成本的200%在税前摊销		李克强总理《政府工作报告》，自2022年1月1日起执行。《国家税务总局关于进一步落实研发费用加计扣除政策有关问题的公告》（国家税务总局公告2021年第28号），本公告第一条适用于2021年度，其他条款适用于2021年及以后年度

续表

费用类别	扣除标准	扣除方法	政策依据
十三、税金及附加、非税收入支出			
各项税金	按规定扣除	企业所得税、允许抵扣的增值税、个人所得税等代缴税金不得扣除	《企业所得税法》第八条、第十条第（二）项 《企业所得税法实施条例》第二十七条、第三十一条 《个人所得税法》及其实施条例
教育费附加	按规定扣除3%	按实际交纳的增值税、消费税×3%计算	《企业所得税法》第八条、第十条第（二）项
地方教育附加	按规定扣除2%	按实际交纳的增值税、消费税×2%计算	《企业所得税法实施条例》第二十七条、第三十一条
残疾人就业保障金	据实扣除保障金年缴纳额=（上年用人单位在职职工人数×所在地省、自治区、直辖市人民政府规定的安排残疾人就业比例－上年用人单位实际安排的残疾人就业人数）×上年用人单位在职职工年平均工资	用人单位安排残疾人就业的比例不得低于本单位在职职工总数的1.5%。用人单位安排残疾人就业达不到其所在地省、自治区、直辖市人民政府规定比例的，应当缴纳保障金。 自工商登记注册之日起3年内，对安排残疾人就业未达到规定比例、在职职工总数20人以下（含20人，自2017年4月1日起为30人（含）以下）的小微企业，免征保障金 自2020年1月1日起至2022年12月31日，用人单位安排残疾人就业的比例到本单位在职职工总数的1%（含）以上，但未达到其所在地省、自治区、直辖市人民政府规定比例的，按规定应缴费额的50%缴纳保障金；用人单位安排残疾人就业的比例达到本单位在职职工总数的1%以下的，按规定应缴费额的90%缴纳保障金。 自2020年1月1日起至2022年12月31日，在职职工总数30人（含）以下的企业，暂免征收保障金	《企业所得税法》第八条、第二十条《财政部 国家税务总局中国残疾人联合会关于印发〈残疾人就业保障金征收使用管理办法〉的通知》（财税〔2015〕72号） 《财政部关于取消、调整部分政府性基金有关政策的通知》（财税〔2017〕18号） 《财政部关于降低部分政府性基金征收标准的通知》（财税〔2018〕39号）

续表

费用类别	扣除标准	扣除方法	政策依据
文化事业建设费	3%	提供广告服务的广告媒介单位和户外广告经营单位；提供娱乐服务的单位和个人，为缴纳义务人。自2019年7月1日至2024年12月31日，对归属中央收入的文化事业建设费按50%减征；对归属地方的文化事业建设费，各省（区、市）在50%幅度内减征 2020年度、2021年度免征未达到增值税起征点的娱乐服务业缴纳人免征增值随小规模纳税人中月销售额不超过2万元（按季6万元）的广告业单位免征	《企业所得税法》第八条、第二十条 《国务院关于进一步完善文化经济政策的若干规定》（国发〔1996〕37号） 《财政部 国家税务总局关于营业税改征增值税试点有关文化事业建设费政策及征收管理问题的通知》（财税〔2016〕25号） 《财政部 国家税务总局关于营业税改征增值税试点有关文化事业建设费政策及征收管理问题补充的通知》（财税〔2016〕60号） 《财政部 税务总局关于电影等行业税费支持政策的公告》〔（财政部 税务总局公告2020年第25号），《财政部 税务总局关于延续实施应对疫情部分税费优惠政策的公告》（财政部 税务总局公告2021年第7号，执行期限延长至2021年3月31日〕 《财政部关于调整部分政府性基金有关政策的通知》（财税〔2019〕46号）
工会经费	2%	企业拨缴的工会经费，不超过工资薪金总额2%的部分，准予扣除。尚未建立工会组织的，自上级工会批准筹建工会的次月起，筹建单位向上级工会拨缴建会筹备金，均需凭会组织开具的《工会经费收入专用收据》或税务机关代收凭据依法在税前扣除	《企业所得税法实施条例》第四十一条 《国家税务总局关于工会经费企业所得税税前扣除凭证问题的公告》（国家税务总局公告2010年第24号） 《国家税务总局关于税务机关代收工会经费企业所得税税前扣除凭证问题的公告》（国家税务总局公告2011年第30号） 《工会法》第四十三条 《中国工会章程》第三十六条、第三十八条
废弃电器电子产品处理基金	交纳的基金计入生产经营成本，准予在计算应纳税所得额时扣除	纳入基金征收范围的电器电子产品包括电视机、电冰箱、洗衣机、房间空调器和微型计算机共五类产品，对这五类产品的生产者征收基金。鉴于出口的电器电子产品无需在国内回收处理，规定电器电子产品生产者生产用于出口的电器电子产品免征基金。对2012年7月1日起申报进口的电器电子产品，收货人或者其代理人应按照有关规定向海关缴纳基金。为了避免重复征收，规定对购进或者收回委托加工电器电子产品已缴纳基金的，可从应征基金产品销售数量中扣除。基金实行按季申报，从量定额计征，征收标准为：电视机13元/台、电冰箱12元/台、洗衣机7元/台、房间空调器7元/台、微型计算机10元/台	《废弃电器电子产品回收处理管理条例》（国务院第551号令）《财政部 环境保护部 国家发展改革委 工业和信息化部 海关总署 国家税务总局关于印发〈废弃电器电子产品处理基金征收使用管理办法〉的通知》（财综〔2012〕34号） 国家税务总局关于发布《废弃电器电子产品处理基金征收管理规定》的公告（国家税务总局公告2012年第41号） 《关于征收废弃电子产品处理基金有关问题》（海关总署公告2012年第33号）（财综〔2012〕38号）（财综〔2012〕80号）

续表

费用类别	扣除标准	扣除方法	政策依据
水利建设基金	征收标准按各地现行规定执行	经财政部批准，各省自治区直辖市向企事业单位和个体经营者征收 按月缴纳增值税的月销售额不超过10万元（按季度纳税的不超过30万元）的缴纳义务人，免征	《企业所得税法》第八条、第二十条 《财政部 国家发展改革委员会 水利部水利工程建设基金筹集和使用管理办法》（财综〔2011〕2号） 《财政部 国家税务总局关于扩大有关政府性基金免征范围的通知》（财税〔2016〕12号） 《财政部关于扩大民航发展基金等3项政府性基金有关政策的通知》（财税〔2020〕72号）
国家重大水利工程建设基金	征收标准按各地现行规定执行	征收至2025年12月31日；自2019年7月1日起，征收标准降低50% 企业自备电厂自发自用电量和地方独立电网销售电量，按月自行申报缴纳，除此以外，由省级电网企业向电力用户电费时一并代征	《企业所得税法》第八条、第二十条 《财政部 国家发展改革委员会 水利部 国家重大水利工程建设基金 征收使用管理办法》（财综〔2009〕90号） 《财政部关于调整部分政府性基金有关政策的通知》（财税〔2019〕46号） 《财政部关于降低部分政府性基金征收标准的通知》（财税〔2018〕39号）
农网还贷资金	据实扣除	农网还贷资金是对农网改造贷款"一省多贷"的省、自治区、直辖市（指该省市区的农网改造工程贷款由多个电力企业承贷，下同）电力用户征收的政府性基金，专项用于农村电网改造贷款还本付息。 农网还贷资金按社会用电量每度电2分钱标准，并入电价收取	《企业所得税法》第八条、第二十条 《财政部关于印发农网还贷资金征收使用管理办法的通知》（财企〔2001〕820号） 《财政部关于延续农网还贷资金等17项政府性基金政策问题的通知》（财综〔2007〕3号）
可再生能源发展基金	据实扣除	可再生能源电价附加在除西藏自治区以外的全国范围内，对各省、自治区、直辖市扣除农业生产用电（含农业排灌用电）后的销售电量征收。 自2016年1月1日起，将各省（自治区、直辖市，不含新疆维吾尔自治区、西藏自治区）居民生活和农业生产以外全部销售电量的基金征收标准，由每千瓦时1.5分提高到每千瓦时1.9分	《企业所得税法》第八条、第二十条《中华人民共和国可再生能源法》第二十四条 财政部 国家发展和改革委员会 国家能源局关于印发《可再生能源发展基金征收使用管理暂行办法》的通知（财综〔2011〕115号） 《财政部 国家发展改革委关于提高可再生能源发展基金征收标准等有关问题的通知》（财税〔2016〕4号）

续表

费用类别	扣除标准	扣除方法	政策依据
中央水库移民扶持基金（大中型水库移民后期扶持基金、跨省际大中型水库库区基金、三峡水库库区基金）	据实扣除	大中型水库移民后期扶持基金征收对象为电力用户，征收标准：按照扣除农业用电后的全部销售电量加价征收，各地标准不同。 跨省际大中型水库库区基金征收对象为装机容量在2.5万千瓦及以上有发电收入的水库和水电站。征收标准：按照水库发电企业所在省份的大中型水库库区基金征收标准执行，不高于8厘/千瓦时。 三峡水库库区基金征收对象为中国三峡工程开发总公司、中国长江电力股份有限公司，征收标准：8厘/千瓦时	《企业所得税法》第八条、第二十条 《大中型水利水电工程建设征地补偿和移民安置条例》 《长江三峡工程建设移民条例》 《财政部关于征收跨省际大中型水库库区基金有关问题的通知》（财综〔2009〕59号） 《财政部关于取消、停征和整合部分政府性基金项目等有关问题的通知》（财税〔2016〕11号） 《财政部关于降低国家重大水利工程建设基金和大中型水库移民后期扶持基金征收标准的通知》（财税〔2017〕51号）
地方水库移民扶持基金	征收标准按各地现行规定执行	各省、自治区、直辖市行政区域内装机容量在2.5万千瓦及以上有发电收入的水库和水电站缴纳省际大中型水库库区基金；行政区域内装机容量在2.5万千瓦及以下小型水库和水电站缴纳小型水库移民扶助基金	《企业所得税法》第八条、第二十条 《财政部关于取消、停征和整合部分政府性基金项目等有关问题的通知》（财税〔2016〕11号）
三峡电站水资源费	据实扣除	中国长江电力股份有限公司，按照三峡电站实际发电量缴纳。 征收标准：每千瓦时0.005元	《取水许可和水资源费征收管理条例》（中华人民共和国国务院令第460号） 财政部 国家发展和改革委员会 水利部关于印发《水资源费征收使用管理办法》的通知（财综〔2008〕79号） 财政部、国家发展和改革委员会、水利部、中国人民银行《关于三峡电站水资源费征收使用管理有关问题的通知》（财综〔2011〕19号）
核电站乏燃料处理处置基金	据实扣除	拥有已投入商业运行五年以上压水堆核电机组的核电厂，应当按照规定缴纳乏燃料处理处置基金。 乏燃料处理处置基金按照核电厂已投入商业运行五年以上压水堆核电机组的实际上网销售电量征收，征收标准为0.026元/千瓦时	《企业所得税法》第八条、第二十条 财政部 国家发展改革委 工业和信息化部关于印发《核电站乏燃料处理处置基金征收使用管理暂行办法》的通知（财综〔2010〕58号）

续表

费用类别	扣除标准	扣除方法	政策依据
核事故应急准备专项收入	据实扣除	核电企业承担上缴的场外核应急专项收入，在基建期和运行期分别按以下标准缴纳：①基建期按设计额定容量每千瓦5元人民币的标准缴纳。第八条 核电企业承担上缴的场外核应急专项收入，基建期应在核电工程浇灌第一罐混凝土的当年起三年内按规定承担数额的30%、40%和30%分年度缴清；运行期应在商业运行后的次年开始，根据上一年的实际上网销售电量按规定标准缴纳。②运行期按年度上网销售电量每千瓦时0.2厘人民币的标准缴纳。 核电企业按规定标准缴纳场外核应急专项收入后，任何单位、部门及地方各级人民政府不得以核应急准备或者与此相关名义向企业收取资金	《核电厂核事故应急管理条例》（中华人民共和国国务院令第124号） 财政部 国防科工委关于印发《核电厂核事故应急准备专项收入管理规定》的通知（财防〔2007〕181号）
油价调控风险准备金	按照汽油柴油的销售数量和规定的征收标准计算	生产、委托加工和进口汽、柴油的成品油生产经营企业为纳税人。 当国际市场原油价格低于国家规定的成品油价格调控下限时，缴纳义务人应按照汽油、柴油的销售数量和规定的征收标准缴纳风险准备金	《财政部 国家发展改革委员会关于印发〈油价调控风险准备金征收管理办法〉的通知》（财税〔2016〕137号） 《国家税务总局关于2020年第四季度油价调控风险准备金征收标准有关事项的公告》（国家税务总局公告2021年第1号） 风险准备金计入"其他应付款"，不得计入企业当期收入
国家留成油收入	按照石油合同的约定比例确定，准予扣除	在中国陆地领域和所辖海域对外合作勘探开发生产石油的企业，按规定缴纳增值税和矿区使用费后，在余额油分配时，根据石油合同的比例留给国家的权益	《财政部关于将国家重大水利工程建设基金等政府非税收入项目划转税务部门征收的通知》（财税〔2018〕147号）
石油特别收益金	实行5级超额累进从价定率计征，准予在企业所得税前扣除	凡在中华人民共和国陆地领域和所辖海域独立开采并销售原油的企业，以及按规定以合资、合作等方式开采并销售原油的其他企业，均应当按照规定缴纳石油特别收益金	《国务院关于开征石油特别收益金的决定》（国发〔2006〕13号） 《财政部关于印发《石油特别收益金征收管理办法》的通知》（财企〔2006〕72号） 《财政部关于提高石油特别收益金起征点的通知》（财税〔2014〕115号）

续表

费用类别	扣除标准	扣除方法	政策依据
免税商品特许经营费	据实扣除	经营免税商品的企业缴纳：①一般按经营免税商品业务年销售收入的1%，向国家上缴特许经营费；②海南离岛免税店按经营免税商品业务年销售收入的4%，向国家上缴免税商品特许经营费	《企业所得税法》第八条、第二十条 财政部关于印发《免税商品特许经营费缴纳办法》的通知（财企〔2004〕241号） 财政部 商务部 海关总署 税务总局关于印发《海南离岛旅客免税购物商店管理暂行办法》的通知（财企〔2011〕429号）
水土保持补偿费	据实扣除	在山区、丘陵区、风沙区以及水土保持规划确定的容易发生水土流失的其他区域开办生产建设项目或者从事其他生产建设活动，损坏水土保持设施、地貌植被，不能恢复原有水土保持功能的单位和个人，应当缴纳水土保持补偿费。 按各地现行规定的征收标准执行	《中华人民共和国水土保持法》中华人民共和国主席令（七届第49号） 财政部 国家发展改革委 水利部 中国人民银行关于印发《水土保持补偿费征收使用管理办法》的通知（财综〔2014〕8号） 财政部 国家发展改革委 水利部《关于水土保持补偿费收费标准（试行）的通知》（发改价格〔2014〕886号）
防空地下室易地建设费	据实扣除	对按规定需要配套建设防空地下室的，防空地下室建设要随民用建筑项目计划一同下达，坚持同步配套建设，不得收费。对按规定需要同步配套建设，但确因下列条件限制不能同步配套建设的，建设单位可以申请易地建设：①采用桩基且桩基承台顶面埋置深度小于三米（或者不足规定的地下室空间净高）的；②按规定指标应建防空地下室的面积只占地面建筑首层的局部，结构和基础处理困难，且经济很不合理的；③建在流沙、暗河、基岩埋深很浅等地段的项目，因地质条件不适于修建的；④因建设地段房屋或地下管道设施密集，防空地下室不能施工或者难以采取措施保证施工安全的。建设单位依上述规定提出易地建设申请，经有批准权限的人防主管部门批准后，应按应建防空地下室的建筑面积和规定的易地建设费标准交纳建设费用，由人防主管部门统一就地就近安排易地建设人防工程。 防空地下室易地建设费的收费标准，由省、自治区、直辖市价格主管部门会同同级财政、人防主管部门按照当地防空地下室的造价制定，报国家计委、财政部、国家人防办备案	《中华人民共和国人民防空法》 《人民防空工程建设管理规定》（国人防办字〔2003〕18号） 国家计委 财政部 国家国防动员委员会 建设部印发《关于规范防空地下室易地建设收费的规定的通知》（计价格〔2000〕474号）

续表

费用类别	扣除标准	扣除方法	政策依据
国有土地使用权出让收入	据实扣除	国有土地使用权出让收入是政府以出让等方式配置国有土地使用权取得的全部土地价款,包括受让人支付的征地和拆迁补偿费用、土地前期开发费用和土地出让收益等。 国家根据土地等级、区域土地利用政策等,统一制订并公布各地工业用地出让最低价标准。工业用地出让最低价标准不得低于土地取得成本、土地前期开发成本和按规定收取的相关费用之和。工业用地必须采用招标拍卖挂牌方式出让,其出让价格不得低于公布的最低价标准。除按现行规定必须实行招标、拍卖、挂牌出让的用地外,工业用地也要创造条件逐步实行招标、拍卖、挂牌出让。经依法批准利用原有划拨土地进行经营性开发建设的,应当按照市场价补缴土地出让金。经依法批准转让原划拨土地使用权的,应当在土地有形市场公开交易,按照市场价补缴土地出让金;低于市场价交易的,政府应当行使优先购买权	《国务院关于深化改革严格土地管理的决定》(国发〔2004〕28号) 《国务院关于加强土地调控有关问题的通知》(国发〔2006〕31号) 《国务院办公厅关于规范国有土地使用权出让收支管理的通知》(国办发〔2006〕100号)
矿产资源专项收入	据实扣除	在中华人民共和国领域及管辖海域勘查、开采矿产资源,均须按规定缴纳矿业权出让收益和探矿权、采矿权使用费收入。 探矿权、采矿权使用费收入标准:①探矿权使用费以勘查年度计算,按区块面积逐年缴纳,第一个勘查年度至第三个勘查年度,每平方公里每年缴纳100元,从第四个勘查年度起每平方公里每年增加100元,最高不超过每平方公里每年500元。②采矿权使用费按矿区范围面积逐年缴纳,每平方公里每年1 000元。 矿业权出让收益标准:通过招标、拍卖、挂牌等竞争方式出让矿业权的,矿业权出让收益按招标、拍卖、挂牌的结果确定;通过协议方式出让矿业权的,矿业权出让收益按照评估价值、市场基准价就高确定	《财政部 国土资源部关于印发〈探矿权采矿权使用费和价款管理办法〉的通知》(财综字〔1999〕74号) 《财政部 国土资源部关于印发〈探矿权采矿权使用费和价款使用管理办法(试行)〉的通知》(财建〔2003〕530号) 《矿业权出让收益征收管理暂行办法》(财综〔2017〕35号) 《国务院关于印发矿产资源权益金制度改革方案的通知》(国发〔2017〕29号)

续表

费用类别	扣除标准	扣除方法	政策依据
海域使用金	据实扣除	海域使用金，是指国家以海域所有者身份依法出让海域使用权，而向取得海域使用权的单位和个人收取的权利金。海域使用金包括海域出让金、海域转让金和海域租金。单位和个人使用海域，应当按照国务院的规定缴纳海域使用金。按照财综〔2018〕15号规定的标准计算缴纳	《中华人民共和国海域使用管理法》（中华人民共和国主席令第六十一号）财政部关于印发《调整海域无居民海岛使用金征收标准》的通知（财综〔2018〕15号）
无居民海岛使用金	据实扣除	无居民海岛使用金，是指国家在一定年限内出让无居民海岛使用权，由无居民海岛使用者依法向国家缴纳的无居民海岛使用权价款，不包括无居民海岛使用者取得无居民海岛使用权应当依法缴纳的其他相关税费。根据用岛活动对海岛自然岸线、表面积、岛体和植被等的改变程度，将无居民海岛用岛方式划分为六种。无居民海岛出让前，应确定无居民海岛等别、用岛类型和用岛方式，核算出让最低价，在此基础上对无居民海岛上的珍稀濒危物种、淡水、沙滩等资源价值进行评估，一并形成出让价。出让价作为申请审批出让和市场化出让底价的参考依据，不得低于最低价。最低价计算公式为"无居民海岛使用权出让最低价＝无居民海岛使用权出让面积×出让年限×无居民海岛使用权出让最低标准"。按照财综〔2018〕15号规定的标准计算缴纳	财政部 国家海洋局关于印发《无居民海岛使用金征收使用管理办法》的通知（财综〔2010〕44号）财政部关于印发《调整海域无居民海岛使用金征收标准》的通知（财综〔2018〕15号）
排污权出让收入	据实扣除	排污权出让收入，是指政府以有偿出让方式配置排污权取得的收入，包括采取定额出让方式出让排污权收取的排污权使用费和通过公开拍卖等方式出让排污权取得的收入。试点地区地方人民政府采取定额出让或通过市场公开出让（包括拍卖、挂牌、协议等）方式出让排污权。对现有排污单位取得排污权，采取定额出让方式。对新建项目排污权和改建、扩建项目新增排污权，以及现有排污单位为达到污染物排放总量控制要求新增排污权，通过市场公开出让方式。征收标准由试点地区省级价格、财政、环境保护部门参照排污权使用费的征收标准确定	《企业所得税法》第八条、第二十条 财政部 国家发展改革委 环境保护部关于印发《排污权出让收入管理暂行办法》的通知（财税〔2015〕61号）

续表

费用类别	扣除标准	扣除方法	政策依据
十四、其他支出			
环境保护、生态恢复专项资金	据实扣除	企业依照法律、行政法规有关规定提取的用于环境保护、生态恢复等方面的专项资金,准予扣除。上述专项资金提取后改变用途的,不得扣除	《企业所得税法实施条例》第四十五条
劳动保护支出	据实扣除	企业发生的合理的劳动保护支出,准予扣除	《企业所得税法实施条例》第四十八条
工作服饰费用	准予扣除	企业根据其工作性质和特点,由企业统一制作并要求员工工作时统一着装所发生的工作服饰费用,可以作为企业合理的支出给予税前扣除	《企业所得税法实施条例》第二十七条 《国家税务总局关于企业所得税若干问题的公告》(国家税务总局公告2011年第34号)第二条
开(筹)办费	可以扣除	企业自开始生产经营的年度为企业开始计算损益的年度。企业从事生产经营之前进行筹办活动期间发生筹办费用支出,不得计算为当期的亏损,应按照《国家税务总局关于企业所得税若干税务事项衔接问题的通知》(国税函〔2009〕98号)第九条规定执行。企业可以在开始经营之日的当年一次性扣除,也可以按照新税法有关长期待摊费用的处理规定处理,但一经选定,不得改变	《国家税务总局关于企业所得税若干税务事项衔接问题的通知》(国税函〔2009〕98号) 《国家税务总局关于落实企业所得税若干税务问题的通知》(国税函〔2010〕79号)
筹办期业务招待、广告费和业务宣传费	60%;据实扣除	企业在筹建期间,发生的与筹办活动有关的业务招待费支出,可按实际发生额的60%计入企业筹办费,并按有关规定在税前扣除;发生的广告费和业务宣传费,可按实际发生额计入企业筹办费,并按有关规定在税前扣除	《国家税务总局关于企业所得税应纳税所得额若干税务处理问题的公告》(国家税务总局公告2012年第15号)
煤矿企业维简费和高危行业安全生产费用	据实扣除;企业按照有关规定预提的维简费和安全生产费用,不得在税前扣除	煤矿企业实际发生的维简费支出和高危行业企业实际发生的安全生产费用支出,属于收益性支出的,可直接作为当期费用在税前扣除;属于资本性支出的,应计入有关资产成本,并按企业所得税法规定计提折旧或摊销费用在税前扣除	《企业所得税法实施条例》第二十八条 《国家税务总局关于煤矿企业维简费和高危行业安全生产费用企业所得税税前扣除问题的公告》(国家税务总局公告2011年第26号)

续表

费用类别	扣除标准	扣除方法	政策依据
维简费（不含煤矿企业）	据实扣除；企业按照有关规定预提的维简费，不得在当期税前扣除	企业实际发生的维简费支出，属于收益性支出的，可作为当期费用税前扣除；属于资本性支出的，应计入有关资产成本，并按企业所得税法规定计提折旧或摊销费用在税前扣除	《企业所得税法实施条例》第二十八条《国家税务总局关于企业维简费支出企业所得税前扣除问题的公告》（国家税务总局公告2013年第67号）
棚户区改造	准予扣除	企业参与政府统一组织的工矿（含中央下放煤矿）棚户区改造、林区棚户区改造、垦区危房改造并同时符合一定条件的棚户区改造支出，准予在企业所得税前扣除	《财政部 国家税务总局关于企业参与政府统一组织的棚户区改造有关企业所得税政策问题的通知》（财税〔2013〕65号）
职工培训费（特殊企业）	全额扣除	集成电路设计企业和符合条件软件企业的职工培训费用，应单独进行核算并按实际发生额在计算应纳税所得额时扣除 经认定的动漫企业自主开发、生产动漫产品，可申请享受国家现行鼓励软件产业发展的所得税优惠政策 应准确划分职工教育经费中的职工培训费支出，不能准确划分的，以及准确划分后职工教育经费中扣除职工培训费用的余额，一律按照《实施条例》第四十二条规定的比例扣除	《财政部 国家税务总局关于进一步鼓励软件产业和集成电路产业发展企业所得税政策的通知》（财税〔2012〕27号） 《财政部 国家税务总局发展改革委 工业和信息化部关于软件和集成电路产业企业所得税优惠政策有关问题的通知》（财税〔2016〕49号） 《财政部 国家税务总局关于扶持动漫产业发展有关税收政策问题的通知》（财税〔2009〕65号） 《工业和信息化部 国家发展改革委员会 财政部 国家税务总局公告》2021年第9号、第10号
空勤训练费用	作为成本在税前扣除	航空企业实际发生的飞行员养成费、飞行训练费、乘务训练费、空中保卫员训练费等空勤训练费用，根据《企业所得税实施条例》第二十七条规定，可以作为航空企业运输成本在税前扣除	《国家税务总局关于企业所得税若干问题的公告》（国家税务总局公告2011年第34号）
核电厂操纵员培养费的企业所得税处理	直接扣除	核力发电企业为培养核电厂操纵员发生的培养费用，可作为企业的发电成本在税前扣除。企业应将核电厂操纵员培养费与员工的职工教育经费严格区分，单独核算，员工实际发生的职工教育经费支出不得计入核电厂操纵员培养费直接扣除	《国家税务总局关于企业所得税应纳税所得额若干问题的公告》（国家税务总局公告2014年第29号）

续表

费用类别	扣除标准	扣除方法	政策依据
石油化工企业发生的用于市政、公交、环卫、非义务教育、消防、社区管理等社会性支出	不高于关联交易协议规定限额内的部分，可以在当期计算应纳税所得额时扣除	石油集团、石化集团所属企业发生的用于市政、公交、环卫、非义务教育、消防、社区管理等社会性支出，可以在当期计算应纳税所得额时据实扣除 石油集团、石化集团所属控股子公司（持股比例高于50%，下同）以关联交易形式支付给其对应的石油集团、石化集团所属企业的上述社会性支出，在不高于关联交易协议规定限额内的部分，可以在当期计算应纳税所得额时扣除，超过部分不得扣除 石油股份、石化股份所属分公司及控股子公司以关联交易形式支付给其对应的石油集团、石化集团所属企业的上述社会性支出，在不高于关联交易协议规定限额内的部分，可以在当期计算应纳税所得额时扣除，超过部分不得扣除	《财政部 税务总局关于石油石化企业办社会支出有关企业所得税政策的通知》（财税〔2019〕59号），自2019年1月1日至2023年12月31日执行。 石油股份、石化股份所属分公司及控股子公司在2019年以前直接发生的社会性支出，尚未进行税务处理的，参照（财税〔2019〕59号）执行。 石油集团、石化集团所属企业，石油股份、石化股份所属分公司及控股子公司应按照企业所得税法和财务核算要求，将与生产经营相关的支出与社会性支出作出区分，分别核算
	据实扣除	石油股份、石化股份所属分公司及控股子公司直接发生的用于市政、公交、环卫、非义务教育、消防、社区管理等社会性支出，按照国有企业分离办社会的总体要求和逐年递减额度的原则，可以在当期计算应纳税所得额时据实扣除	
向未执行功能、承担风险、无实质性经营活动的境外关联方支付费用	不符合独立交易原则的，不得扣除	不符合独立交易原则的，税务机关可以按照已税前扣除的金额实时特别纳税调整	《企业所得税法实施条例》第一百三十二条 《特别纳税调查调整及相互协商程序管理办法》（国家税务总局公告2017年第6号）
十五、其他不得扣除的支出			
企业之间支付的管理费；企业内营业机构之间支付的租金和特许权使用费；非银行企业内营业机构之间支付的利息	不得扣除	企业之间支付的管理费、企业内营业机构之间支付的租金和特许权使用费，以及非银行企业内营业机构之间支付的利息，不得扣除	《企业所得税法》第十条 《企业所得税法实施条例》第四十九条 《财政部 国家税务总局关于母子公司间提供服务支付费用有关企业所得税处理问题的通知》（国税发〔2008〕86号）

续表

费用类别	扣除标准	扣除方法	政策依据
属于不同独立法人的母子公司间提供服务支付费用	不得扣除	母公司以管理费形式向子公司提取费用，子公司因此支付给母公司的管理费，不得在税前扣除	
	符合独立交易原则：据实扣除	母公司为其子公司（以下简称子公司）提供各种服务而发生的费用，应按照独立企业之间公平交易原则确定服务的价格，作为企业正常的劳务费用进行税务处理 母子公司未按照独立企业之间的业务往来收取价款的，税务机关有权予以调整子公司申报税前扣除向母公司支付的服务费用，应向主管税务机关提供与母公司签订的服务合同或者协议等与税前扣除该项费用相关的材料，不能提供相关材料的，支付的服务费用不得税前扣除 母公司向其多个子公司提供同类项服务，其收取的服务费可以采取分项签订合同或协议收取；也可以采取服务分摊协议的方式，即由母公司与各子公司签订服务费用分摊合同或协议，以母公司为其子公司提供服务所发生的实际费用并附加一定比例利润作为向子公司收取的总服务费，在各服务受益子公司（包括盈利企业、亏损企业和享受减免税企业）之间按《企业所得税法》第四十一条第二款规定合理分摊	《企业所得税法》第十条 《企业所得税法实施条例》第四十九条 《财政部 国家税务总局关于母子公司间提供服务支付费用有关企业所得税处理问题的通知》（国税发〔2008〕86号）
行政和解金	不得税前扣除	行政相对人缴纳的行政和解金，不得在所得税税前扣除。对企业投资者从投保基金公司取得的行政和解金，应计入企业当期收入	《财政部 国家税务总局关于行政和解金有关税收政策问题的通知》（财税〔2016〕100号）

5. 亏损。亏损，是指企业依照企业所得税法和企业所得税法实施条例的规定将每一纳税年度的收入总额减除不征税收入、免税收入和各项扣除后小于零的数额。

[特别提示]

（1）税收上的亏损不等同于会计上的亏损。

（2）企业在汇总计算缴纳企业所得税时，其境外营业机构的亏损不得抵减境内营业机构的盈利。

（3）企业纳税年度发生的亏损，准予向以后年度结转，用以后年度的所得弥补，但结转年限最长不得超过五年。

《财政部 税务总局关于延长高新技术企业和科技型中小企业亏损结转年限的通知》（财税〔2018〕76号）、《国家税务总局关于延长高新技术企业和科技型中小企业亏损结转弥补年限有关企业所得税处理问题的公告》（国家税务总局公告2018年第45号）：自2018年1月1日起，当年具备高新技术企业或科技型中小企业资格（以下统称资格）的企业，其具备资格年度之前5个年度发生的尚未弥补完的亏损，准予结转以后年度弥补，最长结转年限由5年延长至10年。

《财政部 税务总局关于支持新型冠状病毒感染的肺炎疫情防控有关税收政策的公告》（财政部 税务总局公告2020年第8号）、《财政部 税务总局关于支持疫情防控保供等税费政策实施期限的公告》（财政部 税务总局公告2020年第28号）、《财政部 税务总局关于延续实施应对疫情部分税费优惠政策的公告》（财政部 税务总局公告2021年第7号）：受疫情影响较大的困难行业企业（困难行业企业，包括交通运输、餐饮、住宿、旅游（指旅行社及相关服务、游览景区管理两类）四大类，具体判断标准按照现行《国民经济行业分类》执行。困难行业企业2020年度主营业务收入须占收入总额（剔除不征税收入和投资收益）的50%以上。）2020年、2021年度发生的亏损，最长结转年限由5年延长至8年。

6. 减免税额。

（1）企业的下列所得，可以免征、减征企业所得税：

①从事农、林、牧、渔业项目的所得。

[特别提示] 企业从事农、林、牧、渔业项目的所得，可以免征企业所得税的项目：蔬菜、谷物、薯类、油料、豆类、棉花、麻类、糖料、水果、坚果的种植；农作物新品种的选育；中药材的种植；林木的培育和种植；牲畜、家禽的饲养；林产品的采集；灌溉、农产品初加工、兽医、农技推广、农机作业和维修等农、林、牧、渔服务业项目；远洋捕捞。

减半征收企业所得税的项目：花卉、茶以及其他饮料作物和香料作物的种植；海水养殖、内陆养殖。

企业从事国家限制和禁止发展的项目，不得享受企业所得税优惠。

②从事国家重点扶持的公共基础设施项目投资经营的所得。

[特别提示] 国家重点扶持的公共基础设施项目，是指《公共基础设施项目企业所得税优惠目录》规定的港口码头、机场、铁路、公路、城市公共交通、电力、水利等项目。

企业从事上述规定的国家重点扶持的公共基础设施项目的投资经营的所得，自项目取得第一笔生产经营收入所属纳税年度起，第一年至第三年免征企业所得税，第四年至第六年减半征收企业所得税。企业承包经营、承包建设和内部自建自用本条规定的项目，不得享受本条规定的企业所得税优惠。

③从事符合条件的环境保护、节能节水项目的所得。

[特别提示] 符合条件的环境保护、节能节水项目，包括公共污水处理、公共垃圾处理、沼气综合开发利用、节能减排技术改造、海水淡化等。项目的具体条件和范围由国务院财政、税务主管部门商国务院有关部门制订，报国务院批准后公布施行。

企业从事前款规定的符合条件的环境保护、节能节水项目的所得，自项目取得第一笔生产经营收入所属纳税年度起，第一年至第三年免征企业所得税，第四年至第六年减半征收企业所得税。

依照企业所得税法实施条例规定享受减免税优惠的项目，在减免税期限内转让的，受让方自受让之日起，可以在剩余期限内享受规定的减免税优惠；减免税期限届满后转让的，受让方不得就该项目重复享受减免税优惠。

④符合条件的技术转让所得。

[特别提示] 符合条件的技术转让所得免征、减征企业所得税，是指一个纳税年度内，居民企业技术转让所得不超过500万元的部分，免征企业所得税；超过500万元的部分，减半征收企业所得税。

⑤《企业所得税法》第三条第三款规定的所得（非居民企业在中国境内未设立机构、场所的，或者虽设立机构、场所但取得的所得与其所设机构、场所没有实际联系的，应当就其来源于中国境内的所得缴纳企业所得税）。

[特别提示] 下列所得可以免征企业所得税：外国政府向中国政府提供贷款取得的利息所得；国际金融组织向中国政府和居民企业提供优惠贷款取得的利息所得；经国务院批准的其他所得。

（2）民族自治地方的自治机关对本民族自治地方的企业应缴纳的企业所得税中属于地方分享的部分，可以决定减征或者免征。自治州、自治县决定减征或者免征的，须报省、自治区、直辖市人民政府批准。

[特别提示] 对民族自治地方内国家限制和禁止行业的企业，不得减征或者免征企业所得税。

7. 抵免税额。

（1）企业购置用于环境保护、节能节水、安全生产等专用设备的投资额，可以按一定比例实行税额抵免。

[特别提示] 税额抵免，是指企业购置并实际使用《环境保护专用设备企业所得税优惠目录》《节能节水专用设备企业所得税优惠目录》和《安全生产专用设备企业所得税优惠目录》规定的环境保护、节能节水、安全生产等专用设备的，该专用设备的投资额的10%可以从企业当年的应纳税额中抵免；当年不足抵免的，可以在以后5个纳税年度结转抵免。

上述规定的企业所得税优惠的企业，应当实际购置并自身实际投入使用前款规定的专用设备；企业购置上述专用设备在5年内转让、出租的，应当停止享受企业所得税优惠，并补缴已经抵免的企业所得税税款。

（2）企业取得的下列所得已在境外缴纳的所得税税额（已在境外缴纳的所得税税额，是指企业来源于中国境外的所得依照中国境外税收法律以及相关规定应当缴纳并已经实际缴纳的企业所得税性质的税款），可以从其当期应纳税额中抵免，抵免限额（抵免限额，是指企业来源于中国境外的所得，依照企业所得税法和本条例的规定计算的应纳税额。除国务院财政、税务主管部门另有规定外，该抵免限额应当分国（地区）不分项计算，计算公式如下：抵免限额＝中国境内、境外所得依照企业所得税法和企业所得税法实施条例的规定计算的应纳税总额×来源于某国（地区）的应纳税所得额÷中国境内、境外应纳税所得总额）为该项所得依照本法规定计算的应纳税额；超过抵免限额的部分，可以在以后五个年度内，用每年度抵免限额抵免当年应抵税额后的余额进行抵补：居民企业来源于中国境外的应税所得；非居民企业在中国境内设立机构、场所，取得发生在中国境外但与该机构、场所有实际联系的应税所得。

（3）居民企业从其直接或者间接控制（直接控制，是指居民企业直接持有外国企业20%以上股份；间接控制，是指居民企业以间接持股方式持有外国企业20%以上股份，具体认定办法由国务院财政、税务主管部门另行制定）的外国企业分得的来源于中国境外的股息、红利等权益性投资收益，外国企业在境外实际缴纳的所得税税额中属于该项所得负担的部分，可以作为该居民企业的可抵免境外所得税税额，在《企业所得税法》第二十三条规定的抵免限额内抵免。

8.4.4 纳税期限

企业所得税按纳税年度计算。纳税年度自公历1月1日起至12月31日止。

企业所得税分月或者分季预缴。

企业应当自月份或者季度终了之日起15日内，向税务机关报送预缴企业所得税纳税申报表，预缴税款。

企业应当自年度终了之日起5个月内,向税务机关报送年度企业所得税纳税申报表,并汇算清缴,结清应缴应退税款。

企业在报送企业所得税纳税申报表时,应当按照规定附送财务会计报告和其他有关资料。

企业在一个纳税年度中间开业,或者终止经营活动,使该纳税年度的实际经营期不足12个月的,应当以其实际经营期为一个纳税年度。

企业依法清算时,应当以清算期间作为一个纳税年度。

企业在年度中间终止经营活动的,应当自实际经营终止之日起60日内,向税务机关办理当期企业所得税汇算清缴。

企业应当在办理注销登记前,就其清算所得(清算所得,是指企业的全部资产可变现价值或者交易价格减除资产净值、清算费用以及相关税费等后的余额)向税务机关申报并依法缴纳企业所得税。

[特别提示] 投资方企业从被清算企业分得的剩余资产,其中相当于从被清算企业累计未分配利润和累计盈余公积中应分得的部分,应当确认为股息所得;剩余资产减除上述股息所得后的余额,超过或者低于投资成本的部分,应当确认为投资资产转让所得或者损失。

8.4.5 税收优惠

1. 企业从事农、林、牧、渔业项目的所得,可以按照国家规定免征、减征企业所得税。

2. 企业从事港口码头、机场、铁路、公路、城市公共交通、电力、水利等国家重点扶持的公共基础设施项目的投资经营的所得,自项目取得第一笔生产经营收入所属纳税年度起,第1年至第3年免征企业所得税,第4年至第6年减半征收企业所得税。

3. 企业安置残疾人员的,在按照支付给残疾职工工资据实扣除的基础上,按照支付给残疾职工工资的100%加计扣除。

4. 企业为开发新技术、新产品、新工艺发生的研究开发费用,未形成无形资产计入当期损益的,在按照规定据实扣除的基础上,按照研究开发费用的50%加计扣除;形成无形资产的,按照无形资产成本的150%摊销。详见本章《表8-8 企业所得税费用扣除及政策依据》中的"十二、研发费用支出")

5. 企业从事国家规定的符合条件的公共污水处理、公共垃圾处理、沼气综合开发利用、节能技术改造等环境保护、节能节水项目的所得,自项目取得第一笔生产经营收入所属纳税年度起,第1年至第3年免征企业所得税,第4年至第6年减半征收企业所得税。

6. 企业一个纳税年度内的技术转让所得不超过500万元的部分,免征企业所得税;超过 500 万元的部分,减半征收企业所得税。

7. 企业以《资源综合利用企业所得税优惠目录》规定的资源作为主要原材料,生产国家非限制和禁止并符合国家和行业相关标准的产品取得的收入,减按 90% 计入收入总额。

8. 企业购置并实际使用《环境保护专用设备企业所得税优惠目录》《节能节水专用设备企业所得税优惠目录》和《安全生产专用设备企业所得税优惠目录》规定的环境保护、节能节水、安全生产等专用设备的,该专用设备的投资额的 10% 可以从企业当年的应纳税额中抵免;当年不足抵免的,可以在以后 5 个纳税年度结转抵免。

9. 对被认定为高新技术企业的企业,减按 15% 的税率征收企业所得税。

10. 符合条件的小微企业,减按 20% 的税率征收企业所得税。

[特别提示] 自 2021 年 1 月 1 日至 2022 年 12 月 31 日,对小型微利企业年应纳税所得额不超过 100 万元的部分,减按 12.5% 计入应纳税所得额,按 20% 的税率缴纳企业所得税(实际税负 2.5%);自 2022 年 1 月 1 日至 2024 年 12 月 31 日,对小型微利企业年应纳税所得额超过 100 万元但不超过 300 万元的部分,减按 25% 计入应纳税所得额,按 20% 的税率缴纳企业所得税(实际税负 5%)。

11. 自 2018 年 1 月 1 日起,对经认定的技术先进型服务企业(服务贸易类),减按 15% 的税率征收企业所得税。

12. 对创业投资企业采取股权投资方式投资于未上市中小高新技术企业 2 年以上(含 2 年),凡符合国家规定条件的,可按照其投资额的 70% 在股权持有满 2 年的当年抵扣该创业投资企业的应纳税所得额;当年不足抵扣的,可以在以后纳税年度结转抵扣。

13. 自 2017 年 1 月 1 日至 2023 年 12 月 31 日,对金融机构农户小额贷款的利息收入,在计算应纳税所得额时,按 90% 计入收入总额。

14. 自 2017 年 1 月 1 日至 2023 年 12 月 31 日,对保险公司为种植业、养殖业提供保险业务取得的保费收入,在计算应纳税所得额时,按 90% 计入收入总额。

15. 自 2018 年 1 月 1 日至 2023 年 12 月 31 日,对中国保险保障基金有限责任公司(以下简称保险保障基金公司)根据《保险保障基金管理办法》取得的下列收入,免征企业所得税:境内保险公司依法缴纳的保险保障基金;依法从撤销或破产保险公司清算财产中获得的受偿收入和向有关责任方追偿所得,以及依法从保险公司风险处置中获得的财产转让所得;接受捐赠收入;银行存款利息收入;购买政府债券、中央银行、中央企业和中央级金融机构发行债券的利息收入;国务院批准的其他资金运用取得的收入。

16. 自 2018 年 1 月 1 日起,公司制创业投资企业采取股权投资方式直接投资于种子期、初创期科技型企业(以下简称初创科技型企业)满 2 年(24 个月,下同)的,可以按照投资额的70%在股权持有满2年的当年抵扣该公司制创业投资企业的应纳税所得额;当年不足抵扣的,可以在以后纳税年度结转抵扣。

17. 自2018年1月1日起,有限合伙制创业投资企业(以下简称合伙创投企业)采取股权投资方式直接投资于初创科技型企业满2年的,法人合伙人可以按照对初创科技型企业投资额的70%抵扣法人合伙人从合伙创投企业分得的所得;当年不足抵扣的,可以在以后纳税年度结转抵扣。

18. 自2018年1月1日起,委托境外进行研发活动所发生的费用,按照费用实际发生额的80%计入委托方的委托境外研发费用。委托境外研发费用不超过境内符合条件的研发费用三分之二的部分,可以按规定在企业所得税前加计扣除。

19. 国债利息收入免征企业所得税。

20. 取得的地方政府债券利息收入免征企业所得税。

21. 符合条件的居民企业之间的股息、红利等权益性投资收益免征企业所得税。

[例8-13] 2022年7月,A公司将持有B公司18.5%的股份、投资额为500万元的长期股权投资进行撤资,实际分回现金800万元。撤资时B公司账面累计未分配利润为1 000万元、累计盈余公积为600万元。企业所得税税率25%。要求:根据上述内容进行税会处理并填写2022年度企业所得税年度纳税申报表及其相关附表。

①撤资时:

借:银行存款　　　　　　　　　　　　　　　　　　　8 000 000
　　贷:长期股权投资——乙公司　　　　　　　　　　5 000 000
　　　　投资收益　　　　　　　　　　　　　　　　　3 000 000

根据国家税务总局公告2011年第34号规定:投资企业从被投资企业撤回或减少投资,其取得的资产中,相当于初始出资的部分,应确认为投资收回;相当于被投资企业累计未分配利润和累计盈余公积按减少实收资本比例计算的部分,应确认为股息所得;其余部分确认为投资资产转让所得。

因此,A公司分回的800万元现金中,500万元属于投资收回,根据被投资企业累计未分配利润和累计盈余公积按减少实收资本比例计算股息所得为296万元[(1 000+600)×18.5%],剩余的4万元(800-500-296)应当确认为投资资产转让所得。

按照企业所得税法的规定"符合条件的居民企业之间的股息、红利等权益性投资收益为免税收入。"A公司取得的296万元股息所得为免税收入。因此,A公司此项业务应缴纳企业所得税为1万元[(800-500-296)×25%]。

②汇算清缴时,填表如表8-9—表8-13所示:

表 8 – 9 A107011   符合条件的居民企业之间的股息、红利等权益性投资收益优惠明细表

单位：万元

行次	被投资企业	投资性质	投资成本	投资比例	撤回或减少投资确认金额					应确认的股息所得	合计
					从被投资企业撤回或减少投资取得的资产	减少投资比例	收回初始投资成本	取得资产中超过收回初始投资成本部分	撤回或减少投资应享有被投资企业累计未分配利润和累计盈余公积		
	1	3	4	5	11	12	13 (4×12)	14 (11-13)	15	16 (14与15孰小)	17 (7+10+16)
1	B	直接	500	18.50%	800	100%	500	300	296	296	296
8	合计	*	*	*	*	*	*	*	*	296	296
9	其中：直接投资或非 H 股票投资										296

表 8 – 10   A107010   免税、减计收入及加计扣除优惠明细表

单位：万元

行次	项目	金额
1	一、免税收入（2+3+4+5）	296
3	（二）符合条件的居民企业之间的股息、红利等权益性投资收益（4+5+6+7+8）	296
4	1. 一般股息红利等权益性投资收益免征企业所得税（填写 A107011）	296
31	合计（1+17+25）	296

表 8 – 11   A105030   投资收益纳税调整明细表

单位：万元

行次	项目	处置收益						纳税调整金额	纳税调整金额
		会计确认的处置收入	税收计算的处置收入	处置投资的账面价值	处置投资的计税基础	会计确认的处置所得或损失	税收计算的处置所得		
		4	5	6	7	8 (4-6)	9 (5-7)	10 (9-8)	11 (3+10)
6	六、长期股权投资	800	800	500	500	300	300	0	0
10	合计（1+2+3+4+5+6+7+8+9）	800	800	500	500	300	300	0	0

表 8 – 12   A105000   纳税调整项目明细表

单位：万元

行次	项目	账载金额	税收金额	调增金额	调减金额
		1	2	3	4
1	一、收入类调整项目（2+3+4+5+6+7+8+10+11）	*	*		
4	（三）投资收益（填写 A105030）	300	300	0	0
46	合计（1+12+31+36+44+45）	*	*	0	0

表8-13　A100000　中华人民共和国企业所得税年度纳税申报表（A类）　　　单位：万元

行次	类别	项　目	金额
9	利润总额计算	投资收益	300
13		三、利润总额（10＋11－12）	300
15		加：纳税调整增加额（填写A105000）	0
16		减：纳税调整减少额（填写A105000）	0
17		减：免税、减计收入及加计扣除（填写A107010）	296
19		四、纳税调整后所得（13－14＋15－16－17＋18）	4
23	应纳税额计算	五、应纳税所得额（19－20－21－22）	4
24		税率（25%）	25%
25		六、应纳所得税额（23×24）	1
28		七、应纳税额（25－26－27）	1
31		八、实际应纳所得税额（28＋29－30）	1
32		减：本年累计实际已预缴的所得税额	0
33		九、本年应补（退）所得税额（31－32）	1

22．内地居民企业通过沪港通投资且连续持有H股满12个月取得的股息红利所得免征企业所得税。

23．符合条件的非营利组织的收入免征企业所得税。

24．符合条件的非营利组织（科技企业孵化器）的收入免征企业所得税。

25．符合条件的非营利组织（国家大学科技园）的收入免征企业所得税。

26．投资者从证券投资基金分配中取得的收入暂不征收企业所得税。

27．中国清洁发展机制基金取得的收入免征企业所得税。

28．中国保险保障基金有限责任公司取得的保险保障基金等收入免征企业所得税。

29．中央电视台的广告费和有线电视费收入免征企业所得税。

30．中国奥委会取得的由北京冬奥组委分期支付的收入、按比例支付的盈余分成收入免征企业所得税。

31．中国残奥委会取得的由北京冬奥组委分期支付的收入免征企业所得税。

32．北京冬奥组委、北京冬奥会测试赛赛事组委会免征企业所得税。

33．综合利用资源生产产品取得的收入在计算应纳税所得额时减计收入。

34．金融机构取得的涉农贷款利息收入在计算应纳税所得额时减计收入。

35．对保险公司为种植业、养殖业提供保险业务的保费收入，在计算应纳税所得额时，按90%计入收入总额。

36．对经省级金融管理部门（金融办、局等）批准成立的小额贷款公司取得的农户小额贷款利息收入，在计算应纳税所得额时，按90%计入收入总额。

37．企业持有铁路债券取得的利息收入，减半征收企业所得税。

38. 企业为获得创新性、创意性、突破性的产品进行创意设计活动而发生的相关费用加计扣除。

39. 一个纳税年度内,居民企业技术转让所得不超过500万元的部分,免征企业所得税;超过500万元的部分,减半征收企业所得税。

40. 清洁发展机制项目(以下简称"CDM项目")实施企业将温室气体减排量转让收入的65%上缴给国家的HFC和PFC类CDM项目,以及将温室气体减排量转让收入的30%上缴给国家的N20类CDM项目,其实施该类CDM项目的所得,自项目取得第一笔减排量转让收入所属纳税年度起,第一年至第三年免征企业所得税,第四年至第六年减半征收企业所得税。

41. 对符合条件的节能服务公司实施合同能源管理项目,符合企业所得税税法有关规定的,自项目取得第一笔生产经营收入所属纳税年度起,第一年至第三年免征企业所得税,第四年至第六年按照25%的法定税率减半征收企业所得税。

42. 2018年1月1日后投资新设的集成电路线宽小于130纳米,且经营期在10年以上的集成电路项目,第一年至第二年免征企业所得税,第三年至第五年按照25%的法定税率减半征收企业所得税,并享受至期满为止。

43. 2018年1月1日后投资新设的集成电路线宽小于65纳米或投资额超过150亿元,且经营期在15年以上的集成电路项目,第一年至第五年免征企业所得税,第六年至第十年按照25%的法定税率减半征收企业所得税,并享受至期满为止。

44. 创业投资企业采取股权投资方式投资于未上市的中小高新技术企业2年以上的,可以按照其投资额的70%在股权持有满2年的当年抵扣该创业投资企业的应纳税所得额;当年不足抵扣的,可以在以后纳税年度结转抵扣。

45. 公司制创业投资企业采取股权投资方式直接投资于种子期、初创期科技型企业满2年(24个月)的,可以按照投资额的70%在股权持有满2年的当年抵扣该公司制创业投资企业的应纳税所得额;当年不足抵扣的,可以在以后纳税年度结转抵扣。

46. 有限合伙制创业投资企业采取股权投资方式投资于未上市的中小高新技术企业2年(24个月)以上,该有限合伙制创业投资企业的法人合伙人可按照其对未上市中小高新技术企业投资额的70%抵扣该法人合伙人从该有限合伙制创业投资企业分得的应纳税所得额,当年不足抵扣的,可以在以后纳税年度结转抵扣。

47. 有限合伙制创业投资企业采取股权投资方式直接投资于种子期、初创期科技型企业满2年的,该合伙创投企业的法人合伙人可以按照对种子期、初创期科技型企业投资额的70%抵扣法人合伙人从有限合伙制创业投资企业分得的所得;当年不足抵扣的,可以在以后纳税年度结转抵扣。

48. 经济特区和上海浦东新区内,在2008年1月1日(含)之后完成登记注册的国家需要重点扶持的高新技术企业,在经济特区和上海浦东新区内取得的所得,自取得第一笔生产经营收入所属纳税年度起,第一年至第二年免征企业所得税,第三年至第五年按照25%的法定税率减半征收企业所得税。

49. 依照《中华人民共和国民族区域自治法》的规定,实行民族区域自治的自治区、自治州、自治县的自治机关对本民族自治地方的企业应交纳的企业所得税中属于地方分享的部分,可以决定减征或者免征。自治州、自治县决定减征或者免征的,须报省、自治区、直辖市人民政府批准。

50. 自主就业退役士兵从事个体经营的,自办理个体工商户登记当月起,在3年(36个月,下同)内按每户每年12 000元为限额依次扣减其当年实际应缴纳的增值税、城市维护建设税、教育费附加、地方教育附加和个人所得税。限额标准最高可上浮20%,各省、自治区、直辖市人民政府可根据本地区实际情况在此幅度内确定具体限额标准。

纳税人年度应缴纳税款小于上述扣减限额的,减免税额以其实际缴纳的税款为限;大于上述扣减限额的,以上述扣减限额为限。纳税人的实际经营期不足1年的,应当按月换算其减免税限额。换算公式为:减免税限额=年度减免税限额÷12×实际经营月数。城市维护建设税、教育费附加、地方教育附加的计税依据是享受本项税收优惠政策前的增值税应纳税额。

51. 企业招用自主就业退役士兵,与其签订1年以上期限劳动合同并依法缴纳社会保险费的,自签订劳动合同并缴纳社会保险当月起,在3年内按实际招用人数予以定额依次扣减增值税、城市维护建设税、教育费附加、地方教育附加和企业所得税优惠。定额标准为每人每年6 000元,最高可上浮50%,各省、自治区、直辖市人民政府可根据本地区实际情况在此幅度内确定具体定额标准。

企业按招用人数和签订的劳动合同时间核算企业减免税总额,在核算减免税总额内每月依次扣减增值税、城市维护建设税、教育费附加和地方教育附加。企业实际应缴纳的增值税、城市维护建设税、教育费附加和地方教育附加小于核算减免税总额的,以实际应缴纳的增值税、城市维护建设税、教育费附加和地方教育附加为限;实际应缴纳的增值税、城市维护建设税、教育费附加和地方教育附加大于核算减免税总额的,以核算减免税总额为限。

纳税年度终了,如果企业实际减免的增值税、城市维护建设税、教育费附加和地方教育附加小于核算减免税总额,企业在企业所得税汇算清缴时以差额部分扣减企业所得税。当年扣减不完的,不再结转以后年度扣减。

自主就业退役士兵在企业工作不满1年的,应当按月换算减免税限额。计算公式为:企业核算减免税总额=Σ每名自主就业退役士兵本年度在本单位工作月份÷12×具体定额标准

城市维护建设税、教育费附加、地方教育附加的计税依据是享受本项税收优惠政

策前的增值税应纳税额。

52. 对符合条件的生产和装配伤残人员专门用品企业，免征企业所得税。

53. 经认定的动漫企业自主开发、生产动漫产品，可申请享受国家现行鼓励软件产业发展的所得税优惠政策。即在2017年12月31日前自获利年度起，第一年至第二年免征企业所得税，第三年至第五年按照25%的法定税率减半征收企业所得税，并享受至期满为止。

54. 我国境内新办的集成电路设计企业，在2017年12月31日前自获利年度起，第一年至第二年免征企业所得税，第三年至第五年按照25%的法定税率减半征收企业所得税，并享受至期满为止。

2018年1月1日后投资新设的集成电路线宽小于130纳米，且经营期在10年以上的集成电路生产企业或项目，第一年至第二年免征企业所得税，第三年至第五年按照25%的法定税率减半征收企业所得税，并享受至期满为止。

2018年1月1日后投资新设的集成电路线宽小于65纳米或投资额超过150亿元，且经营期在15年以上的集成电路生产企业或项目，第一年至第五年免征企业所得税，第六年至第十年按照25%的法定税率减半征收企业所得税，并享受至期满为止。

集成电路线宽小于0.8微米（含）的集成电路生产企业，在2017年12月31日前自获利年度起计算优惠期，第一年至第二年免征企业所得税，第三年至第五年按照25%的法定税率减半征收企业所得税，并享受至期满为止。

自2018年1月1日起，2017年12月31日前设立但未获利的集成电路线宽小于0.8微米（含）的集成电路生产企业，自获利年度起第一年至第二年免征企业所得税，第三年至第五年按照25%的法定税率减半征收企业所得税，并享受至期满为止。

线宽小于0.25微米的集成电路生产企业，减按15%的税率征收企业所得税。

投资额超过80亿元的集成电路生产企业，减按15%的税率征收企业所得税。

线宽小于0.25微米的集成电路生产企业，经营期在15年以上的，在2017年12月31日前自获利年度起计算优惠期，第一年至第五年免征企业所得税，第六年至第十年按照25%的法定税率减半征收企业所得税，并享受至期满为止。

自2018年1月1日起，2017年12月31日前设立但未获利的集成电路线宽小于0.25微米的集成电路生产企业，自获利年度起第一年至第五年免征企业所得税，第六年至第十年按照25%的法定税率减半征收企业所得税，并享受至期满为止。

投资额超过80亿元的集成电路生产企业，经营期在15年以上的，在2017年12月31日前自获利年度起计算优惠期，第一年至第五年免征企业所得税，第六年至第十年按照25%的法定税率减半征收企业所得税，并享受至期满为止。

自2018年1月1日起，2017年12月31日前设立但未获利的投资额超过80亿元，且经营期在15年以上的集成电路生产企业，自获利年度起第一年至第五年免征企业所得税，第六年至第十年按照25%的法定税率减半征收企业所得税，并享受至期满为止。

2018年1月1日后投资新设的集成电路线宽小于130纳米，且经营期在10年以上的集成电路生产企业，第一年至第二年免征企业所得税，第三年至第五年按照25%的法定税率减半征收企业所得税，并享受至期满为止。

2018年1月1日后投资新设的集成电路线宽小于65纳米或投资额超过150亿元，且经营期在15年以上的集成电路生产企业，第一年至第五年免征企业所得税，第六年至第十年按照25%的法定税率减半征收企业所得税，并享受至期满为止。

符合条件的集成电路封装、测试企业，在2017年（含2017年）前实现获利的，自获利年度起，第一年至第二年免征企业所得税，第三年至第五年按照25%的法定税率减半征收企业所得税，并享受至期满为止；2017年前未实现获利的，自2017年起计算优惠期，享受至期满为止。

符合条件的集成电路关键专用材料生产企业、集成电路专用设备生产企业，在2017年（含2017年）前实现获利的，自获利年度起，第一年至第二年免征企业所得税，第三年至第五年按照25%的法定税率减半征收企业所得税，并享受至期满为止；2017年前未实现获利的，自2017年起计算优惠期，享受至期满为止。

国家规划布局内的集成电路设计企业，如当年未享受免税优惠的，可减按10%的税率征收企业所得税。

55. 我国境内符合条件的软件企业，在2017年12月31日前自获利年度起，第一年至第二年免征企业所得税，第三年至第五年按照25%的法定税率减半征收企业所得税，并享受至期满为止。

国家规划布局内的重点软件企业，如当年未享受免税优惠的，可减按10%的税率征收企业所得税。

56. 从事新闻出版、广播影视和文化艺术的经营性文化事业单位转制为企业的，自转制注册之日起免征企业所得税。

57. 对在新疆困难地区新办的属于《新疆困难地区重点鼓励发展产业企业所得税优惠目录》范围内的企业，自取得第一笔生产经营收入所属纳税年度起，第一年至第二年免征企业所得税，第三年至第五年减半征收企业所得税。

对在新疆喀什、霍尔果斯两个特殊经济开发区内新办的属于《新疆困难地区重点鼓励发展产业企业所得税优惠目录》范围内的企业，自取得第一笔生产经营收入所属纳税年度起，五年内免征企业所得税。

58. 对设在西部地区的鼓励类产业企业减按15%的税率征收企业所得税。对设在赣州市的鼓励类产业的内资企业和外商投资企业减按15%的税率征收企业所得税。2010年12月31日前新办的符合规定的交通、电力、水利、邮政、广播电视企业，执行原政策到期满为止。

59. 对设在广东横琴新区、福建平潭综合实验区和深圳前海深港现代服务业合作区的鼓励类产业企业减按 15% 的税率征收企业所得税。

60. 企业购置并实际使用《环境保护专用设备企业所得税优惠目录》《节能节水专用设备企业所得税优惠目录》和《安全生产专用设备企业所得税优惠目录》规定的环境保护、节能节水、安全生产等专用设备的，该专用设备的投资额的 10% 可以从企业当年的应纳税额中抵免；当年不足抵免的，可以在以后 5 个纳税年度结转抵免。享受上述规定的企业所得税优惠的企业，应当实际购置并自身实际投入使用前款规定的专用设备；企业购置上述专用设备在 5 年内转让、出租的，应当停止享受企业所得税优惠，并补缴已经抵免的企业所得税税款。

8.4.6 会计处理及涉税解析

8.4.6.1 会计处理

企业按照税法规定应交的企业所得税，借记"所得税费用"科目，贷记"应交税费——应交所得税"科目；缴纳企业所得税时，借记"应交税费——应交所得税"科目，贷记"银行存款"科目。

[例 8 – 14] 2022 年，A 公司实现营业收入 5 000 000 元，取得国债利息收入 100 000 元，具有专门用途的财政拨款 600 000 元；发生营业成本 3 600 000 元、费用 300 000 元、税金及附加 500 000 元。不考虑其他因素。计算该公司 2022 年度应纳企业所得税额。

解析：

国债利息收入 100 000 元属于免税收入、财政拨款 600 000 元属于不征税收入。

A 公司 2022 年度应纳企业所得税额：(5 000 000 - 3 600 000 - 300 000 - 500 000) × 25% = 150 000（元）

计提应纳企业所得税：

借：所得税费用　　　　　　　　　　　　　　　　　　　　　150 000
　　贷：应交税费——应交所得税　　　　　　　　　　　　　　150 000

缴纳企业所得税：

借：应交税费——应交所得税　　　　　　　　　　　　　　　150 000
　　贷：银行存款　　　　　　　　　　　　　　　　　　　　　150 000

[特别提示]

（1）按照规定实行所得税先征后返的企业，应当在实际收到返还的所得税时，企业会计准则规定冲减收到当期的所得税费用；小企业会计准则规定计入营业外收入。

（2）企业会计准则规定，采用资产负债表债务法，需要确认递延所得税费用；小企业会计准则规定，采用应付税款法，不需要确认递延所得税费用。

8.4.6.2 涉税解析

1. 收入类。

（1）取得手续费收入，未计入收入总额。

（2）确实无法支付的款项，未计入收入总额。

（3）违约金收入未计入收入总额。

（4）取得补贴收入，不符合不征税收入条件的，长期挂往来款未计入收入总额。

（5）取得内部罚没款，长期挂往来款未计入收入总额。

（6）用于交际应酬的礼品赠送未按规定视同销售确认收入。

（7）外购水电气用于职工福利未按规定视同销售确认收入。

（8）集团公司收取的安全生产保证基金，扣除当年实际发生的损失赔付以及返回给下属企业金额等后，余额（含利息）未确认收益，未并入应纳税所得额计算纳税。

（9）租金收入未按收入与费用配比原则确认收入。

（10）政策性搬迁收入扣除固定资产重置、改良支出、技术改造支出和职工安置支出后的余额挂往来，未计入收入总额。

2. 扣除类。

（1）下属企业收到总部返回的安全生产保证基金，未冲减相关费用；返回款形成资产的，其折旧和摊销在税前重复列支，未作纳税调整。

（2）安全生产保证基金返回款用于有税前扣除标准规定的支出，合并计算后超标准部分未做纳税调整。

（3）计提但未实际支出的安全生产费，未调增应纳税所得额。

（4）应视同工资薪金的各种劳动报酬支出，未作纳税调整。一是补贴性质的劳动报酬支出。如年终奖、岗位能手奖金、码头津贴等，未通过应付职工薪酬科目核算，也未合并计入工资薪金总额计算纳税调整。二是临时工、返聘离退休人员以及接受外部劳务派遣用工所实际发生的工资薪金性费用，未合并计入工资薪金总额计算纳税调整。三是超过政府有关部门给予限定数额的工资薪金性支出未作纳税调整。

（5）计提但未实际支出的福利费和补充养老保险等，以及计提但未实际拨缴的工会经费，未作纳税调整。

（6）支付与取得收入无关的其他支出，未作纳税调增。

（7）应由个人负担的费用作为企业发生费用列支，未作纳税调整。

（8）列支以前年度费用，未作纳税调整。

（9）职工福利费超过税法规定扣除标准，未作纳税调整。

（10）工会经费税前扣除凭据不合规，未作纳税调整。

（11）补充养老保险费和补充医疗保险费超过税法规定扣除标准，未作纳税调整。

（12）业务招待费用支出超过税法规定扣除标准，未作纳税调整。

（13）为职工支付商业保险费税前扣除，未作纳税调整。

（14）赞助性支出，未作纳税调整。

（15）建造、购置固定资产发生的应予资本化的利息支出，作为财务费用税前列支，未作纳税调整。

（16）应予资本化的固定资产大修理支出，一次性列支，未作纳税调整。

（17）不符合规定的劳动保护支出，未作纳税调整。

3. 资产类。

（1）资产处置所得，未计入应纳税所得额。

（2）资产损失未按规定审批直接在税前申报扣除，未作纳税调整。

（3）无形资产摊销年限不符合税法规定，未作纳税调整。

（4）停止使用的固定资产继续计提折旧，未作纳税调整。

（5）将固定资产作为低值易耗品核算，一次性列支，未作纳税调整。

（6）不征税收入形成资产折旧在税前扣除，未作纳税调整；如企业取得来源于政府有关部门的港建费补贴，按不征税收入确认，但支出所形成的资产仍然计提折旧在税前重复扣除。

4. 优惠类。

（1）混用优惠税率，将不应该享受优惠税率的事项按优惠税率计算税额。

（2）人为调节资产总额、从业人数、应纳税所得额，从而达到符合小微企业的标准，从而享受税收优惠。

（3）优惠项目与非优惠项目没有单独核算，将不应该享受优惠的项目也享受优惠。

（4）虚增残疾人数，达到多加计扣除的目的。

（5）会计期间少计提累计折旧或累计摊销，虚增会计利润总额，变相提高捐赠扣除的基数，汇算清缴期间再补提累计折旧或累计摊销，从而使不应该税前扣除的捐赠支出而在税前扣除。

（6）在享受优惠期间或优惠前期少计成本和费用、多计收入的方式，增大应纳税所得额，优惠期过后或优惠期后期又少计收入、多计成本的方式减少应纳税所得额，利用优惠时间差达到少缴税的目的。

8.5 个人所得税

个人所得税是对居民个人和非居民个人取得的所得征收的一种税。现行的个人所得税是根据 2018 年 8 月 31 日，中华人民共和国第十三届全国人民代表大会常务委员会第五次会议通过的《全国人民代表大会常务委员会关于修改〈中华人民共和国个人所得税法〉的决定》（中华人民共和国主席令第九号）（以下简称《个人所得税法》），自 2019 年 1 月 1 日起施行。

8.5.1 纳税人及扣缴义务人

个人所得税以所得人为纳税人，包括居民个人和非居民个人。以支付所得的单位或者个人为扣缴义务人。

（1）居民个人是指在中国境内有住所，或者无住所而一个纳税年度内在中国境内居住累计满 183 天的个人。居民个人从中国境内和境外取得的所得缴纳个人所得税。

（2）非居民个人是指在中国境内无住所又不居住，或者无住所而一个纳税年度内在中国境内居住累计不满 183 天的个人。非居民个人从中国境内取得的所得缴纳个人所得税。

[特别提示]

（1）个人独资企业和合伙企业投资者缴纳个人所得税，不缴纳企业所得税。

（2）纳税人有中国公民身份号码的，以中国公民身份号码为纳税人识别号；纳税人没有中国公民身份号码的，由税务机关赋予其纳税人识别号。扣缴义务人扣缴税款时，纳税人应当向扣缴义务人提供纳税人识别号。

（3）纳税人取得的下列所得，不论支付地点是否在中国境内，均为来源于中国境内的所得：因任职、受雇、履约等在中国境内提供的劳务取得的所得，将财产出租给承租人在中国境内取得的所得，转让境内建筑物、土地使用权等财产或在境内转让其他财产取得的所得，许可各种特许权在境内使用取得的所得，从境内的企业和其他经济组织或个人取得的利息、股息、红利所得，在中国境内任职、受雇而取得的工资、薪金所得，在中国境内从事生产、经营活动而取得的生产经营所得。

8.5.2 税目

1. 工资、薪金所得，是指个人因任职或者受雇取得的工资、薪金、奖金、年终加薪、劳动分红、津贴、补贴以及与任职或者受雇有关的其他所得。

2. 劳务报酬所得，是指个人从事劳务取得的所得，包括从事设计、装潢、安装、制图、化验、测试、医疗、法律、会计、咨询、讲学、翻译、审稿、书画、雕刻、影视、录音、录像、演出、表演、广告、展览、技术服务、介绍服务、经纪服务、代办服务以及其他劳务取得的所得。

3. 稿酬所得，是指个人因其作品以图书、报刊等形式出版、发表而取得的所得。

4. 特许权使用费所得，是指个人提供专利权、商标权、著作权、非专利技术以及其他特许权的使用权取得的所得；提供著作权的使用权取得的所得，不包括稿酬所得。

5. 经营所得，是指：

（1）个体工商户从事生产、经营活动取得的所得，个人独资企业投资人、合伙企业的个人合伙人来源于境内注册的个人独资企业、合伙企业生产、经营的所得；

（2）个人依法从事办学、医疗、咨询以及其他有偿服务活动取得的所得；

（3）个人对企业、事业单位承包经营、承租经营以及转包、转租取得的所得；

（4）个人从事其他生产、经营活动取得的所得。

6. 利息、股息、红利所得，是指个人拥有债权、股权等而取得的利息、股息、红利所得。

7. 财产租赁所得，是指个人出租不动产、机器设备、车船以及其他财产取得的所得。

8. 财产转让所得，是指个人转让有价证券、股权、合伙企业中的财产份额、不动产、机器设备、车船以及其他财产取得的所得。

9. 偶然所得，是指个人得奖、中奖、中彩以及其他偶然性质的所得。

［特别提示］

（1）个人取得的所得，难以界定应纳税所得项目的，由国务院税务主管部门确定。

（2）个人所得的形式，包括现金、实物、有价证券和其他形式的经济利益；所得为实物的，应当按照取得的凭证上所注明的价格计算应纳税所得额，无凭证的实物或者凭证上所注明的价格明显偏低的，参照市场价格核定应纳税所得额；所得为有价证券的，根据票面价格和市场价格核定应纳税所得额；所得为其他形式的经济利益的，参照市场价格核定应纳税所得额。

（3）对股票转让所得征收个人所得税的办法，由国务院另行规定，并报全国人民代表大会常务委员会备案。

（4）现行的个人所得税是综合与分类相结合的所得税制。居民个人取得前款第一项至第四项所得（以下称综合所得），按纳税年度合并计算个人所得税；非居民个人取得前款第一项至第四项所得，按月或者按次分项计算个人所得税。纳税人取得前款第五项至第九项所得，依照个人所得税法规定分别计算个人所得税。

8.5.3 综合所得

个人所得税法及其实施条例规定对居民个人取得的"工资、薪金所得；劳务报酬所得；稿酬所得；特许权使用费所得"等四项综合所得实行预扣预缴和汇算清缴相结合的方式进行管理。

扣缴义务人支付所得时，应当按月或者按次代扣代缴税款，并办理全员全额扣缴申报；居民纳税人取得综合所得有扣缴义务人的，由扣缴义务人按月或者按次预扣预缴税款；预扣预缴办法由国务院税务主管部门制定。为全面贯彻落实个人所得税法及其实施条例，明确预扣、代扣税款的有关规定，税务总局制发了《个人所得税扣缴申报管理办法（试行）》的公告（国家税务总局公告2018年第61号）。

8.5.3.1 居民个人工资、薪金所得预扣预缴税款

扣缴义务人向居民个人支付工资、薪金所得时，按照累计预扣法计算预扣税款，并按月办理扣缴申报。累计预扣法，是指扣缴义务人在一个纳税年度内预扣预缴税款时，以纳税人在本单位截至本月取得工资、薪金所得累计收入减除累计免税收入、累计减除费用、累计专项扣除、累计专项附加扣除和累计依法确定的其他扣除后的余额为累计预扣预缴应纳税所得额，适用个人所得税预扣率表一（见表8-7），计算累计应预扣预缴税额，再减除累计减免税额和累计已预扣预缴税额，其余额为本期应预扣预缴税额。余额为负值时，暂不退税。纳税年度终了后余额仍为负值时，由纳税人通过办理综合所得年度汇算清缴，税款多退少补。具体计算公式如下：

本期应预扣预缴税额 =（累计预扣预缴应纳税所得额 × 预扣率 - 速算扣除数）- 累计减免税额 - 累计已预扣预缴税额

累计预扣预缴应纳税所得额 = 累计收入 - 累计免税收入 - 累计减除费用 - 累计专项扣除 - 累计专项附加扣除 - 累计依法确定的其他扣除

1. 累计免税收入。《个人所得税法》第四条规定，下列各项个人所得，免征个人所得税：省级人民政府、国务院部委和中国人民解放军军以上单位，以及外国组织、国际组织颁发的科学、教育、技术、文化、卫生、体育、环境保护等方面的奖金；国债和国家发行的金融债券利息；按照国家统一规定发给的补贴、津贴；福利费、抚恤金、救济金；保险赔款；军人的转业费、复员费、退役金；按照国家统一规定发给干部、职工的安家费、退职费、基本养老金或者退休费、离休费、离休生活补助费；依照有关法律规定应予免税的各国驻华使馆、领事馆的外交代表、领事官员和其他人员的所得；中国政府参加的国际公约、签订的协议中规定免税的所得；国务院规定的其他免税所得（此项免税规定，由国务院报全国人民代表大会常务委员会备案）。

2. 累计减除费用。按照5 000元/月乘以纳税人当年截至本月在本单位的任职受雇月份数计算。即纳税人如果5月份入职，则扣缴义务人发放5月份工资扣缴税款时，减除费用按5 000元计算；6月份发工资扣缴税款时，减除费用按10 000元计算，以此类推。

3. 累计专项扣除。包括居民个人按照国家规定的范围和标准缴纳的基本养老保险、基本医疗保险、失业保险等社会保险费和住房公积金等。

4. 累计专项附加扣除。是指子女教育、继续教育、大病医疗、住房贷款利息、住

房租金、赡养老人、3岁以下婴幼儿照护七项专项附加扣除。

（1）子女教育。子女教育专项附加扣除的扣除主体是子女的监护人，包括生父母、继父母、养父母，父母之外的其他人担任未成年人的监护人的，比照执行。子女的范围包括婚生子女、非婚生子女、养子女、继子女，也包括未成年但受到本人监护的非子女。子女教育按照每个子女每年12 000元（每月1 000元）的标准定额扣除。

[特别提示]

（1）有多子女的父母，可以对不同的子女选择不同的扣除方式，即对子女甲可以选择由一方按照每月1 000元的标准扣除，对子女乙可以选择由双方分别按照每月500元的标准扣除。

（2）离异重组等情况的家庭，具体扣除方法由父母双方协商决定，一个孩子扣除总额不能超过每月1 000元，扣除主体不能超过两人。

（3）残障儿童接受特殊教育，父母可以享受子女教育扣除。

（4）大学期间参军学校保留学籍，其父母可以享受子女教育专项附加扣除。

（5）参加"跨校联合培养"的，原学校继续保留学生学籍，子女在国外读书期间，父母可以享受子女教育专项附加扣除。

（2）继续教育。纳税人在中国境内接受学历（学位）继续教育的支出，在学历（学位）教育期间按照每月400元定额扣除，同一学历（学位）继续教育的扣除期限不能超过48个月。纳税人接受技能人员职业资格继续教育、专业技术人员职业资格继续教育的支出，在取得相关证书的当年，按照3 600元定额扣除。

[特别提示]

（1）按照《高等教育自学考试暂行条例》的有关规定，高等教育自学考试应考者取得一门课程的单科合格证书后，教育部门即为其建立考籍管理档案。具有考籍管理档案的考生，可以按规定享受继续教育专项附加扣除。

（2）纳税人参加夜大、函授、现代远程教育、广播电视大学等学习，所读学校为其建立学籍档案的，可以享受学历（学位）继续教育扣除。

（3）根据专项附加扣除暂行办法的规定，纳税人在中国境内接受的学历（学位）继续教育支出，以及接受技能人员职业资格继续教育、专业技术人员职业资格继续教育支出，可以按规定享受扣除。对于纳税人在国外接受的学历继续教育和国外颁发的技能证书，不符合"中国境内"的规定，不能享受继续教育专项附加扣除。

（3）大病医疗。在一个纳税年度内，纳税人发生的与基本医保相关的医药费用支出，扣除医保报销后个人负担（指医保目录范围内的自付部分）累计超过15 000元的部分，由纳税人在办理年度汇算时，在80 000元限额内据实扣除。纳税人发生的医药费用支出可以选择由本人或其配偶一方扣除，未成年子女发生的医药费用支出可以选择由其父母一方扣除。纳税人及其配偶、未成年子女发生的医药费用支出，可按规定分别计算扣除额。

[特别提示]

（1）纳税人年末住院，第二年年初出院，一般是在出院时才进行医疗费用的结算。纳税人申报享受大病医疗扣除，以医疗费用结算单上的结算时间为准，因此，该医疗费用支出属于第二年的支出。该纳税年度结束时，如果达到大病医疗扣除的条件，纳税人可以在次年汇算时享受此扣除。

（2）对于纳入医疗保障结算系统的私立医院，只要纳税人看病的支出在医保系统可以体现和归集，则纳税人发生的与基本医保相关的支出，可以按照规定享受大病医疗扣除。

（3）夫妻同时有符合条件的大病医疗支出，可以选择都在丈夫一方扣除，扣除限额分别计算，每人最高扣除额为8万元，合计最高扣除限额为16万元。

（4）纳税人日常看病时，应当留存医药服务收费及医保报销相关票据等资料备查，同时，可以通过医疗保障部门的医疗保障信息系统查询本人年度医药费用支出情况。

（5）国家医疗保障局向公众提供互联网查询服务。参加基本医保的纳税人可以通过国家医保服务平台APP，查询发生的与基本医保相关的医药费用支出扣除医保报销后个人负担的累计金额。

（4）住房贷款利息。纳税人本人或其配偶单独或共同使用商业银行或住房公积金个人住房贷款，为本人或其配偶购买中国境内住房，发生的首套住房贷款利息支出，在实际发生贷款利息的年度，按照每月1 000元标准定额扣除，扣除期限最长不超过240个月。纳税人只能享受一次首套住房贷款的利息扣除。经夫妻双方约定，可以选择由其中一方扣除，具体扣除方式在一个纳税年度内不能变更。

[特别提示]

（1）父母和子女共同购买一套房子，不能既由父母扣除，又由子女扣除，应该由主贷款人扣除。如主贷款人为子女的，由子女享受扣除；主贷款人为父母中一方的，由父母任一方享受扣除。

（2）妻子在婚前有首套住房贷款，婚前已经享受首套住房贷款利息扣除。婚后夫妻二人买了新房并记在丈夫名下，丈夫婚前没有买过房子，丈夫能否享受住房贷款利息专项附加扣除？婚后，如果妻子就婚前已购住房申请继续享受住房贷款利息扣除，夫妻双方均不能再就其他住房享受住房贷款利息扣除。婚后，如果妻子未就婚前已购住房享受住房贷款利息扣除，且丈夫之前也未享受过住房贷款利息扣除，则丈夫可以就其婚后新购住房享受住房贷款利息扣除。

（3）只要纳税人申报扣除过一套住房贷款利息，在个人所得税专项附加扣除的信息系统中就存有扣除住房贷款利息的记录，无论扣除时间长短、也无论该住房的产权归属情况，纳税人就不得再就其他房屋享受住房贷款利息扣除。

（5）住房租金。纳税人及配偶在主要工作城市没有自有住房而发生的住房租金支出，可以按照规定享受住房租金专项附加扣除。住房租金支出由签订租赁住房合同的承租人扣除，夫妻双方主要工作城市相同的，只能由一方扣除，夫妻双方主要工作城市不相同的，且各自在其主要工作城市都没有住房的，可以分别扣除住房租金支出。夫妻双方不得同时分别享受住房贷款利息和住房租金扣除。具体扣除标准如下："（一）直辖市、省会（首府）城市、计划单列市以及国务院确定的其他城市，扣除标准为每月1 500元；（二）除第一项所列城市以外，市辖区户籍人口超过100万的城市，扣除标准为每月1 100元；市辖区户籍人口不超过100万的城市，扣除标准为每月800元。"

[特别提示]

（1）住房租金支出由签订租赁合同的承租人扣除。因此，合租住房的个人（非夫妻关系），若都与出租方签署了规范租房合同，可根据租金定额标准各自扣除。

（2）员工宿舍租金支出，如果个人不付租金，不得享受扣除；如果本人支付租金，可以扣除。

（3）纳税人在主要工作城市没有自有住房而发生的住房租金支出，可以按照标准定额扣除。员工租用公司与保障房公司签订的保障房，并支付租金的，可以申报扣除住房租金专项附加扣除。纳税人应当留存与公司签订的公租房合同或协议等相关资料备查。

（4）如果单位为外派员工解决住宿问题，则个人不应再扣除住房租金。对于外派员工自行解决租房问题的，一年内多次变换工作地点的，个人应及时向扣缴义务人或者税务机关更新专项附加扣除相关信息，允许一年内按照更换工作地点的情况分别进行扣除。

（6）赡养老人。赡养老人专项附加扣除的扣除主体包括：一是负有赡养义务的所有子女。《中华人民共和国婚姻法》规定：婚生子女、非婚生子女、养子女、继子女有赡养扶助父母的义务。二是祖父母、外祖父母的子女均已经去世，负有赡养义务的孙子女、外孙子女。纳税人赡养年满60岁父母以及子女均已去世的年满60岁祖父母、外祖父母的，可以享受扣除政策。具体扣除标准为："（一）独生子女，按照每月2 000元标准定额扣除；（二）非独生子女，应当与其兄弟姐妹分摊每月2 000元的扣除额度，分摊扣除最高不得超过每月1 000元。"

[特别提示]

（1）双胞胎不可以按照独生子女标准享受扣除。双胞胎需要共同赡养父母，双胞胎中任何一方都不是父母的唯一赡养人，因此每个子女不能独自享受每月2 000元的扣除额度。

（2）按照规定，纳税人为非独生子女的，在兄弟姐妹之间分摊每月2 000元的扣除额度，每人分摊额度不能超过每月1 000元。

（3）父母中有一位年满60周岁，纳税人就可以按照规定标准享受赡养老人专项附加扣除。

（4）对于独生子女家庭，父母离异后重新组建家庭，在新组建的两个家庭中，只要父母中一方没有纳税人以外的其他子女，则纳税人可以按照独生子女标准享受每月2 000元赡养老人专项附加扣除。除上述情形外，不能按照独生子女享受扣除。

（5）被过继的子女，在新家庭中属于独生子女。留在原家庭的孩子，如没有兄弟姐妹与其一起承担赡养父母的义务，也可以按照独生子女标准享受扣除。

（7）3岁以下婴幼儿照护。国务院《关于设立3岁以下婴幼儿照护个人所得税专项附加扣除的通知》（国发〔2022〕8号）、国家税务总局关于修订发布《个人所得税专项附加扣除操作办法（试行）》的公告（国家税务总局公告2022年第7号）规定，自2022年1月1日起，纳税人照护3岁以下婴幼儿子女的相关支出，按照每个婴幼儿每月1 000元的标准定额扣除。父母可以选择由其中一方按扣除标准的100%扣除，也可以选择由双方分别按扣除标准的50%扣除，具体扣除方式在一个纳税年度内不能变更。

[特别提示]

（1）3岁以下婴幼儿照护专项附加扣除同子女教育等其他五项专项附加扣除一样，预缴阶段就可以享受。纳税人通过手机个人所得税APP或纸质《扣除信息表》将有关信息提供给任职受雇单位后，单位就可以根据个人的实际情况进行扣除，这样在每个月预缴个税时就可以享受到减税红利。如果纳税人没来得及在婴幼儿出生时将有关信息告知单位，也可以在年度内向单位申请在剩余月份发放工资、薪金时补充扣除。平时发工资的预缴环节没有扣除的，也可以在次年3月1日至6月30日内办理汇算清缴时补充申报扣除。

（2）纳税人享受3岁以下婴幼儿照护专项附加扣除，可以直接在手机个人所得税APP上按照引导填报，也可以填写纸质的《扣除信息表》，填报内容包括配偶及子女的姓名、身份证件类型（如居民身份证、子女出生医学证明等）及号码以及本人与配偶之间扣除分配比例等信息。税务部门专门修订了《个人所得税扣缴申报表》《个人所得税专项附加扣除信息表》，并优化系统、升级了手机个人所得税APP和扣缴义务人端，方便纳税人享受专项附加扣除（见表8-14）。

（3）一般来讲，婴幼儿出生后，会获得载明其姓名、出生日期、父母姓名等信息的《出生医学证明》，纳税人通过手机个人所得税APP或纸质《扣除信息表》填报子女信息时，证件类型可选择"出生医学证明"，并填写相应编号和婴幼儿出生时间即可；婴幼儿已被赋予居民身份证号码的，证件类型也可选择"居民身份证"，并填写身份证号码和婴幼儿出生时间即可;婴幼儿名下是中国护照、外国护照、港澳居民来往内地通行证、台湾居民来往大陆通行证等身份证件信息,也可作为填报证件。极少数暂未获取上述证件的,也可选择"其他个人证件"并在备注中如实填写相关情况,不影响纳税人享受扣除。后续纳税人取得婴幼儿的出生医学证明或者居民身份证号的,及时补充更新即可。如税务机关联系纳税人核实有关情况,纳税人可通过手机个人所得税 APP 将证件照片等证明资料推送给税务机关证明真实性,以便继续享受扣除。

(4) 3 岁以下婴幼儿照护专项附加扣除与其他六项专项附加扣除一样,实行"申报即可享受、资料留存备查"的服务管理模式,纳税人在申报时无需向税务机关报送资料,留存备查即可。纳税人应当对报送的专项附加扣除信息的真实性、准确性、完整性负责,税务机关将通过税收大数据、部门间信息共享等方式,对纳税人报送的专项附加扣除信息进行核验,对发现虚扣、乱扣的,将按有关规定予以严肃处理。

表 8-14 个人所得税预扣率表一

(居民个人工资薪金所得预扣预缴适用)

级数	累计预扣预缴应纳税所得额	预扣率(%)	速算扣除数
1	不超过 36 000 元的	3	0
2	超过 36 000 元至 144 000 元的部分	10	2 520
3	超过 144 000 元至 300 000 元的部分	20	16 920
4	超过 300 000 元至 420 000 元的部分	25	31 920
5	超过 420 000 元至 660 000 元的部分	30	52 920
6	超过 660 000 元至 960 000 元的部分	35	85 920
7	超过 960 000 元的部分	45	181 920

[特别提示]

(1) 居民个人向扣缴义务人提供有关信息并依法要求办理专项附加扣除的,扣缴义务人应当按照规定在工资、薪金所得按月预扣预缴税款时予以扣除,不得拒绝。

(2) 国家税务总局公告 2020 年第 13 号:对一个纳税年度内首次取得工资、薪金所得的居民个人,扣缴义务人在预扣预缴工资、薪金所得个人所得税时,可扣除从年初开始计算的累计减除费用(5 000 元/月)。例如,大学生小张 2022 年 7 月毕业后进入 A 公司工作,公司发放 7 月份工资,计算当期应预扣预缴的个人所得税时,可减除费用为 35 000 元(7 个月×5 000 元/月)。

首次取得工资、薪金所得的居民个人,是指自纳税年度首月起至新入职时,没有取得过工资、薪金所得或者连续性劳务报酬所得的居民个人。在入职新单位前取得过工资、薪金所得或者按照累计预扣法预扣预缴过连续性劳务报酬所得个人所得税的纳税人不包括在内。如果纳税人仅是在新入职前偶然取得过劳务报酬、稿酬、特许权使用费所得的,则不受影响,仍然可适用该公告规定。例如,纳税人小李2022年1月到8月份一直未找到工作,没有取得过工资、薪金所得,仅有过一笔6 000元的劳务报酬且按照单次收入适用20%的预扣率预扣预缴了税款,9月初找到新工作并开始领薪,那么新入职单位在为小李计算并预扣9月份工资、薪金所得个人所得税时,可以扣除自年初开始计算的累计减除费用为45 000元(9个月×5 000元/月)。

正在接受全日制学历教育的学生因实习取得劳务报酬所得的,扣缴义务人预扣预缴个人所得税时,可按照《国家税务总局关于发布〈个人所得税扣缴申报管理办法(试行)〉的公告》(2018年第61号)规定的累计预扣法计算并预扣预缴税款。

8.5.3.2 居民个人劳务报酬所得、稿酬所得、特许权使用费所得预扣预缴税款

1. 扣缴义务人向居民个人支付劳务报酬所得、稿酬所得和特许权使用费所得的,按以下方法按次或者按月预扣预缴个人所得税:

劳务报酬所得、稿酬所得、特许权使用费所得以每次收入减除费用后的余额为收入额;其中,稿酬所得的收入额减按70%计算。

预扣预缴税款时,劳务报酬所得、稿酬所得、特许权使用费所得每次收入不超过4 000元的,减除费用按800元计算;每次收入4 000元以上的,减除费用按收入的20%计算。

劳务报酬所得、稿酬所得、特许权使用费所得,以每次收入额为预扣预缴应纳税所得额,计算应预扣预缴税额。

[特别提示]

(1)劳务报酬所得、稿酬所得、特许权使用费所得,属于一次性收入的,以取得该项收入为一次;属于同一项目连续性收入的,以一个月内取得的收入为一次。

(2)稿酬所得的收入额减按70%计算,减征的30%部分作为免税收入额。

2. 稿酬所得、特许权使用费所得适用20%的比例预扣率,劳务报酬所得适用个人所得税预扣率表二(见表8-15)。

表8-15　　　　　　　个人所得税预扣率表二
(居民个人劳务报酬所得预扣预缴适用)

级数	预扣预缴应纳税所得额	预扣率(%)	速算扣除数
1	不超过20 000元的	20	0
2	超过20 000元至50 000元的部分	30	2 000
3	超过50 000元的部分	40	7 000

8.5.3.3 居民个人所得税综合所得汇算清缴

根据《中华人民共和国个人所得税法实施条例》第二十五条规定,取得综合所得

需要办理汇算清缴的情形包括：从两处以上取得综合所得，且综合所得年收入额减除专项扣除的余额超过6万元；取得劳务报酬所得、稿酬所得、特许权使用费所得中一项或者多项所得，且综合所得年收入额减除专项扣除的余额超过6万元；纳税年度内预缴税额低于应纳税额；纳税人申请退税。

年度终了后，居民个人（以下称纳税人）需要汇总上一年度1月1日至12月31日（以下称纳税年度）取得的工资薪金、劳务报酬、稿酬、特许权使用费等四项所得（以下称综合所得）的收入额，减除费用6万元以及专项扣除、专项附加扣除、依法确定的其他扣除和符合条件的公益慈善事业捐赠后，适用综合所得个人所得税税率并减去速算扣除数（见表8-16），计算年度汇算最终应纳税额，再减去纳税年度已预缴税额，得出应退或应补税额，向税务机关申报并办理退税或补税。具体计算公式如下：

应退或应补税额＝〔（综合所得收入额－60 000元－"三险一金"等专项扣除－子女教育等专项附加扣除－依法确定的其他扣除－符合条件的公益慈善事业捐赠）×适用税率－速算扣除数〕－已预缴税额

[特别提示]

（1）纳税人申请退税，应当提供其在中国境内开设的银行账户，并在汇算清缴地就地办理税款退库。

（2）汇算清缴的具体办法由国务院税务主管部门制定。

（3）年度汇算不涉及财产租赁等分类所得，以及纳税人按规定选择不并入综合所得计算纳税的所得。

（4）需要办理汇算清缴的居民个人，应当在取得所得的次年三月一日至六月三十日内办理汇算清缴。居民个人从中国境外取得所得的，应当在取得所得的次年三月一日至六月三十日内申报纳税。非居民个人不需要进行汇算清缴。

（5）纳税人在纳税年度内已依法预缴个人所得税且符合下列情形之一的，无需办理年度汇算：年度汇算需补税但综合所得收入全年不超过12万元的；年度汇算需补税金额不超过400元的；已预缴税额与年度汇算应纳税额一致的；符合年度汇算退税条件但不申请退税的。

（6）下列在纳税年度内发生的，且未申报扣除或未足额扣除的税前扣除项目，纳税人可在年度汇算期间填报扣除或补充扣除：纳税人及其配偶、未成年子女符合条件的大病医疗支出；纳税人符合条件的子女教育、继续教育、住房贷款利息或住房租金、赡养老人专项附加扣除，以及减除费用、专项扣除、依法确定的其他扣除；纳税人符合条件的公益慈善事业捐赠。

同时取得综合所得和经营所得的纳税人，可在综合所得或经营所得中申报减除费用6万元、专项扣除、专项附加扣除以及依法确定的其他扣除（依法确定的其他扣除，包括个人缴付符合国家规定的企业年金、职业年金，个人购买符合国家规定的商业健康保险、税收递延型商业养老保险的支出,以及国务院规定可以扣除的其他项目),但不得重复申报减除。专项扣除、专项附加扣除和依法确定的其他扣除,以居民个人一个纳税年度的应纳税所得额为限额;一个纳税年度扣除不完的,不结转以后年度扣除。

表 8-16   个人所得税税率表一
                              (综合所得适用)

级数	全年应纳税所得额	税率 (%)	速算扣除数
1	不超过 36 000 元的	3	0
2	超过 36 000 元至 144 000 元的部分	10	2 520
3	超过 144 000 元至 300 000 元的部分	20	16 920
4	超过 300 000 元至 420 000 元的部分	25	31 920
5	超过 420 000 元至 660 000 元的部分	30	52 920
6	超过 660 000 元至 960 000 元的部分	35	85 920
7	超过 960 000 元的部分	45	181 920

注:表 8-9 所称全年应纳税所得额是指依照《个人所得税法》第六条的规定,居民个人取得综合所得以每一纳税年度收入额减除费用 60 000 元以及专项扣除、专项附加扣除和依法确定的其他扣除后的余额。非居民个人取得工资、薪金所得,劳务报酬所得,稿酬所得和特许权使用费所得,依照本表按月换算后计算应纳税额。

[例 8-15] 张某系独生子,父母均已 61 周岁,他与妻子育有两个 5 岁的孩子,分别享受子女教育专项附加扣除。2022 年 1—12 月每月在任职的 A 公司取得工资薪金收入 16 000 元,无免税收入;每月缴纳"三险一金"2 500 元,从 1 月份开始享受子女教育 1 000 元、赡养老人专项附加扣除为 2 000 元,无其他扣除。另外,2022 年 5 月从 B 公司取得劳务报酬收入 3 600 元,稿酬收入 2 500 元,8 月从 C 公司取得劳务报酬收入 30 000 元,特许权使用费收入 2 800 元。9 月,通过国家机关对公益性青少年活动场所捐款 200 元,选择在汇算清缴时扣除。

解析:

(1)张某个人所得税预扣预缴。

①工资薪金所得预扣预缴计算。

2022 年 1 月:

1 月累计预扣预缴应纳税所得额 = 累计收入 – 累计免税收入 – 累计减除费用 – 累计专项扣除 – 累计专项附加扣除 – 累计依法确定的其他扣除 = 16 000 – 5 000 – 2 500 – 1 000 – 2 000 = 5 500(元),对应税率为 3%。

1 月应预扣预缴税额 = (累计预扣预缴应纳税所得额 × 预扣率 – 速算扣除数) – 累计减免税额 – 累计已预扣预缴税额 = 5 500 × 3% = 165(元)

2022 年 1 月,A 公司在发放工资环节预扣预缴个人所得税 165 元。

2022年2月：

2月累计预扣预缴应纳税所得额＝累计收入－累计免税收入－累计减除费用－累计专项扣除－累计专项附加扣除－累计依法确定的其他扣除＝16 000×2－5 000×2－2 500×2－1 000×2－2 000×2＝11 000（元），对应税率为3%。

2月应预扣预缴税额＝（累计预扣预缴应纳税所得额×预扣率－速算扣除数）－累计减免税额－累计已预扣预缴税额＝11 000×3%－165＝165（元）

2022年2月，A公司在发放工资环节预扣预缴个人所得税165元。

2022年3月：

3月累计预扣预缴应纳税所得额＝累计收入－累计免税收入－累计减除费用－累计专项扣除－累计专项附加扣除－累计依法确定的其他扣除＝16 000×3－5 000×3－2 500×3－1 000×3－2 000×3＝16 500（元），对应税率为3%。

3月应预扣预缴税额＝（累计预扣预缴应纳税所得额×预扣率－速算扣除数）－累计减免税额－累计已预扣预缴税额＝16 500×3%－165－165＝165（元）

2022年3月，A公司在发放工资环节预扣预缴个人所得税165元。

按照上述方法以此类推，计算得出张某各月个人所得税预扣预缴情况明细表（见表8－17）。

表8－17　　　　2022年1—12月工资薪金个人所得税预扣预缴计算明细表　　　　单位：元

月份	工资薪金收入	减除费用	专项扣除	专项附加扣除	应纳税所得额	税率	速算扣除数	累计应纳税额	当月应纳税额
1月	16 000	5 000	2 500	3 000	5 500	3%	0	165	165
2月	16 000	5 000	2 500	3 000					
累计	32 000	10 000	5 000	6 000	1 100	3%	0	330	165
3月	16 000	5 000	2 500	3 000					
累计	48 000	15 000	7 500	9 000	16 500	3%	0	495	165
4月	16 000	5 000	2 500	3 000					
累计	64 000	20 000	10 000	12 000	22 000	3%	0	660	165
5月	16 000	5 000	2 500	3 000					
累计	80 000	25 000	12 500	15 000	27 500	3%	0	825	165
6月	16 000	5 000	2 500	3 000					
累计	96 000	30 000	15 000	18 000	33 000	3%	0	990	165
7月	16 000	5 000	2 500	3 000					
累计	112 000	35 000	17 500	21 000	38 500	10%	2 520	1 330	340
8月	16 000	5 000	2 500	3 000					
累计	128 000	40 000	20 000	24 000	44 000	10%	2 520	1 880	550
9月	16 000	5 000	2 500	3 000					

续表

月份	工资薪金收入	减除费用	专项扣除	专项附加扣除	应纳税所得额	税率	速算扣除数	累计应纳税额	当月应纳税额
累计	144 000	45 000	22 500	27 000	49 500	10%	2 520	2 430	550
10月	16 000	5 000	2 500	3 000					
累计	160 000	50 000	25 000	30 000	55 000	10%	2 520	2 980	550
11月	16 000	5 000	2 500	3 000					
累计	176 000	55 000	27 500	33 000	60 500	10%	2 520	3 530	550
12月	16 000	5 000	2 500	3 000					
累计	192 000	60 000	30 000	36 000	66 000	10%	2 520	4 080	550

②2022年5月，张某在B公司取得劳务报酬收入3 600元、稿酬收入预扣预缴个人所得税计算。

劳务报酬所得预扣预缴应纳税所得额＝每次收入－800元＝3 600－800元＝2 800（元）

劳务报酬所得预扣预缴税额＝预扣预缴应纳税所得额×预扣率－速算扣除数＝2 800×20%－0＝560（元）

稿酬所得预扣预缴应纳税所得额＝（每次收入－800元）×70%＝（2 500－800元）×70%＝1 190（元）

稿酬所得预扣预缴税额＝预扣预缴应纳税所得额×预扣率＝1 190×20%＝238（元）

2022年5月，张某在B公司取得的劳务报酬、稿酬预扣预缴个人所得税分别是560元、238元。

③2022年8月，张某在从C公司取得劳务报酬收入30 000元、特许权使用费收入2 800元预扣预缴个人所得税计算。

劳务报酬所得预扣预缴应纳税所得额＝每次收入×（1－20%）＝30 000×（1－20%）＝24 000（元）

劳务报酬所得预扣预缴税额＝预扣预缴应纳税所得额×预扣率－速算扣除数＝24 000×30%－2 000＝5 200（元）

特许权使用费所得预扣预缴应纳税所得额＝（每次收入－800元）＝（2 800－800元）＝2 000（元）

特许权使用费所得预扣预缴税额＝预扣预缴应纳税所得额×预扣率＝2 000×20%＝400（元）

2022年8月，张某在从C公司取得劳务报酬收入、特许权使用费收入预扣预缴个人所得税分别是5 200元、400元。

（2）张某个人所得税汇算清缴。

①居民个人取得工资、薪金所得；劳务报酬所得；稿酬所得；特许权使用费所得称综合所得。综合所得按纳税年度合并计算个人所得税。

②居民个人的综合所得，以每一纳税年度的收入额减除60 000元以及专项扣除、专项附加扣除和依法确定的其他扣除后的余额，为应纳税所得额。劳务报酬所得、稿酬所得、特许权使用费所得以收入减除20%的费用后的余额为收入额。稿酬所得的收入额减按70%计算。

③专项扣除、专项附加扣除和依法确定的其他扣除，以居民个人一个纳税年度的应纳税所得额为限额；一个纳税年度扣除不完的，不结转以后年度扣除。

应退或应补税额=［（综合所得收入额-60 000元-"三险一金"等专项扣除-子女教育等专项附加扣除-依法确定的其他扣除-符合条件的公益慈善事业捐赠）×适用税率-速算扣除数］-已预缴税额

综合所得收入额=工资、薪金所得收入额+劳务报酬所得收入额+稿酬所得收入额+特许权使用费所得收入额=16 000×12+（3 600+30 000）×（1-20%）+2 500×（1-20%）×70%+2 800×（1-20%）=222 520（元）

综合所得应纳税所得额=综合所得收入额-60 000元-专项扣除-专项附加扣除-依法确定的其他扣除-符合条件的公益慈善事业捐赠=222 520-60 000-（2 500×12）-（3 000×12）-0-200=96 320（元）

应纳税额=应纳税所得额×税率-速算扣除数=96 320×10%-2 520=7 112（元）

预扣预缴税额=工资、薪金所得预扣预缴税额+劳务报酬所得预扣预缴税额+稿酬所得预扣预缴税额+特许权使用费所得预扣预缴税额=4 080+（560+5 200）+238+400=10 478（元）

年度汇算应补（退）税额=应纳税额-预扣预缴税额=7 112-10 478=-3 366（元）

张某2022年度汇算清缴应退税额3 366元。

8.5.3.4 非居民个人工资、薪金所得，劳务报酬所得，稿酬所得和特许权使用费所得代扣代缴税款

扣缴义务人向非居民个人支付工资、薪金所得，劳务报酬所得，稿酬所得和特许权使用费所得时，按以下方法按月或者按次代扣代缴税款：

非居民个人的工资、薪金所得，以每月收入额减除费用5 000元后的余额为应纳税所得额；劳务报酬所得、稿酬所得、特许权使用费所得，以每次收入额为应纳税所得额，适用个人所得税税率表三（见表8-18）计算应纳税额。劳务报酬所得、稿酬所得、特许权使用费所得以收入减除20%的费用后的余额为收入额。其中，稿酬所得的收入额减按70%计算。

［特别提示］非居民个人在中国境内从两处以上取得工资、薪金所得的，应当在

取得所得的次月 15 日内申报纳税。

表 8–18　　　　　　　　　　个人所得税税率表三

（非居民个人工资、薪金所得，劳务报酬所得，稿酬所得，特许权使用费所得适用）

级数	应纳税所得额	税率（%）	速算扣除数
1	不超过 3 000 元的	3	0
2	超过 3 000 元至 12 000 元的部分	10	210
3	超过 12 000 元至 25 000 元的部分	20	1 410
4	超过 25 000 元至 35 000 元的部分	25	2 660
5	超过 35 000 元至 55 000 元的部分	30	4 410
6	超过 55 000 元至 80 000 元的部分	35	7 610
7	超过 80 000 元的部分	45	15 160

[例 8–16] 2022 年 5 月，在 C 公司担任工程师的德国专家卡尔先生（非居民），取得的工资收入每月 17 615 元（含税）；为 D 公司提供技术服务取得劳务报酬所得 15 000 元；将自己的专利技术让 E 公司使用，取得使用费 18 000 元；发表文章取得稿酬所得 12 000 元。卡尔先生 2022 年 5 月应交纳多少个人所得税（不考虑其他因素）？

解析：

①工资薪金所得应纳税所得额 = 17 615 – 5 000 = 12 615（元）

卡尔先生工资薪金所得应纳个人所得税 = 12 615 × 20% – 1 410 = 1 113（元）

②劳务报酬所得 = 15 000 × （1 – 20%） = 12 000（元）

卡尔先生劳务报酬所得应纳个人所得税 = 12 000 × 10% – 210 = 990（元）

③特许权使用费所得 = 18 000 × （1 – 20%） = 14 400（元）

卡尔先生特许权使用费所得应纳个人所得税 = 14 400 × 20% – 1 410 = 1 470（元）

④稿酬所得 = 12 000 × （1 – 20%） × 70% = 6 720（元）

卡尔先生稿酬所得应纳个人所得税 = 6 720 × 10% – 210 = 462（元）

卡尔先生应交纳个人所得税 = 1 113 + 990 + 1 470 + 462 = 4 035（元）

[特别提示]

（1）工资、薪金所得范围是指个人因任职或者受雇而取得的工资、薪金、奖金、年终加薪、劳动分红、津贴、补贴以及与任职或者受雇有关的其他所得。

（2）与劳务报酬所得的区别：工资、薪金所得是指非独立劳动，与单位存在雇佣关系；劳务报酬所得是指独立劳动，与单位不存在雇佣关系。

（3）对商品营销活动中，企业和单位对营销业绩突出人员以培训班、研讨会、工作考察等名义组织旅游活动，通过免收差旅费、旅游费对个人实行的营销业绩奖励（包括实物、有价证券等），应根据所发生费用全额计入营销人员应税所得，依法征收个人所得税，并由提供上述费用的企业和单位代扣代缴。其中，对企业雇员享受的此类奖励,应与当期的工资薪金合并,按照"工资、薪金所得"项目征收个人所得税;对其他人员享受的此类奖励,应作为当期的劳务收入,按照"劳务报酬所得"项目征收个人所得税。

(4)个人因没有休带薪年假而从任职受雇单位取得补贴应当合并到工资薪金缴纳个人所得税。

(5)对于发给个人的福利,不论是现金还是实物,均应并入"工资、薪金所得"缴纳个人所得税。

(6)单位发放的取暖费、防暑降温费补贴,应征收个人所得税。

(7)个人在国家法定节假日加班取得2倍或3倍的等加班工资,应并入"工资、薪金所得"工资、薪金所得,依法计征个人所得税。

(8)因工作需要,从单位取得并实际属于工作条件的劳动保护用品,不属于个人所得,不征收个人所得税。

(9)误餐补助不征个人所得税。误餐补助,是指按财政部门规定,个人因公在城区、郊区工作,不能在工作单位或返回就餐,确实需要在外就餐的,根据实际误餐顿数,按规定的标准领取的误餐费。一些单位以误餐补助名义发给职工的补贴、津贴,应当并入当月工资、薪金所得计征个人所得税。

(10)不超过标准出差补助免征个人所得税。差旅费补助是对员工的额外现金补助,属于工资、薪金的一部分,不超过标准部分不征个人所得税。

(11)工伤职工取得的工伤保险待遇免征个人所得税。对工伤职工及其近亲属按照规定取得的工伤保险待遇,免征个人所得税。其中工伤保险待遇,包括工伤职工按照规定取得的一次性伤残补助金、伤残津贴、一次性工伤医疗补助金、一次性伤残就业补助金、工伤医疗待遇、住院伙食补助费、外地就医交通食宿费用、工伤康复费用、辅助器具费用、生活护理费等,以及职工因工死亡,其近亲属按照规定取得的丧葬补助金、供养亲属抚恤金和一次性工亡补助金等。

(12)保险赔款免征个人所得税。对于个人自己缴纳有关商业保险费(保费全部返还个人的保险除外)而取得的无赔款优待收入,不作为个人的应纳税收入,不征收个人所得税。

(13)根据中组发〔2008〕3号文件规定:党员缴纳党费计算基数是"税后"数。列入缴纳党费计算基数的津贴补贴是指:根据国家关于规范津贴补贴的有关规定,对各地各单位干部职工普遍发放的规范津贴补贴(工作性津贴和生活性补贴)。缴纳党费计算基数的"税后"是指:列入缴纳党费计算基数的各项收入之和扣除应交纳的个人所得税的余额。

(14)年终奖金计算缴纳个人所得税。根据国税发〔2005〕9号文件规定:

全年一次性奖金是指行政机关、企事业单位等扣缴义务人根据其全年经济效益和对雇员全年工作业绩的综合考核情况，向雇员发放的一次性奖金。上述一次性奖金也包括年终加薪、实行年薪制和绩效工资办法的单位根据考核情况兑现的年薪和绩效工资。

雇员取得除全年一次性奖金以外的其他各种名目奖金，如半年奖、季度奖、加班奖、先进奖、考勤奖等，一律与当月工资、薪金收入合并，按税法规定缴纳个人所得税。

纳税人取得全年一次性奖金，单独作为一个月工资、薪金所得计算纳税，并按以下计税办法，由扣缴义务人发放时代扣代缴：

先将雇员当月内取得的全年一次性奖金，除以12个月，按其商数确定适用税率和速算扣除数。如果在发放年终一次性奖金的当月，雇员当月工资薪金所得低于税法规定的费用扣除额，应将全年一次性奖金减除"雇员当月工资薪金所得与费用扣除额的差额"后的余额，按上述办法确定全年一次性奖金的适用税率和速算扣除数。

将雇员个人当月内取得的全年一次性奖金，按上述确定的适用税率和速算扣除数计算征税，计算公式如下：

如果雇员当月工资薪金所得高于（或等于）税法规定的费用扣除额的，适用公式为：应纳税额＝雇员当月取得全年一次性奖金×适用税率－速算扣除数

如果雇员当月工资薪金所得低于税法规定的费用扣除额的，适用公式为：应纳税额＝（雇员当月取得全年一次性奖金－雇员当月工资薪金所得与费用扣除额的差额）×适用税率－速算扣除数

（15）解除劳动合同取得经济补偿金的计税方法。根据国税发〔1999〕178号、财税〔2001〕157号文件规定：

企业依照国家有关法律规定宣告破产，企业职工从该破产企业取得的一次性安置费收入，免征个人所得税。

个人因与用人单位解除劳动关系而取得的一次性补偿收入（包括用人单位发放的经济补偿金、生活补助费和其他补助费），其收入在当地上年职工平均工资3倍数额以内的部分，免征个人所得税。

超过3倍数额部分的一次性补偿收入，可视为一次取得数月的工资、薪金收入，允许在一定期限内平均计算：以超过3倍数额部分的一次性补偿收入，除以个人在本企业的工作年限数（超过12年的按12计算），以其商数作为个人的月工资、薪金收入，按照税法规定计算缴纳个人所得税。

个人在解除劳动关系合同后再次任职、受雇的，已纳税的一次性补偿收入不再与再次任职、受雇的工资薪金所得合并计算补缴个人所得税。

个人领取一次性补偿收入时按照国家和地方政府规定的比例实际缴纳的住房公积金、医疗保险费、基本养老保险费、失业保险费，可以在计征其一次性补偿收入的个

人所得税时予以扣除。

（16）提前退休取得补贴收入征收个人所得税。根据国家税务总局公告2011年第6号规定：

机关、企事业单位对未达到法定退休年龄、正式办理提前退休手续的个人，按照统一标准向提前退休工作人员支付一次性补贴，不属于免税的离退休工资收入，应按照"工资、薪金所得"项目征收个人所得税。

个人因办理提前退休手续而取得的一次性补贴收入，应按照办理提前退休手续至法定退休年龄之间所属月份平均分摊计算个人所得税。计税公式：

应纳税额 = {[（一次性补贴收入÷办理提前退休手续至法定退休年龄的实际月份数）－费用扣除标准]×适用税率－速算扣除数}×提前办理退休手续至法定退休年龄的实际月份数

（17）离、退休人员领退休工资或养老金外的补贴奖金等需缴纳个人所得税。根据国税函〔2008〕723号文件规定：

离退休人员除按规定领取离退休工资或养老金外，另从原任职单位取得的各类补贴、奖金、实物，不属于可以免税的退休工资、离休工资、离休生活补助费；离退休人员从原任职单位取得的各类补贴、奖金、实物，应在减除费用扣除标准后，按"工资、薪金所得"应税项目缴纳个人所得税。

（18）离、退休人员再任职的收入需缴纳个人所得税。根据国税函〔2005〕382号文件规定：

退休人员再任职取得的收入，在减除按个人所得税法规定的费用扣除标准后，按"工资、薪金所得"应税项目缴纳个人所得税。其中"退休人员再任职"应当同时符合下列条件：

受雇人员与用人单位签订一年以上（含一年）劳动合同（协议），存在长期或连续的雇用与被雇用关系；

受雇人员因事假、病假、休假等原因不能正常出勤时，仍享受固定或基本工资收入；

受雇人员的职务晋升、职称评定等工作由用人单位负责组织。

（19）延长离退休年龄的高级专家从所在单位取得的工资、补贴等。根据财税〔2008〕7号文件规定：

达到离休、退休年龄，但确因工作需要，适当延长离休退休年龄的高级专家（指享受国家发放的政府特殊津贴的专家、学者），其在延长离休退休期间的工资、薪金所得，视同退休工资、离休工资免征个人所得税。

其中，延长离休退休年龄的高级专家是指享受国家发放的政府特殊津贴的专家、学者和中国科学院、中国工程院院士。

延长离休退休年龄的高级专家按下列规定征免个人所得税：对高级专家从其劳动人事关系所在单位取得的，单位按国家有关规定向职工统一发放的工资、薪金、奖金、津贴、补贴等收入，视同离休、退休工资，免征个人所得税；除上述（1）项所述收入以外各种名目的津补贴收入等，以及高级专家从其劳动人事关系所在单位之外的其他地方取得的培训费、讲课费、顾问费、稿酬等各种收入，依法计征个人所得税。

（20）远洋运输船员工资薪金所得适用附加减除费用政策。根据国税发〔1999〕202号文件规定：

对远洋运输船员（含国轮船员和外派船员，下同）取得的工资、薪金所得采取按年计算、分月预缴的方式计征个人所得税。

由于船员的伙食费统一用于集体用餐，不发给个人，故特案允许该项补贴不计入船员个人的应纳税工资、薪金收入。

8.5.4 经营所得

1. 征税范围。经营所得，是指个体工商户从事生产、经营活动取得的所得，个人独资企业投资人、合伙企业的个人合伙人来源于境内注册的个人独资企业、合伙企业生产、经营的所得；个人依法从事办学、医疗、咨询以及其他有偿服务活动取得的所得；个人对企业、事业单位承包经营、承租经营以及转包、转租取得的所得；个人从事其他生产、经营活动取得的所得。

［特别提示］

（1）没有办登记，实质上属于个体经营性质的个人所得也适用于个人所得税目。

（2）取得与生产、经营无关的所得。如个体工商户李某出版专著取得所得，按"稿酬所得"计征个人所得税。

（3）出租车运营：经营单位对出租车驾驶员采取"单车承包或承租方式运营"，驾驶员收入按"工资、薪金所得"缴纳个人所得税；"出租车属于个人所有"，但挂靠出租车经营单位缴纳管理费的，或出租车经营单位将出租车"所有权转移给驾驶员"的，驾驶员收入按"经营所得"缴纳个人所得税。

（4）企业为个人购置房屋及其他财产：企业"出资"购买房屋及其他财产，将所有权登记为投资者个人、投资者家庭成员或企业其他人员；企业投资者个人、投资者家庭成员或企业其他成员向企业"借款"用于购买房屋及其他财产，将所有权登记为投资者、投资者家庭成员或企业其他人员，且借款年度终了后"未归还"借款的。

对个人独资企业、合伙企业的个人投资者或其家庭成员取得的上述所得，视为企业对个人投资者的利润分配，按照"经营所得"项目计征个人所得税；对除个人独资企业、合伙企业以外其他企业的个人投资者或其家庭成员取得的上述所得，视为企业对个人投资者的红利分配，按照"利息、股息、红利所得"项目计征个人所得税；对企业其他人员取得的上述所得，按照"综合所得中的工资、薪金所得"项目计征个人所得税。

（5）雇主全额为雇员负担税款。

计算公式为：

应纳税所得额＝（不含税收入额－费用扣除标准－速算扣除数）÷（1－税率）

公式中的税率，是指不含税所得按不含税级距对应的税率。

应纳税额＝应纳税所得额×适用税率－速算扣除数

公式中的税率，是指应纳税所得额按含税级距对应的税率。

（6）雇主为其雇员负担部分税款。

雇主为其雇员定额负担部分税款的，计算公式为：

应纳税所得额＝雇员取得的工资＋雇主代雇员负担的税款－费用扣除标准

应纳税额＝应纳税所得额×适用税率－速算扣除数

雇主为其雇员定率负担部分税款

雇主为雇员负担一定比例的工资应纳的税款或负担一定比例的实际应纳税款。计算公式为：

应纳税所得额＝（未含雇主负担的税款的收入额－费用扣除标准－速算扣除数×负担比例）÷（1－税率×负担比例）

应纳税额＝应纳税所得额×适用税率－速算扣除数

2. 税率。经营所得，适用5%—35%的超额累进税率（见表8－19）。

表8－19　　　　　　　　个人所得税税率表二（经营所得适用）

级数	全年应纳税所得额	税率（%）	速算扣除数
1	不超过30 000元的	5	0
2	超过30 000元至90 000元的部分	10	1 500
3	超过90 000元至300 000元的部分	20	10 500
4	超过300 000元至500 000元的部分	30	40 500
5	超过500 000元的部分	35	65 500

注：本表所称全年应纳税所得额是指依照《个人所得税法》第六条的规定，以每一纳税年度的收入总额减除成本、费用以及损失后的余额。

3. 申报期限。纳税人取得经营所得，按年计算个人所得税，由纳税人在月度或者季度终了后15日内向税务机关报送纳税申报表，并预缴税款；在取得所得的次年3月31日前办理汇算清缴。

4. 应纳税所得额及应纳税额。经营所得以每一纳税年度的收入总额减除成本、费用以及损失后的余额，为应纳税所得额。

即：全年应纳税所得额＝全年收入总额－成本、费用以及损失

应纳税额 = 全年应纳税所得额 × 适用税率 - 速算扣除数

成本、费用，是指生产、经营活动中发生的各项直接支出和分配计入成本的间接费用以及销售费用、管理费用、财务费用；所称损失，是指生产、经营活动中发生的固定资产和存货的盘亏、毁损、报废损失，转让财产损失，坏账损失，自然灾害等不可抗力因素造成的损失以及其他损失。

取得经营所得的个人，没有综合所得的，计算其每一纳税年度的应纳税所得额时，应当减除费用6万元、专项扣除、专项附加扣除以及依法确定的其他扣除。专项附加扣除在办理汇算清缴时减除。

从事生产、经营活动，未提供完整、准确的纳税资料，不能正确计算应纳税所得额的，由主管税务机关核定应纳税所得额或者应纳税额。

[例8-16] 张某2022年3月开始承包某单位内部餐厅，按照合同规定，内部餐厅的年经营利润全部归张某所有，但是本年应上缴承包费30 000元。张某每月从经营收入中支取工资6 000元。当年内部餐厅实现营业利润为120 000元（不含张某工资）。计算张某经营所得个人所得税。

解析：根据财税〔2000〕91号文件第6条第1项规定投资者的工资不得在税前扣除。张某有综合所得，因此在计算经营所得的应纳税所得额时无需再扣除费用6万元、专项扣除、专项附加扣除以及依法确定的其他扣除。

①全年经营所得应纳税所得额 = 120 000 - 30 000 + 6 000 × 10 = 150 000（元）

计算全年经营所得应纳税额：

②应纳税额 = 150 000 × 20% - 10 500 = 19 500（元）

8.5.5 利息、股息、红利所得

1. 利息、股息、红利所得，是指个人拥有债权、股权等而取得的利息、股息、红利所得。

[特别提示]

（1）利息是货币在一定时期内的使用费，指货币持有者（债权人）因贷出货币或货币资本而从借款人（债务人）手中获得的报酬。包括存款利息、贷款利息和各种债券发生的利息。利息的实质是利润的一部分。

（2）股息、红利是公司、企业的分红。按照一定的比率对每股金额发给的息金称股息；根据公司、企业应分配的利润按股份分配的称红利。

2. 利息、股息、红利所得，适用比例税率，税率为20%。

3. 利息、股息、红利所得，以每次收入额为应纳税所得额。

应纳税额 = 应纳税所得额 × 适用税率 = 每次收入额 × 适用税率

利息、股息、红利所得，以支付利息、股息、红利时取得的收入为一次。

利息、股息、红利所得，按月或者按次计算个人所得税，有扣缴义务人的，由扣缴义务人按月或者按次代扣代缴税款。

[特别提示]

（1）对储蓄存款利息所得开征、减征、停征个人所得税及其具体办法，由国务院规定，并报全国人民代表大会常务委员会备案。

（2）自2008年10月9日起，对储蓄存款利息所得暂免征收个人所得税。即储蓄存款在1999年10月31日前孳生的利息所得，不征收个人所得税；储蓄存款在1999年11月1日至2007年8月14日孳生的利息所得，按照20%的比例税率征收个人所得税；储蓄存款在2007年8月15日至2008年10月8日孳生的利息所得，按照5%的比例税率征收个人所得税；储蓄存款在2008年10月9日后（含10月9日）孳生的利息所得，暂免征收个人所得税。

[例8-17] 2022年，李某取得国债利息3 000元、取得国内A公司发行的公司债券利息25 000元。计算李某应交纳的个人所得税。

解析：

①个人取得的国债利息免征个人所得税。

②李某应交纳的个人所得税 = 25 000 × 20% = 5 000（元）

8.5.6 财产租赁所得

1. 财产租赁所得，是指个人出租不动产、机器设备、车船以及其他财产取得的所得。

2. 财产租赁所得，适用比例税率，税率为20%。

3. 财产租赁所得，每次收入不超过4 000元的，减除费用800元；4 000元以上的，减除20%的费用，其余额为应纳税所得额。

每次收入不足4 000元的财产租赁应纳税额 =（每次收入额 - 800元）× 20%

每次收入4 000元以上的财产租赁应纳税额 = 每次收入额 ×（1 - 20%）× 20%

4. 财产租赁所得，以一个月内取得的收入为一次。

财产租赁所得，按月或者按次计算个人所得税，有扣缴义务人的，由扣缴义务人按月或者按次代扣代缴税款。

[特别提示]

（1）个人取得财产租赁收入应当缴纳增值税，但不同的财产其租赁收入缴纳增值税的适用税率和税收优惠存在着差异。

（2）根据财税〔2016〕43号文件规定：自2016年5月1日起，个人出租房屋的个人所得税应税收入不含增值税，计算房屋出租所得可扣除的税费不包括本次出租缴纳的增值税。个人转租房屋的，其向房屋出租方支付的租金及增值税税额，在计算转租所得时予以扣除。免征增值税的，确定计税依据时，成交价格、租金收入、转让房地产取得的收入不扣减增值税税额。

（3）个人出租住房，应按照5%的征收率减按1.5%计算应纳增值税税额。

（4）根据财税〔2008〕24号文件规定：个人出租房屋暂减按10%征收个人所得税，减按4%征收房产税。

（5）个别地区对个人房屋租赁的相关地方各税实行综合征收核定个人所得税征收率的，个人取得的房屋租赁收入只需进行增值税的价税分离后，按不含税租金收入乘以核定的征收率即可计算出应纳个人所得税。

（6）根据国家税务总局公告2021年第5号规定：自2021年4月1日起，《中华人民共和国增值税暂行条例实施细则》第九条所称的其他个人，采取一次性收取租金形式出租不动产取得的租金收入，可在对应的租赁期内平均分摊，分摊后的月租金收入未超过15万元的，免征增值税。

（7）个人出（转）租房屋个人所得税计算公式：

每月（次）收入不超过4 000元：应纳税所得额=［每次（月）收入额－财产租赁过程中缴纳的税费－向出租方支付的租金－由纳税人负担的租赁财产实际开支的修缮费用－800元］×适用税率

每月（次）收入超过4 000元：应纳税所得额=［每次（月）收入额－财产租赁过程中缴纳的税费－向出租方支付的租金－由纳税人负担的租赁财产实际开支的修缮费用］×（1－20%）×适用税率

［例8－18］2022年5月，孙某出租位于某市区的4套自有住房收取租金168 000元，无发生修缮费。计算孙某2022年5月应交纳的个人所得税（不考虑其他因素）。

解析：

根据国税函〔2009〕639号文件规定：自2009年11月18日起，有关财产租赁所得个人所得税前扣除税费的扣除次序调整为：财产租赁过程中缴纳的税费；向出租方支付的租金；由纳税人负担的租赁财产实际开支的修缮费用；税法规定的费用扣除标准。

应交增值税=168 000÷（1+5%）×1.5%=2 400（元）

应交城市维护建设税=2 400×7%=168（元）

应交教育费附加=2 400×3%=72（元）

应交地方教育附加=2 400×2%=48（元）

不含税房租收入=168 000－2 400=165 600（元）

应纳房产税=165 600×4%=6 624（元）

应纳个人所得税=（165 600－168－72－48－6 624）×（1－20%）×10%=12 695.04（元）

[**例 8 – 19**] 2022 年 4 月，张某出租位于某市的 2 套自有住房收取租金 24 000 元，无发生修缮费。计算张某 2022 年 4 月应交纳的个人所得税（不考虑其他因素）。

解析：

应纳增值税 = 24 000 ÷ （1 + 5%）× 1.5% = 342.86（元）

月租金收入不超过 15 万元的，可享受小微企业免征增值税优惠政策。

免征增值税的，确定计税依据时，成交价格、租金收入、转让房地产取得的收入不扣减增值税税额。

应纳房产税 = 24 000 × 4% = 960（元）

应纳个人所得税 = （24 000 – 960）× （1 – 20%）× 10% = 1 843.20（元）

8.5.7 财产转让所得

1. 财产转让所得，是指个人转让有价证券、股权、合伙企业中的财产份额、不动产、机器设备、车船以及其他财产取得的所得。

财产转让所得，按照一次转让财产的收入额减除财产原值和合理费用后的余额计算纳税。

财产原值，按照下列方法确定：有价证券，为买入价以及买入时按照规定交纳的有关费用；建筑物，为建造费或者购进价格以及其他有关费用；土地使用权，为取得土地使用权所支付的金额、开发土地的费用以及其他有关费用；机器设备、车船，为购进价格、运输费、安装费以及其他有关费用。

其他财产，参照前款规定的方法确定财产原值。

纳税人未提供完整、准确的财产原值凭证，不能按照上述规定的方法确定财产原值的，由主管税务机关核定财产原值。

合理费用，是指卖出财产时按照规定支付的有关税费。

两个以上的个人共同取得同一项目收入的，应当对每个人取得的收入分别按照个人所得税法的规定计算纳税。

2. 财产转让所得，适用比例税率，税率为 20%。

3. 财产转让所得应纳税额 = （收入总额 – 财产原值 – 合理费用）× 适用税率

4. 财产转让所得，按月或者按次计算个人所得税，有扣缴义务人的，由扣缴义务人按月或者按次代扣代缴税款。

[**特别提示**] 财产转让所得，是指个人转让有价证券、股权、建筑物、土地使用权、机器设备、车船以及其他财产取得的所得。前述应当征收个人所得税的财产转让收入中，既有应当征收增值税的项目，如土地使用权、机器设备、车船转让；又有免征增值税的项目，如有价证券转让；还有不属于增值税征税范围的项目，如股权转让。同时，个别同一类型财产的转让收入中既有应当征收增值税的情形，也有免征增值税

的情况，如房屋的转让。此外，应当征收增值税的个人财产转让收入在不同的情形下征税的方式和适用税率也存在差异。

自 2016 年 5 月 1 日起，个人转让房屋的个人所得税应税收入不含增值税，其取得房屋时所支付价款中包含的增值税计入财产原值，计算转让所得时可扣除的税费不包括本次转让缴纳的增值税。

[例 8-20] 2022 年 1 月，居民个人张某买进 A 公司债券 15 000 份，每份买价 10 元，共支付手续费 600 元；10 月份卖出 10 000 份，每份卖价 10.5 元，共支付手续费 400 元。计算 2022 年张某上述业务应交纳的个人所得税。

解析：

2022 年张某上述业务应交纳的个人所得税 =（10 000 × 10.5 - 10 000 × 10 - 600 ÷ 2 - 400）× 20% = 860（元）

8.5.8 偶然所得

1. 偶然所得，是指个人得奖、中奖、中彩以及其他偶然性质的所得。
2. 偶然所得，适用比例税率，税率为 20%。
3. 偶然所得，以每次收入额为应纳税所得额。

应纳税额 = 以每次收入额 × 20%

4. 偶然所得，以每次取得该项收入为一次。

偶然所得，按月或者按次计算个人所得税，有扣缴义务人的，由扣缴义务人按月或者按次代扣代缴税款。

[**特别提示**] 当前偶然所得主要包括以下项目：

（1）对个人购买"福利彩票""体育彩票"，一次中奖收入超过 1 万元的。

（2）个人取得单张有奖发票奖金，所得超过 800 元的。

（3）个人因突出贡献从省以下的市、县人民政府及其所属部门取得的一次性奖励收入。

（4）个人为单位或他人提供担保获得的收入。

（5）房屋产权所有人将其房屋产权无偿赠与他人，受赠人取得的受赠收入。下列情形除外：房屋产权所有人将其房屋产权无偿赠与配偶、父母、子女、祖父母、外祖父母、孙子女、外孙子女、兄弟姐妹和对其承担直接抚养、赡养义务的抚养人、赡养人；房屋产权所有人死亡，依法取得房屋产权的法定继承人、遗嘱继承人或受遗赠人。

（6）企业在业务宣传、广告等活动中，随机向本单位以外额个人赠送的礼品（包括网络红包），在年会、座谈会、庆典和其他活动中向本单位以外额个人赠送的礼品，不包括企业赠送的具有价格折扣、折让性质的消费券、代金券、抵用券和优惠券等礼品。

[**例 8 – 21**] 李某 2022 年 3 月份购买体育彩票中奖 15 000 元;7 月份在饭店消费取得两张发票,其中一张发票中奖 1 200 元、一张中奖 800 元;因在某超市长期购买商品获得一定积分,8 月份该超市搞积分抽奖活动,李某抽中 600 元大奖。请计算李某 2022 年 3 月、7 月、8 月中奖所得应交纳的个人所得税。

解析:

①根据国税发〔1994〕127 号文件规定:对个人购买社会福利有奖募捐奖券一次中奖收入不超过 10 000 元的暂免征收个人所得税,对一次中奖收入超过 10 000 元的,应按税法规定全额征税。

3 月份,缴纳个人所得税 = 15 000 × 20% = 3 000(元)

②根据财税〔2007〕34 号文件规定:个人取得单张有奖发票奖金所得不超过 800 元(含 800 元)的,暂免征收个人所得税;个人取得单张有奖发票奖金所得超过 800 元的,应全额按照个人所得税法规定的"偶然所得"征收个人所得税。

7 月份,中奖 1 200 元的发票全额征收个人所得税 = 1 200 × 20% = 240(元)

中奖 800 元的发票免征个人所得税。

③根据财税〔2011〕50 号文件规定:企业对累积消费达到一定额度的顾客,给予额外抽奖机会,个人的获奖所得,按照"偶然所得"项目,全额适用 20% 的税率缴纳个人所得税。

8 月份,李某抽中 600 元大奖全额征收个人所得税 = 600 × 20% = 120(元)

8.5.9 税收优惠

1. 下列各项个人所得,免征个人所得税:省级人民政府、国务院部委和中国人民解放军军以上单位,以及外国组织、国际组织颁发的科学、教育、技术、文化、卫生、体育、环境保护等方面的奖金;国债和国家发行的金融债券利息(国债利息,是指个人持有中华人民共和国财政部发行的债券而取得的利息;国家发行的金融债券利息,是指个人持有经国务院批准发行的金融债券而取得的利息);按照国家统一规定发给的补贴、津贴(是指按照国务院规定发给的政府特殊津贴、院士津贴,以及国务院规定免予缴纳个人所得税的其他补贴、津贴);福利费(是指根据国家有关规定,从企业、事业单位、国家机关、社会组织提留的福利费或者工会经费中支付给个人的生活补助费)、抚恤金、救济金(救济金是指各级人民政府民政部门支付给个人的生活困难补助费);保险赔款;军人的转业费、退役金;按照国家统一规定发给干部、职工的安家费、退职费、基本养老金或者退休费、离休费、离休生活补助费;依照有关法律规定应予免税的各国驻华使馆、领事馆的外交代表、领事官员和其他人员的所得(是指依照《中华人民共和国外交特权与豁免条例》和《中华人民共和国领事特权与豁免条例》规定免税的所得);中国政府参加的国际公约、签订的协议中规定免税的所得;国务院规定的其他免税所得(此项免税规定,由国务院报全国人民代表大会常务委员会备案)。

2. 有下列情形之一的,可以减征个人所得税,具体幅度和期限,由省、自治区、直辖市人民政府规定,并报同级人民代表大会常务委员会备案:残疾、孤老人员和烈属的所得;因自然灾害遭受重大损失的。国务院可以规定其他减税情形,报全国人民代表大会常务委员会备案。

3. 党员个人通过党组织缴纳的抗震救灾"特殊党费",属于对公益、救济事业的捐赠,依法在缴纳个人所得税前扣除。

4. 自2018年1月1日起,有限合伙制创业投资企业(以下简称合伙创投企业)采取股权投资方式直接投资于初创科技型企业满2年的,个人合伙人可以按照对初创科技型企业投资额的70%抵扣个人合伙人从合伙创投企业分得的经营所得;当年不足抵扣的,可以在以后纳税年度结转抵扣。

5. 自2018年7月1日起,天使投资个人采取股权投资方式直接投资于初创科技型企业满2年的,可以按照投资额的70%抵扣转让该初创科技型企业股权取得的应纳税所得额;当期不足抵扣的,可以在以后取得转让该初创科技型企业股权的应纳税所得额时结转抵扣。天使投资个人投资多个初创科技型企业的,对其中办理注销清算的初创科技型企业,天使投资个人对其投资额的70%尚未抵扣完的,可自注销清算之日起36个月内抵扣天使投资个人转让其他初创科技型企业股权取得的应纳税所得额。

6. 自2018年7月1日起,依法批准设立的非营利性研究开发机构和高等学校(以下简称非营利性科研机构和高校)根据《中华人民共和国促进科技成果转化法》规定,从职务科技成果转化收入中给予科技人员的现金奖励,可减按50%计入科技人员当月"工资、薪金所得",依法缴纳个人所得税。

7. 个人将其所得对教育、扶贫、济困等公益慈善事业进行捐赠,捐赠额未超过纳税人申报的应纳税所得额30%的部分,可以从其应纳税所得额中扣除;国务院规定对公益慈善事业捐赠实行全额税前扣除的,从其规定。

8. 境外人员工资薪金个人所得税减免。境外人员的下列所得免征个人所得税:按照我国有关法律规定应当免税的各国驻华使馆、领事馆的外交代表、领事官员和其他人员的所得。在中国境内无住所,但是在一个纳税年度中在中国境内连续或者累计居住不超过90天的个人,其来源于中国境内的所得,由境外雇主支付并且不由该雇主在中国境内的机构、场所负担的部分,免予缴纳个人所得税。外籍个人以非现金形式或者实报实销形式取得的合理的住房补贴、伙食补贴、搬迁费、洗衣费,暂免征收个人所得税。

对于住房补贴、伙食补贴、洗衣费,应由纳税人在首次取得上述补贴或上述补贴数额、支付方式发生变化的月份的次月进行工资薪金所得纳税申报时,向主管税务机关提供上述补贴的有效凭证，由主管税务机关核准确认免税。

对于搬迁费，应由纳税人提供有效凭证，由主管税务机关审核认定，就其合理的部分免税。

外籍个人按合理标准取得的境内、境外出差补贴，暂免征收个人所得税。对此类补贴，应由纳税人提供出差的交通费、住宿费凭证或企业安排出差的有关计划，由主管税务机关确认免税。

根据世界银行专项贷款协议由世界银行直接派往我国工作的外国专家的工资、薪金所得，暂免征收个人所得税。

联合国组织直接派往我国工作的专家的工资、薪金所得，暂免征收个人所得税。

为联合国援助项目来华工作的专家的工资、薪金所得，暂免征收个人所得税。

援助国派往我国专为该国无偿援助项目工作的专家的工资、薪金所得，暂免征收个人所得税。

根据两国政府签订的文化交流项目来华两年以内的文教专家，其工资、薪金所得由该国负担的，对其工资、薪金所得，暂免征收个人所得税。

根据我国大专院校国际交流项目来华工作的专家，其工资、薪金所得由该国负担的，对其工资、薪金所得，暂免征收个人所得税。

通过民间科研协定来华工作的专家，其工资、薪金所得由该国政府负担的，对其工资、薪金所得，暂免征收个人所得税。依照我国有关法律规定应予免税的各国驻华使馆、领事馆的外交代表、领事官员和其他人员的所得。

8.5.10　会计处理及涉税解析

8.5.10.1　会计处理

企业按照税法规定应代扣代缴的职工个人所得税，借记"应付职工薪酬"科目，贷记"应交税费——应交个人所得税"科目。缴纳的个人所得税，借记"应交税费——应交个人所得税"科目，贷记"银行存款"科目。

个人独资企业或合伙企业，代其所有者缴纳的个人所得税，借记"应付利润""应付职工薪酬"等科目，贷记"应交税费——应交个人所得税"科目。缴纳的个人所得税，借记"应交税费——应交个人所得税"科目，贷记"银行存款"科目。

[例 8 - 22] 2022 年 1 月，A 公司的职工李某取得了上一年度 12 月份的工资收入 5 700 元（含税），其中，基本养老保险 1 000 元、基本医疗保险 800 元、失业保险 300 元、住房公积金 600 元（以上均在税法允许扣除范围之内），并领取 2021 年全年一次性奖金 26 000 元（含税）。计算 2022 年 1 月份李某应交纳的个人所得税？

解析：

根据财税〔2018〕164 号，财政部、国家税务总局公告 2021 年第 42 号文件规定：

居民个人取得全年一次性奖金，符合《国家税务总局关于调整个人取得全年一次性奖金等计算征收个人所得税方法问题的通知》（国税发〔2005〕9号）规定的，在2023年12月31日前，不并入当年综合所得，以全年一次性奖金收入除以12个月得到的数额，按照通知所附按月换算后的综合所得税率表（见表8-20），确定适用税率和速算扣除数，单独计算纳税。

计算公式为：应纳税额 = 全年一次性奖金收入 × 适用税率 - 速算扣除数

[特别提示] 居民个人取得全年一次性奖金，也可以选择并入当年综合所得计算纳税。

表8-20　　　　　　　　　按月换算后的综合所得税税率表

级数	全月应纳税所得额	税率（%）	速算扣除数
1	不超过3 000元的	3	0
2	超过3 000元至12 000元的部分	10	210
3	超过12 000元至25 000元的部分	20	1 410
4	超过25 000元至35 000元的部分	25	2 660
5	超过35 000元至55 000元的部分	30	4 410
6	超过55 000元至80 000元的部分	35	7 610
7	超过80 000元的部分	45	15 160

当月工资薪金应税所得 = 5 700 - 1 000 - 800 - 300 - 600 = 3 000（元）

如果发放年终一次性奖金的当月，雇员当月工资薪金所得低于税法规定的费用扣除额，应将全年一次性奖金减除"雇员当月工资薪金所得与费用扣除额的差额"后的余额，按上述办法确定全年一次性奖金的适用税率和速算扣除数。

全年一次性奖金所得为24 000元 [26 000 - （5 000 - 3 000）]，除以12个月，按其商数查找表8-13，确定适用税率和速算扣除数，查找适用税率：商数为2 000元（24 000÷12），适用税率3%，速算扣除数0，应纳税所得额为24 000元。

应纳税额 = 雇员当月取得全年一次性奖金 × 适用税率 - 速算扣除数

计提应代扣代缴的个人所得税时：

应纳税额 = 24 000 × 3% - 0 = 720（元）

借：应付职工薪酬——代扣代缴个人所得税　　　　　　　　720
　　贷：应交税费——应交个人所得税　　　　　　　　　　720

缴纳个人所得税时：

借：应交税费——应交个人所得税　　　　　　　　　　　720
　　贷：银行存款　　　　　　　　　　　　　　　　　　720

8.5.10.2　涉税解析

1. 居民个人从中国境内和境外取得的综合所得、经营所得，应当分别合并计算应纳税额；从中国境内和境外取得的其他所得，应当分别单独计算应纳税额。

2. 居民个人从中国境外取得的所得，可以从其应纳税额中抵免已在境外缴纳的个人所得税税额，但抵免额不得超过该纳税人境外所得依照本法规定计算的应纳税额。

3. 有下列情形之一的，税务机关有权按照合理方法进行纳税调整：个人与其关联方之间的业务往来不符合独立交易原则而减少本人或者其关联方应纳税额，且无正当理由；居民个人控制的，或者居民个人和居民企业共同控制的设立在实际税负明显偏低的国家（地区）的企业，无合理经营需要，对应当归属于居民个人的利润不作分配或者减少分配；个人实施其他不具有合理商业目的的安排而获取不当税收利益。

税务机关依照前款规定作出纳税调整，需要补征税款的，应当补征税款，并依法加收利息。利息，应当按照税款所属纳税申报期最后一日中国人民银行公布的与补税期间同期的人民币贷款基准利率计算，自税款纳税申报期满次日起至补缴税款期限届满之日止按日加收。纳税人在补缴税款期限届满前补缴税款的，利息加收至补缴税款之日。

4. 根据财政部、税务总局公告 2019 年第 99 号规定：个人通过中华人民共和国境内公益性社会组织、县级以上人民政府及其部门等国家机关，向教育、扶贫、济困等公益慈善事业的捐赠（以下简称公益捐赠），发生的公益捐赠支出，可以按照个人所得税法有关规定在计算应纳税所得额时扣除。

境内公益性社会组织，包括依法设立或登记并按规定条件和程序取得公益性捐赠税前扣除资格的慈善组织、其他社会组织和群众团体。

个人发生的公益捐赠支出金额，按照以下规定确定：捐赠货币性资产的，按照实际捐赠金额确定；捐赠股权、房产的，按照个人持有股权、房产的财产原值确定；捐赠除股权、房产以外的其他非货币性资产的，按照非货币性资产的市场价格确定。

居民个人按照以下规定扣除公益捐赠支出：居民个人发生的公益捐赠支出可以在财产租赁所得、财产转让所得、利息股息红利所得、偶然所得（以下统称分类所得）、综合所得或者经营所得中扣除。在当期一个所得项目扣除不完的公益捐赠支出，可以按规定在其他所得项目中继续扣除；居民个人发生的公益捐赠支出，在综合所得、经营所得中扣除的，扣除限额分别为当年综合所得、当年经营所得应纳税所得额的30%；在分类所得中扣除的，扣除限额为当月分类所得应纳税所得额的30%；居民个人根据各项所得的收入、公益捐赠支出、适用税率等情况，自行决定在综合所得、分类所得、经营所得中扣除的公益捐赠支出的顺序。

居民个人在综合所得中扣除公益捐赠支出的，应按照以下规定处理：居民个人取得工资薪金所得的，可以选择在预扣预缴时扣除，也可以选择在年度汇算清缴时扣除。居民个人选择在预扣预缴时扣除的，应按照累计预扣法计算扣除限额，其捐赠当月的扣除限额为截止当月累计应纳税所得额的 30%（全额扣除的从其规定，下同）。个人从两处以上取得工资薪金所得，选择其中一处扣除，选择后当年不得变更。居民个人取得劳务报酬所得、稿酬所得、特许权使用费所得的，预扣预缴时不扣除公益捐赠支出，统一在汇算清缴时扣除。居民个人取得全年一次性奖金、股权激励等所得，且按规定采取不并入综合所得而单独计税方式处理的，公益捐赠支出扣除比照本公告分类所得的扣除规定处理。

居民个人发生的公益捐赠支出，可在捐赠当月取得的分类所得中扣除。当月分类所得应扣除未扣除的公益捐赠支出，可以按照以下规定追补扣除：扣缴义务人已经代扣但尚未解缴税款的，居民个人可以向扣缴义务人提出追补扣除申请，退还已扣税款。扣缴义务人已经代扣且解缴税款的，居民个人可以在公益捐赠之日起 90 日内提请扣缴义务人向征收税款的税务机关办理更正申报追补扣除，税务机关和扣缴义务人应当予以办理。居民个人自行申报纳税的，可以在公益捐赠之日起 90 日内向主管税务机关办理更正申报追补扣除。居民个人捐赠当月有多项多次分类所得的，应先在其中一项一次分类所得中扣除。已经在分类所得中扣除的公益捐赠支出，不再调整到其他所得中扣除。

在经营所得中扣除公益捐赠支出，应按以下规定处理：个体工商户发生的公益捐赠支出，在其经营所得中扣除。个人独资企业、合伙企业发生的公益捐赠支出，其个人投资者应当按照捐赠年度合伙企业的分配比例（个人独资企业分配比例为 100%），计算归属于每一个投资者的公益捐赠支出，个人投资者应将其归属的个人独资企业、合伙企业公益捐赠支出和本人需要在经营所得扣除的其他公益捐赠支出合并，在其经营所得中扣除。在经营所得中扣除公益捐赠支出的，可以选择在预缴税款时扣除，也可以选择在汇算清缴时扣除。经营所得采取核定征收方式的，不扣除公益捐赠支出。

非居民个人发生的公益捐赠支出，未超过其在公益捐赠支出发生的当月应纳税所得额 30% 的部分，可以从其应纳税所得额中扣除。扣除不完的公益捐赠支出，可以在经营所得中继续扣除。

非居民个人按规定可以在应纳税所得额中扣除公益捐赠支出而未实际扣除的，可按照本公告第五条规定追补扣除。

国务院规定对公益捐赠全额税前扣除的，按照规定执行。个人同时发生按 30% 扣除和全额扣除的公益捐赠支出，自行选择扣除次序。

5. 个人办理代扣代缴税款手续，按规定取得的扣缴手续费，暂免征收个人所得税。需要提醒的是，上述个人仅限定于"奖励相关工作人员"，奖励单位其他人员需要合并的工资薪金缴纳个人所得税。

6. 执行公务员工资制度未纳入基本工资总额的补贴、津贴差额和家属成员的副食品补贴。执行公务员工资制度未纳入基本工资总额的补贴、津贴差额和家属成员的副食品补贴，是不属于工资薪金性质的补贴、津贴或者不属于纳税人本人工资薪金所得项目的收入,不征个人所得税。

对于免征个人所得税的"执行公务员工资制度未纳入基本工资总额的补贴、津贴差额"由于项目多,各地标准不一致。

7. 个人因公务用车和通讯制度改革而取得的公务用车、通讯补贴收入。不论是以现金形式还是票据报销等方式取得由于公务用车制度改革而发生的"车补",都是个人所得税应税收入,在支付个人车补时,扣除一定标准的公务费用后,按照"工资、薪金"所得项目计算和代扣代缴个人所得税。

因公务通讯制度改革而发放给个人的公务通讯补贴,扣除一定标准的公务费用后,按照工资薪金所得项目计征个人所得税。按月发放的,并入当月工资薪金所得计征个人所得税;不按月发放的,分解到所属月份并与该月工资薪金所得合并后计征个人所得税。

公务费用的扣除标准,由省级地方税务局根据纳税人公务交通,通讯费用的实际发生情况调查测算,报经省级人民政府批准后确定,并报国家税务总局备案。

8. 股权激励所得。员工获得股票期权、限制性股票和股票增值权,作为工资薪金所得,以在一个公历月份中取得的股票期权工资薪金所得为一次,区分本月的其他工资薪金,单独计算应纳税额。

个人在纳税年度内第一次取得股票期权、股票增值权所得和限制性股票所得的,上市公司应按照下列公式计算扣缴其个人所得税:应纳税额=(股票期权形式的工资薪金应纳税所得额÷规定月份数×适用税率-速算扣除数)×规定月份数。其中:

公式中的规定月份数,是指员工取得来源于中国境内的股票期权形式工资、薪金所得的境内工作期间月份数,长于12个月的,按12个月计算。

公式中的适用税率和速算扣除数,以股票期权形式的工资、薪金应纳税所得额除以规定月份数后的商数,对照工资、薪金适用的个人所得税税率表确定。

个人在纳税年度内两次以上(含两次)取得股票期权、股票增值权和限制性股票等所得,包括两次以上(含两次)取得同一种股权激励形式所得或者同时兼有不同股权激励形式所得的,上市公司应将其纳税年度内各次股权激励所得合并,应按以下公式计算应纳税款:

应纳税款=(本纳税年度内取得的股票期权形式工资薪金所得累计应纳税所得额÷规定月份数×适用税率-速算扣除数)×规定月份数-本纳税年度内股票期权形式的工资薪金所得累计已纳税款。

股权激励个人所得税优惠仅适用于上市公司(含所属分支机构)和上市公司控股企业的员工。这里要注意:第一,上市公司占控股企业股份比例最低为30%;第二,间接控股限于上市公司对二级子公司的持股,间接持股比例,按各层持股比例相乘计算,上市公司对一级子公司持股比例超过50%的,按100%计算。

9. 低价出售本单位职工的住房。国家机关、企事业单位及其他组织在住房制度改革期间,按照所在地县级以上人民政府规定的房改成本价格向职工出售公有住房,职工因支付的房改成本价格低于房屋建造成本价格或市场价格而取得的差价收益,免征个人所得税。

除上述规定情形外,单位按低于购置或建造成本价格出售住房给职工,职工因此而少支出的差价部分(职工实际支付的购房价款低于该房屋的购置或建造成本价格的差额),属于个人所得税应税所得,应按照"工资、薪金所得"项目缴纳个人所得税。对职工取得的上述应税所得,依照规定的全年一次性奖金的征税办法,计算征收个人所得税,即先将全部所得数额除以12,按其商数并根据个人所得税法规定的税率表确定适用的税率和速算扣除数,再根据全部所得数额、适用的税率和速算扣除数,按照税法规定计算征税。

10. 企业为员工缴付企业年金时的个人所得税计算。根据财税〔2013〕103号文件规定:

企业年金、职业年金递延纳税,也属于一种税收优惠。递延纳税,是指在年金缴费环节和年金基金投资收益环节暂不征收个人所得税,将纳税义务递延到个人实际领取年金的环节。

企业和事业单位(以下统称单位)根据国家有关政策规定的办法和标准,为在本单位任职或者受雇的全体职工缴付的企业年金或职业年金(以下统称年金)单位缴费部分,在计入个人账户时,个人暂不缴纳个人所得税。

个人根据国家有关政策规定缴付的年金个人缴费部分,在不超过本人缴费工资计税基数的4%标准内的部分,暂从个人当期的应纳税所得额中扣除。

超过规定的标准缴付的年金单位缴费和个人缴费部分,应并入个人当期的工资、薪金所得,依法计征个人所得税。税款由建立年金的单位代扣代缴,并向主管税务机关申报解缴。

企业年金个人缴费工资计税基数为本人上一年度月平均工资。月平均工资按国家统计局规定列入工资总额统计的项目计算。月平均工资超过职工工作地所在设区城市上一年度职工月平均工资300%以上的部分,不计入个人缴费工资计税基数。

11. 董事费、监事费应按哪个人所得税目缴纳个人所得税。根据国税发〔1994〕89号、国税发〔2009〕121号文件规定:

董事费、监事费按劳务报酬所得项目征税方法,仅适用于个人担任公司董事、监事,且不在公司任职、受雇的情形;个人在公司(包括关联公司)任职、受雇,同时兼任董事、监事的,应将董事费、监事费与个人工资收入合并,统一按"工资、薪金所得"项目缴纳个人所得税。

8.6 资源税

资源税是对在中华人民共和国领域和中华人民共和国管辖的其他海域开发应税资源的单位和个人征收的一种税。现行的资源税是中华人民共和国第十三届全国人民代表大会常务委员会第十二次会议于2019年8月26日通过的《中华人民共和国资源税法》(以下简称《资源税法》),自2020年9月1日起施行。

自2017年12月1日起在北京、天津、山西、内蒙古、山东、河南、四川、陕西、宁夏9个省(自治区、直辖市)扩大水资源税改革试点。

8.6.1 纳税人

在中华人民共和国领域和中华人民共和国管辖的其他海域开发应税资源的单位和个人,为资源税的纳税人。

直接取用地表水、地下水的单位和个人,为水资源税纳税人,应当按照规定缴纳水资源税。

8.6.2 税目及税率

资源税的税目、税率,依照《资源税税目税率表》(见表8-21)执行。

《资源税税目税率表》中规定实行幅度税率的,其具体适用税率由省、自治区、直辖市人民政府统筹考虑该应税资源的品位、开采条件以及对生态环境的影响等情况,在资源税《税目税率表》规定的税率幅度内提出,报同级人民代表大会常务委员会决定,并报全国人民代表大会常务委员会和国务院备案。《资源税税目税率表》中规定征税对象为原矿或者选矿的,应当分别确定具体适用税率。

资源税按照《资源税税目税率表》实行从价计征或者从量计征。

《资源税税目税率表》中规定可以选择实行从价计征或者从量计征的,具体计征方式由省、自治区、直辖市人民政府提出,报同级人民代表大会常务委员会决定,并报全国人民代表大会常务委员会和国务院备案。

[特别提示] 应税产品为矿产品的,包括原矿和选矿产品。

表 8-21　　资源税税目税率表

税目			征税对象	税率
能源矿产	原油		原矿	6%
	天然气、页岩气、天然气水合物		原矿	6%
	煤		原矿或者选矿	2%—10%
	煤成（层）气		原矿	1%—2%
	铀、钍		原矿	4%
	油页岩、油砂、天然沥青、石煤		原矿或者选矿	1%—4%
	地热		原矿	1%—20%或者每立方米1—30元
金属矿产	黑色金属	铁、锰、铬、钒、钛	原矿或者选矿	1%—9%
	有色金属	铜、铅、锌、锡、镍、锑、镁、钴、铋、汞	原矿或者选矿	2%—10%
		铝土矿	原矿或者选矿	2%—9%
		钨	选矿	6.5%
		钼	选矿	8%
		金、银	原矿或者选矿	2%—6%
		铂、钯、钌、锇、铱、铑	原矿或者选矿	5%—10%
		轻稀土	选矿	7%—12%
		中重稀土	选矿	20%
		铍、锂、锆、锶、铷、铯、铌、钽、锗、镓、铟、铊、铪、铼、镉、硒、碲	原矿或者选矿	2%—10%
非金属矿产	矿物类	高岭土	原矿或者选矿	1%—6%
		石灰岩	原矿或者选矿	1%—6%或者每立方米1—10元
		磷	原矿或者选矿	3%—8%
		石墨	原矿或者选矿	3%—12%
		萤石、硫铁矿、自然硫	原矿或者选矿	1%—8%
		天然石英砂、脉石英、粉石英、水晶、工业用金刚石、冰洲石、蓝晶石、硅线石（矽线石）、长石、滑石、刚玉、菱镁矿、颜料矿石、天然碱、芒硝、钠硝石、明矾石、砷、硼、碘、溴、膨润土、硅藻土、陶瓷土、耐火粘土、铁矾土、凹凸棒石粘土、海泡石粘土、伊利石粘土、累托石粘土	原矿或者选矿	1%—12%
		叶腊石、硅灰石、透辉石、珍珠石、云母、沸石、重晶石、毒重石、方解石、蛭石、透闪石、工业用电气石、白垩、蓝石棉、红柱石、石榴子石、石膏	原矿或者选矿	2%—12%

续表

税目			征税对象	税率
非金属矿产	矿物类	其他粘土（铸型用粘土、砖瓦用粘土、陶粒用粘土、水泥配料用粘土、水泥配料用红土、水泥配料用黄土、水泥配料用泥岩、保温材料用粘土）	原矿或者选矿	1%—5%或者每吨（每立方米0.1—5元）
	岩石类	大理石、花岗岩、白云石、石英岩、砂岩、辉绿岩、安山岩、闪长岩、板岩、玄武岩、片麻岩、角闪岩、页岩、浮石、凝灰岩、黑曜岩、霞石正长岩、蛇纹岩、麦饭石、泥灰岩、含钾岩石、含钾砂页岩、天然油石、橄榄石、松脂岩、粗面岩、辉长岩、辉石岩、正长岩、火山灰、火山渣、泥灰	原矿或者选矿	1%—10%
		砂石	原矿或者选矿	1%—5%或者每吨（每立方米0.1—5元）
	宝玉石类	宝石、玉石、宝石级金刚石、玛瑙、黄玉、碧玺	原矿或者选矿	4%—20%
水气矿产	二氧化碳、硫化氢气、氦气、氡气		原矿	2%—5%
	矿泉水		原矿	1%—20%或者每立方米1—30元
盐	钠盐、钾盐、镁盐、锂盐		选矿	3%—15%
	天然卤水		原矿	3%—15%或者每吨（或者每立方米）1—10元
	海盐			2%—5%

8.6.3 计税依据及应纳税额计算

1. 非水资源税计税依据及应纳税额计算。实行从价计征的，应纳税额按照应税资源产品（以下称应税产品）的销售额乘以具体适用税率计算。实行从量计征的，应纳税额按照应税产品的销售数量乘以具体适用税率计算。

具体计算公式如下：

按销售价格计算的应纳税额 = 销售额 × 比例税率

按销售数量计算的应纳税额 = 销售数量 × 定额税率

[特别提示]

（1）根据财政部、税务总局公告2020年第34号规定：资源税应税产品（以下简称应税产品）的销售额，按照纳税人销售应税产品向购买方收取的全部价款确定，不包括增值税税款。

计入销售额中的相关运杂费用，凡取得增值税发票或者其他合法有效凭据的，准予从销售额中扣除。相关运杂费用，是指应税产品从坑口或者洗选（加工）地到车站、码头或者购买方指定地点的运输费用、建设基金以及随运销产生的装卸、仓储、港杂费用。

纳税人自用应税产品应当缴纳资源税的情形，包括纳税人以应税产品用于非货币性资产交换、捐赠、偿债、赞助、集资、投资、广告、样品、职工福利、利润分配或者连续生产非应税产品等。

纳税人申报的应税产品销售额明显偏低且无正当理由的，或者有自用应税产品行为而无销售额的，主管税务机关可以按下列方法和顺序确定其应税产品销售额：

第一，按纳税人最近时期同类产品的平均销售价格确定。

第二，按其他纳税人最近时期同类产品的平均销售价格确定。

第三，按后续加工非应税产品销售价格，减去后续加工环节的成本利润后确定。

第四，按应税产品组成计税价格确定。

组成计税价格＝成本×（1＋成本利润率）÷（1－资源税税率）

上述公式中的成本利润率由省、自治区、直辖市税务机关确定。

第五，按其他合理方法确定。

应税产品的销售数量，包括纳税人开采或者生产应税产品的实际销售数量和自用于应当缴纳资源税情形的应税产品数量。

纳税人外购应税产品与自采应税产品混合销售或者混合加工为应税产品销售的，在计算应税产品销售额或者销售数量时，准予扣减外购应税产品的购进金额或者购进数量；当期不足扣减的，可结转下期扣减。纳税人应当准确核算外购应税产品的购进金额或者购进数量，未准确核算的，一并计算缴纳资源税。

纳税人核算并扣减当期外购应税产品购进金额、购进数量，应当依据外购应税产品的增值税发票、海关进口增值税专用缴款书或者其他合法有效凭据。

纳税人开采或者生产同一税目下适用不同税率应税产品的，应当分别核算不同税率应税产品的销售额或者销售数量；未分别核算或者不能准确提供不同税率应税产品的销售额或者销售数量的，从高适用税率。

纳税人以自采原矿（经过采矿过程采出后未进行选矿或者加工的矿石）直接销售，或者自用于应当缴纳资源税情形的，按照原矿计征资源税。

纳税人以自采原矿洗选加工为选矿产品（通过破碎、切割、洗选、筛分、磨矿、分级、提纯、脱水、干燥等过程形成的产品，包括富集的精矿和研磨成粉、粒级成型、切割成型的原矿加工品）销售，或者将选矿产品自用于应当缴纳资源税情形的，按照选矿产品计征资源税，在原矿移送环节不缴纳资源税。对于无法区分原生岩石矿种的粒级成型砂石颗粒，按照砂石税目征收资源税。

纳税人开采或者生产同一应税产品，其中既有享受减免税政策的，又有不享受减免税政策的，按照免税、减税项目的产量占比等方法分别核算确定免税、减税项目的销售额或者销售数量。

纳税人开采或者生产同一应税产品同时符合两项或者两项以上减征资源税优惠政策的，除另有规定外，只能选择其中一项执行。

（2）根据国家税务总局公告2020年第14号规定：纳税人以外购原矿与自采原矿混合为原矿销售，或者以外购选矿产品与自产选矿产品混合为选矿产品销售的，在计算应税产品销售额或者销售数量时，直接扣减外购原矿或者外购选矿产品的购进金额或者购进数量。

纳税人以外购原矿与自采原矿混合洗选加工为选矿产品销售的，在计算应税产品销售额或者销售数量时，按照下列方法进行扣减：

准予扣减的外购应税产品购进金额（数量）＝外购原矿购进金额（数量）×（本地区原矿适用税率÷本地区选矿产品适用税率）

不能按照上述方法计算扣减的，按照主管税务机关确定的其他合理方法进行扣减。

2. 水资源税计税依据及应纳税额计算。

（1）水资源税实行从量计征，应纳税额的计算公式为：

应纳税额＝实际取用水量×适用税额

（2）水力发电和火力发电贯流式（不含循环式）冷却取用水应纳税额的计算公式为：

应纳税额＝实际发电量×适用税额

城镇公共供水企业实际取用水量应当考虑合理损耗因素。疏干排水的实际取用水量按照排水量确定。疏干排水是指在采矿和工程建设过程中破坏地下水层、发生地下涌水的活动。

火力发电贯流式冷却取用水，是指火力发电企业从江河、湖泊（含水库）等水源取水，并对机组冷却后将水直接排入水源的取用水方式。火力发电循环式冷却取用水，是指火力发电企业从江河、湖泊（含水库）、地下等水源取水并引入自建冷却水塔，对机组冷却后返回冷却水塔循环利用的取用水方式。

水资源税适用税额，是指取水口所在地的适用税额。

水资源税根据当地水资源状况、取用水类型和经济发展等情况实行差别税率。《资源税法》第十四条规定，国务院根据国民经济和社会发展需要，依照本法的原则，对取用地表水或者地下水的单位和个人试点征收水资源税。征收水资源税的，停止征收水资源费。

水资源税试点实施办法由国务院规定，报全国人民代表大会常务委员会备案。

国务院自本法施行之日起五年内，就征收水资源税试点情况向全国人民代表大会常务委员会报告，并及时提出修改法律的建议。

试点省份的中央直属和跨省（区、市）水力发电取用水税额为每千瓦时0.005元。跨省（区、市）界河水电站水力发电取用水水资源税税额，与涉及的非试点省份水资源费征收标准不一致的，按较高一方标准执行。除中央直属和跨省（区、市）水力发电取用水外，由试点省份省级人民政府统筹考虑本地区水资源状况、经济社会发展水平和水资源节约保护要求，在《试点省份水资源税最低平均税额表》（见表8-22）规定的最低平均税额基础上，分类确定具体适用税额。

表8-22　　　　　　　　试点省份水资源税最低平均税额表　　　　　　　单位：元/立方米

省（区、市）	地表水最低平均税额	地下水最低平均税额
北京	1.6	4
天津	0.8	4
山西	0.5	2
内蒙古	0.5	2
山东	0.4	1.5
河南	0.4	1.5
四川	0.1	0.2
陕西	0.3	0.7
宁夏	0.3	0.7

8.6.4　纳税期限、纳税环节和纳税地点

资源税按月或者按季申报缴纳；不能按固定期限计算缴纳的，可以按次申报缴纳。

纳税人按月或者按季申报缴纳的，应当自月度或者季度终了之日起十五日内，向税务机关办理纳税申报并缴纳税款；按次申报缴纳的，应当自纳税义务发生之日起十五日内，向税务机关办理纳税申报并缴纳税款。

纳税人销售应税产品，纳税义务发生时间为收讫销售款或者取得索取销售款凭据的当日；自用应税产品的，纳税义务发生时间为移送应税产品的当日。

纳税人应当向应税产品开采地或者生产地的税务机关申报缴纳资源税。

8.6.5　税收优惠

1. 有下列情形之一的，免征资源税：
（1）开采原油以及在油田范围内运输原油过程中用于加热的原油、天然气；
（2）煤炭开采企业因安全生产需要抽采的煤成（层）气。
2. 有下列情形之一的，减征资源税：
（1）从低丰度油气田开采的原油、天然气，减征20%资源税；
（2）高含硫天然气、三次采油和从深水油气田开采的原油、天然气，减征30%资源税；
（3）稠油、高凝油减征40%资源税；

(4) 从衰竭期矿山开采的矿产品,减征30%资源税。

根据国民经济和社会发展需要,国务院对有利于促进资源节约集约利用、保护环境等情形可以规定免征或者减征资源税,报全国人民代表大会常务委员会备案。

3. 有下列情形之一的,省、自治区、直辖市可以决定免征或者减征资源税:

(1) 纳税人开采或者生产应税产品过程中,因意外事故或者自然灾害等原因遭受重大损失;

(2) 纳税人开采共伴生矿、低品位矿、尾矿。

上述规定的免征或者减征资源税的具体办法,由省、自治区、直辖市人民政府提出,报同级人民代表大会常务委员会决定,并报全国人民代表大会常务委员会和国务院备案。

4. 根据财政部、税务总局公告2020年第32号;财政部、税务总局公告2021年第6号规定:

(1) 对青藏铁路公司及其所属单位运营期间自采自用的砂、石等材料免征资源税。具体操作按《财政部 国家税务总局关于青藏铁路公司运营期间有关税收等政策问题的通知》(财税〔2007〕11号)第三条规定执行。

(2) 自2018年4月1日至2021年3月31日,对页岩气资源税减征30%。具体操作按《财政部 国家税务总局关于对页岩气减征资源税的通知》(财税〔2018〕26号)规定执行。本法规税收优惠政策于2021年3月31日到期后,执行期限延长至2023年12月31日。

(3) 自2019年1月1日至2021年12月31日,对增值税小规模纳税人可以在50%的税额幅度内减征资源税。具体操作按《财政部 税务总局关于实施小微企业普惠性税收减免政策的通知》(财税〔2019〕13号)有关规定执行。本法规税收优惠政策于2021年3月31日到期后,执行期限延长至2023年12月31日。

(4) 自2014年12月1日至2023年8月31日,对充填开采置换出来的煤炭,资源税减征50%。

8.6.6 会计处理及涉税解析

8.6.6.1 会计处理

企业应在"应交税费"科目下设置"应交资源税"明细科目,核算应缴资源税的发生、缴纳情况。该明细科目的贷方登记企业应交纳的资源税;借方登记企业已缴纳的或按规定允许抵扣的资源税;期末余额在贷方,表示尚未缴纳的资源税。

1. 企业销售应税产品按规定应交的资源税,借记"税金及附加"科目,贷记"应交税费——应交资源税"科目。

2. 企业自产自用应税产品应交的资源税,借记"生产成本""制造费用"等科目,贷记"应交税费——应交资源税"科目。

3. 企业收购未税矿产品,按实际支付的收购款,借记"材料采购"科目,贷记"银行存款"科目;按代扣代交的资源税,借记"材料采购"科目,贷记"应交税费——应交资源税"科目。

4. 企业外购液体盐加工固体盐的:

在购入液体盐时,按所允许抵扣的资源税,借记"应交税费——应交资源税"科目;按外购价款扣除允许抵扣资源税后的数额,借记"材料采购""原材料"等科目;按应支付的全部价款,贷记"银行存款""应付账款"等科目。

企业加工成固体盐后销售时,按计算出的销售固体盐应交的资源税,借记"税金及附加"科目,贷记"应交税费——应交资源税"科目。

将销售固体盐应纳资源税扣抵液体盐已纳资源税后的差额上交时,借记"应交税费——应交资源税"科目,贷记"银行存款"科目。

5. 缴纳的资源税,借记"应交税费——应交资源税"科目,贷记"银行存款"科目。

[**例 8 – 23**] 2022 年 3 月,A 油田生产原油 1 100 吨,其中已销售 850 吨,销售单价(不含增值税)3 500 元/吨,已自用(非免税项目)200 吨,剩余 50 吨待销售。该油田适用的资源税税率为 6%。则 3 月份该油田应做如下处理:

3 月份应交纳资源税 = (850 + 200)× 3 500 × 6% = 220 500(元)

计提应纳资源税时:

借:生产成本　　　　　　　　　　　　　42 000（200 × 3 500 × 6%）
　　税金及附加　　　　　　　　　　　　178 500（850 × 3 500 × 6%）
　　　贷:应交税费——应交资源税　　　　　　　　220 500

缴纳资源税时:

借:应交税费——应交资源税　　　　　　220 500
　　　贷:银行存款　　　　　　　　　　　　　　　220 500

8.6.6.2 涉税解析

1. 纳税人的免税、减税项目,应当单独核算销售额或者销售数量;未单独核算或者不能准确提供销售额或者销售数量的,不予免税或者减税。

2. 中外合作开采陆上、海上石油资源的企业依法缴纳资源税。海上开采的原油和天然气资源税由海洋石油税务管理机构征收管理。

2011 年 11 月 1 日前已依法订立中外合作开采陆上、海上石油资源合同的,在该合同有效期内,继续依照国家有关规定缴纳矿区使用费,不缴纳资源税;合同期满后,依法缴纳资源税。

3. 纳税人开采或者生产不同税目应税产品的，应当分别核算不同税目应税产品的销售额或者销售数量；未分别核算或者不能准确提供不同税目应税产品的销售额或者销售数量的，从高适用税率。

4. 纳税人开采或者生产应税产品自用的，应当依照《资源税法》规定缴纳资源税；但是，自用于连续生产应税产品的，不缴纳资源税。

8.7 城镇土地使用税

城镇土地使用税是对在城镇范围内占有和使用土地的单位和个人征收的一种税。现行的城镇土地使用税政策是1988年9月27日由国务院发布的《中华人民共和国城镇土地使用税暂行条例》，（2006年12月31日国务院修改，2007年1月1日施行）。根据《国家税务总局关于做好外资企业城镇土地使用税征管工作的通知》（国税函〔2007〕321号）规定，自2007年1月1日起外商投资企业开始征收城镇土地使用税。

8.7.1 纳税人

城镇土地使用税的纳税人包括在城市、县城、建制镇和工矿区范围内使用土地的各类企业、单位和个人。

[特别提示] 拥有土地使用权的单位和个人，土地代管人或实际使用人，土地使用权的共有人，均为城镇土地使用税的纳税人。

在城镇土地使用税征税范围内，承租集体所有建设用地的，由直接从集体经济组织承租土地的单位和个人，缴纳城镇土地使用税。

8.7.2 税率

城镇土地使用税适用地区幅度差别定额税率。

城镇土地使用税采用定额税率，即采用有幅度的差别税额。按大、中、小城市和县城、建制镇、工矿区分别规定每平方米城镇土地使用税年应纳税额。城镇土地使用税每平方米年税额标准具体规定如下：大城市1.5—30元；中等城市1.2—24元；小城市0.9—18元；县城、建制镇、工矿区0.6—12元。

8.7.3 计税依据及应纳税额

城镇土地使用税按纳税人实际占用的土地面积和规定的税额标准计征，计算公式为：

应纳税额＝实际占用的应税土地面积×适用税额标准

8.7.4 纳税期限

城镇土地使用税按年计算、分期缴纳。缴纳期限由省、自治区、直辖市人民政府确定。一般是按季缴纳。

8.7.5 税收优惠

1. 农产品批发市场、农贸市场使用土地。根据2016年1月13日《财政部 国家税务总局关于继续实行农产品批发市场农贸市场房产税城镇土地使用税优惠政策的通知》（财税〔2016〕1号）规定：对专门经营农产品的农产品批发市场、农贸市场使用（包括自有和承租，下同）的房产、土地，暂免征收房产税和城镇土地使用税。对同时经营其他产品的农产品批发市场和农贸市场使用的房产、土地，按其他产品与农产品交易场地面积的比例确定征免房产税和城镇土地使用税。

2. 改造安置住房建设用土地。根据2013年12月2日《财政部 国家税务总局关于棚户区改造有关税收政策的通知》（财税〔2013〕101号）规定：在商品住房等开发项目中配套建造安置住房的，依据政府部门出具的相关材料、房屋征收（拆迁）补偿协议或棚户区改造合同（协议），按改造安置住房建筑面积占总建筑面积的比例免征城镇土地使用税、印花税。

3. 物流企业自有的（包括自用和出租）大宗商品仓储设施用地。根据2017年4月26日《财政部 国家税务总局关于继续实施物流企业大宗商品仓储设施用地城镇土地使用税优惠政策的通知》（财税〔2017〕33号）规定：对物流企业自有的（包括自用和出租）大宗商品仓储设施用地，减按所属土地等级适用税额标准的50%计征城镇土地使用税。

4. 国家机关、人民团体、军队自用的土地，由国家财政部门拨付事业经费的单位自用的土地，宗教寺庙、公园、名胜古迹自用的土地，市政街道、广场、绿化地带等公共用地，直接用于农、林、牧、渔业的生产用地，经批准开山填海整治的土地和改造的废弃土地，从使用的月份起免缴土地使用税5年至10年；由财政部另行规定免税的能源、交通、水利设施用地和其他用地，免缴土地使用税。除以上规定外，纳税人缴纳土地使用税确有困难需要定期减免的，由省、自治区、直辖市税务机关审核后，报国家税务局批准。

5. 公共租赁住房占用土地。根据2015年12月30日《财政部 国家税务总局关于公共租赁住房税收优惠政策的通知》（财税〔2015〕139号）（执行期限为2016年1月1日至2022年12月31日）规定：对公共租赁住房建设期间用地及公共租赁住房建成后占地免征城镇土地使用税。在其他住房项目中配套建设公共租赁住房，依据政府部门出具的相关材料，按公共租赁住房建筑面积占总建筑面积的比例免征建设、管理公共租赁住房涉及的城镇土地使用税。

6. 个人出租住房。根据 2008 年 3 月 3 日《财政部 国家税务总局关于廉租住房经济适用住房和住房租赁有关税收政策的通知》（财税〔2008〕24 号）规定：对个人出租住房，不区分用途，免征城镇土地使用税。

7. 核电站占用土地。根据 2007 年 9 月 10 日《财政部 国家税务总局关于核电站用地征免城镇土地使用税的通知》（财税〔2007〕124 号）规定：对核电站的核岛、常规岛、辅助厂房和通讯设施用地（不包括地下线路用地），生活、办公用地按规定征收城镇土地使用税，其他用地免征城镇土地使用税。

8. 直接用于采摘、观光的种植、养殖、饲养的土地。根据 1988 年 9 月 27 日《中华人民共和国城镇土地使用税暂行条例》（中华人民共和国国务院令第 17 号）、2006 年 12 月 25 日《财政部 国家税务总局关于房产税、城镇土地使用税有关政策的通知》（财税〔2006〕186 号）规定：在城镇土地使用税征收范围内经营采摘、观光农业的单位和个人，其直接用于采摘、观光的种植、养殖、饲养的土地，免征城镇土地使用税。

9. 填海整治的土地。根据 1988 年 9 月 27 日《中华人民共和国城镇土地使用税暂行条例》（中华人民共和国国务院令第 17 号）、2005 年 10 月 14 日《国家税务总局关于填海整治土地免征城镇土地使用税问题的批复》（国税函〔2005〕968 号）规定：纳税人经有关部门批准后自行填海整治的土地，不包括纳税人通过出让、转让、划拨等方式取得的已填海整治的土地，享受免缴土地使用税 5—10 年的优惠政策。

10. 非营利性科研机构自用土地。根据 2000 年 12 月 19 日《国务院办公厅转发科技部等部门关于非营利性科研机构管理的若干意见（试行）的通知》（国办发〔2000〕78 号）、2001 年 2 月 9 日《财政部 国家税务总局关于非营利性科研机构税收政策的通知》（财税〔2001〕5 号）规定：非营利性科研机构自用的房产、土地，免征房产税、城镇土地使用税。

11. 福利性、非营利性的老年服务机构占用土地。根据 2000 年 11 月 24 日《财政部 国家税务总局关于对老年服务机构有关税收政策问题的通知》（财税〔2000〕97 号）规定：对政府部门和企事业单位、社会团体以及个人等社会力量投资兴办的福利性、非营利性的老年服务机构，暂免征收企业所得税，以及老年服务机构自用房产、土地、车船的房产税、城镇土地使用税、车船税。

12. 非营利性医疗机构自用的土地。根据 2000 年 7 月 10 日《财政部 国家税务总局关于医疗卫生机构有关税收政策的通知》（财税〔2000〕42 号）规定：对非营利性医疗机构自用的房产、土地、车船，免征房产税、城镇土地使用税。

13. 营利性医疗机构自用的土地。根据 2000 年 7 月 10 日《财政部 国家税务总局关于医疗卫生机构有关税收政策的通知》（财税〔2000〕42号）规定：对营利性医疗机构自其取得执业登记之日起，自用的房产、土地免征房产税、城镇土地使用税，3年免税期满后恢复征税。

14. 疾病控制机构和妇幼保健机构自用的土地。根据2000年7月10日《财政部 国家税务总局关于医疗卫生机构有关税收政策的通知》（财税〔2000〕42号）规定：对疾病控制机构和妇幼保健机构等卫生机构自用的房产、土地，免征房产税、城镇土地使用税。

15. 农林牧渔业用地和农民居住用地。根据1999年3月12日《国家税务总局关于调整房产税和土地使用税具体征税范围解释规定的通知》（国税发〔1999〕44号）规定：对农林牧渔业用地和农民居住用房屋及土地，不征收房产税和城镇土地使用税。

16. 企业的采石场、排土场用地。根据1989年11月10日《关于对矿山企业征免土地使用税问题的通知》（〔1989〕国税地字第122号）、1990年7月20日《国家税务局关于建材企业的采石场、排土场等用地征免土地使用税问题的批复》（国税函发〔1990〕853号）规定：对石灰厂、水泥厂、大理石厂、沙石厂等企业的采石场、排土场用地，炸药库的安全区用地以及采区运岩公路，可以按照规定予以免税；对上述企业的其他用地，应予征税。

17. 盐滩、盐矿的矿井用地。根据1989年12月22日《国家税务局关于对盐场、盐矿征免城镇土地使用税问题的通知》（国税地字〔1989〕第141号）规定：对盐场的盐滩、盐矿的矿井用地，暂免征收土地使用税。

18. 对港口的码头用地。根据1989年11月13日《国家税务局关于对交通部门的港口用地征免土地使用税问题的规定》（国税地字〔1989〕第123号）规定：对港口的码头（即泊位，包括岸边码头、伸入水中的浮码头、堤岸、堤坝、栈桥等）用地，免征土地使用税。

19. 劳改单位用地。根据1989年11月10日《国家税务局关于对司法部所属的劳改劳教单位征免土地使用税问题的规定》（国税地字〔1989〕第119号）规定：①对少年犯管教所的用地和由国家财政部门拨付事业经费的劳教单位自用的土地，免征土地使用税。②对监狱的用地，若主要用于关押犯人，只有极少部分用于生产经营的，可从宽掌握，免征土地使用税。

20. 水利设施及其管护用地。根据1989年2月3日《国家税务局关于水利设施用地征免土地使用税问题的规定》（国税地字〔1989〕第14号）规定：对水利设施及其管护用地（如水库库区、大坝、堤防、灌渠、泵站等用地），免征土地使用税。

21. 城市公交站场道路客运站场用地。根据2016年2月4日《财政部 国家税务总局关于城市公交站场道路客运站场城市轨道交通系统城镇土地使用税优惠政策的通知》（财税〔2016〕16号）规定：城市公交站场、道路客运站场、城市轨道交通系统运营用地，免征城镇土地使用税。

8.7.6 会计处理及涉税解析

8.7.6.1 会计处理

企业缴纳的城镇土地使用税通过"应交税费——应交城镇土地使用税"科目核算。其贷方反映企业应交的城镇土地使用税；借方反映企业已交的城镇土地使用税；余额在贷方，表示应交而未交的城镇土地使用税。

企业按照税法规定应交纳的城镇土地使用税，借记"税金及附加"科目，贷记"应交税费——应交城镇土地使用税"。缴纳的城镇土地使用税，借记"应交税费——应交城镇土地使用税"科目，贷记"银行存款"科目。

8.7.6.2 涉税解析

征用的耕地，自批准征用之日起满1年时开始缴纳土地使用税；征用的非耕地，自批准征用次月起缴纳土地使用税。

8.8 房产税

房产税是对在城市、县城、建制镇和工矿区拥有或使用房产的纳税人，按其房产价值或租金收入征收的一种财产税。现行的房产税是1986年9月15日由国务院发布的《中华人民共和国房产税暂行条例》，自1986年10月1日起施行。

[**特别提示**] 外商投资企业、外国企业及外籍个人自2009年1月1日起也适用《中华人民共和国房产税暂行条例》规定。

8.8.1 纳税人

纳税人是房屋产权所有人、经营管理单位、承典人、房产代管人和使用人。产权出典的，由承典人缴纳房产税。产权没有确定和租典纠纷未解决的，由房产代管人或使用人缴纳房产税。

8.8.2 税率

房产税采取比例税率，从价计征。根据房产税计税依据的不同，税率也分为两种：
(1) 按房产原值一次减除10%至30%后的余值为计税依据的，年税率为1.2%。
(2) 按房产租金收入为计税依据的，税率为12%。

[特别提示] 个人出租住房不分用途按4%征收房产税。

8.8.3 计税依据及应纳税额

房产税的计算公式有以下两种：

（1）按房产余值计征的计算公式：

房产余值 = 房产原值 × （1 – 10% —30%）

年应纳税额 = 房产余值 × 1.2%

（2）按租金收入计征的计算公式：

年应纳税额 = 年租金收入 × 适用税率或征收率

[特别提示] 房产出租的，计征房产税的租金收入不含增值税。免征增值税的，确定计税依据时，成交价格、租金收入、转让房地产取得的收入不扣减增值税税额。在计征上述税种时，税务机关核定的计税价格或收入不含增值税。

8.8.4 纳税期限

房产税按年计算、分期缴纳。缴纳期限由省、自治区、直辖市人民政府确定。一般是按季缴纳。

8.8.5 税收优惠

1. 国家机关、人民团体、军队自用的房产，由国家财政部门拨付事业经费的单位自用的房产，宗教寺庙、公园、名胜古迹自用的房产，个人所有非营业用的房产，经财政部批准免税的其他房产，免纳房产税。

2. 根据财政部、税务总局公告2022年第4号规定：自2016年1月1日至2023年12月31日，对高校学生公寓免征房产税。

3. 根据财税〔2008〕24号规定文件规定：对个人出租住房，不区分用途，按4%的税率征收房产税。

4. 根据财政部、税务总局、住房城乡建设部公告2021年第24号规定：对企事业单位、社会团体以及其他组织向个人、专业化规模化住房租赁企业出租住房的，减按4%的税率征收房产税。

5. 根据财政部、税务总局公告2022年第10号规定：由省、自治区、直辖市人民政府根据本地区实际情况，以及宏观调控需要确定，对增值税小规模纳税人、小型微利企业和个体工商户可以在50%的税额幅度内减征资源税、城市维护建设税、房产税、城镇土地使用税、印花税（不含证券交易印花税）、耕地占用税和教育费附加、地方教育附加。

8.8.6 会计处理及涉税解析

8.8.6.1 会计处理

房产税的会计核算是通过"应交税费——应交房产税"科目进行的。该科目借方反映企业已缴纳的房产税;贷方反映应交纳的房产税;余额在贷方,反映企业应交而未交的房产税。

企业按照规定应交纳的房产税,借记"税金及附加"科目,贷记"应交税费——应交房产税"。缴纳的房产税,借记"应交税费——房产税"科目,贷记"银行存款"科目。

8.8.6.2 涉税解析

1. 对按照房产原值计税的房产,无论会计规定如何核算,房产原值均应包含地价,包括为取得土地使用权支付的价款、开发土地发生的成本费用等。宗地容积率低于0.5的,按房产建筑面积的2倍计算土地面积并据此确定计入房产原值的地价。

[例8-24] 坐落于B市的A公司有一宗土地,占地28 000平方米,支付价款280 000 000元,每平方米平均地价10 000元,该宗土地上建筑房屋面积12 000平方米,房屋建筑物价格60 000 000元,该市房产原值减除比例为30%,计算本年度该房产原值及应交纳的房产税。

解析:

房产原值的计算:该宗地容积率为0.43(土地上建筑房屋面积12 000平方米÷占地28 000平方米),因此,计入房产原值的地价为240 000 000元(应税房产建筑面积×2×土地单价=12 000平方米×2×10 000元/平方米=240 000 000元),那么,房产原值=计入房产原值的地价240 000 000元+该宗土地上建筑房屋价格60 000 000元=300 000 000(元)。

房产税的计算及账务处理:应交纳的房产税=300 000 000×(1-30%)×1.2%=2 520 000(元)

计提时:

借:税金及附加　　　　　　　　　　　　　　　　　　2 520 000
　　贷:应交税费——应交房产税　　　　　　　　　　　　　2 520 000

缴纳时:

借:应交税费——应交房产税　　　　　　　　　　　　　2 520 000
　　贷:银行存款　　　　　　　　　　　　　　　　　　　2 520 000

2. 一般纳税人从租计征的房产税:房产出租的,计征房产税的租金收入不含增值税。因此,营改增后,纳税人出租应税房产收取的包含增值税的租金收入需要进行价税分离,以确定计征房产税的不含税租金收入。

[例8-25] B公司为增值税一般纳税人。2022年5月,B公司取得房产出租收入21 800元(含税),该房产为2016年4月30日之前取得。

解析:

增值税选择一般计税方法时:

应纳房产税 = 21 800 ÷ (1 + 9%) × 12% = 2 400 (元)

增值税选择简易计税方法时:

应纳房产税 = 21 800 ÷ (1 + 5%) × 12% = 2 491 (元)

3. 小规模纳税人从租计征的房产税:个人出租住房,应按照5%的征收率减按1.5%计算应纳税额。个人出租非住房、其他小规模纳税人出租房屋,即月不足销售额15万元(含本数)的增值税小规模纳税人,可按规定享受免征增值税政策。

[例8-26] 2022年4月,王某出租自有住房两套,收到租金26 000元,计算王某2022年4月应纳房产税。

解析:

王某4月收取租金26 000元,按照规定免征增值税,计征房产税的租金收入为26 000元,4月应纳房产税 = 26 000 × 4% = 1 040 (元)

4. 一般纳税人从价计征的房产税:一般纳税人购进货物、加工修理修配劳务、服务、无形资产或不动产,用于简易计税方法计税项目、免征增值税项目、集体福利等,其进项税额不得从销项税额中抵扣的,应记入相关成本费用或资产科目。根据企业会计准则和小企业会计准则规定,纳税人外购、建造(含改建、扩建、修缮、装饰)房屋不得抵扣的进项税额应当记入"固定资产"等科目。计征房产税的房屋原值应当包含不得抵扣的进项税额。

[例8-27] 2022年7月,C公司外购一栋办公楼专用于免征增值税项目,增值税专用发票上注明的价款为2 000万元,增值税180万元,房产原值减除比例为30%。

解析:

该公司2022年应纳房产税 = (2 000 + 180) × (1 - 30%) × 1.2% ÷ 12 × (12 - 7) = 7.63 (万元)

5. 纳税人自建专用于简易计税方法计税项目、免征增值税项目、集体福利房屋的,其为建造这些项目所购进货物、设计服务和建筑服务等支付的不得抵扣的进项税额已在建造过程中计入"在建工程"等科目,并在房屋达到预定可使用状态后结转到"固定资产"等科目,故自建专用于前述项目的房屋,其原值已包括前述不得抵扣的进项税额,不需另行加计。

6. 小规模纳税人外购房屋,或购进货物、设计服务和建筑服务用于自建房屋,或购进货物、设计服务和建筑服务等对房屋进行改建、扩建、修缮、装饰取得的增值专用发票注明的增值税税款以及增值税普通发票注明价款中包括的增值税税款,均应计入房产原值计征房产税。

8.9 城市维护建设税

城市维护建设税是对缴纳增值税、消费税的单位和个人征收的一个税种。现行的城市维护建设税是 2020 年 8 月 11 日由中华人民共和国第十三届全国人民代表大会常务委员会第二十一次会议通过的《中华人民共和国城市维护建设税法》,自 2021 年 9 月 1 日起施行的。

8.9.1 纳税人

在中华人民共和国境内缴纳增值税、消费税的单位和个人,为城市维护建设税的纳税人。

[特别提示] 城市维护建设税的扣缴义务人为负有增值税、消费税扣缴义务的单位和个人,在扣缴增值税、消费税的同时扣缴城市维护建设税。

8.9.2 税率

城市维护建设税按照纳税人所在地实行差别比例税率,城市维护建设税税率如下:
(1) 纳税人所在地在市区的,税率为 7%;
(2) 纳税人所在地在县城、镇的,税率为 5%;
(3) 纳税人所在地不在市区、县城或者镇的,税率为 1%。

前款所称纳税人所在地,是指纳税人住所地或者与纳税人生产经营活动相关的其他地点,具体地点由省、自治区、直辖市确定。

城市维护建设税纳税人按所在地在市区、县城、镇和不在上述区域适用不同税率。市区、县城、镇按照行政区划确定。

行政区划变更的,自变更完成当月起适用新行政区划对应的城市维护建设税税率,纳税人在变更完成当月的下一个纳税申报期按新税率申报缴纳。

8.9.3 计税依据及应纳税额计算

1. 计税依据。城市维护建设税以纳税人依法实际缴纳的增值税、消费税(以下称两税)税额为计税依据。

依法实际缴纳的增值税税额,是指纳税人依照增值税相关法律法规和税收政策规定计算应当缴纳的增值税税额,加上增值税免抵税额,扣除直接减免的增值税税额和期末留抵退税退还的增值税税额(以下简称留抵退税额)后的金额。

依法实际缴纳的消费税税额,是指纳税人依照消费税相关法律法规和税收政策规定计算应当缴纳的消费税税额,扣除直接减免的消费税税额后的金额。

应当缴纳的两税税额,不含因进口货物或境外单位和个人向境内销售劳务、服务、无形资产缴纳的两税税额。

纳税人自收到留抵退税额之日起,应当在下一个纳税申报期从城市维护建设税计税依据中扣除。

留抵退税额仅允许在按照增值税一般计税方法确定的城市维护建设税计税依据中扣除。当期未扣除完的余额,在以后纳税申报期按规定继续扣除。

对于增值税小规模纳税人更正、查补此前按照一般计税方法确定的城市维护建设税计税依据,允许扣除尚未扣除完的留抵退税额。

对增值税免抵税额征收的城市维护建设税,纳税人应在税务机关核准免抵税额的下一个纳税申报期内向主管税务机关申报缴纳。

2. 应纳税额计算。城市维护建设税的应纳税额按照计税依据乘以具体适用税率计算。

8.9.4 纳税期限

城市维护建设税的纳税义务发生时间与两税的纳税义务发生时间一致,分别与两税同时缴纳。

同时缴纳是指在缴纳两税时,应当在两税同一缴纳地点、同一缴纳期限内,一并缴纳对应的城市维护建设税。

采用委托代征、代扣代缴、代收代缴、预缴、补缴等方式缴纳两税的,应当同时缴纳城市维护建设税。

上述代扣代缴,不含因境外单位和个人向境内销售劳务、服务、无形资产代扣代缴增值税情形。

8.9.5 税收优惠

1. 退役士兵从事个体经营扣减城市维护建设税优惠。自主就业退役士兵从事个体经营的,自办理个体工商户登记当月起,在3年(36个月,下同)内按每户每年12 000元为限额依次扣减其当年实际应交纳的增值税、城市维护建设税、教育费附加、地方教育附加和个人所得税。限额标准最高可上浮20%,各省、自治区、直辖市人民政府可根据本地区实际情况在此幅度内确定具体限额标准。

纳税人年度应交纳税款小于上述扣减限额的,减免税额以其实际缴纳的税款为限；大于上述扣减限额的，以上述扣减限额为限。纳税人的实际经营期不足1年的，应当按月换算其减免税限额。换算公式为：减免税限额＝年度减免税限额÷12×实际经营月数。城市维护建设税、教育费附加、地方教育附加的计税依据是享受本项税收优惠政策前的增值税应纳税额。

（《财政部 税务总局 退役军人部关于进一步扶持自主就业退役士兵创业就业有关税收政策的通知》（财税〔2019〕21号）第一条）

2. 企业招用退役士兵扣减城市维护建设税优惠。企业招用自主就业退役士兵，与其签订1年以上期限劳动合同并依法缴纳社会保险费的，自签订劳动合同并缴纳社会保险当月起，在3年内按实际招用人数予以定额依次扣减增值税、城市维护建设税、教育费附加、地方教育附加和企业所得税优惠。定额标准为每人每年6 000元，最高可上浮50%，各省、自治区、直辖市人民政府可根据本地区实际情况在此幅度内确定具体定额标准。

企业按招用人数和签订的劳动合同时间核算企业减免税总额，在核算减免税总额内每月依次扣减增值税、城市维护建设税、教育费附加和地方教育附加。企业实际应交纳的增值税、城市维护建设税、教育费附加和地方教育附加小于核算减免税总额的，以实际应交纳的增值税、城市维护建设税、教育费附加和地方教育附加为限；实际应交纳的增值税、城市维护建设税、教育费附加和地方教育附加大于核算减免税总额的，以核算减免税总额为限。

纳税年度终了，如果企业实际减免的增值税、城市维护建设税、教育费附加和地方教育附加小于核算减免税总额，企业在企业所得税汇算清缴时以差额部分扣减企业所得税。当年扣减不完的，不再结转以后年度扣减。

自主就业退役士兵在企业工作不满1年的，应当按月换算减免税限额。计算公式为：企业核算减免税总额＝Σ每名自主就业退役士兵本年度在本单位工作月份÷12×具体定额标准。

城市维护建设税、教育费附加、地方教育附加的计税依据是享受本项税收优惠政策前的增值税应纳税额。

（《财政部 税务总局 退役军人部关于进一步扶持自主就业退役士兵创业就业有关税收政策的通知》（财税〔2019〕21号）第二条）

3. 建档立卡贫困人口从事个体经营扣减城市维护建设税。建档立卡贫困人口，从事个体经营的，自办理个体工商户登记当月起，在3年（36个月，下同）内按每户每年12 000元为限额依次扣减其当年实际应交纳的增值税、城市维护建设税、教育费附加、地方教育附加和个人所得税。限额标准最高可上浮20%，各省、自治区、直辖市人民政府可根据本地区实际情况在此幅度内确定具体限额标准。

纳税人年度应交纳税款小于上述扣减限额的，减免税额以其实际缴纳的税款为限;大于上述扣减限额的,以上述扣减限额为限。

上述人员具体包括纳入全国扶贫开发信息系统的建档立卡贫困人口。

[《财政部 税务总局 人力资源社会保障部 国务院扶贫办关于进一步支持和促进重点群体创业就业有关税收政策的通知》(财税〔2019〕22号)第一条、《财政部 税务总局 人力资源社会保障部 国家乡村振兴局关于延长部分扶贫税收优惠政策执行期限的公告》(财政部 税务总局 人力资源社会保障部 国家乡村振兴局公告2021年第18号)]

4. 登记失业半年以上人员,零就业家庭、享受城市低保登记失业人员,毕业年度内高校毕业生从事个体经营扣减城市维护建设税。

持《就业创业证》(注明"自主创业税收政策"或"毕业年度内自主创业税收政策")或《就业失业登记证》(注明"自主创业税收政策")的人员,从事个体经营的,自办理个体工商户登记当月起,在3年(36个月,下同)内按每户每年12 000元为限额依次扣减其当年实际应交纳的增值税、城市维护建设税、教育费附加、地方教育附加和个人所得税。限额标准最高可上浮20%,各省、自治区、直辖市人民政府可根据本地区实际情况在此幅度内确定具体限额标准。

纳税人年度应交纳税款小于上述扣减限额的,减免税额以其实际缴纳的税款为限;大于上述扣减限额的,以上述扣减限额为限。

上述人员具体包括:1. 在人力资源社会保障部门公共就业服务机构登记失业半年以上的人员;2. 零就业家庭、享受城市居民最低生活保障家庭劳动年龄内的登记失业人员;3. 毕业年度内高校毕业生。高校毕业生是指实施高等学历教育的普通高等学校、成人高等学校应届毕业的学生;毕业年度是指毕业所在自然年,即1月1日至12月31日。

[《财政部 税务总局 人力资源社会保障部 国务院扶贫办关于进一步支持和促进重点群体创业就业有关税收政策的通知》(财税〔2019〕22号)第一条、《财政部 税务总局 人力资源社会保障部 国家乡村振兴局关于延长部分扶贫税收优惠政策执行期限的公告》(财政部 税务总局 人力资源社会保障部 国家乡村振兴局公告2021年第18号)]

5. 企业招用建档立卡贫困人口就业扣减城市维护建设税。企业招用建档立卡贫困人口,与其签订1年以上期限劳动合同并依法缴纳社会保险费的,自签订劳动合同并缴纳社会保险当月起,在3年内按实际招用人数予以定额依次扣减增值税、城市维护建设税、教育费附加、地方教育附加和企业所得税优惠。定额标准为每人每年6 000元,最高可上浮30%,各省、自治区、直辖市人民政府可根据本地区实际情况在此幅度内确定具体定额标准。城市维护建设税、教育费附加、地方教育附加的计税依据是享受本项税收优惠政策前的增值税应纳税额。

按上述标准计算的税收扣减额应在企业当年实际应交纳的增值税、城市维护建设税、教育费附加、地方教育附加和企业所得税税额中扣减,当年扣减不完的,不得结转下年使用。

以上所称企业是指属于增值税纳税人或企业所得税纳税人的企业等单位。

[《财政部 税务总局 人力资源社会保障部 国务院扶贫办关于进一步支持和促进重点群体创业就业有关税收政策的通知》(财税〔2019〕22号)第二条

《财政部 税务总局 人力资源社会保障部 国家乡村振兴局关于延长部分扶贫税收优惠政策执行期限的公告》(财政部 税务总局 人力资源社会保障部 国家乡村振兴局公告2021年第18号)]

6. 企业招用登记失业半年以上人员、零就业家庭、享受城市低保登记失业人员,毕业年度内高校毕业生就业扣减城市维护建设税。企业招用在人力资源社会保障部门公共就业服务机构登记失业半年以上且持《就业创业证》或《就业失业登记证》(注明"企业吸纳税收政策")的人员,与其签订1年以上期限劳动合同并依法缴纳社会保险费的,自签订劳动合同并缴纳社会保险当月起,在3年内按实际招用人数予以定额依次扣减增值税、城市维护建设税、教育费附加、地方教育附加和企业所得税优惠。定额标准为每人每年6 000元,最高可上浮30%,各省、自治区、直辖市人民政府可根据本地区实际情况在此幅度内确定具体定额标准。城市维护建设税、教育费附加、地方教育附加的计税依据是享受本项税收优惠政策前的增值税应纳税额。

按上述标准计算的税收扣减额应在企业当年实际应交纳的增值税、城市维护建设税、教育费附加、地方教育附加和企业所得税税额中扣减,当年扣减不完的,不得结转下年使用。

以上所称企业是指属于增值税纳税人或企业所得税纳税人的企业等单位。

[《财政部 税务总局 人力资源社会保障部 国务院扶贫办关于进一步支持和促进重点群体创业就业有关税收政策的通知》(财税〔2019〕22号)第二条

《财政部 税务总局 人力资源社会保障部 国家乡村振兴局关于延长部分扶贫税收优惠政策执行期限的公告》(财政部 税务总局 人力资源社会保障部 国家乡村振兴局公告2021年第18号)]

7. 增值税小规模纳税人城市维护建设税减征。由省、自治区、直辖市人民政府根据本地区实际情况,以及宏观调控需要确定,对增值税小规模纳税人可以在50%的税额幅度内减征资源税、城市维护建设税、房产税、城镇土地使用税、印花税(不含证券交易印花税)、耕地占用税和教育费附加、地方教育附加。

增值税小规模纳税人已依法享受资源税、城市维护建设税、房产税、城镇土地使用税、印花税、耕地占用税、教育费附加、地方教育附加其他优惠政策的,可叠加享受以上减征规定的优惠政策。

[《财政部 税务总局关于实施小微企业普惠性税收减免政策的通知》(财税

〔2019〕13号）

《财政部 税务总局关于进一步实施小微企业"六税两费"减免政策的公告》（财政部 税务总局2022年第10号）〕

8. 国家重大水利工程建设基金免征城市维护建设税。经国务院批准，为支持国家重大水利工程建设，对国家重大水利工程建设基金免征城市维护建设税和教育费附加。

〔《财政部 国家税务总局关于免征国家重大水利工程建设基金的城市维护建设税和教育费附加的通知》（财税〔2010〕44号）〕

9. 对黄金交易所会员单位通过黄金交易所销售且发生实物交割的标准黄金，免征城市维护建设税。黄金交易会员单位通过黄金交易所销售标准黄金（持有黄金交易所开具的《黄金交易结算凭证》，未发生实物交割的，免征增值税；发生实物交割的，由税务机关按照实际成交价格代开增值税专用发票，并实行增值税即征即退的政策，同时免征城市维护建设税、教育费附加。增值税专用发票中的单价、金额和税额的计算公式分别为：

单价＝实际成交单价÷（1＋增值税税率）

金额＝数量×单价

税额＝金额×税率

实际成交单价是指不含黄金交易所收取的手续费的单位价格。

纳税人不通过黄金交易所销售的标准黄金不享受增值税即征即退和免征城市维护建设税、教育费附加政策。

〔《财政部 国家税务总局关于黄金税收政策问题的通知》（财税〔2002〕142号）〕

10. 对上海期货交易所会员和客户通过上海期货交易所销售且发生实物交割并已出库的标准黄金，免征城市维护建设税。上海期货交易所会员和客户通过上海期货交易所销售标准黄金（持上海期货交易所开具的《黄金结算专用发票》，发生实物交割但未出库的，免征增值税；发生实物交割并已出库的，由税务机关按照实际交割价格代开增值税专用发票，并实行增值税即征即退的政策，同时免征城市维护建设税和教育费附加。增值税专用发票中的单价、金额和税额的计算公式分别如下：

单价＝实际交割单价÷（1＋增值税税率）

金额＝数量×单价

税额＝金额×税率

实际交割单价是指不含上海期货交易所收取的手续费的单位价格。

其中，标准黄金是指：成色为AU9999、AU9995、AU999、AU995；规格为50克、100克、1千克、3千克、12.5千克的黄金。

〔《财政部 国家税务总局关于黄金期货交易有关税收政策的通知》（财税〔2008〕5号）

《财政部 税务总局关于继续执行的城市维护建设税优惠政策的公告》(财政部 税务总局公告 2021 年第 27 号)]

8.9.6 会计处理及涉税解析

8.9.6.1 会计处理

企业城市维护建设税通过"应交税费——应交城市维护建设税"科目核算,其贷方发生额表示应交数;其借方发生额表示企业实交数;期末余额在贷方,表示应交未交,即欠交数;期末余额在借方,表示多交数。

企业按照税法规定应交的城市维护建设税,借记"税金及附加"科目,贷记"应交税费——应交城市维护建设税"科目。缴纳的城市维护建设税,借记"应交税费——应交城市维护建设税"科目,贷记"银行存款"科目。

[例 8-28] B 公司 2022 年 1 月实际缴纳增值税 50 000 元,缴纳消费税 30 000 元,城市维护建设税税率为 7%。B 公司计算并缴纳城市维护建设税的会计处理如下:

应纳城市维护建设税 =(50 000 + 30 000)× 7% = 5 600(元)

计提应纳城市维护建设税时:

借:税金及附加	5 600
贷:应交税费——应交城市维护建设税	5 600

缴纳城市维护建设税时:

借:应交税费——应交城市维护建设税	5 600
贷:银行存款	5 600

8.9.6.2 涉税解析

1. 因纳税人多缴发生的两税退税,同时退还已缴纳的城市维护建设税。两税实行先征后返、先征后退、即征即退的,除另有规定外,不予退还随两税附征的城市维护建设税。

2. 城市维护建设税的征收管理等事项,比照两税的有关规定办理。

8.10 耕地占用税

耕地占用税是对在中华人民共和国境内占用耕地建设建筑物、构筑物或者从事非农业建设的单位和个人征收的一种税。现行的耕地占用税是《中华人民共和国耕地占用税法》已由中华人民共和国第十三届全国人民代表大会常务委员会第七次会议于

2018年12月29日通过,自2019年9月1日起施行的。

8.10.1 纳税人

在中华人民共和国境内占用耕地建设建筑物、构筑物或者从事非农业建设的单位和个人,为耕地占用税的纳税人。

[特别提示]

(1) 占用耕地建设农田水利设施的,不缴纳耕地占用税。

(2) 所称耕地,是指用于种植农作物的土地。

(3) 占用园地、林地、草地、农田水利用地、养殖水面、渔业水域滩涂以及其他农用地建设建筑物、构筑物或者从事非农业建设的,依照《耕地占用税法》的规定缴纳耕地占用税。

占用前款规定的农用地的,适用税额可以适当低于本地区按照本法第四条第二款确定的适用税额,但降低的部分不得超过50%。具体适用税额由省、自治区、直辖市人民政府提出,报同级人民代表大会常务委员会决定,并报全国人民代表大会常务委员会和国务院备案。

占用上述规定的农用地建设直接为农业生产服务的生产设施的,不缴纳耕地占用税。

8.10.2 税率

1. 人均耕地不超过一亩的地区(以县、自治县、不设区的市、市辖区为单位,下同),每平方米为十元至五十元;

2. 人均耕地超过一亩但不超过二亩的地区,每平方米为八元至四十元;

3. 人均耕地超过二亩但不超过三亩的地区,每平方米为六元至三十元;

4. 人均耕地超过三亩的地区,每平方米为五元至二十五元。

各地区耕地占用税的适用税额,由省、自治区、直辖市人民政府根据人均耕地面积和经济发展等情况,在前款规定的税额幅度内提出,报同级人民代表大会常务委员会决定,并报全国人民代表大会常务委员会和国务院备案。各省、自治区、直辖市耕地占用税适用税额的平均水平,不得低于《中华人民共和国耕地占用税法》(以下简称《耕地占用税法》)所附《各省、自治区、直辖市耕地占用税平均税额表》(见表8-23)规定的平均税额。

表8-23　　　各省、自治区、直辖市耕地占用税平均税额表

省、自治区、直辖市	平均税额(元/平方米)
上海	45
北京	40

续表

省、自治区、直辖市	平均税额（元/平方米）
天津	35
江苏、浙江、福建、广东	30
辽宁、湖北、湖南	25
河北、安徽、江西、山东、河南、重庆、四川	22.5
广西、海南、贵州、云南、陕西	20
山西、吉林、黑龙江	17.5
内蒙古、西藏、甘肃、青海、宁夏、新疆	12.5

[特别提示]

（1）在人均耕地低于零点五亩的地区，省、自治区、直辖市可以根据当地经济发展情况，适当提高耕地占用税的适用税额，但提高的部分不得超过《耕地占用税法》第四条第二款确定的适用税额的50%。具体适用税额按照《耕地占用税法》第四条第二款规定的程序确定。

（2）占用基本农田的，应当按照《耕地占用税法》第四条第二款或者第五条确定的当地适用税额，加按150%征收。

8.10.3 计税依据及应纳税额计算

耕地占用税以纳税人实际占用的耕地面积为计税依据，按照规定的适用税额一次性征收，应纳税额为纳税人实际占用的耕地面积（平方米）乘以适用税额。

计算公式为：

应纳税额＝实际占用的耕地面积×适用税额标准

8.10.4 纳税期限

耕地占用税的纳税义务发生时间为纳税人收到自然资源主管部门办理占用耕地手续的书面通知的当日。纳税人应当自纳税义务发生之日起三十日内申报缴纳耕地占用税。

[特别提示]

（1）自然资源主管部门凭耕地占用税完税凭证或者免税凭证和其他有关文件发放建设用地批准书。

（2）纳税人因建设项目施工或者地质勘查临时占用耕地，应当依照《耕地占用税法》的规定缴纳耕地占用税。纳税人在批准临时占用耕地期满之日起一年内依法复垦，恢复种植条件的，全额退还已经缴纳的耕地占用税。

（3）税务机关应当与相关部门建立耕地占用税涉税信息共享机制和工作配合机制。县级以上地方人民政府自然资源、农业农村、水利等相关部门应当定期向税务机关提供农用地转用、临时占地等信息,协助税务机关加强耕地占用税征收管理。

(4) 税务机关发现纳税人的纳税申报数据资料异常或者纳税人未按照规定期限申报纳税的,可以提请相关部门进行复核,相关部门应当自收到税务机关复核申请之日起三十日内向税务机关出具复核意见。

8.10.5 税收优惠

1. 军事设施、学校、幼儿园、社会福利机构、医疗机构占用耕地,免征耕地占用税。

2. 铁路线路、公路线路、飞机场跑道、停机坪、港口、航道、水利工程占用耕地,减按每平方米二元的税额征收耕地占用税。

3. 农村居民在规定用地标准以内占用耕地新建自用住宅,按照当地适用税额减半征收耕地占用税;其中农村居民经批准搬迁,新建自用住宅占用耕地不超过原宅基地面积的部分,免征耕地占用税。

4. 农村烈士遗属、因公牺牲军人遗属、残疾军人以及符合农村最低生活保障条件的农村居民,在规定用地标准以内新建自用住宅,免征耕地占用税。

根据国民经济和社会发展的需要,国务院可以规定免征或者减征耕地占用税的其他情形,报全国人民代表大会常务委员会备案。

8.10.6 会计处理及涉税解析

8.10.6.1 会计处理

企业缴纳的耕地占用税不通过"应交税费"科目核算。

企业按照规定缴纳的耕地占用税,计入资产价值的,借记"固定资产""在建工程""无形资产——土地使用权成本"科目,贷记"银行存款"科目;不形成资产价值的,借记"管理费用"科目,贷记"银行存款"科目。

8.10.6.2 涉税解析

1. 依照《耕地占用税法》第七条第一款、第二款规定免征或者减征耕地占用税后,纳税人改变原占地用途,不再属于免征或者减征耕地占用税情形的,应当按照当地适用税额补缴耕地占用税。

2. 与城镇土地使用税比较,耕地占用税是一次性征收,城镇土地使用税需每年缴纳。

8.11 契税

契税是对在中华人民共和国境内转移土地、房屋权属,向承受的单位和个人征收的一种税。现行的契税是由中华人民共和国第十三届全国人民代表大会常务委员会第二十一次会议于2020年8月11日通过的《中华人民共和国契税法》,自2021年9月1日起施行的。

8.11.1 纳税人

在中华人民共和国境内转移土地、房屋权属,承受的单位和个人为契税的纳税人。

转移土地、房屋权属,是指土地使用权出让;土地使用权转让(不包括土地承包经营权和土地经营权的转移,包括出售、赠与、互换);房屋买卖、赠与、互换。

以作价投资(入股)、偿还债务、划转、奖励等方式转移土地、房屋权属的,应当征收契税。

[特别提示]

(1)根据财政部、税务总局公告2021年第23号第一条第一款规定:征收契税的土地、房屋权属,具体为土地使用权、房屋所有权。

(2)根据财政部、税务总局公告2021年第23号第一条第二款规定:下列情形发生土地、房屋权属转移的,承受方应当依法缴纳契税:因共有不动产份额变化的;因共有人增加或者减少的;因人民法院、仲裁委员会的生效法律文书或者监察机关出具的监察文书等因素,发生土地、房屋权属转移的。

8.11.2 税目及税率

1. 税目。土地使用权出让;土地使用权转让(不包括土地承包经营权和土地经营权的转移,包括出售、赠与、互换);房屋买卖、赠与、互换。

2. 税率。契税税率为3%—5%。

契税的具体适用税率,由省、自治区、直辖市人民政府在前款规定的税率幅度内提出,报同级人民代表大会常务委员会决定,并报全国人民代表大会常务委员会和国务院备案。

省、自治区、直辖市可以依照前款规定的程序对不同主体、不同地区、不同类型的住房的权属转移确定差别税率。

[特别提示] 根据财税〔2016〕23号文件规定:

（1）对个人购买家庭唯一住房（家庭成员范围包括购房人、配偶以及未成年子女，下同），面积为 90 平方米及以下的，减按 1% 的税率征收契税；面积为 90 平方米以上的，减按 1.5% 的税率征收契税。

（2）对个人购买家庭第二套改善性住房，面积为 90 平方米及以下的，减按 1% 的税率征收契税；面积为 90 平方米以上的，减按 2% 的税率征收契税。

家庭第二套改善性住房是指已拥有一套住房的家庭，购买的家庭第二套住房（北京市、上海市、广州市、深圳市不实施该项，采用当地规定的契税税率）。

8.11.3　计税依据及应纳税额计算

1. 计税依据。

（1）土地使用权出让、出售，房屋买卖，为土地、房屋权属转移合同确定的成交价格，包括应交付的货币以及实物、其他经济利益对应的价款；

（2）土地使用权互换、房屋互换，为所互换的土地使用权、房屋价格的差额；

（3）土地使用权赠与、房屋赠与以及其他没有价格的转移土地、房屋权属行为，为税务机关参照土地使用权出售、房屋买卖的市场价格依法核定的价格。

纳税人申报的成交价格、互换价格差额明显偏低且无正当理由的，由税务机关依照《中华人民共和国税收征收管理法》的规定核定。

［特别提示］根据财政部、税务总局公告 2021 年第 23 号第二条规定，关于若干计税依据的具体情形：

（1）以划拨方式取得的土地使用权，经批准改为出让方式重新取得该土地使用权的，应由该土地使用权人以补缴的土地出让价款为计税依据缴纳契税。

（2）先以划拨方式取得土地使用权，后经批准转让房地产，划拨土地性质改为出让的，承受方应分别以补缴的土地出让价款和房地产权属转移合同确定的成交价格为计税依据缴纳契税。

（3）先以划拨方式取得土地使用权，后经批准转让房地产，划拨土地性质未发生改变的，承受方应以房地产权属转移合同确定的成交价格为计税依据缴纳契税。

（4）土地使用权及所附建筑物、构筑物等（包括在建的房屋、其他建筑物、构筑物和其他附着物）转让的，计税依据为承受方应交付的总价款。

（5）土地使用权出让的，计税依据包括土地出让金、土地补偿费、安置补助费、地上附着物和青苗补偿费、征收补偿费、城市基础设施配套费、实物配建房屋等应交付的货币以及实物、其他经济利益对应的价款。

（6）房屋附属设施（包括停车位、机动车库、非机动车库、顶层阁楼、储藏室及其他房屋附属设施）与房屋为同一不动产单元的，计税依据为承受方应交付的总价款，并适用与房屋相同的税率；房屋附属设施与房屋为不同不动产单元的，计税依据为转移合同确定的成交价格,并按当地确定的适用税率计税。

(7) 承受已装修房屋的,应将包括装修费用在内的费用计入承受方应交付的总价款。

(8) 土地使用权互换、房屋互换,互换价格相等的,互换双方计税依据为零;互换价格不相等的,以其差额为计税依据,由支付差额的一方缴纳契税。

(9) 契税的计税依据不包括增值税。

2. 应纳税额计算。契税的应纳税额按照计税依据乘以具体适用税率计算。计算公式为:

应纳税额 = 计税依据 × 适用税率

[例8-29] 2022年3月,居民张某本着自愿公平的原则,将一套两室住房与居民王某交换成两处一室住房,另外还支付给王某换房差价款200 000元(假定契税税率3%)。

解析:

房屋交换活动中契税的计税依据并不是房屋的价格,而是房屋的价格之差。区分两种情况:

(1) 交换价格相等时,也就是说差价为0,免征契税;

(2) 交换价格不等时,由多支付货币、实物、无形资产或其他经济利益的一方缴纳契税。那么,此例中契税由张某缴纳,应缴契税为6 000元(200 000×3%)。

[特别提示]

(1) 在依法办理土地、房屋权属登记前,权属转移合同、权属转移合同性质凭证不生效、无效、被撤销或者被解除的,纳税人可以向税务机关申请退还已缴纳的税款,税务机关应当依法办理。

(2) 根据财政部、税务总局公告2021年第23号第五条第四款规定:纳税人缴纳契税后发生下列情形,可依照有关法律法规申请退税:因人民法院判决或者仲裁委员会裁决导致土地、房屋权属转移行为无效、被撤销或者被解除,且土地、房屋权属变更至原权利人的;在出让土地使用权交付时,因容积率调整或实际交付面积小于合同约定面积需退还土地出让价款的;在新建商品房交付时,因实际交付面积小于合同约定面积需返还房价款的。

(3) 根据财政部、税务总局公告2021年第23号第五条第一、第二、第三款规定:具有土地、房屋权属转移合同性质的凭证包括契约、协议、合约、单据、确认书以及其他凭证。不动产登记机构在办理土地、房屋权属登记时,应当依法查验土地、房屋的契税完税、减免税、不征税等涉税凭证或者有关信息。

税务机关应当与相关部门建立契税涉税信息共享和工作配合机制。具体转移土地、房屋权属有关的信息包括:自然资源部门的土地出让、转让、征收补偿、不动产权属登记等信息，住房城乡建设部门的房屋交易等信息，民政部门的婚姻登记、社会组织登记等信息，公安部门的户籍人口基本信息。

8.11.4 纳税期限

契税的纳税义务发生时间，为纳税人签订土地、房屋权属转移合同的当日，或者纳税人取得其他具有土地、房屋权属转移合同性质凭证的当日。

纳税人应当在依法办理土地、房屋权属登记手续前申报缴纳契税。

[特别提示]

（1）根据财政部、税务总局公告 2021 年第 23 号第四条规定：关于纳税义务发生时间的具体情形：

因人民法院、仲裁委员会的生效法律文书或者监察机关出具的监察文书等发生土地、房屋权属转移的，纳税义务发生时间为法律文书等生效当日。

因改变土地、房屋用途等情形应当缴纳已经减征、免征契税的，纳税义务发生时间为改变有关土地、房屋用途等情形的当日。

因改变土地性质、容积率等土地使用条件需补缴土地出让价款，应当缴纳契税的，纳税义务发生时间为改变土地使用条件当日。

发生上述情形，按规定不再需要办理土地、房屋权属登记的，纳税人应自纳税义务发生之日起 90 日内申报缴纳契税。

（2）纳税人办理纳税事宜后，税务机关应当开具契税完税凭证。纳税人办理土地、房屋权属登记，不动产登记机构应当查验契税完税、减免税凭证或者有关信息。未按照规定缴纳契税的，不动产登记机构不予办理土地、房屋权属登记。

8.11.5 税收优惠

（1）国家机关、事业单位、社会团体、军事单位承受土地、房屋权属用于办公、教学、医疗、科研、军事设施。

（2）非营利性的学校、医疗机构、社会福利机构承受土地、房屋权属用于办公、教学、医疗、科研、养老、救助。

[特别提示]

（1）根据财政部、税务总局公告 2021 年第 23 号第三条规定，关于享受契税免税优惠的非营利性的学校、医疗机构、社会福利机构免税的具体情形：

限于上述三类单位中依法登记为事业单位、社会团体、基金会、社会服务机构等的非营利法人和非营利组织。其中：

学校的具体范围为经县级以上人民政府或者其教育行政部门批准成立的大学、中学、小学、幼儿园，实施学历教育的职业教育学校、特殊教育学校、专门学校，以及经省级人民政府或者其人力资源社会保障行政部门批准成立的技工院校。

医疗机构的具体范围为经县级以上人民政府卫生健康行政部门批准或者备案设立的医疗机构。

社会福利机构的具体范围为依法登记的养老服务机构、残疾人服务机构、儿童福利机构、救助管理机构、未成年人救助保护机构。

（2）享受契税免税优惠的土地、房屋用途具体如下：用于办公的，限于办公室（楼）以及其他直接用于办公的土地、房屋；用于教学的，限于教室（教学楼）以及其他直接用于教学的土地、房屋；用于医疗的，限于门诊部以及其他直接用于医疗的土地、房屋；用于科研的，限于科学试验的场所以及其他直接用于科研的土地、房屋；用于军事设施的，限于直接用于《中华人民共和国军事设施保护法》规定的军事设施的土地、房屋；用于养老的，限于直接用于为老年人提供养护、康复、托管等服务的土地、房屋；用于救助的，限于直接为残疾人、未成年人、生活无着的流浪乞讨人员提供养护、康复、托管等服务的土地、房屋。

（3）承受荒山、荒地、荒滩土地使用权用于农、林、牧、渔业生产。

（4）婚姻关系存续期间夫妻之间变更土地、房屋权属。

（5）法定继承人通过继承承受土地、房屋权属；

（6）依照法律规定应当予以免税的外国驻华使馆、领事馆和国际组织驻华代表机构承受土地、房屋权属。

（7）根据国民经济和社会发展的需要，国务院对居民住房需求保障、企业改制重组、灾后重建等情形可以规定免征或者减征契税，报全国人民代表大会常务委员会备案。

（8）省、自治区、直辖市可以决定对下列情形免征或者减征契税：因土地、房屋被县级以上人民政府征收、征用，重新承受土地、房屋权属；因不可抗力灭失住房，重新承受住房权属。

8.11.6 会计处理及涉税解析

8.11.6.1 会计处理

企业缴纳的契税，不通过"税金及附加""应交税费"科目核算。企业按照规定缴纳的契税，借记"固定资产""无形资产"科目，贷记"银行存款"科目。

房地产开发企业购买土地缴纳的契税：土地暂时不开发，契税应该计入土地的成本中，即"无形资产——土地使用权"科目；土地直接用于开发，契税应该计入开发成本中，即"开发成本——土地征用及拆迁补偿费"科目。

8.11.6.2 涉税解析

1. 纳税人改变有关土地、房屋的用途，或者有其他不再属于《中华人民共和国契税法》第六条规定的免征、减征契税情形的，应当缴纳已经免征、减征的税款。

2. 根据财税〔2016〕43号文件规定，免征增值税的，确定计税依据时，成交价格、租金收入、转让房地产取得的收入不扣减增值税额。

3. 根据财政部、税务总局公告2021年第23号规定，房屋附属设施（包括停车位、机动车库、非机动车库、顶层阁楼、储藏室及其他房屋附属设施）与房屋为同一不动产单元的，计税依据为承受方应交付的总价款，并适用与房屋相同的税率；房屋附属设施与房屋为不同不动产单元的，计税依据为转移合同确定的成交价格，并按非住宅税率计税。

根据《不动产登记暂行条例》第八条规定明确，不动产以不动产单位为基本单位进行登记，不动产单位具有唯一编码。因此，与房屋同一不动产单元的，可以与房屋相同的税率缴纳契税；与房屋为不同不动产单元的，按照当地确定的法定税率缴纳契税。

4. 纳税人通过出让方式取得集体土地用于生产经营，需要缴纳契税。

5. 根据财政部、税务总局公告2021年第23号规定，承受已装修房屋的，应将包括装修费用在内的费用计入承受方应交付的总价款。在购买已装修房屋时，无论是销售方单独收取的装修费用，还是将装修费用作为房屋价款的一部分，均要计入契税的计税依据一并征收契税。

6. 根据财政部、税务总局公告2021年第23号规定，改变土地性质、容积率等土地使用条件需补缴土地出让价款，应当缴纳契税的，纳税义务发生时间为改变土地使用条件当日。按规定不再需要办理土地、房屋权属登记的，纳税人应自纳税义务发生之日起90日内申报缴纳契税。超过规定期限的，应当依法缴纳滞纳金。

7. 法定继承人（包括配偶、子女、父母、兄弟姐妹、祖父母、外祖父母）通过继承承受土地、房屋权属，免征契税；非法定继承人根据遗嘱承受死者生前的土地、房屋权属，属于赠与行为，应征收契税。

8. 婚姻关系存续期间夫妻之间变更房屋、土地权属，免征契税。

8.12 土地增值税

土地增值税是对转让国有土地使用权、地上建筑物及其附着物并取得收入的单位和个人，就其增值额征收的一种税。现行的土地增值税是1993年12月13日由国务院发布《中华人民共和国土地增值税暂行条例》，从1994年1月1日起实行的；2011年1月8日中华人民共和国国务院令588号修改，自公布之日起施行。

8.12.1 纳税人

土地增值税的纳税人是转让国有土地使用权、地上建筑物及其附着物（简称房地产）并取得收入的各类单位和个人。

8.12.2 税率

1. 一般规定。实行四级超率累进税率。
（1）增值额不超过扣除项目金额50%的部分，税率30%。
（2）增值额超过扣除项目金额50%—100%的部分，税率40%。
（3）增值额超过扣除项目金额100%—200%的部分，税率50%。
（4）增值额超过扣除项目金额200%的部分，税率60%。

2. 预征率。除保障性住房外，东部地区省份预征率不得低于2%，中部和东北地区省份不得低于1.5%，西部地区省份不得低于1%，各地要根据不同类型房地产确定适当的预征率（地区的划分按照国务院有关文件的规定执行）。

3. 核定征收率。房地产开发企业有下列情形之一的，税务机关可以参照与其开发规模和收入水平相近的当地企业的土地增值税税负情况，按不低于预征率的征收率核定征收土地增值税：

依照法律、行政法规的规定应当设置但未设置账簿的；擅自销毁账簿或者拒不提供纳税资料的；虽设置账簿，但账目混乱或者成本资料、收入凭证、费用凭证残缺不全，难以确定转让收入或扣除项目金额的；符合土地增值税清算条件，未按照规定的期限办理清算手续，经税务机关责令限期清算，逾期仍不清算的；申报的计税依据明显偏低，又无正当理由的。

8.12.3 计税依据及应纳税额计算

1. 计税依据。土地增值税以纳税人转让房地产取得的增值额为计税依据。即纳税人取得的转让房地产的全部收入减除支付的地价款、开发成本和各项费用税金等扣除项目后的余额。

（1）法定税项扣除。下列项目，准予纳税人在计算土地增值税时扣除：

①取得土地使用权所支付的金额。即纳税人为取得土地使用权所支付的地价款和按国家统一规定交纳的有关费用；

②开发土地和新建房及配套设施的成本。是指纳税人房地产开发项目实际发生的成本。具体包括：土地征用及拆迁补偿费、前期工程费、建筑安装工程费、基础设施费、公共配套设施费、开发间接费用；

③开发土地和新建房及配套设施的费用。包括与房地产开发项目有关的销售费

用、管理费用和财务费用（简称房地产开发费用）；

财务费用中的利息支出，按不超过商业银行同类同期贷款利率计算金额，据实扣除。其他房地产开发费用，按土地使用权支付金额及房地产开发项目实际发生的成本两项之和金额的5%计算扣除。

凡不能按房地产项目计算分摊利息支出或不能提供金融机构证明的，房地产开发费用按土地使用权支付金额及房地产开发项目实际发生成本金额的金额之和10%以内计算扣除；

④旧房及建筑物的评估价格。是指由税务机关确认的房地产评估机构评定的重置成本价乘以成新度折扣率后的价格；

⑤与转让房地产有关的税金。是指转让房地产时缴纳的增值税、城市维护建设税、印花税及教育费附加等；

⑥财政部规定的其他扣除项目。是指对从事房地产开发的纳税人，可按土地使用权支付金额及房地产开发项目实际发生成本金额之和，加计20%的扣除。

（2）代收费用扣除。对县级以上人民政府要求房地产开发企业在售房时代收的各项费用，其代收费用计入房价向购买方一并收取的，可作为转让房地产收入计税，并相应在计算扣除项目金额时予以扣除。但不得作为加计20%扣除的基数。

（3）地价款和税费扣除。转让旧房的，应按房屋及建筑物的评估价格、取得土地使用权所支付的地价款和国家统一规定交纳的有关费用以及在转让环节缴纳的税金，作为扣除项目金额，计征土地增值税。对取得土地使用权未支付地价款或不能提供已支付地价款凭据的，不允许扣除该项地价款的金额。

（4）评估费用扣除。纳税人转让旧房及建筑物所支付的评估费用，允许在计算增值额时据实扣除。

2. 应纳税额计算。土地增值税按纳税人转让房地产的收入总额减除扣除项目金额的余额和适用税率计征，计算公式为：

（1）增值额不超过扣除项目金额50%的部分。

土地增值税税额 = 增值额 × 30%

（2）增值额超过扣除项目金额50%—100%的部分。

土地增值税税额 = 增值额 × 40% − 扣除项目金额 × 5%

（3）增值额超过扣除项目金额100%—200%的部分。

土地增值税税额 = 增值额 × 50% − 扣除项目金额 × 15%

（4）增值额超过扣除项目金额200%的部分。

土地增值税税额 = 增值额 × 60% − 扣除项目金额 × 35%

公式中的5%、15%、35%为速算扣除系数。

8.12.4 纳税期限

房地产开发企业按月或按季预缴土地增值税的，申报纳税期限为月份或季度终了后 15 日内；非房地产开发企业按次缴纳土地增值税的，申报纳税期限为房地产转让合同签订之日起 7 日内。

8.12.5 税收优惠

1. 纳税人建造普通标准住宅出售，增值额未超过扣除项目金额 20% 的，免征土地增值税。
2. 因国家建设需要依法征用、收回的房地产，免征土地增值税。
3. 根据财政部、税务总局公告 2021 年第 21 号规定：

（1）自 2021 年 1 月 1 日至 2023 年 12 月 31 日，按照《中华人民共和国公司法》的规定，非公司制企业整体改制为有限责任公司或者股份有限公司，有限责任公司（股份有限公司）整体改制为股份有限公司（有限责任公司），对改制前的企业将国有土地使用权、地上的建筑物及其附着物（以下称房地产）转移、变更到改制后的企业，暂不征收土地增值税。整体改制是指不改变原企业的投资主体，并承继原企业权利、义务的行为。

（2）自 2021 年 1 月 1 日至 2023 年 12 月 31 日，按照法律规定或者合同约定，两个或两个以上企业合并为一个企业，且原企业投资主体存续的，对原企业将房地产转移、变更到合并后的企业，暂不征收土地增值税。

（3）自 2021 年 1 月 1 日至 2023 年 12 月 31 日，按照法律规定或者合同约定，企业分设为两个或两个以上与原企业投资主体相同的企业，对原企业将房地产转移、变更到分立后的企业，暂不征收土地增值税。

（4）自 2021 年 1 月 1 日至 2023 年 12 月 31 日，单位、个人在改制重组时以房地产作价入股进行投资，对其将房地产转移、变更到被投资的企业，暂不征收土地增值税。

（5）上述改制重组有关土地增值税政策不适用于房地产转移任意一方为房地产开发企业的情形。

（6）改制重组后再转让房地产并申报缴纳土地增值税时，对"取得土地使用权所支付的金额"，按照改制重组前取得该宗国有土地使用权所支付的地价款和按国家统一规定缴纳的有关费用确定；经批准以国有土地使用权作价出资入股的，为作价入股时县级及以上自然资源部门批准的评估价格。按购房发票确定扣除项目金额的，按照改制重组前购房发票所载金额，并从购买年度起至本次转让年度止每年加计 5% 计算扣除项目金额，购买年度是指购房发票所载日期的当年。

8.12.6 会计处理及涉税解析

8.12.6.1 会计处理

小企业应在"应交税费"科目下设置"应交土地增值税"明细科目，核算应缴土地增值税的发生、缴纳情况。该科目贷方登记应交纳的土地增值税，借方登记已缴纳的土地增值税，期末余额在贷方，表示尚未缴纳的土地增值税。

1. 小企业转让土地使用权应交纳土地增值税，土地使用权与地上建筑物及其附着物一并在"固定资产"科目核算的，转固定资产清理，按照已计提的累计折旧额，借记"累计折旧"科目，按照其成本，贷记"固定资产"科目，按照其差额，借记"固定资产清理"科目；按转让价款，借记"银行存款"科目，贷记"固定资产清理"和"应交税费——应交增值税（销项税额）"科目，按其差额，贷记"营业外收入——非流动资产处置净收益"科目或借记"营业外支出——非流动资产处置净损失"科目。如果产生营业外收入，则计算缴纳土地增值税，借记"税金及附加——应交土地增值税"科目，贷记"应交税费——应交土地增值税"。缴纳土地增值税时，借记"应交税费——应交土地增值税"科目，贷记"银行存款"科目。

2. 小企业转让土地使用权应交纳土地增值税，土地使用权在"无形资产"科目核算的，按照实际收到的金额，借记"银行存款"科目，按照已计提的累计摊销额，借记"累计摊销"科目，按照其成本，贷记"无形资产"和"应交税费——应交增值税（销项税额）"科目，按照其差额，贷记"营业外收入——非流动资产处置净收益"科目或借记"营业外支出——非流动资产处置净损失"科目。如果产生营业外收入，则计算缴纳土地增值税，借记"税金及附加——应交土地增值税"科目，贷记"应交税费——应交土地增值税"；缴纳土地增值税时，借记"应交税费——应交土地增值税"科目，贷记"银行存款"科目。

3. 小企业（房地产开发经营）销售房地产应交纳的土地增值税，借记"税金及附加"科目，贷记"应交税费——应交土地增值税"科目。

4. 缴纳的土地增值税，借记"应交税费——应交土地增值税"等科目，贷记"银行存款"科目。

[例8-30] 2022年3月，A房地产开发公司转让一幢写字楼取得收入10 000 000元（不含增值税收入）。已知该公司为取得土地使用权所支付的金额为500 000元，房地产开发成本为2 000 000元，房地产开发费用为400 000元，该公司没有按房地产项目计算分摊银行借款利息，该项目所在省政府规定计征土地增值税时房地产开发费用扣除比例按10%计算，转让房地产有关的税金为600 000元。该公司应缴纳多少土地增值税？

解析：

扣除项目金额 = 500 000 + 2 000 000 +（2 000 000 + 500 000）× 10% + 600 000 +（500 000 + 2 000 000）× 20% = 3 850 000（元）

增值额 = 10 000 000 – 3 850 000 = 6 150 000（元）

增值率 = 6 150 000 ÷ 3 850 000 × 100% = 159.74%

应纳税额 = 6 150 000 × 50% – 3 850 000 × 15% = 2 497 500（元）

计提时：

借：税金及附加　　　　　　　　　　　　　　　　2 497 500
　　贷：应交税费——应交土地增值税　　　　　　　2 497 500

缴纳时：

借：应交税费——应交土地增值税　　　　　　　　2 497 500
　　贷：银行存款　　　　　　　　　　　　　　　　2 497 500

8.12.6.2　涉税解析

1. 土地增值税纳税人转让房地产取得的收入为不含增值税收入。

2. 土地增值税扣除项目涉及的增值税进项税额，允许在销项税额中计算抵扣的，不计入扣除项目，不允许在销项税额中计算抵扣的，可以计入扣除项目。

3. 根据税总函〔2017〕513号文件规定：纳税人在确认转让加油站房地产有关土地增值税计税收入时，对依法不得转让的成品油零售特许经营权作价或评估作价不应从转让加油站整体资产的收入金额中扣除。

4. 土地增值税清算时，已全额开具商品房销售发票的，按照发票所载金额确认收入；未开具发票或未全额开具发票的，以交易双方签订的销售合同所载的售房金额及其他收益确认收入。销售合同所载商品房面积与有关部门实际测量面积不一致，在清算前已发生补、退房款的，应在计算土地增值税时予以调整。

5. 房地产开发企业在工程竣工验收后，根据合同约定，扣留建筑安装施工企业一定比例的工程款，作为开发项目的质量保证金，在计算土地增值税时，建筑安装施工企业就质量保证金对房地产开发企业开具发票的，按发票所载金额予以扣除；未开具发票的，扣留的质保金不得计算扣除。

6. 房地产开发费用的扣除问题：财务费用中的利息支出，凡能够按转让房地产项目计算分摊并提供金融机构证明的，允许据实扣除，但最高不能超过按商业银行同类同期贷款利率计算的金额。其他房地产开发费用，在按照"取得土地使用权所支付的金额"与"房地产开发成本"金额之和的5%以内计算扣除；凡不能按转让房地产项目计算分摊利息支出或不能提供金融机构证明的，房地产开发费用在按"取得土地使用权所支付的金额"与"房地产开发成本"金额之和的10%以内计算扣除。全部使用自有资金,没有利息支出的,按照以上方法扣除。房地产开发企业既向金融机构借款,又有其他借款的,其房地产开发费用计算扣除时不能同时适用上述两种办法。

7. 土地增值税清算时,已经计入房地产开发成本的利息支出,应调整至财务费用中计算扣除。

8. 房地产开发企业逾期开发缴纳的土地闲置费不得扣除。

9. 房地产开发企业为取得土地使用权所支付的契税,应视同"按国家统一规定交纳的有关费用",计入"取得土地使用权所支付的金额"中扣除。

10. 关于拆迁安置土地增值税计算问题:

房地产企业用建造的本项目房地产安置回迁户的,安置用房视同销售处理,按《国家税务总局关于房地产开发企业土地增值税清算管理有关问题的通知》(国税发〔2006〕187号)第三条第(一)款规定确认收入,同时将此确认为房地产开发项目的拆迁补偿费。房地产开发企业支付给回迁户的补差价款,计入拆迁补偿费;回迁户支付给房地产开发企业的补差价款,应抵减本项目拆迁补偿费。

开发企业采取异地安置,异地安置的房屋属于自行开发建造的,根据房屋价值按国税发〔2006〕187号文件第三条第(一)款的规定计算,计入本项目的拆迁补偿费;异地安置的房屋属于购入的,以实际支付的购房支出计入拆迁补偿费。

货币安置拆迁的,房地产开发企业凭合法有效凭据计入拆迁补偿费。

11. 关于转让旧房准予扣除项目的加计问题:根据《财政部 国家税务总局关于土地增值税若干问题的通知》(财税〔2006〕21号)第二条第一款规定"纳税人转让旧房及建筑物,凡不能取得评估价格,但能提供购房发票的,经当地税务部门确认,《条例》第六条第(一)、第(三)项规定的扣除项目的金额,可按发票所载金额并从购买年度起至转让年度止每年加计5%计算"。计算扣除项目时"每年"按购房发票所载日期起至售房发票开具之日止,每满12个月计一年;超过一年,未满12个月但超过6个月的,可以视同为一年。

12. 纳税人按规定预缴土地增值税后,清算补缴的土地增值税,在主管税务机关规定的期限内补缴的,不加收滞纳金。

8.13 车船税

车船税是依照法律规定,对在我国境内的车辆、船舶,按照规定的税目、计税单位和年税额标准计算征收的一种税。从2012年1月1日起施行《中华人民共和国车船税法》(以下简称《车船税法》)、《中华人民共和国车船税法实施条例》(以下简称

《车船税法实施条例》)。

8.13.1 纳税人和扣缴义务人

车船的所有人或者管理人是车船税的纳税义务人。其中,所有人是指在我国境内拥有车船的单位和个人;管理人是指对车船具有管理权或者使用权,不具有所有权的单位和个人。上述单位,包括在中国境内成立的行政机关、企业、事业单位、社会团体以及其他组织;上述个人,包括个体工商户以及其他个人。

从事机动车第三者责任强制保险业务(以下简称"交强险")的保险机构为车船税的扣缴义务人,应当在收取保险费时按照规定的税目税额代收车船税,并在机动车交强险的保险单以及保费发票上注明已收税款的信息,作为代收税款凭证。

8.13.2 税目税额

《车船税法》规定的征税范围是税法所附《车船税税目税额表》所列的车辆、船舶,包括依法应当在车船登记管理部门登记的机动车辆和船舶,也包括依法不需要在车船登记管理部门登记的在单位内部场所行驶或者作业的机动车辆和船舶。

上述机动车辆包括乘用车、商用车(包括客车、货车)、挂车、专用作业车、轮式专用机械车、摩托车。拖拉机不需要缴纳车船税。

船舶,是指各类机动、非机动船舶以及其他水上移动装置,但是船舶上装备的救生艇筏和长度小于5米的艇筏除外。其中,机动船舶是指用机器推进的船舶;拖船是指专门用于拖(推)动运输船舶的专业作业船舶;非机动驳船,是指在船舶登记管理部门登记为驳船的非机动船舶;游艇是指具备内置机械推进动力装置,长度在90米以下,主要用于游览观光、休闲娱乐、水上体育运动等活动,并应当具有船舶检验证书和适航证书的船舶。

车船的适用税额依照《车船税法》所附《车船税税目税额表》(见表8-24)执行。

表8-24　　　　　　　　车船税税目税额表

税目		计税单位	年基准税额	备注
乘用车〔按发动机汽缸容量(排气量)分档〕	1.0升(含)以下的	每辆	60元至360元	核定载客人数9人(含)以下
	1.0升以上至1.6升(含)的		300元至540元	
	1.6升以上至2.0升(含)的		360元至660元	
	2.0升以上至2.5升(含)的		660元至1 200元	
	2.5升以上至3.0升(含)的		1 200元至2 400元	
	3.0升以上至4.0升(含)的		2 400元至3 600元	
	4.0升以上的		3 600元至5 400元	

续表

税目		计税单位	年基准税额	备注
商用车	客车	每辆	480元至1 440元	核定载客人数9人以上，包括电车
	货车	整备质量每吨	16元至120元	包括半挂牵引车、三轮汽车和低速载货汽车等
挂车		整备质量每吨	按照货车税额的50%计算	
其他车辆	专用作业车	整备质量每吨	16元至120元	不包括拖拉机
	轮式专用机械车		16元至120元	
摩托车		每辆	36元至180元	
船舶	机动船舶	净吨位每吨	3元至6元	拖船、非机动驳船分别按照机动船舶税额的50%计算
	游艇	艇身长度每米	600元至2 000元	

1. 车辆的具体适用税额由省、自治区、直辖市人民政府依照《车船税法》所附《车船税税目税额表》规定的税额幅度和国务院的规定确定。省、自治区、直辖市人民政府根据车船税法所附《车船税税目税额表》确定车辆具体适用税额，应当遵循乘用车依排气量从小到大递增税额；客车按照核定载客人数20人以下和20人（含）以上两档划分，递增税额的原则。省、自治区、直辖市人民政府确定的车辆具体适用税额，应当报国务院备案。

2. 船舶的具体适用税额由国务院在《车船税法》所附《车船税税目税额表》规定的税额幅度内确定。

（1）根据《车船税法实施条例》第四条规定机动船舶具体适用税额为：净吨位不超过200吨的，每吨3元；净吨位超过200吨但不超过2 000吨的，每吨4元；净吨位超过2 000吨但不超过10 000吨的，每吨5元；净吨位超过10 000吨的，每吨6元。拖船按照发动机功率每1千瓦折合净吨位0.67吨计算征收车船税。

[例8-31] A船舶公司拥有拖船3艘，发动机功率均为2 000千瓦。其船舶税额为净吨位201吨至2 000吨的，每吨4元。该船舶公司当年应缴纳车船税为8 040元（2 000×3×0.67×4×50%）。

（2）《车船税法实施条例》第五条规定游艇具体适用税额为：艇身长度不超过10米的，每米600元；艇身长度超过10米但不超过18米的，每米900元；艇身长度超过18米但不超过30米的，每米1 300元；艇身长度超过30米的，每米2 000元；辅助动力帆艇，每米600元。

[特别提示]《车船税法》及其实施条例所涉及的排气量、整备质量、核定载客人数、净吨位、千瓦、艇身长度，以车船登记管理部门核发的车船登记证书或者行驶证

所载数据为准。

依法不需要办理登记的车船和依法应当登记而未办理登记或者不能提供车船登记证书、行驶证的车船,以车船出厂合格证明或者进口凭证标注的技术参数、数据为准;不能提供车船出厂合格证明或者进口凭证的,由主管税务机关参照国家相关标准核定,没有国家相关标准的参照同类车船核定。

8.13.3 计税依据及应纳税额计算

1. 车辆的计算公式:

应纳税额 = 应税车辆数量(或整备质量)× 适用税额标准

2. 机动船舶的计算公式:

应纳税额 = 应税船舶净吨位 × 适用税额标准

3. 游艇的计算公式:

应纳税额 = 艇身长度 × 适用税额标准

8.13.4 纳税期限

车船税按年申报,分月计算,一次性缴纳。纳税期限为每年的公历 1 月 1 日至 12 月 31 日。

由扣缴义务人代收代缴车船税的,车船税的纳税期限为纳税人购买机动车交通事故责任强制保险的当日。

车船税纳税义务发生时间为取得车船所有权或者管理权的当月。

8.13.5 税收优惠

1. 车船税法规定的法定免税车船:捕捞、养殖渔船:是指在渔业船舶登记管理部门登记为捕捞船或者养殖船的船舶;军队、武装警察部队专用的车船:是指按照规定在军队、武装警察部队车船登记管理部门登记,并领取军队、武警牌照的车船;警用车船:是指公安机关、国家安全机关、监狱、劳动教养管理机关和人民法院、人民检察院领取警用牌照的车辆和执行警务的专用船舶;依照法律规定应当予以免税的外国驻华使领馆、国际组织驻华代表机构及其有关人员的车船。

2. 国务院规定的车船税的减免税项目:根据《财政部 税务总局 工业和信息化部 交通运输部关于节能新能源车船享受车船税优惠政策的通知》(财税〔2018〕74 号)规定:节约能源、使用新能源的车船可以免征或者减半征收车船税。免征或者减半征收车船税的车船的范围,由国务院财政、税务主管部门商国务院有关部门制订,报国务院批准。符合标准的节能、新能源汽车,由工业和信息化部、税务总局不定期联合发布《享受车船税减免优惠的节约能源使用新能源汽车车型目录》。

（1）对节能汽车，减半征收车船税。减半征收车船税的节能乘用车应同时符合以下标准：获得许可在中国境内销售的排量为1.6升以下（含1.6升）的燃用汽油、柴油的乘用车（含非插电式混合动力、双燃料和两用燃料乘用车）；综合工况燃料消耗量应符合标准。

减半征收车船税的节能商用车应同时符合以下标准：获得许可在中国境内销售的燃用天然气、汽油、柴油的轻型和重型商用车（含非插电式混合动力、双燃料和两用燃料轻型和重型商用车）；燃用汽油、柴油的轻型和重型商用车综合工况燃料消耗量应符合标准。

（2）对新能源车船，免征车船税。免征车船税的新能源汽车是指纯电动商用车、插电式（含增程式）混合动力汽车、燃料电池商用车。纯电动乘用车和燃料电池乘用车不属于车船税征税范围，对其不征车船税。免征车船税的新能源汽车应同时符合以下标准：获得许可在中国境内销售的纯电动商用车、插电式（含增程式）混合动力汽车、燃料电池商用车；2.符合新能源汽车产品技术标准；通过新能源汽车专项检测，符合新能源汽车标准；新能源汽车生产企业或进口新能源汽车经销商在产品质量保证、产品一致性、售后服务、安全监测、动力电池回收利用等方面符合相关要求。

免征车船税的新能源船舶应符合以下标准：船舶的主推进动力装置为纯天然气发动机。发动机采用微量柴油引燃方式且引燃油热值占全部燃料总热值的比例不超过5%的，视同纯天然气发动机。

3. 授权省、自治区、直辖市人民政府规定的车船税的减免税项目：省、自治区、直辖市人民政府根据当地实际情况，可以对公共交通车船，农村居民拥有并主要在农村地区使用的摩托车、三轮汽车和低速载货汽车定期减征或者免征车船税；对受地震、洪涝等严重自然灾害影响纳税困难以及其他特殊原因确需减免税的，可以在一定期限内减征或者免征车船税，具体减免期限和数额由省、自治区、直辖市人民政府确定。

另外，对纯电动乘用车、燃料电池乘用车、非机动车船（不包括非机动驳船）、临时入境的外国车船和香港特别行政区、澳门特别行政区、台湾地区的车船，不征收车船税。

8.13.6　会计处理及涉税解析

8.13.6.1　会计处理

车船税的会计核算是通过"应交税费——应交车船税"科目进行的。该科目借方反映企业已缴纳的车船税；贷方反映应交纳的车船税；余额在贷方，反映企业应交而未交的车船税。

企业按照规定应交纳的车船税，借记"税金及附加"科目，贷记"应交税费——应交车船税"科目。缴纳的车船税，借记"应交税费——车船税"科目，贷记"银行存款"科目。

[例 8-32] 2022 年 5 月 17 日，A 公司购买了一辆排气量为 1.6 升的汽车，A 公司所在地 1.6 升汽车车船税年税额 360 元，计算 2022 年度应交纳的车船税额，并说明其纳税地点。

2022 年应纳车船税额：360÷12（个月）×8（个月）=240（元）

纳税地点：自行缴纳车辆车船税时，只能到车籍所在地税务机关缴纳；到保险公司缴纳交强险，由保险公司代收代缴时不分区域，在保险公司所在地缴纳。

计提应纳车船税时：

借：税金及附加　　　　　　　　　　　　　　　　　　　　240

　　贷：应交税费——应交车船税　　　　　　　　　　　　　　240

缴纳车船税时：

借：应交税费——应交车船税　　　　　　　　　　　　　　240

　　贷：银行存款　　　　　　　　　　　　　　　　　　　　240

[特别提示]

（1）自行缴纳车辆车船税时，只能到车籍所在地地税机关缴纳；到保险公司缴纳交强险代收代缴时不分区域，在保险公司所在地缴纳。

（2）新车自购买当月起计算缴纳（年应纳税额÷12×应纳税月份数），以后一年一交。

8.13.6.2 涉税解析

1. 将保险机构、代征单位申报解缴的车船税税款与实际入库税款进行比对，防止少征、漏征、异地入库风险的发生。

2. 将已申报将申报缴纳车船税的车船信息与税源数据库中的对应信息比对，查看是否吻合。

3. 将减免税车船与实际减免税车船信息进行比对，防止应享受而未享受或者不应享受而享受。

4. 防止将个人的车船登记在企业（如交通运输和物流业）账簿中，从而达到少缴税的目的。

8.14　印花税

印花税是对在中华人民共和国境内书立应税凭证、进行证券交易的单位和个人征收的一种税。现行的印花税是 2021 年 6 月 10 日第十三届全国人民代表大会常务委员会第二十九次会议通过，由主席令第八十九号发布，自 2022 年 7 月 1 日起施行。

8.14.1 纳税人

在中华人民共和国境内书立应税凭证、进行证券交易的单位和个人，为印花税的纳税人。

[特别提示]

（1）在中华人民共和国境外书立在境内使用的应税凭证的单位和个人，应当依照《印花税法》规定缴纳印花税。

（2）纳税人为境外单位或者个人，在境内有代理人的，以其境内代理人为扣缴义务人；在境内没有代理人的，由纳税人自行申报缴纳印花税，具体办法由国务院税务主管部门规定。

（3）证券登记结算机构为证券交易印花税的扣缴义务人，应当向其机构所在地的主管税务机关申报解缴税款以及银行结算的利息。

8.14.2 税目及税率

印花税税目税率表如表 8-25 所示。

表 8-25　　　　　　　　印花税税目税率表

税目		税率	备注
合同（指书面合同）	借款合同	借款金额的万分之零点五	指银行业金融机构、经国务院银行业监督管理机构批准设立的其他金融机构与借款人（不包括同业拆借）的借款合同
	融资租赁合同	租金的万分之零点五	
	买卖合同	价款的万分之三	指动产买卖合同（不包括个人书立的动产买卖合同）
	承揽合同	报酬的万分之三	
	建设工程合同	价款的万分之三	
	运输合同	运输费用的万分之三	指货运合同和多式联运合同（不包括管道运输合同）
	技术合同	价款、报酬或者使用费的万分之三	不包括专利权、专有技术使用权转让书据
	租赁合同	租金的千分之一	
	保管合同	保管费的千分之一	
	仓储合同	仓储费的千分之一	
	财产保险合同	保险费的千分之一	不包括再保险合同

续表

税目		税率	备注
产权转移书据	土地使用权出让书据	价款的万分之五	转让包括买卖（出售）、继承、赠与、互换、分割
	土地使用权、房屋等建筑物和构筑物所有权转让书据（不包括土地承包经营权和土地经营权转移）	价款的万分之五	
	股权转让书据（不包括应缴纳证券交易印花税的）	价款的万分之五	
	商标专用权、著作权、专利权、专有技术使用权转让书据	价款的万分之三	
营业账簿		实收资本（股本）、资本公积合计金额的万分之二点五	
证券交易		成交金额的千分之一	

8.14.3　计税依据及应纳税额计算

1. 计税依据。

（1）应税合同的计税依据，为合同所列的金额，不包括列明的增值税税款；

（2）应税产权转移书据的计税依据，为产权转移书据所列的金额，不包括列明的增值税税款；

（3）应税营业账簿的计税依据，为账簿记载的实收资本（股本）、资本公积合计金额；

[特别提示] 其他账簿，日记账簿和各明细分类账簿等不再贴花。

（4）证券交易的计税依据，为成交金额。证券交易无转让价格的，按照办理过户登记手续时该证券前一个交易日收盘价计算确定计税依据；无收盘价的，按照证券面值计算确定计税依据。

[特别提示] 应税合同、产权转移书据未列明金额的，印花税的计税依据按照实际结算的金额确定。

计税依据按照前款规定仍不能确定的，按照书立合同、产权转移书据时的市场价格确定；依法应当执行政府定价或者政府指导价的，按照国家有关规定确定。

2. 应纳税额计算。印花税的应纳税额按照计税依据乘以适用税率计算。

[特别提示] 同一应税凭证载有两个以上税目事项并分别列明金额的，按照各自适用的税目税率分别计算应纳税额；未分别列明金额的，从高适用税率。

8.14.4　纳税期限

印花税的纳税义务发生时间为纳税人书立应税凭证或者完成证券交易的当日。

证券交易印花税扣缴义务发生时间为证券交易完成的当日。

印花税按季、按年或者按次计征。实行按季、按年计征的，纳税人应当自季度、年度终了之日起十五日内申报缴纳税款；实行按次计征的，纳税人应当自纳税义务发生之日起十五日内申报缴纳税款。

证券交易印花税按周解缴。证券交易印花税扣缴义务人应当自每周终了之日起五日内申报解缴税款以及银行结算的利息。

8.14.5 税收优惠

1. 下列凭证免征印花税：

（1）应税凭证的副本或者抄本；

（2）依照法律规定应当予以免税的外国驻华使馆、领事馆和国际组织驻华代表机构为获得馆舍书立的应税凭证；

（3）中国人民解放军、中国人民武装警察部队书立的应税凭证；

（4）农民、家庭农场、农民专业合作社、农村集体经济组织、村民委员会购买农业生产资料或者销售农产品书立的买卖合同和农业保险合同；

（5）无息或者贴息借款合同、国际金融组织向中国提供优惠贷款书立的借款合同；

（6）财产所有权人将财产赠与政府、学校、社会福利机构、慈善组织书立的产权转移书据；

（7）非营利性医疗卫生机构采购药品或者卫生材料书立的买卖合同；

（8）个人与电子商务经营者订立的电子订单。

2. 根据国民经济和社会发展的需要，国务院对居民住房需求保障、企业改制重组、破产、支持小型微型企业发展等情形可以规定减征或者免征印花税，报全国人民代表大会常务委员会备案。

8.14.6 会计处理及涉税解析

8.14.6.1 会计处理

纳税人按照规定计算缴纳的印花税，计提时，借记"税金及附加"科目，贷记"应交税费——应交印花税"科目。缴纳时，借记"应交税费——应交印花税"科目，贷记"银行存款"等科目。"应交税费——应交印花税"科目借方反映企业已缴纳的印花税；贷方反映应交纳的印花税；余额在贷方，反映企业应交而未交的印花税。

8.14.6.2 涉税解析

1. 对境外书立境内使用的凭证包括在应税凭证范围内。例如，中国 A 公司和德国

D 公司在德国签订了房屋租赁合同，约定 A 公司位于中国境内的一栋办公楼出租给 D 公司使用。则合同属于境外书立境内使用的凭证，中国 A 公司与德国 D 公司需要按租赁合同缴纳印花税。

2. 借款合同是借款人向贷款人借款，到期返还借款并支付利息的合同。应税范围为银行业金融机构、经国务院银行业监督管理机构批准设立的其他金融机构与借款人（不包括同业拆借）的借款合同，非金融机构与借款人的借款合同不需要交印花税。

3. 买卖合同是指出卖人转移标的物的所有权给买受人，买受人支付价款的合同。买卖合同仅包括动产买卖合同，土地使用权、房屋和建筑物、构筑物所有权转让合同是按产权转移数据交印花税；个人动产买卖合同不需要交印花税。

4. 产权转移书据包括：土地使用权出让书据。土地使用权出让是国家以土地所有者的身份，将一定地块的国有土地使用权，有期限地让与土地使用者，并由土地使用者向国家支付土地使用金的行为。

土地使用权、房屋等建筑物和构筑物所有权转让［转让包括买卖（出售）、继承、赠与、互换、分割］书据（不包括土地承包经营权和土地经营权转移）。

股权转让书据（不包括应交纳证券交易印花税的）。

商标专用权、著作权、专利权、专有技术使用权转让书据。

5. 证券交易印花税对证券交易的出让方征收，不对受让方征收。

6. 应税合同的计税依据，为合同所列的金额，不包括列明的增值税税款；如果没有单独列明，包括在合同所列金额中，就需要作为应税合同的计税依据。例如，A 公司与 B 公司签定货物买卖合同，合同总价款 226 万元，没有单独列明增值税款，则合同计税依据为 226 万元。如果 A 公司与 B 公司签定的合同总价款 226 万元，并注明不含税金额 200 万元、增值税额 26 万元，则合同计税依据为 200 万元。

7. 同一应税凭证由两方以上当事人书立的，按照各自涉及的金额分别计算应纳税额。

8. 已缴纳印花税的营业账簿，以后年度记载的实收资本（股本）、资本公积合计金额比已缴纳印花税的实收资本（股本）、资本公积合计金额增加的，按照增加部分计算应纳税额。

9. 纳税人为单位的，应当向其机构所在地的主管税务机关申报缴纳印花税；纳税人为个人的，应当向应税凭证书立地或者纳税人居住地的主管税务机关申报缴纳印花税。不动产产权发生转移的，纳税人应当向不动产所在地的主管税务机关申报缴纳印花税。

8.15 烟叶税

烟叶税是对在中华人民共和国境内,依照《中华人民共和国烟草专卖法》的规定收购烟叶的单位征收的一种税。现行的烟叶税是2017年12月27日第十二届全国人民代表大会常务委员会第三十一次会议通过中华人民共和国主席令第84号公布的《中华人民共和国烟叶税法》,自2018年7月1日起施行的。

8.15.1 纳税人

中华人民共和国境内,依照《中华人民共和国烟草专卖法》的规定收购烟叶的单位为烟叶税的纳税人。

[**特别提示**] 烟叶,是指烤烟叶、晾晒烟叶。

8.15.2 税率

烟叶税实行比例税率,税率为20%。

8.15.3 计税依据及应纳税额计算

1. 计税依据。烟叶税的计税依据为纳税人收购烟叶实际支付的价款总额。

根据财税〔2018〕75号文件规定:纳税人收购烟叶实际支付的价款总额包括纳税人支付给烟叶生产销售单位和个人的烟叶收购价款和价外补贴。其中,价外补贴统一按烟叶收购价款的10%计算。

2. 应纳税额计算。烟叶税的应纳税额按照纳税人收购烟叶实际支付的价款总额乘以税率计算。

烟叶税 = 收购烟叶实际支付的价款总额 × 20%

收购烟叶实际支付的价款总额 = 烟叶收购价款 + 烟叶收购价款 × 10%

8.15.4 纳税期限

烟叶税的纳税义务发生时间为纳税人收购烟叶的当日。

烟叶税按月计征,纳税人应当于纳税义务发生月终了之日起十五日内申报并缴纳税款。

8.15.5 会计处理及涉税解析

8.15.5.1 会计处理

按现行的企业会计制度,涉及核算烟叶收购环节业务的会计科目主要有"物资采购""库存商品""银行存款"和"应交税费"等。一般情况下,烟草公司从烟农那里收购烟叶时无法取得增值税专用发票,在进行会计处理时,进项税额是根据农产品销售发票或收购发票上注明的农产品价款和法定扣除率计算。用公式表示如下:

烟叶准予抵扣的进项税额 = (收购烟叶实际支付的价款总额 + 烟叶税) × 法定扣除率

收购烟叶实际支付的价款总额 = 烟叶收购价款 + 烟叶收购价款 × 10%

烟叶税 = 收购烟叶实际支付的价款总额 × 20%

[特别提示] 根据财政部、税务总局、海关总署公告2019年第39号规定:自2019年4月1日起,纳税人购进农产品,原适用10%扣除率的,扣除率调整为9%。纳税人购进用于生产或者委托加工13%税率货物的农产品,按照10%的扣除率计算进项税额。

[例8-33] A烟草公司系增值税一般纳税人,2022年8月收购烟叶10 000千克,烟叶收购价格35元/千克(不含价外补贴),已验收入库,货款已全部支付,并取得农产品销售发票。其相关账务处理如下:

应纳烟叶税税额 = (10 000 × 35 + 10 000 × 35 × 10%) × 20% = 77 000(元)

烟叶准予抵扣的增值税进项税额 = (10 000 × 35 + 10 000 × 35 × 10% + 77 000) × 9% = 41 580(元)

借:库存商品　　　　　　　　　　　　　　　　　　　　420 420
　　应交税费——应交增值税(进项税额)　　　　　　　 41 580
　　贷:银行存款　　　　　　385 000(10 000 × 35 + 10 000 × 35 × 10%)
　　　　应交税费——应交烟叶税　　　　　　　　　　　 77 000

缴纳烟叶税时:

借:应交税费——应交烟叶税　　　　　　　　　　　　　77 000
　　贷:银行存款　　　　　　　　　　　　　　　　　　 77 000

8.15.5.2 涉税解析

①打包费、运费等不计入收购金额。

②防止企业将不应计入收购价格的业务招待费、广告费和业务宣传费等费用计入收购价格。

8.16 环境保护税

环境保护税是对在中华人民共和国领域和中华人民共和国管辖的其他海域,直接向环境排放应税污染物的企业事业单位和其他生产经营者征收的一种税。《中华人民共和国环境保护税法》(中华人民共和国主席令第 61 号)是由中华人民共和国第十二届全国人民代表大会常务委员会第二十五次会议于 2016 年 12 月 25 日通过,自 2018 年 1 月 1 日起施行。

[**特别提示**] 最新修正是根据 2018 年 10 月 26 日第十三届全国人民代表大会常务委员会第六次会议《关于修改〈中华人民共和国野生动物保护法〉等十五部法律的决定》修正,自公布之日起施行。修改内容如下:将第二十二条中的"海洋主管部门"修改为"生态环境主管部门"。将第十条、第十四条、第十五条、第二十条、第二十一条、第二十三条中的"环境保护主管部门"修改为"生态环境主管部门"。

8.16.1 纳税人

在中华人民共和国领域和中华人民共和国管辖的其他海域,直接向环境排放应税污染物的企业事业单位和其他生产经营者为环境保护税的纳税人。

应税污染物,是指《环境保护税税目税额表》《应税污染物和当量值表》等规定的大气污染物、水污染物、固体废物和噪声。

8.16.2 税目及税率(税额)

环境保护税的税目、税额,依照《环境保护税法》所附《环境保护税税目税额表》(表 8-26—表 8-31)执行。

应税大气污染物和水污染物的具体适用税额的确定和调整,由省、自治区、直辖市人民政府统筹考虑本地区环境承载能力、污染物排放现状和经济社会生态发展目标要求,在《环境保护税税目税额表》规定的税额幅度内提出,报同级人民代表大会常务委员会决定,并报全国人民代表大会常务委员会和国务院备案。

表 8-26　　　　　　　　　　环境保护税税目税额表

税目	计税单位	税额	备注
大气污染物	每污染当量	1.2—12 元	
水污染物	每污染当量	1.4—14 元	

续表

税目		计税单位	税额	备注
固体废物	煤矸石	每吨	5元	
	尾矿	每吨	15元	
	危险废物	每吨	1 000元	
	冶炼渣、粉煤灰、炉渣、其他固体废物（含半固态、液态废物）	每吨	25元	
噪声	工业噪声	超标1—3分贝	每月350元	1. 一个单位边界上有多处噪声超标，根据最高一处超标声级计算应纳税额；当沿边界长度超过100米有两处以上噪声超标，按照两个单位计算应纳税额 2. 一个单位有不同地点作业场所的，应当分别计算应纳税额，合并计征 3. 昼、夜均超标的环境噪声，昼、夜分别计算应纳税额，累计计征 4. 声源一个月内超标不足15天的，减半计算应纳税额 5. 夜间频繁突发和夜间偶然突发厂界超标噪声，按等效声级和峰值噪声两种指标中超标分贝值高的一项计算应纳税额
		超标4—6分贝	每月700元	
		超标7—9分贝	每月1 400元	
		超标10—12分贝	每月2 800元	
		超标13—15分贝	每月5 600元	
		超标16分贝以上	每月11 200元	

表8—27　应税污染物和当量值表（一）第一类水污染物污染当量值

污染物	污染当量值（千克）
1. 总汞	0.0005
2. 总镉	0.005
3. 总铬	0.04
4. 六价铬	0.02
5. 总砷	0.02
6. 总铅	0.025
7. 总镍	0.025
8. 苯并（a）芘	0.0000003
9. 总铍	0.01
10. 总银	0.02

表 8-28　应税污染物和当量值表（二）第二类水污染物污染当量值

污染物	污染当量值（千克）	备注
11. 悬浮物（SS）	4	
12. 生化需氧量（BOD5）	0.5	同一排放口中的化学需氧量、生化需氧量和总有机碳，只征收一项
13. 化学需氧量（CODcr）	1	
14. 总有机碳（TOC）	0.49	
15. 石油类	0.1	
16. 动植物油	0.16	
17. 挥发酚	0.08	
18. 总氰化物	0.05	
19. 硫化物	0.125	
20. 氨氮	0.8	
21. 氟化物	0.5	
22. 甲醛	0.125	
23. 苯胺类	0.2	
24. 硝基苯类	0.2	
25. 阴离子表面活性剂（LAS）	0.2	
26. 总铜	0.1	
27. 总锌	0.2	
28. 总锰	0.2	
29. 彩色显影剂（CD—2）	0.2	
30. 总磷	0.25	
31. 单质磷（以P计）	0.05	
32. 有机磷农药（以P计）	0.05	
33. 乐果	0.05	
34. 甲基对硫磷	0.05	
35. 马拉硫磷	0.05	
36. 对硫磷	0.05	
37. 五氯酚及五氯酚钠（以五氯酚计）	0.25	
38. 三氯甲烷	0.04	
39. 可吸附有机卤化物（AOX）（以Cl计）	0.25	
40. 四氯化碳	0.04	
41. 三氯乙烯	0.04	
42. 四氯乙烯	0.04	

续表

污染物	污染当量值（千克）	备注
43. 苯	0.02	
44. 甲苯	0.02	
45. 乙苯	0.02	
46. 邻二甲苯	0.02	
47. 对二甲苯	0.02	
48. 间二甲苯	0.02	
49. 氯苯	0.02	
50. 邻二氯苯	0.02	
51. 对二氯苯	0.02	
52. 对硝基氯苯	0.02	
53. 2,4—二硝基氯苯	0.02	
54. 苯酚	0.02	
55. 间—甲酚	0.02	
56. 2,4—二氯酚	0.02	
57. 2,4,6—三氯酚	0.02	
58. 邻苯二甲酸二丁酯	0.02	
59. 邻苯二甲酸二辛酯	0.02	
60. 丙烯腈	0.125	
61. 总硒	0.02	

表 8-29　　　　　　　应税污染物和当量值表（三）
PH 值、色度、大肠菌群数、余氯量水污染物污染当量值

污染物		污染当量值	备注
1. pH 值	（1）0—1, 13—14	0.06 吨污水	pH5—6 指大于等于5，小于6；pH9—10 指大于9，小于等于10，其余类推
	（2）1—2, 12—13	0.125 吨污水	
	（3）2—3, 11—12	0.25 吨污水	
	（4）3—4, 10—11	0.5 吨污水	
	（5）4—5, 9—10	1 吨污水	
	（6）5—6	5 吨污水	
2. 色度		5 吨水·倍	
3. 大肠菌群数（超标）		3.3 吨污水	大肠菌群数和余氯量只征收一项
4. 余氯量（用氯消毒的医院废水）		3.3 吨污水	

表 8-30　　　　　　　　应税污染物和当量值表（四）
禽畜养殖业、小型企业和第三产业水污染物污染当量值

（本表仅适用于计算无法进行实际监测或者物料衡算的禽畜养殖业、小型企业和第三产业等小型排污者的水污染物污染当量数）

类型		污染当量值	备注
禽畜养殖场	1. 牛	0.1 头	仅对存栏规模大于50头牛、500头猪、5 000羽鸡鸭等的禽畜养殖场征收
	2. 猪	1 头	
	3. 鸡、鸭等家禽	30 羽	
4. 小型企业		1.8 吨污水	
5. 饮食娱乐服务业		0.5 吨污水	
6. 医院	消毒	0.14 床	医院病床数大于20张的按照本表计算污染当量
		2.8 吨污水	
	不消毒	0.07 床	
		1.4 吨污水	

表 8-31　　应税污染物和当量值表（五）大气污染物污染当量值

污染物	污染当量值（千克）
1. 二氧化硫	0.95
2. 氮氧化物	0.95
3. 一氧化碳	16.7
4. 氯气	0.34
5. 氯化氢	10.75
6. 氟化物	0.87
7. 氰化氢	0.005
8. 硫酸雾	0.6
9. 铬酸雾	0.0007
10. 汞及其化合物	0.0001
11. 一般性粉尘	4
12. 石棉尘	0.53
13. 玻璃棉尘	2.13
14. 碳黑尘	0.59
15. 铅及其化合物	0.02
16. 镉及其化合物	0.03
17. 铍及其化合物	0.0004
18. 镍及其化合物	0.13
19. 锡及其化合物	0.27
20. 烟尘	2.18

续表

污染物	污染当量值（千克）
21. 苯	0.05
22. 甲苯	0.18
23. 二甲苯	0.27
24. 苯并（a）芘	0.000002
25. 甲醛	0.09
26. 乙醛	0.45
27. 丙烯醛	0.06
28. 甲醇	0.67
29. 酚类	0.35
30. 沥青烟	0.19
31. 苯胺类	0.21
32. 氯苯类	0.72
33. 硝基苯	0.17
34. 丙烯腈	0.22
35. 氯乙烯	0.55
36. 光气	0.04
37. 硫化氢	0.29
38. 氨	9.09
39. 三甲胺	0.32
40. 甲硫醇	0.04
41. 甲硫醚	0.28
42. 二甲二硫	0.28
43. 苯乙烯	25
44. 二硫化碳	20

8.16.3 计税依据及应纳税额计算

1. 应税污染物的计税依据，按照下列方法确定：

应税大气污染物按照污染物排放量折合的污染当量数确定；

应税水污染物按照污染物排放量折合的污染当量数确定；

应税固体废物按照固体废物的排放量确定；

应税噪声按照超过国家规定标准的分贝数确定。

纳税人委托监测机构对应税大气污染物和水污染物排放量进行监测时，其当月同一个排放口排放的同一种污染物有多个监测数据的，应税大气污染物按照监测数据的平均值计算应税污染物的排放量；应税水污染物按照监测数据以流量为权的加权平均值计算应税污染物的排放量。在环境保护主管部门规定的监测时限内当月无监测数据的，可以跨月沿用最近一次的监测数据计算应税污染物排放量。纳入排污许可管理行业的纳税人，其应税污染物排放量的监测计算方法按照排污许可管理要求执行。

2. 应税大气污染物、水污染物的污染当量数，以该污染物的排放量除以该污染物的污染当量值计算。每种应税大气污染物、水污染物的具体污染当量值，依照本法所附《应税污染物和当量值表》执行。

应税水污染物的污染当量数，以该污染物的排放量除以该污染物的污染当量值计算。其中，色度的污染当量数，以污水排放量乘以色度超标倍数再除以适用的污染当量值计算。畜禽养殖业水污染物的污染当量数，以该畜禽养殖场的月均存栏量除以适用的污染当量值计算。畜禽养殖场的月均存栏量按照月初存栏量和月末存栏量的平均数计算。

3. 每一排放口或者没有排放口的应税大气污染物，按照污染当量数从大到小排序，对前三项污染物征收环境保护税。

每一排放口的应税水污染物，按照本法所附《应税污染物和当量值表》，区分第一类水污染物和其他类水污染物，按照污染当量数从大到小排序，对第一类水污染物按照前五项征收环境保护税，对其他类水污染物按照前三项征收环境保护税。

省、自治区、直辖市人民政府根据本地区污染物减排的特殊需要，可以增加同一排放口征收环境保护税的应税污染物项目数，报同级人民代表大会常务委员会决定，并报全国人民代表大会常务委员会和国务院备案。

4. 应税大气污染物、水污染物、固体废物的排放量和噪声的分贝数，按照下列方法和顺序计算：

纳税人安装使用符合国家规定和监测规范的污染物自动监测设备的，按照污染物自动监测数据计算；纳税人未安装使用污染物自动监测设备的，按照监测机构出具的符合国家有关规定和监测规范的监测数据计算；因排放污染物种类多等原因不具备监测条件的，按照国务院环境保护主管部门规定的排污系数、物料衡算方法计算；不能按照《中华人民共和国环境保护税法》第十条第一项至第三项规定的方法计算的，按照省、自治区、直辖市人民政府环境保护主管部门规定的抽样测算的方法核定计算。

应税固体废物的排放量为当期应税固体废物的产生量减去当期应税固体废物贮存量、处置量、综合利用量的余额。纳税人应当准确计量应税固体废物的贮存量、处置量和综合利用量，未准确计量的，不得从其应税固体废物的产生量中减去。纳税人依法将应税固体废物转移至其他单位和个人进行贮存、处置或者综合利用的，固体废物的转移量相应计入其当期应税固体废物的贮存量、处置量或者综合利用量；纳税人接收的应税固体废物转移量，不计入其当期应税固体废物的产生量。纳税人对应税固体废物进行综合利用的，应当符合工业和信息化部制定的工业固体废物综合利用评价管理规范。

5. 环境保护税应纳税额按照下列方法计算：

应税大气污染物的应纳税额为污染当量数乘以具体适用税额；

应税水污染物的应纳税额为污染当量数乘以具体适用税额；

应税固体废物的应纳税额为固体废物排放量乘以具体适用税额；

应税噪声的应纳税额为超过国家规定标准的分贝数对应的具体适用税额。噪声超标分贝数不是整数值的，按四舍五入取整。一个单位的同一监测点当月有多个监测数据超标的，以最高一次超标声级计算应纳税额。声源一个月内累计昼间超标不足 15 昼或者累计夜间超标不足 15 夜的，分别减半计算应纳税额。

[例 8 - 34] 2022 年 5 月，A 公司向大气直接排放二氧化硫、硫酸雾各 10 千克，一氧化碳、氯化氢各 100 千克，假设 A 公司所在地大气污染物每污染当量税额按 1.5 元计算，该公司只有一个排放口。计算 A 公司 5 月排放大气污染物应交纳的环境保护税税额（计算结果保留两位小数）。

①查《应税污染物和当量值表》，计算各污染物的污染当量数：

二氧化硫：10 ÷ 0.95 = 10.53

硫酸雾：10 ÷ 0.6 = 16.67

一氧化碳：100 ÷ 16.7 = 5.99

氯化氢：100 ÷ 10.75 = 9.30

②将各污染物的污染当量数从大到小排序，选取前三项污染物征税：

硫酸雾（16.67）＞二氧化硫（10.53）＞氯化氢（9.30）＞一氧化碳（5.99）

③计算应纳税额：

硫酸雾：16.67 × 1.5 = 25.01（元）

二氧化硫：10.53 × 1.5 = 15.80（元）

氯化氢：9.30 × 1.5 = 13.95（元）

应纳税额合计 = 25.01 + 15.80 + 13.95 = 54.76（元）

[例 8 - 35] 2022 年 8 月，B 公司产生尾矿 2 000 吨，其中，综合利用尾矿 500 吨（符合国家和地方环境保护标准），在符合国家和地方环境保护标准的设施贮存 200 吨。请计算该公司 8 月产生尾矿应交纳的环境保护税。

尾矿排放量 = 当期尾矿产生量 - 当期尾矿综合利用量 - 当期尾矿贮存量 = 2 000 - 500 - 200 = 1 300（吨）

应纳税额 = 1 300 × 15 = 19 500（元）

8.16.4　缴纳期限

纳税义务发生时间为纳税人排放应税污染物的当日。

环境保护税按月计算，按季申报缴纳。不能按固定期限计算缴纳的，可以按次申报缴纳。

纳税人申报缴纳时，应当向税务机关报送所排放应税污染物的种类、数量，大气污染物、水污染物的浓度值，以及税务机关根据实际需要要求纳税人报送的其他纳税资料。

纳税人按季申报缴纳的，应当自季度终了之日起十五日内，向税务机关办理纳税申报并缴纳税款。纳税人按次申报缴纳的，应当自纳税义务发生之日起十五日内，向税务机关办理纳税申报并缴纳税款。

8.16.5 税收优惠

1. 农业生产（不包括规模化养殖）排放应税污染物的；机动车、铁路机车、非道路移动机械、船舶和航空器等流动污染源排放应税污染物的；依法设立的城乡污水集中处理、生活垃圾集中处理场所排放相应应税污染物，不超过国家和地方规定的排放标准的；纳税人综合利用的固体废物，符合国家和地方环境保护标准的；国务院批准免税的其他情形，暂予免征环境保护税。

2. 纳税人排放应税大气污染物或者水污染物的浓度值低于国家和地方规定的污染物排放标准30%的，减按75%征收环境保护税。纳税人排放应税大气污染物或者水污染物的浓度值低于国家和地方规定的污染物排放标准的50%，减按50%征收环境保护税。

8.16.6 会计处理及涉税解析

8.16.6.1 会计处理

根据《财政部关于印发〈增值税会计处理规定〉的通知》（财会〔2016〕22号）规定，环境保护税计入"税金及附加"科目。计提时，借记"税金及附加"科目，贷记"应交税费——应交环境保护税"科目；缴纳时，借记"应交税费——应交环境保护税"科目，贷记"银行存款"等科目。

8.16.6.2 涉税解析

1. 信息申报不够准确。纳税申报是企业税务管理的基础环节。企业在申报环境保护税时，基础信息不全、信息不准，甚至错误申报税收优惠等。

2. 未按规定开展监测。监测数据是环境保护税应税大气、水、噪声等污染物重要的计税依据。如果不按规定进行监测，就无法获得准确的监测数据，必然导致计税不准，少缴、漏缴相应税款。应注意工作中是否存在监测范围不全、监测频次不符合规定等现象。

3. 享受免税凭据不足。按照"放管服"的要求，享受税收优惠的方式从审批改为了备查，这在方便纳税人的同时，也要求纳税人必须增强自我管理意识，做好相关凭据的收集保管工作，随时留存备查。应注意工作中，纳税人申报享受环境保护税免税优惠时，凭据资料是否齐全。

8.17 关税

关税是指由海关根据国家制定的有关法律，以进出关境的货物和物品为征税对象而征收的一种税。现行的关税是按照《中华人民共和国进出口关税条例》（2017年修订）执行。该条例于2003年11月23日中华人民共和国国务院令第392号公布；根据2011年1月8日《国务院关于废止和修改部分行政法规的决定》第一次修订；根据2013年12月7日《国务院关于修改部分行政法规的决定》第二次修订；根据2016年2月6日《国务院关于修改部分行政法规的决定》第三次修订；根据2017年3月1日《国务院关于修改和废止部分行政法规的决定》第四次修订。作为关税的具体管理办法，《中华人民共和国海关进出口货物征税管理办法》已经2004年12月15日审议通过，自2005年3月1日起施行。

关税按征税对象分为：进口关税、出口关税和过境关税。

按征税标准分为：从量税、从价税。此外，各国常用的征税标准还有复合税、选择税、滑准税。

按征税性质分为：普通关税、优惠关税、差别关税（分为加重关税、反补贴关税、报复关税、反倾销关税等）。

按保护形式分为：关税壁垒和非关税壁垒。

8.17.1 纳税人

进口货物的收货人、出口货物的发货人、进境物品的所有人是关税的纳税义务人。

8.17.2 税率

进口关税设置最惠国税率、协定税率、特惠税率、普通税率、关税配额税率等税率。对进口货物在一定期限内可以实行暂定税率。

出口关税设置出口税率。对出口货物在一定期限内可以实行暂定税率。

进出口货物，应当适用海关接受该货物申报进口或者出口之日实施的税率。

进口货物到达前，经海关核准先行申报的，应当适用装载该货物的运输工具申报进境之日实施的税率。

转关运输货物税率的适用日期，由海关总署另行规定。

8.17.3 计税依据及应纳税额计算

1. 进出口货物关税。进出口货物关税，以从价计征、从量计征或者国家规定的其他方式征收。

从价计征的计算公式为：应纳税额＝完税价格×关税税率

从量计征的计算公式为：应纳税额＝货物数量×单位税额

进口货物的完税价格由海关以符合条件的成交价格，以及该货物运抵中华人民共和国境内输入地点起卸前的运输及其相关费用、保险费为基础审查确定。

进口货物的成交价格，是指卖方向中华人民共和国境内销售该货物时买方为进口该货物向卖方实付、应付的，并按照条例规定调整后的价款总额，包括直接支付的价款和间接支付的价款。

进口货物的成交价格应当符合下列条件：

（1）对买方处置或者使用该货物不予限制，但法律、行政法规规定实施的限制、对货物转售地域的限制和对货物价格无实质性影响的限制除外；

（2）该货物的成交价格没有因搭售或者其他因素的影响而无法确定；

（3）卖方不得从买方直接或者间接获得因该货物进口后转售、处置或者使用而产生的任何收益，或者虽有收益但能够按照《中华人民共和国进出口关税条例》第十九条、第二十条的规定进行调整；

（4）买卖双方没有特殊关系，或者虽有特殊关系但未对成交价格产生影响。

2. 出口货物关税。出口货物的完税价格由海关以该货物的成交价格，以及该货物运至中华人民共和国境内输出地点装载前的运输及其相关费用、保险费为基础审查确定。

出口货物的成交价格，是指该货物出口时卖方为出口该货物应当向买方直接收取和间接收取的价款总额。

[**特别提示**] 出口关税不计入完税价格。

成交价格不能确定时，由海关依法估定。实际成交价格是一般贸易项下进口或者出口货物的买方为购买该项货物向卖方实际支付或者应当支付的价格。

3. 进境物品关税以及进口环节海关代征税合并为进口税。进境物品的关税以及进口环节海关代征税合并为进口税，由海关依法征收。

进口税从价计征。

进口税的计算公式为：进口税税额＝完税价格×进口税税率

8.17.4 纳税期限

进口货物的纳税义务人应当自运输工具申报进境之日起 14 日内，出口货物的纳税义务人除海关特准的外，应当在货物运抵海关监管区后、装货的 24 小时以前，向货物的进出境地海关申报。进出口货物转关运输的，按照海关总署的规定执行。

进口货物到达前，纳税义务人经海关核准可以先行申报。

纳税义务人应当自海关填发税款缴款书之日起 15 日内向指定银行缴纳税款。纳税义务人未按期缴纳税款的，从滞纳税款之日起，按日加收滞纳税款万分之五的滞纳金。

8.17.5 税收优惠

1. 因品质或者规格原因，出口货物自出口之日起 1 年内原状复运进境的，不征收进口关税。

2. 因品质或者规格原因，进口货物自进口之日起 1 年内原状复运出境的，不征收出口关税。

3. 因残损、短少、品质不良或者规格不符原因，由进出口货物的发货人、承运人或者保险公司免费补偿或者更换的相同货物，进出口时不征收关税。

4. 关税税额在人民币 50 元以下的一票货物；无商业价值的广告品和货样；外国政府、国际组织无偿赠送的物资；在海关放行前损失的货物；进出境运输工具装载的途中必需的燃料、物料和饮食用品等进出口货物免征关税。

5. 海关总署规定数额以内的个人自用进境物品，免征进口税。超过海关总署规定数额但仍在合理数量以内的个人自用进境物品，由进境物品的纳税义务人在进境物品放行前按照规定缴纳进口税。超过合理、自用数量的进境物品应当按照进口货物依法办理相关手续。国务院关税税则委员会规定按货物征税的进境物品，按照《中华人民共和国进出口关税条例》第二章至第四章的规定征收关税。

8.17.6 涉税解析

1. 纳税义务人应当自海关填发税款缴款书之日起 15 日内向指定银行缴纳税款。逾期缴纳税款的，由海关自缴款期限届满之日起至缴清税款之日止，按日加收滞纳税款万分之五的滞纳金。纳税义务人应当自海关填发滞纳金缴款书之日起 15 日内向指定银行缴纳滞纳金。滞纳金缴款书的格式与税款缴款书相同。

缴款期限届满日遇星期六、星期日等休息日或者法定节假日的，应当顺延至休息日或者法定节假日之后的第一个工作日。国务院临时调整休息日与工作日的，海关应当按照调整后的情况计算缴款期限。

2. 关税、进口环节海关代征税、滞纳金等，应当按人民币计征，采用四舍五入法计算至分。滞纳金的起征点为 50 元。

3. 银行收讫税款日为纳税义务人缴清税款之日。纳税义务人向银行缴纳税款后，应当及时将盖有证明银行已收讫税款的业务印章的税款缴款书送交填发海关验核，海关据此办理核注手续。

海关发现银行未按照规定及时将税款足额划转国库的，应当将有关情况通知国库。

4. 纳税义务人缴纳税款前不慎遗失税款缴款书的，可以向填发海关提出补发税款缴款书的书面申请。海关应当自接到纳税义务人的申请之日起 2 个工作日内审核确认并重新予以补发。海关补发的税款缴款书内容应当与原税款缴款书完全一致。

纳税义务人缴纳税款后遗失税款缴款书的，可以自缴纳税款之日起 1 年内向填发海关提出确认其已缴清税款的书面申请，海关经审查核实后，应当予以确认，但不再补发税款缴款书。

5. 纳税义务人因不可抗力或者国家税收政策调整不能按期缴纳税款的，应当在货物进出口前向办理进出口申报纳税手续的海关所在的直属海关提出延期缴纳税款的书面申请并随附相关材料，同时还应当提供缴税计划。

货物实际进出口时，纳税义务人要求海关先放行货物的，应当向海关提供税款担保。

6. 直属海关应当自接到纳税义务人延期缴纳税款的申请之日起 10 日内审核情况是否属实，情况属实的，应当立即将有关申请材料报送海关总署。海关总署接到申请材料后，应当在 20 日内作出是否同意延期缴纳税款的决定以及延期缴纳税款的期限，并通知报送申请材料的直属海关。因特殊情况在 20 日内不能作出决定的，可以延长 10 日。

延期缴纳税款的期限，自货物放行之日起最长不超过 6 个月。

纳税义务人在批准的延期缴纳税款期限内缴纳税款的，不征收滞纳金；逾期缴纳税款的，自延期缴纳税款期限届满之日起至缴清税款之日止按日加收滞纳税款万分之五的滞纳金。

7. 经海关总署审核未批准延期缴纳税款的，直属海关应当自接到海关总署未批准延期缴纳税款的决定之日起 3 个工作日内通知纳税义务人，并填发税款缴款书。

纳税义务人应当自海关填发税款缴款书之日起 15 日内向指定银行缴纳税款。逾期缴纳税款的，海关应当自缴款期限届满之日起至缴清税款之日止，按日加收滞纳税款万分之五的滞纳金。

8.18 船舶吨税

船舶吨税是由海关对自中华人民共和国境外港口进入境内港口的船舶征收的一种税。《中华人民共和国船舶吨税法》由中华人民共和国第十二届全国人民代表大会常务委员会第三十一次会议于2017年12月27日通过，自2018年7月1日起施行。

8.18.1 纳税人

对自中国境外港口进入中国境内港口的船舶征收船舶吨税，以应税船舶负责人为纳税人。

8.18.2 税目及税率

船舶吨税设置优惠税率和普通税率。中华人民共和国国籍的应税船舶，船国籍（地区）与中华人民共和国签订含有相互给予船舶税费最惠国待遇条款的条约或者协定的应税船舶，适用优惠税率。其他应税船舶，适用普通税率（见表8-32）。

表8-32　　　　　　　　　　船舶吨税税目税率表

税目 （按船舶净吨位划分）	税率（元/净吨）						备注
	普通税率 （按执照期限划分）			优惠税率 （按执照期限划分）			
	1年	90日	30日	1年	90日	30日	
不超过2 000净吨	12.6	4.2	2.1	9.0	3.0	1.5	1. 拖船按照发动机功率每千瓦折合净吨位0.67吨 2. 无法提供净吨位证明文件的游艇，按照发动机功率每千瓦折合净吨位0.05吨 3. 拖船和非机动驳船分别按相同净吨位船舶税率的50%计征税款
超过2 000净吨，但不超过10 000净吨	24.0	8.0	4.0	17.4	5.8	2.9	
超过10 000净吨，但不超过50 000净吨	27.6	9.2	4.6	19.8	6.6	3.3	
超过50 000净吨	31.8	10.6	5.3	22.8	7.8	3.8	

8.18.3 计税依据及应纳税额计算

船舶吨税按照船舶净吨位和吨税执照期限征收。应税船舶负责人在每次申报纳税时，可以按照《船舶吨税税目税率表》选择申领一种期限的船舶吨税执照。船舶吨税的应纳税额按照船舶净吨位乘以适用税率计算。

8.18.4 纳税期限

吨税纳税义务发生时间为应税船舶进入港口的当日。

应税船舶在船舶吨税执照期满后尚未离开港口的,应当申领新的船舶吨税执照,自上一次执照期满的次日起续缴船舶吨税。

应税船舶负责人应当自海关填发船舶吨税缴款凭证之日起十五日内缴清税款。未按期缴清税款的,自滞纳税款之日起至缴清税款之日止,按日加收滞纳税款万分之五的税款滞纳金。

8.18.5 税收优惠

下列船舶免征船舶吨税:

(1) 应纳税额在人民币 50 元以下的船舶;

(2) 自境外以购买、受赠、继承等方式取得船舶所有权的初次进口到港的空载船舶;

(3) 吨税执照期满后 24 小时内不上下客货的船舶;

(4) 非机动船舶(不包括非机动驳船);

(5) 捕捞、养殖渔船;

(6) 避难、防疫隔离、修理、改造、终止运营或者拆解,并不上下客货的船舶;

(7) 军队、武装警察部队专用或者征用的船舶;

(8) 警用船舶;

(9) 依照法律规定应当予以免税的外国驻华使领馆、国际组织驻华代表机构及其有关人员的船舶;

(10) 国务院规定的其他船舶。

8.18.6 涉税解析

1. 应税船舶到达港口前,经海关核准先行申报并办结出入境手续的,应税船舶负责人应当向海关提供与其依法履行吨税缴纳义务相适应的担保;应税船舶到达港口后,依照本法规定向海关申报纳税。

下列财产、权利可以用于担保:(1) 人民币、可自由兑换货币;(2) 汇票、本票、支票、债券、存单;(3) 银行、非银行金融机构的保函;(4) 海关依法认可的其他财产、权利。

2. 应税船舶在吨税执照期限内,因修理、改造导致净吨位变化的,吨税执照继续有效。应税船舶办理出入境手续时,应当提供船舶经过修理、改造的证明文件。

8.19 海关代征消费税和增值税

8.19.1 海关代征消费税和增值税

海关代征消费税和增值税是指根据国际惯例，进口货物征收关税后，可以视为未征收国内税的产品，因此进口货物进口后还应交纳国内税，凡进口增值税、消费税的应税产品，除国家另有规定外，均应征收进口环节增值税和消费税。我国对进口产品征收增值税和消费税，目前是由财政部、国家税务总局和海关总署制定政策规定，由国家税务总局委托海关在进口环节代征。

对进口产品征收进口环节增值税、消费税，是在增值税、消费税的一般规定上制定的专项税收规定，主要是为了调节国内外产品税收负担的差异，使之能够公平竞争。

进口增值税、消费税应在货物实际进境时，即在纳税人按进出口货物通关规定向海关申报后，海关放行前一次性缴纳。其纳税环节为报关进口时，纳税地点为报关进口地海关。

8.19.2 海关代征消费税和增值税应具备的条件

征收进口环节增值税、消费税的产品，一般必须具备两个条件：一是属于增值税和消费税税目、税率表所规定的征收范围；二是必须已报关进口。

只要是报关进口的应税产品，不论是国外产品还是我国已出口转销国内的产品，不论是进口者自行采购还是国外赠送的产品，不论是进口者自用还是作为贸易或其他用途的产品，纳税人在进口产品缴纳关税的同时，均应按照我国税法规定缴纳应税产品的进口环节增值税、消费税。

进口增值税和消费税的税目、税率及会计处理均与国内增值税、消费税相同。

8.19.3 海关代征消费税、增值税的管理

1. 消费税的应纳税额。

（1）从价定率的应税消费品。

组成计税价格 =（关税完税价格 + 关税）÷（1 − 消费税税率）

应纳税额 = 组成计税价格 × 消费税税率

[例8 − 36] 2022 年 5 月 2 日，A 进出口公司从国外进口成套化妆品一批，到岸价格 84 000 美元。关税税率为 55%，消费税税率为 30%。假定进关日即为结算日。当日

国家外汇牌价 1∶6.3 563，公司应向海关交纳多少消费税？（小数点保留 2 位）

组成计税价格 =（84 000 × 6.3 563 + 84 000 × 6.3 563 × 55%）÷（1 - 30%）= 1 182 271.80（元）

应纳税额 = 1 182 271.80 × 30% = 354 681.54（元）

（2）从量定额的应纳消费品。

从量消费税税额 = 应税进口消费品数量 × 消费税单位税额

其中：消费品计量单位的换算标准（按体积净重计）

啤酒 1 吨 = 988 升；

黄酒 1 吨 = 962 升；

汽油 1 吨 = 1 388 升；

柴油 1 吨 = 1 178 升。

[**例 8 - 37**] 2022 年 3 月 25 日，B 进出口公司从国外进口柴油一批，在报关进口时，海关核定的进口征税数量为 15 000 吨。每升柴油的征税额为 0.1 元。

应纳税额 = 15 000 × 1 178 × 0.1 = 1 767 000（元）

2. 增值税的应纳税额。

（1）进口一般应税货物。

组成计税价格 = 到岸价格 + 进口关税税额

应纳税额 = 组成计税价格 × 增值税税率

[**例 8 - 38**] 2022 年 5 月 25 日，C 进出口公司进口材料一批，到岸价格折合人民币 1 250 000 元，海关征收关税折合人民币 437 500 元（关税 35%），增值税税率为 13%。全部款项由银行存款支付。

组成计税价格 = 1 250 000 + 437 500 = 1 687 500（元）

应纳增值税 = 1 687 500 × 13% = 219 375（元）

（2）进口应税消费品。

组成计税价格 = 到岸价格 + 进口关税税额 + 消费税税额

应纳税额 = 组成计税价格 × 增值税税率

[**例 8 - 39**] 2022 年 5 月 25 日，D 进出口公司进口一批应税消费品，到岸价格 50 000 美元。关税税率为 35%，消费税税率 10%，增值税税率 13%。海关填发税款缴纳证之日国家外汇牌价 1∶6.3066。

关税 = 50 000 × 6.3066 × 35% = 110 365.50（元）

消费税 =（50 000 × 6.3066 + 50 000 × 6.3066 × 35%）÷（1 - 10%）× 10%
= 47 299.50（元）

组成计税价格 = 50 000 × 6.3066 + 110 365.50 + 47 299.50 = 472 995（元）

应纳增值税 = 472 995 × 13% = 61 489.35（元）

8.19.4 涉税解析

1. 根据财税字〔1985〕69 号文件规定：海关对进口产品代征的产品税（消费税）、增值税，不征收城市维护建设税。

2. 根据国家税务总局公告 2018 年第 24 号规定：自 2018 年 6 月 1 日起，对申报进口监管方式为 1500（租赁不满一年）、1523（租赁贸易）、9800（租赁征收）的租赁飞机（税则品目：8802），海关停止代征进口环节增值税。进口租赁飞机增值税的征收管理，由税务机关按照现行增值税政策组织实施。

3. 根据财政部、海关总署、税务总局公告 2021 年第 19 号规定：自 2021 年 6 月 12 日起，对归入税则号列 27075000，且 200 摄氏度以下时蒸馏出的芳烃以体积计小于 95% 的进口产品，视同石脑油按 1.52 元/升的单位税额征收进口环节消费税；对归入税则号列 27079990、27101299 的进口产品，视同石脑油按 1.52 元/升的单位税额征收进口环节消费税；对归入税则号列 27150000，且 440 摄氏度以下时蒸馏出的矿物油以体积计大于 5% 的进口产品，视同燃料油按 1.2 元/升的单位税额征收进口环节消费税。所称视同仅涉及消费税的征、退（免）税政策。

4. 根据财税〔2016〕103 号文件、国家税务总局公告 2016 年第 66 号规定：自 2016 年 10 月 1 日起，高档化妆品消费税纳税人（以下简称"纳税人"）以外购、进口和委托加工收回的高档化妆品为原料继续生产高档化妆品，准予从高档化妆品消费税应纳税额中扣除外购、进口和委托加工收回的高档化妆品已纳消费税税款；纳税人外购、进口和委托加工收回已税化妆品用于生产高档化妆品的，其取得 2016 年 10 月 1 日前开具的抵扣凭证，应于 2016 年 11 月 30 日前按原化妆品消费税税率计提待抵扣消费税，逾期不得计提。

8.20 教育费附加

教育费附加是对缴纳增值税、消费税的单位和个人征收的一种附加。现行的教育费附加是根据 1986 年国务院公布的《征收教育费附加的暂行规定》征收的。

8.20.1 缴纳人

教育费附加的缴纳人为负有缴纳增值税、消费税义务的各类企业、单位和个人。

[特别提示] 外商投资企业、外国企业及外籍个人自 2010 年 12 月 1 日起也适用 1986 年国务院《征收教育费附加的暂行规定》。

8.20.2 附征率

教育费附加附征率为3%。

8.20.3 征收依据及应纳数额计算

1. 征收依据。教育费附加以缴纳人实际缴纳的增值税税额、消费税税额为计税依据。

详见本章8.9城市维护建设税的"计税依据及应纳数额计算"。

2. 应纳数额计算。

计算公式为：应缴数额＝实际缴纳的增值税税额、消费税税额×3%

[特别提示] 自2018年7月27日起，对实行增值税期末留抵退税的纳税人，允许其从城市维护建设税、教育费附加和地方教育附加的计税（征）依据中扣除退还的增值税税额。

8.20.4 缴纳期限

以纳税人实际缴纳的增值税税额、消费税税额为计税依据，分别与增值税、消费税同时申报缴纳。

8.20.5 优惠政策

1. 国家税务总局2021年第5号公告：自2021年4月1日起小规模纳税人发生增值税应税销售行为的，月销售额不超过15万元，季度销售额不超过45万元，免征教育附加和地方教育附加。

2. 对季度开票金额在30万元以下的，无论开具专用发票还是普通发票均应享受（财税〔2016〕12号）文件的相关规定免征教育附加和地方教育附加。

3. 对季度开票一种是金额超过30万元但不足45万元的，若开具的是普通发票，则免征教育附加和地方教育附加；如果开具的是专用发票，享受财税〔2019〕13号文件的相关规定减半征收教育附加和地方教育附加。

季开票金额超过45万元的，无论开具专用发票还是普通发票，均应享受财税〔2019〕13号文件的相关规定，减半征收教育附加和地方教育附加。

4. 国家税务总局2021年第5号公告：自2021年4月1日起个人采取一次性收取出租不动产的租金收入时，可在对应的租赁期内平均分摊，分摊后的月租金收入不超过15万元的，免征教育费附加和地方教育附加。

5. 财税〔2019〕46号：纳入产教融合的试点单位，对于职业教育的投资可以按照投资额的30%抵免当年的教育费附加和地方教育附加。

6. 财税〔2018〕80号：已经办理增值税期末留抵退税的，可以从城市维护建设税、教育费附加和地方教育附加的计征依据中扣除已经退还的增值税税额。

7. 财税〔2019〕21号、财政部 税务总局公告2022年第4号：退役士兵从事个体经营扣减教育费附加优惠。

8. 财税〔2019〕21号、财政部 税务总局公告2022年第4号：企业招用退役士兵扣减教育费附加优惠。

9. 财税〔2019〕22号、财政部 税务总局 人力资源社会保障部 国家乡村振兴局公告2021年第18号：建档立卡贫困人口从事个体经营扣减教育费附加。

10. 财税〔2019〕22号、财政部 税务总局 人力资源社会保障部 国家乡村振兴局公告2021年第18号：登记失业半年以上人员，零就业家庭、享受城市低保登记失业人员，毕业年度内高校毕业生从事个体经营扣减教育费附加。

11. 财税〔2019〕22号、财政部 税务总局 人力资源社会保障部 国家乡村振兴局公告2021年第18号：企业招用建档立卡贫困人口就业扣减教育费附加。

12. 财税〔2019〕22号、财政部 税务总局 人力资源社会保障部 国家乡村振兴局公告2021年第18号：企业招用登记失业半年以上人员，零就业家庭、享受城市低保登记失业人员，毕业年度内高校毕业生就业扣减教育费附加。

13. 财政部、税务总局公告2022年第10号：增值税小规模纳税人教育费附加减征。

14. 财政部、税务总局公告2022年第10号：个体工商户教育费附加减征。

15. 财政部、税务总局公告2022年第10号：小型微利企业教育费附加减征。

16. 财税〔2010〕44号：国家重大水利工程建设基金免征教育费附加。

8.20.6 会计处理

其会计核算方法与城市维护建设税的核算方法相同，只是会计科目名称上有所区别，其会计科目为"应交税费——应交教育费附加"。

计提教育费附加时：

借：税金及附加

  贷：应交税费——应交教育费附加

缴纳教育费附加时：

借：应交税费——应交教育费附加

  贷：银行存款

8.21 地方教育附加

地方教育附加是指根据国家有关规定，为增加地方教育的资金投入，促进教育事业发展而开征的一项地方政府性基金。该收入主要用于各地方的教育经费的投入补充。

按照地方教育附加使用管理规定，在各省、自治区、直辖市的行政区域内，凡缴纳增值税、消费税的单位和个人，都应按规定缴纳地方教育附加。

8.21.1 缴纳人

地方教育附加的缴纳人为负有缴纳增值税、消费税义务的各类企业、单位和个人。

8.21.2 附征率

地方教育附加附征率为2%。

8.21.3 征收依据及应纳数额计算

1. 征收依据。地方教育附加以纳税人实际缴纳的增值税、消费税税额为计税依据。

2. 应纳数额计算。

计算公式为：应交纳数额＝实际缴纳的增值税税额、消费税税额×2%

[特别提示] 自2018年7月27日起，对实行增值税期末留抵退税的纳税人，允许其从城市维护建设税、教育费附加和地方教育附加的计税（征）依据中扣除退还的增值税税额。

8.21.4 缴纳期限

以纳税人实际缴纳的增值税税额、消费税税额为计税依据，分别与增值税、消费税同时申报缴纳。

8.21.5 优惠政策

1. 国家税务总局2021年第5号公告：自2021年4月1日起小规模纳税人发生增值税应税销售行为的，月销售额不超过15万元，季度销售额不超过45万元，免征教育附加和地方教育附加。

2. 对季度开票一种是金额超过30万元但不足45万元的，若开具的是普通发票，则免征教育附加和地方教育附加；如果开具的是专用发票，享受财税〔2019〕13号文件的相关规定减半征收教育附加和地方教育附加。

季开票金额超过45万元的，无论开具专用发票还是普通发票，均应享受财税〔2019〕13号文件的相关规定，减半征收教育附加和地方教育附加。

3. 国家税务总局2021年第5号公告：自2021年4月1日起个人采取一次性收取出租不动产的租金收入时，可在对应的租赁期内平均分摊，分摊后的月租金收入不超过15万元的，免征教育费附加和地方教育附加。

4. 财税〔2016〕12号：增值税一般纳税人，按月的销售额不超过10万元，按季不超过30万元的，可以免征教育费附加和地方教育附加。

5. 财税〔2019〕46号：纳入产教融合的试点单位，对于职业教育的投资可以按照投资额的30%抵免当年的教育费附加和地方教育附加。

6. 财税〔2018〕80号：已经办理增值税期末留抵退税的，可以从城市维护建设税、教育费附加和地方教育附加的计征依据中扣除已经退还的增值税税额。

7. 财税〔2019〕21号，财政部、税务总局公告2022年第4号：退役士兵从事个体经营扣减地方教育附加优惠。

8. 财税〔2019〕21号，财政部、税务总局公告2022年第4号：企业招用退役士兵扣减地方教育附加优惠。

9. 财税〔2019〕22号，财政部、税务总局、人力资源社会保障部、国家乡村振兴局公告2021年第18号：建档立卡贫困人口从事个体经营扣减地方教育附加。

10. 财税〔2019〕22号，财政部、税务总局、人力资源社会保障部、国家乡村振兴局公告2021年第18号：登记失业半年以上人员，零就业家庭、享受城市低保登记失业人员，毕业年度内高校毕业生从事个体经营扣减地方教育附加。

11. 财税〔2019〕22号，财政部、税务总局、人力资源社会保障部、国家乡村振兴局公告2021年第18号：企业招用建档立卡贫困人口就业扣减地方教育附加。

12. 财税〔2019〕22号，财政部、税务总局、人力资源社会保障部、国家乡村振兴局公告2021年第18号：企业招用登记失业半年以上人员，零就业家庭、享受城市低保登记失业人员，毕业年度内高校毕业生就业扣减地方教育附加。

13. 财综〔2013〕103号：光伏发电免征政府性基金。

14. 财政部、税务总局公告2022年第10号：增值税小规模纳税人地方教育附加减征。

15. 财政部、税务总局公告2022年第10号：小型微利企业地方教育费附加减征。

8.21.6 会计处理

其会计核算方法与城市维护建设税的核算方法相同，只是会计科目名称上有所区别。

其会计科目为"应交税费——应交地方教育附加"。

计提地方教育附加时：

借：税金及附加

　　贷：应交税费——应交地方教育附加

缴纳地方教育附加时：

借：应交税费——应交地方教育附加

　　贷：银行存款

8.22　水利建设基金

水利建设基金是用于水利建设的专项资金，由中央水利建设基金和水利建设基金组成。中央水利建设基金主要用于关系经济社会发展全局的重点水利工程建设。水利建设基金主要用于地方水利工程建设。跨流域、跨省、自治区、直辖市的重大水利建设工程和跨国河流、国界河流我方重点防护工程的治理投资由中央和地方共同负担。水利建设基金提取和划转办法按照省、自治区、直辖市人民政府的规定执行。

根据《财政部关于民航发展基金等3项政府性基金有关政策的通知》（财税〔2020〕72号）规定：自2021年1月1日起继续征收民航发展基金、旅游发展基金、水利建设基金，截止日期另行明确。

根据《国家税务总局关于水利建设基金等政府非税收入项目征管职责划转有关事项的公告》（国家税务总局公告2020年第2号）规定：自2020年起，向企事业单位和个体经营者征收的水利建设基金，划转至税务部门征收。

[特别提示]　水利建设基金的来源主要有四个：

（1）从地方收取的政府性基金和行政事业性收费收入中提取3%。应提取水利建设基金的地方政府性基金和行政事业性收费项目包括：车辆通行费、城市基础设施配套费、征地管理费，以及省、自治区、直辖市人民政府确定的政府性基金和行政事业性收费项目。

（2）经财政部批准，各省、自治区、直辖市向企事业单位和个体经营者征收的水利建设基金。

（3）地方人民政府按规定从中央对地方成品油价格和税费改革转移支付资金中足额安排资金，划入水利建设基金。

（4）有重点防洪任务和水资源严重短缺的城市要从征收的城市维护建设税中划出

不少于15%的资金，用于城市防洪和水源工程建设。具体比例由省、自治区、直辖市人民政府确定。

8.22.1 缴纳人

负有缴纳增值税、消费税义务的各类企业、单位和个人为水利建设基金的缴纳人。

8.22.2 附征率

水利建设基金附征率为1%。

8.22.3 征收依据及应纳数额计算

应纳水利建设基金＝实际缴纳的增值税税额、消费税税额×1%

8.22.4 缴纳期限

以纳税人实际缴纳的增值税税额、消费税税额为计税依据，分别与增值税、消费税同时申报缴纳。

8.22.5 优惠政策

1. 根据《财政部关于民航发展基金等3项政府性基金有关政策的通知》（财税〔2020〕72号）规定：2020年12月31日前已开征水利建设基金的省、自治区、直辖市，省级财政部门可提出免征、停征或减征水利建设基金的方案，报省级人民政府批准后执行。

2. 根据财税〔2016〕12号规定：月（季）销售额小于10（30）万元免征水利建设基金。

8.22.6 会计处理

其会计核算方法与城市维护建设税的核算方法相同，只是会计科目名称上有所区别。

其会计科目为"应交税费——应交水利建设基金"。

计提水利建设基金时：

借：税金及附加
　　贷：应交税费——应交水利建设基金

缴纳水利建设基金时：

借：应交税费——应交水利建设基金
　　贷：银行存款

8.23 文化事业建设费

文化事业建设费是国务院为进一步完善文化经济政策，拓展文化事业资金投入渠道而对广告、娱乐行业开征的一种规费。现行的文化事业建设费是根据1997年6月17日国务院批准、1997年7月7日财政部、国家税务总局发布的《文化事业建设费征收管理暂行办法》施行的，《财政部 国家税务总局关于营业税改征增值税试点有关文化事业建设费政策及征收管理问题的通知》（财税〔2016〕25号）进行了调整。

8.23.1 缴纳义务人

自2016年5月1日起在中华人民共和国境内提供娱乐服务的单位和个人，应按照规定缴纳文化事业建设费。

自2016年5月1日起在中华人民共和国境内提供广告服务的广告媒介单位和户外广告经营单位，应按照规定缴纳文化事业建设费。中华人民共和国境外的广告媒介单位和户外广告经营单位在境内提供广告服务，在境内未设有经营机构的，以广告服务接受方为文化事业建设费的扣缴义务人。

[特别提示]

（1）根据财税〔2016〕36号文件规定：娱乐服务是指为娱乐活动同时提供场所和服务的业务，具体包括：歌厅、舞厅、酒吧、夜总会、保龄球、台球、高尔夫球等，不包括茶艺、网吧、棋牌室、健身房。

（2）根据财税〔2016〕25号文件规定：在中华人民共和国境内提供广告服务的广告媒介单位和户外广告经营单位都应缴纳文化事业建设费。这里的广告服务是指利用图书、报纸、杂志、广播、电视、电影、霓虹灯、灯箱、互联网等各种形式为客户的商品、经营服务项目、文体节目或者通告声明等委托事项进行宣传和提供相关服务的业务活动，包括广告代理和广告的发布、播映、宣传、展示等，不包括广告设计、策划、创意、制作、咨询和广告品的文印晒图。

8.23.2 征收率

文化事业建设费的征收率为3%。

8.23.3 缴费依据及应缴费额计算

1. 缴纳义务人应按照提供娱乐服务取得的计费销售额和3%的费率计算娱乐服务

应缴费额，计算公式如下：

娱乐服务应缴费额＝娱乐服务计费销售额×3%

[特别提示] 娱乐服务计费销售额，为缴纳义务人提供娱乐服务取得的全部含税价款和价外费用。

2. 缴纳文化事业建设费的单位应按照提供广告服务取得的计费销售额和3%的费率计算应缴费额，计算公式如下：

应缴费额＝计费销售额×3%

[特别提示]

（1）计费销售额，为缴纳义务人提供广告服务取得的全部含税价款和价外费用，减除支付给其他广告公司或广告发布者的含税广告发布费后的余额。

（2）缴纳义务人减除价款的，应当取得增值税专用发票或国家税务总局规定的其他合法有效凭证，否则，不得减除。

3. 按规定扣缴文化事业建设费的，扣缴义务人应按下列公式计算应扣缴费额：

应扣缴费额＝支付的广告服务含税价款×费率

8.23.4 缴费义务发生时间

文化事业建设费的缴费义务发生时间，为缴费人收讫营业收入款项或者取得索取营业收入款项凭证的当天。

文化事业建设费的缴纳期限与缴费人缴纳增值税的期限相同，或者由主管税务机关根据缴费人应缴费额的大小核定。

8.23.5 优惠政策

1. 财税〔2016〕60号：未达起征点的娱乐服务缴纳义务人免征文化事业建设费。

2. 财税〔2016〕25号：月（季）销售额不超过2万元（6万元）的广告业单位免征文化事业建设费。

3. 财税〔2019〕46号：从2019年7月1日起至2024年12月31日减半征收文化事业建设费。

8.23.6 会计处理

文化事业建设费通过"应交税费——应交文化事业建设费"科目核算，其贷方发生额表示应交数；其借方发生额表示企业实交数；期末余额在贷方，表示应交未交，即欠交数；期末余额在借方，表示多交数。

企业按照规定应交的文化事业建设费，借记"税金及附加"科目，贷记"应交税费——应交文化事业建设费"科目。缴纳的文化事业建设费，借记"应交税费——应交文化事业建设费"科目,贷记"银行存款"科目。

[例8-40] 2022年3月,A广告公司收到客户广告发布费20.6万元(含税,增值税征收率3%),款已收到;支付给媒体方广告费11万元,并取得了增值税普通发票,款已支付。

收到广告发布费时:

借:银行存款　　　　　　　　　　　　　　　　206 000
　　贷:主营业务收入——广告服务收入　　　　　　　　200 000
　　　　应交税费——应交增值税　　　　　　　　　　　　6 000

支付媒体方广告费时:

借:主营业务成本　　　　　　　　　　　　　　110 000
　　贷:银行存款　　　　　　　　　　　　　　　　　　110 000

计算城市维护建设税和教育费附加计算及会计分录(略)。

计算文化事业建设费时:

应交费额为(206 000 - 110 000)×3% = 2 880(元)

借:税金及附加　　　　　　　　　　　　　　　　2 880
　　贷:应交税费——应交文化事业建设费　　　　　　　2 880

上交文化事业建设费时:

借:应交税费——应交文化事业建设费　　　　　2 880
　　贷:银行存款　　　　　　　　　　　　　　　　　　2 880

8.24　残疾人就业保障金

残疾人就业保障金(以下简称保障金),是指向安排残疾人就业未达到规定比例的单位征收的用于残疾人就业的政府性专项基金。残疾人就业保障金由用人单位所在地的地方税务局负责征收。没有分设地方税务局的地方,由国家税务局负责征收。有关省、自治区、直辖市对保障金征收机关另有规定的,按其规定执行。

8.24.1　征收范围

用人单位安排残疾人就业的比例不得低于本单位在职职工总数的1.5%。具体比例由各省、自治区、直辖市人民政府根据本地区的实际情况规定。

用人单位安排残疾人就业达不到其所在地省、自治区、直辖市人民政府规定比例的,应当缴纳保障金。

[特别提示] 用人单位将残疾人录用为在编人员或依法与就业年龄段内的残疾人签订1年以上（含1年）劳动合同（服务协议），且实际支付的工资不低于当地最低工资标准，并足额缴纳社会保险费的，方可计入用人单位所安排的残疾人就业人数。

8.24.2 征收标准

保障金按上年用人单位安排残疾人就业未达到规定比例的差额人数和本单位在职职工年平均工资之积计算缴纳。计算公式如下：

保障金年缴纳额 =（上年用人单位在职职工人数 × 所在地省、自治区、直辖市人民政府规定的安排残疾人就业比例 - 上年用人单位实际安排的残疾人就业人数）× 上年用人单位在职职工年平均工资。

[特别提示] 用人单位在职职工，是指用人单位在编人员或依法与用人单位签订1年以上（含1年）劳动合同（服务协议）的人员。季节性用工应当折算为年平均用工人数。以劳务派遣用工的，计入派遣单位在职职工人数。

用人单位安排残疾人就业未达到规定比例的差额人数，以公式计算结果为准，可以不是整数。

上年用人单位在职职工年平均工资，按用人单位上年在职职工工资总额除以用人单位在职职工人数计算。安排残疾人就业未达到规定比例的用人单位，按差额人数每年以当地人民政府统计部门公布的上年度职工年平均工资计算，足额缴纳保障金。按比例安排残疾人不足一人的单位，按实际差额比例计算缴纳。各类企业缴纳的保障金从管理费中列支。

单位年度实际在职职工人数，是指在单位生产或工作并取得劳动报酬的各类人员，包括在岗职工和其他从业人员。具体可参照税务机关确认的计税工资人数核定。

在职残疾职工人数，是指经残疾人劳动就业服务机构确认的人数。

8.24.3 缴纳期限

保障金一般按月缴纳。

8.24.4 残疾人就业保障金如何申报

用人单位应按规定时限向保障金征收机关申报缴纳残疾人就业保障金。在申报时，应提供本单位在职职工人数、实际安排残疾人就业人数、在职职工年平均工资等信息，并保证信息的真实性和完整性。

8.24.5 优惠政策

1. 发改价格规〔2019〕2015号：自2020年1月1日起，将残保金由单一标准征收调整为分档征收，用人单位安排残疾人就业比例1%（含）以上但低于本省（区、市）规定比例的，三年内按应缴费额50%征收；1%以下的，三年内按应缴费额90%征收。

2. 发改价格规〔2019〕2015号：对在职职工总数30人（含）以下的企业，暂免征收残保金。

3. 财税〔2018〕39号：自2018年4月1日起，将残疾人就业保障金征收标准上限，由当地社会平均工资的3倍降低至2倍。其中，用人单位在职职工平均工资未超过当地社会平均工资2倍（含）的，按用人单位在职职工年平均工资计征残疾人就业保障金；超过当地社会平均工资2倍的，按当地社会平均工资2倍计征残疾人就业保障金。

社会平均工资的口径为城镇私营单位和非私营单位就业人员加权平均工资。

4. 用人单位遇不可抗力自然灾害或其他突发事件遭受重大直接经济损失，可以申请减免或者缓缴保障金。具体办法由各省、自治区、直辖市财政部门规定。

8.24.6 会计处理

残疾人就业保障金通过"应交税费——残疾人就业保障金"科目核算，其贷方发生额表示应交数；其借方发生额表示企业实交数；期末余额在贷方，表示应交未交，即欠交数；期末余额在借方，表示多交数。

企业按照规定应交的残疾人就业保障金，借记"税金及附加"科目，贷记"应交税费——残疾人就业保障金"科目。缴纳的残疾人就业保障金，借记"应交税费——残疾人就业保障金"科目，贷记"银行存款"科目。

8.25 废弃电器电子产品处理基金

废弃电器电子产品处理基金是国家为促进废弃电器电子产品回收处理而设立的政府性基金，是对生产电视机、电冰箱、洗衣机、房间空调器和微型计算机共五类产品的生产者征收的基金。

8.25.1 缴纳义务人

中华人民共和国境内电器电子产品的生产者，为基金缴纳义务人。

[特别提示]

（1）对2012年7月1日起申报进口的电器电子产品，收货人或者其代理人应按照有关规定向海关缴纳基金。

（2）电器电子产品生产者包括自主品牌生产企业和代工生产企业。

8.25.2 征收管理

1. 基金缴纳义务人向其主管税务机关申报缴纳基金。对基金缴纳义务人征收基金，适用税收征收管理的规定。

2. 基金缴纳义务人销售应征基金产品时缴纳基金。

[特别提示]

（1）销售是指通过从购买方取得货物、货币或其他经济利益转让应征基金产品所有权。

（2）基金缴纳义务人受托加工生产应征基金产品的，不论原料和主要材料由何方提供，不论在财务上是否做销售处理，均由受托方缴纳基金。

（3）电器电子产品生产者应缴纳的基金，由税务机关负责征收。进口电器电子产品的收货人或者其代理人应缴纳的基金，由海关负责征收。

（4）税务机关征收基金应使用税收票证。海关征收基金应出具《海关进口废弃电器电子产品处理基金专用缴款书》，其格式与海关税收专用缴款书格式相同，科目填写"废弃电器电子产品处理基金"。

8.25.3 征收范围和标准

1. 按照国务院第551号令和《废弃电器电子产品处理基金征收使用管理办法》规定，目前纳入基金征收范围的电器电子产品包括电视机、电冰箱、洗衣机、房间空调器和微型计算机共五类产品。

[特别提示]

（1）鉴于出口的电器电子产品无需在国内回收处理，规定电器电子产品生产者生产用于出口的电器电子产品免征基金。

（2）根据中华人民共和国海关总署公告2012年第33号规定：基金征收的起征点为每票50元人民币。

2. 征收标准为：电视机13元/台、电冰箱12元/台、洗衣机7元/台、房间空调器7元/台、微型计算机10元/台。

8.25.4 计算方法

基金缴纳义务人销售或受托加工生产相关电器电子产品，按照从量定额的办法计算应缴纳基金。应缴纳基金的计算公式为：

应缴纳基金 = 销售数量（受托加工数量）×征收标准

[特别提示]

（1）为了避免重复征收，规定对购进或者收回委托加工电器电子产品已缴纳基金的，可从应征基金产品销售数量中扣除。

（2）基金缴纳义务人应当准确核算购进和委托加工收回的已缴纳基金的电器电子产品数量，不能准确核算的，按实际销售数量征收基金。

（3）基金缴纳义务人购进或者收回委托加工电器电子产品已缴纳基金的，从应征基金产品销售数量中扣除；不足扣除部分，可留待下期继续扣除。

（4）基金缴纳义务人已缴纳基金的电器电子产品发生销货退回的，准予在当期申报中扣除，不足扣除部分，可留待下期继续扣除。

（5）交纳的基金计入生产经营成本，准予在计算应纳税所得额时扣除。

8.25.5 缴纳期限

1. 基金缴纳义务人按季申报缴纳基金。基金缴纳义务人应当自季度终了之日起15日内申报缴纳基金，向主管税务机关报送《废弃电器电子产品处理基金申报表》。

2. 基金缴纳义务的发生时间按照如下要求确定：

（1）基金缴纳义务人销售电器电子产品的，按不同的销售结算方式分别为：

①采取赊销和分期收款结算方式的，为书面合同约定的收款日期的当天，书面合同没有约定收款日期或者无书面合同的，为发出电器电子产品的当天；

②采取预收货款结算方式的，为发出电器电子产品的当天；

③采取托收承付和委托银行收款方式的，为发出电器电子产品并办妥托收手续的当天；

④采取其他结算方式的，为收讫销售款或者取得索取销售款凭据的当天。

（2）受托加工应征基金产品，基金缴纳义务人只收取加工费的，为委托方提货的当天。

（3）基金缴纳义务人将应征基金产品用于本规定第六条规定情形的，为移送使用的当天。

（4）基金缴纳义务人以委托代销方式销售应征基金产品的，为收到代销单位的代销清单或者收到全部或者部分货款的当天。未收到代销清单及货款的，为发出应征基金产品满180天的当天。

[特别提示] 基金缴纳义务人将应征基金产品用于生产非应征基金产品、在建工程、管理部门、非生产机构、提供劳务、馈赠、赞助、集资、广告、样品、职工福利、奖励等方面，于移送使用时缴纳基金。

8.25.6 优惠政策

1. 基金缴纳义务人出口电器电子产品,免征基金。

2. 对采用有利于资源综合利用和无害化处理的设计方案以及使用环保和便于回收利用材料生产的电器电子产品,可以减征基金的,按照国务院相关部门的具体规定执行。

3. 进境邮递物品和进境旅客所携行李物品不缴纳基金。

4. 以加工贸易、进境修理、租赁、暂时进出口等方式进口的电器电子产品申报进境时,海关不征收基金。如上述产品内销、为国内留购或未能在规定期限内复运出境,海关应在办理货物征免税手续的同时,征收基金。

5. 进入海关特殊监管区域的电器电子产品,海关不征收基金;上述产品申报出区内销时,海关应在办理征免税手续的同时,征收基金。

8.25.7 政策依据

1. 《废弃电器电子产品回收处理管理条例》(国务院第551号令)。

2. 《财政部 环境保护部 国家发展改革委 工业和信息化部 海关总署 国家税务总局关于印发〈废弃电器电子产品处理基金征收使用管理办法〉的通知》(财综〔2012〕34号)。

3. 国家税务总局关于发布《废弃电器电子产品处理基金征收管理规定》的公告(国家税务总局公告2012年第41号)。

4. 《关于征收废弃电子产品处理基金有关问题》(海关总署公告2012年第33号)。

8.26 国家重大水利工程建设基金

国家重大水利工程建设基金(以下简称重大水利基金)是国家为支持南水北调工程建设、解决三峡工程后续问题以及加强中西部地区重大水利工程建设而设立的政府性基金。

根据《财政部关于将国家重大水利工程建设基金等政府非税收入项目划转税务部门征收的通知》(财税〔2018〕147号)、《国家税务总局关于国家重大水利工程建设基金等政府非税收入项目征管职责划转有关事项的公告》(税务总局公告2018年第63号)规定,自2019年1月1日起,原由财政部驻地方财政监察专员办事处负责征收的国家重大水利工程建设基金,划转至税务部门征收。征收范围、对象、标准及收入分成等仍按现行规定执行。

[特别提示] 国家重大水利工程建设基金征收至2025年12月31日。

8.26.1 征收范围

重大水利基金征收范围是在除西藏自治区以外的全国范围内筹集,按照各省、自治区、直辖市扣除国家扶贫开发工作重点县农业排灌用电后的全部销售电量。

8.26.2 征收管理

企业自备电厂自发自用电量和地方独立电网销售电量,按月自行申报缴纳,除此以外,由省级电网企业向电力用户电费时一并代征。

[特别提示]

(1) 北京、天津、河北、河南、山东、江苏、上海、浙江、安徽、江西、湖北、湖南、广东、重庆14个南水北调和三峡工程直接受益省份(以下简称14个省份)电网企业代征的重大水利基金,全额上缴中央国库。

(2) 山西、内蒙古、辽宁、吉林、黑龙江、福建、广西、海南、四川、贵州、云南、陕西、甘肃、青海、宁夏、新疆16个南水北调和三峡工程非直接受益省份(以下简称16个省份)电网企业代征的重大水利基金,全额上缴省级国库。

(3) 对企业自备电厂自发自用电量和地方独立电网销售电量应缴纳的重大水利基金,按照上述(1)(2)划分省份分别由驻当地专员办和省级财政部门直接征收,并分别缴入中央和省级国库。

(4) 14个省份的重大水利基金按月征收,实行直接缴库。省级电网企业、拥有自备电厂企业和地方独立电网企业应于每月10日前申报上月实际销售电量(自发自用电量)和应缴纳的重大水利基金。省级电网企业、拥有自备电厂企业和地方独立电网企业应于每月15日前,足额上缴资金。

(5) 省级电网企业、拥有自备电厂企业和地方独立电网企业全年实际销售电量(自发自用电量),在次年3月底前完成全年应缴重大水利基金的汇算清缴工作。开展汇算清缴工作时,应对电力用户欠缴电费、电网企业核销坏账损失的电量情况进行审核,经确认后不计入相关企业全年实际销售电量。

(6) 国家重大水利工程建设基金缴费人采用自行申报方式办理非税收入申报缴纳等有关事项,统一使用《非税收入通用申报表》申报缴纳。

(7) 14个省份省级电网企业代征重大水利基金,由中央财政按代征额的2‰付给代征手续费,代征手续费从重大水利基金支出预算中安排,分别支付给国家电网公司和中国南方电网有限责任公司,具体支付方式按照财政部有关规定执行。代征电网企业不得从代征收入中直接提留代征手续费。

（8）16个省份省级电网企业代征重大水利基金，由省级财政从本级重大水利基金支出预算中付给代征手续费，具体办法由省级财政部门规定。

（9）省级电网企业应将代征的重大水利基金与其正常业务收入分账核算。省级电网企业、拥有自备电厂企业和地方独立电网企业应及时足额上缴重大水利基金，不得拖延缴纳，如逾期不缴纳的，应责令其限期缴纳，并从滞纳之日起按日加收滞纳部分2‰的滞纳金。滞纳金纳入本金一并核算。

（10）拥有自备电厂企业、地方独立电网企业应准确计量自发自用电量和销售电量，不能准确计量的，按照其最大发电（售电）能力核定自发自用电量和销售电量，并确定重大水利基金征收数额。

8.26.3　征收依据及征收标准

1. 征收依据。重大水利基金在除西藏自治区以外的全国范围内筹集，按照各省、自治区、直辖市扣除国家扶贫开发工作重点县农业排灌用电后的全部销售电量和规定征收标准计征。各省、自治区、直辖市全部销售电量包括省级电网企业销售给电力用户的电量、省级电网企业扣除合理线损后的趸售电量（即实际销售给转供单位的电量）、省级电网企业销售给子公司的电量和对境外销售电量、企业自备电厂自发自用电量、地方独立电网销售电量（不含省级电网企业销售给地方独立电网企业的电量，下同）。

［特别提示］跨省（自治区、直辖市）电力交易，计入受电省份销售电量。

2. 征收标准。自2019年7月1日起，将国家重大水利工程建设基金征收标准降低50%。降低后各省（区、市）征收标准（见表8-33）。

表8-33　　　　国家重大水利工程建设基金征收标准　　　　单位：厘/千瓦时

省（区、市）	征收标准
北京	1.96875
天津	1.96875
上海	3.915
河北	1.96875
山西	1.96875
内蒙古	1.125
辽宁	1.125
吉林	1.125
黑龙江	1.125
江苏	4.1934375

续表

省（区、市）	征收标准
浙江	4.03875
安徽	3.63375
福建	1.96875
江西	1.5525
山东	1.96875
河南	3.189375
湖北	0
湖南	1.0546875
广东	1.96875
广西	1.125
海南	1.125
重庆	1.96875
四川	1.96875
贵州	1.125
云南	1.125
陕西	1.125
甘肃	1.125
青海	1.125
宁夏	1.125
新疆	1.125

[**特别提示**] 未经国务院批准，任何地方、部门和单位均不得擅自减免重大水利基金，不得调整基金征收范围和征收标准。

8.26.4 优惠政策

1. 财综〔2013〕103号：分布式光伏发电自发自用电量免收国家重大水利工程建设基金。

2. 缴费人采用自行申报方式办理非税收入申报缴纳等有关事项。符合非税收入减免政策的，缴费人自行申报享受，相关资料由缴费人留存备查，并对资料的真实性和合法性承担责任。

[**特别提示**]

（1）根据《财政部关于征收国家重大水利工程建设基金有关问题的通知》（财综〔2010〕97号）规定：财综〔2009〕90号文件已明确，资源综合利用（利用余热余压发电、煤矸石发电等）、热电联产的企业自备电厂纳入基金征收范围，各地应按此规定对资源综合利用、热电联产的企业自备电厂征收基金，不得免征。

对重庆市电力公司所属控股子公司（目前为24家）和地方独立电网企业全部销售电量，均应计征基金，自2010年1月1日起至今尚未计征基金的，应足额补征。

（2）根据《财政部 国家税务总局关于免征国家重大水利工程建设基金的城市维护建设税和教育费附加的通知》（财税〔2010〕44号）规定：经国务院批准，为支持国家重大水利工程建设，对国家重大水利工程建设基金免征城市维护建设税和教育费附加。

8.26.5 政策依据

1. 《企业所得税法》第八条、第二十条。

2. 《财政部 国家发展改革委员会 水利部 国家重大水利工程建设基金征收使用管理办法》（财综〔2009〕90号）。

3. 《财政部关于征收国家重大水利工程建设基金有关问题的通知》（财综〔2010〕97号）。

4. 《财政部 国家税务总局关于免征国家重大水利工程建设基金的城市维护建设税和教育费附加的通知》财税〔2010〕44号。

5. 《财政部关于对分布式光伏发电自发自用电量免征政府性基金有关问题的通知》（财综〔2013〕103号）。

6. 《财政部关于对国家电网四川省电力公司有关政府性基金上缴问题的批复》（财税〔2015〕80号）。

7. 《财政部关于降低部分政府性基金征收标准的通知》（财税〔2018〕39号）。

8. 《财政部关于将国家重大水利工程建设基金等政府非税收入项目划转税务部门征收的通知》（财税〔2018〕147号）。

9. 《国家税务总局关于国家重大水利工程建设基金等政府非税收入项目征管职责划转有关事项的公告》（税务总局公告2018年第63号）。

10. 《财政部关于调整部分政府性基金有关政策的通知》（财税〔2019〕46号）。

8.27 农网还贷资金

农网还贷资金是对农网改造贷款"一省多贷"的省、自治区、直辖市（指该省市区的农网改造工程贷款由多个电力企业承贷，下同）电力用户征收的政府性基金，专项用于农村电网改造贷款还本付息。

根据《财政部关于将国家重大水利工程建设基金等政府非税收入项目划转税务部

门征收的通知》(财税〔2018〕147号)、《国家税务总局关于国家重大水利工程建设基金等政府非税收入项目征管职责划转有关事项的公告》(税务总局公告2018年第63号)规定,自2019年1月1日起,将专员办负责征收的农网还贷资金划转税务部门负责征收。以前年度应缴未缴的非税收入,由税务部门负责征缴入库。

8.27.1 征收范围

农网还贷资金是对农网改造贷款"一省多贷"的省、自治区、直辖市(指该省市区的农网改造工程贷款由多个电力企业承贷,下同)电力用户征收的政府性基金。

8.27.2 征收标准

农网还贷资金按社会用电量每度电2分钱标准,并入电价收取。

[特别提示] 农网还贷资金由电网经营企业在向用户收取电费时一并收取,并在电费收款凭证中注明农网还贷资金的征收电量、征收标准和征收金额。除规定的减免用量外,电力用户必须及时足额交纳农网还贷资金。

8.27.3 征收管理

1. 电网经营企业将收取的农网还贷资金在销售收入中单独核算,集中到省级电力企业,由省级电力企业按月申报农网还贷资金征收情况,征收农网还贷资金的电网经营企业。

2. 缴纳义务人或代征单位应当按照规定的期限和程序,向税务部门申报和缴纳相关非税收入。申报和缴纳期限最后一日是法定休假日的,以休假日期满的次日为最后一日,期限内有连续3日以上法定休假日的,按休假日天数顺延。

[特别提示]

(1) 税务部门应当按照非税收入国库集中收缴等有关规定,将非税收入缴入国库,并做好申报征收、会统核算、缴费检查、欠费追缴等工作。对应申报未申报、申报不实、不按规定缴纳等违规行为,要依法查处,并纳入社会信用体系。有关部门和单位应当配合税务部门做好非税收入征收工作。税务部门征收非税收入应当使用财政部统一监(印)制的非税收入票据,按照税务部门全国统一信息化方式规范管理。

(2) 税务部门征收非税收入,因税务部门误收、缴费人误缴以及汇算清缴需要退库的,由财政部授权税务部门办理退库事宜;因收入减免等政策性原因需要退库的,按照财政部有关退库管理规定办理。

(3) 可按年征收额的2‰提取手续费,并计入企业的应付工资科目。

8.27.4 优惠政策

1.《财政部关于对分布式光伏发电自发自用电量免征政府性基金有关问题的通

知》（财综〔2013〕103 号）：分布式光伏发电自发自用电量免收农网还贷资金。

2.《财政部关于印发农网还贷资金征收使用管理办法的通知》（财企〔2001〕820号）：农业排灌、抗灾救灾及氮肥、磷肥、钾肥和原化工部颁发生产许可证的复合肥生产用电免征农网还贷资金；自备电厂自用电量免征农网还贷资金；国有重点煤炭企业生产用电、核工业铀扩散厂和堆化工厂生产用电农网还贷资金三厘每千瓦时。

8.27.5　政策依据

1.《企业所得税法》第八条、第二十条。

2.《财政部关于印发农网还贷资金征收使用管理办法的通知》（财企〔2001〕820 号）。

3.《财政部关于延续农网还贷资金等 17 项政府性基金政策问题的通知》（财综〔2007〕3 号）。

4.《财政部关于对分布式光伏发电自发自用电量免征政府性基金有关问题的通知》（财综〔2013〕103 号）。

5.《财政部关于调整重庆市农网还贷资金中央和地方缴库比例有关问题的批复》（财税〔2015〕59 号）。

6.《财政部关于将国家重大水利工程建设基金等政府非税收入项目划转税务部门征收的通知》（财税〔2018〕147 号）。

7.《国家税务总局关于国家重大水利工程建设基金等政府非税收入项目征管职责划转有关事项的公告》（税务总局公告 2018 年第 63 号）。

8.28　可再生能源发展基金

可再生能源发展基金包括国家财政公共预算安排的专项资金和依法向电力用户征收的可再生能源电价附加收入等。可再生能源电价附加在除西藏自治区以外的全国范围内，对各省、自治区、直辖市扣除农业生产用电（含农业排灌用电）后的销售电量征收。

根据《财政部关于将国家重大水利工程建设基金等政府非税收入项目划转税务部门征收的通知》（财税〔2018〕147 号）、《国家税务总局关于国家重大水利工程建设基金等政府非税收入项目征管职责划转有关事项的公告》（税务总局公告 2018 年第 63 号）规定，自 2019 年 1 月 1 日起，将专员办负责征收的可再生能源发展基金划转税务部门负责征收。以前年度应缴未缴的非税收入，由税务部门负责征缴入库。

[特别提示]

（1）可再生能源是指风能、太阳能、水能、生物质能、地热能、海洋能等非化石能源。

（2）水力发电对《可再生能源法》的适用，由国务院能源主管部门规定，报国务院批准。

（3）通过低效率炉灶直接燃烧方式利用秸秆、薪柴、粪便等，不适用《可再生能源法》。

（4）《可再生能源法》适用于中华人民共和国领域和管辖的其他海域。

（5）可再生能源发展专项资金由中央财政从年度公共预算中予以安排（不含国务院投资主管部门安排的中央预算内基本建设专项资金）。

8.28.1 征收范围

可再生能源电价附加是在除西藏自治区以外的全国范围内，对各省、自治区、直辖市扣除农业生产用电（含农业排灌用电）后的销售电量征收。

各省、自治区、直辖市纳入可再生能源电价附加征收范围的销售电量包括：（1）省级电网企业（含各级子公司）销售给电力用户的电量；（2）省级电网企业扣除合理线损后的趸售电量（即实际销售给转供单位的电量，不含趸售给各级子公司的电量）；（3）省级电网企业对境外销售电量；（4）企业自备电厂自发自用电量；（5）地方独立电网（含地方供电企业，下同）销售电量（不含省级电网企业销售给地方独立电网的电量）；（6）大用户与发电企业直接交易的电量。

[特别提示] 省（自治区、直辖市）际间交易电量，计入受电省份的销售电量征收可再生能源电价附加。

8.28.2 征收标准

自2016年1月1日起，将各省（自治区、直辖市，不含新疆维吾尔自治区、西藏自治区）居民生活和农业生产以外全部销售电量的基金征收标准，由每千瓦时1.5分提高到每千瓦时1.9分。

[特别提示] 各省（自治区、直辖市）价格主管部门要同幅度调整省级电网和地方独立电网销售电价，确保将提高基金征收标准政策落实到位。此前因电价调整不到位，有关地区居民生活用电和地方独立电网销售电量的基金征收标准低于国家统一标准的，要在履行法定程序后将电价及时调整到位，严格执行国家统一规定的基金征收标准。

8.28.3 征收管理

1. 可再生能源电价附加按月向电网企业征收，实行直接缴库，收入全额上缴中央国库。

2. 电力用户应缴纳的可再生能源电价附加，按照下列方式由电网企业代征：

（1）大用户与发电企业直接交易电量的可再生能源电价附加，由代为输送电量的电网企业代征；

（2）地方独立电网销售电量的可再生能源电价附加，由地方电网企业在向电力用户收取电费时一并代征；

（3）企业自备电厂自发自用电量应缴纳的可再生能源电价附加，由所在地电网企业代征；

（4）其他社会销售电量的可再生能源电价附加，由省级电网企业在向电力用户收取电费时一并代征。

3. 省级电网企业和地方独立电网企业，应于每月10日前申报上月实际销售电量（含自备电厂自发自用电量，下同）和应缴纳的可再生能源电价附加。省级电网企业和地方独立电网企业，应于每月15日前，按照规定的缴款额，足额上缴可再生能源电价附加。

4. 省级电网企业和地方独立电网企业全年实际销售电量，在次年3月底前完成对相关全年应缴可再生能源电价附加的汇算清缴工作。

[特别提示]

（1）开展汇算清缴工作时，应对电力用户欠缴电费、电网企业核销坏账损失的电量情况进行审核，经确认后不计入相关企业全年实际销售电量。

（2）中央财政按照可再生能源附加实际代征额的2‰付给相关电网企业代征手续费，代征手续费从可再生能源发展基金支出预算中安排，具体支付方式按照财政部的有关规定执行。代征电网企业不得从代征收入中直接提留代征手续费。

（3）对可再生能源电价附加征收增值税而减少的收入，由财政预算安排相应资金予以弥补，并计入"可再生能源电价附加收入"科目核算。

8.28.4 优惠政策

《财政部关于对分布式光伏发电自发自用电量免征政府性基金有关问题的通知》（财综〔2013〕103号）：分布式光伏发电自发自用电量免收可再生能源电价附加。

8.28.5 政策依据

1.《企业所得税法》第八条、第二十条。

2.《中华人民共和国可再生能源法》第二十四条。

3. 财政部、国家发展和改革委员会、国家能源局关于印发《可再生能源发展基金征收使用管理暂行办法》的通知（财综〔2011〕115号）。

4. 《财政部 国家发展改革委关于提高可再生能源发展基金征收标准等有关问题的通知》（财税〔2016〕4号）。

5. 《财政部关于将国家重大水利工程建设基金等政府非税收入项目划转税务部门征收的通知》（财税〔2018〕147号）。

6. 《国家税务总局关于国家重大水利工程建设基金等政府非税收入项目征管职责划转有关事项的公告》（税务总局公告2018年第63号）。

8.29 核电站乏燃料处理处置基金

核电站乏燃料处理处置基金是拥有已投入商业运行五年以上压水堆核电机组的核电厂（以下简称核电厂），按照《核电站乏燃料处理处置基金征收使用管理暂行办法》规定缴纳的政府性基金。

根据《财政部关于将国家重大水利工程建设基金等政府非税收入项目划转税务部门征收的通知》（财税〔2018〕147号）、《国家税务总局关于国家重大水利工程建设基金等政府非税收入项目征管职责划转有关事项的公告》（税务总局公告2018年第63号）规定，自2019年1月1日起，将专员办负责征收的核电站乏燃料处理处置基金划转税务部门负责征收。以前年度应缴未缴的非税收入，由税务部门负责征缴入库。

[特别提示]

（1）核电站乏燃料处理处置基金收入全额上缴中央国库，按照"收支两条线"原则纳入中央财政预算管理。

（2）核电厂缴纳的乏燃料处理处置基金，由政府相关部门和机构专项用于乏燃料处理处置。具体使用范围包括：乏燃料运输；乏燃料离堆贮存；乏燃料后处理（含乏燃料后处理中试厂进行的商用核电站乏燃料后处理）；乏燃料后处理所产生的高放废物的处理处置；乏燃料后处理厂的建设、运行、改造和退役；乏燃料处理处置的其他支出。

（3）乏燃料处理处置基金年度预算，应优先安排乏燃料运输、乏燃料离堆贮存、乏燃料后处理、高放废物处理处置等支出，再安排乏燃料后处理厂建设、运行、改造和退役等相关支出。

8.29.1 征收范围

核电站乏燃料处理处置基金按照核电厂已投入商业运行五年以上压水堆核电机组的实际上网销售电量征收。

8.29.2 征收标准

核电站乏燃料处理处置基金征收标准为 0.026 元/千瓦时。

[特别提示]

(1) 财政部会同国家发展改革委、工业和信息化部、国家能源局、国防科工局等部门根据核电发展规模及乏燃料处理处置资金需求的变化，适时调整征收标准。

(2) 乏燃料处理处置基金计入核电厂发电成本。

8.29.3 征收管理

缴纳义务人或代征单位应当按照规定的期限和程序，向税务部门申报和缴纳相关非税收入。

[特别提示]

(1) 申报和缴纳期限最后一日是法定休假日的，以休假日期满的次日为最后一日，期限内有连续3日以上法定休假日的，按休假日天数顺延。

(2) 税务部门应当按照非税收入国库集中收缴等有关规定，将非税收入缴入国库，并做好申报征收、会统核算、缴费检查、欠费追缴等工作。对应申报未申报、申报不实、不按规定缴纳等违规行为，要依法查处，并纳入社会信用体系。有关部门和单位应当配合税务部门做好非税收入征收工作。税务部门征收非税收入应当使用财政部统一监（印）制的非税收入票据，按照税务部门全国统一信息化方式规范管理。

(3) 税务部门征收非税收入，因税务部门误收、缴费人误缴以及汇算清缴需要退库的，由财政部授权税务部门办理退库事宜；因收入减免等政策性原因需要退库的，按照财政部有关退库管理规定办理。

(4) 核电厂应按照本办法规定及时足额上缴乏燃料处理处置基金，不得拖欠。凡无正当理由拖欠缴纳乏燃料处理处置基金的，并从逾期之日起按日加收滞纳金额 1‰ 的滞纳金。滞纳金纳入乏燃料处理处置基金收入管理。

8.29.4 政策依据

1. 《企业所得税法》第八条、第二十条。

2. 财政部、国家发展改革委、工业和信息化部关于印发《核电站乏燃料处理处置基金征收使用管理暂行办法》的通知（财综〔2010〕58号）。

3. 《财政部关于将国家重大水利工程建设基金等政府非税收入项目划转税务部门征收的通知》（财税〔2018〕147号）。

4. 《国家税务总局关于国家重大水利工程建设基金等政府非税收入项目征管职责划转有关事项的公告》（税务总局公告2018年第63号）。

8.30 中央水库移民扶持基金（大中型水库移民后期扶持基金、跨省际大中型水库库区基金、三峡水库库区基金）

根据《财政部关于取消、停征和整合部分政府性基金项目等有关问题的通知》（财税〔2016〕11 号）规定，自 2016 年 2 月 1 日起，将大中型水库移民后期扶持基金、跨省（区、市）大中型水库库区基金、三峡水库库区基金合并为中央水库移民扶持基金。

根据《财政部关于将国家重大水利工程建设基金等政府非税收入项目划转税务部门征收的通知》（财税〔2018〕147 号）、《国家税务总局关于国家重大水利工程建设基金等政府非税收入项目征管职责划转有关事项的公告》（税务总局公告 2018 年第 63 号）规定，自 2019 年 1 月 1 日起，将专员办负责征收的中央水库移民扶持基金（含大中型水库移民后期扶持基金、三峡水库库区基金、跨省际大中型水库库区基金）划转税务部门负责征收。以前年度应缴未缴的非税收入，由税务部门负责征缴入库。

[特别提示]

（1）根据《财政部关于取消、停征和整合部分政府性基金项目等有关问题的通知》（财税〔2016〕11 号）规定：自 2016 年 2 月 1 日起，将大中型水库移民后期扶持基金、跨省（区、市）大中型水库库区基金、三峡水库库区基金合并为中央水库移民扶持基金。将省级大中型水库库区基金、小型水库移民扶助基金合并为地方水库移民扶持基金。具体征收政策、收入划分、使用范围等仍按现行规定执行，今后根据水库移民扶持工作需要适时完善分配使用政策。

（2）跨省际大中型水库库区基金、大中型水库移民后期扶持基金、三峡电站水资源费 2018 年度汇算清缴工作仍由专员办负责，以后年度汇算清缴工作由税务部门负责。

8.30.1 征收对象及征收标准

8.30.1.1 大中型水库移民后期扶持基金

1. 国家将原库区维护基金、原库区后期扶持基金及经营性大中型水库承担的移民后期扶持资金进行整合，设立大中型水库库区基金（以下简称库区基金），主要用于以下方面：

（1）支持实施库区及移民安置区基础设施建设和经济发展规划；

（2）支持库区防护工程和移民生产、生活设施维护；

（3）解决水库移民的其他遗留问题。

2. 库区基金从有发电收入的大中型水库发电收入中筹集，根据水库实际上网销售电量，按不高于 8 厘/千瓦时的标准征收。

[特别提示]

（1）库区基金列入企业成本，按规定不征收企业所得税。

（2）应缴纳库区基金的大中型水库应在每月终了后 7 日内，按规定上缴库区基金。

（3）跨省、自治区、直辖市大中型水库库区基金，由相关省、自治区、直辖市按照国家审定的相关大中型水库移民人数比例分享。

（4）跨省、自治区、直辖市的大中型水库库区基金，按照发电企业所在地区的库区基金征收标准征收，全额缴入中央国库，由中央财政按相关省份应分享的比例，根据资金入库情况按季拨付给相关省级财政。

（5）库区基金属于政府性基金，实行分省统筹，纳入财政预算，实行"收支两条线"管理。其中，省级辖区内大中型水库的库区基金，由省级财政部门负责征收；跨省、自治区、直辖市的大中型水库库区基金，由财政部驻发电企业所在地区财政监察专员办事处负责征收。

（6）地方政府在安排库区基金时，应将其中的 75% 用于支持实施库区及移民安置区基础设施建设和经济发展规划，以及解决水库移民的其他遗留问题，其余部分用于库区防护工程及移民生产、生活设施维护。

8.30.1.2 跨省（区、市）大中型水库库区基金

1. 跨省际大中型水库库区基金征收对象为装机容量在 2.5 万千瓦及以上有发电收入的水库和水电站。

2. 跨省际大中型水库为独立法人的，由水库（水电站）缴纳大中型水库库区基金；跨省际大中型水库为非独立法人的，由其归属企业缴纳大中型水库库区基金。

3. 征收标准：按照水库发电企业所在省份的大中型水库库区基金征收标准执行，不高于 8 厘/千瓦时。

4. 缴纳大中型水库库区基金的跨省际大中型水库名单，具体负责征收跨省际大中型水库库区基金的专员办名单，以及各水库适用的大中型水库库区基金征收标准见附件。

5. 跨省际大中型水库库区基金收入全额缴入中央国库，由中央财政按相关省份应分配的比例，并根据资金入库情况按季拨付给相关省级财政。跨省际大中型水库库区基金在相关省份的分配比例，按照有关部门和相关省份共同确认的跨省际大中型水库移民人数比例核定，具体分配比例如表 8-34 所示。

6. 跨省际大中型水库库区基金，实行直接缴库。水库（水电站）或其归属企业应

于每月10日前申报上月实际销售电量和应缴纳的大中型水库库区基金。水库（水电站）或其归属企业应在每月15日前，按照规定的缴款额，足额上缴资金。

[**特别提示**] 根据水库（水电站）全年实际销售电量，在次年3月底前完成全年应缴大中型水库库区基金的清算和征缴。

表8-34　跨省际大中型水库名单、库区基金征收标准、征收机关和分配比例表

序号	工程名称	征收标准	征收机关所在地	涉及省份	分配比例（%）
1	桓仁水库	8厘/千瓦时	辽宁	辽宁	75.00
				吉林	25.00
2	水丰水库	8厘/千瓦时	辽宁	辽宁	66.00
				吉林	34.00
3	万家寨水利枢纽	8厘/千瓦时	山西	山西	2.80
				内蒙古	97.20
4	丹江口水库	8厘/千瓦时	湖北	湖北	61.00
				河南	39.00
5	江垭水库	8厘/千瓦时	湖南	湖南	85.00
				湖北	15.00
6	纳吉滩水电站	8厘/千瓦时	湖北	湖北	38.40
				湖南	61.60
7	塘口	8厘/千瓦时	湖北	湖北	40.00
				湖南	60.00
8	碗米坡电站	8厘/千瓦时	湖南	湖南	93.80
				重庆	6.20
9	宝珠寺电站	8厘/千瓦时	四川	四川	81.40
				陕西	9.40
				甘肃	9.20
10	炳灵水电站	8厘/千瓦时	甘肃	甘肃	31.30
				青海	68.70
11	张窝电站	8厘/千瓦时	四川	四川	5.40
				云南	94.60
12	大洪河水库	8厘/千瓦时	重庆	重庆	37.00
				四川	63.00
13	向家坝电站	8厘/千瓦时	四川	四川	45.40
				云南	54.60
14	溪洛渡电站	8厘/千瓦时	四川	四川	33.00
				云南	67.00

续表

序号	工程名称	征收标准	征收机关所在地	涉及省份	分配比例（%）
15	彭水电站	8厘/千瓦时	重庆	重庆	34.60
				贵州	65.40
16	龙滩电站	8厘/千瓦时	广西	广西	42.20
				贵州	57.80
17	鲁布革电站	8厘/千瓦时	云南	云南	48.50
				贵州	51.50
18	天生桥一级水电站	8厘/千瓦时	贵州	广西	43.60
				云南	5.70
				贵州	50.70
19	天生桥二级水电站	8厘/千瓦时	广西	广西	74.50
				贵州	25.50
20	洞巴水电站	8厘/千瓦时	广西	广西	54.80
				云南	45.20
21	百色水利枢纽	8厘/千瓦时	广西	广西	67.50
				云南	32.50
22	平班水电站	8厘/千瓦时	广西	广西	58.60
				贵州	41.40

8.30.1.3 三峡水库库区基金

三峡水库库区基金征收对象为中国三峡工程开发总公司、中国长江电力股份有限公司，征收标准：8厘/千瓦时。

8.30.2 征收管理

1. 缴纳义务人或代征单位应当按照规定的期限和程序，向税务部门申报和缴纳相关非税收入。申报和缴纳期限最后一日是法定休假日的，以休假日期满的次日为最后一日，期限内有连续3日以上法定休假日的，按休假日天数顺延。

2. 税务部门按照非税收入国库集中收缴等有关规定，将非税收入缴入国库，并做好申报征收、会统核算、缴费检查、欠费追缴等工作。

3. 税务部门征收非税收入，因税务部门误收、缴费人误缴以及汇算清缴需要退库的，由财政部授权税务部门办理退库事宜；因收入减免等政策性原因需要退库的，按照财政部有关退库管理规定办理。

［特别提示］

（1）对应申报未申报、申报不实、不按规定缴纳等违规行为，要依法查处，并纳入社会信用体系。

(2) 税务部门征收非税收入应当使用财政部统一监(印)制的非税收入票据,按照税务部门全国统一信息化方式规范管理。

8.30.3 优惠政策

1.《财政部关于对分布式光伏发电自发自用电量免征政府性基金有关问题的通知》(财综〔2013〕103号):分布式光伏发电自发自用电量免收大中型水库移民后期扶持基金。

2.《财政部关于印发〈财政监督专员办事处大中型水库移民后期扶持基金征收管理操作规程〉的通知》(财监〔2006〕95号):省级电网企业网间销售电量免征大中型水库移民后期扶持基金。

3.《财政部关于印发〈财政监督专员办事处大中型水库移民后期扶持基金征收管理操作规程〉的通知》(财监〔2006〕95号):农业生产用电量免征大中型水库移民后期扶持基金。

4.《财政部关于印发〈财政监督专员办事处大中型水库移民后期扶持基金征收管理操作规程〉的通知》(财监〔2006〕95号):经国务院批准可以免除交纳大中型水库移民后期扶持基金的其他电量。

8.30.4 政策依据

1.《企业所得税法》第八条、第二十条。

2.《大中型水利水电工程建设征地补偿和移民安置条例》。

3.《长江三峡工程建设移民条例》。

4.《财政部关于征收跨省际大中型水库库区基金有关问题的通知》(财综〔2009〕59号)。

5.《财政部关于取消、停征和整合部分政府性基金项目等有关问题的通知》(财税〔2016〕11号)。

6.《财政部关于降低国家重大水利工程建设基金和大中型水库移民后期扶持基金征收标准的通知》(财税〔2017〕51号)。

7.《财政部关于将国家重大水利工程建设基金等政府非税收入项目划转税务部门征收的通知》(财税〔2018〕147号)。

8.《国家税务总局关于国家重大水利工程建设基金等政府非税收入项目征管职责划转有关事项的公告》(税务总局公告2018年第63号)。

9.《国务院关于完善大中型水库移民后期扶持政策的意见》(国发〔2006〕17号)。

10. 《财政部关于印发〈财政监督专员办事处大中型水库移民后期扶持基金征收管理操作规程〉的通知》（财监〔2006〕95号）。

11. 《违反大中型水库移民后期扶持基金征收使用管理规定责任追究办法》（监察部人事部财政部令第13号）。

12. 财政部关于印发《大中型水库库区基金征收使用管理暂行办法》的通知（财综〔2007〕26号）。

8.31 地方水库移民扶持基金

地方水库移民扶持基金是各省、自治区、直辖市行政区域内装机容量在2.5万千瓦及以下小型水库和水电站缴纳的政府性基金。

根据《财政部关于水土保持补偿费等四项非税收入划转税务部门征收的通知》（财税〔2020〕58号）、《国家税务总局关于水土保持补偿费等政府非税收入项目征管职责划转有关事项的公告》（国家税务总局公告2020年第21号）规定，自2021年1月1日起，水土保持补偿费、地方水库移民扶持基金、排污权出让收入、防空地下室易地建设费划转至税务部门征收。征收范围、征收对象、征收标准等政策仍按现行规定执行。

［特别提示］根据《财政部关于取消、停征和整合部分政府性基金项目等有关问题的通知》（财税〔2016〕11号）规定：将大中型水库移民后期扶持基金、跨省（区、市）大中型水库库区基金、三峡水库库区基金合并为中央水库移民扶持基金。将省级大中型水库库区基金、小型水库移民扶助基金合并为地方水库移民扶持基金。具体征收政策、收入划分、使用范围等仍按现行规定执行，今后根据水库移民扶持工作需要适时完善分配使用政策。

8.31.1 征收范围

缴纳小型水库移民扶助基金的范围是各省、自治区、直辖市行政区域内装机容量在2.5万千瓦及以下小型水库和水电站的实际上网销售电量。

［特别提示］

（1）各省、自治区、直辖市行政区域内装机容量在2.5万千瓦及以上有发电收入的水库和水电站缴纳省际大中型水库库区基金。

（2）库区基金列入企业成本，按规定不征收企业所得税。

8.31.2 征收标准

在财政部规定征收标准内,各省、自治区、直辖市自行制定征收标准。

8.31.3 征收管理

1. 地方水库移民扶持基金自2021年2月1日起,由缴费人按月向税务部门自行申报缴纳,申报缴纳期限按现行规定执行。

2. 缴费人原则上使用《非税收入通用申报表》申报缴纳地方水库移民扶持基金。各地可与其他项目合并申报资料、简并申报流程。

[特别提示]

(1)各地税务部门要加强与水利等部门的合作,持续优化缴费流程、精简申报资料,推行"非接触式"缴费服务,拓展"实体、网上、掌上、自助"等多样化缴费渠道,切实方便缴费人缴费。

(2)各地税务部门应会同财政、水利等部门做好业务衔接和信息互联互通,及时共享非税收入计征、缴款等信息。

(3)税务部门按照属地原则征收上述非税收入项目,具体征收机关由国家税务总局各省、自治区、直辖市和计划单列市税务局按照"便民、高效"原则确定。

8.31.4 政策依据

1. 《企业所得税法》第八条、第二十条。

2. 《财政部关于取消、停征和整合部分政府性基金项目等有关问题的通知》(财税〔2016〕11号)。

3. 《国务院关于完善大中型水库移民后期扶持政策的意见》(国发〔2006〕17号)。

4. 财政部关于印发《大中型水库库区基金征收使用管理暂行办法》的通知(财综〔2007〕26号)。

5. 《财政部关于水土保持补偿费等四项非税收入划转税务部门征收的通知》(财税〔2020〕58号)。

6. 《国家税务总局关于水土保持补偿费等政府非税收入项目征管职责划转有关事项的公告》(税务总局公告2020年第21号)。

8.32 三峡电站水资源费

三峡电站水资源费是中国长江电力股份有限公司按照三峡电站实际发电量缴纳的行政事业性收费。

根据《财政部关于将国家重大水利工程建设基金等政府非税收入项目划转税务部门征收的通知》(财税〔2018〕147号)、《国家税务总局关于国家重大水利工程建设基金等政府非税收入项目征管职责划转有关事项的公告》(税务总局公告2018年第63号)规定,自2019年1月1日起,原由财政部驻地方财政监察专员办事处(以下简称"专员办")负责征收的三峡电站水资源费,划转至税务部门征收。征收范围、对象、标准及收入分成等仍按现行规定执行。

8.32.1 征收范围

三峡电站水资源费征收范围是中国长江电力股份有限公司按照三峡电站实际发电量缴纳。

8.32.2 征收标准

三峡电站水资源费征收标准:每千瓦时0.005元。

8.31.3 征收管理

1. 缴费人采用自行申报方式办理非税收入申报缴纳等有关事项。相关电网企业按照现行规定进行代征,并向税务部门申报缴纳。

2. 三峡电站水资源费的中央分成和湖北省分成部分,由缴费人向湖北省税务部门申报缴纳;重庆市分成部分由缴费人向重庆市税务部门申报缴纳。

3. 缴纳期限按现行规定执行,期限最后一日是法定休假日的,以休假日期满的次日为最后一日,期限内有连续3日以上法定休假日的,按休假日天数顺延。

4. 三峡电站水资源费2018年度的汇算清缴,缴费人向专员办申报办理。以后年度的汇算清缴,缴费人向税务部门申报办理。

5. 三峡电站水资源费的申报,统一使用《非税收入通用申报表》。

6. 税务部门按照属地原则征收划转的非税收入,具体征收机关由国家税务总局各省、自治区、直辖市和计划单列市税务局按照"便民、高效"原则确定。

7. 涉及误收误缴、汇算清缴需要退库的,缴费人向主管税务机关申请办理。涉及收入减免等政策性原因需要退库的,按照财政部有关退库管理规定办理。

8. 符合非税收入减免政策的,缴费人自行申报享受,相关资料由缴费人留存备查,并对资料的真实性和合法性承担责任。

8.31.4 政策依据

1.《取水许可和水资源费征收管理条例》(中华人民共和国国务院令第 460 号)。

2. 财政部、国家发展和改革委员会、水利部关于印发《水资源费征收使用管理办法》的通知(财综〔2008〕79 号)。

3. 财政部、国家发展和改革委员会、水利部、中国人民银行《关于三峡电站水资源费征收使用管理有关问题的通知》(财综〔2011〕19 号)。

4.《财政部关于将国家重大水利工程建设基金等政府非税收入项目划转税务部门征收的通知》(财税〔2018〕147 号)。

5.《国家税务总局关于国家重大水利工程建设基金等政府非税收入项目征管职责划转有关事项的公告》(税务总局公告 2018 年第 63 号)。

8.33 水土保持补偿费

水土保持补偿费是在山区、丘陵区、风沙区以及水土保持规划确定的容易发生水土流失的其他区域开办生产建设项目或者从事其他生产建设活动,损坏水土保持设施、地貌植被,不能恢复原有水土保持功能的单位和个人,缴纳的行政事业性收费。

根据《财政部关于水土保持补偿费等四项非税收入划转税务部门征收的通知》(财税〔2020〕58 号)、《国家税务总局关于水土保持补偿费等政府非税收入项目征管职责划转有关事项的公告》(国家税务总局公告 2020 年第 21 号)规定,自 2021 年 1 月 1 日起,水土保持补偿费、地方水库移民扶持基金、排污权出让收入、防空地下室易地建设费划转至税务部门征收。征收范围、征收对象、征收标准等政策仍按现行规定执行。

8.33.1 征收对象

水土保持补偿费征收对象是在山区、丘陵区、风沙区以及水土保持规划确定的容易发生水土流失的其他区域开办生产建设项目或者从事其他生产建设活动,损坏水土保持设施、地貌植被,不能恢复原有水土保持功能的单位和个人。

8.33.2 征收标准

水土保持补偿费收费标准按下列规定执行：

1. 对一般性生产建设项目，按照征占用土地面积一次性计征，东部地区每平方米不超过2元（不足1平方米的按1平方米计，下同），中部地区每平方米不超过2.2元，西部地区每平方米不超过2.5元。

[特别提示] 对水利水电工程建设项目，水库淹没区不在水土保持补偿费计征范围之内。

2. 开采矿产资源的，建设期间，按照征占用土地面积一次性计征，具体收费标准按照本条第一款执行。开采期间，石油、天然气以外的矿产资源按照开采量（采掘、采剥总量）计征。石油、天然气根据油、气生产井（不包括水井、勘探井）占地面积按年征收，每口油、气生产井占地面积按不超过2 000平方米计算；对丛式井每增加一口井，增加计征面积按不超过400平方米计算，每平方米每年收费不超过2元。各地在核定具体收费标准时，应充分评估损害程度，对生产技术先进、管理水平较高、生态环境治理投入较大的资源开采企业，在核定收费标准时应按照从低原则制定。

3. 取土、挖砂（河道采砂除外）、采石以及烧制砖、瓦、瓷、石灰的，根据取土、挖砂、采石量，按照每立方米0.5—2元计征（不足1立方米的按1立方米计）。对缴纳义务人已按前两种方式计征水土保持补偿费的，不再重复计征。

4. 排放废弃土、石、渣的，根据土、石、渣量，按照每立方米0.5—2元计征（不足1立方米的按1立方米计）。对缴纳义务人已按前三种方式计征水土保持补偿费的，不再重复计征。

上述各类收费具体标准由各省、自治区、直辖市价格主管部门、财政部门会同水行政主管部门根据本地实际情况制定。各省、自治区、直辖市根据本通知规定制定具体的水土保持补偿费收费标准，报国家发展改革委、财政部、水利部备案。

8.33.3 征收管理

1. 水土保持补偿费自2021年1月1日起，由缴费人向税务部门自行申报缴纳。按次缴纳的，应于项目开工前或建设活动开始前，缴纳水土保持补偿费。按期缴纳的，在期满之日起15日内申报缴纳水土保持补偿费。

2. 缴费人原则上使用《非税收入通用申报表》申报缴纳。

[特别提示]

（1）各地税务部门要加强与生态环境等部门的合作，持续优化缴费流程、精简申报资料，推行"非接触式"缴费服务，拓展"实体、网上、掌上、自助"等多样化缴费渠道，切实方便缴费人缴费。

（2）各地税务部门应会同财政、生态环境等部门做好业务衔接和信息互联互通，及时共享非税收入计征、缴款等信息。

（3）税务部门按照属地原则征收上述非税收入项目，具体征收机关由国家税务总局各省、自治区、直辖市和计划单列市税务局按照"便民、高效"原则确定。

（4）县级以上地方水行政主管部门征收水土保持补偿费，应到同级价格主管部门办理收费许可证，并使用省级财政部门统一印制的票据。

（5）相关收费单位要在收费场所显著位置和门户网站对水土保持补偿费的收费依据、收费标准、收费主体、收费范围等内容进行公示。

（6）收费单位应严格执行批准的收费项目和收费标准，不得自行增设收费项目和提高收费标准，并自觉接受价格、财政、审计和上级水行政主管部门的监督检查。各级价格主管部门应加强对收费单位收费许可证的年度审验。

8.33.4 优惠政策

1.《财政部 国家发展改革委 水利部 中国人民银行关于印发水土保持补偿费征收使用管理办法的通知》（财综〔2014〕8号）：法律、行政法规和国务院规定免征水土保持补偿费的其他情形。

2.《财政部 国家发展改革委 水利部 中国人民银行关于印发水土保持补偿费征收使用管理办法的通知》（财综〔2014〕8号）：建设学校、幼儿园、医院、养老服务设施、孤儿院、福利院等公益性工程项目免征水土保持补偿费。

3.《财政部 国家发展改革委 水利部 中国人民银行关于印发水土保持补偿费征收使用管理办法的通知》（财综〔2014〕8号）：建设保障性安居工程、市政生态环境保护基础设施项目免征水土保持补偿费。

4.《财政部 国家发展改革委 水利部 中国人民银行关于印发水土保持补偿费征收使用管理办法的通知》（财综〔2014〕8号）：按照水土保持规划开展水土流失治理活动免征水土保持补偿费。

5.《财政部 国家发展改革委 水利部 中国人民银行关于印发水土保持补偿费征收使用管理办法的通知》（财综〔2014〕8号）：农民依法利用农村集体土地新建、翻建自用住房免征水土保持补偿费。

6.《财政部 国家发展改革委 水利部 中国人民银行关于印发水土保持补偿费征收使用管理办法的通知》（财综〔2014〕8号）：按照相关规划开展小型农田水利建设、田间土地整治建设和农村集中供水工程建设免征水土保持补偿费。

8.33.5 政策依据

1.《中华人民共和国水土保持法》中华人民共和国主席令（第七届第49号发布，

第十一届第 39 号修订）。

2. 财政部、国家发展改革委、水利部、中国人民银行关于印发《水土保持补偿费征收使用管理办法》的通知（财综〔2014〕8 号）。

3. 财政部、国家发展改革委、水利部《关于水土保持补偿费收费标准（试行）的通知》（发改价格〔2014〕886 号）。

8.34　防空地下室易地建设费

防空地下室易地建设费是按照规定应修建防空地下室的民用建筑，因地质、地形等原因不宜修建的，或者规定应建面积小于民用建筑地面首层建筑面积的，经人民防空主管部门批准，可以不修建，但必须按照应修建防空地下室面积所需造价缴纳的行政事业性收费。

根据《财政部关于水土保持补偿费等四项非税收入划转税务部门征收的通知》（财税〔2020〕58 号）、《国家税务总局关于水土保持补偿费等政府非税收入项目征管职责划转有关事项的公告》（国家税务总局公告 2020 年第 21 号）规定，自 2021 年 1 月 1 日起，水土保持补偿费、地方水库移民扶持基金、排污权出让收入、防空地下室易地建设费划转至税务部门征收。征收范围、征收对象、征收标准等政策仍按现行规定执行。

[特别提示]　人民防空工程，是指为保障战时人员与物资掩蔽、人民防空指挥、医疗救护而单独修建的地下防护建筑，以及结合地面建筑修建的战时可用于防空的地下室（以下简称防空地下室）。

8.34.1　征收范围

按照规定应修建防空地下室的民用建筑，因地质、地形等原因不宜修建的，或者规定应建面积小于民用建筑地面首层建筑面积的，经人民防空主管部门批准，可以不修建，但必须按照应修建防空地下室面积所需造价缴纳易地建设费，由人民防空主管部门统一就近易地修建。

1. 对按规定需要同步配套建设，但确因下列条件限制不能同步配套建设的，建设单位可以申请易地建设：

（1）采用桩基且桩基承台顶面埋置深度小于三米（或者不足规定的地下室空间净高）的；

（2）按规定指标应建防空地下室的面积只占地面建筑首层的局部，结构和基础处

理困难且经济很不合理的;

(3) 建在流砂、暗河、基岩埋深很浅等地段的项目,因地质条件不适于修建的;

(4) 因建设地段房屋或地下管道设施密集,防空地下室不能施工或者难以采取措施保证施工安全的。建设单位依上述规定提出易地建设申请,经有批准权限的人防主管部门批准后,应按应建防空地下室的建筑面积和规定的易地建设费标准交纳建设费用,由人防主管部门统一就地就近安排易地建设人防工程。

2. 城市新建民用建筑,按照国家有关规定修建防空地下室。对按规定需要配套建设防空地下室的,防空地下室建设要随民用建筑项目计划一同下达,坚持同步配套建设,不得收费。

[特别提示]

(1) 民用建筑包括除工业生产厂房及其配套设施以外的所有非生产性建筑。

(2) 新建民用建筑应当按照下列标准修建防空地下室:①新建10层(含)以上或者基础埋深3米(含)以上的民用建筑,按照地面首层建筑面积修建6级(含)以上防空地下室;②新建除一款规定和居民住宅以外的其他民用建筑,地面总建筑面积在2 000平方米以上的,按照地面建筑面积的2%—5%修建6级(含)以上防空地下室;③开发区、工业园区、保税区和重要经济目标区除一款规定和居民住宅以外的新建民用建筑,按照一次性规划地面总建筑面积的2%—5%集中修建6级(含)以上防空地下室:按二、三款规定的幅度具体划分:一类人民防空重点城市按照4%—5%修建;二类人民防空重点城市按照3%—4%修建;三类人民防空重点城市和其他城市(含县城)按2%—3%修建。④新建除一款规定以外的人民防空重点城市的居民住宅楼,按照地面首层建筑面积修建6B级防空地下室;⑤人民防空重点城市危房翻新住宅项目,按照翻新住宅地面首层建筑面积修建6B级防空地下室。

8.34.2 征收标准

防空地下室易地建设费的收取标准,由省、自治区、直辖市人民政府价格主管部门会同财政、人民防空主管部门按照当地防空地下室的造价制定。

[特别提示]

(1) 防空地下室易地建设费,按照国家国防动员委员会、财政部和省、自治区、直辖市人民政府财政主管部门的规定,全额上缴同级财政预算外专户,实行收支两条线管理,专项用于人民防空建设,任何单位和个人不得平调、截留和挪用。

(2) 任何部门和个人无权批准减免应建防空地下室建筑面积和易地建设费,或者降低防空地下室防护标准。

(3) 按照规定应修建防空地下室的,防空地下室建筑面积单列。所需资金由建设单位筹措,列入建设项目总投资,并纳入各级基本建设投资计划。

（4）防空地下室的概算、预算、结算，应当参照人民防空工程概（预）算定额。

（5）防空地下室的设计必须由具有相应资质等级的设计单位，按照国家颁布的强制性标准进行设计。

（6）在对应建防空地下室的民用建筑设计文件组织审核时，应当由人民防空主管部门参加，负责防空地下室的防护设计审核。未经审核批准或者审核不合格的，规划部门不得发给建设工程规划许可证，建设行政主管部门不得发给施工许可证，建设单位不得组织开工。

（7）经人民防空主管部门批准需缴纳防空地下室易地建设费的，建设单位在办理建设工程规划许可证前，应当先缴纳防空地下室易地建设费。

（8）建设费用据实列入建设项目开发成本。

8.34.3　征收管理

1. 防空地下室易地建设费自 2021 年 1 月 1 日起，由缴费人根据人防部门核定的收费金额向税务部门申报缴纳。

2. 缴费人原则上使用《非税收入通用申报表》申报缴纳。

[特别提示]

（1）各地税务部门要加强与人防等部门的合作，持续优化缴费流程、精简申报资料，推行"非接触式"缴费服务，拓展"实体、网上、掌上、自助"等多样化缴费渠道，切实方便缴费人缴费。

（2）各地税务部门应会同财政、人防等部门做好业务衔接和信息互联互通，及时共享非税收入计征、缴款等信息。

（3）税务部门按照属地原则征收上述非税收入项目，具体征收机关由国家税务总局各省、自治区、直辖市和计划单列市税务局按照"便民、高效"原则确定。

8.34.4　优惠政策

1. 《关于免收全国中小学校舍安全工程建设有关收费的通知》（财综〔2010〕57号）：对所有中小学校"校舍安全工程"建设所涉及的防空地下室易地建设费全额免收。

2. 国家计划发展委员会、财政部、国家国防动员委员会、建设部印发《关于规范防空地下室易地建设收费的规定的通知》（计价格〔2000〕474号）：享受政府优惠政策建设的廉租房、经济适用房等居民住房，减半收取。

3. 国家计划发展委员会、财政部、国家国防动员委员会、建设部印发《关于规范防空地下室易地建设收费的规定的通知》（计价格〔2000〕474号）：新建幼儿园、学校教学楼、养老院及为残疾人修建的生活服务设施等民用建筑，减半收取。

4. 国家计划发展委员会、财政部、国家国防动员委员会、建设部印发《关于规范防空地下室易地建设收费的规定的通知》（计价格〔2000〕474号）：临时民用建筑和不增加面积的危房翻新改造商品住宅项目，予以免收。

5. 国家计划发展委员会、财政部、国家国防动员委员会、建设部印发《关于规范防空地下室易地建设收费的规定的通知》（计价格〔2000〕474号）：因遭受水灾、火灾或其他不可抗拒的灾害造成损坏后按原面积修复的民用建筑，予以免收。

6. 国家计划发展委员会、财政部、国家国防动员委员会、建设部印发《关于规范防空地下室易地建设收费的规定的通知》（计价格〔2000〕474号）：对廉租住房和经济适用住房建设、棚户区改造、旧住宅区整治，免收防空地下室易地建设费。

7. 《财政部 国家发展改革委关于减免养老和医疗机构行政事业性收费有关问题的通知》（财税〔2014〕77号）：对非营利性养老和医疗机构建设全额免征防空地下室易地建设费。

8. 《财政部 国家发展改革委关于减免养老和医疗机构行政事业性收费有关问题的通知》（财税〔2014〕77号）：对营利性养老和医疗机构建设减半收取防空地下室易地建设费。

8.34.5 政策依据

1. 《中华人民共和国人民防空法》。

2. 《人民防空工程建设管理规定》（国人防办字〔2003〕18号）。

3. 国家计委 财政部 国家国防动员委员会 建设部印发《关于规范防空地下室易地建设收费的规定的通知》（计价格〔2000〕474号）。

4. 《财政部关于水土保持补偿费等四项非税收入划转税务部门征收的通知》（财税〔2020〕58号）。

5. 《国家税务总局关于水土保持补偿费等政府非税收入项目征管职责划转有关事项的公告》（国家税务总局公告2020年第21号）。

6. 《关于免收全国中小学校舍安全工程建设有关收费的通知》（财综〔2010〕57号）。

8.35 油价调控风险准备金

油价调控风险准备金（以下简称"风险准备金"）是中华人民共和国境内生产、委托加工和进口汽、柴油的成品油生产经营企业缴纳的非税收入。

根据《财政部关于将国家重大水利工程建设基金等政府非税收入项目划转税务部门征收的通知》（财税〔2018〕147号）、《国家税务总局关于国家重大水利工程建设基金等政府非税收入项目征管职责划转有关事项的公告》（税务总局公告2018年第63号）规定，自2019年1月1日起，原由财政部驻地方财政监察专员办事处（以下简称"专员办"）负责征收的油价调控风险准备金，划转至税务部门征收。征收范围、对象、标准及收入分成等仍按现行规定执行。

8.35.1 缴费人

1. 风险准备金的缴纳义务人为中华人民共和国境内生产、委托加工和进口汽、柴油的成品油生产经营企业。
2. 风险准备金由缴纳义务人申报缴纳。其中，缴纳义务人有两个及以上从事成品油生产经营企业的，可由征收机关指定集团公司或其他公司实行汇总缴纳。
（1）中国石油天然气集团公司、中国石油化工集团公司、中国海洋石油总公司等中央企业应当缴纳的风险准备金，由财政部驻北京市专员办负责征收。
（2）地方企业应当缴纳的风险准备金，由所在省（区、市）征收机关负责征收。

8.35.2 费款计算

当国际市场原油价格低于国家规定的成品油价格调控下限时，缴纳义务人缴纳的风险准备金＝汽油、柴油的销售数量乘以规定的征收标准。

汽、柴油实际销售数量按照以下规定确定：
（1）直接生产销售汽、柴油的（不包括销售未经生产加工的外购汽、柴油），其销售数量以发票开具日期及数量为准。例如，无法提供发票的，以无法确定销售日期的全月销售量和窗口期占全月时间比合理确定。
（2）进口汽、柴油的，其销售数量以报关日期及报关数量为准。
（3）委托加工汽、柴油的，其销售数量按已委托加工合同签署日期及交货凭证确认。如没有交货凭证的，以月度总交货量和窗口期占全月时间比合理确定。

[特别提示]
（1）汽油、柴油销售数量是指缴纳义务人于相邻两个调价窗口期之间实际销售数量。
（2）风险准备金征收标准按照成品油价格未调金额确定。
（3）成品油价格未调金额由国家发展改革委、财政部根据国际原油价格变动情况，按照现行成品油价格形成机制计算核定，于每季度前10个工作日内，将上季度每次调价窗口期的征收标准，书面告知征收机关。
（4）来料加工贸易以及直接用于一般贸易出口的汽、柴油，不纳入风险准备金征收范围。

（5）完善成品油价格形成机制：

设定成品油价格调控下限。下限水平定为每桶40美元，即当国内成品油价格挂靠的国际市场原油价格低于每桶40美元时，国内成品油价格不再下调。

建立油价调控风险准备金。当国际市场原油价格低于40美元调控下限时，成品油价格未调金额全部纳入风险准备金，设立专项账户存储，经国家批准后使用，主要用于节能减排、提升油品质量及保障石油供应安全等方面。具体管理办法另行制定。

放开液化石油气出厂价格。液化石油气出厂价格由供需双方协商确定。

简化成品油调价操作方式。发展改革委不再印发成品油价格调整文件，改为以信息稿形式发布调价信息。

供军队用成品油价格按既定机制计算确定；航空汽油出厂价格按照与供新疆生产建设兵团汽油供应价格保持1.182:1的比价关系确定，均不再发布。

8.35.3 征收管理

1. 缴纳义务人可以选择按季度或者按年度缴纳风险准备金。具体缴纳方式由缴纳义务人报征收机关核准。缴纳方式一经确定，不得随意变更。

2. 按季度缴纳的，缴纳义务人应当于每季度前15个工作日内，如实填写《油价调控风险准备金申报表》提交给征收机关审核。

3. 按年度缴纳的，缴纳义务人应当于每年1月20日前，如实填写《油价调控风险准备金申报表》，提交给征收机关审核。

4. 征收机关应当于5个工作日内完成对申报材料的审核，并向缴纳义务人开具《非税收入一般缴款书》。

5. 缴纳义务人按照《非税收入一般缴款书》所规定的缴款额，在5个工作日内足额上缴风险准备金。

[特别提示]

（1）风险准备金的缴纳地点为缴纳义务人注册登记地。

（2）对于按季缴纳的，征收机关根据缴纳义务人实际销售的汽油、柴油数量，在次年3月底完成对缴纳义务人全年风险准备金的汇算清缴工作。

（3）风险准备金计入"其他应付款"核算，不得计入企业当期收入。

（4）任何单位和个人不得违反本办法规定，擅自减免或缓征风险准备金，不得自行调整风险准备金征收对象、范围和标准。

8.35.4 政策依据

1.《财政部 国家发展改革委员会关于印发〈油价调控风险准备金征收管理办法〉

的通知》(财税〔2016〕137号)。

2.《财政部关于做好2016年油价调控风险准备金收缴工作的通知》(财税〔2016〕142号)。

3.《财政部关于将国家重大水利工程建设基金等政府非税收入项目划转税务部门征收的通知》(财税〔2018〕147号)。

4.《国家税务总局关于国家重大水利工程建设基金等政府非税收入项目征管职责划转有关事项的公告》(税务总局公告2018年第63号)。

5.《国家税务总局关于2020年第四季度油价调控风险准备金征收标准有关事项的公告》(国家税务总局公告2021年第1号)。

6.《国家发展改革委关于进一步完善成品油价格形成机制有关问题的通知》(发改价格〔2016〕64号)。

8.36 核事故应急准备专项收入

核事故应急准备专项收入是核电企业基建期按设计额定容量、运行期按年度上网销售电量缴纳的专项收入。

根据《财政部关于将国家重大水利工程建设基金等政府非税收入项目划转税务部门征收的通知》(财税〔2018〕147号)、《国家税务总局关于国家重大水利工程建设基金等政府非税收入项目征管职责划转有关事项的公告》(税务总局公告2018年第63号)规定,自2019年1月1日起,原由财政部驻地方财政监察专员办事处(以下简称"专员办")负责征收的核事故应急准备专项收入,划转至税务部门征收。征收范围、对象、标准及收入分成等仍按现行规定执行。

8.36.1 缴纳人

核事故应急准备专项收入的缴纳人是核电企业。

8.36.2 征收标准

核电企业承担上缴的场外核应急专项收入,在基建期和运行期分别按以下标准缴纳:

1.基建期按设计额定容量每千瓦5元人民币的标准缴纳。

[特别提示] 核电企业承担上缴的场外核应急专项收入,基建期应在核电工程浇灌第一罐混凝土的当年起三年内按规定承担数额的30%、40%和30%分年度缴清;运

行期应在商业运行后的次年开始,根据上一年的实际上网销售电量按规定标准缴纳。

2. 运行期按年度上网销售电量每千瓦时 0.2 厘人民币的标准缴纳。

[特别提示]

(1)核电企业按规定标准缴纳场外核应急专项收入后,任何单位、部门及地方各级人民政府不得以核应急准备或者与此相关名义向企业收取资金。

(2)同一省、自治区、直辖市内,核电企业缴纳的场外核应急专项收入按以下比例分别上缴中央和地方财政:①首期建设的核电厂按 15% 和 85% 的比例上缴中央和地方财政;②后续再建的核电厂按 50% 和 50% 的比例上缴中央和地方财政。

8.36.3 征收管理

1. 缴费人采用自行申报方式办理非税收入申报缴纳等有关事项。相关电网企业按照现行规定进行代征,并向税务部门申报缴纳。符合非税收入减免政策的,缴费人自行申报享受,相关资料由缴费人留存备查,并对资料的真实性和合法性承担责任。

2. 核事故应急准备专项收入的申报,统一使用《非税收入通用申报表》申报缴纳。

3. 税务部门按照属地原则征收划转的非税收入,具体征收机关由国家税务总局各省、自治区、直辖市和计划单列市税务局按照"便民、高效"原则确定。

4. 各项非税收入缴纳期限按现行规定执行,期限最后一日是法定休假日的,以休假日期满的次日为最后一日,期限内有连续 3 日以上法定休假日的,按休假日天数顺延。

5. 涉及误收误缴、汇算清缴需要退库的,缴费人向主管税务机关申请办理。涉及收入减免等政策性原因需要退库的,按照财政部有关退库管理规定办理。

8.36.4 政策依据

1.《核电厂核事故应急管理条例》(中华人民共和国国务院令第 124 号)。

2. 财政部、国防科工委关于印发《核电厂核事故应急准备专项收入管理规定》的通知(财防〔2007〕181 号)。

3.《财政部关于将国家重大水利工程建设基金等政府非税收入项目划转税务部门征收的通知》(财税〔2018〕147 号)。

4.《国家税务总局关于国家重大水利工程建设基金等政府非税收入项目征管职责划转有关事项的公告》(税务总局公告 2018 年第 63 号)。

8.37 石油特别收益金

石油特别收益金,是指国家对石油开采企业销售国产原油因价格超过一定水平所获得的超额收入按比例征收的收益金。

根据《财政部关于将国家重大水利工程建设基金等政府非税收入项目划转税务部门征收的通知》(财税〔2018〕147 号)、《国家税务总局关于国家重大水利工程建设基金等政府非税收入项目征管职责划转有关事项的公告》(税务总局公告 2018 年第 63 号)规定,自 2019 年 1 月 1 日起,原由财政部驻地方财政监察专员办事处(以下简称"专员办")负责征收的石油特别收益金,划转至税务部门征收。征收范围、对象、标准及收入分成等仍按现行规定执行。

[特别提示] 石油特别收益金属中央财政非税收入。

8.37.1 征收范围

石油特别收益金的征收范围是凡在中华人民共和国陆地领域和所辖海域独立开采并销售原油的企业,以及按规定以合资、合作等方式开采并销售原油的其他企业。

8.37.2 征收标准

石油特别收益金实行 5 级超额累进从价定率计征,按月计算、按季度缴纳。具体征收比率及速算扣除数如表 8 – 35 所示。

表 8 – 35　　　　　　石油特别收益金征收比率及速算扣除数

原油价格(美元/桶)	征收比率(%)	速算扣除数(美元/桶)
65—70(含)	20	0
70—75(含)	25	0.25
75—80(含)	30	0.75
80—85(含)	35	1.5
85 以上	40	2.5

[特别提示]

(1)石油特别收益金征收比率按石油开采企业销售原油的月加权平均价格确定。根据《财政部关于提高石油特别收益金起征点的通知》(财税〔2014〕115 号)规定,经国务院批准,财政部决定从 2015 年 1 月 1 日起,将石油特别收益金起征点提高至 65 美元/桶。

（2）计算石油特别收益金时，原油吨桶比按石油开采企业实际执行或挂靠油种的吨桶比计算；美元兑换人民币汇率以中国人民银行当月每日公布的中间价按月平均计算。

（3）石油开采企业集团公司下属多家石油开采企业的，石油特别收益金以石油开采企业集团公司为单位汇总缴纳。

（4）缴纳石油特别收益金的石油开采企业，应当如实填写石油特别收益金申报表，各集团公司汇总后，在每季度结束后的10个工作日内，向财政机关申报缴纳。

（5）财政机关对石油开采企业集团公司上报的特别收益金申报表进行认真审核，并以书面形式确认石油开采企业应缴石油特别收益金金额。石油开采企业应在接到书面确认通知的5个工作日内缴入中央金库。

（6）石油开采企业在规定的期限内未足额缴纳石油特别收益金的，由财政机关责令限期缴纳，并从滞纳之日起按日加收万分之五的滞纳金。

（7）财政机关不得擅自减征或免征石油开采企业应缴纳的石油特别收益金。

（8）石油特别收益金列入企业成本费用，准予在企业所得税税前扣除。

8.37.3 征收管理

1. 缴费人采用自行申报方式办理非税收入申报缴纳等有关事项。

[特别提示]

（1）合资合作企业应当缴纳的石油特别收益金由合资合作的中方企业代扣代缴。

（2）符合非税收入减免政策的，缴费人自行申报享受，相关资料由缴费人留存备查，并对资料的真实性和合法性承担责任。

2. 石油特别收益金使用《石油特别收益金申报表》申报缴纳。

3. 税务部门按照属地原则征收划转的非税收入，具体征收机关由国家税务总局各省、自治区、直辖市和计划单列市税务局按照"便民、高效"原则确定。

4. 各项非税收入缴纳期限按现行规定执行，期限最后一日是法定休假日的，以休假日期满的次日为最后一日，期限内有连续3日以上法定休假日的，按休假日天数顺延。

5. 涉及误收误缴、汇算清缴需要退库的，缴费人向主管税务机关申请办理。涉及收入减免等政策性原因需要退库的，按照财政部有关退库管理规定办理。

8.37.4 政策依据

1. 《国务院关于开征石油特别收益金的决定》（国发〔2006〕13号）。

2. 《财政部关于印发《石油特别收益金征收管理办法》的通知》（财企〔2006〕72号）。

3.《财政部关于提高石油特别收益金起征点的通知》(财税〔2014〕115号)。

4.《财政部关于将国家重大水利工程建设基金等政府非税收入项目划转税务部门征收的通知》(财税〔2018〕147号)。

5.《国家税务总局关于国家重大水利工程建设基金等政府非税收入项目征管职责划转有关事项的公告》(税务总局公告2018年第63号)。

8.38 国家留成油收入

国家留成油收入,是指石油企业应上缴的国家留成油随合作油田生产的原油对外销售实现的变价款收入。

根据《财政部关于将国家重大水利工程建设基金等政府非税收入项目划转税务部门征收的通知》(财税〔2018〕147号)、《国家税务总局关于国家重大水利工程建设基金等政府非税收入项目征管职责划转有关事项的公告》(税务总局公告2018年第63号)规定,自2019年1月1日起,原由财政部驻地方财政监察专员办事处(以下简称"专员办")负责征收的国家留成油收入,划转至税务部门征收。征收范围、对象、标准及收入分成等仍按现行规定执行。

[特别提示]

(1) 国家留成油收入属于中央财政非税收入。

(2) 国家留成油,是指在中国人民共和国陆地领域和所辖海域对外合作勘探开发生产石油的企业(以下简称石油企业),按规定缴纳增值税和矿区使用费后,在余额油分配时根据石油合同的约定比例留给国家的权益,是以实物形态表现的财政资金。

8.38.1 征收范围

在中华人民共和国陆地领域和所辖海域内,对外合作勘探开发生产石油的企业实现的国家留成油变价款。

8.38.2 缴费人

根据《中华人民共和国对外合作开采陆上石油资源条例》规定,中石油、中石化负责对外合作开采陆上石油资源的经营业务;负责与外国企业谈判、签订、执行合作开采陆上石油资源的合同;在国务院批准的对外合作开采陆上石油资源的区域内享有与外国企业合作进行石油勘探、开发、生产的专营权。中华人民共和国对外合作开采海洋石油资源的业务,由中国海洋石油集团有限公司(以下简称中海油)全面负责。

中海油享有在对外合作海区内进行石油勘探、开发、生产和销售的专营权。

依据上述规定，国家留成油收入的缴费主体为中石油、中石化、中海油三大石油企业。

8.38.3 计费方法

国家留成油的计算以对外合作项目石油合同约定为依据。一般情况下，公司上缴的留成油收入等于总收入减除增值税、矿区使用费等费用的余额，乘以合同约定的比例。

$$
\begin{aligned}
留成油 &= 余额油 - 分成油 \\
&= 余额油 - （余额油 \times 分成率） \\
&= 余额油 \times （1 - 分成率） \\
&= （总收入 - 增值税 - 矿区使用费 - 费用回收油） \times （1 - 分成率）
\end{aligned}
$$

8.38.4 征收期限

1. 国家留成油收入的征缴期限由石油企业报财政部核准。
2. 按照现行规定，中国海洋石油集团有限公司按月申报缴纳，中国石油化工集团公司、中国石油天然气集团公司按年申报缴纳。

8.38.5 征收管理

1. 缴费人履行国家留成油收入的缴费义务时，应按规定期限到办税服务厅填报《非税收入通用申报表》或通过电子税务局向主管税务部门申报缴费。申报缴纳方式为自行申报。
2. 缴费人未按规定期限缴纳国家留成油收入的，由税务部门责令限期缴纳，并从滞纳之日起按日加收滞纳款万分之五的滞纳金。

8.38.6 政策依据

1. 《财政部关于将国家重大水利工程建设基金等政府非税收入项目划转税务部门征收的通知》（财税〔2018〕147号）。
2. 《国家税务总局关于国家重大水利工程建设基金等政府非税收入项目征管职责划转有关事项的公告》（税务总局公告2018年第63号）。
3. 《中华人民共和国对外合作开采陆上石油资源条例》。

8.39 免税商品特许经营费

免税商品特许经营费是指经营免税商品的企业，按经营免税商品业务年销售收入乘以规定的征收率，向国家上缴的特许经营费。

现行的免税商品特许经营费是根据《国家税务总局关于国家重大水利工程建设基金等政府非税收入项目征管职责划转有关事项的公告》（国家税务总局公告2018年第63号）规定，自2019年1月1日起，原由财政部驻地方财政监察专员办事处（以下简称"专员办"）负责征收划转至税务部门征收。征收范围、对象、标准及收入分成等仍按现行规定执行。

8.39.1 征收对象

免税商品特许经营费的征收对象是经营免税商品的企业。

[特别提示]

（1）免税商品是指免征关税、进口环节税的进口商品和实行退（免）税（增值税、消费税）进入免税店销售的国产商品。

（2）免税商品经营业务包括：中国免税品（集团）总公司的免税商品经营业务，以及设立在机场、港口、车站、陆路边境口岸和海关监管特定区域的免税商店以及在出境飞机、火车、轮船上向出境的国际旅客、驻华外交官和国际海员等提供免税商品购物服务的特种销售业务。

（3）征收免税商品特许经营费的企业包括：中国免税品（集团）总公司、深圳市国有免税商品（集团）有限公司、珠海免税企业（集团）有限公司、中国中旅（集团）公司、中国出国人员服务总公司、上海浦东国际机场免税店以及其他经营免税商品或代理销售免税商品的企业。海南离岛旅客免税购物商店［以下简称离岛免税店，是指对乘飞机离岛（不包括离境）旅客实行限次、限值、限量和限品种免进口税购物的经营场所］。

（4）中国免税品（集团）总公司按其合并会计报表口径，由总公司集中缴纳；中国免税品（集团）总公司供货的其他免税商品经营企业在企业所在地就地解缴。

（5）在国际交通工具上销售（或代理销售）免税商品的民航、交通、铁道等行业的企业，以及非全部经营免税商品的企业，应将免税商品销售额单独核算，并在企业纳税所在地缴纳特许经营费。

（6）经营国产品的免税企业，应将享受出口退税政策的国产品及从境外以免税方式进口经营的国产品均视同免税商品，按规定缴纳特许经营费。

（7）离岛免税店具体经营适用对象、商品品种、免税税种、离岛次数、金额数量、实施流程等应严格按照离岛免税政策的有关规定执行。

8.39.2 征收标准

1. 一般按经营免税商品业务年销售收入的1%，向国家上缴特许经营费。

2. 海南离岛免税店按经营免税商品业务年销售收入的4%，向国家上缴免税商品特许经营费。

8.39.3 优惠政策

企业经营完税国产品，不缴纳特许经营费。

8.39.4 征收管理

1. 税务部门按照属地原则征收划转的非税收入，具体征收机关由国家税务总局各省、自治区、直辖市和计划单列市税务局按照"便民、高效"原则确定。

2. 免税商品经营企业（包括离岛免税店）于年度终了的5个月内，依据注册会计师的审计报告，清算当年应交免税商品特许经营费并上缴中央金库。

3. 免税商品特许经营费统一使用《非税收入通用申报表》申报缴纳。

4. 符合非税收入减免政策的，缴费人自行申报享受，相关资料由缴费人留存备查，并对资料的真实性和合法性承担责任。

5. 各项非税收入缴纳期限按现行规定执行，期限最后一日是法定休假日的，以休假日期满的次日为最后一日，期限内有连续3日以上法定休假日的，按休假日天数顺延。

6. 涉及误收误缴、汇算清缴需要退库的，缴费人向主管税务机关申请办理。涉及收入减免等政策性原因需要退库的，按照财政部有关退库管理规定办理。

7. 对免税商品经营实行招投标管理模式的单位，应在招标标的中，明确国家征收特许经营费的有关事项。

8. 承租免税商品经营场所的免税品经营企业，根据国家征收免税商品特许经营费的有关规定，与租赁方协商同意后，可变更原签订的租赁合同（协议）。

9. 离岛免税店为自主经营、自负盈亏的独立企业法人。其经营主体可为单一股东或多元股东，可采取参股、合作等方式经营离岛免税店，具有免税品经销资格的企业必须对离岛免税店绝对控股。

10. 设立离岛免税店，由具有免税品经销资格的经营主体提出申请，财政部会同海关总署、税务总局和商务部审核并提出意见，报请国务院批准。经营主体提出申请时需提交以下材料：

（1）经营主体合作协议（包括各股东持股比例、经营主体业务关联互补情况等，独资设立免税店除外）；

（2）经营主体的基本情况（包括企业性质、营业范围、生产经营、资产负债等方面）；

（3）包括可行性研究报告，设立离岛免税店所涉及的经营场所选址、机场隔离区购物提货场所等初步意向性协议或安排。

11. 具有免税品经销资格的经营主体应当具备以下条件：

（1）注册资本不低于1亿元人民币；

（2）依法按时足额缴纳免税商品特许经营费和各项税费，无不良记录（新设企业除外）；

（3）完备的企业章程和内部财务管理制度；

（4）法律法规规定的其他条件。

[特别提示]

（1）已经批准设立的离岛免税店不得以设立分店、分柜台，不得以通过变更营业场所地址、面积等手段，擅自扩大免税品经销区域。

（2）经批准设立的离岛免税店，如发生经营主体新增或退出、经营主体持股比例变化；变更营业场所地址、面积；需暂停、终止或恢复经营离岛免税购物业务等情况，应报经财政部会同海关总署、税务总局、商务部核准。

（3）经批准设立的离岛免税店，应自批准之日起，12个月内完成免税店建设并开始营业。

8.39.5 政策依据

1. 财政部、商务部、海关总署、税务总局关于印发《海南离岛旅客免税购物商店管理暂行办法》的通知（财企〔2011〕429号）。

2. 财政部关于印发《免税商品特许经营费缴纳办法》的补充通知（财企〔2006〕70号）。

3. 财政部关于印发《免税商品特许经营费缴纳办法》的通知（财企〔2004〕241号）。

4. 国家税务总局关于国家重大水利工程建设基金等政府非税收入项目征管职责划转有关事项的公告（国家税务总局公告2018年第63号）。

8.40 排污权出让收入

排污权出让收入是指政府以有偿出让方式配置排污权取得的收入,包括采取定额出让方式出让排污权收取的排污权使用费和通过公开拍卖等方式出让排污权取得的收入。

根据《财政部关于水土保持补偿费等四项非税收入划转税务部门征收的通知》(财税〔2020〕58号)、《国家税务总局关于水土保持补偿费等政府非税收入项目征管职责划转有关事项的公告》(国家税务总局公告2020年第21号)规定,自2021年1月1日起,水土保持补偿费、地方水库移民扶持基金、排污权出让收入、防空地下室易地建设费划转至税务部门征收。征收范围、征收对象、征收标准等政策仍按现行规定执行。

[特别提示]

(1) 排污权是指排污单位按照国家或者地方规定的污染物排放标准,以及污染物排放总量控制要求,经核定允许其在一定期限内排放污染物的种类和数量。

(2) 污染物是指国家作为约束性指标进行总量控制的污染物,以及试点地区选择对本地区环境质量有突出影响的其他污染物。

(3) 排污权出让收入属于政府非税收入,全额上缴地方国库,纳入地方财政预算管理。

8.40.1 征收标准

1. 对现有排污单位取得排污权,采取定额出让方式。采取定额出让方式出让排污权的,排污单位应当按照排污许可证确认的污染物排放种类、数量和规定征收标准缴纳排污权使用费。

[特别提示] 现有排污单位,是指试点地区核定初始排污权以及排污权有效期满后重新核定排污权时,已建成投产并通过环保验收的排污单位。

2. 对新建项目排污权和改建、扩建项目新增排污权,以及现有排污单位为达到污染物排放总量控制要求新增排污权,通过市场公开出让方式。

[特别提示]

(1) 排污权使用费的征收标准由试点地区省级价格、财政、环境保护部门根据当地环境资源稀缺程度、经济发展水平、污染治理成本等因素确定。

(2) 排污权有效期原则上为五年。有效期满后,排污单位需要延续排污权的,应当按照地方环境保护部门重新核定的排污权，继续缴纳排污权使用费。

（3）缴纳排污权使用费金额较大、一次性缴纳确有困难的排污单位，可在排污权有效期内分次缴纳，首次缴款不得低于应缴总额的40%。

8.40.2 征收管理

1. 已征收排污权出让收入的地区自2021年1月1日起，由缴费人向税务部门自行申报缴纳。其他地区有关排污权出让收入的征管事项，待国务院相关部门确定深化排污权有偿使用和交易改革方案后，由税务总局另行明确。

2. 缴费人原则上使用《非税收入通用申报表》申报缴纳。各地可与其他项目合并申报资料、简并申报流程。

[特别提示]

（1）各地税务部门要加强与生态环境等部门的合作，持续优化缴费流程、精简申报资料，推行"非接触式"缴费服务，拓展"实体、网上、掌上、自助"等多样化缴费渠道，切实方便缴费人缴费。

（2）各地税务部门应会同财政、生态环境等部门做好业务衔接和信息互联互通，及时共享非税收入计征、缴款等信息。

（3）税务部门按照属地原则征收上述非税收入项目，具体征收机关由国家税务总局各省、自治区、直辖市和计划单列市税务局按照"便民、高效"原则确定。

（4）排污单位应当自接到排污权使用费缴纳通知单之日起7日内，缴纳排污权使用费。

8.40.3 政策依据

1. 《企业所得税法》第八条、第二十条。
2. 财政部、国家发展改革委、环境保护部关于印发《排污权出让收入管理暂行办法》的通知（财税〔2015〕61号）。
3. 《财政部关于水土保持补偿费等四项非税收入划转税务部门征收的通知》（财税〔2020〕58号）。
4. 《国家税务总局关于水土保持补偿费等政府非税收入项目征管职责划转有关事项的公告》（国家税务总局公告2020年第21号）。

8.41 国有土地使用权出让收入

国有土地使用权出让收入是政府以出让等方式配置国有土地使用权取得的全部土

地价款,包括受让人支付的征地和拆迁补偿费用、土地前期开发费用和土地出让收益等。

根据《财政部 自然资源部 税务总局人民银行关于将国有土地使用权出让收入、矿产资源专项收入、海域使用金、无居民海岛使用金四项政府非税收入划转税务部门征收有关问题的通知》(财综〔2021〕19号)规定,自2022年1月1日起,自然资源部门负责征收的国有土地使用权出让收入划转至税务部门征收。

8.41.1 征收对象

国有土地使用权出让收入(以下简称土地出让收入)是政府以出让等方式配置国有土地使用权取得的全部土地价款,包括受让人支付的征地和拆迁补偿费用、土地前期开发费用和土地出让收益等。土地价款的具体范围包括:

1. 以招标、拍卖、挂牌和协议方式出让国有土地使用权所确定的总成交价款。
2. 转让划拨国有土地使用权或依法利用原划拨土地进行经营性建设应当补缴的土地价款。
3. 变现处置抵押划拨国有土地使用权应当补缴的土地价款。
4. 转让房改房、经济适用住房按照规定应当补缴的土地价款。
5. 改变出让国有土地使用权的土地用途、容积率等土地使用条件应当补缴的土地价款,以及其他和国有土地使用权出让或变更有关的收入等。

[特别提示]

(1) 按照土地出让合同规定依法向受让人收取的定金、保证金和预付款,在土地出让合同生效后可以抵作土地价款。

(2) 自然资源管理部门依法出租国有土地向承租者收取的土地租金收入;出租划拨土地上的房屋应当上缴的土地收益;土地使用者以划拨方式取得国有土地使用权,依法向市、县人民政府缴纳的土地补偿费、安置补助费、地上附着物和青苗补偿费、拆迁补偿费等费用(不含征地管理费),一并纳入土地出让收入管理。

(3) 规范土地出让收入使用范围,重点向新农村建设倾斜。土地出让收入使用范围:①征地和拆迁补偿支出。包括土地补偿费、安置补助费、地上附着物和青苗补偿费、拆迁补偿费。②土地开发支出。包括前期土地开发性支出以及按照财政部门规定与前期土地开发相关的费用等。③支农支出。包括计提农业土地开发资金、补助被征地农民社会保障支出、保持被征地农民原有生活水平补贴支出以及农村基础设施建设支出。④城市建设支出。包括完善国有土地使用功能的配套设施建设支出以及城市基础设施建设支出。⑤其他支出。包括土地出让业务费、缴纳新增建设用地土地有偿使用费、计提国有土地收益基金、城镇廉租住房保障支出、支付破产或改制国有企业职工安置费支出等。

（4）土地出让收入的使用要确保足额支付征地和拆迁补偿费、补助被征地农民社会保障支出、保持被征地农民原有生活水平补贴支出，严格按照有关规定将被征地农民的社会保障费用纳入征地补偿安置费用，切实保障被征地农民和被拆迁居民的合法利益。土地出让收入的使用要重点向新农村建设倾斜，逐步提高用于农业土地开发和农村基础设施建设的比重。用于农村基础设施建设的资金，要重点安排农村饮水、沼气、道路、环境、卫生、教育以及文化等基础设施建设项目，逐步改善农民的生产、生活条件和居住环境，努力提高农民的生活质量和水平。土地前期开发要积极引入市场机制、严格控制支出，通过政府采购招投标方式选择评估、拆迁、工程施工、监理等单位，努力降低开发成本。城市建设支出和其他支出要严格按照批准的预算执行。编制政府采购预算的，应严格按照政府采购的有关规定执行。

8.41.2 征收标准

1. 国家根据土地等级、区域土地利用政策等，统一制订并公布各地工业用地出让最低价标准。

2. 工业用地出让最低价标准不得低于土地取得成本、土地前期开发成本和按规定收取的相关费用之和。

[特别提示]

（1）工业用地必须采用招标拍卖挂牌方式出让，其出让价格不得低于公布的最低价标准。

（2）低于最低价标准出让土地，或以各种形式给予补贴或返还的，属非法低价出让国有土地使用权的行为，要依法追究有关人员的法律责任。

3. 除按现行规定必须实行招标、拍卖、挂牌出让的用地外，工业用地也要创造条件逐步实行招标、拍卖、挂牌出让。

4. 经依法批准利用原有划拨土地进行经营性开发建设的，应当按照市场价补缴土地出让金。

5. 经依法批准转让原划拨土地使用权的，应当在土地有形市场公开交易，按照市场价补缴土地出让金；低于市场价交易的，政府应当行使优先购买权。

[特别提示]

（1）国有土地使用权出让总价款全额纳入地方预算，缴入地方国库，实行"收支两条线"管理。

（2）土地出让总价款必须首先按规定足额安排支付土地补偿费、安置补助费、地上附着物和青苗补偿费、拆迁补偿费以及补助被征地农民社会保障所需资金的不足，其余资金应逐步提高用于农业土地开发和农村基础设施建设的比重，以及用于廉租住房建设和完善国有土地使用功能的配套设施建设。

（3）对工业用地在符合规划、不改变原用途的前提下，提高土地利用率和增加容积率的，原则上不再收取或调整土地有偿使用费。基础设施和公益性建设项目，也要节约合理用地。

8.41.3 征收管理

缴费人按照划拨决定书、出让合同等文书规定的缴款期限和金额，自行向税务部门申报缴纳。

[特别提示]

（1）税务部门按照属地原则征收国有土地使用权出让收入。国有土地使用权出让收入以土地所在地税务机关为征收机关。

（2）国有土地使用权出让收入涉及竞买保证金的，由竞买保证金账户管理单位将竞买保证金抵作非税收入，并在规定期限内代缴费人向税务部门申报缴纳，余款由缴费人在规定期限内自行向税务部门申报缴纳。

（3）缴费人使用《非税收入通用申报表》申报缴纳。缴款成功后，税务部门向缴费人提供财政部统一监（印）制的非税收入票据，缴费人凭非税收入票据办理相应权证。

（4）资金入库后需要办理退库的，按照财政部门有关退库管理规定办理。其中，因缴费人误缴、税务部门误收需要退库的，缴费人向税务部门申请办理；其他情形需要退库的，缴费人向自然资源部门申请办理。

（5）土地出让合同、征地协议等应约定对土地使用者不按时足额缴纳土地出让收入的，按日加收违约金额1‰的违约金。违约金随同土地出让收入一并缴入地方国库。对违反本通知规定，擅自减免、截留、挤占、挪用应缴国库的土地出让收入，不执行国家统一规定的会计、政府采购等制度的，要严格按照土地管理法、会计法、审计法、政府采购法、《财政违法行为处罚处分条例》（国务院令第427号）和《金融违法行为处罚办法》（国务院令第260号）等有关法律法规进行处理，并依法追究有关责任人的责任；触犯刑法的，依法追究有关人员的刑事责任。

8.41.4 政策依据

1.《国务院关于深化改革严格土地管理的决定》（国发〔2004〕28号）。

2.《国务院关于加强土地调控有关问题的通知》（国发〔2006〕31号）。

3.《国务院办公厅关于规范国有土地使用权出让收支管理的通知》（国办发〔2006〕100号）。

4.《财政部 自然资源部 税务总局人民银行关于将国有土地使用权出让收入、矿产资源专项收入、海域使用金、无居民海岛使用金四项政府非税收入划转税务部门征收有关问题的通知》(财综〔2021〕19号)。

8.42 矿产资源专项收入

矿产资源专项收入是国家基于自然资源所有权,将探矿权、采矿权(以下简称矿业权)出让给探矿权人、采矿权人(以下简称矿业权人)而依法收取的国有资源有偿使用收入。矿业权出让收益包括探矿权出让收益和采矿权出让收益。

根据《财政部 自然资源部 税务总局人民银行关于将国有土地使用权出让收入、矿产资源专项收入、海域使用金、无居民海岛使用金四项政府非税收入划转税务部门征收有关问题的通知》(财综〔2021〕19号)规定,自2022年1月1日起,自然资源部门负责征收的矿产资源专项收入划转至税务部门征收。

8.42.1 缴纳人

矿产资源专项收入的缴纳人是在中华人民共和国领域及管辖海域勘查、开采矿产资源的矿业权人。

8.42.2 征收标准

1. 在矿业权出让环节,将探矿权采矿权价款调整为矿业权出让收益。将现行只对国家出资探明矿产地收取、反映国家投资收益的探矿权采矿权价款,调整为适用于所有国家出让矿业权、体现国家所有者权益的矿业权出让收益。

(1) 以拍卖、挂牌方式出让的,竞得人报价金额为矿业权出让收益。

(2) 以招标方式出让的,依据招标条件,综合择优确定竞得人,并将其报价金额确定为矿业权出让收益。

(3) 以协议方式出让的,矿业权出让收益按照评估价值、类似条件的市场基准价就高确定。矿业权出让收益在出让时一次性确定,以货币资金方式支付,可以分期缴纳。

[特别提示]

(1) 矿业权出让收益为中央和地方共享收入,由中央和地方按照4∶6的比例分成,纳入一般公共预算管理,地质调查及矿山生态环境修复等相关支出,由同级财政予以保障。

(2) 地方分成的矿业权出让收益在省(自治区、直辖市)、市、县级之间的分配比例,由省级人民政府确定。

2. 在矿业权占有环节，将探矿权采矿权使用费整合为矿业权占用费。将现行主要依据占地面积、单位面积按年定额征收的探矿权采矿权使用费，整合为根据矿产品价格变动情况和经济发展需要实行动态调整的矿业权占用费。

[特别提示] 矿业权占用费中央与地方分享比例确定为2:8。

3. 在矿产开采环节，组织实施资源税改革，对绝大部分矿产资源品目实行从价计征，使资源税与反映市场供求关系的资源价格挂钩，建立税收自动调节机制，增强税收弹性。同时，按照清费立税原则，将矿产资源补偿费并入资源税，取缔违规设立的各项收费基金，改变税费重复、功能交叉状况，规范税费关系。

4. 在矿山环境治理恢复环节，将矿山环境治理恢复保证金调整为矿山环境治理恢复基金，由矿山企业单设会计科目，按照销售收入的一定比例计提，计入企业成本，由企业统筹用于开展矿山环境保护和综合治理。

5. 探矿权、采矿权使用费收入标准：

（1）探矿权使用费以勘查年度计算，按区块面积逐年缴纳，第一个勘查年度至第三个勘查年度，每平方公里每年缴纳100元，从第四个勘查年度起每平方公里每年增加100元，最高不超过每平方公里每年500元。

（2）采矿权使用费按矿区范围面积逐年缴纳，每平方公里每年1 000元。

6. 矿业权出让收益标准：

（1）通过招标、拍卖、挂牌等竞争方式出让矿业权的，矿业权出让收益按招标、拍卖、挂牌的结果确定。

（2）通过协议方式出让矿业权的，矿业权出让收益按照评估价值、市场基准价就高确定。

8.42.3 征收管理

缴费人按照划拨决定书、出让合同等文书规定的缴款期限和金额，自行向税务部门申报缴纳。

[特别提示]

（1）税务部门按照属地原则征收矿产资源专项收入。矿产资源专项收入以矿产资源所在地税务机关为征收机关。探矿权、采矿权范围等跨行政区域或行政区域不明确的，按照审批或登记部门在审批、登记时指定的属地确定征收机关。

（2）缴费人使用《非税收入通用申报表》申报缴纳。缴款成功后，税务部门向缴费人提供财政部统一监（印）制的非税收入票据，缴费人凭非税收入票据办理相应权证。

（3）资金入库后需要办理退库的，按照财政部门有关退库管理规定办理。其中，因缴费人误缴、税务部门误收需要退库的，缴费人向税务部门申请办理；其他情形需要退库的，缴费人向自然资源部门申请办理。

（4）征收机关依据出让合同开具缴款通知书，通知矿业权人缴款。矿业权人在收到缴款通知书 7 个工作日内，按缴款通知及时缴纳矿业权出让收益。分期缴纳矿业权出让收益的矿业权人，首期出让收益按缴款通知书缴纳，剩余部分按矿业权出让合同约定的时间缴纳。

（5）矿业权人未按时足额缴纳矿业权出让收益的，县级以上矿产资源主管部门按照征收管理权限责令改正，从滞纳之日起每日加收千分之二的滞纳金，并将相关信息纳入企业诚信系统。加收的滞纳金应当不超过欠缴金额本金。

8.42.4 优惠政策

1. 《关于印发〈探矿权采矿权评使用费减免办法〉的通知》（国土资发〔2000〕174 号）：在我国西部地区、国务院确定的边远贫困地区和海域从事符合特定条件的矿产资源勘查开采活动，第一个勘查年度可以免缴探矿权使用费，矿山基建期和矿山投产第一年可以免缴采矿权使用费。

2. 《关于印发〈探矿权采矿权评使用费减免办法〉的通知》（国土资发〔2000〕174 号）：在我国西部地区、国务院确定的边远贫困地区和海域从事符合特定条件的矿产资源勘查开采活动，第二个至第三个勘查年度可以减缴 50% 探矿权使用费，矿山投产第二年至第三年可以减缴 50% 采矿权使用费。

3. 《关于印发〈探矿权采矿权评使用费减免办法〉的通知》（国土资发〔2000〕174 号）：在我国西部地区、国务院确定的边远贫困地区和海域从事符合特定条件的矿产资源勘查开采活动，第四个至第七个勘查年度可以减缴 25% 探矿权使用费，第四年至第七年可以减缴 25% 采矿权使用费。

4. 《关于印发〈探矿权采矿权评使用费减免办法〉的通知》（国土资发〔2000〕174 号）：在我国西部地区、国务院确定的边远贫困地区和海域从事符合特定条件的矿产资源勘查开采活动，矿山闭坑当年可以免缴采矿权使用费。

8.42.5 政策依据

1. 《财政部 国土资源部关于印发〈探矿权采矿权使用费和价款管理办法〉的通知》（财综字〔1999〕74 号）。

2. 《财政部 国土资源部关于印发〈探矿权采矿权使用费和价款使用管理办法（试行）〉的通知》（财建〔2003〕530 号）。

3. 《矿业权出让收益征收管理暂行办法》（财综〔2017〕35 号）。

4. 《国务院关于印发矿产资源权益金制度改革方案的通知》（国发〔2017〕29 号）。

8.43 海域使用金

海域使用金是指国家以海域所有者身份依法出让海域使用权,而向取得海域使用权的单位和个人收取的权利金。海域使用金包括海域出让金、海域转让金和海域租金。

根据《财政部 自然资源部 税务总局人民银行关于将国有土地使用权出让收入、矿产资源专项收入、海域使用金、无居民海岛使用金四项政府非税收入划转税务部门征收有关问题的通知》(财综〔2021〕19号)规定,自2022年1月1日起,自然资源部负责征收的海域使用金划转至税务部门征收。

[特别提示]

(1) 海域,是指中华人民共和国内水、领海的水面、水体、海床和底土。

(2) 内水,是指中华人民共和国领海基线向陆地一侧至海岸线的海域。

在中华人民共和国内水、领海持续使用特定海域三个月以上的排他性用海活动,适用《海域使用管理法》。

(3) 海域属于国家所有,国务院代表国家行使海域所有权。任何单位或者个人不得侵占、买卖或者以其他形式非法转让海域。单位和个人使用海域,必须依法取得海域使用权。

(4) 海域使用申请经依法批准后,国务院批准用海的,由国务院海洋行政主管部门登记造册,向海域使用申请人颁发海域使用权证书;地方人民政府批准用海的,由地方人民政府登记造册,向海域使用申请人颁发海域使用权证书。海域使用申请人自领取海域使用权证书之日起,取得海域使用权。

(5) 海域使用权最高期限,按照下列用途确定:养殖用海15年;拆船用海20年;旅游、娱乐用海25年;盐业、矿业用海30年;公益事业用海40年;港口、修造船厂等建设工程用海50年。

8.43.1 征收对象

海域使用金征收对象是指取得海域使用权的单位和个人。

8.43.2 征收标准及征收方式

1. 海域使用金征收标准及征收方式。根据国民经济增长、资源价格变化水平,并考虑海域开发利用的生态环境损害成本和社会承受能力,海域使用金征收标准进行了调整。

海域使用金的征收标准及征收方式如表 8-36 所示。

表 8-36 海域使用金征收标准及征收方式 单位：万元/公顷

用海方式 海域等别			一等	二等	三等	四等	五等	六等	征收方式
填海造地用海	建设填海造地用海	工业、交通运输、渔业基础设施等填海	300	250	190	140	100	60	一次性征收
		城镇建设填海	2 700	2 300	1 900	1 400	900	600	
	农业填海造地用海		130	110	90	75	60	45	
构筑物用海	非透水构筑物用海		250	200	150	100	75	50	按年度征收
	跨海桥梁、海底隧道用海		17.30						
	透水构筑物用海		4.63	3.93	3.23	2.53	1.84	1.16	
围海用海	港池、蓄水用海		1.17	0.93	0.69	0.46	0.32	0.23	
	盐田用海		0.32	0.26	0.20	0.15	0.11	0.08	
	围海养殖用海		由各省（自治区、直辖市）制定						
	围海式游乐场用海		4.76	3.89	3.24	2.67	2.24	1.93	
	其他围海用海		1.17	0.93	0.69	0.46	0.32	0.23	
开放式用海	开放式养殖用海		由各省（自治区、直辖市）制定						
	浴场用海		0.65	0.53	0.42	0.31	0.20	0.10	
	开放式游乐场用海		3.26	2.39	1.74	1.17	0.74	0.43	
	专用航道、锚地用海		0.30	0.23	0.17	0.13	0.09	0.05	
	其他开放式用海		0.30	0.23	0.17	0.13	0.09	0.05	
其他用海	人工岛式油气开采用海		13.00						
	平台式油气开采用海		6.50						
	海底电缆管道用海		0.70						
	海砂等矿产开采用海		7.30						
	取、排水口用海		1.05						
	污水达标排放用海		1.40						
	温、冷排水用海		1.05						
	倾倒用海		1.40						
	种植用海		0.05						

[特别提示]

（1）离大陆岸线最近距离 2 千米以上且最小水深大于 5 米（理论最低潮面）的离岸式填海，按照征收标准的 80% 征收。

（2）填海造地用海占用大陆自然岸线的，占用自然岸线的该宗填海按照征收标准的 120% 征收。

（3）建设人工鱼礁的透水构筑物用海，按照征收标准的 80% 征收。

（4）地方人民政府管辖海域以外的项目用海执行国家标准，海域等别按照毗邻最近行政区的等别确定。养殖用海标准按照毗邻最近行政区征收标准征收。

（5）税务部门按照属地原则征收海域使用金。海域使用金以海域所在地税务机关为征收机关，海域跨行政区域或行政区域不明确的，按照审批或登记部门在审批、登记时指定的属地确定征收机关。

（6）缴费人按照划拨决定书、出让合同等文书规定的缴款期限和金额，自行向税务部门申报缴纳。

（7）缴费人使用《非税收入通用申报表》申报缴纳。缴款成功后，税务部门向缴费人提供财政部统一监（印）制的非税收入票据，缴费人凭非税收入票据办理相应权证。

（8）资金入库后需要办理退库的，按照财政部门有关退库管理规定办理。其中，因缴费人误缴、税务部门误收需要退库的，缴费人向税务部门申请办理；其他情形需要退库的，缴费人向自然资源部门申请办理。

2. 用海方式界定。根据海域使用特征及对海域自然属性的影响程度，用海方式界定如表 8-37 所示。

表 8-37　　　　　　　　　　用海方式界定

编码		用海方式名称	界定
1		填海造地用海	指筑堤围割海域填成土地，并形成有效岸线的用海
	11	建设填海造地用海	指通过筑堤围割海域，填成建设用地用于工业、交通运输、渔业基础设施、城镇建设等的用海 工业、交通运输、渔业基础设施等填海是指主导用途用于工业、交通运输、渔业基础设施、旅游娱乐、海底工程、特殊用海等的填海造地用海；城镇建设填海是指除工业、交通运输、渔业基础设施等填海以外的其他填海造地用海
	12	农业填海造地用海	指通过筑堤围割海域，填成农用地用于农、林、牧业生产的用海
2		构筑物用海	指采用透水或非透水等方式构筑海上各类设施的用海
	21	非透水构筑物用海	指采用非透水方式构筑不形成有效岸线的码头、突堤、引堤、防波堤、路基、设施基座等构筑物的用海
	22	跨海桥梁、海底隧道用海	指占用海面空间或底土用于建设跨海桥梁、海底隧道、海底仓储等的用海
	23	透水构筑物用海	指采用透水方式构筑码头、平台、海面栈桥、高脚屋、塔架、潜堤、人工鱼礁等构筑物的用海

续表

编码		用海方式名称	界定
3		围海用海	指通过筑堤或其他手段，以完全或不完全闭合形式围割海域进行海洋开发活动的用海
	31	港池、蓄水用海	指通过修筑海堤或防浪设施圈围海域，用于港口作业、修造船、蓄水等的用海，含开敞式码头前沿的船舶靠泊和回旋水域
	32	盐田用海	指通过筑堤圈围海域用于盐业生产的用海
	33	围海养殖用海	指通过筑堤圈围海域用于养殖生产的用海
	34	围海式游乐场用海	指通过修筑海堤或防浪设施圈围海域，用于游艇、帆板、冲浪、潜水、水下观光、垂钓等水上娱乐活动的海域
	35	其他围海用海	指上述围海用海以外的围海用海
4		开放式用海	指不进行填海造地、围海或设置构筑物，直接利用海域进行开发活动的用海
	41	开放式养殖用海	指采用筏式、网箱、底播或以人工投苗、自然增殖海洋底栖生物等形式进行增养殖生产的用海
	42	浴场用海	指供游人游泳、嬉水，且无固定设施的用海
	43	开放式游乐场用海	指开展游艇、帆板、冲浪、潜水、水下观光、垂钓等娱乐活动，且无固定设施的用海
	44	专用航道、锚地用海	指供船舶航行、锚泊的用海
	45	其他开放式用海	指上述开放式用海以外的开放式用海
5		其他用海	指上述用海方式之外的用海
	51	人工岛式油气开采用海	指采用人工岛方式开采油气资源的用海
	52	平台式油气开采用海	指采用固定式平台、移动式平台、浮式储油装置及其他辅助设施开采油气资源的用海
	53	海底电缆管道用海	指铺设海底通信光（电）缆和电力电缆，输水、输气、输油及输送其他物质的管状输送设施的用海
	54	海砂等矿产开采用海	指开采海砂及其他固体矿产资源的用海
	55	取、排水口用海	指抽取或排放海水的用海
	56	污水达标排放用海	指受纳指定达标污水的用海
	57	温、冷排水用海	指受纳温、冷排水的用海
	58	倾倒用海	指向海上倾倒区倾倒废弃物或利用海床在水下堆放疏浚物等的用海
	59	种植用海	指种植芦苇、翅碱蓬、人工防护林、红树林等的用海

[特别提示]

（1）自 2018 年 5 月 1 日起之日起，征收海域使用金和无居民海岛使用金统一按照国家标准执行。

（2）沿海省、自治区、直辖市、计划单列市应根据本地区情况合理划分海域级别，制定不低于国家标准的地方海域使用金征收标准。以申请审批方式出让海域使用权的,执行地方标准;以招标、拍卖、挂牌方式出让海域使用权的,出让底价不得低于按照地方标准计算的海域使用金金额。尚未颁布地方海域使用金征收标准的地区,执行国家标准。养殖用海海域使用金执行地方标准。

(3) 地方人民政府管理海域以外的用海项目,执行国家标准,相关等别按照毗邻最近行政区的等别确定。养殖用海的海域使用金征收标准参照毗邻最近行政区的地方标准执行。

3. 海域等别调整。根据沿海地区行政区划变化以及海域资源和生态环境、社会经济发展等情况,全国海域等别调整如下:

海域等别

一等:

上海:宝山区　浦东新区

山东:青岛市(市南区　市北区)

福建:厦门市(思明区　湖里区)

广东:广州市(黄埔区　番禺区　南沙区　增城区)深圳市(福田区　南山区　宝安区　龙岗区　盐田区)

二等:

上海:金山区　奉贤区

天津:滨海新区

辽宁:大连市(中山区　西岗区　沙河口区)

山东:青岛市(黄岛区　崂山区　李沧区　城阳区)

浙江:宁波市江北区　温州市龙湾区

福建:泉州市丰泽区　厦门市(海沧区　集美区)

广东:东莞市　汕头市(龙湖区　金平区　潮阳区)中山市　珠海市(香洲区　斗门区　金湾区)

三等:

上海:崇明区

辽宁:大连市甘井子区　营口市鲅鱼圈区

河北:秦皇岛市(海港区　北戴河区)

山东:青岛市即墨区　胶州市　烟台市(芝罘区　福山区　莱山区)　龙口市　蓬莱市　威海市环翠区　荣成市　日照市(东港区　岚山区)

浙江:宁波市(北仑区　镇海区　鄞州区)　台州市(椒江区　路桥区)　舟山市定海区

福建:福州市马尾区　福清市　厦门市(同安区　翔安区)　泉州市(洛江区　泉港区)　石狮市　晋江市

广东：汕头市（濠江区　潮南区　澄海区）　江门市新会区　湛江市（赤坎区
　　　霞山区　坡头区　麻章区）　茂名市电白区　惠州市惠阳区　惠东县
海南：海口市（秀英区　龙华区　美兰区）　三亚市（海棠区　吉阳区　天涯区
　　　崖州区）
四等：
辽宁：大连市（旅顺口区　金州区）　瓦房店市　长海县　营口市（西市区
　　　老边区）　盖州市　葫芦岛市（连山区　龙港区）　绥中县　兴城市
河北：秦皇岛市山海关区
山东：烟台市牟平区　莱州市　招远市　海阳市　威海市文登区　乳山市
江苏：连云港市连云区
浙江：慈溪市　余姚市　乐清市　海盐县　平湖市　玉环市　温岭市
　　　舟山市普陀区　嵊泗县
福建：福州市长乐区　惠安县　龙海市　南安市
广东：南澳县　台山市　恩平市　汕尾市城区　阳江市江城区
广西：北海市（海城区　银海区）
海南：儋州市
五等：
辽宁：大连市普兰店区　庄河市　东港市
河北：秦皇岛市抚宁区　唐山市（丰南区　曹妃甸区）　滦南县　乐亭县　黄骅市
山东：东营市（东营区　河口区）　长岛县　莱阳市　潍坊市寒亭区
江苏：南通市通州区　海安县　如东县　启东市　海门市　盐城市大丰区
　　　东台市
浙江：宁波市奉化区　象山县　宁海县　温州市洞头区　瑞安市　岱山县
　　　三门县　临海市
福建：连江县　罗源县　平潭县　莆田市（城厢区　涵江区　荔城区　秀屿区）
　　　漳浦县
广东：遂溪县　徐闻县　廉江市　雷州市　吴川市　海丰县　陆丰市　阳东县
　　　阳西县　饶平县　揭阳市榕城区　惠来县
广西：北海市铁山港区　防城港市（港口区　防城区）　钦州市钦南区
海南：琼海市　文昌市　万宁市　澄迈县　乐东县　陵水县
六等：
辽宁：锦州市太和区　凌海市　盘锦市大洼区　盘山县
河北：昌黎县　海兴县
山东：东营市垦利区　利津县　广饶县　寿光市　昌邑市　滨州市沾化区

　　　　无棣县
江苏：连云港市赣榆区　灌云县　灌南县　盐城市亭湖区　响水县　滨海县
　　　　射阳县
浙江：平阳县　苍南县
福建：仙游县　云霄县　诏安县　东山县　宁德市蕉城区　霞浦县
　　　　福安市　福鼎市
广西：合浦县　东兴市
海南：三沙市　东方市　临高县　昌江县

8.43.3　优惠政策

1. 除避风（避难）以外的其他锚地、出入海通道等公用设施用海减免海域使用金。

2. 列入国家发展和改革委员会公布的国家重点建设项目名单的项目用海减免海域使用金。

3. 遭受自然灾害或者意外事故，经核实经济损失达正常收益60%以上的养殖用海减免海域使用金。

4. 下列用海，免缴海域使用金：

（1）军事用海；

（2）公务船舶专用码头用海；

（3）非经营性的航道、锚地等交通基础设施用海；

（4）教学、科研、防灾减灾、海难搜救打捞等非经营性公益事业用海。

5. 下列用海，按照国务院财政部门和国务院海洋行政主管部门的规定，经有批准权的人民政府财政部门和海洋行政主管部门审查批准，可以减缴或者免缴海域使用金：

（1）公用设施用海；

（2）国家重大建设项目用海；

（3）养殖用海。

8.43.4　政策依据

1.《中华人民共和国海域使用管理法》（中华人民共和国主席令第六十一号）。

2. 财政部关于印发《调整海域无居民海岛使用金征收标准》的通知（财综〔2018〕15号）。

3.《财政部 国家海洋局关于印发〈海域使用金减免管理办法〉的通知》（财综〔2006〕24号）。

8.44 无居民海岛使用金

无居民海岛使用金,是指国家在一定年限内出让无居民海岛使用权,由无居民海岛使用者依法向国家缴纳的无居民海岛使用权价款,不包括无居民海岛使用者取得无居民海岛使用权应当依法缴纳的其他相关税费。

根据《财政部 自然资源部 税务总局人民银行关于将国有土地使用权出让收入、矿产资源专项收入、海域使用金、无居民海岛使用金四项政府非税收入划转税务部门征收有关问题的通知》(财综〔2021〕19号)规定,自2022年1月1日起,自然资源部负责征收的无居民海岛使用金划转至税务部门征收的。

[**特别提示**] 无居民海岛使用金的具体使用范围如下:

(1)海岛保护。包括海岛及其周边海域生态系统保护、无居民海岛自然资源保护和特殊用途海岛保护,即保护海岛资源、生态,维护国家海洋权益和国防安全。

(2)海岛管理。包括各级政府及其海岛管理部门依据法律及法定职权,综合运用行政、经济、法律和技术等措施对海岛保护和合理利用进行的管理和监督。

(3)海岛生态修复。包括依据生态修复方案,通过生物技术、工程技术等人工方法对生态系统遭受破坏的海岛进行修复,并对修复效果进行追踪的工作。

(4)省级以上财政、海洋主管部门确定的其他项目。

8.44.1 征收对象

无居民海岛使用金的征收对象,是指在一定年限内取得国家出让无居民海岛使用权的无居民海岛使用者。

8.44.2 征收标准及征收方式

1. 无居民海岛使用金征收标准及征收方式。无居民海岛使用金征收标准及征收方式。详见表8-38所示。

表8-38　　无居民海岛使用权出让最低标准及征收方式　　单位:万元/公顷·年

等别	用岛类型 用岛方式	原生 利用式	轻度 利用式	中度 利用式	重度 利用式	极度 利用式	填海连岛与造成 岛体消失的用岛
一等	旅游娱乐用岛	0.95	1.91	5.73	12.41	19.09	2 455.00万元/公顷,按 用岛面积一次性计征
	交通运输用岛	1.18	2.36	7.07	15.32	23.56	
	工业仓储用岛	1.37	2.75	8.25	17.87	27.49	

续表

等别	用岛类型用岛方式	原生利用式	轻度利用式	中度利用式	重度利用式	极度利用式	填海连岛与造成岛体消失的用岛
一等	渔业用岛	0.38	0.75	2.26	4.90	7.54	
	农林牧业用岛	0.30	0.60	1.81	3.92	6.03	
	可再生能源用岛	1.04	2.08	6.25	13.54	20.83	
	城乡建设用岛	1.47	2.95	8.84	19.15	29.46	
	公共服务用岛	—	—	—	—	—	
	国防用岛						
二等	旅游娱乐用岛	0.77	1.54	4.62	10.00	15.38	1 976.00 万元/公顷，按用岛面积一次性计征
	交通运输用岛	0.95	1.90	5.69	12.33	18.97	
	工业仓储用岛	1.11	2.21	6.64	14.38	22.13	
	渔业用岛	0.30	0.61	1.83	3.95	6.08	
	农林牧业用岛	0.24	0.49	1.46	3.16	4.87	
	可再生能源用岛	0.84	1.68	5.04	10.91	16.78	
	城乡建设用岛	1.19	2.37	7.11	15.41	23.71	
	公共服务用岛	—	—	—	—	—	
	国防用岛	—	—	—	—	—	
三等	旅游娱乐用岛	0.68	1.37	4.10	8.88	13.66	1 729.00 万元/公顷，按用岛面积一次性计征
	交通运输用岛	0.83	1.66	4.98	10.79	16.60	
	工业仓储用岛	0.97	1.94	5.81	12.59	19.36	
	渔业用岛	0.28	0.55	1.65	3.58	5.50	
	农林牧业用岛	0.22	0.44	1.32	2.86	4.40	
	可再生能源用岛	0.75	1.49	4.47	9.69	14.90	
	城乡建设用岛	1.04	2.07	6.22	13.48	20.75	
	公共服务用岛	—	—	—	—	—	
	国防用岛						
四等	旅游娱乐用岛	0.49	0.98	2.94	6.36	9.79	1 248.00 万元/公顷，按用岛面积一次性计征
	交通运输用岛	0.60	1.20	3.59	7.79	11.98	
	工业仓储用岛	0.70	1.40	4.19	9.08	13.98	
	渔业用岛	0.20	0.39	1.17	2.54	3.91	
	农林牧业用岛	0.16	0.31	0.94	2.03	3.13	
	可再生能源用岛	0.53	1.07	3.20	6.94	10.68	
	城乡建设用岛	0.75	1.50	4.49	9.73	14.97	
	公共服务用岛	—	—	—	—	—	
	国防用岛						

续表

等别	用岛类型 用岛方式	原生 利用式	轻度 利用式	中度 利用式	重度 利用式	极度 利用式	填海连岛与造成 岛体消失的用岛
五等	旅游娱乐用岛	0.42	0.84	2.51	5.45	8.38	1 056.00万元/公顷，按用岛面积一次性计征
	交通运输用岛	0.51	1.01	3.04	6.59	10.14	
	工业仓储用岛	0.59	1.18	3.55	7.69	11.83	
	渔业用岛	0.17	0.34	1.02	2.21	3.39	
	农林牧业用岛	0.14	0.27	0.81	1.76	2.71	
	可再生能源用岛	0.46	0.91	2.74	5.94	9.14	
	城乡建设用岛	0.63	1.27	3.80	8.24	12.68	
	公共服务用岛	—	—	—	—	—	
	国防用岛	—	—	—	—	—	
六等	旅游娱乐用岛	0.37	0.75	2.24	4.86	7.48	927.00万元/公顷，按用岛面积一次性计征
	交通运输用岛	0.45	0.89	2.67	5.79	8.90	
	工业仓储用岛	0.52	1.04	3.12	6.75	10.39	
	渔业用岛	0.15	0.31	0.93	2.01	3.09	
	农林牧业用岛	0.12	0.25	0.74	1.61	2.47	
	可再生能源用岛	0.41	0.82	2.45	5.30	8.16	
	城乡建设用岛	0.56	1.11	3.34	7.23	11.13	
	公共服务用岛	—	—	—	—	—	
	国防用岛	—	—	—	—	—	

[特别提示]

（1）税务部门按照属地原则征收无居民海岛使用金。无居民海岛使用金以海岛所在地税务机关为征收机关。海岛跨行政区域或行政区域不明确的，按照审批或登记部门在审批、登记时指定的属地确定征收机关。

（2）缴费人按照划拨决定书、出让合同等文书规定的缴款期限和金额，自行向税务部门申报缴纳。

（3）缴费人使用《非税收入通用申报表》申报缴纳无居民海岛使用金。缴款成功后，税务部门向缴费人提供财政部统一监（印）制的非税收入票据，缴费人凭非税收入票据办理相应权证。

（4）资金入库后需要办理退库的，按照财政部门有关退库管理规定办理。其中，因缴费人误缴、税务部门误收需要退库的，缴费人向税务部门申请办理；其他情形需要退库的，缴费人向自然资源部门申请办理。

（5）无居民海岛使用金实行中央地方分成。其中20%缴入中央国库，80%缴入地方国库。地方分成的无居民海岛使用金在省（自治区、直辖市，以下简称省）、市、县级之间的分配比例，由沿海各省级人民政府财政部门确定，报省级人民政府批准后执行。

（6）无居民海岛使用金按照批准的使用年限实行一次性计征。

（7）应缴纳的无居民海岛使用金额度超过1亿元的，无居民海岛使用者可以提出申请，经批准用岛的海洋主管部门商同级财政部门同意后，可以在3年时间内分次缴纳。

分次缴纳无居民海岛使用金的，首次缴纳额度不得低于总额度的50%。在首次缴纳无居民海岛使用金后，由国务院海洋主管部门或者省级海洋主管部门依法颁发无居民海岛使用临时证书；全部缴清无居民海岛使用金后，由国务院海洋主管部门或者省级海洋主管部门依法换发无居民海岛使用权证书。

无居民海岛使用者申请分次缴纳无居民海岛使用金的申请和批准程序，按照《无居民海岛使用金征收使用管理办法》规定的免缴无居民海岛使用金的申请和核准程序执行。

（8）无居民海岛使用者未按规定及时足额缴纳无居民海岛使用金的，按日加收1‰的滞纳金。滞纳金随同无居民海岛使用金按规定分成比例和科目一并缴入相应级次国库。

2. 最低价计算公式。无居民海岛使用权出让实行最低价限制制度。最低价计算公式：

无居民海岛使用权出让最低价＝无居民海岛使用权出让面积×出让年限×无居民海岛使用权出让最低标准

公式中无居民海岛使用权出让面积以无居民海岛使用批准文件确定的开发利用面积为准。

[特别提示]

（1）无居民海岛使用权出让前应当由具有资产评估资格的中介机构对出让价款进行预评估，评估结果作为政府决策的参考依据。有关评估管理规定由国务院财政部门会同国务院海洋主管部门制定。

（2）未足额缴纳无居民海岛使用金的，海洋主管部门不得办理无居民海岛使用权证书。

（3）无居民海岛使用权可以通过申请审批方式出让，也可以通过招标、拍卖、挂牌的方式出让。其中，旅游、娱乐、工业等经营性用岛有两个及两个以上意向者的，一律实行招标、拍卖、挂牌方式出让。

（4）未经批准，无居民海岛使用者不得转让、出租和抵押无居民海岛使用权，不得改变海岛用途和用岛性质。

（5）无居民海岛出让前，应确定无居民海岛等别、用岛类型和用岛方式，核算出让最低价，在此基础上对无居民海岛上的珍稀濒危物种、淡水、沙滩等资源价值进行评估，一并形成出让价。出让价作为申请审批出让和市场化出让底价的参考依据，不得低于最低价。

3. 无居民海岛等别。依据经济社会发展条件差异和无居民海岛分布情况，将无居民海岛划分为六等。

一等：

上海：浦东新区

山东：青岛市（市北区　市南区）

福建：厦门市（湖里区　思明区）

广东：广州市（黄埔区　南沙区）

　　　深圳市（宝安区　福田区　龙岗区　南山区　盐田区）

二等：

上海：金山区

天津：滨海新区

辽宁：大连市（沙河口区　西岗区　中山区）

山东：青岛市（城阳区　黄岛区　崂山区）

福建：泉州市丰泽区　厦门市（海沧区　集美区）

广东：东莞市　中山市　珠海市（金湾区　香洲区）

三等：

上海：崇明区

辽宁：大连市甘井子区

山东：即墨市　龙口市　蓬莱市　日照市（东港区　岚山区）　荣成市　威海市环翠区　烟台市（莱山区　芝罘区）

浙江：宁波市（北仑区　鄞州区　镇海区）　台州市（椒江区　路桥区）　舟山市定海区

福建：福清市　福州市马尾区　晋江市　泉州市泉港区　石狮市　厦门市翔安区

广东：茂名市电白区　惠东县　惠州市惠阳区　汕头市（澄海区　濠江区　潮南区　潮阳区　金平区　龙湖区）　湛江市（赤坎区　麻章区　坡头区）

海南：海口市美兰区　三亚市（吉阳区　崖州区　天涯区　海棠区）

四等：

辽宁：长海县　大连市（金州区　旅顺口区）　瓦房店市　葫芦岛市市辖区　绥中县　兴城市

河北：秦皇岛市山海关区

山东：莱州市　乳山市　威海市文登区　烟台市牟平区　海阳市

江苏：连云港市连云区

浙江：海盐县　平湖市　嵊泗县　温岭市　玉环市　乐清市　舟山市普陀区

福建：福州市长乐区　惠安县　龙海市　南安市

广东：恩平市　南澳县　汕尾市城区　台山市　阳江市江城区

广西：北海市海城区

海南：儋州市

五等：

辽宁：东港市　大连市普兰店区　庄河市

河北：唐山市曹妃甸区　乐亭县

山东：长岛县　东营市（东营区　河口区）　莱阳市　潍坊市寒亭区

江苏：盐城市大丰区　东台市　如东县

浙江：岱山县　温州市洞头区　宁波市奉化区　临海市　宁海县　瑞安市
　　　三门县　象山县

福建：连江县　罗源县　平潭县　莆田市（荔城区　秀屿区）　漳浦县

广东：海丰县　惠来县　雷州市　廉江市　陆丰市　饶平县　遂溪县　吴川市
　　　徐闻县　阳东县　阳西县

广西：防城港市（防城区　港口区）　钦州市钦南区

海南：澄迈县　琼海市　文昌市　陵水县　乐东县　万宁市

六等：

辽宁：锦州市（凌海市）　盘锦市（大洼区　盘山县）

山东：昌邑市　广饶县　利津县　无棣县

江苏：连云港市赣榆区

浙江：苍南县　平阳县

福建：东山县　福安市　福鼎市　宁德市蕉城区　霞浦县　云霄县　诏安县

广西：东兴市　合浦县

海南：昌江县　东方市　临高县　三沙市

我国管辖的其他区域的海岛

4. 无居民海岛用岛类型。根据无居民海岛开发利用项目主导功能定位，将用岛类型划分为九类，详见表8-39所示。

表8-39　　　　　　　　　　无居民海岛用岛类型

类型编码	类型名称	界定
1	旅游娱乐用岛	用于游览、观光、娱乐、康体等旅游娱乐活动及相关设施建设的用岛
2	交通运输用岛	用于港口码头、路桥、隧道、机场等交通运输设施及其附属设施建设的用岛
3	工业仓储用岛	用于工业生产、工业仓储等的用岛，包括船舶工业、电力工业、盐业等
4	渔业用岛	用于渔业生产活动及其附属设施建设的用岛

续表

类型编码	类型名称	界定
5	农林牧业用岛	用于农、林、牧业生产活动的用岛
6	可再生能源用岛	用于风能、太阳能、海洋能、温差能等可再生能源设施建设的经营性用岛
7	城乡建设用岛	用于城乡基础设施及配套设施等建设的用岛
8	公共服务用岛	用于科研、教育、监测、观测、助航导航等非经营性和公益性设施建设的用岛
9	国防用岛	用于驻军、军事设施建设、军事生产等国防目的的用岛

5. 无居民海岛用岛方式。根据用岛活动对海岛自然岸线、表面积、岛体和植被等的改变程度，将无居民海岛用岛方式划分为六种，详见表 8-40 所示。

表 8-40　　　　　　　　　　　无居民海岛用岛方式

方式编码	方式名称	界定
1	原生利用式	不改变海岛岛体及表面积，保持海岛自然岸线和植被的用岛行为
2	轻度利用式	造成海岛自然岸线、表面积、岛体和植被等要素发生改变，且变化率最高的指标符合以下任一条件的用岛行为： （1）改变海岛自然岸线属性≤10%； （2）改变海岛表面积≤10%； （3）改变海岛岛体体积≤10%； （4）破坏海岛植被≤10%
3	中度利用式	造成海岛自然岸线、表面积、岛体和植被等要素发生改变，且变化率最高的指标符合以下任一条件的用岛行为： （1）改变海岛自然岸线属性>10%且<30%； （2）改变海岛表面积>10%且<30%； （3）改变海岛岛体体积>10%且<30%； （4）破坏海岛植被>10%且<30%
4	重度利用式	造成海岛自然岸线、表面积、岛体和植被等要素发生改变，且变化率最高的指标符合以下任一条件的用岛行为： （1）改变海岛自然岸线属性≥30%且<65%； （2）改变岛体表面积≥30%且<65%； （3）改变海岛岛体体积≥30%且<65%； （4）破坏海岛植被≥30%且<65%
5	极度利用式	造成海岛自然岸线、表面积、岛体和植被等要素发生改变，且变化率最高的指标符合以下任一条件的用岛行为： （1）改变海岛自然岸线属性≥65%； （2）改变岛体表面积≥65%； （3）改变海岛岛体体积≥65%； （4）破坏海岛植被≥65%
6	填海连岛与造成岛体消失的用岛	

8.44.3 优惠政策

1. 下列用岛免缴无居民海岛使用金：

（1）国防用岛；

（2）公务用岛，指各级国家行政机关或者其他承担公共事务管理任务的单位依法履行公共事务管理职责的用岛；

（3）教学用岛，指非经营性的教学和科研项目用岛；

（4）防灾减灾用岛；

（5）非经营性公用基础设施建设用岛，包括非经营性码头、桥梁、道路建设用岛，非经营性供水、供电设施建设用岛，不包括为上述非经营性基础设施提供配套服务的经营性用岛；

（6）基础测绘和气象观测用岛；

（7）国务院财政部门、海洋主管部门认定的其他公益事业用岛。

[特别提示]

（1）免缴无居民海岛使用金的，应当依法申请并经核准。符合上述规定情形的项目用岛，申请人应当在收到《无居民海岛使用金缴款通知书》之日起30日内，按照下列规定提出免缴无居民海岛使用金的书面申请，逾期不予受理：申请人申请免缴国务院审批项目用岛应缴的无居民海岛使用金，应当分别向国务院财政、海洋主管部门提出书面申请；申请人申请免缴省级人民政府审批项目用岛应缴的无居民海岛使用金，应当分别向项目所在地的省级财政、海洋主管部门提出书面申请。

（2）申请人申请免缴无居民海岛使用金，应当提交下列相关资料：免缴无居民海岛使用金的书面申请，包括免缴理由、免缴金额、免缴期限等内容；能够证明项目用岛性质的相关证明材料；省级以上财政、海洋主管部门认为应当提交的其他相关材料。

2. 省级以上财政、海洋主管部门应当严格按照本办法规定权限核准免缴无居民海岛使用金。其他任何部门和单位均不得核准免缴无居民海岛使用金。

8.44.4 政策依据

1. 财政部、国家海洋局关于印发《无居民海岛使用金征收使用管理办法》的通知（财综〔2010〕44号）。

2. 财政部关于印发《调整海域无居民海岛使用金征收标准》的通知（财综〔2018〕15号）。

8.45 土地闲置费

土地闲置费是指土地使用者依法取得土地使用权后,未经原批准用地的人民政府同意,超过规定的期限未动工开发建设造成土地荒芜、闲置时,由土地使用者向土地行政主管部门缴纳的闲置费。

现行的土地闲置费是根据《财政部关于土地闲置费、城镇垃圾处理费划转税务部门征收的通知》(财税〔2021〕8号)规定,自2021年7月1日起,将自然资源部门负责征收的土地闲置费划转至税务部门征收的。征期在2021年7月1日以后(含)、所属期为2021年7月1日以前的上述收入,收缴及汇算清缴工作继续由原执收(监缴)单位负责。

[特别提示]

(1) 闲置土地,是指国有建设用地使用权人超过国有建设用地使用权有偿使用合同或者划拨决定书约定、规定的动工开发日期满一年未动工开发的国有建设用地。

(2) 已动工开发但开发建设用地面积占应动工开发建设用地总面积不足1/3或者已投资额占总投资额不足25%,中止开发建设满一年的国有建设用地,也可以认定为闲置土地。

(3) 闲置土地处置应当符合土地利用总体规划和城乡规划,遵循依法依规、促进利用、保障权益、信息公开的原则。

8.45.1 征收对象

土地闲置费征收对象是指土地使用者依法取得土地使用权后,未经原批准用地的人民政府同意,超过规定的期限未动工开发建设造成土地荒芜、闲置的土地使用者。

8.45.2 征收管理

1. 缴纳义务人或代征单位应当按规定的期限和程序,向税务部门申报和缴纳土地闲置费。土地闲置费根据自然资源部门出具的《征缴土地闲置费决定书》申报缴纳,税务部门为缴纳义务人开具缴费凭证,受理后要实时与自然资源部门推送的信息进行比对,并负责通过涉税渠道及时追缴。

2. 税务部门应按照国库集中收缴制度等有关规定,依法依规开展收入征管工作,确保非税收入及时足额入库。土地闲置费划转税务部门征收以前欠缴的收入,由税务部门负责征缴入库。

3. 各级税务部门要会同财政、自然资源、住房城乡建设等有关部门，按照"便民、高效"的原则，逐项确定职责划转后的征缴流程，不断提高征管效率，降低征管成本。涉及经费划转的，方案按程序报批。

4. 税务部门征收土地闲置费应当使用财政部统一监（印）制的非税收入票据，按照税务部门全国统一信息化方式规范管理。

5. 资金入库后需要退库的，按照财政部门有关退库管理规定办理。其中，因缴费人误缴、税务部门误收以及汇算清缴需要退库的，由财政部门授权税务部门审核退库，具体由缴费人直接向税务部门申请办理。

6. 各级税务部门要会同财政、自然资源、住房城乡建设等有关部门做好业务交接衔接和信息系统互联互通工作，按期实现征管信息实时共享，并将计征、缴款等明细信息通过互联互通系统传递给财政、自然资源等相关部门。同时，向财政部门报送征收情况，并附文字说明材料。

7. 有下列情形之一，属于政府、政府有关部门的行为造成动工开发延迟的，国有建设用地使用权人应当向市、县国土资源主管部门提供土地闲置原因说明材料，经审核属实的，依照《闲置土地处置办法》第十二条和第十三条规定处置：

（1）因未按照国有建设用地使用权有偿使用合同或者划拨决定书约定、规定的期限、条件将土地交付给国有建设用地使用权人，致使项目不具备动工开发条件的；

（2）因土地利用总体规划、城乡规划依法修改，造成国有建设用地使用权人不能按照国有建设用地使用权有偿使用合同或者划拨决定书约定、规定的用途、规划和建设条件开发的；

（3）因国家出台相关政策，需要对约定、规定的规划和建设条件进行修改的；

（4）因处置土地上相关群众信访事项等无法动工开发的；

（5）因军事管制、文物保护等无法动工开发的；

（6）政府、政府有关部门的其他行为。

因自然灾害等不可抗力导致土地闲置的，依照前款规定办理。

8. 因《闲置土地处置办法》第八条规定情形造成土地闲置的，市、县国土资源主管部门应当与国有建设用地使用权人协商，选择下列方式处置：

（1）延长动工开发期限。签订补充协议，重新约定动工开发、竣工期限和违约责任。从补充协议约定的动工开发日期起，延长动工开发期限最长不得超过一年；

（2）调整土地用途、规划条件。按照新用途或者新规划条件重新办理相关用地手续，并按照新用途或者新规划条件核算、收缴或者退还土地价款。改变用途后的土地利用必须符合土地利用总体规划和城乡规划；

（3）由政府安排临时使用。待原项目具备开发建设条件，国有建设用地使用权人重新开发建设。从安排临时使用之日起，临时使用期限最长不得超过两年；

（4）协议有偿收回国有建设用地使用权；

（5）置换土地。对已缴清土地价款、落实项目资金，且因规划依法修改造成闲置的，可以为国有建设用地使用权人置换其他价值相当、用途相同的国有建设用地进行开发建设。涉及出让土地的，应当重新签订土地出让合同，并在合同中注明为置换土地；

（6）市、县国土资源主管部门还可以根据实际情况规定其他处置方式。

除前款第四项规定外，动工开发时间按照新约定、规定的时间重新起算。

9. 除《闲置土地处置办法》第八条规定情形外，闲置土地按照下列方式处理：

（1）未动工开发满一年的，由市、县国土资源主管部门报经本级人民政府批准后，向国有建设用地使用权人下达《征缴土地闲置费决定书》，按照土地出让或者划拨价款的20%征缴土地闲置费。

[特别提示] 土地闲置费不得列入生产成本。

（2）未动工开发满两年的，由市、县国土资源主管部门按照《中华人民共和国土地管理法》第三十七条和《中华人民共和国城市房地产管理法》第二十六条的规定，报经有批准权的人民政府批准后，向国有建设用地使用权人下达《收回国有建设用地使用权决定书》，无偿收回国有建设用地使用权。闲置土地设有抵押权的，同时抄送相关土地抵押权人。

84.5.3 政策依据

1. 财政部关于土地闲置费、城镇垃圾处理费划转税务部门征收的通知（财税〔2021〕8号）。

2. 国家税务总局等五部门关于土地闲置费、城镇垃圾处理费划转有关征管事项的公告（国家税务总局 财政部 自然资源部 住房和城乡建设部 中国人民银行公告2021年第12号）。

3.《闲置土地处置办法》（中华人民共和国国土资源部令第53号）。

8.46 城镇垃圾处理费

城镇垃圾处理费是对产生城市生活垃圾的单位和个人按照城市人民政府确定的生活垃圾处理费收费标准和有关规定征收的城镇垃圾处理费。

现行的城镇垃圾处理费是根据《财政部关于土地闲置费、城镇垃圾处理费划转税务部门征收的通知》（财税〔2021〕8号）规定，自2021年7月1日起，将住房城乡建设等部门负责征收的按行政事业性收费管理的城镇垃圾处理费划转至税务部门征收的。征期在2021年7月1日以后（含）、所属期为2021年7月1日以前的上述收入，收缴及汇算清缴工作继续由原执收（监缴）单位负责。

[特别提示]

（1）城镇垃圾处理费应当专项用于城市生活垃圾收集、运输和处置，严禁挪作他用。

（2）从事新区开发、旧区改建和住宅小区开发建设的单位，以及机场、码头、车站、公园、商店等公共设施、场所的经营管理单位，应当按照城市生活垃圾治理规划和环境卫生设施的设置标准，配套建设城市生活垃圾收集设施。

（3）工业固体废弃物、危险废物应当按照国家有关规定单独收集、运输，严禁混入城市生活垃圾。

（4）单位和个人未按规定缴纳城镇垃圾处理费的，由直辖市、市、县人民政府建设（环境卫生）主管部门责令限期改正，逾期不改正的，对单位可处以应交城镇垃圾处理费三倍以下且不超过3万元的罚款，对个人可处以应交城镇垃圾处理费三倍以下且不超过1 000元的罚款。

8.46.1　征收对象

城镇垃圾处理费的征收对象是对产生城市生活垃圾的单位和个人。

8.46.2　征收管理

1. 缴纳义务人或代征单位应当按规定的期限和程序，向税务部门申报和缴纳城镇垃圾处理费。其中，土地闲置费根据自然资源部门出具的《征缴土地闲置费决定书》申报缴纳，税务部门为缴纳义务人开具缴费凭证，受理后要实时与自然资源部门推送的信息进行比对，并负责通过涉税渠道及时追缴。

2. 税务部门征收城镇垃圾处理费应当使用财政部统一监（印）制的非税收入票据，按照税务部门全国统一信息化方式规范管理。

3. 资金入库后需要退库的，按照财政部门有关退库管理规定办理。其中，因缴费人误缴、税务部门误收以及汇算清缴需要退库的，由财政部门授权税务部门审核退库，具体由缴费人直接向税务部门申请办理。

4. 各级税务部门要会同财政、住房城乡建设等有关部门做好业务交接衔接和信息系统互联互通工作，按期实现征管信息实时共享，并将计征、缴款等明细信息通过互联互通系统传递给财政、住房城乡建设等相关部门。同时，向财政部门报送征收情况，并附文字说明材料。

[特别提示]

(1) 税务部门应按照国库集中收缴制度等有关规定，依法依规开展收入征管工作，确保非税收入及时足额入库。城镇垃圾处理费划转税务部门征收以前欠缴的收入，由税务部门负责征缴入库。

(2) 城镇垃圾处理费由缴纳义务人或代征单位自行向税务部门申报缴纳，申报期限和程序按现行规定执行。未按时缴纳的，由税务部门出具催缴通知，并通过涉税渠道及时追缴。

(3) 税务、财政、住房和城乡建设、人民银行等部门应加强协同配合，通过信息共享和规范表证单书，实时推送费源信息、征收信息，及时开展征管信息比对，确保非税收入及时足额入库。

(4) 划转税务部门征收以前欠缴的城镇垃圾处理费，由税务部门负责征缴入库。原执收（监缴）单位和税务部门要加强部门协同，做好征管资料交接、欠费金额确认等工作，确保征收工作有效衔接、欠缴费款及时入库。缴纳义务人或代征单位拒不缴纳的，按现行有关规定执行。

(5) 资金入库后需要办理退库的，应当按照财政部门有关退库管理规定办理。其中，因缴费人误缴、税务部门误收以及汇算清缴需要退库的，由财政部门授权税务部门审核退库，具体由缴费人直接向税务部门申请办理。人民银行国库管理部门按规定办理退付手续。

(6) 税务部门按照属地原则征收上述项目，具体征收机关由国家税务总局各省、自治区、直辖市和计划单列市税务局按照"便民、高效"原则确定。

(7) 缴纳义务人或代征单位原则上使用《非税收入通用申报表》申报缴纳城镇垃圾处理费。各地可与其他项目合并申报资料、简并申报流程。

8.46.3 政策依据

1.《财政部关于土地闲置费、城镇垃圾处理费划转税务部门征收的通知》（财税〔2021〕8号）。

2.《国家税务总局等五部门关于土地闲置费 城镇垃圾处理费划转有关征管事项的公告》（国家税务总局 财政部 自然资源部 住房和城乡建设部 中国人民银行公告2021年第12号）。

3.《城市市容和环境卫生管理条例》（中华人民共和国国务院令第101号）。

4.《城市生活垃圾管理办法》（建设部令第157号）。

8.47 工会经费

工会经费是指工会依法取得并开展正常活动所需的费用。经费使用的具体办法由中华全国总工会制定。

8.47.1 工会经费的来源

2004年以后,全国工会财务系统实施"一改三策",即工会经费收缴改革,委托税务代收、财政拨款的行政事业单位工会经费由财政统一划拨、收取建会筹备金。

工会经费的主要来源是工会会员缴纳的会费,建立工会组织的企业、事业单位、机关按每月全部职工工资总额的2%向工会拨缴的经费,工会所属的企业、事业单位上缴的收入,人民政府的补助,其他收入。工会经费主要用于为职工服务和工会活动。

县和县以上各级工会应当与税务、财政等有关部门合作,依照规定做好工会经费收缴和应当由财政负担的工会经费拨缴工作。未成立工会的企业、事业单位、机关和其他社会组织,按工资总额的2%向上级工会拨缴工会建会筹备金。具备社团法人资格的工会可以设立独立经费账户。

8.47.2 计提标准及缴费比例

1. 计提标准:缴费单位按上月份全部职工工资总额的2%计提工会经费(建会筹备金)。

全部职工指在各单位中工作并由其支付工资或其他形式的报酬的全部人员(含外籍人员和港澳台人员),包括正式职工、合同制职工和临时性、季节性用工、劳务派遣工以及离开本单位但保留劳动关系并领取生活费的职工和内部退养职工等。

2. 缴费比例:建立工会组织的单位,按全部职工工资总额2%的40%缴纳工会经费。未建立工会组织的单位,按全部职工工资总额的2%向上级工会全额拨缴建会筹备金。

8.47.3 工资总额的确定

工资总额界定为各单位在一定时期内支付给本单位全部职工的劳动报酬总额,包括计时工资、计件工资、奖金、津贴和补贴(含住房补贴、通讯补贴)、加班加点工资、其他工资和单位发放的职工生活费等。

对无法确定工资收入的,以当地统计部门公布的上年度职工平均工资计算缴纳工会经费（建会筹备金）。

8.47.4 会计处理

按照规定，企业缴纳的工会经费，上级总工会组织会按一定的比例返还给企业的工会组织，作为企业工会组织的活动经费。如果企业工会组织单独建立了工会经费核算账户，返还的工会经费应直接进入工会组织的账户，作为工会组织收入进行核算。如果企业工会组织没有单独建立工会经费核算账户，返还的工会经费应当进入企业财务部门的账户进行核算。收到返还工会经费时，借记"银行存款"科目，贷记"应付职工薪酬——工会经费"科目。工会组织支付活动经费时，借记"应付职工薪酬——工会经费"科目，贷记"银行存款"（或现金）科目。

8.47.5 政策依据

1.《中华人民共和国工会法》（中华人民共和国主席令第57号）。

2.《中国工会章程》。

3.《国家统计局关于认真贯彻执行〈关于工资总额组成的规定〉的通知》（国家统计局1990年第1号令）。

4.《中华全国总工会办公厅关于按照〈财政部关于企业加强职工福利费财务管理的通知〉的规定做好相关工会经费计提工作的通知》（总工办字〔2009〕37号）。

5.《企业所得税法实施条例》。

6.《国家税务总局关于工会经费企业所得税税前扣除凭据问题的公告》（国家税务总局公告2010年第24号）。

7.《国家税务总局关于税务机关代收工会经费企业所得税税前扣除凭据问题的公告》（国家税务总局公告2011年第30号）。

8.48 社会保险费

现行的社会保险费是根据1999年1月14日国务院发布的《社会保险费征缴暂行条例》（中华人民共和国国务院令第259号）施行的，自1999年1月22日执行。自2019年1月1日起由税务部门统一征收各项社会保险费。

8.48.1 征缴范围

1. 社会保险费是指基本养老保险费、基本医疗保险费、失业保险费。

2. 缴费单位、缴费个人，是指依照有关法律、行政法规和国务院的规定，应当缴纳社会保险费的单位和个人。

3. 基本养老保险费的征缴范围：国有企业、城镇集体企业、外商投资企业、城镇私营企业和其他城镇企业及其职工，实行企业化管理的事业单位及其职工。

4. 基本医疗保险费的征缴范围：国有企业、城镇集体企业、外商投资企业、城镇私营企业和其他城镇企业及其职工，国家机关及其工作人员，事业单位及其职工，民办非企业单位及其职工，社会团体及其专职人员。

5. 失业保险费的征缴范围：国有企业、城镇集体企业、外商投资企业、城镇私营企业和其他城镇企业及其职工，事业单位及其职工。

省、自治区、直辖市人民政府根据当地实际情况，可以规定将城镇个体工商户纳入基本养老保险、基本医疗保险的范围，并可以规定将社会团体及其专职人员、民办非企业单位及其职工以及有雇工的城镇个体工商户及其雇工纳入失业保险的范围。

省、自治区、直辖市人民政府根据本地实际情况，可以决定《社会保险费征缴暂行条例》适用于本行政区域内工伤保险费和生育保险费的征收、缴纳。

8.48.2 征缴费率

社会保险费的费基、费率依照有关法律、行政法规和国务院的规定执行。

8.48.3 征缴管理

社会保险费实行三项社会保险费集中、统一征收。

1. 缴费单位必须向当地社会保险经办机构办理社会保险登记，参加社会保险。

登记事项包括：单位名称、住所、经营地点、单位类型、法定代表人或者负责人、开户银行账号以及国务院劳动保障行政部门规定的其他事项。

2. 缴费单位必须按月向社会保险经办机构申报应交纳的社会保险费数额，经社会保险经办机构核定后，在规定的期限内缴纳社会保险费。

[特别提示]

（1）缴费单位和缴费个人应当以货币形式全额缴纳社会保险费。

（2）缴费个人应当缴纳的社会保险费，由所在单位从其本人工资中代扣代缴。

（3）社会保险费不得减免。

（4）社会保险基金不计征税、费。

3. 省、自治区、直辖市人民政府规定由税务机关征收社会保险费的，社会保险经办机构应当及时向税务机关提供缴费单位社会保险登记、变更登记、注销登记以及缴费申报的情况。税务机关应当及时向社会保险经办机构提供缴费单位和缴费个人的缴费情况；社会保险经办机构应当将有关情况汇总，报劳动保障行政部门。

4. 企业在办理登记注册时,同步办理社会保险登记。除此以外的缴费单位应当自成立之日起 30 日内,向当地社会保险经办机构申请办理社会保险登记。

5. 缴费单位逾期拒不缴纳社会保险费、滞纳金的,由劳动保障行政部门或者税务机关申请人民法院依法强制征缴。

8.48.4　会计处理

计提社会保险费时,借记"管理费用"等相关成本或费用科目,贷记"应付职工薪酬"科目。缴纳社会保险费时,借记"应付职工薪酬"科目,贷记"银行存款"科目。

8.48.5　政策依据

1.《社会保险费征缴暂行条例》(中华人民共和国国务院令第 259 号)。
2.《关于印发修订〈企业会计准则第 9 号——职工薪酬〉的通知》(财会〔2014〕8 号)。